쉽게 따라하는 포토샵팩토리

포토샵 & 일러스트레이터 2023

YouTube 포토샵팩토리

쉽게 따라하는

포토샵팩토리

포토샵& 일러스트레이터 2023

김선진 지음

PREFACE

◆처음 배우는 분들께 권합니다!

평소 포토샵과 일러스트레이터를 학습하는 분들 중에 프로그램의 원리를 이해하는 데 어려움을 겪는 분들을 종종 봅니다. 결국 중도에 포기하는 모습을 보면서 안타까운 마음을 갖게 되었습니다. 그때마다 잘 정리된 책을 써야겠다는 생각을 한 지 10년이 지났습니다.

마침내 책을 쓰기로 결심하였고 서문을 쓰게 되어 참으로 기쁩니다.

본 교재는 Adobe 2023을 기본으로 작성하였습니다.

하지만 버전에 구애받지 않고, 간단한 이미지 편집하는 방법부터 다양한 기능을 복합적으로 활용하는 예제까지 준비하였습니다. 특히 군더더기 없는 책을 만들고 싶어 최대한 간단한 용어로 짧게 설명하였습니다. 또한 독자들이 학습하는 동안 자연스럽게 기능을 익힐 수 있도록 단축키를 여러 번 반복하였습니다.

2D 그래픽을 학습하는 분들은 물론, 프로그램의 전체적인 구성을 좀 더 조목조목 살펴보고 싶은 분들까지 이 책이 모든 분들께 도움이 될 수 있기를 바랍니다. 마지막 페이지까지 여러 차례 반복 학습하신다면 분명히 프로그램을 수월하게 다룰 수 있는 실력이 되시리라 믿습니다.

아울러 이 책이 출간되기까지 도움을 아끼지 않은 사랑하는 아내와 성순, 여경이에게 깊은 감사를 전합니다.

저자 김 선 진

예제파일 다운로드 방법

이 책에서 설명하는 예제파일은 피앤피북 홈페이지에서 다운로드 할 수 있습니다.
아래 다운로드 방법 설명을 참고하십시오.

네이버 검색창에 피앤피북을 검색합니다.
피앤피북 홈페이지 [http://www.pnpbook.com] 에 접속합니다.
홈페이지 맨 위 오른쪽 끝에 [게시판]의 [다운로드]를 클릭합니다.
2023 포토샵 [예제파일] / 2023 일러스트레이터 [예제파일]에서 각각 다운로드 가능합니다.

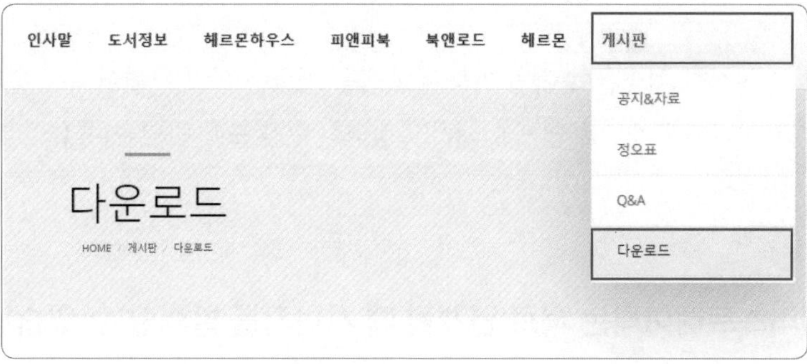

일러스트레이터의 예제에 사용한 폰트는 주로 Adobe 고딕 Std B와 Myriad Pro를 주로 사용하였으므로 독자 여러분의 PC에 설치되어 있어야 정확한 서체를 확인할 수 있습니다.
즉, 일러스트레이터 서체는 Create Outline 하지 않은 Type의 속성상태입니다.

➤ 유튜브 강좌는 【포토샵팩토리】에서 시청할 수 있습니다.

이 책의 특징

◆ 처음 배우는 분들께 이 책을 권합니다!

과거와 달리 디자이너가 갖추어야 할 기본 소양 중의 하나는 전문적인 그래픽 소프트웨어를 상당 수준으로 다룰 수 있는 실력이 있어야 한다는 점입니다.

본 교재는 필수 기능을 충실히 설명하고 이해하기 쉬우며 입문자에게 적합한 기본 학습서입니다. 전문 디자이너가 되기 위해 여러 차례 반복하여 학습한다면 기본기가 탄탄한 실력자가 될 수 있습니다. 이에 중요한 단축키를 반복하여 학습할 수 있도록 하였고, 여러 차례 반복으로 난이도 높은 시험에도 합격할 수 있도록 기본에 충실하였습니다.

◆ 짧고 명료한 문장으로 이해가 쉽도록 했습니다!

군더더기가 많고 복잡한 설명글이 아닌 기능의 핵심을 꿰뚫는 짧고 간결한 문장을 통해 처음 기능을 익히는 초보 디자이너에게 개념을 쉽게 이해하고 정리할 수 있도록 하였습니다.

◆ 포토샵과 일러스트레이터는 서로 연계될 때 시너지를 발휘할 수 있습니다.

자전거의 양 페달처럼 두 개의 프로그램은 서로 파일을 주고 받는 등의 연동으로 인해 더욱 풍성한 시각적 효과를 만들 수 있습니다. 각각의 프로그램은 나름의 장점을 가지고 있는 만큼 두 개의 카테고리를 잘 학습하면 그래픽 소프트웨어를 잘 다룰 수 있는 기본 소양이 갖춰질 것입니다. 아무쪼록 본 교재가 시작 단계에 있는 초보 디자이너에게 많은 도움이 되기를 바랍니다.

포토샵 2023(24.0.0 Release) 신기능

◆ Object Selection tool의 선택 방법이 개선되었습니다.

Object Selection tool을 사용하여 다수의 오브젝트를 손쉽고 빠르게 선택할 수 있습니다.

Object Selection tool을 사용하여 이미지의 일부분을 쉽게 변경하거나 없앨 수 있습니다.

Object Selection tool은 개체 뿐만 아니라 배경도 쉽게 선택할 수 있습니다.

◆ 훼손되었거나 오래된 사진을 쉽게 복구할 수 있습니다.

Neural Filter 안에 Photo Restoration이 추가되어 훼손된 사진을 복구할 수 있습니다.

◆ 강력한 AI 도구를 사용하여 복잡한 선택을 신속하게 처리할 수 있습니다.

Camera Raw Filter가 더욱 강력해진 기능으로 향상되었습니다. 조명이 다소 어두운 실내에 있는 개체를 신속하게 선택한 뒤 밝기 보정을 할 수 있습니다.

◆ 문서를 공유하여 공동 작업할 수 있도록 다른 사람을 초대할 수 있습니다.

공동 작업자와 클라우드 문서를 편집할 수 있습니다.

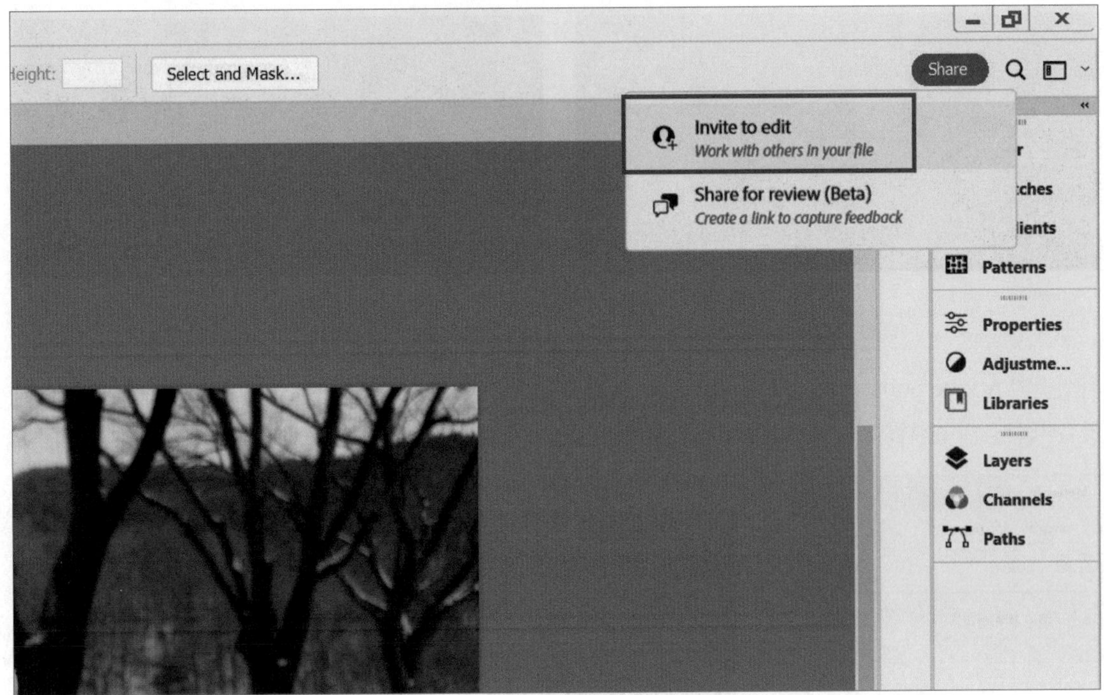

향상된 포토샵 2023(2022년 10월 Release) 버전은 포토샵 클라우드 문서를 공유하고 편집작업 시 초대 기능을 사용하여 공동작업을 할 수 있습니다. 즉, 클라우드에 업로드 되어 있는 문서를 열고나서 공유(Share) 버튼을 클릭한 후 공동 작업자를 초대합니다. 공유 패널에 공동 작업자의 이메일을 입력하여 작업자를 추가하면 됩니다.

◆ Materials 패널을 활용하여 입체감 있는 표면을 구현할 수 있습니다.

자신만의 Material을 추가하거나 다양한 3D 물질을 이용하여 표면의 질감을 색다르게 표현할 수 있습니다.

자신만의 Adobe Substance 3D Community Assets을 추가하거나 다양한 3D 물질을 이용하여 표면의 질감을 색다르게 표현할 수 있습니다.

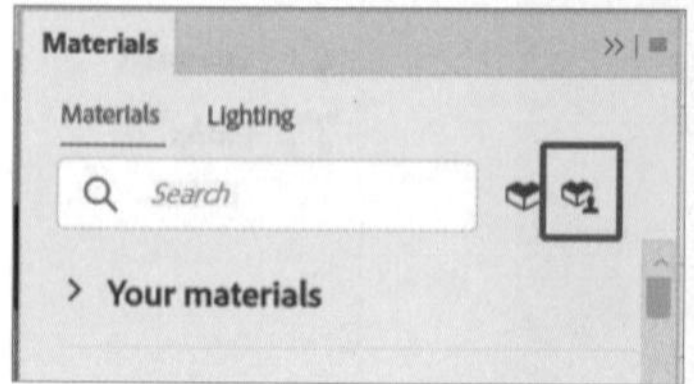

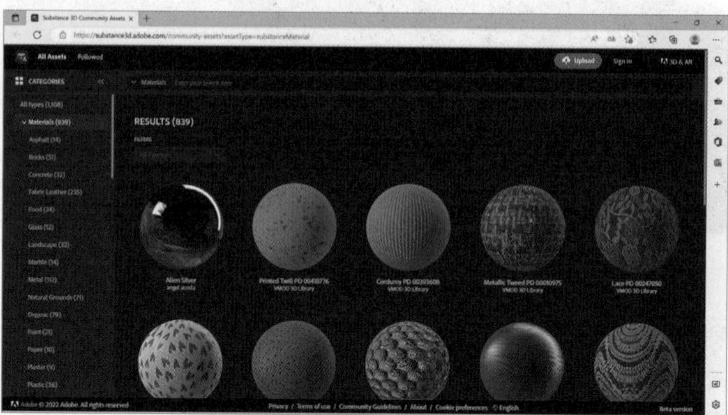

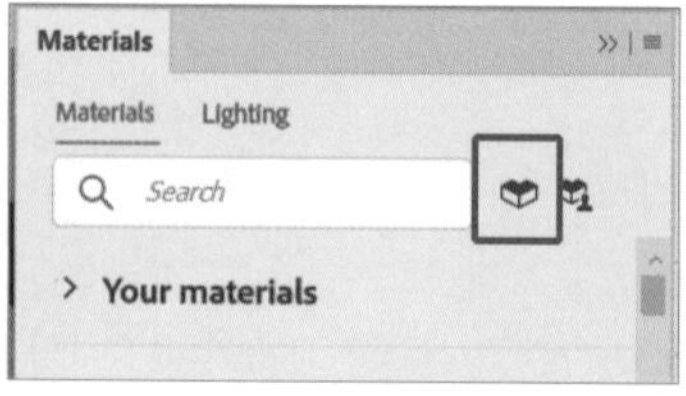

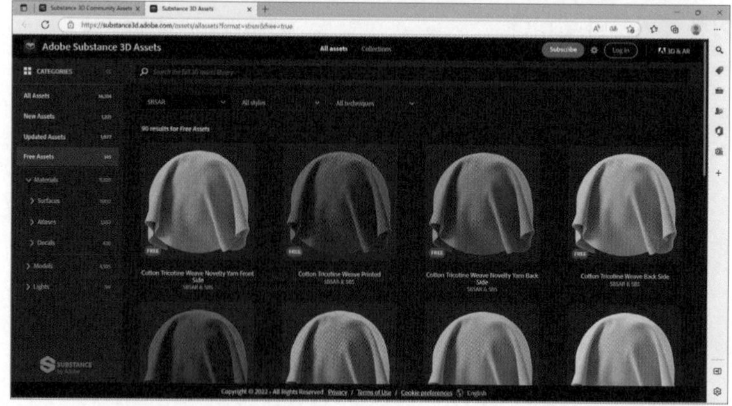

◆ Cylinder 기능이 Warp에 추가되었습니다.

Warp 옵션 안에 Cylinder가 추가되어 자연스러운 라벨 스티커를 구현할 수 있습니다.

격자선을 드래그하여 이동하여 이미지를 구부리거나 변형할 수 있습니다.

일러스트레이터 2023(24.0.0 Release) 신기능

◆ 모양이나 텍스트의 얽히고 겹친 교차부분을 앞뒤로 보낼 수 있습니다.

◆ 문서를 공유하여 공동작업할 수 있도록 다른 사람을 초대할 수 있습니다.

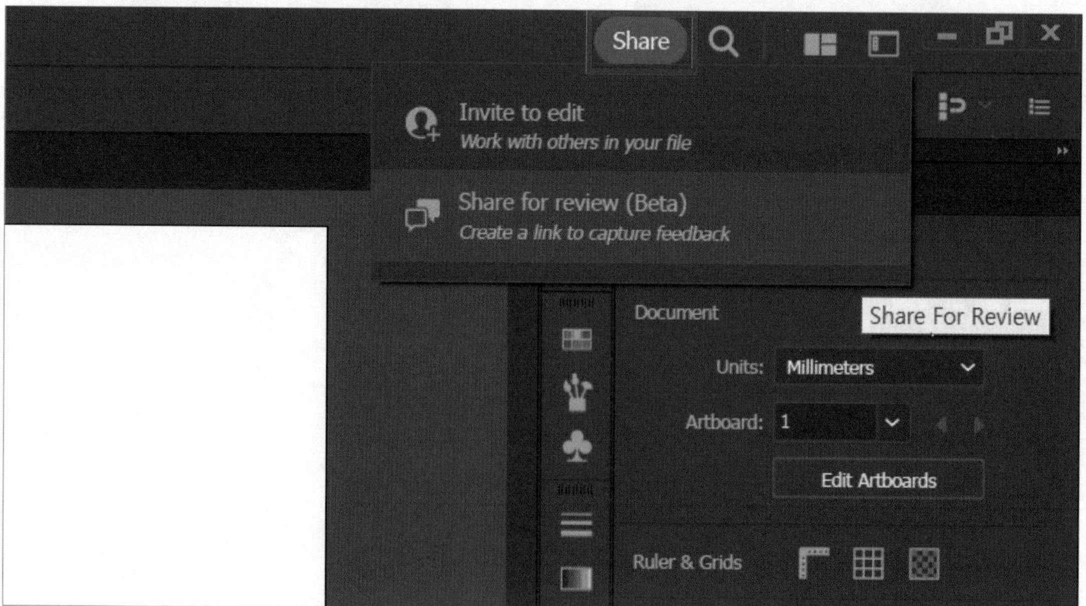

◆ 인디자인과 일러스트레이터 사이에 텍스트 파일 형식을 유지합니다.

인디자인에서 타이핑한 개체를 일러스트레이터에서 수정할 수 있습니다.

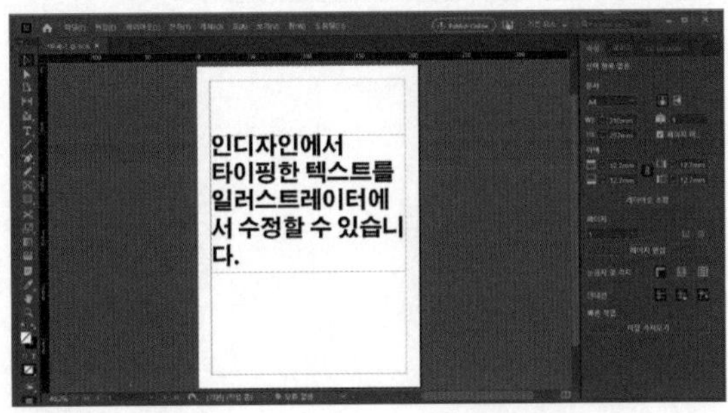

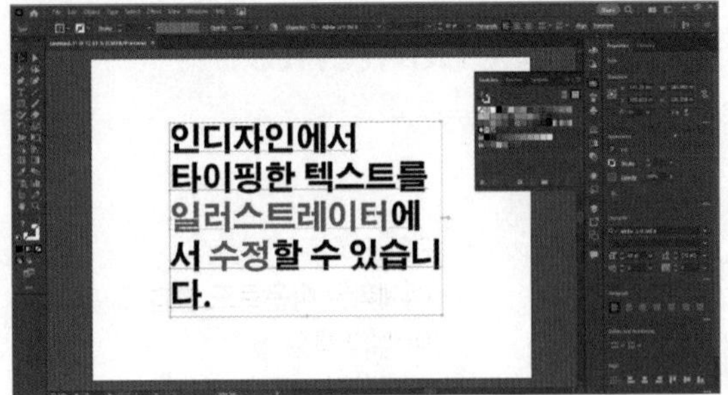

◆ 빠르게 액션기능을 실행할 수 있습니다.

액션기능을 이용하여 빠르게 다양한 효과를 적용할 수 있습니다.

Quick Action

Quick Action

◆ 3D 오브젝트 파일형식으로 내보낼 수 있습니다.

3차원적인 장면의 표준 파일형식으로 내보내기 할 수 있습니다.

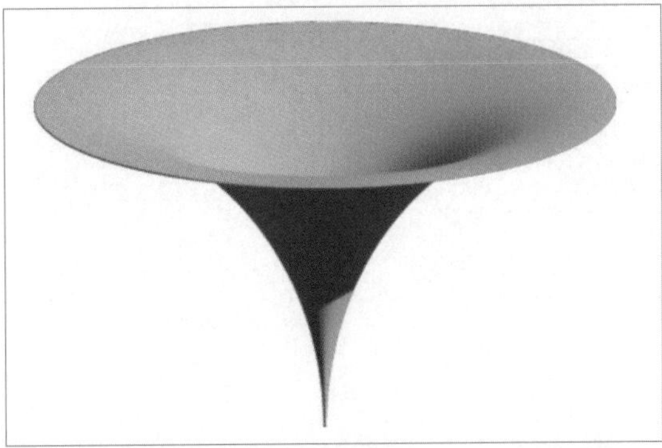

Contents

PART Ⅰ <포토샵>

PART Ⅱ <일러스트레이터>

Chapter 1. 기본 살펴보기

부록 | 포토샵 · 일러스트레이터 새로운 기능

PART

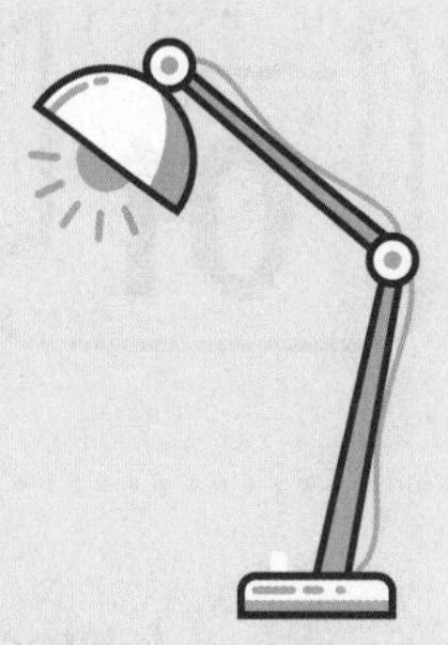

Chapter 1

기본 살펴보기

그래픽을 전공하는 학생이나 취업을 준비하는 분들은 익숙치 않은 화면에 당황스러울 수 있습니다. 이에 처음으로 포토샵의 기본 기능을 확실하게 익힐 수 있는 기본을 살펴봅니다.

Unit 01

기본 익히기

01 | Workspace 작업환경 설정하기

01 Window 메뉴의 Workspace를 클릭한 후 ⇨ Essentials(Default)를 선택합니다. 즉 '작업환경을 표준(기본값)으로 설정한다'는 의미입니다.

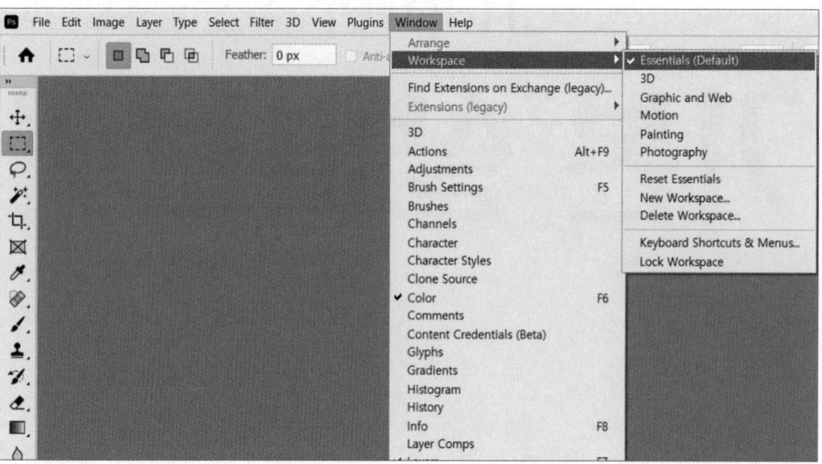

02 | Shortcut 단축키 설정하기

01 Edit 메뉴 밑의 Stroke을 확인해보면 단축키가 설정되어 있지 않습니다.

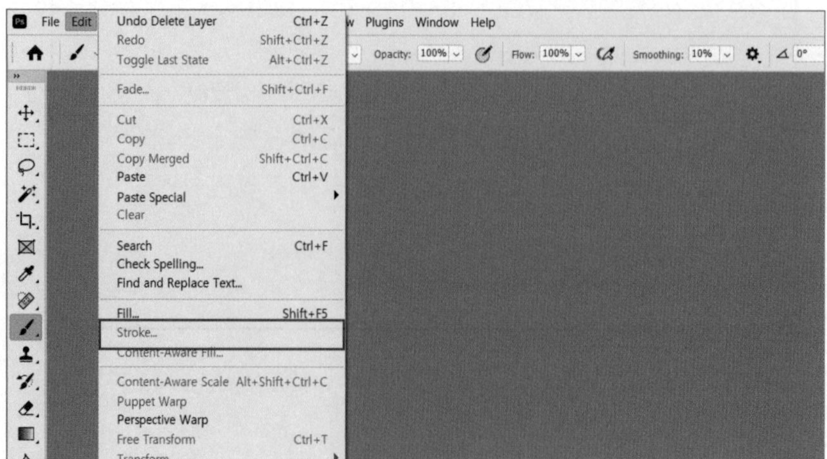

02 단축키를 설정하기 위해서 Edit ⇨ Keyboard Shortcut【Alt+Shift+Ctrl+K】을 선택합니다.

03 Edit 항목의 앞에 화살표를 클릭하여 서브 메뉴를 찾을 수 있습니다.

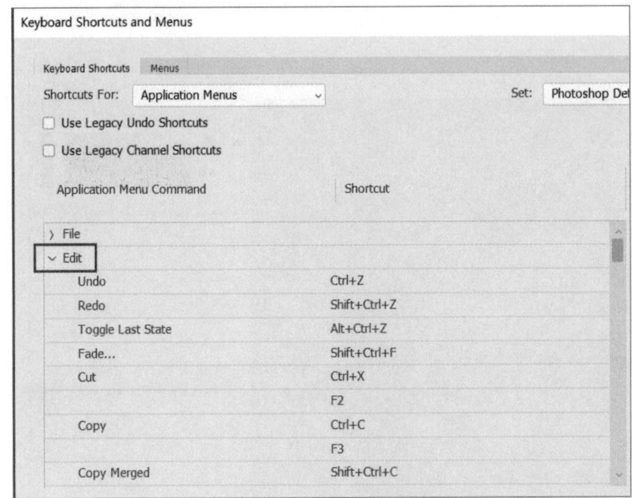

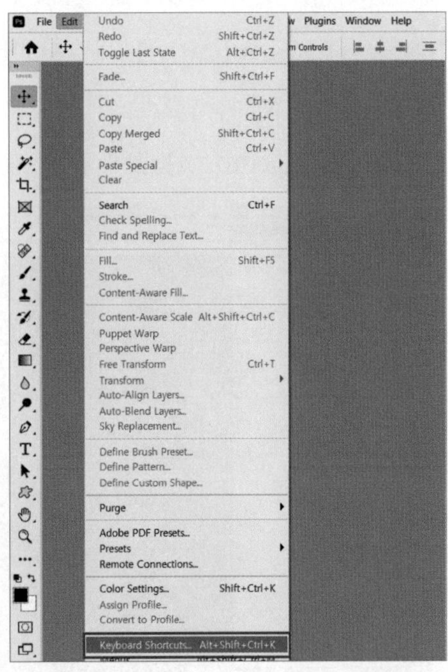

04 Stroke의 단축키를【Alt+Shift+F1】으로 설정한 후에 ⇨ Accept ⇨ OK

만약 사용 중인 단축키와 겹칠 경우엔 경고 메시지로 알려주어 겹치지 않도록 방지해줍니다.

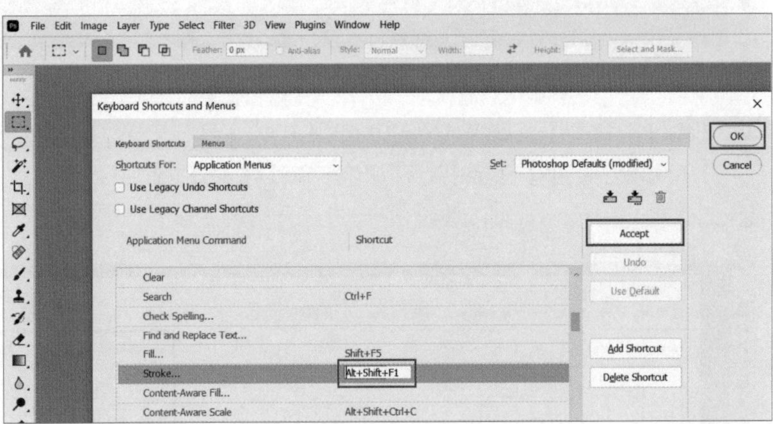

05 아래와 같이 원하는 단축키가 설정되었습니다.

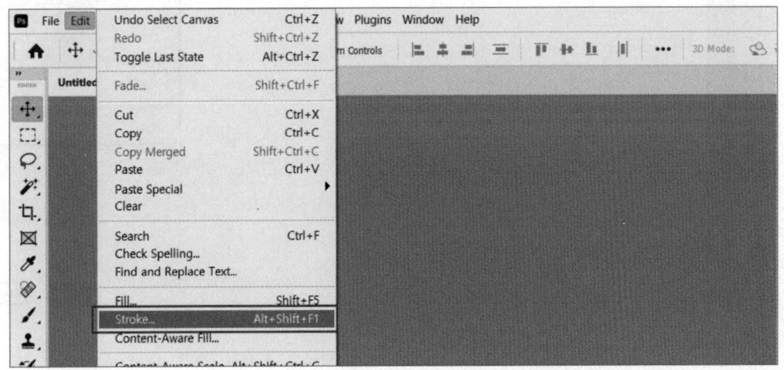

03 | New Document 새 문서 만들기

- New Document【Ctrl+N】: 새 문서 만들기
- Close【Ctrl+W】: 창 닫기
- Close All【Alt+Ctrl+W】: 모든 창 닫기

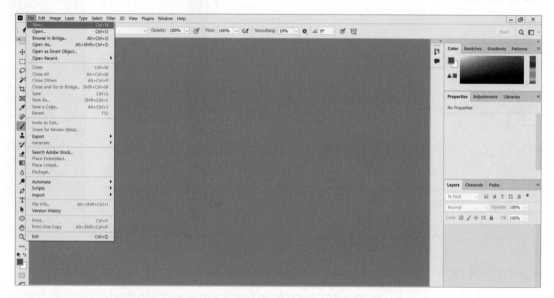

01 새 문서를 만듭니다. New Document【Ctrl+N】 ⇨ 너비(Width)를 200px로 입력하고 높이(Height)가 200px인 문서를 만듭니다. 파일명은 'Red'라고 입력합니다.

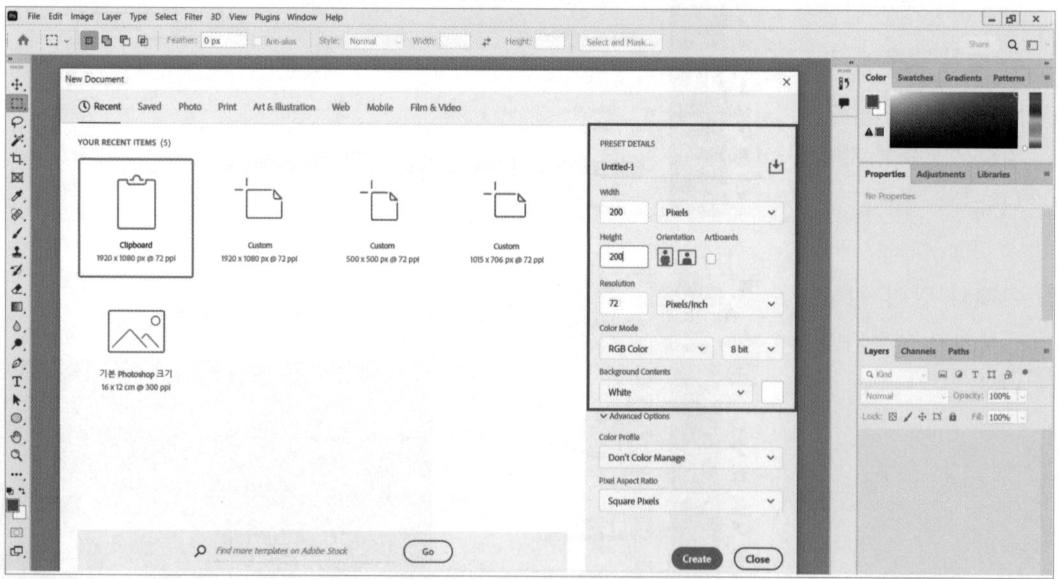

02 Color 패널에서 빨간색을 선택하여 전경색(Foreground Color)을 빨간색으로 만듭니다.

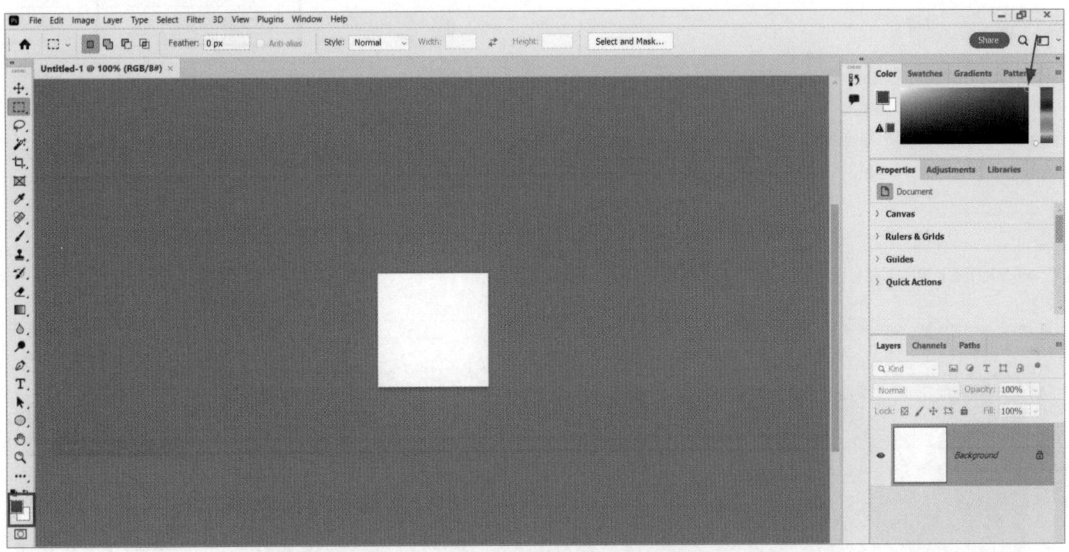

04 | Fill 문서에 색상 채우기

01 Edit 메뉴의 Fill을 선택합니다.

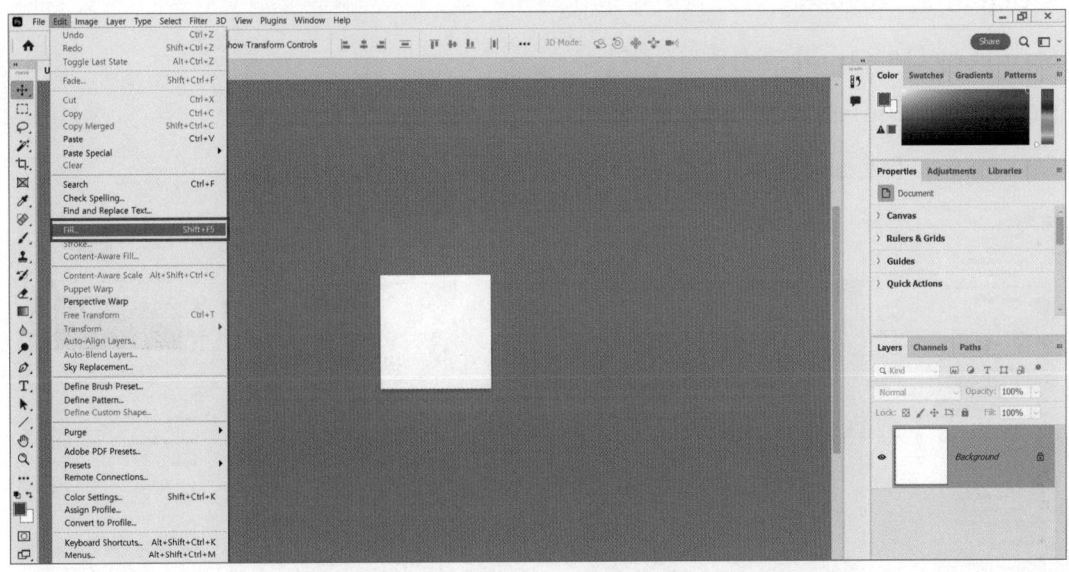

02 Foreground Color를 선택합니다.

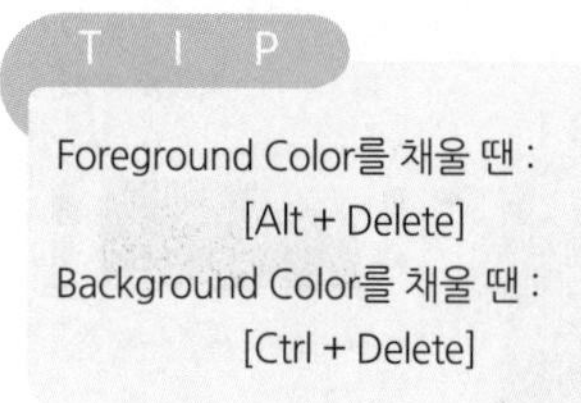
TIP

Foreground Color를 채울 땐 :
[Alt + Delete]
Background Color를 채울 땐 :
[Ctrl + Delete]

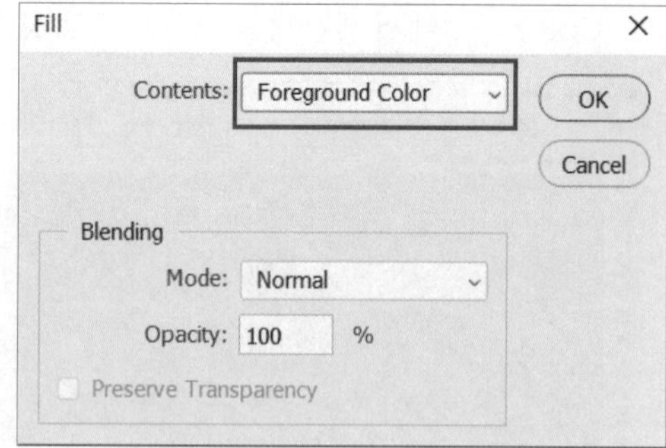

03 빨간색이 채워집니다.

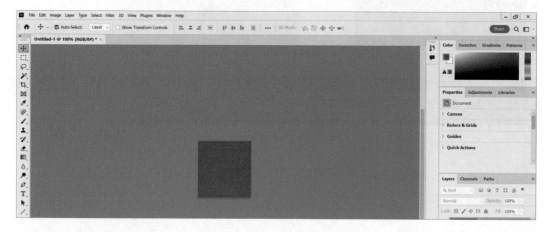

05 | Save 저장하기

- Save【Ctrl+S】: 저장하기
- Save a Coy【Alt+Ctrl+S】: 복사본 저장하기
- Save as【Shift+Ctrl+S】: 다른 이름으로 저장하기
- Save for web【Alt+Shift+Ctrl+S】: 웹용으로 저장하기

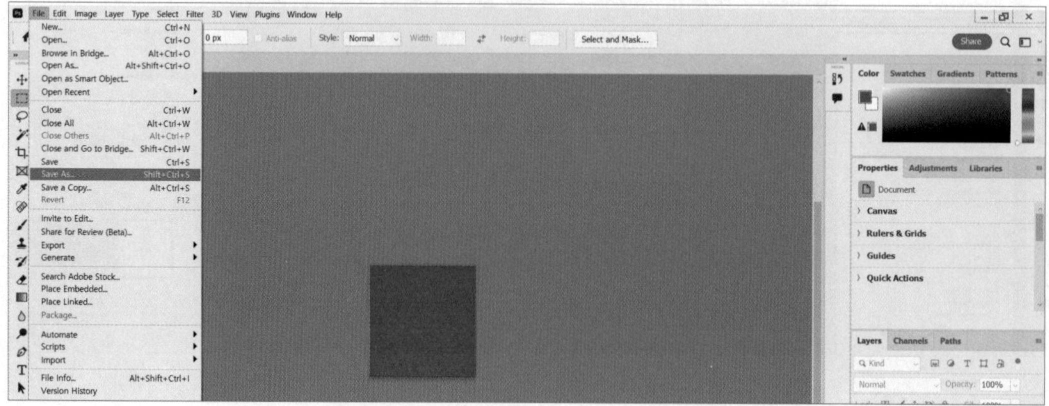

06 | Open 파일 열기

01 메뉴나 단축키 등 몇 가지 방법으로 파일을 열 수 있습니다.

- File ⇨ Open : 원하는 파일을 메뉴에서 찾아서 열기
- Shortcut 【Ctrl+O】 : 단축키로 파일열기
- Window 탐색기 【Window Key+E】 : 윈도우 탐색기에서 파일을 찾아 작업영역으로 드래그하여 열기
- Work Area를 더블 클릭하여 파일 열기

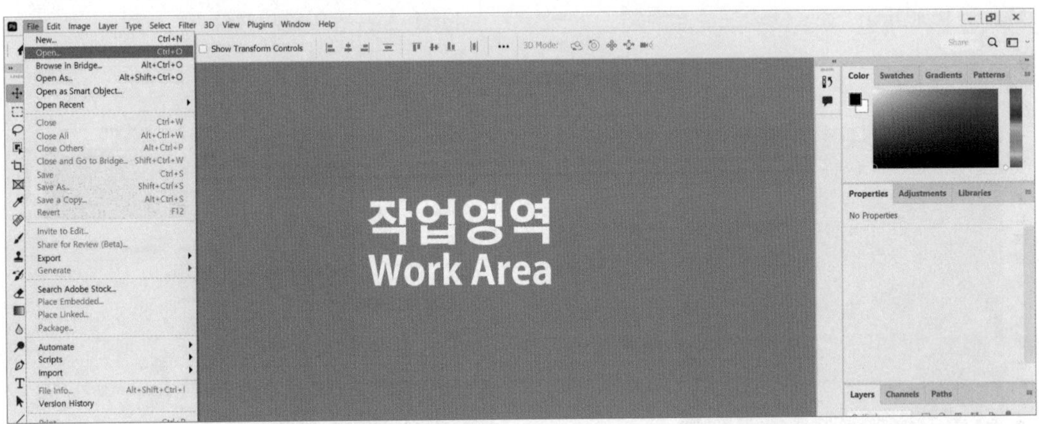

07 | Arrange 배열하기

01 동일한 크기의 파란색, 녹색, 검은색을 추가로 만든 후에 Window ⇨ Arrange ⇨ 'Tile'을 선택하여 전체를 한번에 볼 수 있도록 배열합니다.

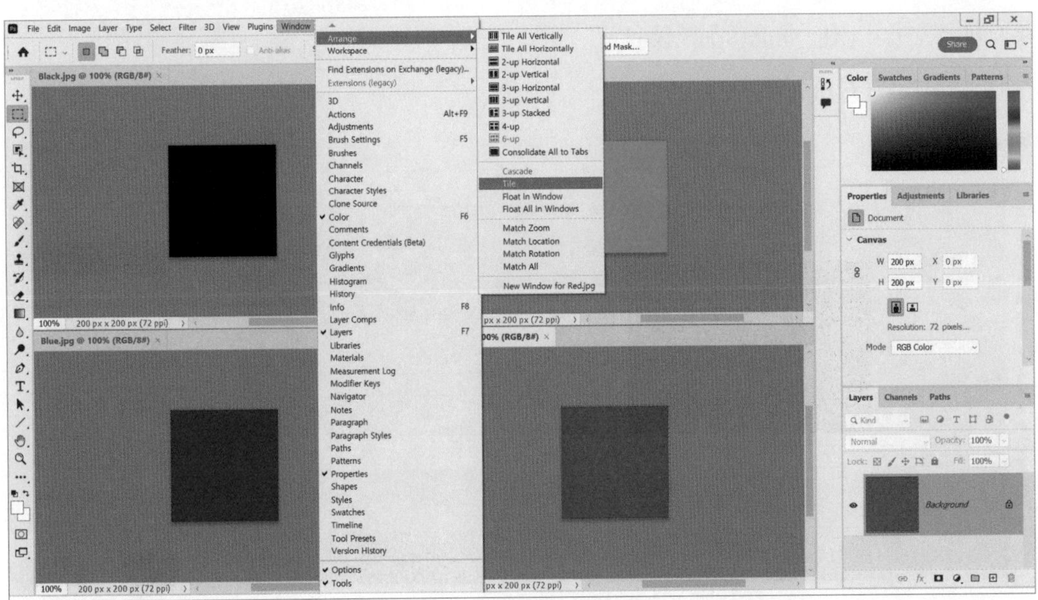

02 여러 개의 파일을 꺼내 놓은 경우 다양한 보기로 파일을 배열할 수 있습니다.

- Tile All Vertically : 수직으로 모든 파일을 배열하기
- Tile All Horizontally : 수평으로 모든 파일을 배열하기
- Consolidate All to Tabs : 모든 탭을 정리하기(선택한 탭만 보이고 나머지 파일은 감추기)
- Tile : 타일 형태로 배열하기

– Match Zoom : 동일한 확대로 맞추기
– Match Location : 동일한 위치로 맞추기
– Match Rotation : 동일한 각도로 맞추기
– Match All : 동일하게 맞추기

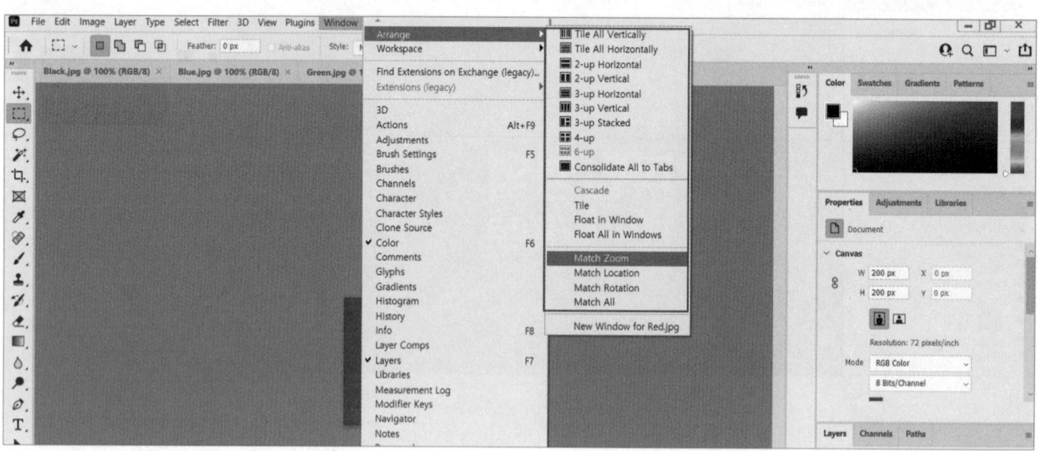

08 | 다수의 파일을 동시에 확대 / 축소 / 이동하기

- 동시에 확대하기 【Shift+Ctrl+Spacebar】
- 동시에 축소하기 【Alt+Shift+Spacebar】
- 동시에 이동하기 【Shift+Spacebar】

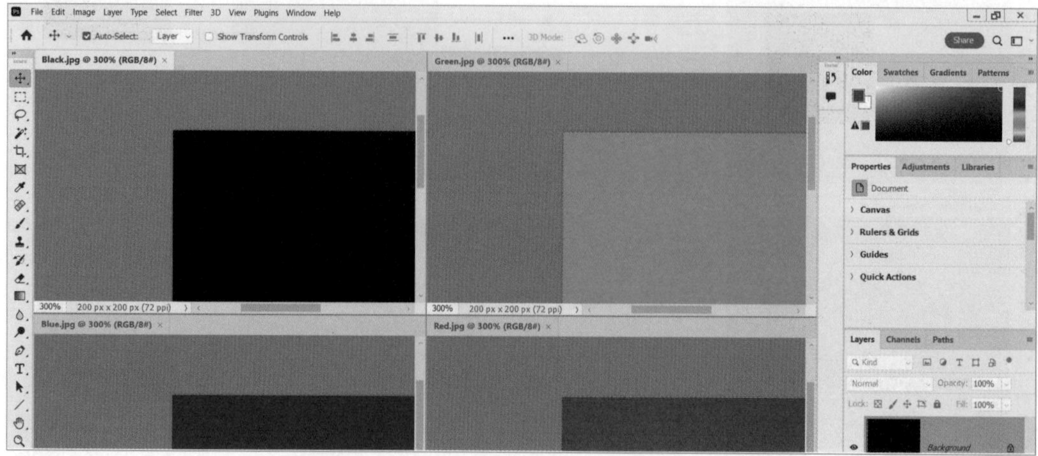

09 | Close 파일(문서)닫기

- 문서를 닫기 【Ctrl+W】
- 여러 개의 문서를 한번에 닫기 【Alt+Ctrl+W】
- 선택한 문서를 제외하고 닫기 【Alt+Ctrl+P】

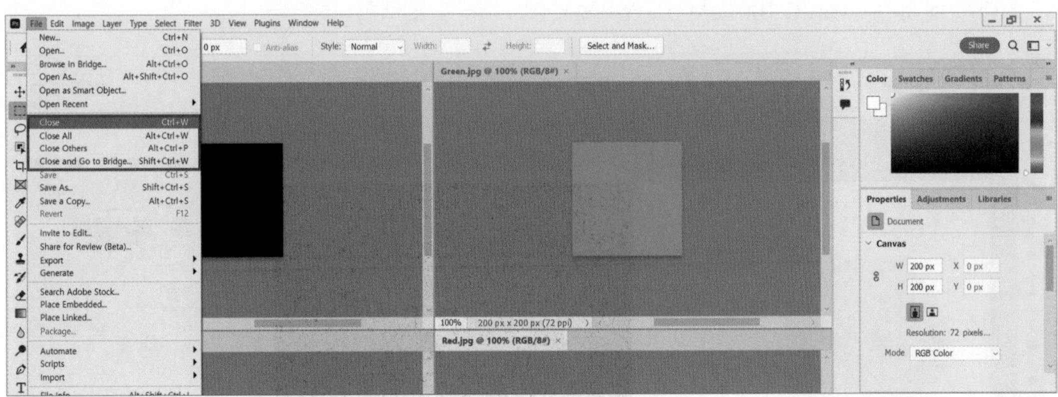

10 | Default Color 기본색

01 Default Color 【D】 : 전경색과 배경색을 각각 검은색, 흰색으로 설정할 수 있습니다.

- Foreground Color 【Alt+Delete or Backspace】 : 전경색을 문서에 채울 때
- Background Color 【Ctrl+Delete or Backspace】 : 배경색을 문서에 채울 때
- Switch 【X】 : 전경색과 배경색을 바꾸는 것

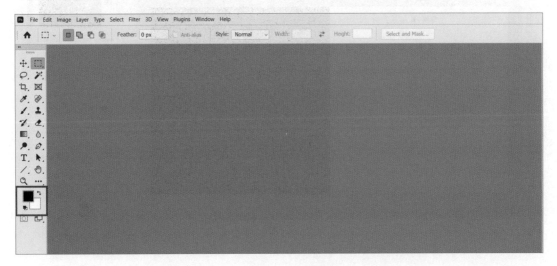

11 | Color Mode - RGB vs CMYK

01 New Document【Ctrl+N】 ⇨ Width 2000px×Height 1000px ⇨ Resolution 72로 작성한 unit 1_src 11.psd 파일을 Open합니다.

02 Ellipse tool을 선택하고 옵션바에서 Shape를 선택하여 원을 그립니다. Swatches 패널에서 CMYK 폴더 안에 있는 Cyan(C 100%, M 0%, Y 0%, K 0%) 색상을 선택합니다.

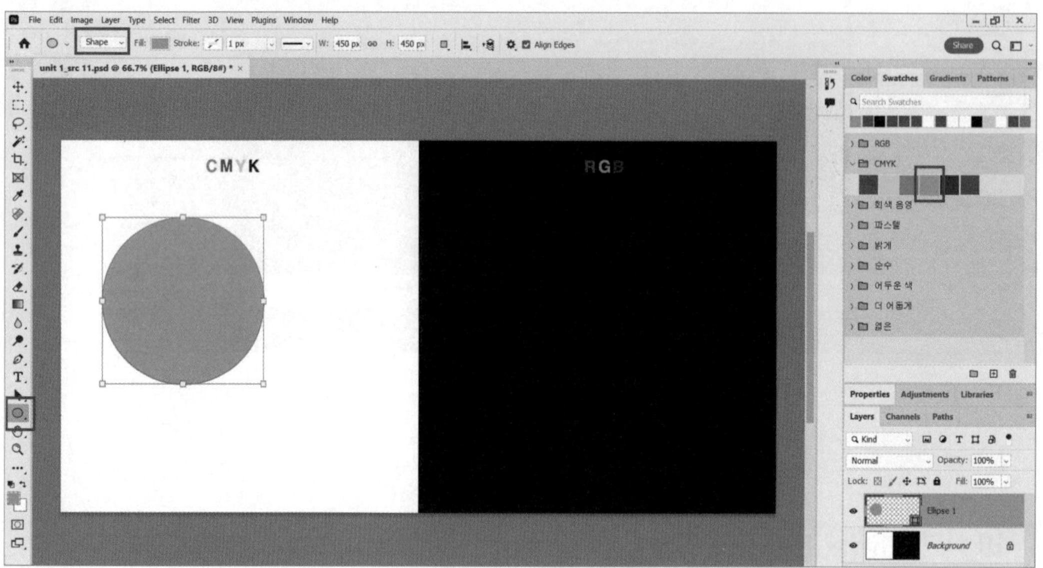

03 원의 크기가 너비 450px×높이 450px의 크기로 합니다.

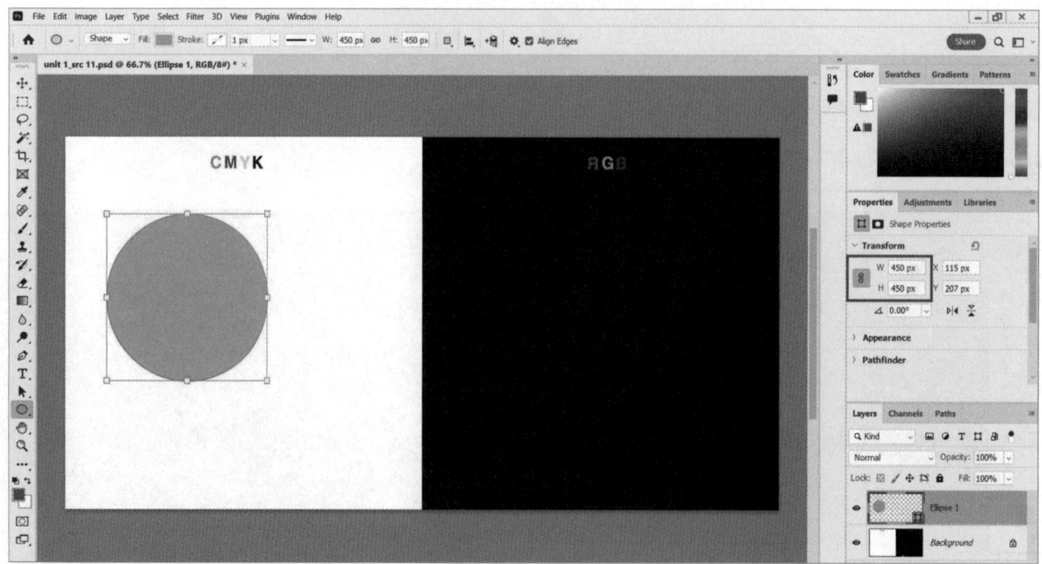

04 Move tool 【V】을 선택하고 Alt를 누르면서 드래그하여 3개의 원을 복사합니다. Blend Mode를 Multiply로 바꿔줍니다. (블랜드 모드에 관한 내용은 209쪽 UNIT14 참고하세요)

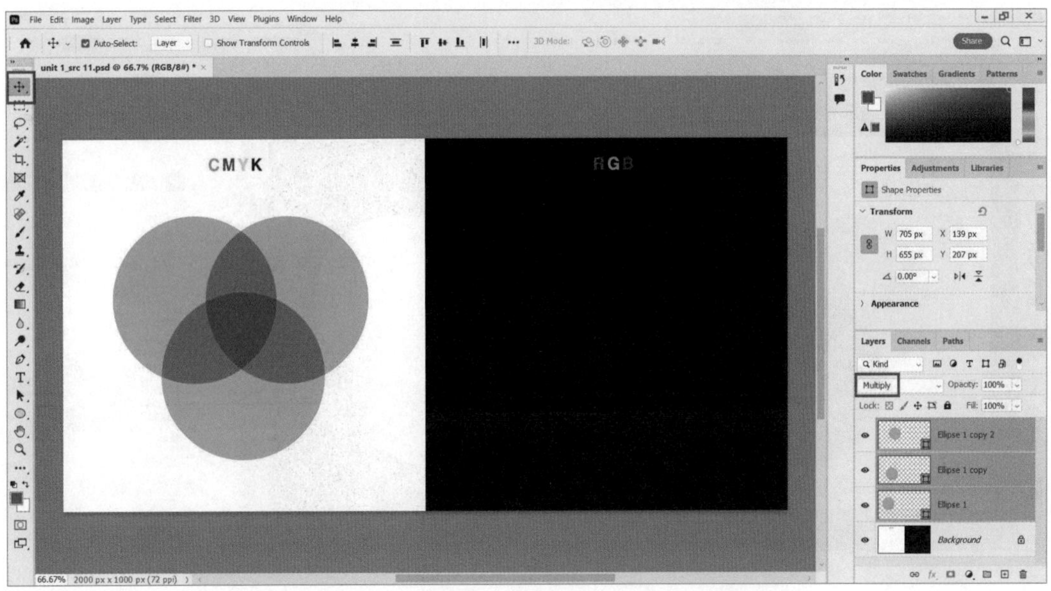

05 Magenta(C 0%, M 100%, Y 0%, K 0%), Yellow(C 0%, M 0%, Y 100%, K 0%)로 색상을 변경합니다. 이를 감산혼합이라고 합니다. 주로 인쇄출판 분야에서 많이 활용합니다. CMYK Color mode는 표준 상업인쇄 조건을 기반으로 합니다.

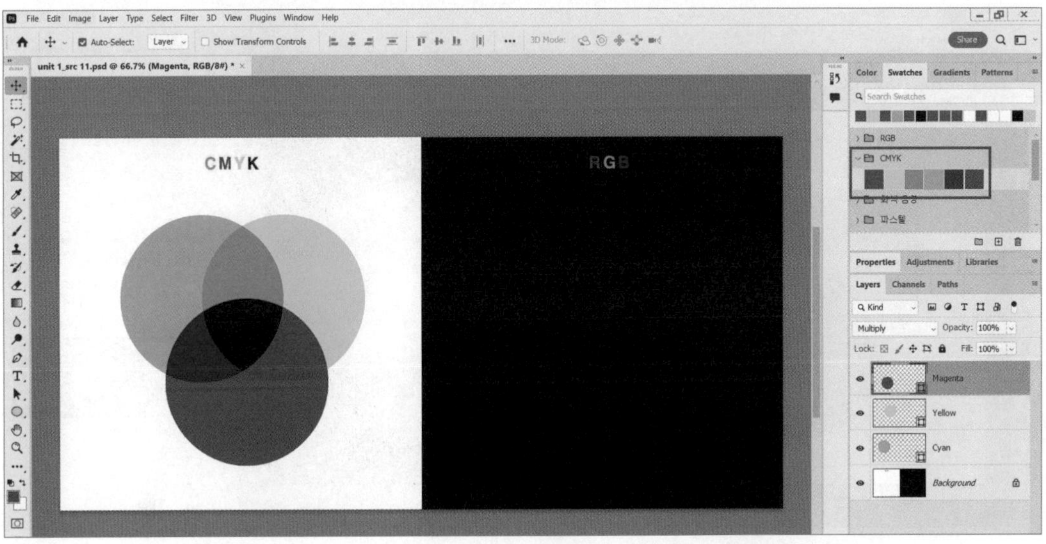

06 Move tool 【V】을 선택하고 Alt를 누르면서 오른쪽으로 드래그하여 3개의 원을 복사합니다. Blend Mode를 Screen으로 바꿔줍니다.

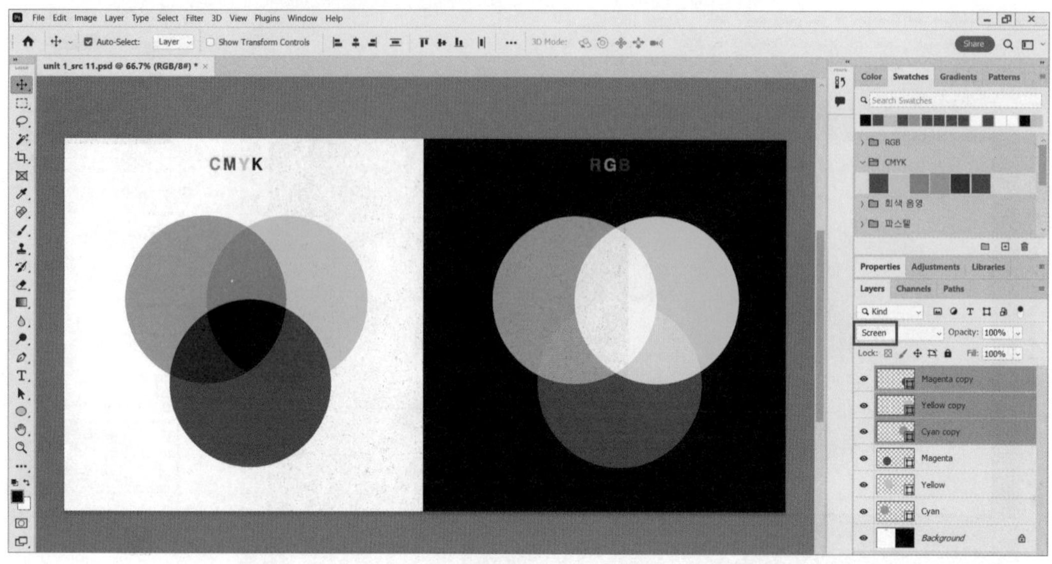

07 레이어 이름을 각각 Red, Green, Blue로 변경합니다. 이를 가산혼합이라고 합니다. 주로 영상, 웹 등에서 활용합니다. RGB Color mode는 응용 프로그램의 RGB 색 공간을 결정합니다.

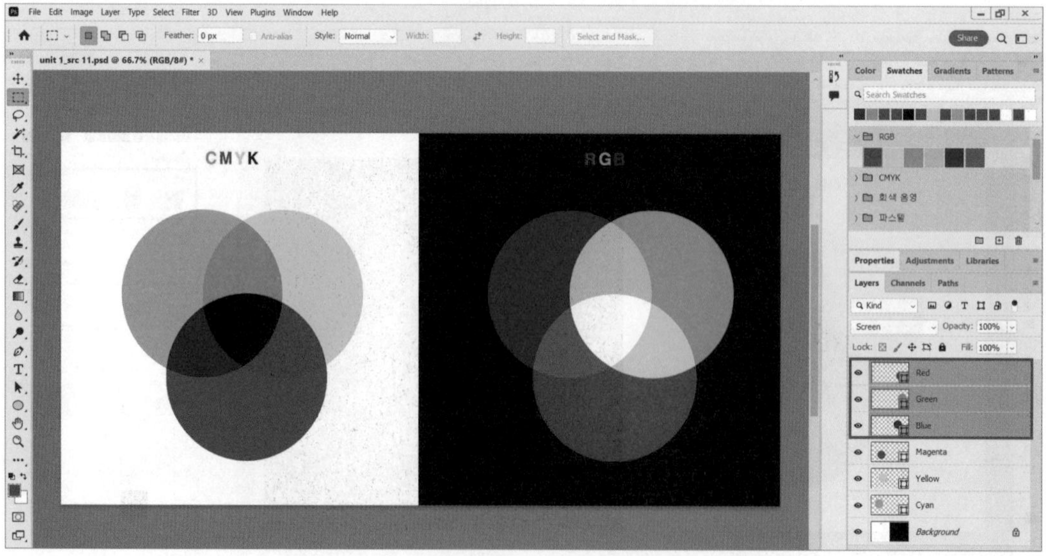

12 | RGB Color Mode를 CMYK로 변경하기

01 File ⇨ Open ⇨ unit 1 src 12.jpg 파일을 Open합니다. Color Molor는 RGB입니다.

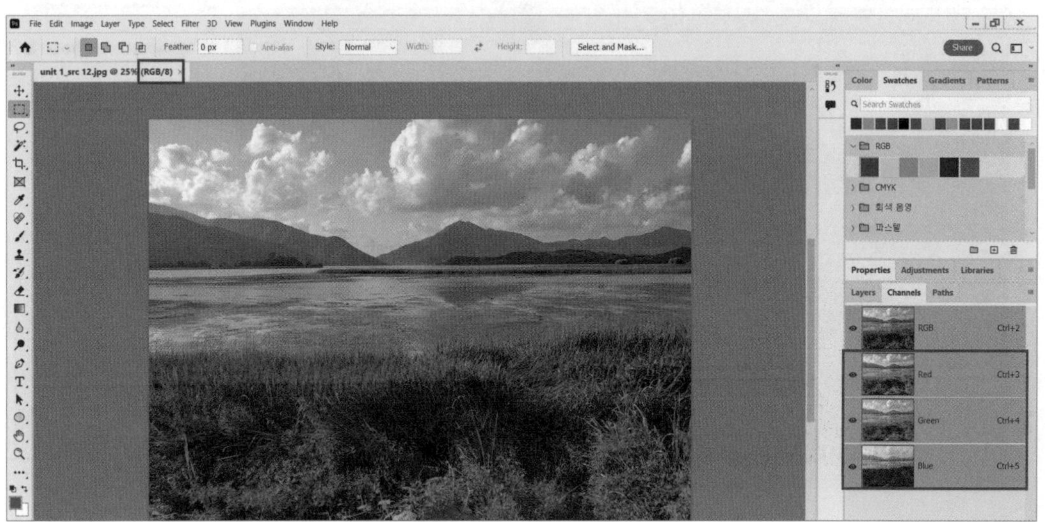

02 Image ⇨ Mode ⇨ CMYK Color를 선택합니다.

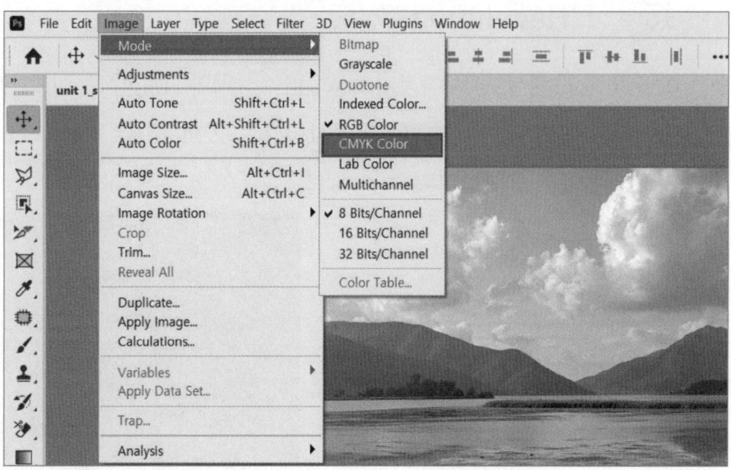

03 칼라모드를 전환합니다.

TIP

Profile의 선택에 따라 색 표현의 차이가 다를 수 있습니다. U.S. Web Coated(SWOP) v2의 경우 K(먹)를 많이 사용하므로 다소 어둡게 인쇄됩니다. 다른 프로필로 변경을 하고 싶은 경우 Edit ⇨ Convert to Profile에서 바꾸면 됩니다.

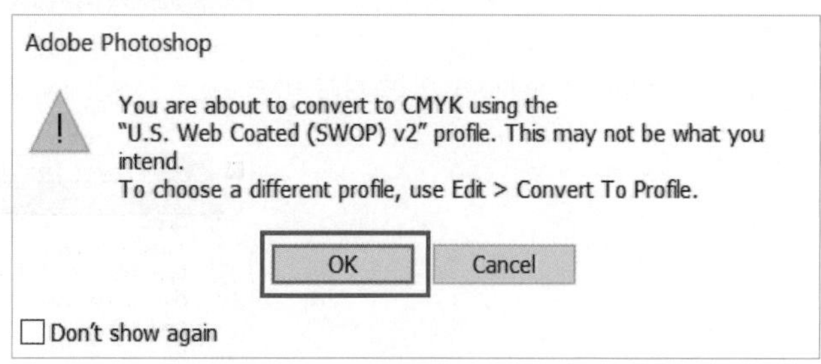

04 Color Mode가 CMYK Color로 변경됩니다.

13 | Resolution 해상도

▶ Resolution(해상도)은 이미지의 Width(너비)와 Height(높이)의 총 픽셀 수를 의미합니다. 즉 비트맵 이미지의 정밀도를 나타내며 Inch(1inch는 2.54cm)당 픽셀 수가 많을수록 해상도가 높아지므로 이미지의 품질이 좋아집니다.

TIP

- PPI : 컴퓨터 모니터에 표시되는 이미지의 1인치 내에 포함된 픽셀의 수를 말합니다.
- DPI : 프린터에서 인쇄한 이미지의 1인치 내에 인쇄된 도트의 수를 말합니다.

01 File ⇨ New【Ctrl+N】새 문서를 만듭니다.

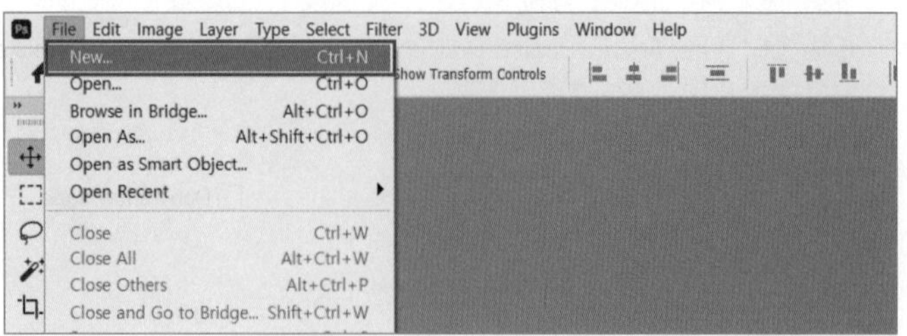

02 Width(너비)17px×Height(높이)14px, Resolution(해상도)10px로 입력합니다.

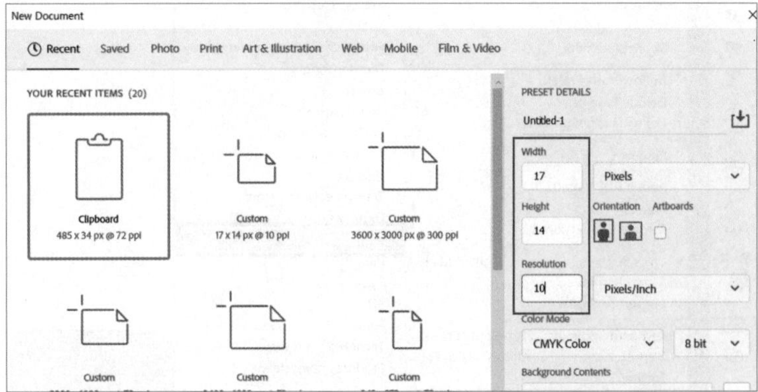

03 픽셀의 개수가 작기 때문에 아주 작은 크기의 문서가 만들어집니다.

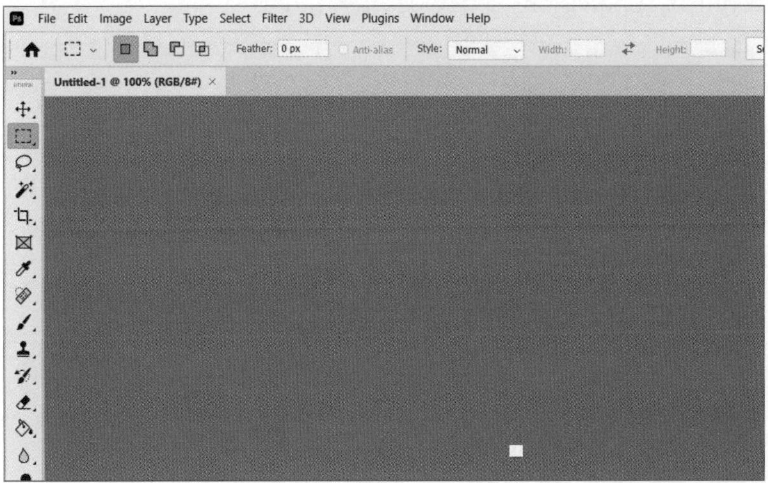

04 View ⇨ Zoom In【Ctrl++】 몇 차례 클릭하여 문서를 확대합니다.

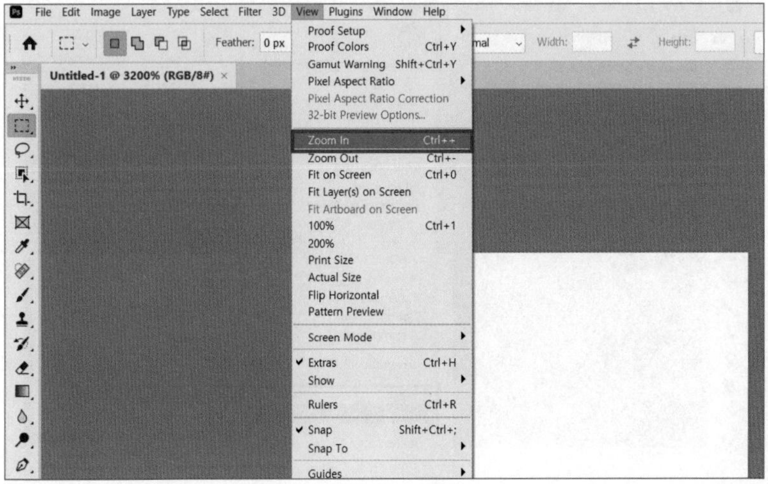

05 Edit ⇨ Preference(환경설정) ⇨ Guide, Grid & Slice 그리드(격자)를 설정합니다.

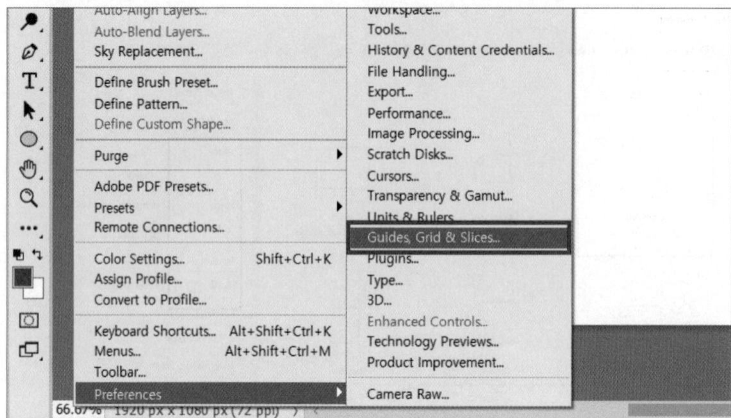

06 Gridline Every 1px, Subdivisions(세분화) 1로 설정합니다.

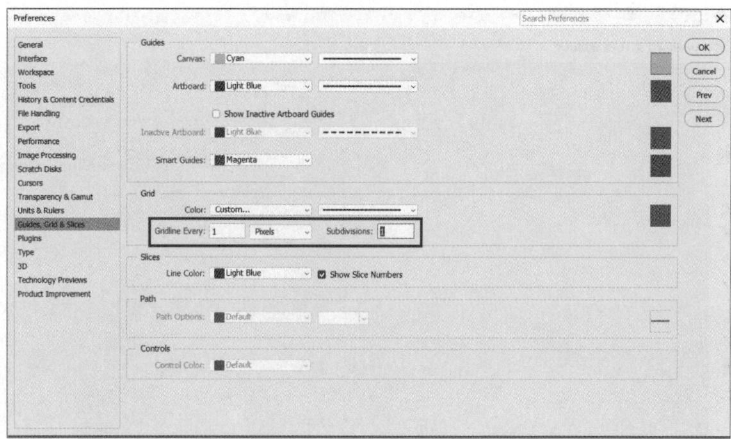

07 View ⇨ Show ⇨ Grid【Ctrl+따옴표】 그리드를 보이게 합니다.

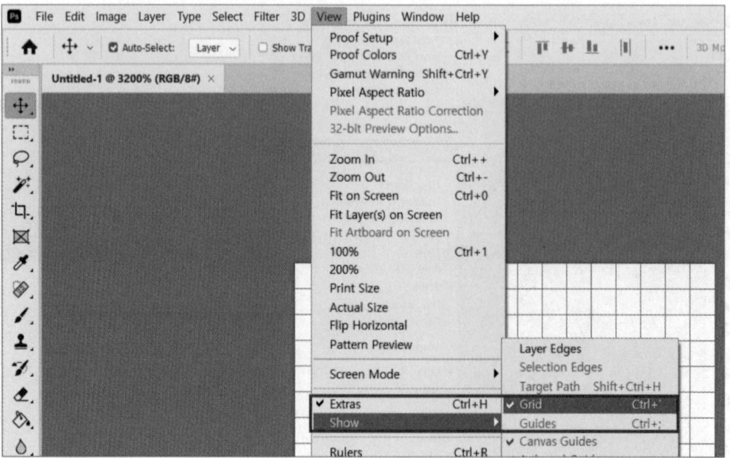

08 전경색과 배경색을 Default Color 【D】로 만든 후에 툴박스에서 Pencil tool 【B】을 선택합니다.

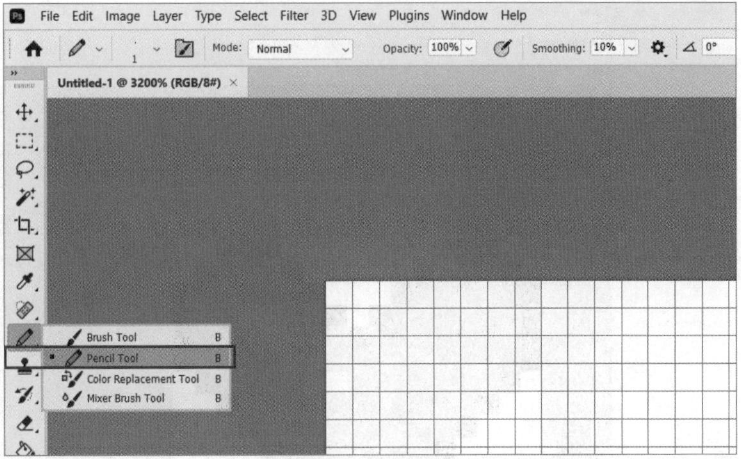

09 하트 모양을 그립니다.

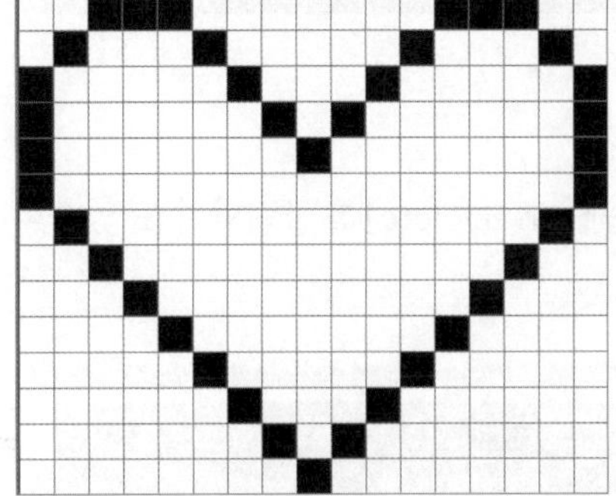

10 빨간색으로 칠합니다.

11 새 레이어를 추가합니다. 또는 단축키로 추가할 수 있습니다. Create New Layer 【Alt+Shift+N】

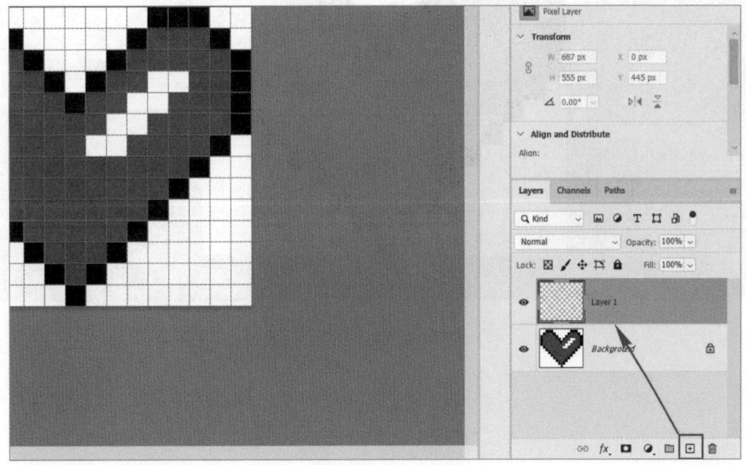

12 Edit ⇨ Fill 【Shift+F5】 다양한 방식으로 채우는 기능을 선택합니다.

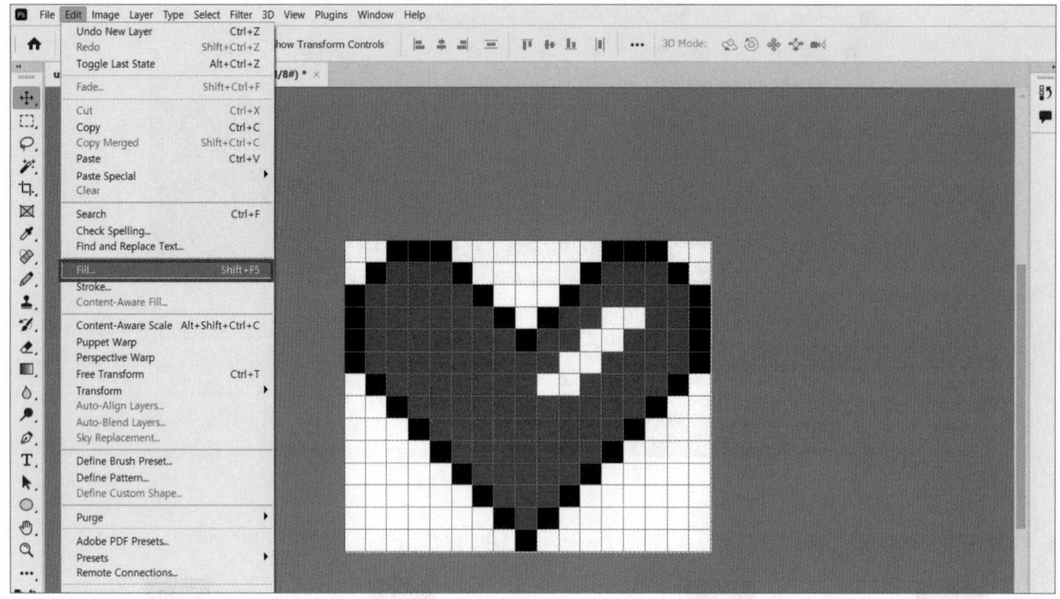

13 새로 만든 레이어에 흰색을 채웁니다. 또는 배경색을 채우는 【Ctrl+Delete】를 클릭할 수도 있습니다.

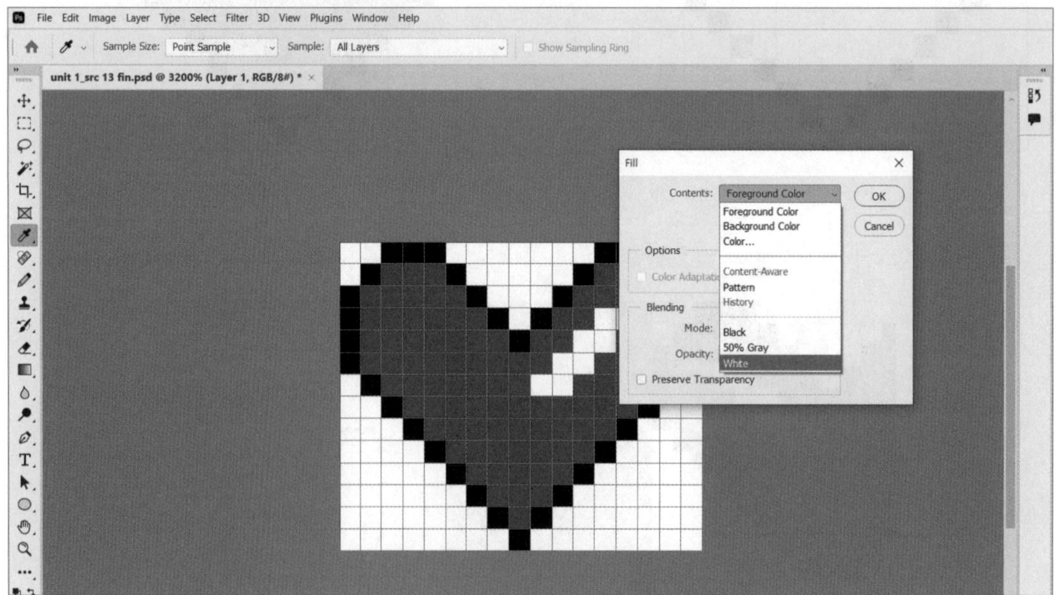

14 Window ⇨ Timeline을 꺼냅니다.

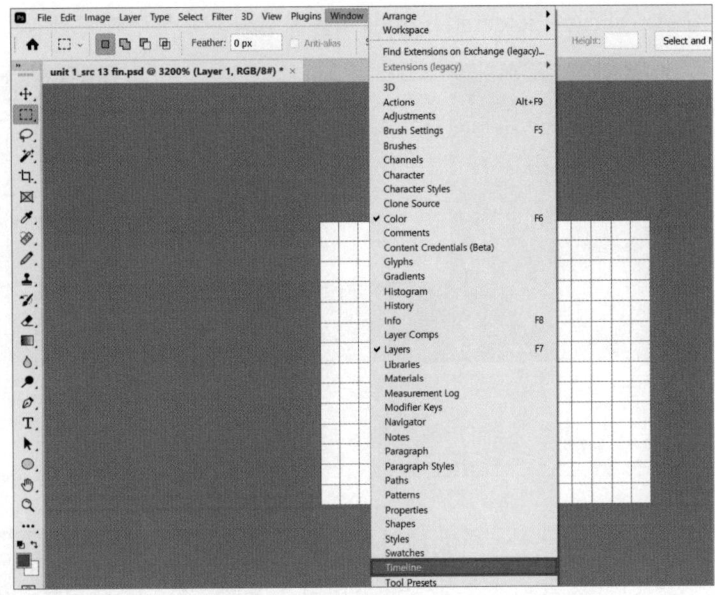

TIP

포토샵의 Timeline은 프리미어처럼 간단한 비디오를 편집할 수 있습니다. 또한 비디오 레이어를 생성하여 편집하거나 Gif Animation을 제작할 수 있습니다.

15 Create Frame Animation을 선택합니다.

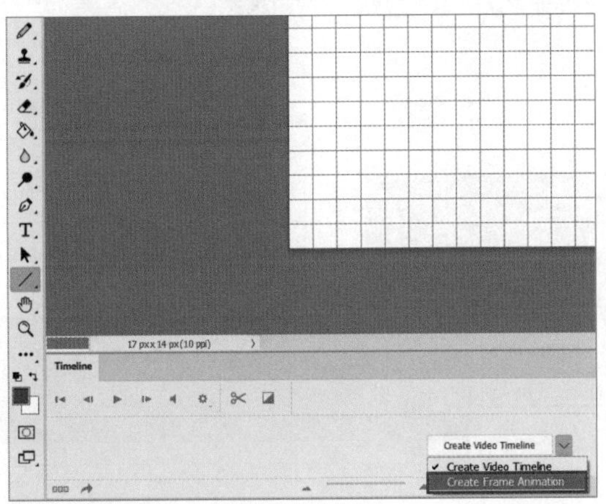

16 다시 한 번 텍스트 버튼을 클릭합니다.

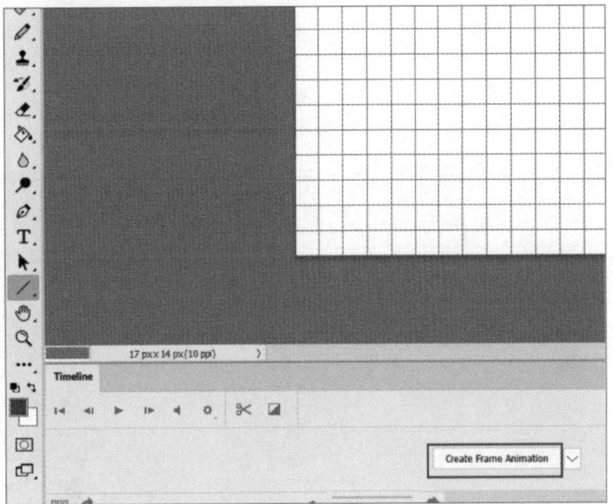

17 첫 번째 프레임이 보입니다.

18 Duplicates selected frames 버튼을 클릭하여 첫 번째 프레임을 복사합니다.

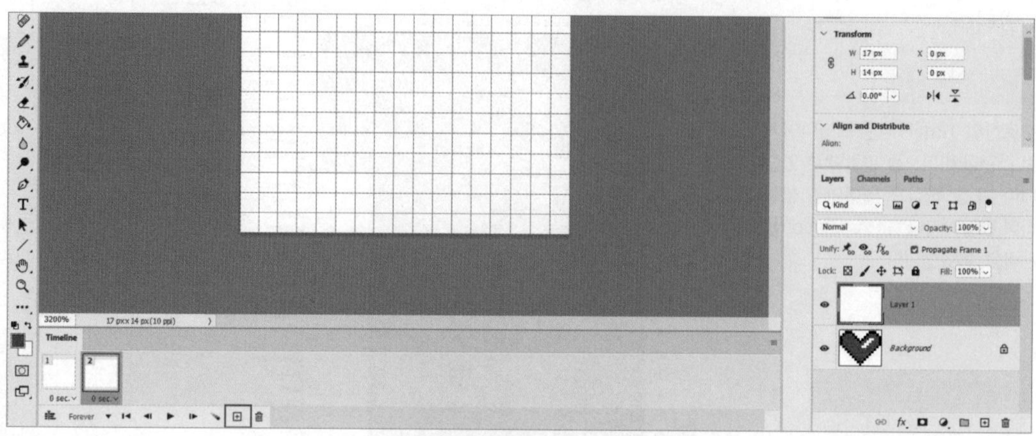

19 레이어 패널에서 흰색 레이어의 눈 아이콘을 클릭하여 끕니다. 그러면 두 번째 프레임에는 하트만 보이게 됩니다.

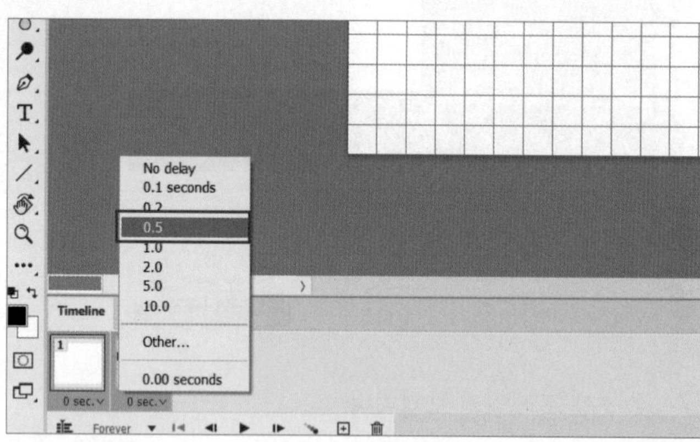

20 두 개의 프레임을 모두 선택한 후 마우스 오른쪽을 클릭하여 시간을 0.5초로 합니다.

21 File ⇨ Export ⇨ Save for Web(Legacy) 【Alt+ Shift+Ctrl+S】 웹용으로 저장합니다.

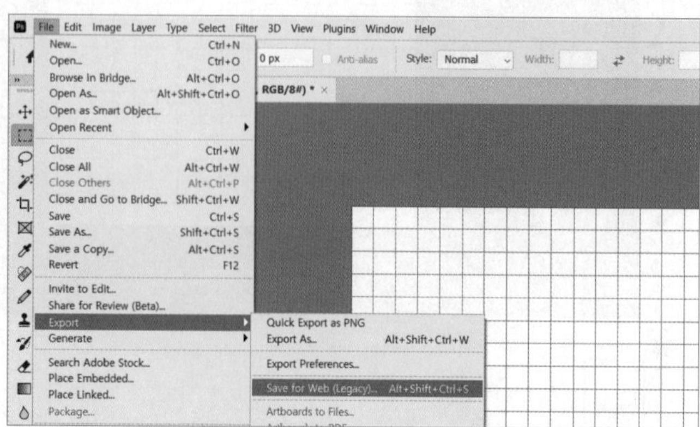

22 Format(파일 형식)은 Gif로 하고 Save를 클릭합니다.

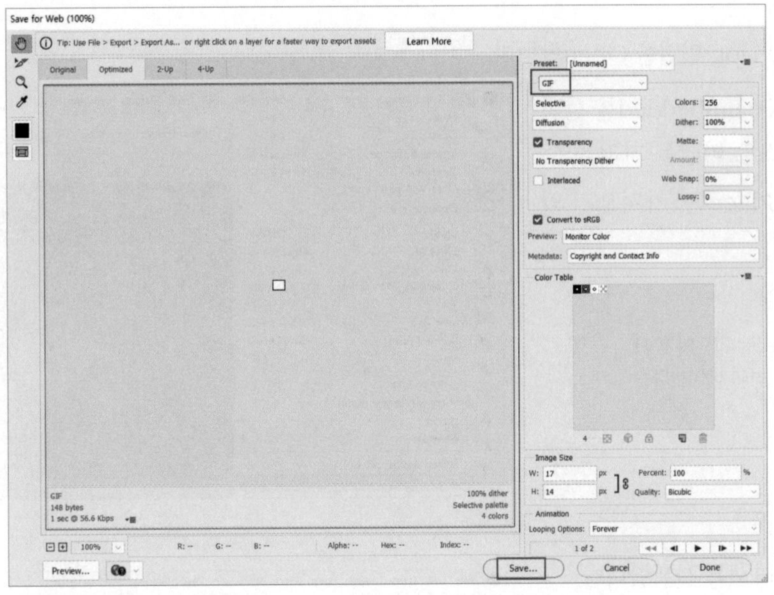

23 저장시 HTML and images로 정하면 폴더에 이미지가 저장됩니다.

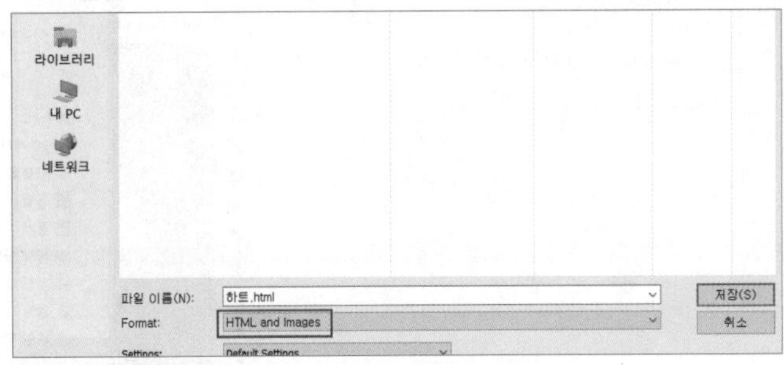

24 저장 위치에서 확인해 보면 웹문서가 보입니다.

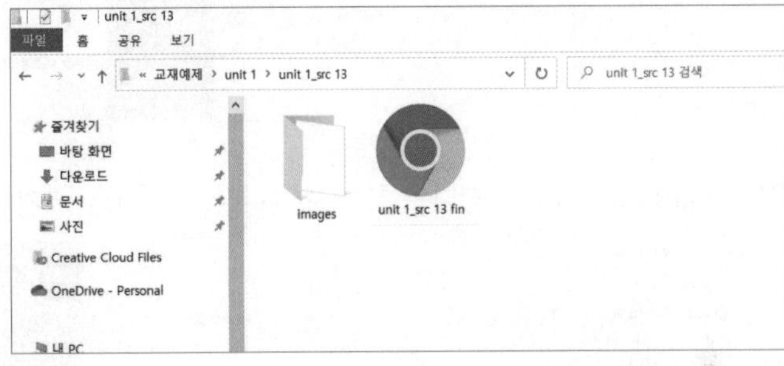

25 HTML 파일을 더블 클릭하여 실행하면 웹문서에 하트 모양의 아이콘이 보입니다.

14 | Ai 파일 가져오고 연동하기

01 unit 1 src 14.jpg 파일을 Open합니다.

02 File ⇨ Place Embedded를 선택하여 일러스트 파일을 가져올 수 있습니다. Place는 '가져오기'의 의미입니다.

TIP

Place Embedded란 기존의 문서에 이미지를 포함하여 배치한다는 의미입니다.

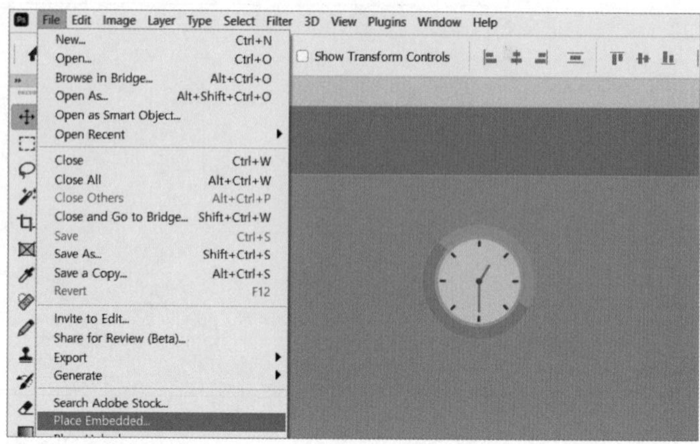

03 unit 1 src 15.ai를 선택합니다.

TIP

일러스트레이터로 제작한 백터 이미지를 가져오겠다는 의미입니다.

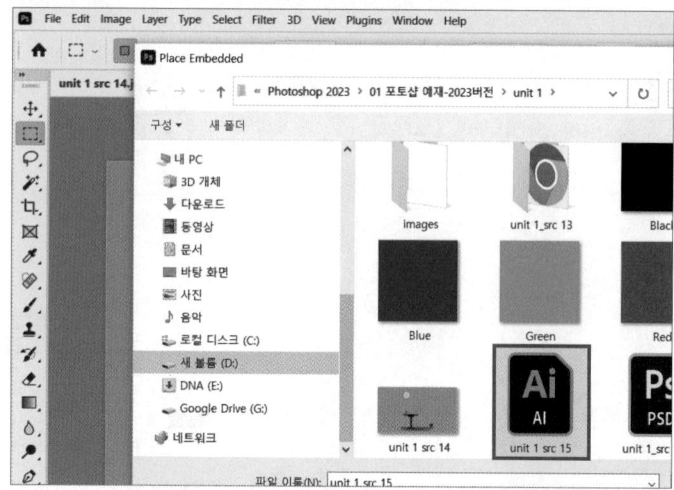

04 Smart Object로 열겠다는 창이 보입니다.

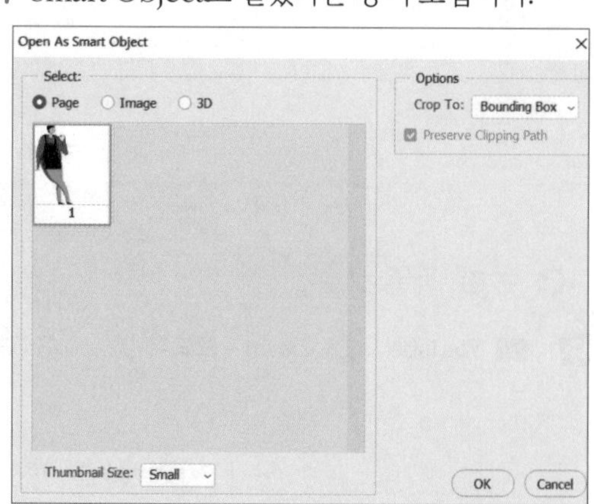

05 크기를 조절할 수 있는 Bounding Box가 보입니다.

06 Commit Transform 【Enter】를 클릭하여 확정합니다. 위치를 잘 맞춰 이동합니다.

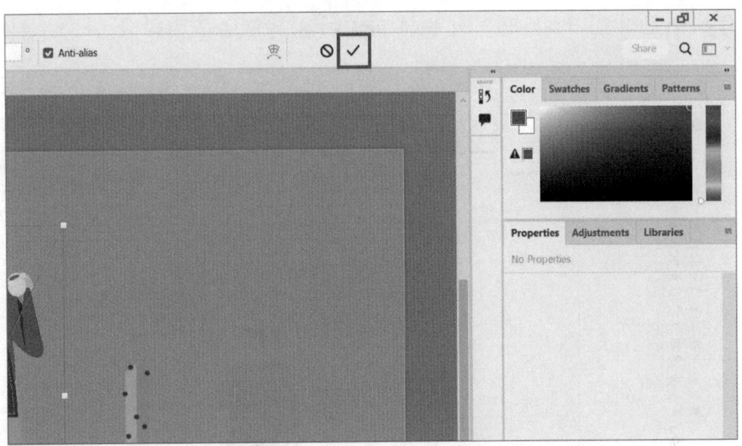

07 일반 레이어가 아닌 Smart Object Layer가 만들어집니다. Smart Object Layer는 원본의 손상 없이 편집할 수 있습니다. 예를 들어 품질을 훼손하지 않고 이미지 크기를 조정할 수 있습니다.

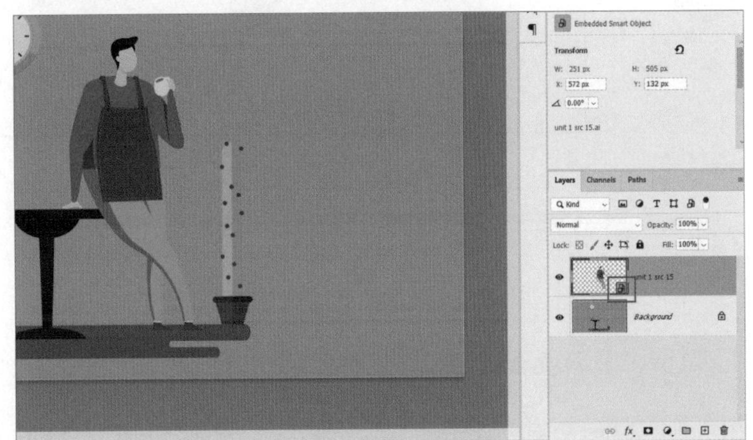

08 원본을 수정하기 위해 Smart Object Thumbnail을 더블 클릭합니다. 어도비 일러스트레이터가 자동으로 실행됩니다.

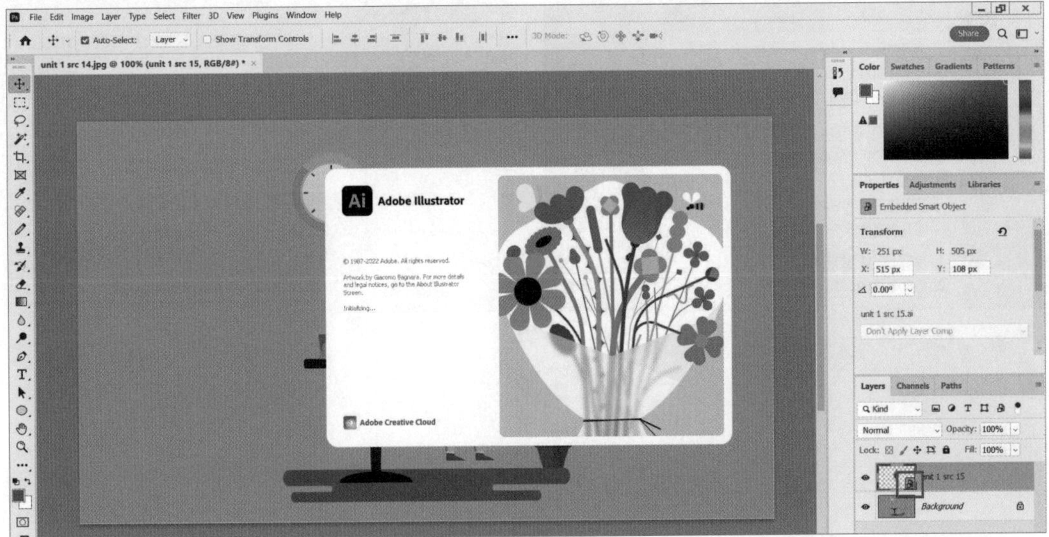

09 어도비 일러스트레이터 원본 파일이 자동으로 열립니다. 만약 원본을 수정하게 되면 포토샵 파일이 연동되어 변경됩니다.

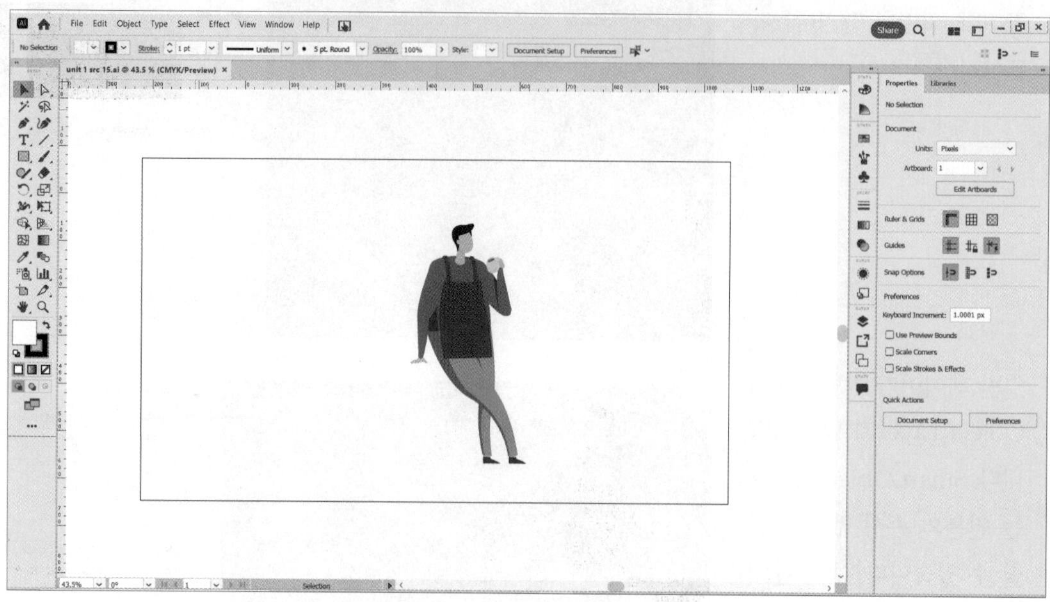

15 | Reset 프로그램 초기화하기

01 바탕화면에 있는 포토샵 바로가기 아이콘을 선택한 뒤 【Alt+Shift+Ctrl】를 누른 채 오른쪽 마우스를 클릭하고 열기를 선택합니다. Yes하면 기본값으로 설정됩니다.

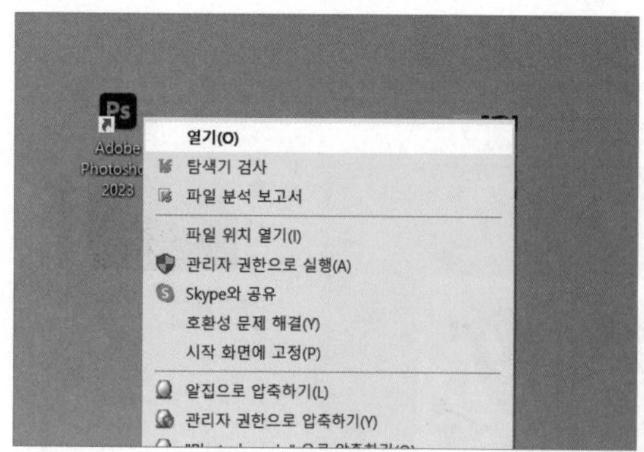

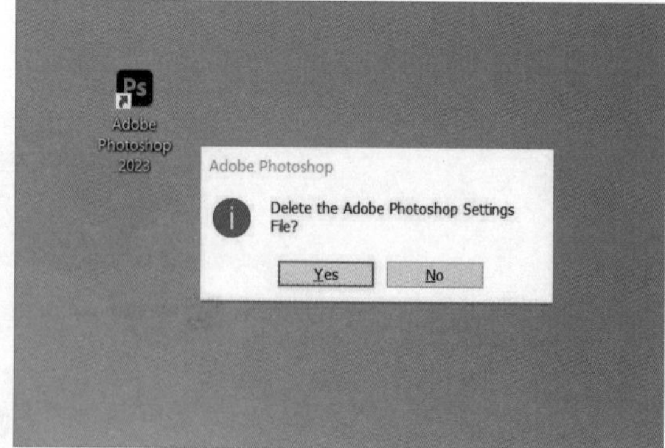

Unit 02 환경설정

01 | Preference 환경설정하기

- Photoshop을 가능한 한 원활하게 실행하기 위해 환경 설정을 변경하는 것이 좋습니다.

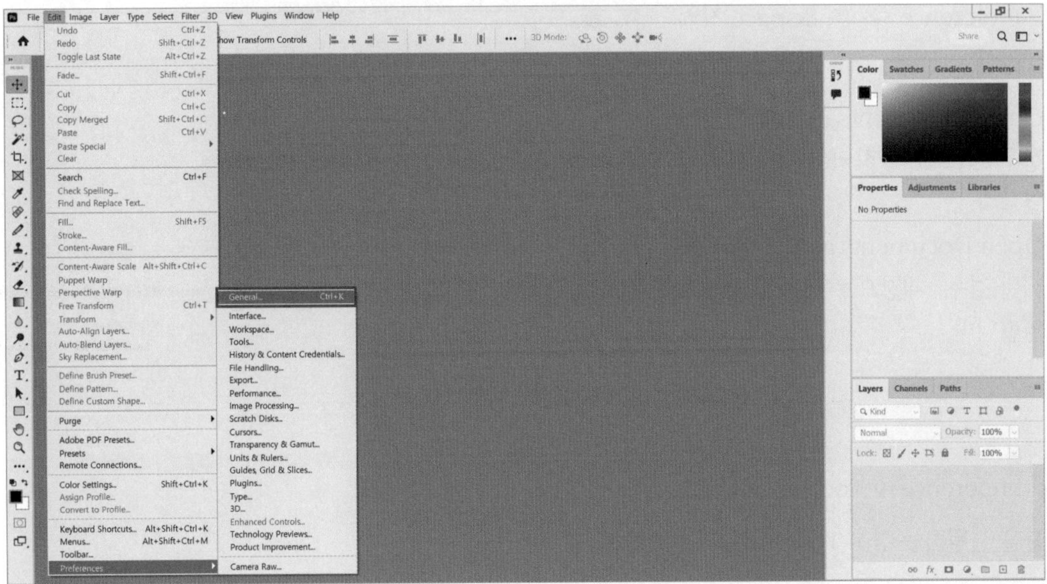

01 Preference ⇨ General 기본설정

- Auto show the Home Screen을 체크 해제 : 자동으로 홈스크린 화면을 뜨게 합니다.
- Use Legacy "New Document" Interface를 체크 해제 : 이전 버전의 화면배치로 새 문서를 만듭니다.

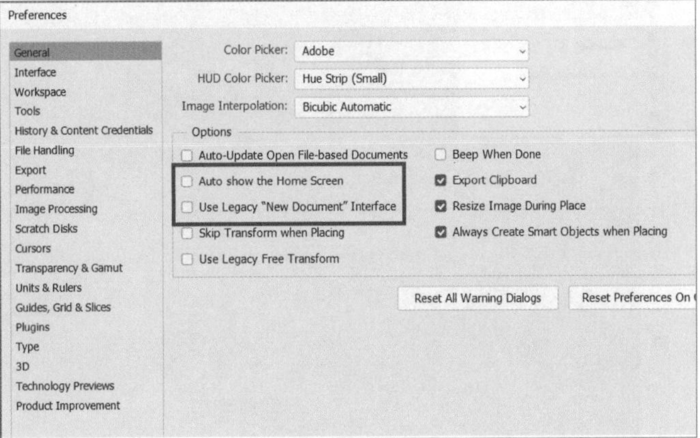

02 Preference ⇨ Interface 인터페이스

• Color Theme 중 하나를 선택하여 화면의 밝기를 선택할 수 있습니다.

> **TIP**
>
> 인터페이스를 밝게 하려면 [Shift+F2]을 몇 차례 누르거나 또는 어둡게 하려면 [Shift+F1]을 몇 차례 클릭하면 됩니다.

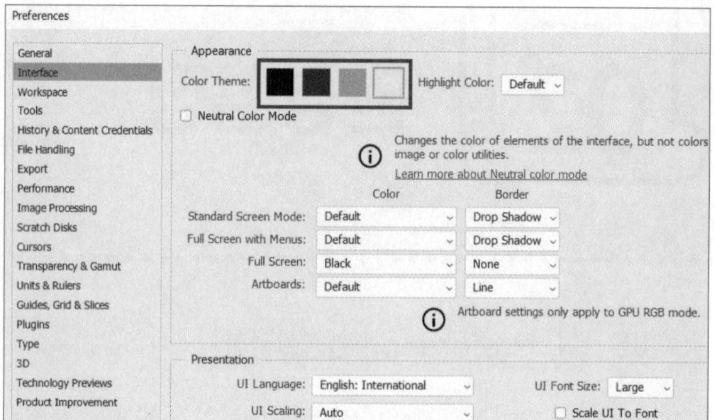

03 Preference ⇨ Workspace 작업공간

• Open Documents as Tab 체크한 경우 : 탭으로 설정되어 이미지가 열립니다.

• Open Documents as Tab 체크 해제한 경우 : 새창으로 하나씩 별개로 열립니다.

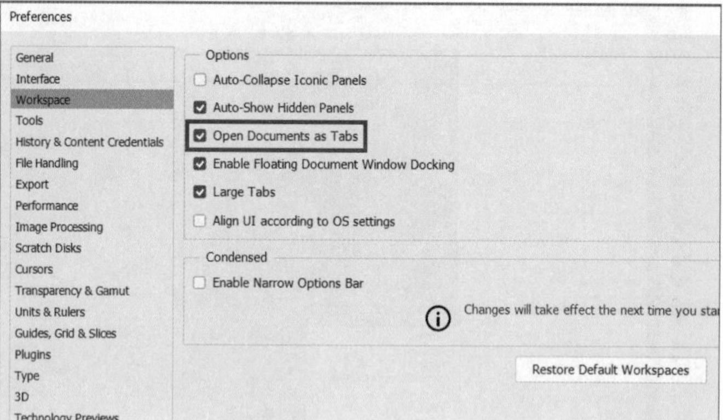

04 Preference ⇨ Tools 도구 설명

• 툴을 선택하는 경우 Tooltips이 자동으로 보입니다.

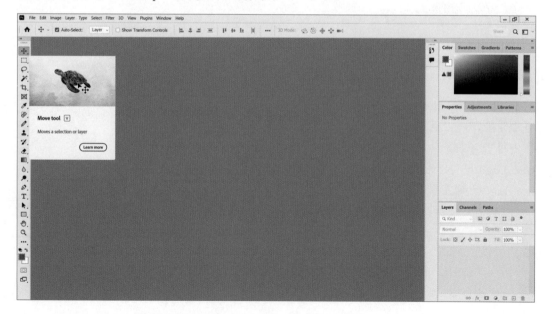

• Show Tooltips를 해제하면 툴박스의 설명박스가 뜨지 않도록 할 수 있습니다.

T I P

툴에 관한 설명이 애니메이션과 함께 작동하는 것이 아닌 일반 툴 설명만 보이게 하고 싶을 경우엔 Show Rich Tooltips만 해제하면 됩니다.

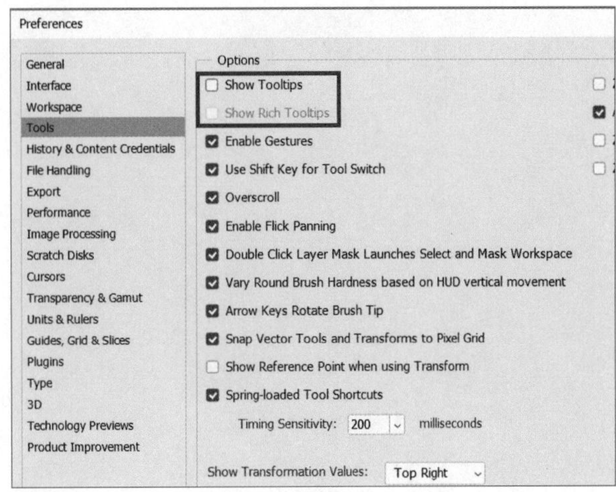

05 Preference ⇨ Guide, Grid&Slice 안내선, 격자 및 조각

• Guide, Grid&Slice의 설정을 변경할 수 있습니다.

T I P

Preference(환경설정)은 포토샵과 일러스트레이터 모두 단축키가 [Ctrl+K]이므로 함께 기억하면 좋습니다.

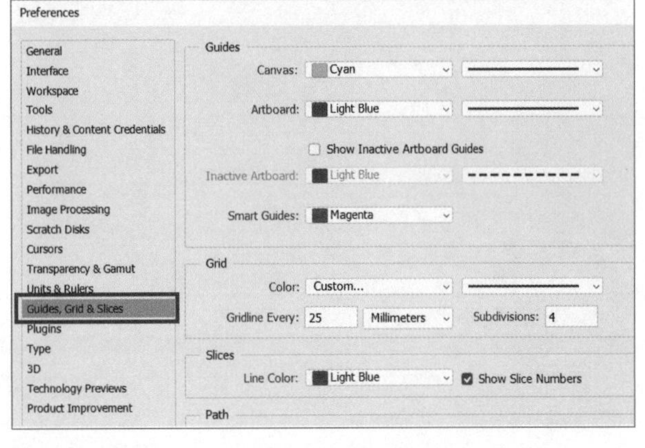

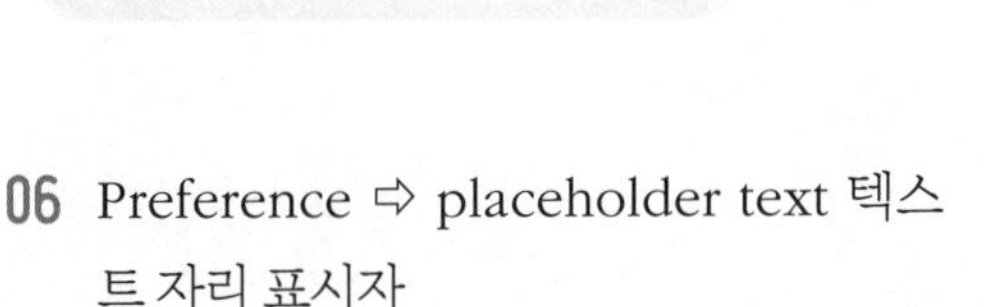

06 Preference ⇨ placeholder text 텍스트 자리 표시자

• Fill new type layers with placeholder text가 체크 상태인 경우엔 텍스트 박스에 임의의 텍스트가 입력됩니다. 문서에 새 텍스트 레이어를 만들 때 Lorem Ipsum 텍스트를 활성화합니다.

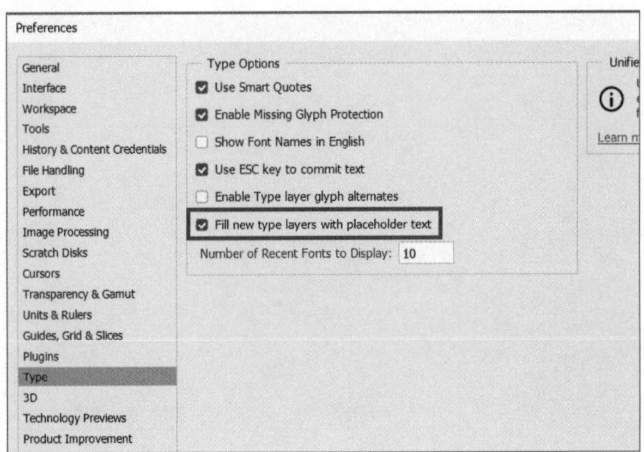

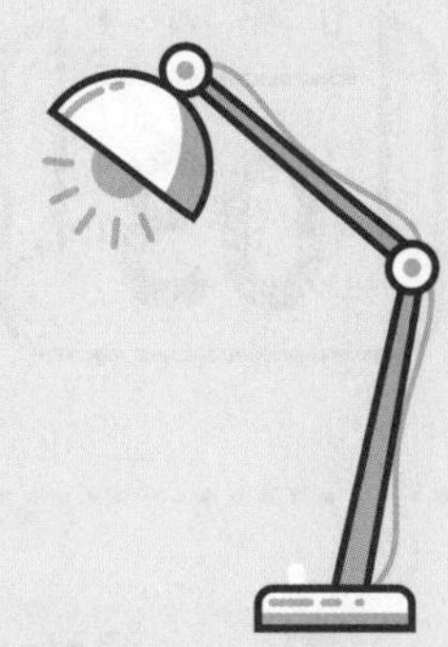

Chapter 2
사진 편집 기술

사진 편집을 위한 중요하고 기본적인 기능을 설명하고 익힐 수 있는 파트입니다. 다만 수차례 반복 학습을 통해서만이 실력이 향상됨을 잊지 마시고 기본 기능과 함께 사진 편집 기술의 습득을 통해 창의력을 갖춘 능력있는 디자이너로서의 성장의 발판이 되리라 믿습니다.

이미지 기본 다루기

01 | Select 선택하기

01 File ⇨ Open ⇨ unit 3_src 1.psd 파일을 Open합니다.

02 Move tool【V】을 선택합니다. 이때 Option Bar에 Auto Select가 체크된 상태에서 자동차를 클릭하면 Layer1이 선택됩니다.

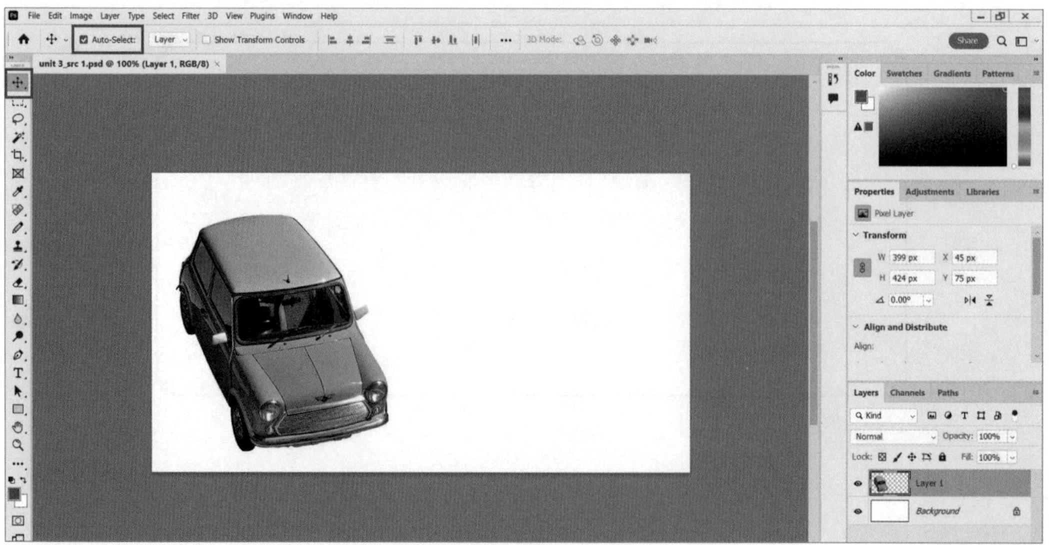

02 | Copy 복사하기

01 Alt를 누른 채 오른쪽으로 드래그하면 오브젝트가 복사되고 레이어가 자동으로 추가됩니다.

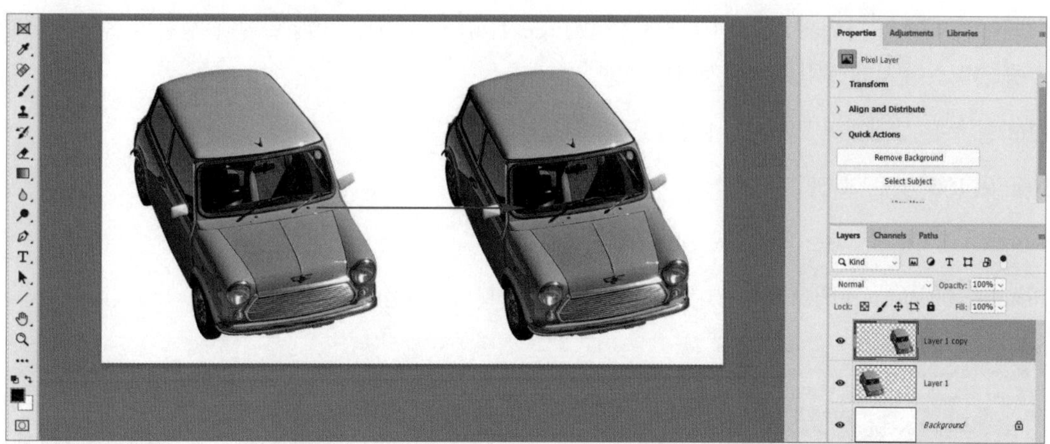

03 | Delete 삭제하기

01 레이어 패널의 오른쪽 아래에 있는 휴지통을 클릭합니다.

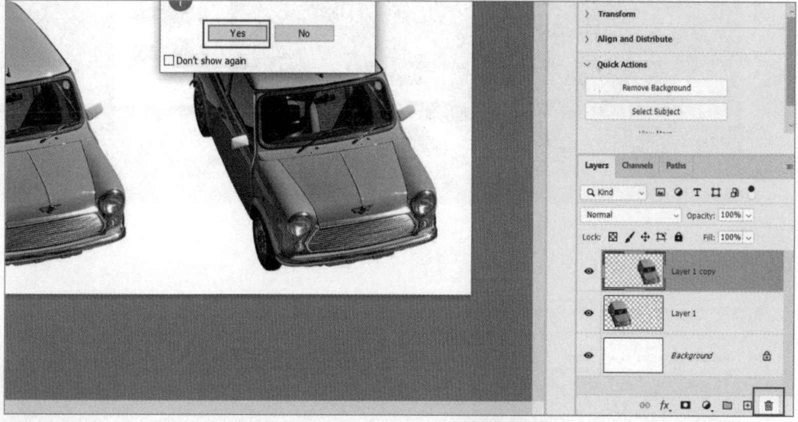

02 Layer 1 Copy 레이어가 삭제됩니다.

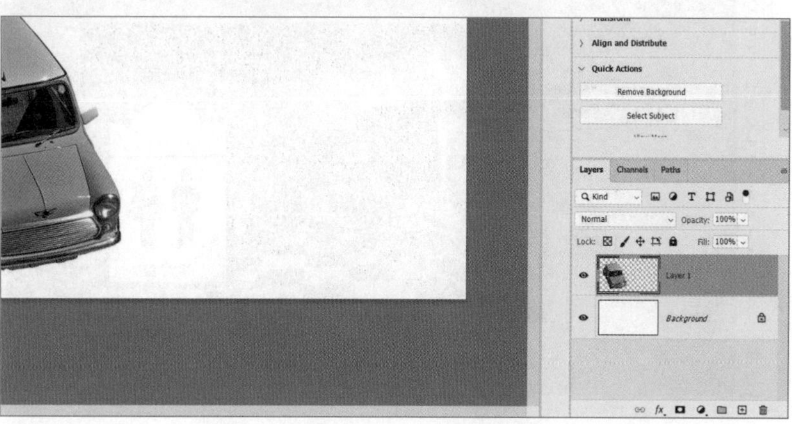

04 | Free Transform - Rotate 회전하기

01 File ⇨ Open ⇨ unit 3_src 2.psd 파일을 Open합니다.

02 레이어 패널【F7】에서 Layer 1을 선택한 후 Free Transform【Ctrl+T】합니다. 상단의 옵션 바에 90˚를 입력하여 시계 방향으로 회전합니다.

- Shift를 누른 상태에서 모서리를 회전 : 15˚씩 회전
- Rotate 180˚: 180˚ 회전
- Rotate 90˚ Clockwise : 시계방향 90˚ 회전
- Rotate 90˚Counter Clockwise : 시계 반대 방향으로 90도˚ 회전

03 키보드의 Enter 키를 클릭하여 마무리합니다.

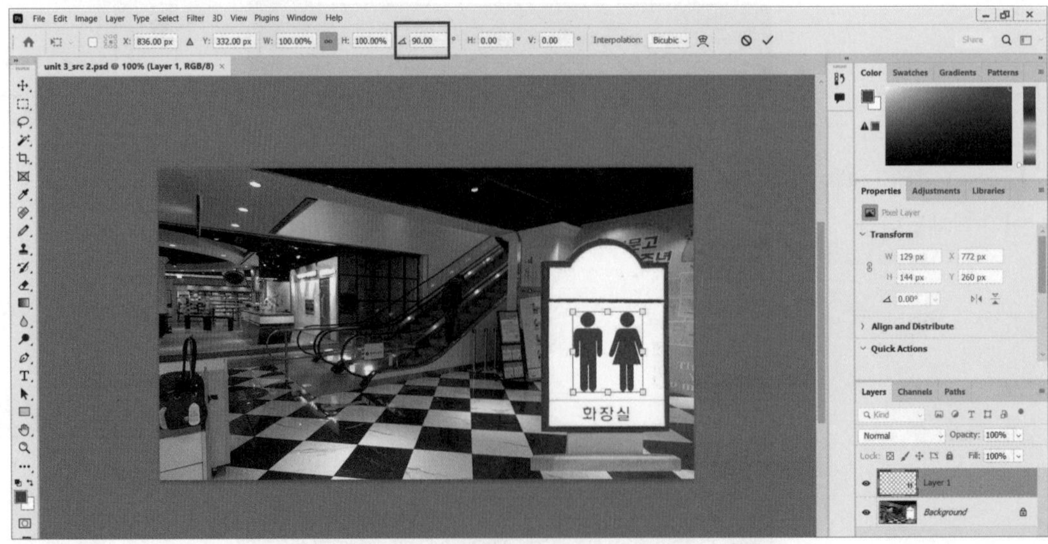

05 | Free Transform - Skew 비스듬하게

01 Layer 1을 선택한 후 Free Transform【Ctrl+T】합니다. 조절점이 있는 Bounding Box가 보입니다. Bounding Box의 안쪽에 마우스를 위치하게 한 후 마우스 오른쪽 버튼을 클릭합니다. Skew(비스듬한)를 선택합니다.

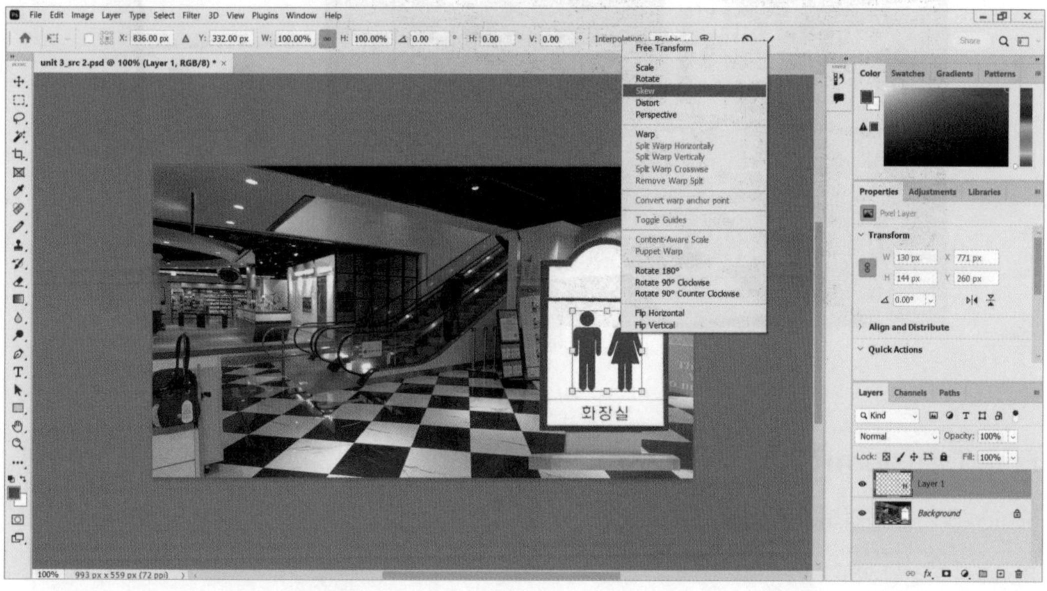

02 가운데 조절점을 오른쪽으로 드래그하여 옮긴 후에 상단에 체크 표시를 클릭합니다.

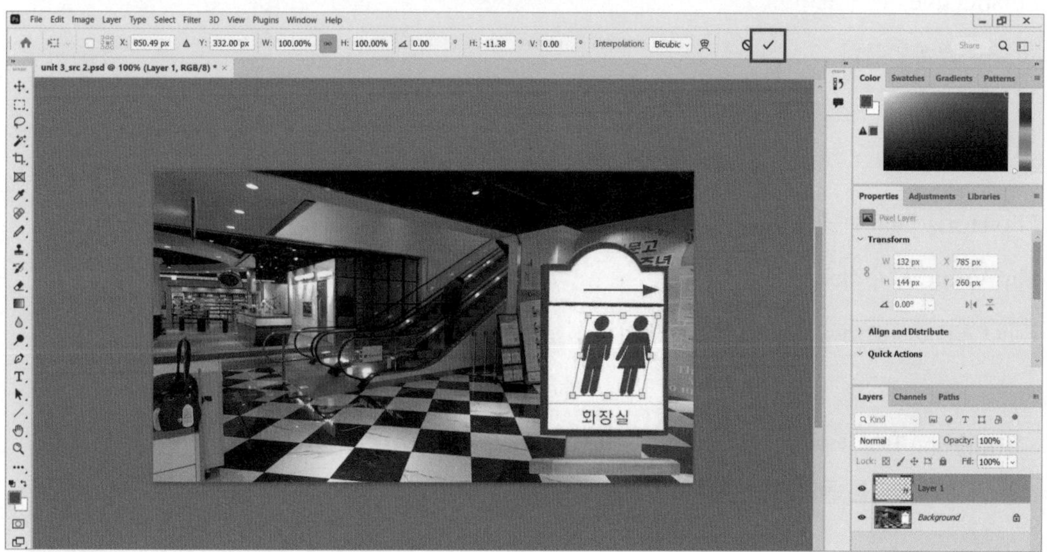

03 이미지가 비스듬히 기울어집니다.

▶ Free Transform【Ctrl+T】

- Scale : 크기를 변경하고 싶을 때
- Rotate : 회전할 때
- Skew : 비스듬한
- Distort : 비틀다
- Perspective : 원근 표현
- Warp : 휘게 만들다

그외

- Flip Horizontal : 수평으로 뒤집기
- Flip Vertical : 수직으로 뒤집기
- Edit ⇨ Transform ⇨ Again【Ctrl+Shift+T】: 반복하여 실행하고 싶을 때

▶ Bounding Box(테두리 상자)는 드래그하여 이동, 변형, 회전 또는 비율을 조정할 수 있는 이미지, 모양 또는 텍스트를 둘러싸는 사각형 테두리입니다.

사진 편집하기

01 | Invert & Inverse 이미지 반전과 선택 영역 반전

01 File ⇨ Open ⇨ unit 4_src 1.jpg 파일을 Open합니다.

02 Elliptical Marquee tool 【M】을 선택한 후 드래그하여 가운데에 동그랗게 선택 영역을 만듭니다.

TIP
[Shift+Alt]를 누른 상태에서 방사형 원형 선택을 할 수 있습니다.

03 선택 영역의 경계 부분을 부드럽게 하기 위해서 Select ⇨ Modify ⇨ Feather Selection 【Shift+F6】을 선택합니다.

04 선택 영역의 경계 부분을 30pixels 정도로 정합니다. 이때 아래에 옵션을 체크합니다.(Apply Effect at Canvas Bounds : 경계 부분에 효과를 적용하라는 의미입니다.)

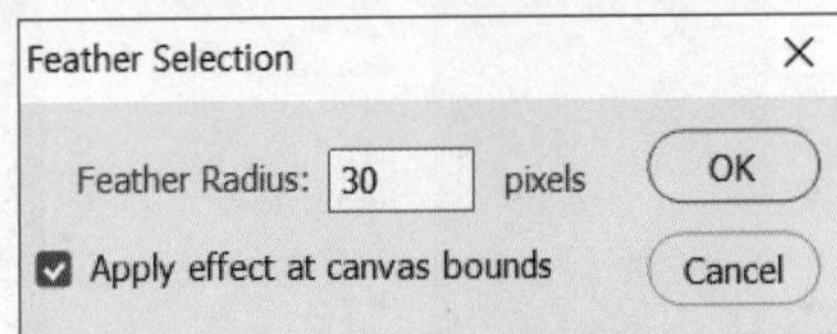

05 Select ⇨ Inverse【Shift+Ctrl+I】 선택 영역을 반전합니다.

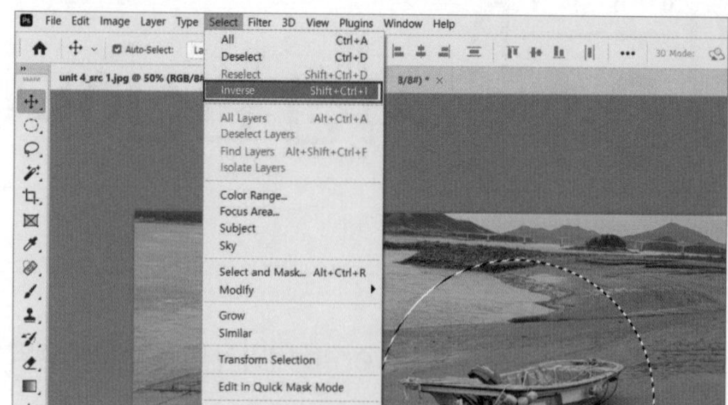

06 동그란 선택 영역의 바깥 부분이 선택 영역이 됩니다.

07 Image ⇨ Adjustments ⇨ Invert【Ctrl+I】 이미지를 반전합니다.

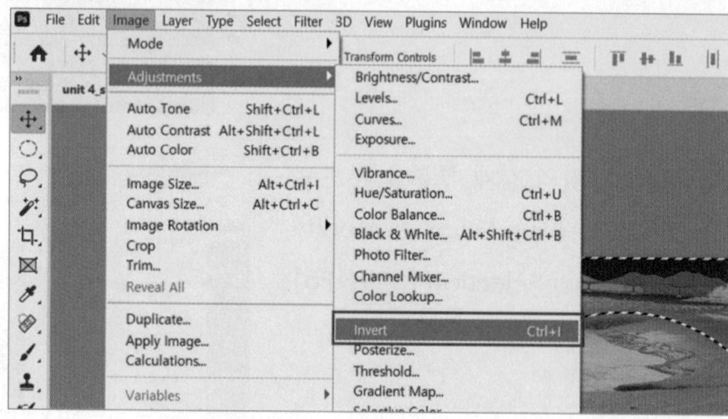

08 Select ⇨ Deselect【Ctrl+D】 선택 영역을 해제합니다.

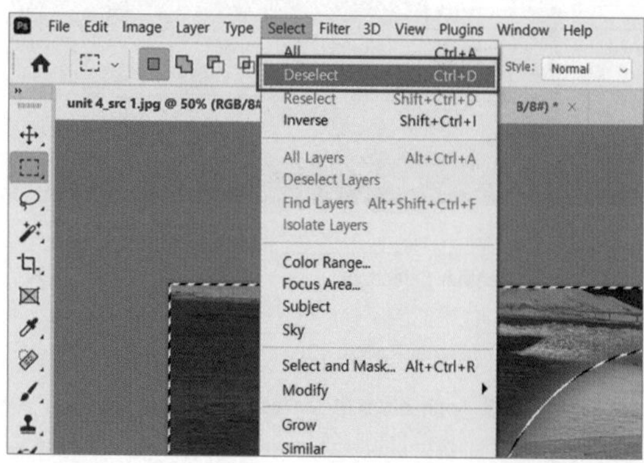

02 | Fill 선택 영역을 색상으로 채우기

01 File ⇨ Open ⇨ unit 4_src 2.jpg 파일을 Open합니다.

02 Foreground Color(전경색)를 빨간색으로 만듭니다.

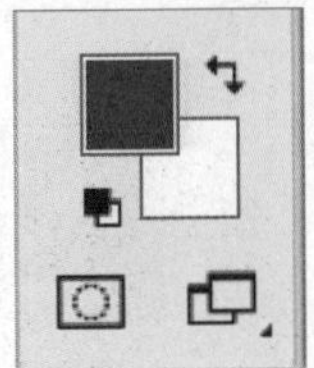

Rectangular Marquee tool【M】을 선택한 후 드래그하여 가운데에 선택 영역을 만듭니다.

03 Edit ⇨ Fill【Shift+F5】를 선택합니다.

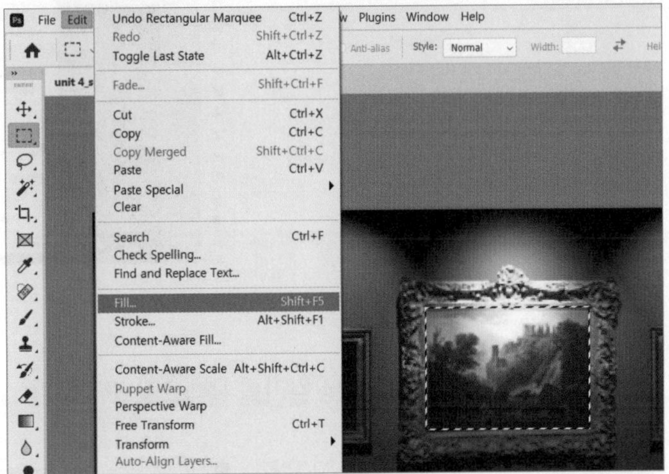

04 Foreground Color(전경색)을 선택합니다.

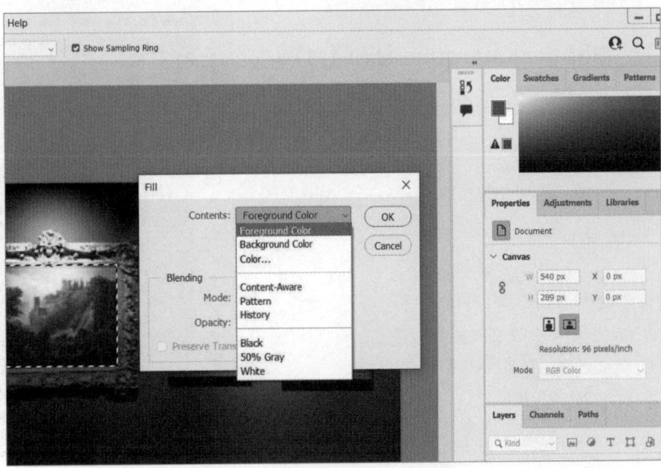

05 Foreground Color(전경색)이 선택 영역에 채워집니다.

T I P

단축키를 이용하여 Foreground Color(전경색)을 채우려면 [Alt +Delete]를 클릭하면 됩니다.

06 Select ⇨ Deselect【Ctrl+D】선택 영역을 해제합니다.

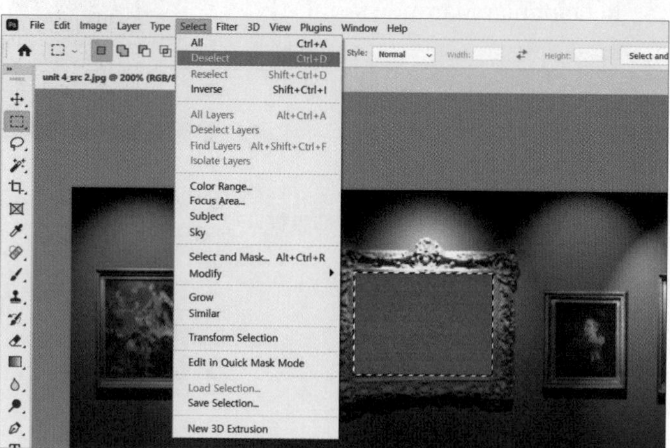

03 | Black&White 칼라를 흑백으로 보정하기

01 File ⇨ Open ⇨ unit 4_src 3.jpg 파일을 Open합니다.

02 Elliptical Marquee tool【M】을 선택한 후 드래그하여 가운데에 동그랗게 선택 영역을 만듭니다. 이때 옵션 바의 Feather는 0px입니다.

T I P

Feather란 선택 영역을 어느 정도의 수치로 부드럽게 처리하겠느냐를 정하는 기능입니다.

03 Select ⇨ Transform Selection을 선택합니다.

또는 선택 영역의 안쪽에서 오른쪽 버튼을 클릭하여 Transform Selection을 선택할 수도 있습니다.

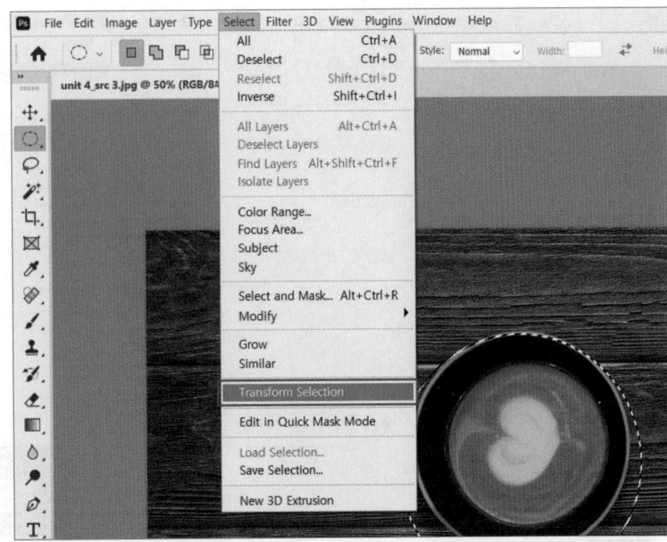

04 Shift를 누른 채 Bounding Box의 옆 조절점을 상하좌우 각각 이동하여 선택 영역의 크기를 조절합니다. 커피잔의 선택 영역 바깥 부분을 가급적 정확하게 맞춥니다.

05 Select ⇨ Inverse 【Shift+Ctrl+I】 선택 영역을 반전합니다.

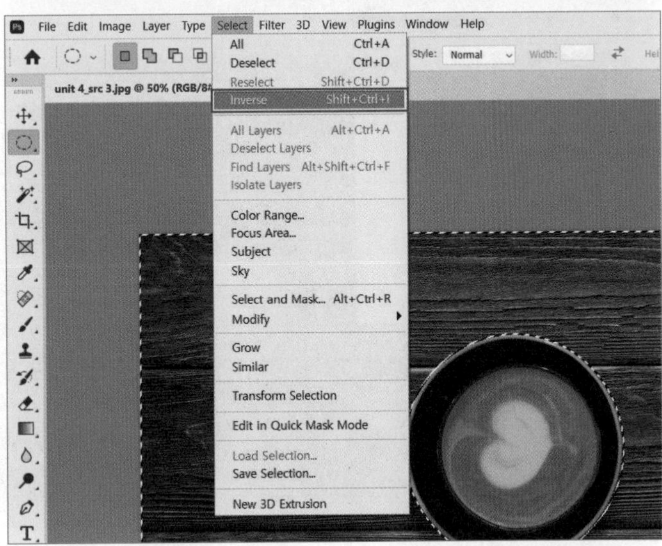

06 Image ⇨ Adjustments ⇨ Black and White 【Alt+Shift+Ctrl+B】 흑백을 선택합니다.

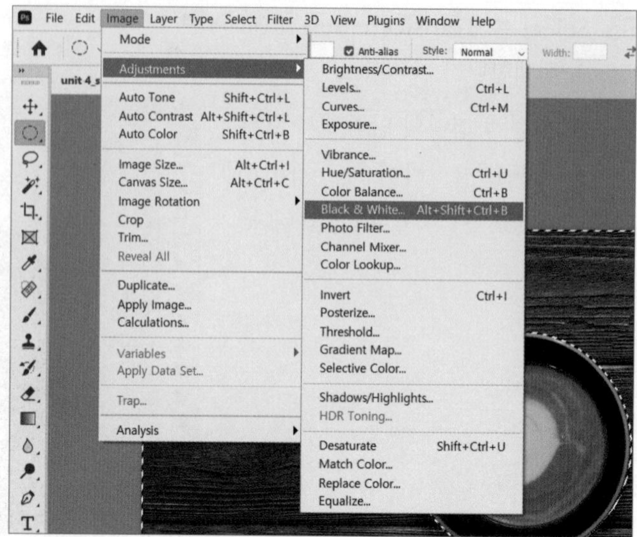

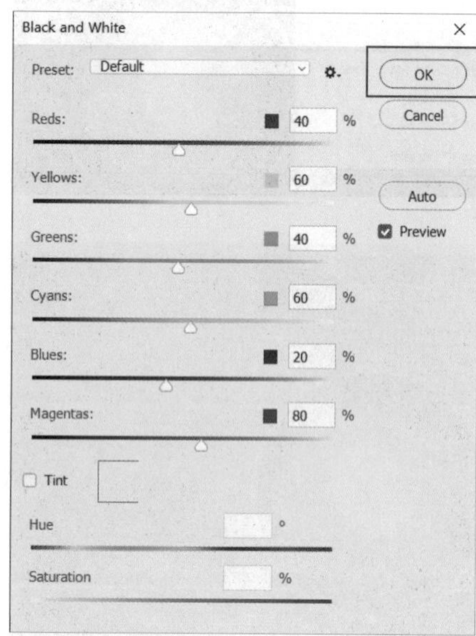

07 Black and White 【Alt+shift+Ctrl+B】 대화창이 뜨면 OK 버튼을 클릭합니다.

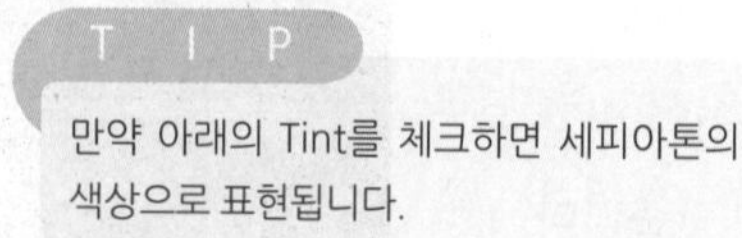
TIP

만약 아래의 Tint를 체크하면 세피아톤의 색상으로 표현됩니다.

08 흑백 효과가 적용되었습니다. Select ⇨ Deselect 【Ctrl+D】 선택 영역을 해제합니다.

04 | Feather Selection 경계 부분을 부드럽게 하기

01 File ⇨ Open ⇨ unit 4_src 4.jpg 파일을 Open합니다.

02 Lasso tool【L】을 이용하여 드래그하여 구름 모양을 그립니다.

03 구름 모양의 선택 영역이 그려집니다.

> **TIP**
> Shift를 누른 채 여러 개의 선택 영역을 만들 수 있습니다.

04 선택 영역의 경계 부분을 부드럽게 하기 위해서 Select ⇨ Modify ⇨ Feather Selection【Shift+F6】을 선택합니다.

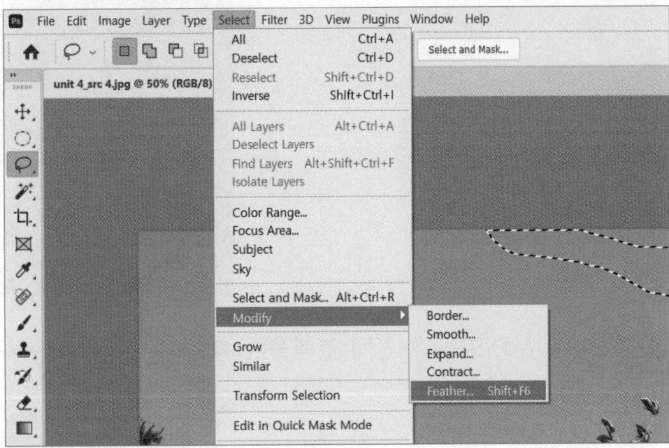

05 선택 영역의 경계 부분을 20pixels 정도로 정합니다. 이때 아래에 옵션을 체크합니다.(Apply Effect at Canvas Bounds : 경계 부분에 효과를 적용하라는 의미입니다.)

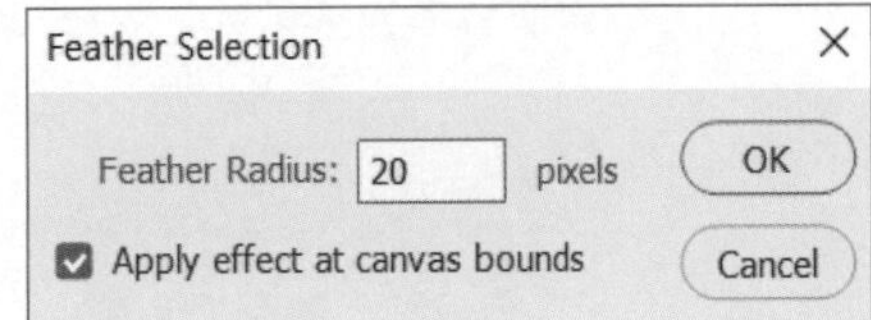

06 Edit ⇨ Fill【Shift+F5】를 선택합니다.

T I P

구름의 위치나 크기등을 후에 변경하고 싶다면 새로운 레이어를 추가한 후에 선택합니다.

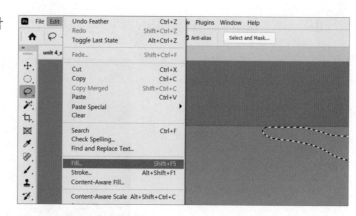

07 White를 선택합니다.

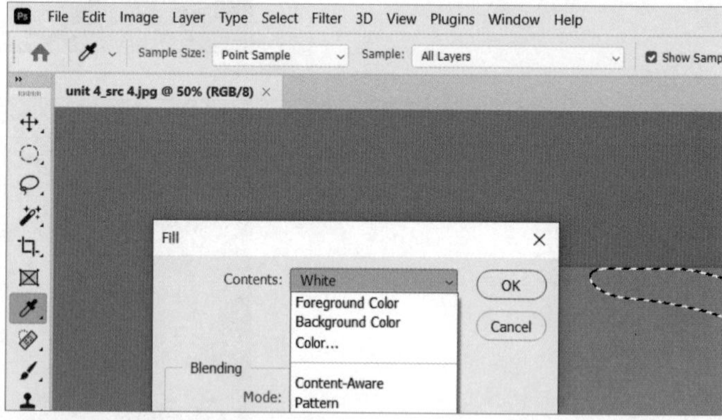

08 흰색이 선택 영역에 채워집니다.

09 Select ⇨ Deselect 선택 영역을 해제합니다.

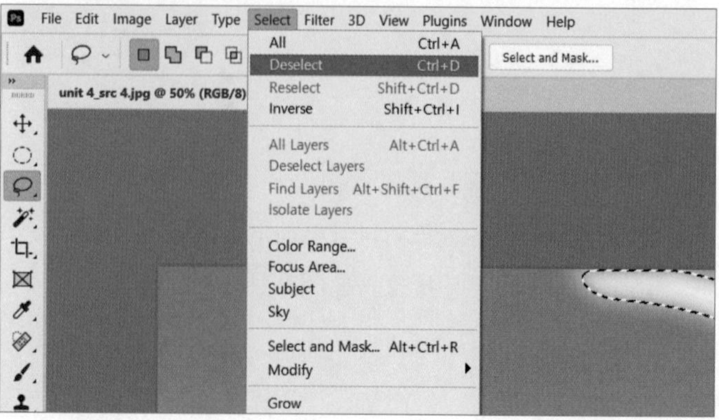

10 선택 영역의 경계 부분을 부드럽게 처리한 흰색구름을 만들 수 있습니다. 빈 공간에 추가해 보세요.

05 | 다양한 기능을 활용하여 달 표현하기

01 File ⇨ Open ⇨ unit 4_src 5.jpg 파일을 Open합니다.

02 Elliptical Marquee tool【M】원형선택 툴을 이용하여 동그랗게 선택 영역을 그립니다. 이때 정확하게 맞춰서 그리지 않아도 됩니다.

03 Select ⇨ Transform Selection을 선택하여 선택 영역을 변형하고자 합니다.

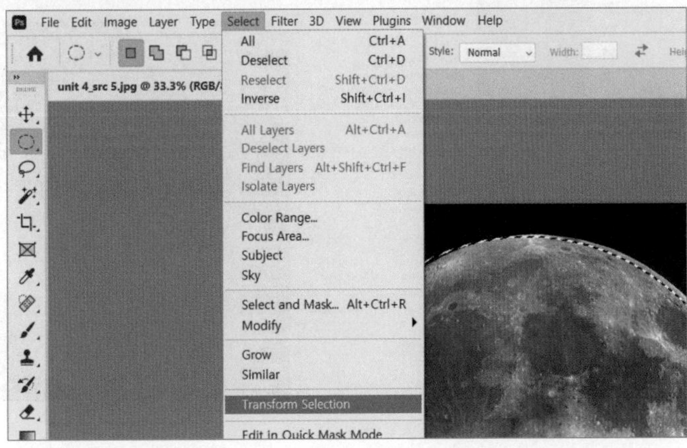

04 Shift를 누른 채 Bounding Box의 옆 조절점을 상하좌우 각각 이동하여 선택 영역의 크기를 조절합니다.

05 선택 영역을 달모양의 외곽 부분에 가급적 정확하게 맞춥니다. Enter를 클릭하여 선택 영역의 크기를 확정합니다.

06 Default【D】기본색으로 전경색과 배경색을 설정한 후 Switch【X】하면 전경색과 배경색이 바뀝니다.

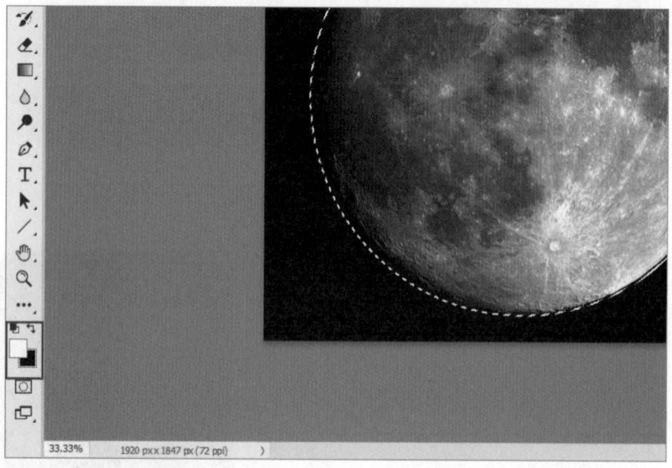

07 Layer ⇨ New ⇨ Layer via Cut【Shift+Ctrl+J】선택 영역을 잘라내어 새 레이어로 만듭니다.

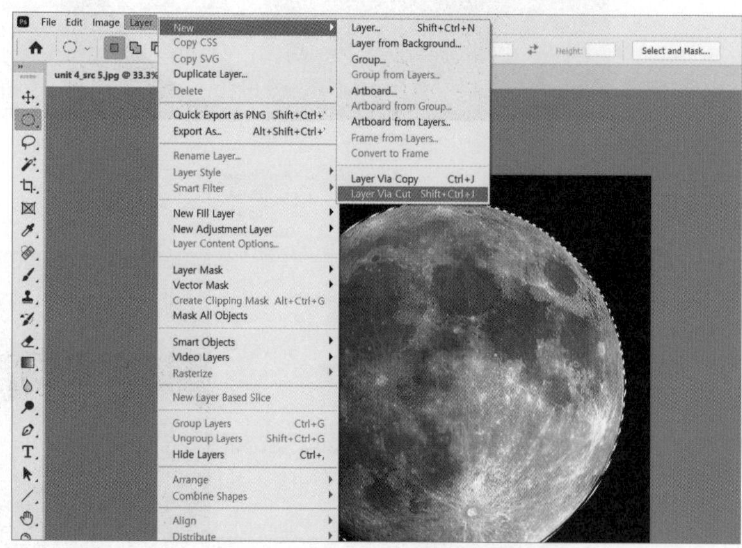

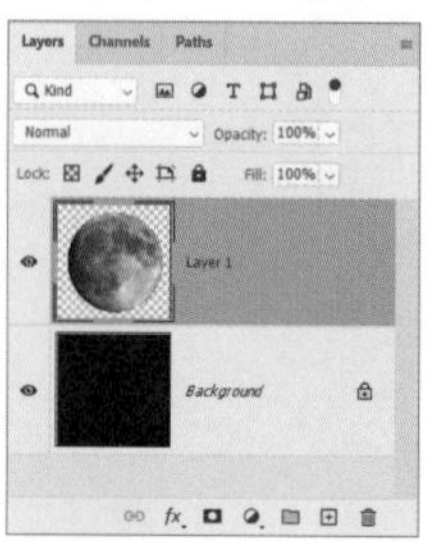

08 Background 레이어는 검은색이 되고 Cut된 달 레이어가 생성됩니다.

09 Layer ⇨ New ⇨ Layer via Copy【Ctrl+J】복사하여 새 레이어로 만듭니다.

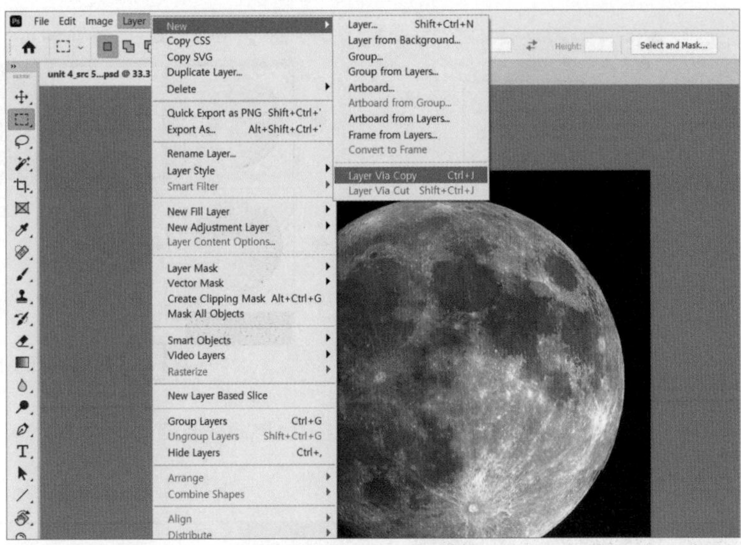

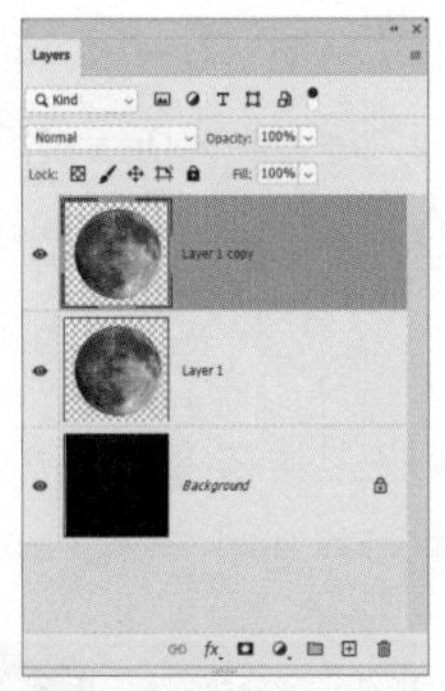

10 Image ⇨ Adjustments ⇨ Hue/Saturation【Ctrl+U】복사한 레이어에 색상과 채도를 변경합니다.

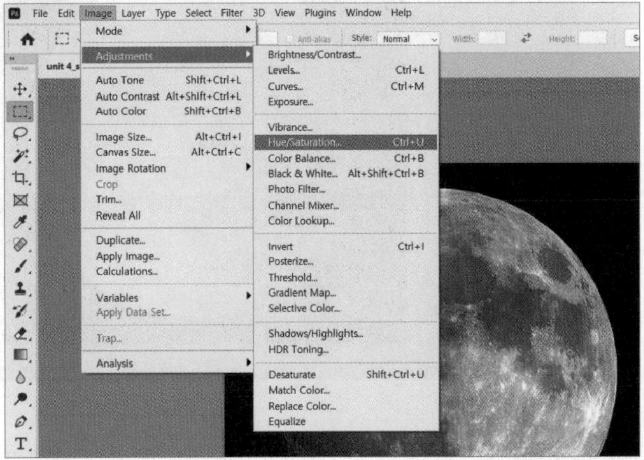

11 Colorize를 체크한 뒤 Hue, Saturation, Lightness를 푸른색 계열로 변경합니다. Colorize를 체크하는 이유는 한 가지 색상 계열이 되도록 하기 위함입니다.

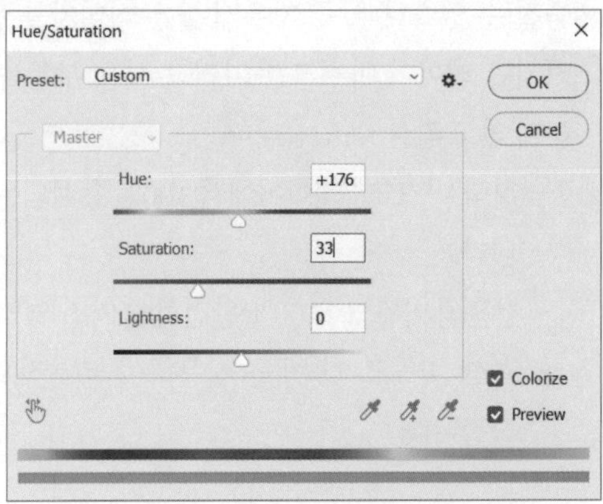

TIP

Hue(색조)는 가시광선의 파장으로, 눈으로 보이는 부분을 말합니다. Saturation(채도)란 Hue에 혼합한 백색광의 양을 말합니다.

12 레이어 패널의 아래에 Add layer mask icon를 클릭하여 흰색 마스크를 만듭니다.

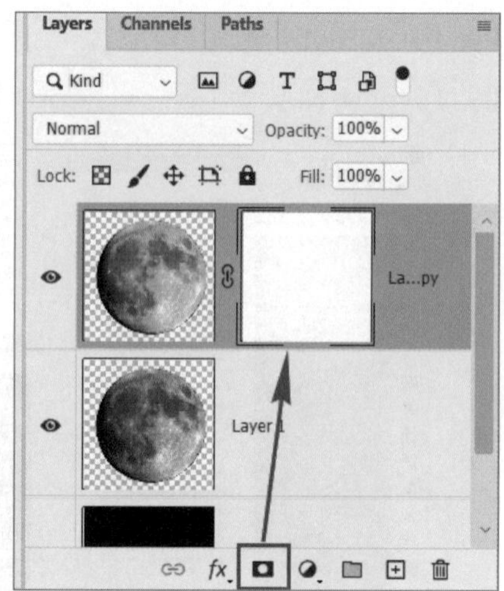

13 마스크 부분을 선택한 채 ⇨ Brush tool(부드러운 원)【B】을 선택합니다. 브러시의 크기는 약 500px 정도이며 Hardness는 0%로 합니다.

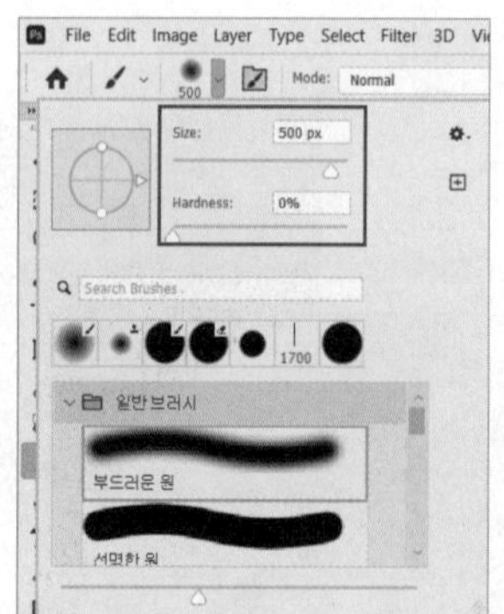

14 마스크 부분을 선택한 채 ⇨ Brush tool(부드러운 원)【B】을 이용하여 달의 왼쪽 부분을 칠하여 반달 모양으로 만듭니다. 이때 전경색은 반드시 검은색이어야 합니다.

· Layer Mask란 : 레이어의 영역을 독립적으로 쉽게 표시하고 숨길 수 있습니다. 즉 지우개 툴은 이미지를 영구적으로 삭제하지만 레이어 마스크는 가리고 싶은 부분을 이미지를 삭제하지 않고 감출 수 있습니다.

- 흰색 마스크 : 레이어에서 100% 표시되는 영역을 나타냅니다.
- 검은색 마스크 : 100% 완전히 숨겨진 영역을 나타냅니다.
- 회색 마스크 : 회색을 사용하여 부분적으로 표시하거나 숨깁니다.

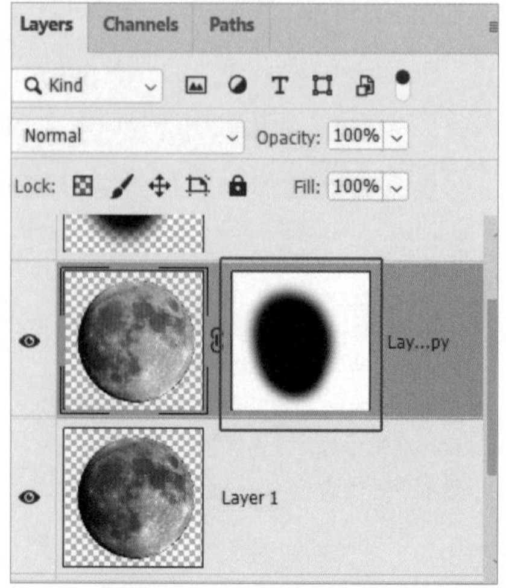

15 Layer ⇨ New ⇨ Layer【Shift+Ctrl+N】새 레이어를 만듭니다.

TIP

새 레이어를 만드는 단축키는 [Alt+Shift+Ctrl+N]입니다. 하지만 새 레이어를 만들기 전에 대화상자를 먼저 보려면 [Shift+Ctrl+N]입니다.

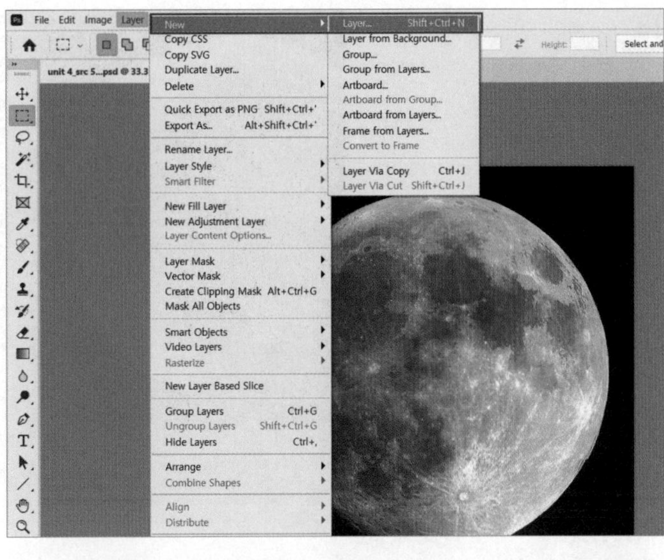

16 Elliptical Marquee tool【M】을 선택한 후 옵션바의 Feather의 수치를 70px로 설정한 후 드래그하여 약간의 타원형 선택 영역을 만듭니다. Select ⇨ Transform Selection을 선택하고 Bounding Box의 옆 조절점을 상하좌우로 움직여 선택 영역을 변형할 수 있습니다.

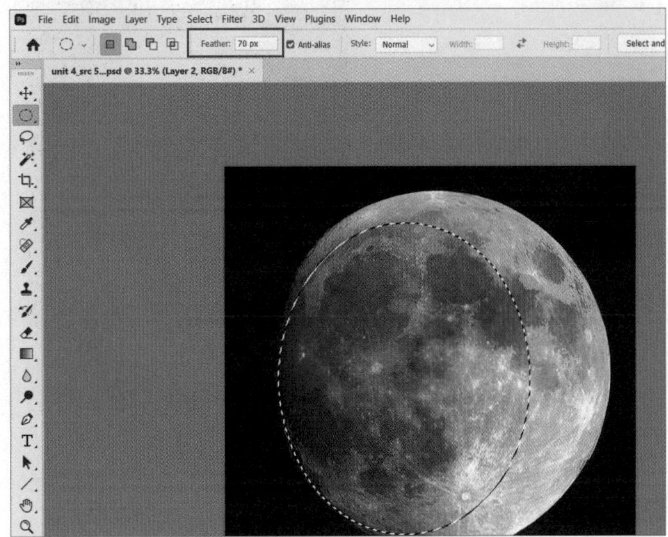

17 Foreground Color를 선택 영역에 채웁니다.【Alt+Delete】

TIP

Edit ⇨ Fill [Shift+F5] ⇨ Foreground Color ⇨ Ok 방식으로 전경색을 선택 영역 안에 채울 수도 있습니다.

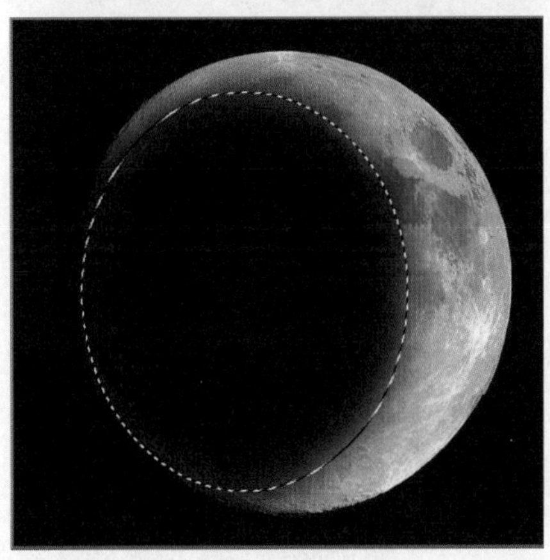

18 Opacity를 약 80% 전후로 변경한 후 선택 영역을 해제합니다. Select ⇨ Deselect 【Ctrl+D】

- Move tool 상태에서 숫자를 누르면 Opacity(불투명도)를 조절할 수 있습니다.
- 80%로 변경하고 싶을 경우 '8'을 입력합니다. '0'을 누르면 100%가 됩니다.

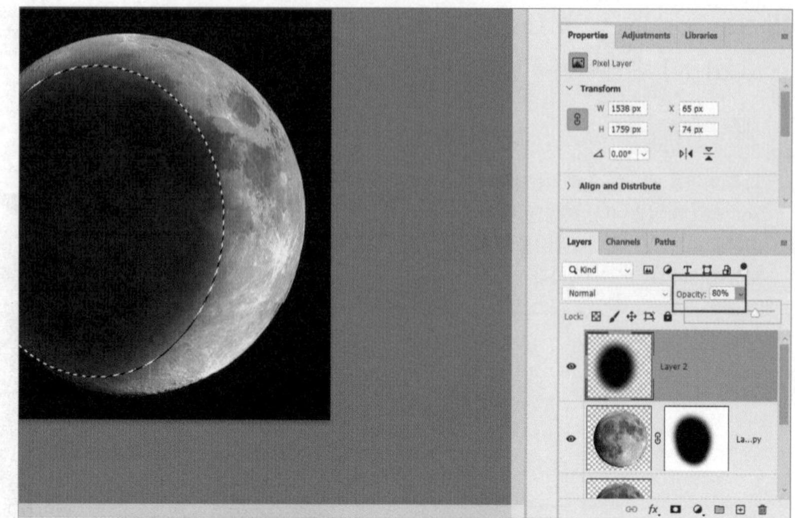

19 파란색 달과 아래의 회색달에 필터 효과를 적용하기 위해서 Layer 1 copy 레이어의 파란색 섬네일을 선택합니다.

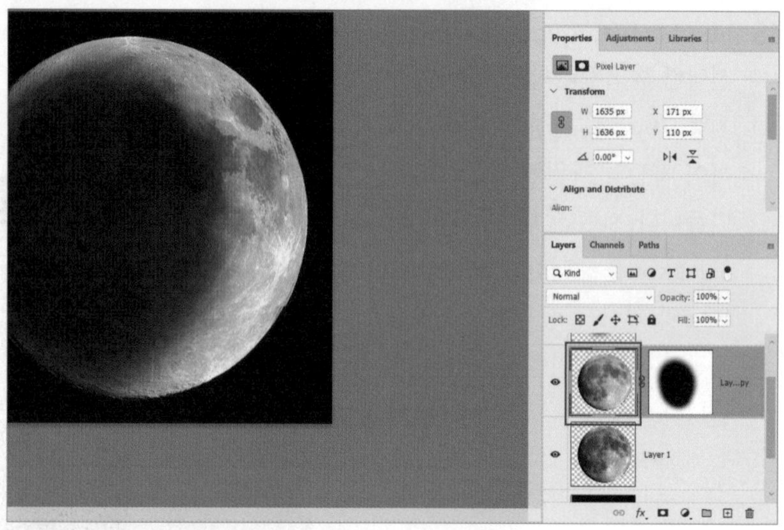

20 Select ⇨ Load Selection 선택 영역으로 만듭니다. 아래 이미지처럼 이미지의 섬네일을 Ctrl+Click 해도 선택 영역이 됩니다.

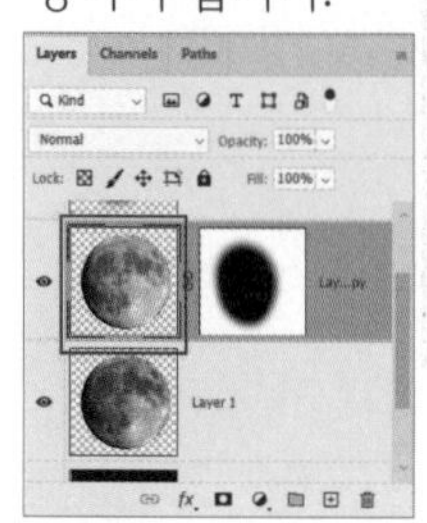

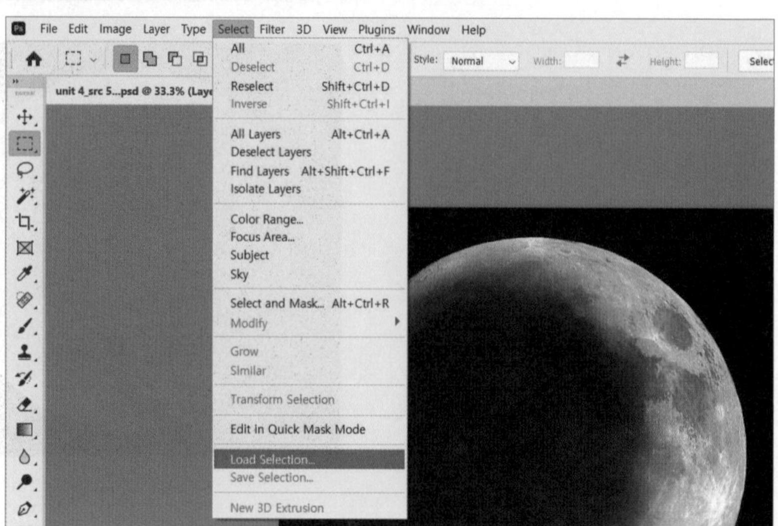

21 Channel을 [Layer 1 copy Transparency]을 선택합니다.

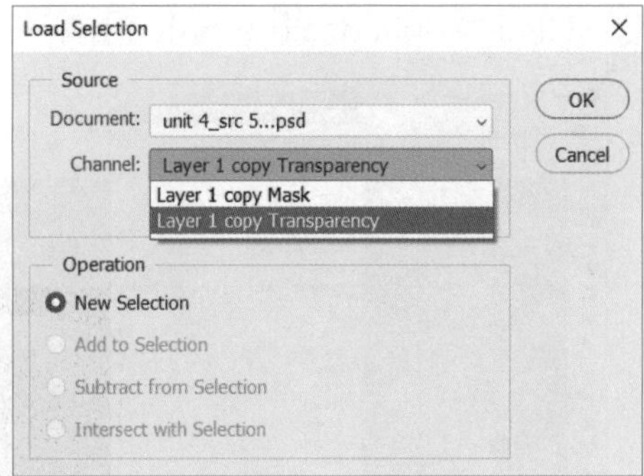

22 레이어의 오브젝트가 선택 영역이 됩니다.

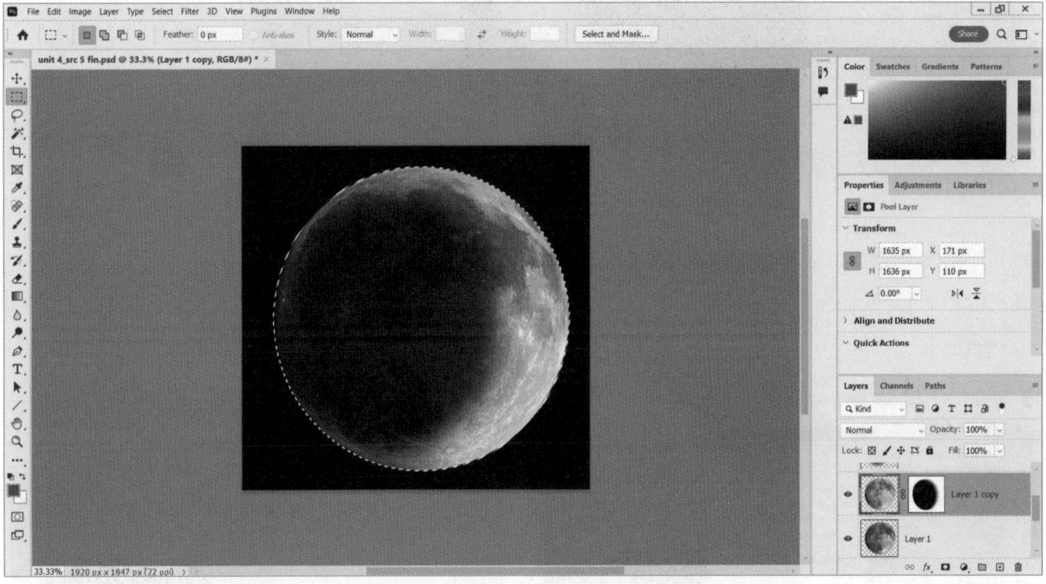

23 Filter ⇨ Distort ⇨ Spherize(구형화)

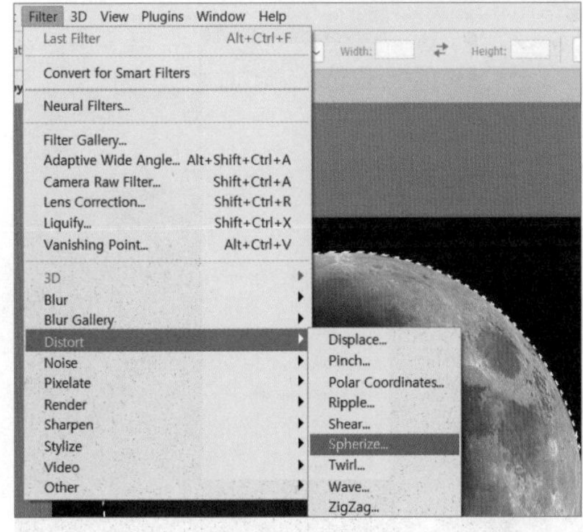

24 Amount를 100%로 합니다.

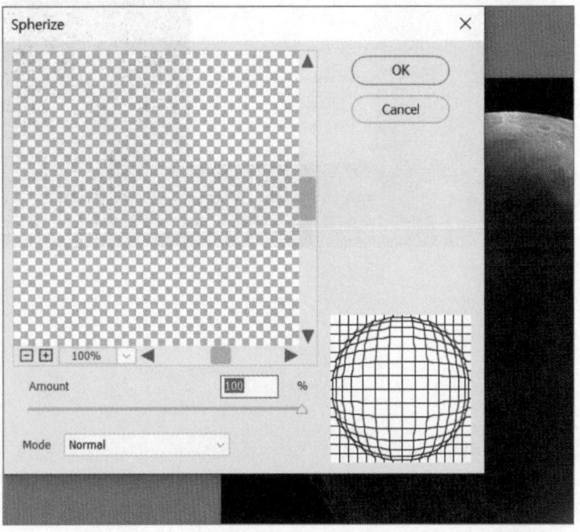

25 Filter ⇨ Spherize【Ctrl+Alt+F】회색달 레이어에도 동일한 필터 효과를 적용합니다.

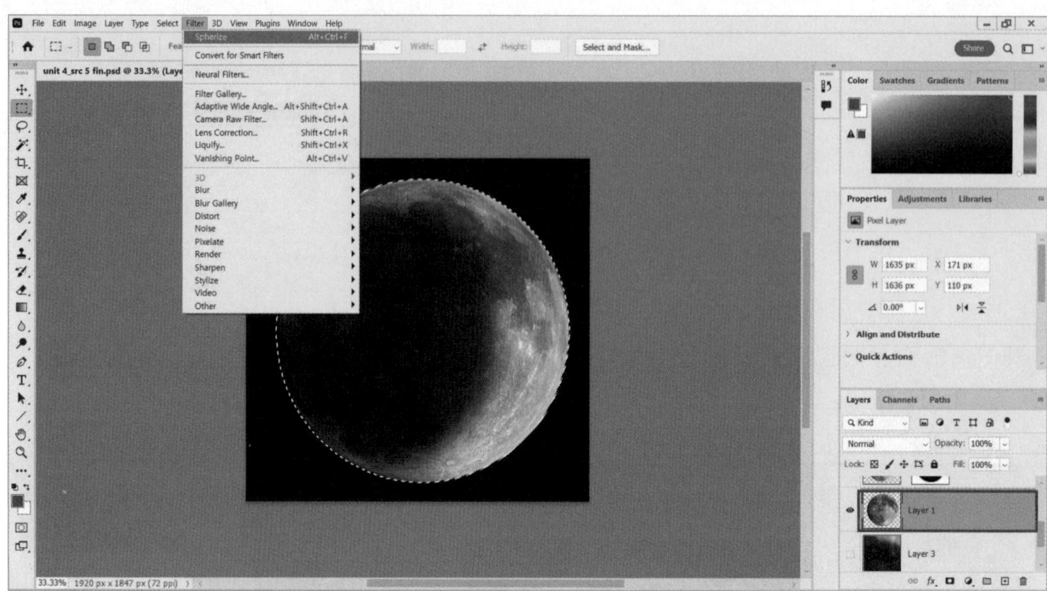

26 Select ⇨ Deselect【Ctrl+D】선택 영역을 해제합니다.

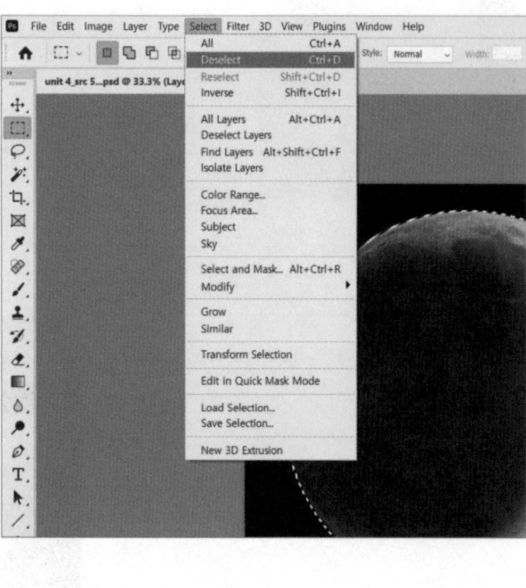

27 File ⇨ Open ⇨ unit 4_src 5-1.jpg 파일을 Open합니다.

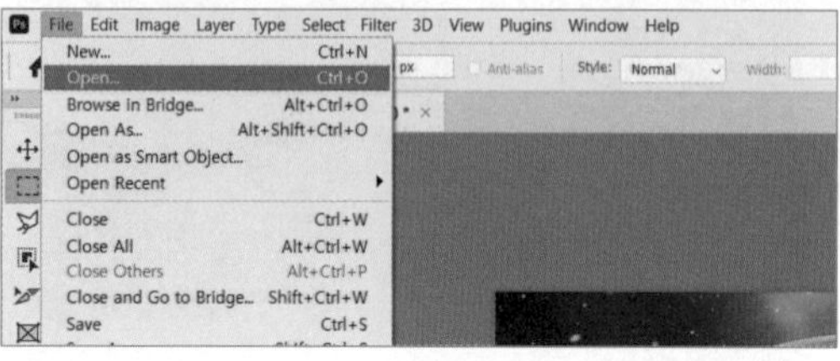

28 Select ⇨ All【Ctrl+A】전체를 선택합니다.

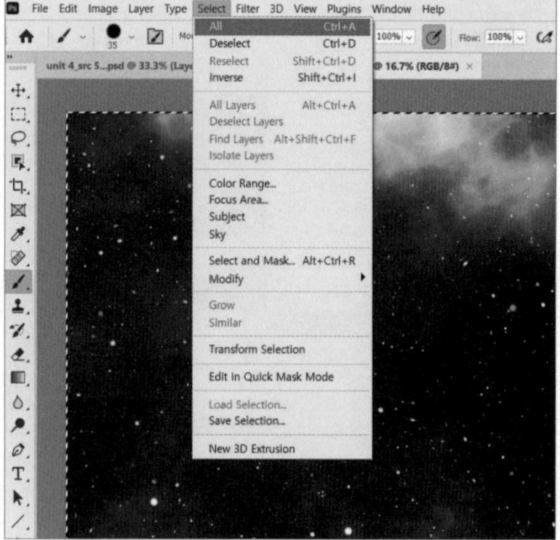

29 Edit ⇨ Copy【Ctrl+C】복사합니다.

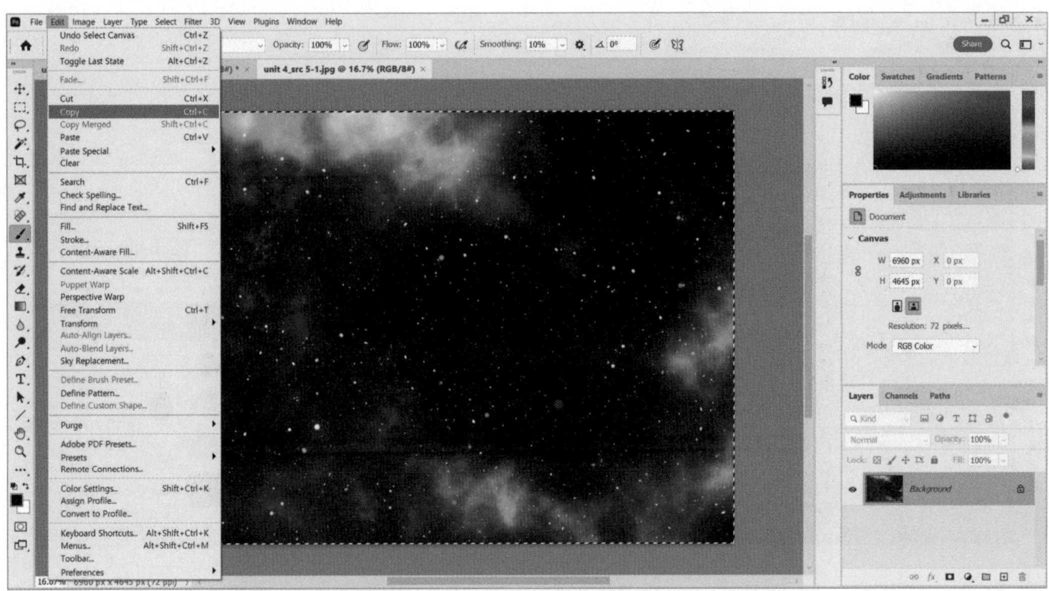

30 Edit ⇨ Paste【Ctrl+V】가장 위의 레이어를 선택한 상태에서 붙입니다.

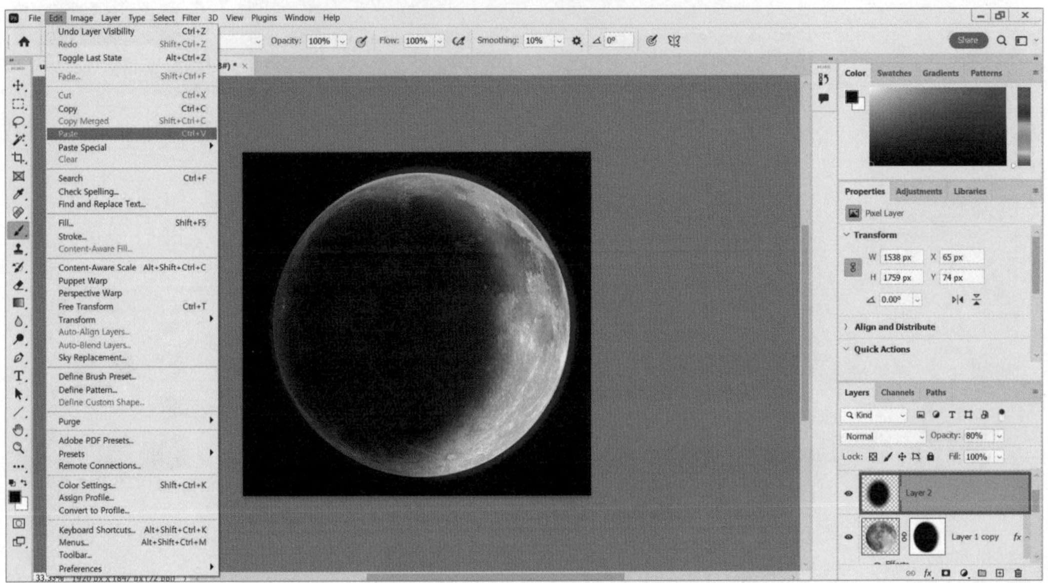

31 레이어 패널의 가장 위에 붙습니다.

32 가장 아래로 레이어를 내립니다. 【Shift+Ctrl+[】

TIP

레이어 이동하기

- Move Layers Up【Ctrl+] 】: 선택한 레이어를 한 칸 위로 올리기
- Move Layers Down【Ctrl+[】: 선택한 레이어를 한 칸 아래로 내리기
- Jump A Layer Directly To The Up【Shift+Ctrl+] 】: 선택한 레이어를 가장 위로 올리기
- Jump A Layer Directly To The Bottom【Shift+Ctrl+[】: 선택한 레이어를 가장 아래로 내리기

33 Layer 1 copy 레이어의 Thumbnail을 클릭하여 달 이미지를 선택합니다.

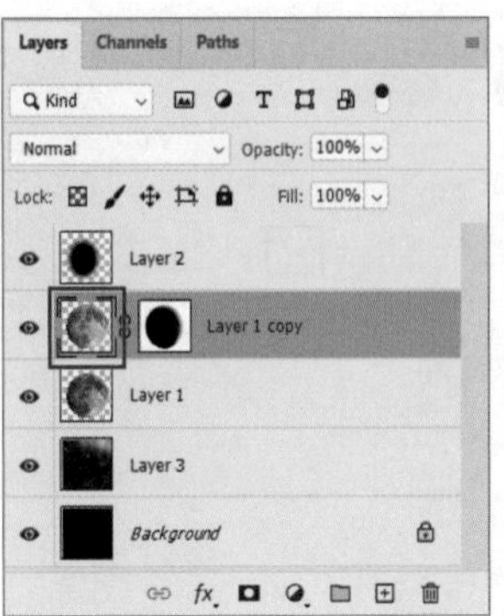

34 Layer 패널의 아래에 Layer Style 아이콘을 클릭하여 Inner Glow를 선택합니다.

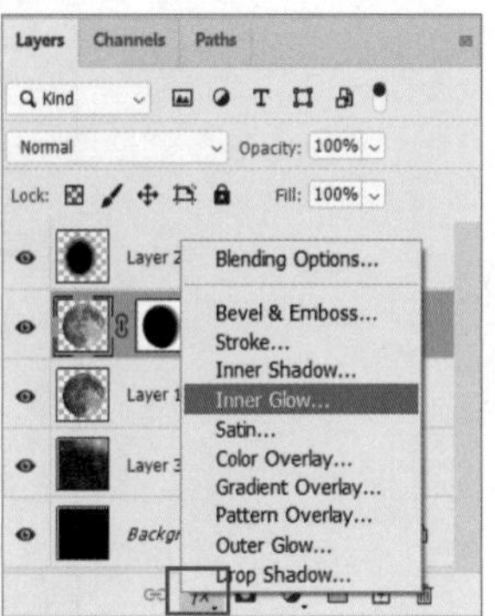

35 Size를 40px로 변경하여 안쪽으로 흰색 빛이 비추는 느낌을 만듭니다.

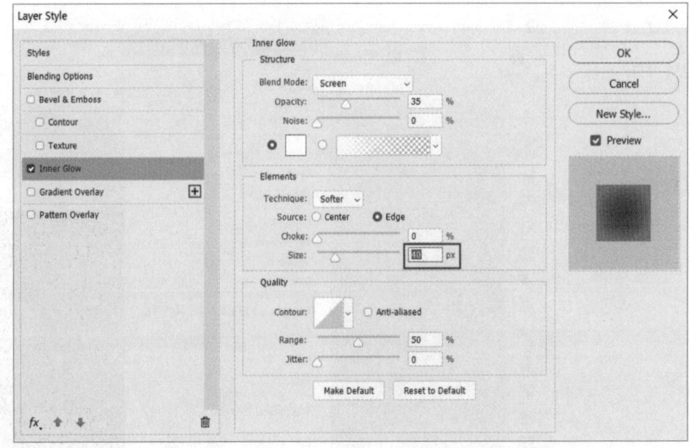

36 추가로 Outer Glow를 선택한 후 색상을 변경하기 위해 흰색 사각형을 클릭합니다.

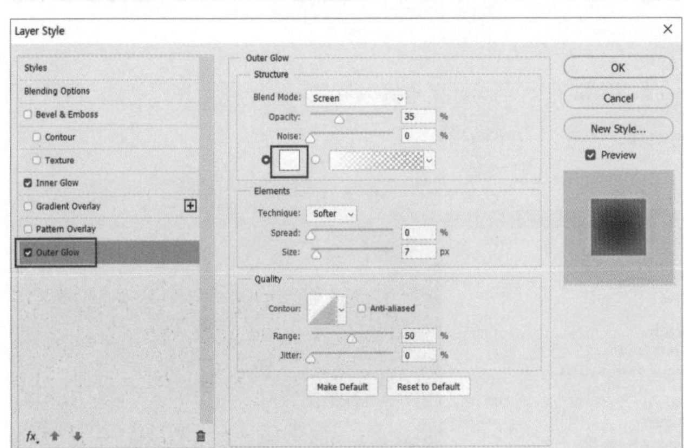

37 파란색을 선택합니다.

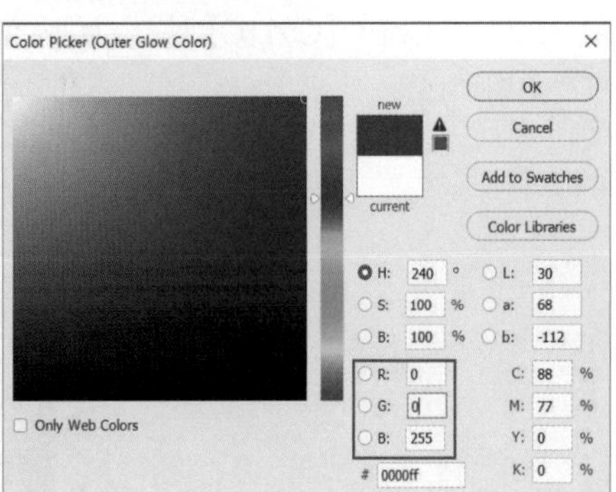

38 Opacity를 75%로 하고 Size는 80px로 합니다.

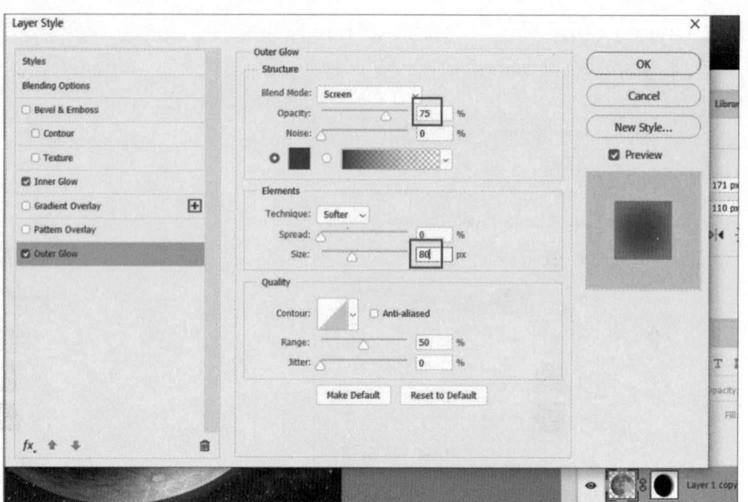

39 File ⇨ Open ⇨ unit 4_src 5-2.jpg 파일을 Open 합니다.

40 Select ⇨ All 【Ctrl+A】 전체를 선택합니다.

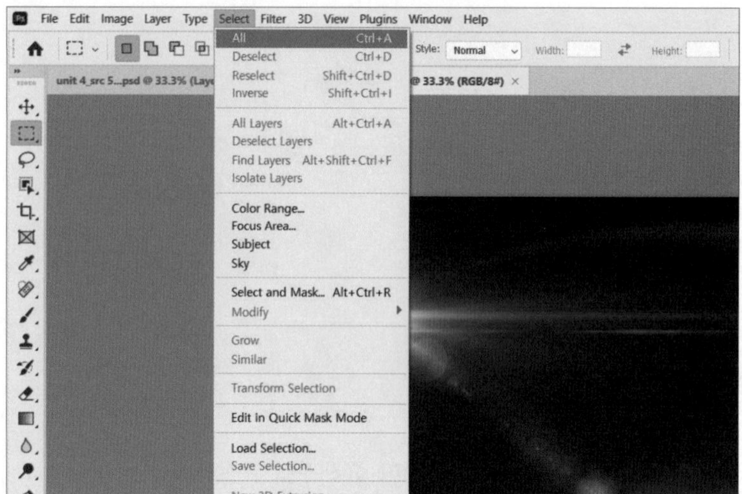

41 Edit ⇨ Copy 【Ctrl+C】 복사합니다.

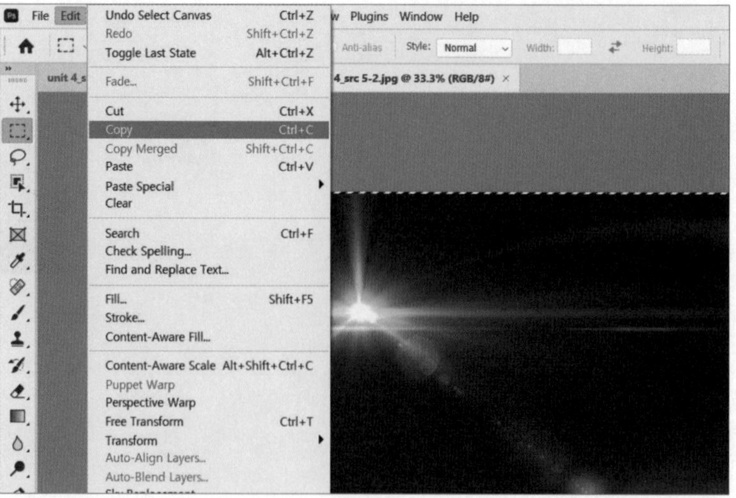

42 Edit ⇨ Paste【Ctrl+V】가장 위의 레이어를 선택한 상태에서 붙입니다.

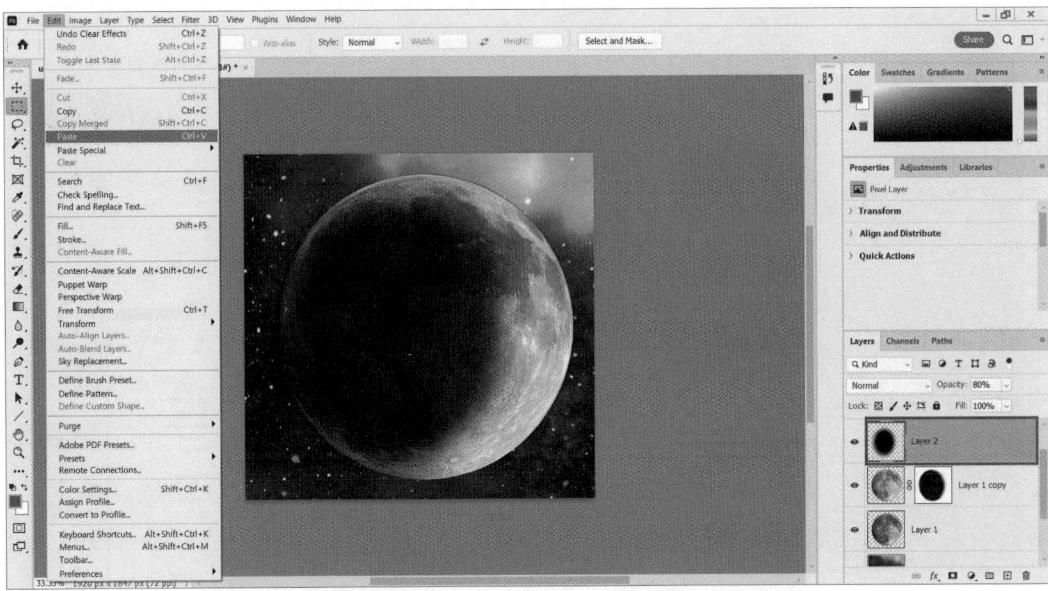

43 가장 위에 붙습니다.

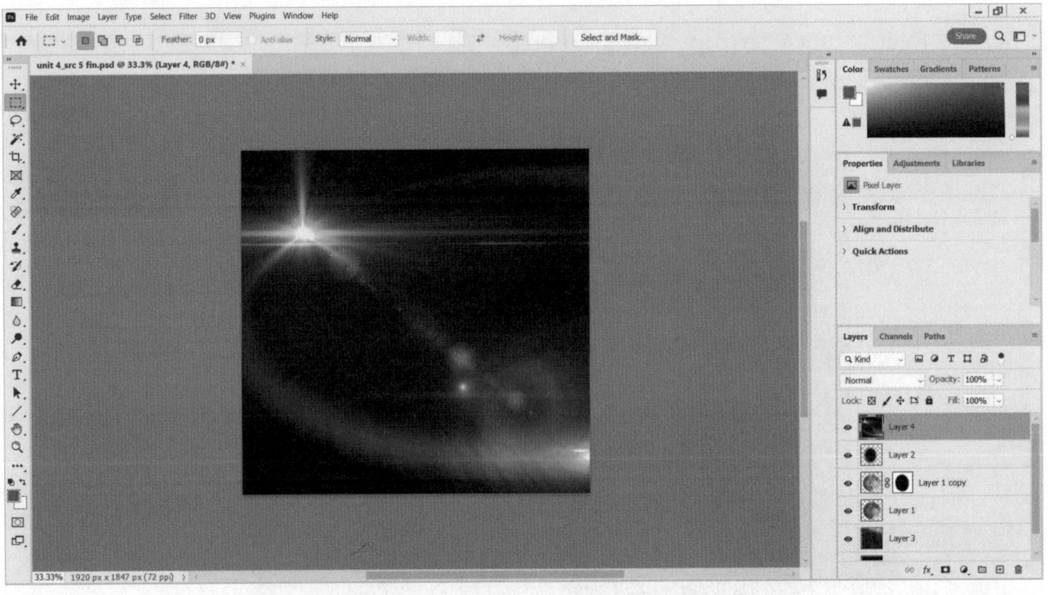

44 Blend Mode를 Screen【Alt+Shift+S】로 하여 검은색을 보이지 않도록 합니다.

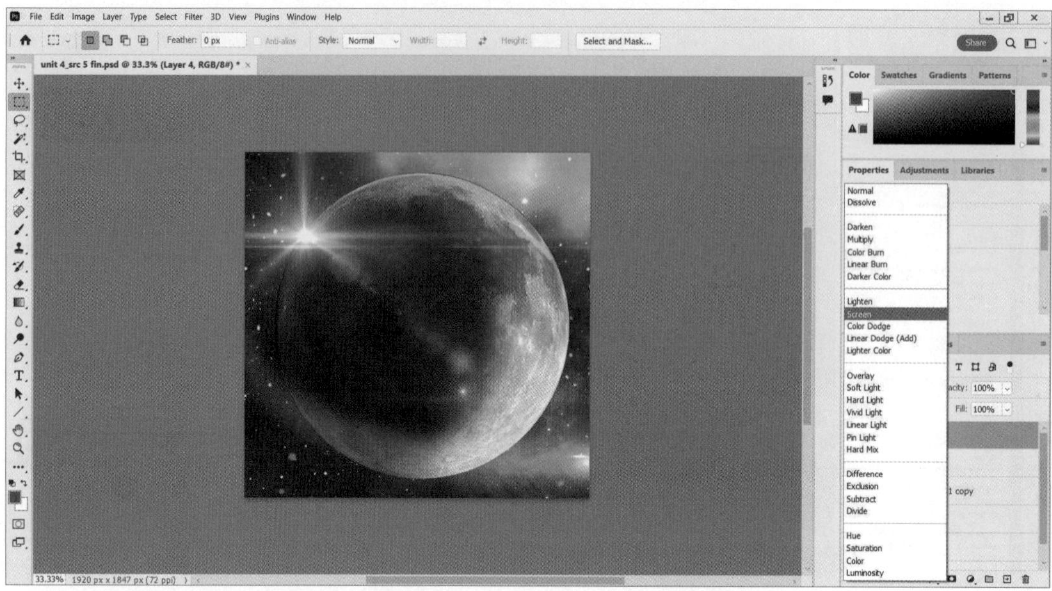

06 | Image size & Canvas size 이미지 크기 & 캔버스 크기

01 File ⇨ Open ⇨ unit 4_src 6.jpg 파일을 Open합니다.

02 Image ⇨ Image Size 【Alt+Ctrl+I】 파일의 크기를 확인할 수 있습니다.

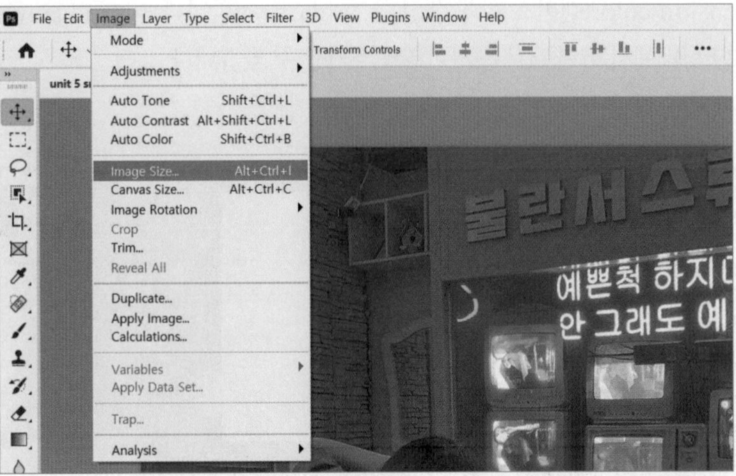

03 Image Size(파일의 크기) 및 Width(너비)×Height(높이)를 확인하거나 변경할 수 있습니다.

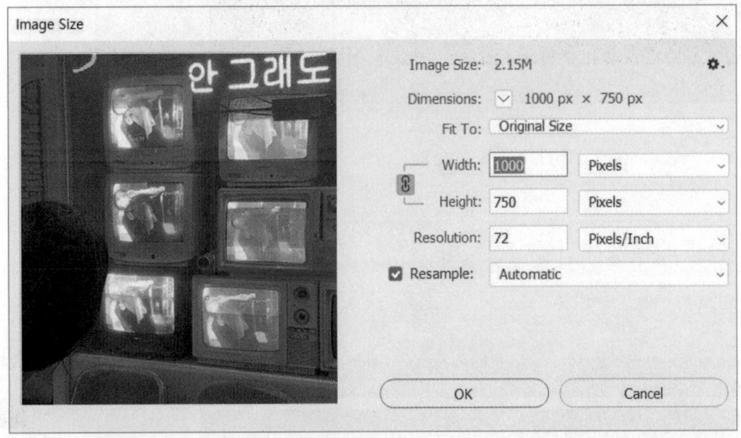

04 Image ⇨ Canvas Size 【Alt+Ctrl+C】로 캔버스의 크기를 변경할 수 있습니다.

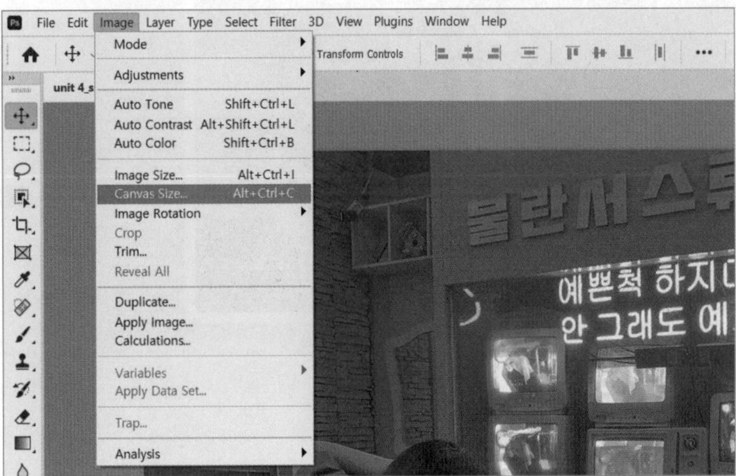

사진 편집 기술

05 Width(너비)를 40px로 정하고 Height(높이)를 40px로 정합니다. Anchor를 가운데 상태에서 Canvas extension color(캔버스 확대 색상)를 White로 정합니다. 이때 Relative('결부시키다'라는 의미)를 체크한 상태에서 하면 새로운 사이즈를 추가할 수 있습니다.

06 두께 20px의 흰색 테두리가 만들어집니다.

07 | Depth of field 피사계 심도 활용하기

· **피사계 심도**(Depth of field, DOF) : 사진에서 초점이 맞은 것으로 인식되는 범위를 말합니다.
File ⇨ Open ⇨ unit 4_src 7 피사계심도.jpg 파일을 열어보면 뒤쪽에 있는 귤이 흐릿하게 보이는 것을 알 수 있습니다.

01 File ⇨ Open ⇨ unit 4_src 7.psd 파일을 Open합니다. Layer 1을 선택합니다.

02 Layer ⇨ New ⇨ Layer via copy【Ctrl+J】 선택한 레이어를 복사합니다.

03 Move tool【V】이동 툴을 이용하여 왼쪽 아래로 옮깁니다.

04 Edit ⇨ Free Transform【Ctrl+T】자유 변형을 선택한 후 Bounding Box의 모서리를 Alt를 누른 채 크기를 줄입니다.

05 Filter ⇨ Blur ⇨ Gaussian Blur 왼쪽 아래의 오리는 흐린 효과를 적용하기 위해 가우시안 블러를 적용합니다.

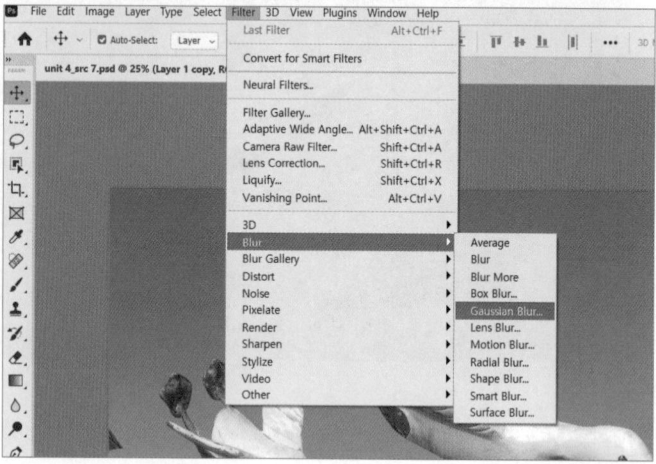

06 Gaussian Blur를 5정도 적용하여 흐리게 합니다.

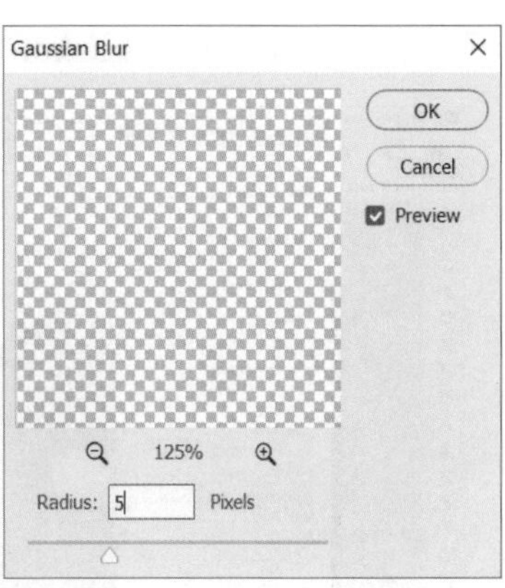

07 배경 레이어를 선택한 후 마지막 필터 효과를 두 번 적용하면 Gaussian Blur를 10정도를 적용한 효과가 되어 배경을 흐리게 할 수 있습니다.

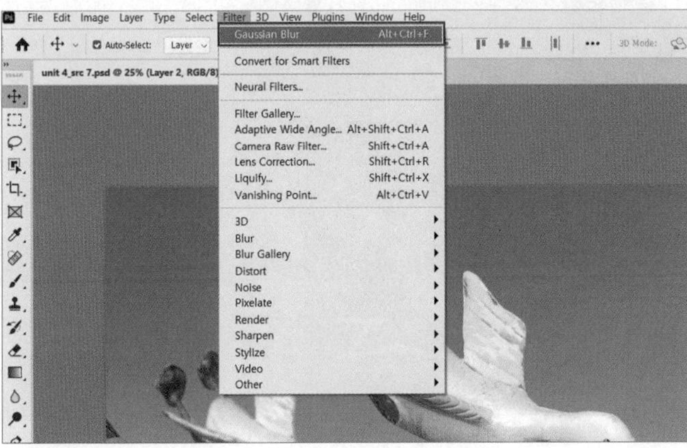

08 | Adjustment Layer 조정 레이어

01 File ⇨ Open ⇨ unit 4_src 8.jpg 파일을 Open합니다.

02 Rectangular Marquee tool 【M】 사각선택툴로 왼쪽 이미지를 드래그하여 선택합니다

03 Layer ⇨ New ⇨ Layer via Cut【Shift+Ctrl+J】선택 영역을 잘라서 새로운 레이어를 만듭니다.

04 새 레이어로 이미지가 분리되었습니다.

05 Adjustment 패널의 Curve를 선택합니다.

06 Adjustment Layer가 생성됩니다.

TIP

Curve(곡선) 조정 방법은 대각선을 곡선으로 변경하여 그래프의 오른쪽 위는 밝은 영역, 왼쪽 아래는 어두운 영역을 표시합니다. 대각선에 조절점을 추가하고 이동하여 이미지의 색조를 조정하면 됩니다.

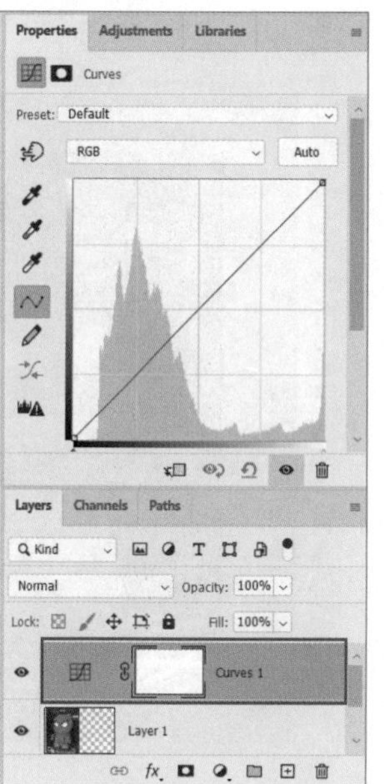

07 검은색 스포이드를 이용하여 가장 어두워야 할 부분을 클릭하면 배경 부분이 매우 어둡게 표현됩니다.

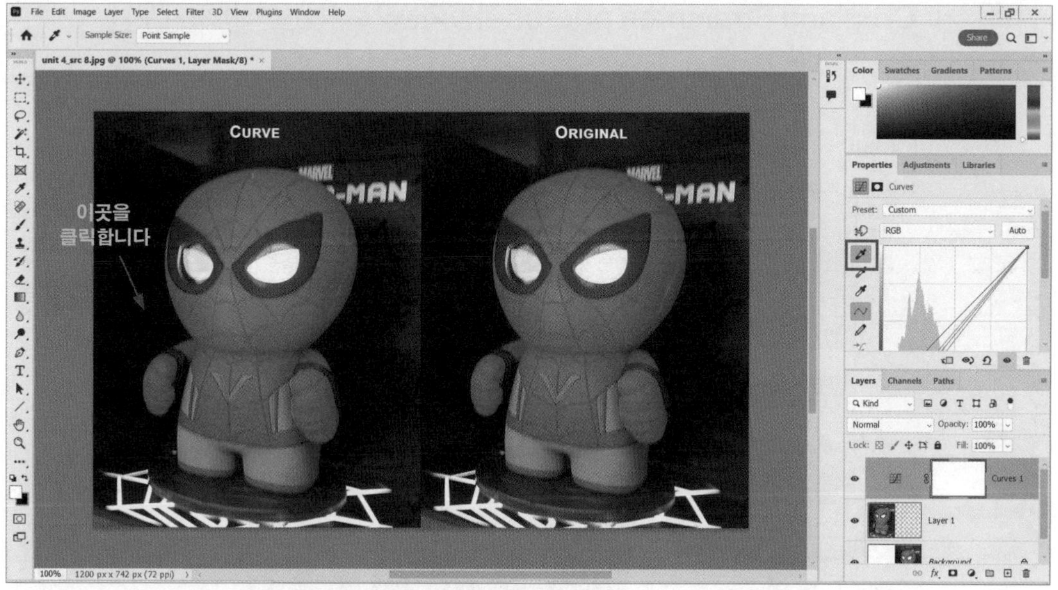

08 아래 레이어에만 영향을 줄 수 있는 버튼을 클릭하면 왼쪽 이미지에만 보정 레이어 효과가 적용됩니다.

09 | Crop and Straighten photos 자동 기능으로 사진을 똑바로 세우기

01 File ⇨ Open ⇨ unit 4_src 9.jpg 파일을 Open합니다.

02 File ⇨ Automate ⇨ Crop and Straighten photo 자동으로 자르고 사진을 똑바로 세웁니다.

03 원본 이외에 똑바로 세워진 두 개의 파일이 별도로 만들어집니다.

10 | Crop tool 기울어진 빌딩을 똑바로 세우기

01 File ⇨ Open ⇨ unit 4_src 10.jpg 파일을 Open합니다.

02 Crop tool【C】을 선택합니다.

03 선을 그려서 이미지를 똑바로 세울 수 있는 아이콘을 클릭합니다.

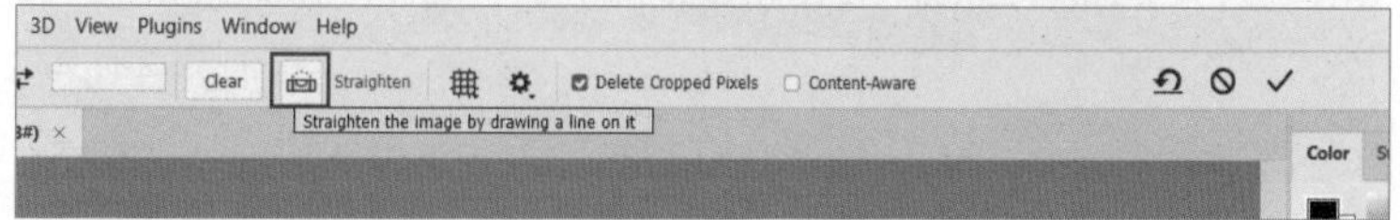

04 가운데 빌딩의 왼쪽 면을 위에서 아래로 드래그합니다.

05 자를 영역이 보이며 가운데 빌딩은 그리드의 세로선에 맞춰집니다.

06 승인합니다.

07 빌딩이 똑바로 세워집니다.

11 | Layer Mask 레이어 마스크 적용하여 합성하기

01 File ⇨ Open ⇨ unit 4_src 11.jpg와 11-1.jpg 파일을 Open한 후 나란히 배치합니다.

02 unit 4_src 11-1.jpg 파일을 Move tool을 이용하여 왼쪽으로 드래그하여 옮깁니다.

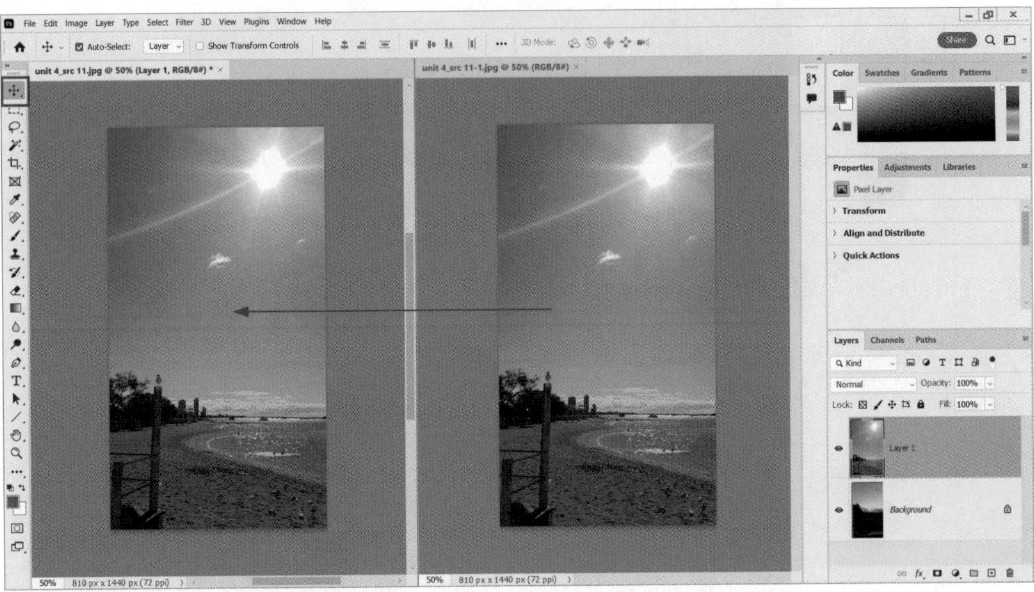

03 파일명에서 마우스 오른쪽을 클릭하여 Consolidate All to Here를 선택합니다. (여러 개의 문서가 열려 있을 경우 선택한 문서로 통합한다는 의미입니다.)

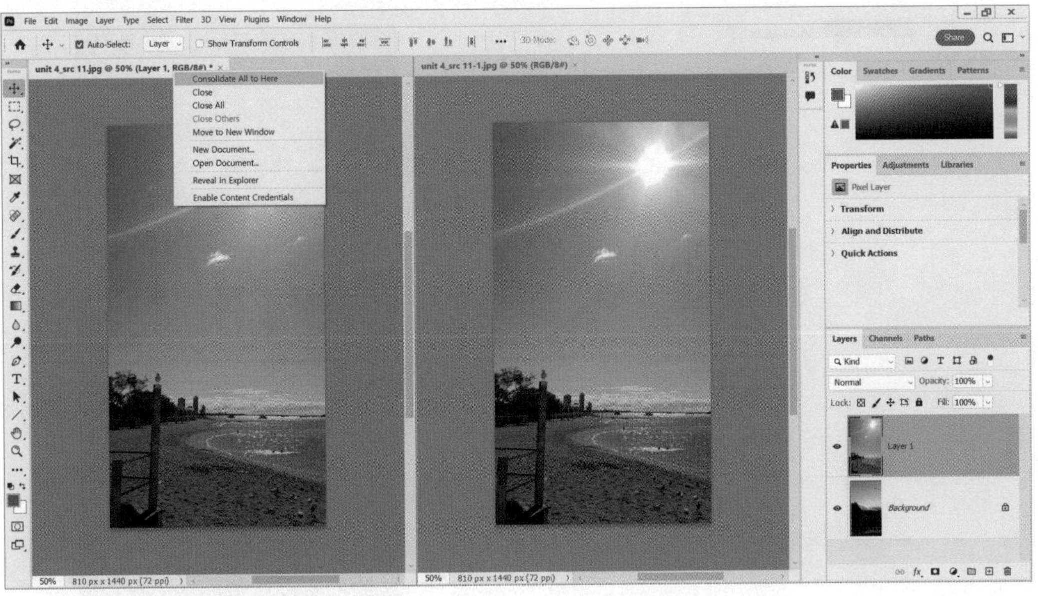

사진 편집 기술

04 Layer Mask를 추가합니다.

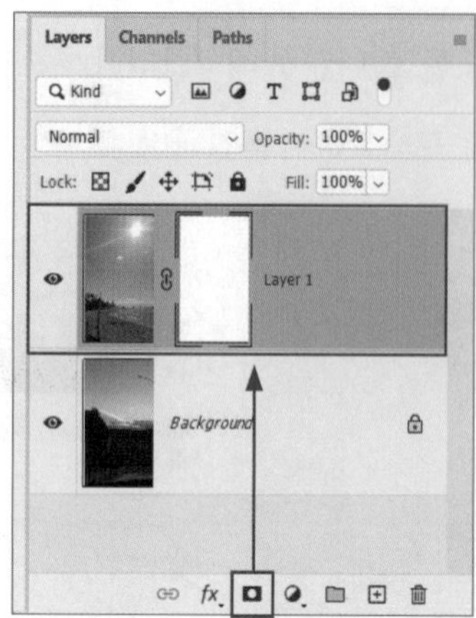

05 Brush tool 【B】을 선택하고 Foreground Color를 검은색으로 합니다.

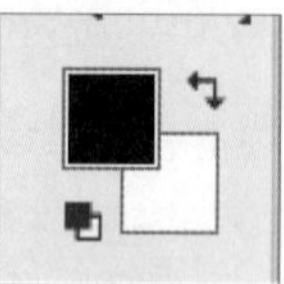

06 Soft Round를 선택하고 크기를 700px로 크게 합니다.

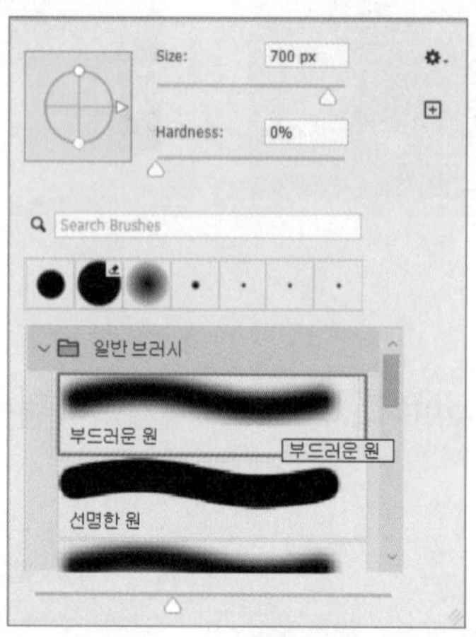

07 마스크를 선택한 상태에서 검은색으로 Mask의 아래 부분을 칠하면 아래 레이어의 이미지가 보입니다.

08 레이어 마스크를 이용하여 두 개의 이미지를 자연스럽게 합성할 수 있습니다.

12 | Clipping Mask 클리핑 마스크 적용하기

01 File ⇨ Open ⇨ unit 4_src 12.jpg 파일을 Open합니다.

02 Custom Shape tool【U】을 선택한 후 옵션바에서 Shape를 선택합니다.

03 Flower 항목 안에 Shape 44를 선택합니다.

04 Shift를 누르면서 그리면 Shape layer가 생성됩니다. Shift를 누른 상태에서 그리게 되면 너비와 높이의 비율을 유지한 채 그릴 수 있습니다.

05 Background layer의 자물쇠를 클릭하여 레이어 잠금을 해제합니다.

06 잠금이 해제되면서 Layer 0으로 바뀝니다.

07 Move Layer Up【Ctrl+]】 아래 레이어를 선택한 뒤 위로 올립니다.

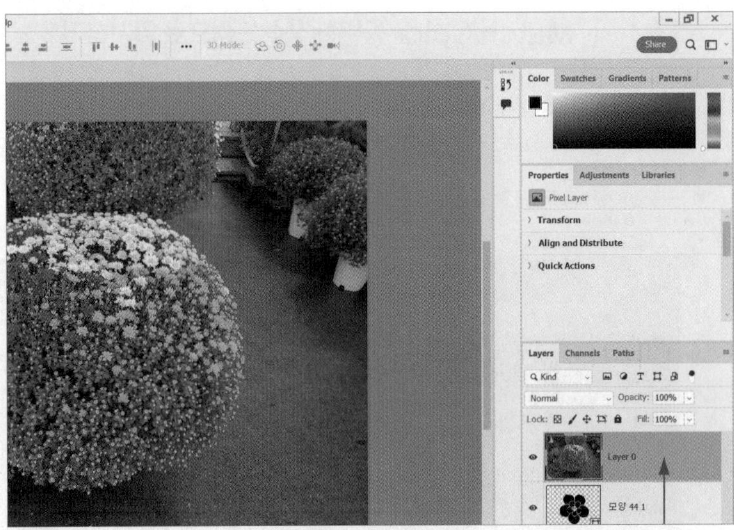

08 위의 레이어를 선택한 상태에서 Layer ⇨ Create Clipping Mask【Alt+Ctrl+G】합니다.

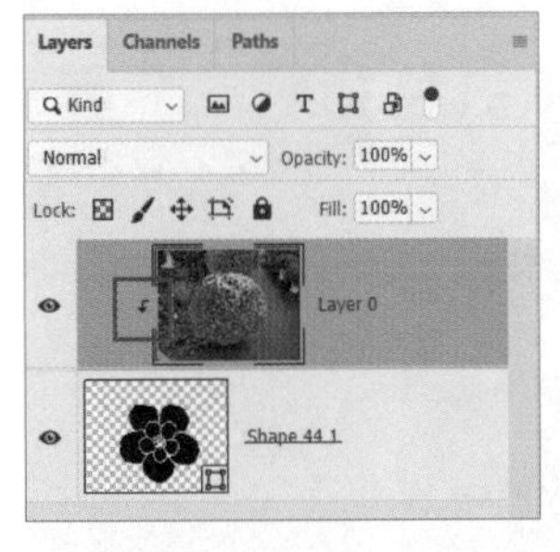

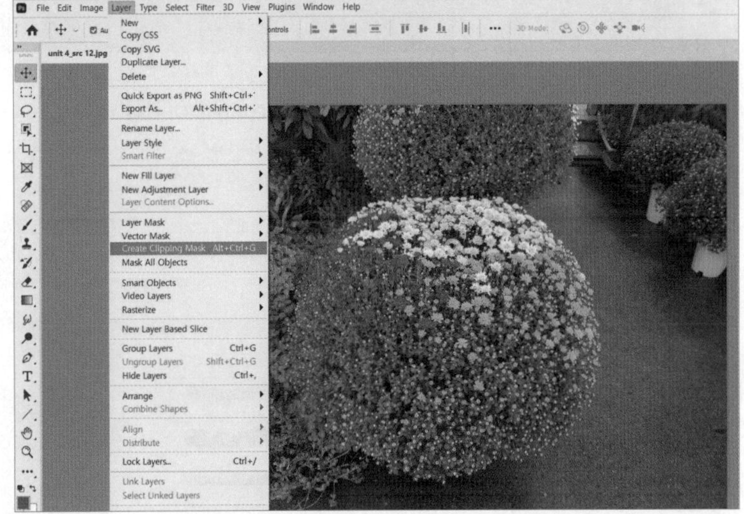

09 아래 레이어의 모양에 따라 위의 레이어의 영역이 결정되는 것을 Clipping Mask라고 합니다.

13 | Match Color 동일한 색상느낌으로 일치하기

01 unit 4_src 13.jpg와 unit 4_src 13-1.jpg 파일을 Open합니다. Window ⇨ Arrange ⇨ 2-Up Vertical 나란히 배치합니다. 왼쪽 이미지가 오른쪽처럼 초록색의 느낌이 날 수 있도록 색상을 매칭하고자 합니다.

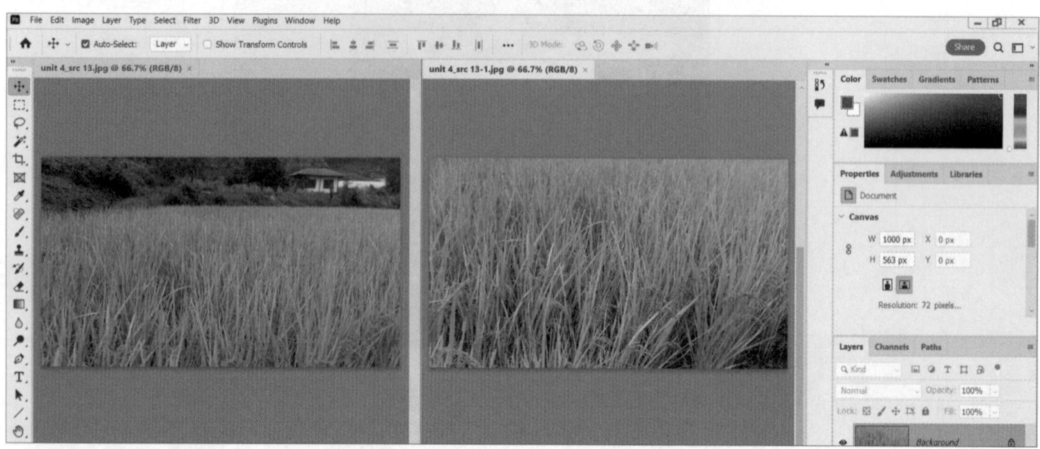

02 Default Color【D】기본 색상으로하고 ⇨ Brush tool【B】브러시 툴을 선택하고, 부드러운 원을 선택합니다.

TIP

단축키 [D]를 클릭하면 Foreground Color(전경색)는 검은색, Background Color[배경색]는 흰색이 됩니다.

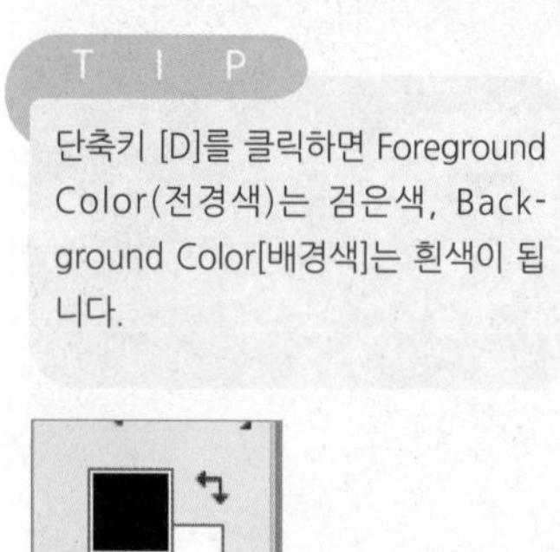

03 Brush tool을 적절한 크기로 정한 후 Quick Mask를 클릭하고 ⇨ 위쪽 부분을 드래그하여 칠합니다. 기본 빨간색으로 칠해집니다.

04 Quick Mask를 클릭하여 해제하면 아래 벼 부분이 선택 영역이 됩니다.

05 Image ⇨Adjustments ⇨ Match color를 적용합니다.

06 unit 4_src 13-1.jpg 파일을 선택하여 왼쪽 이미지의 선택 영역이 좀더 초록색 계통의 색상이 되도록 합니다.

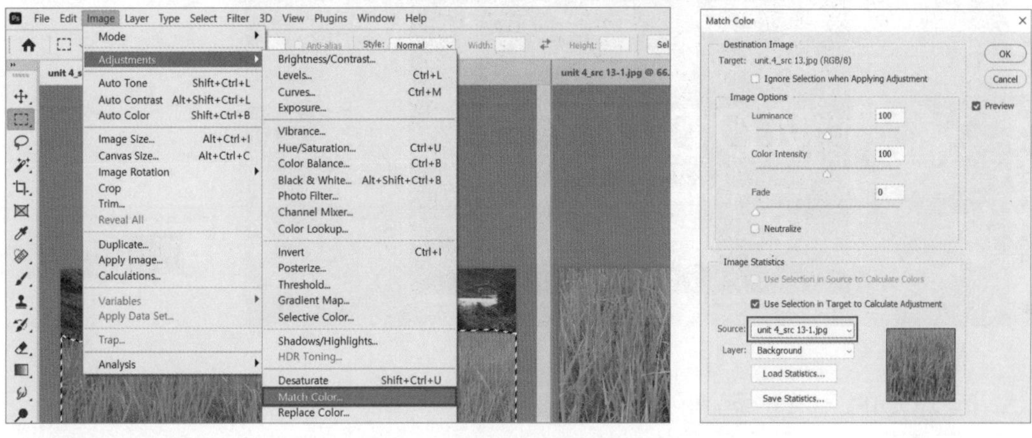

07 오른쪽 원본의 색상처럼 왼쪽 이미지가 매칭됩니다.

선택 영역 수정하기

01 | Modify 선택 영역 수정하기

01 unit 5_src 1.jpeg 파일을 Open합니다.

02 툴박스에서 Magic Wand tool【W】을 선택하고 옵션바에 Contiguous 해제합니다.

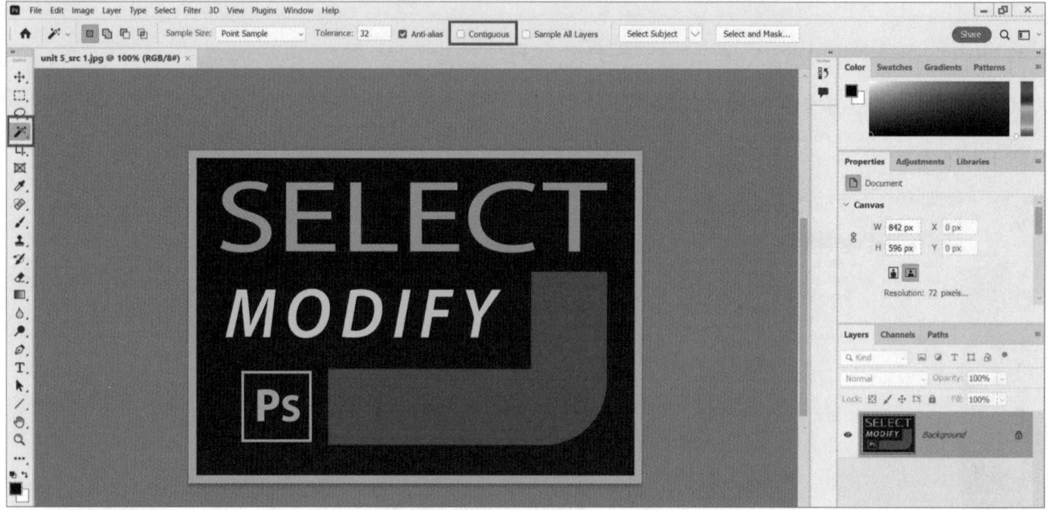

03 노란색 MODIFY 글자를 클릭하여 선택 영역을 만듭니다.

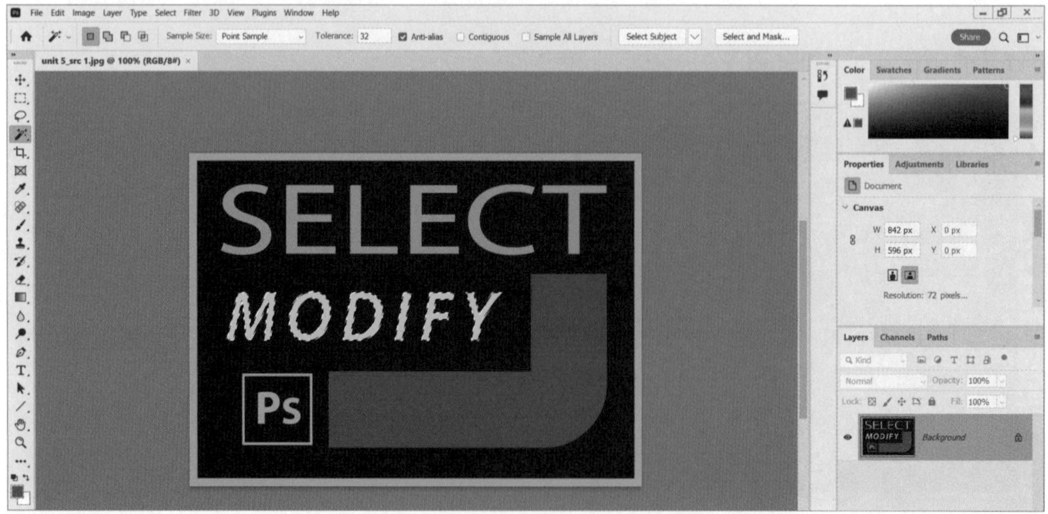

04 Select ⇨ Modify ⇨ Expand 선택 영역을 확장합니다.

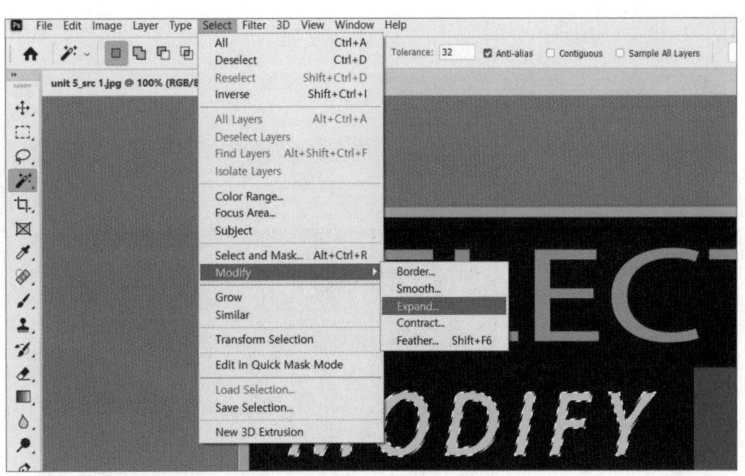

▶ Modify : 선택 영역의 수정. 1에서 100 사이의 픽셀 값을 입력하고 확인을 클릭합니다. 테두리는 지정된 픽셀 수만큼 늘리거나 줄입니다.

- Border : 선택 영역의 두께를 만듭니다.
- Smooth : 선택 영역의 코너를 동그랗게 합니다.
- Expand : 특정 픽셀 수만큼 선택 영역을 확장합니다.
- Contract : 특정 픽셀 수만큼 선택 영역을 축소합니다.
- Feather Selection 【Shift+6】 : 선택 영역과 주변 픽셀 사이의 가장자리를 부드럽게 합니다.

05 4px 정도 확장합니다. 이때 Apply effect at canvas bounds를 체크합니다.

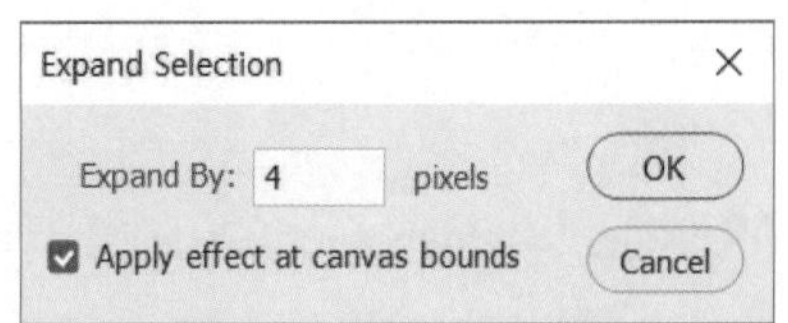

06 Foreground Color(전경색)는 노란색을 선택합니다.

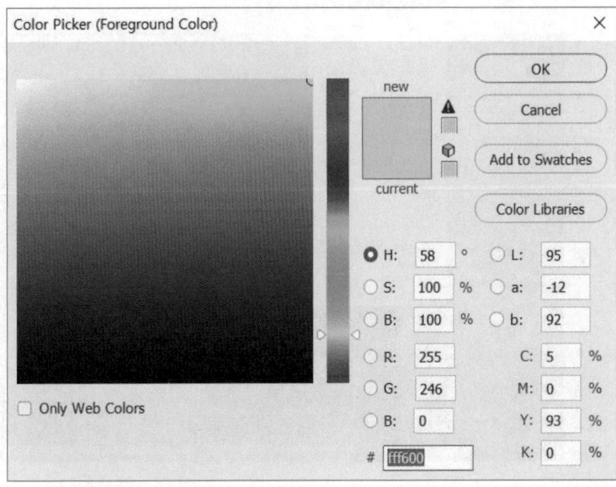

07 Edit ⇨ Stroke 선택 영역에 테두리를 줄 수 있는 기능을 선택합니다.

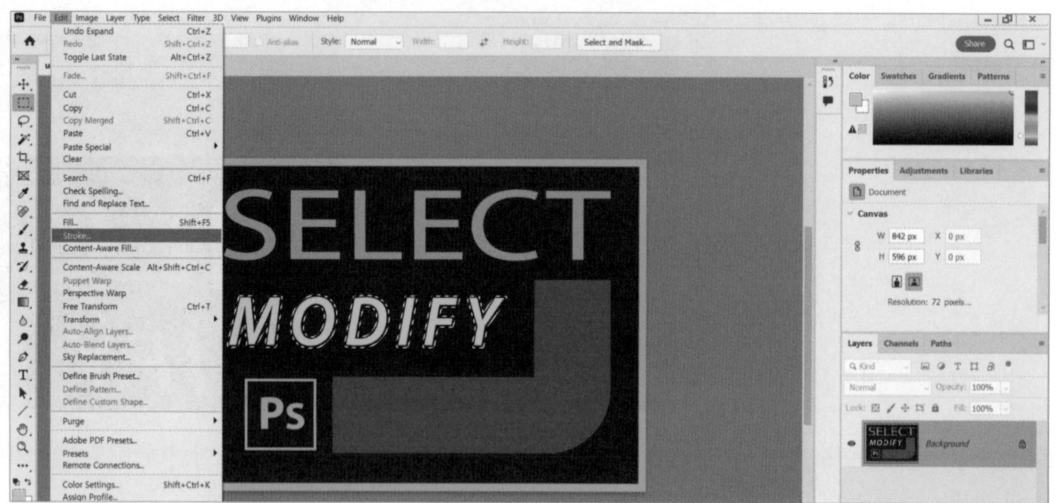

08 Stroke의 Width를 3으로 하고 Location을 Outside로 합니다.

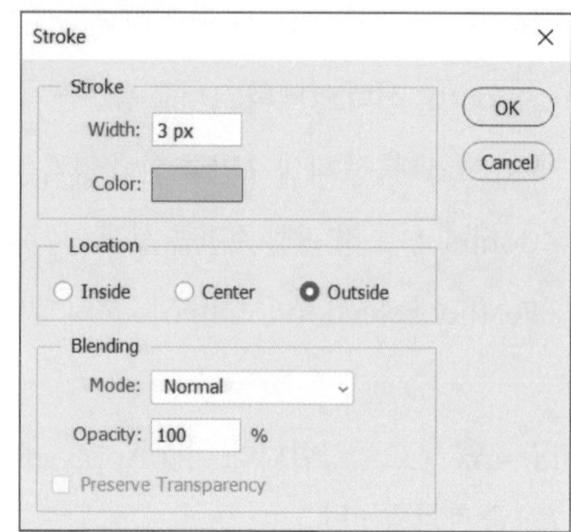

09 Select ⇨ Deselect 【Ctrl+D】 선택 영역을 해제합니다.

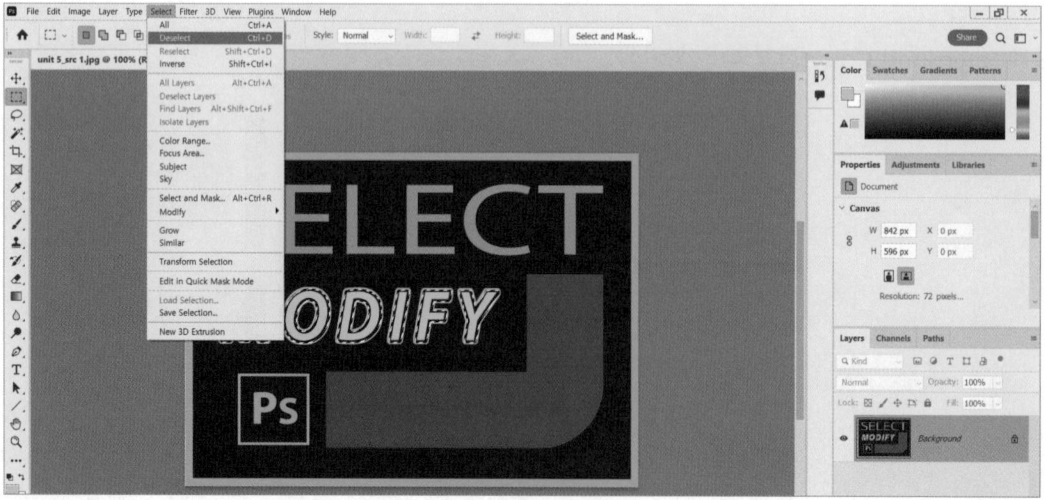

10 unit 5_src 2.png 파일을 Open합니다.

11 Edit ⇨ Define Pattern 패턴으로 정의합니다.

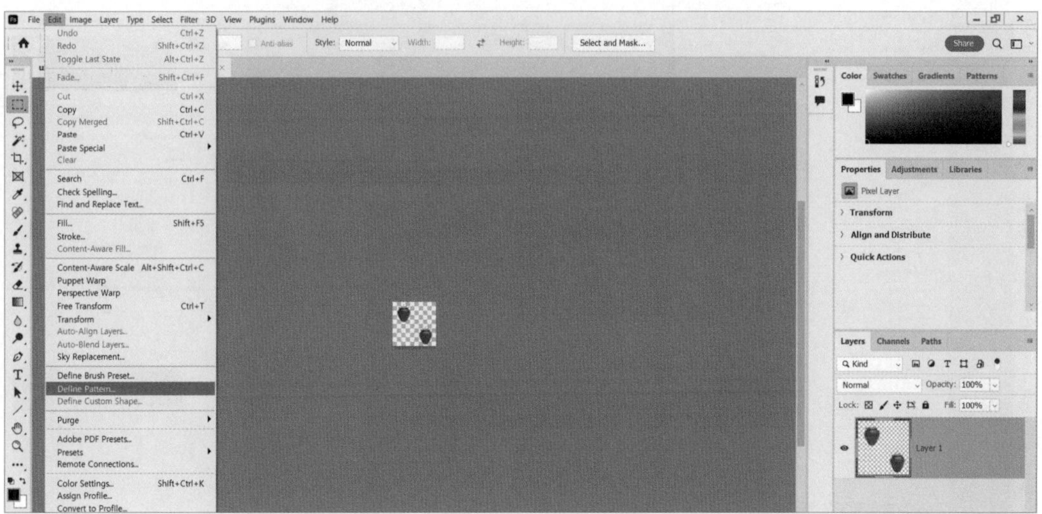

12 패턴의 이름을 지정할 수 있습니다.

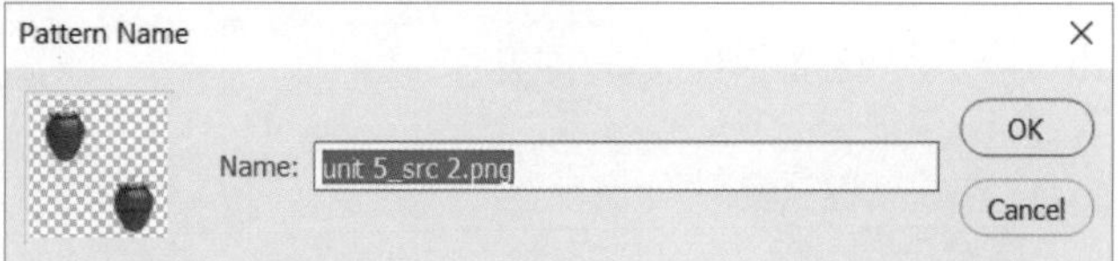

13 이제 패턴을 적용하기 위해 Magic Wand tool【W】로 아래의 핑크색을 선택합니다.

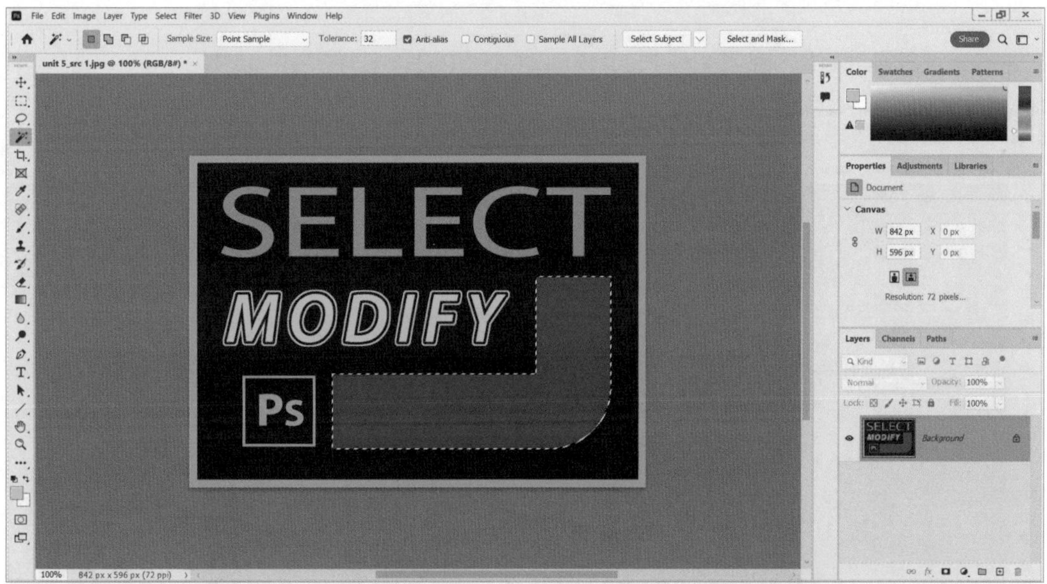

14 New Layer【Ctrl+Shift+N】패턴을 적용할 새 레이어를 만듭니다.

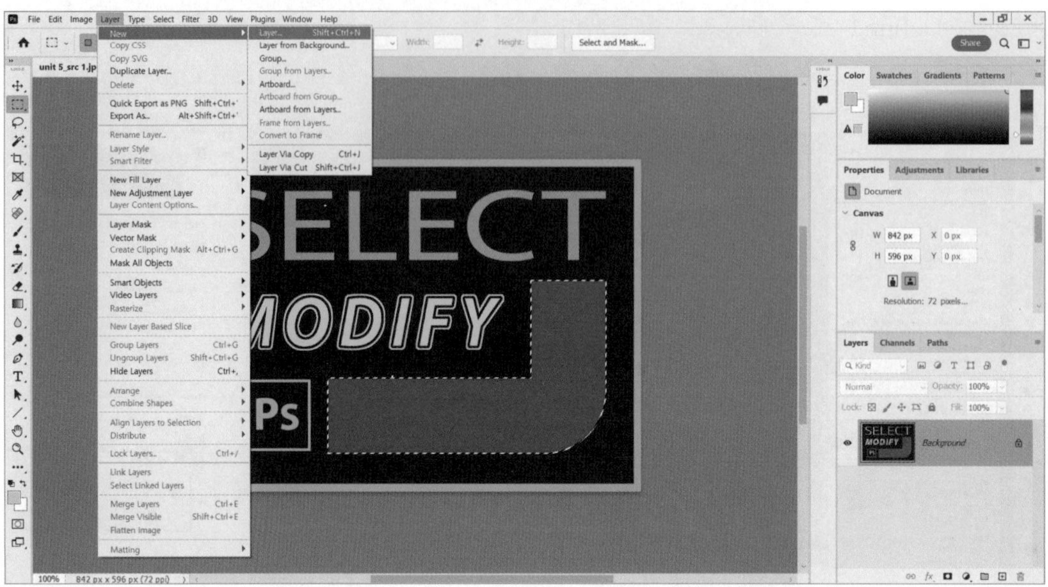

15 레이어 이름을 '패턴'으로 정합니다.

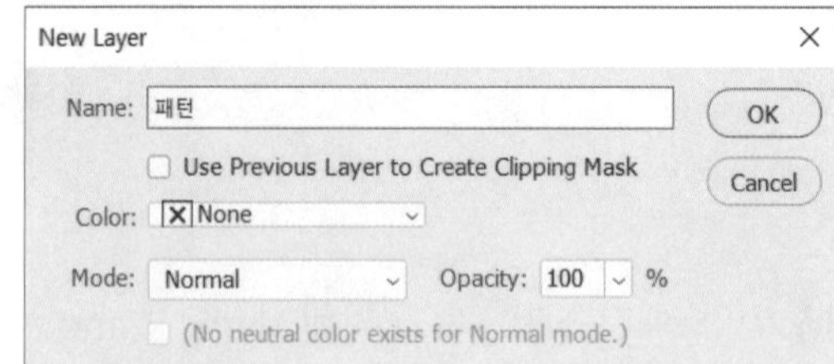

16 선택 영역 안에 패턴을 채우기 위해 Paint Bucket tool【G】을 선택합니다.

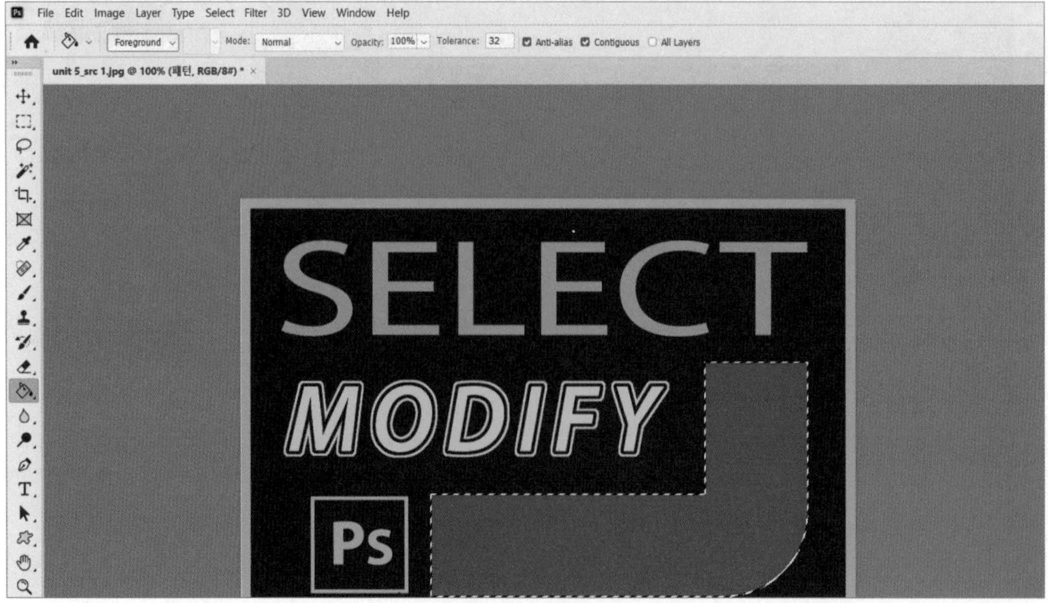

17 옵션바에서 Pattern을 선택한 후, 바로 옆에 등록한 패턴을 찾습니다.

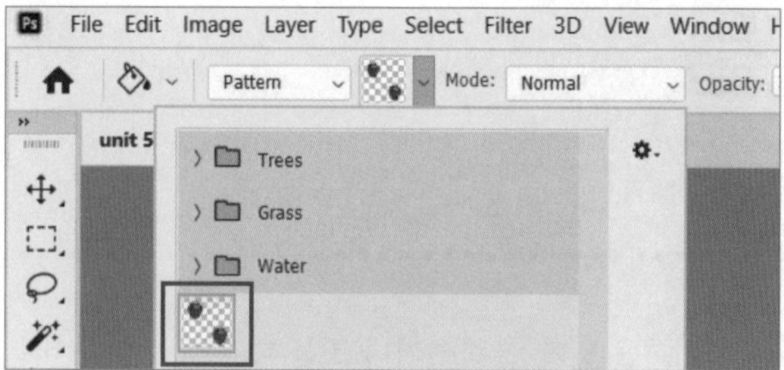

18 패턴 레이어에 정의해 두었던 딸기 모양의 패턴이 적용됩니다.

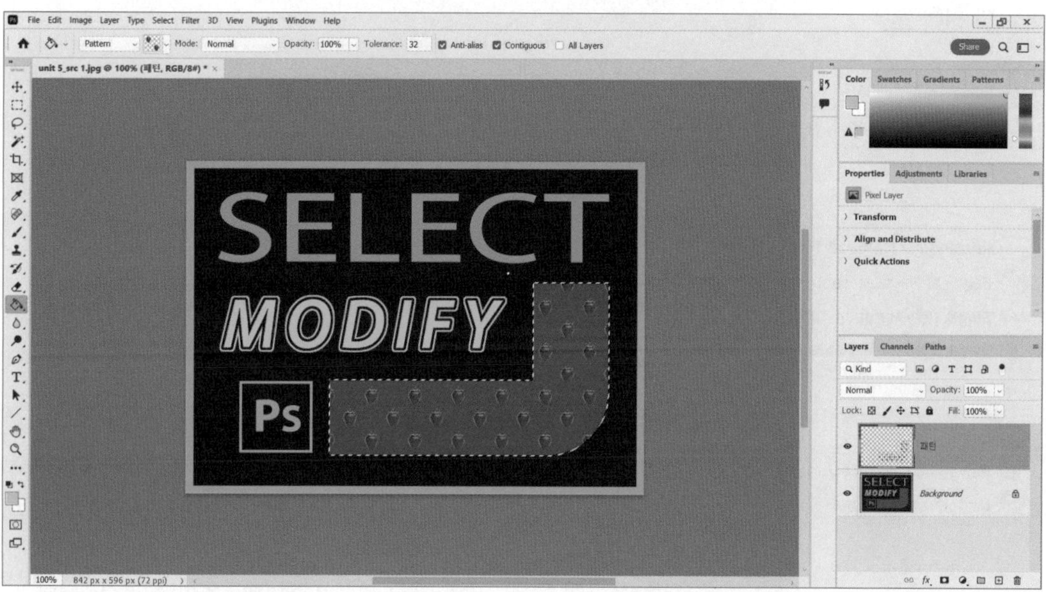

사진 편집 기술

Unit 06

툴

추가 도구를 보고 싶을 경우 아이콘을 길게 클릭하거나 또는 마우스 오른쪽 버튼을 클릭하여 숨겨진 다른 도구를 찾을 수 있습니다. 도구 모음에 표시되는 도구는 마지막으로 선택한 도구가 표시됩니다.

· 이동 및 선택 도구

이동 도구 - 오브젝트, 레이어 등을 선택하거나 안내선을 이동합니다.
아트보드 도구 - 아이폰이나 안드로이드 장치 또는 웹 사이즈 등 다양한 화면 크기에 맞는 아트보드를 작성할 수 있습니다.

Rectangular Marquee Tool M
Elliptical Marquee Tool M
Single Row Marquee Tool
Single Column Marquee Tool

사각형 선택 윤곽 도구 - 사각 형태의 선택영역을 만듭니다.
원형 선택 윤곽 도구 - 원형의 선택영역을 만듭니다.
단일 행 선택 윤곽 도구 - 픽셀의 단일 행(1px)을 선택영역으로 합니다.
단일 열 선택 윤곽 도구 - 픽셀의 단일 열(1px)을 선택영역으로 합니다.

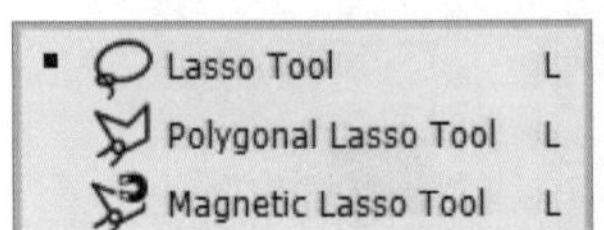

올가미 도구 - 자유형 곡선 형태의 선택 영역을 그릴 수 있습니다. 만약 추가적인 선택 영역은 Shift를 누른 채 포함시킬 수 있으며 제외하고 싶을 경우엔 Alt를 누른 상태에서 드래그하여 선택 영역에서 제외시킬 수 있습니다.
다각형 올가미 도구 - 클릭하여 직선 선택 영역을 만들 수 있습니다. 만약 잘못 클릭한 경우 Undo【Ctrl+Z】 하지 않고 키보드의 Backspace를 클릭하면 됩니다.
자석 올가미 도구 - 선택하고자 하는 개체의 가장자리를 따라 선택할 수 있습니다.

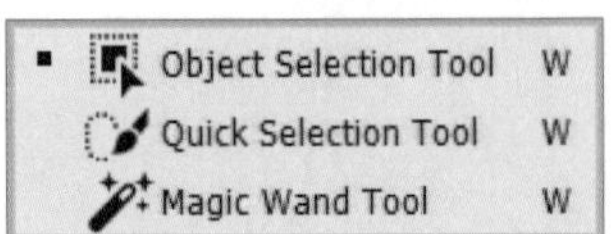

개체 선택 도구 - 자동으로 오브젝트를 찾고 한번의 클릭으로 손쉽게 선택영역을 만들 수 있습니다.
빠른 선택 도구 - 브러시로 칠하듯 마우스를 이용하여 드래그하여 선택 영역을 만들 수 있습니다.
마술봉 도구 - 클릭한 부분의 픽셀과 비슷한 색상을 선택영역으로 합니다.

· 자르기 및 슬라이스 도구

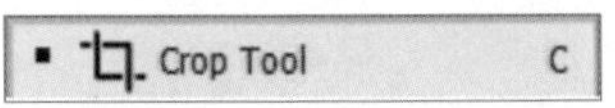

자르기 도구 - 원하는 너비와 높이를 제외한 나머지 부분을 자른 후 삭제합니다.

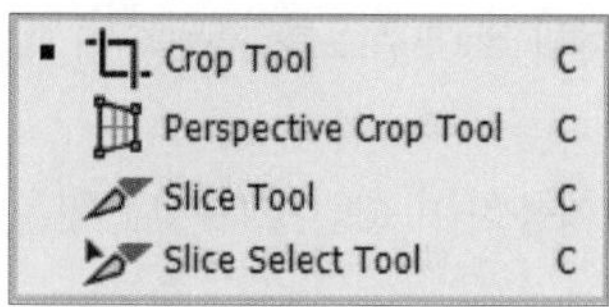

원근 자르기 도구 - 클릭하여 이미지를 자르고 원근 문제를 수정합니다.
분할 영역 도구 - 드래그하여 자른 영역을 쉽게 선택하거나 크기를 변경할 수 있습니다.
분할 영역 선택 도구 - 이미지의 자른 영역을 합치거나 나눌 수 있고 편집할 수 있습니다.

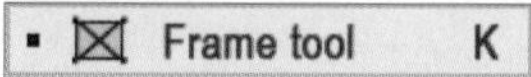

프레임 도구 - 이미지를 직사각형 또는 타원형 모양으로 배치할 수 있습니다.

· 측정 도구

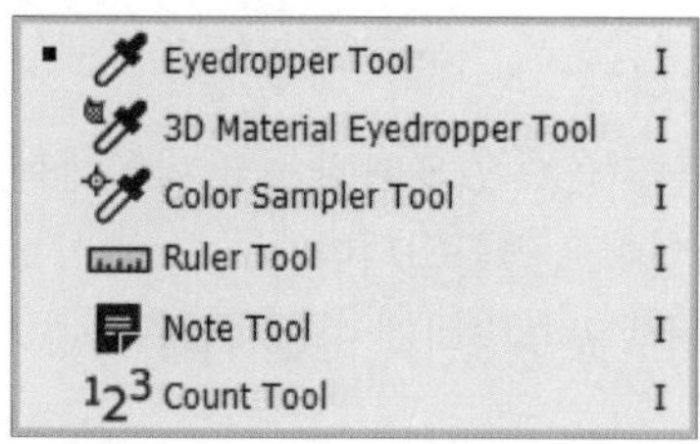

스포이드 도구 - 이미지에서 특정 색상을 선택할 때 유용합니다.
3D 재질 스포이드 도구 - 3D 오브젝트의 클릭한 부분의 Material(재질)을 가져올 수 있습니다.
색상 샘플러 도구 - 선택한 개체의 색상과 다른 개체의 색상을 정확히 일치시킬 수 있습니다.
눈금자 도구 - 거리와 각도를 측정하는 도구입니다.
노트 도구 - 파일에 텍스트 메모(주석)를 추가할 수 있습니다.
카운트 도구 - 이미지의 항목 수를 기록합니다.

· 리터칭 및 페인팅 도구

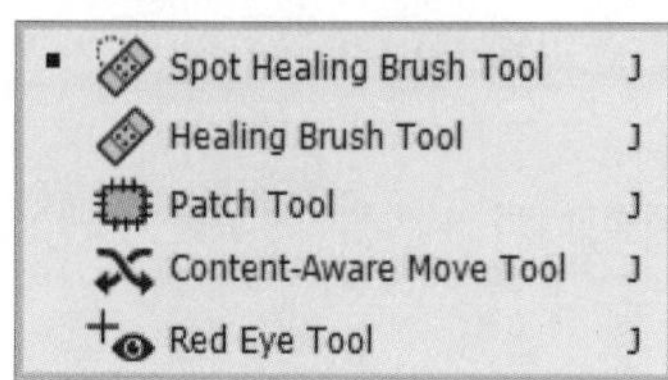

스팟 복구 브러시 도구 - 이미지의 원하지 않는 부분을 제거하거나 매끄럽게 복구합니다.
복구 브러시 도구 - 주변의 픽셀과 혼합하여 이미지의 결함을 수정합니다.
패치 도구 - 복구 브러시 도구와 달리 선택영역을 복구하거나 복제 또는 흠집을 제거합니다.
내용 인식 이동 도구 - 올가미 도구처럼 선택한 후 새 위치로 이동하면 이전의 위치를 채울 수 있습니다.
적목 현상 도구 - 사진 촬영시 피사체와 카메라의 플래시와의 거리가 매우 가까우면 적목현상이 발생합니다. 이때 눈 주위를 드래그하여 자동으로 제거할 수 있습니다.

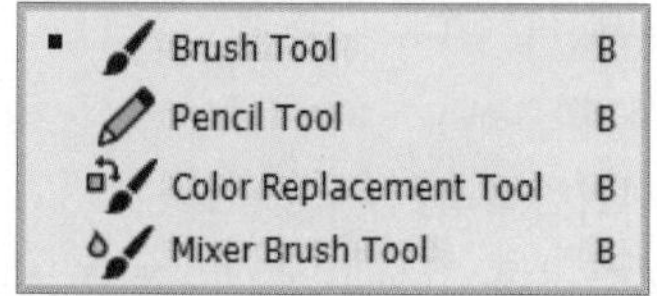

브러시 도구 - 레이어나 레이어 마스크에 브러시 획을 칠하는데 사용합니다.
연필 도구 - 날카로운 선을 그릴 때 많이 사용합니다.
색상 교체 도구 - 오브젝트의 색상을 다른 색상으로 변경합니다.
혼합 브러시 도구 - 믹서 브러시를 사용하여 색상을 혼합하여 페인팅할 수 있으며 마르는 속도를 설정할 수도 있습니다

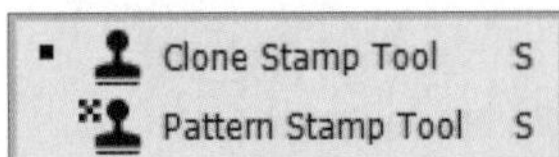

복제 도장 도구 – Alt키를 눌러 샘플을 캡쳐하고 마우스를 이동하여 이미지를 복제할 수 있습니다.

패턴 도장 도구 – 이미지나 정의한 패턴을 이용하여 페인팅하거나 채울 수 있습니다.

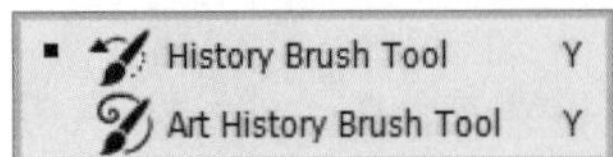

작업 내역 브러시 도구 – 이미지의 일부를 마우스를 이용하여 문지르면 복원할 수 있습니다.

미술 작업 내역 브러시 도구 – 미술 작업 방식을 느끼기 위해 넓은 영역을 페인팅하는 것이 좋습니다.또한 이미지는 다소 추상적인 표현이 되므로 원본과 혼합하여 더욱 예술적으로 표현할 수 있습니다.

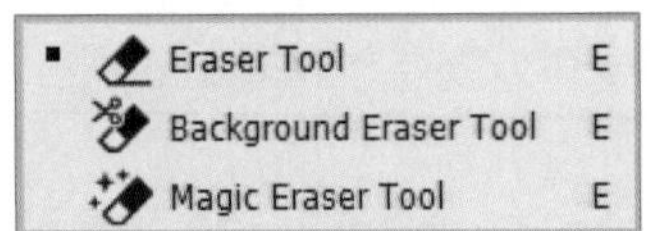

지우개 도구 – 제거하려는 영역을 지웁니다.

배경 지우개 도구 – 비슷한 색상 영역을 지울수 있으며 배경 레이어에서 사용하는 경우 배경 레이어는 일반 레이어로 변환됩니다.

자동 지우개 도구 – 클릭하여 이미지 픽셀을 투명하게 변환시킵니다.

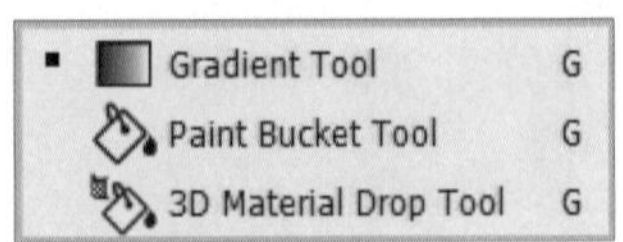

그레이디언트 도구 – 둘 이상의 색상 사이를 점진적으로 혼합합니다.

페인트 통 도구 – 비슷한 색상의 영역을 전경색으로 채웁니다.

3D 재료 드롭 도구 – 한 영역에서 재료를 샘플링한 다음 모델, 메쉬 또는 3D 레이어의 다른 영역에 놓을 수 있습니다.

흐림 도구 – 이미지의 단단한 가장자리를 흐리게 합니다.

선명 도구 – 칠한 영역을 선명하게 합니다.

얼룩 도구 – 이미지의 데이터를 얼룩지게 합니다.

닷지 도구 – 이미지의 영역을 밝게 합니다.

번 도구 – 칠한 영역을 어둡게 합니다.

스폰지 도구 – 영역의 채도를 변경합니다.

• 그리기 및 문자 도구

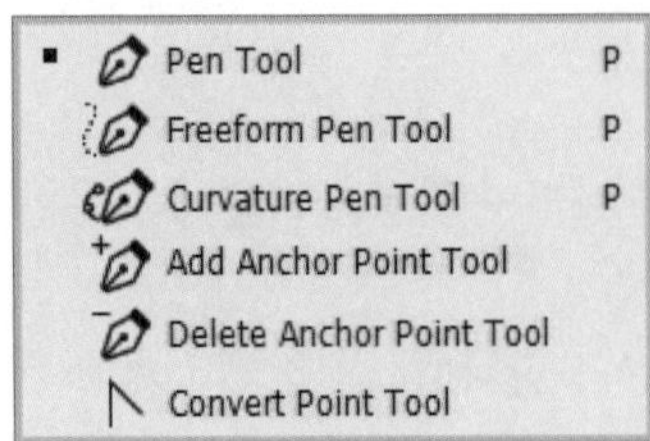

펜 도구 – 매우 정확한 경로, 벡터 모양 또는 선택 영역을 그립니다.

자유 형태 펜 도구 – 자유형 경로나 모양을 그립니다.

곡률 펜 도구 – 펜 도구의 더 쉽고 간단한 버전입니다.

앵커 포인트 추가 도구 – 앵커 포인트를 추가합니다.

기준점 삭제 도구 – 기존 앵커 포인트를 제거합니다.

포인트 변환 도구 – 모서리 포인트로 변환합니다. 직선을 곡선으로 또는 곡선을 직선으로 전환합니다.

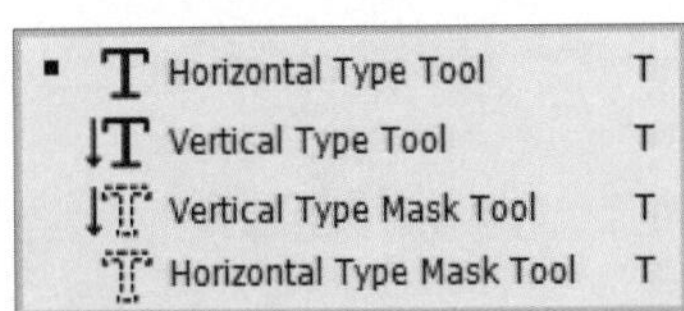

수평 문자 도구 – 이미지에 문자를 만듭니다.
세로 문자 도구 – 수직으로 문자를 추가합니다.
세로 문자 마스크 도구 – 세로 문자 모양으로 선택 영역을 만듭니다.
가로 문자 마스크 도구 – 가로 문자 모양으로 선택 영역을 만듭니다.

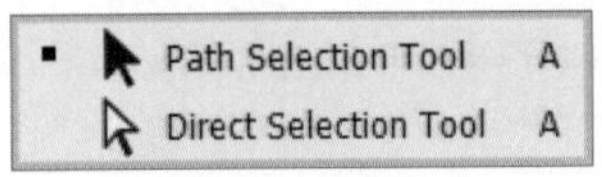

패스 선택 도구 – 전체 경로(path)를 한번에 선택합니다.
직접 선택 도구 – 개별 패스 선분, 기준점 또는 방향 핸들을 선택하고 이동합니다.

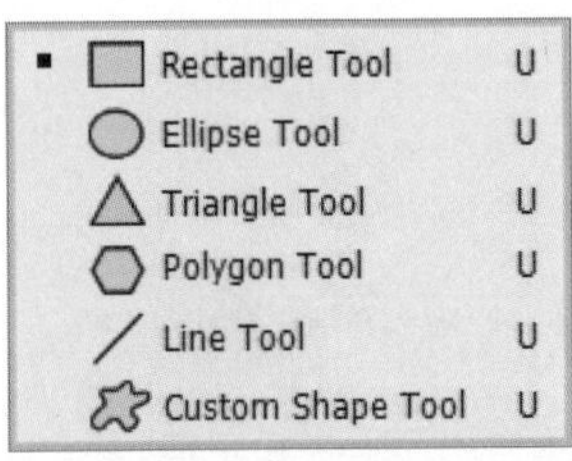

사각형 도구 – 사각형 벡터 모양, 경로 또는 픽셀 모양을 그립니다.
원형 도구 – 원형 벡터 모양, 경로 또는 픽셀 모양을 그립니다.
삼각형 도구 – 삼각형 모양을 그립니다.
다각형 도구 – 면의 수에 관계없이 다각형 모양을 그립니다.
선 도구 – 직선이나 화살표를 그립니다.
사용자 정의 모양 도구 – 사용자 정의 모양 목록에서 선택한 사용자 정의 모양을 만듭니다.

· 탐색 도구

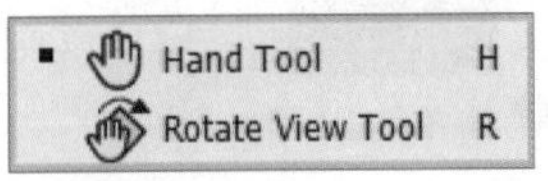

손 도구 – 이미지를 이동합니다.
보기 회전 도구 – 캔버스를 회전합니다.

Zoom tool Z

확대/축소 도구 – 이미지 보기를 확대 및 축소합니다.

· 색상 모드

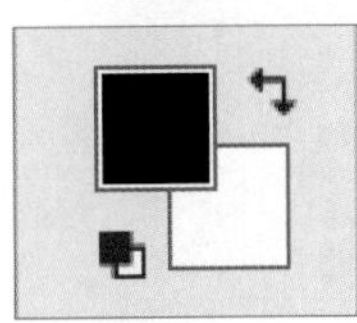

기본 전경/배경 색상【D】
전경/배경 색상 전환【Shift+X】

· 화면 모드

표준/빠른 마스크 모드 전환【Q】

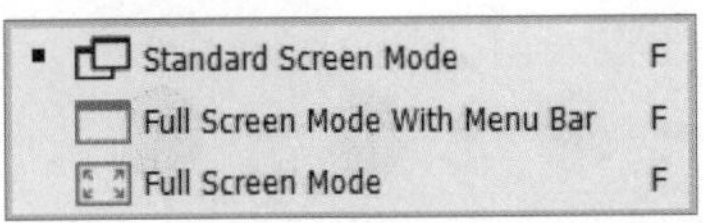

전체 화면 모드

사진 편집 기술

Unit 07

브러시

Brush는 기본 그림 도구이며, Brush Setting 패널 【F5】에서 브러시의 설정값을 변경할 수 있습니다.

■ Brush Tip

▶ 브러시 크기 조절하기

- 브러시 크기를 크게 하기 : Right Square Bracket 【]】 대괄호 닫기
- 브러시 크기를 작게 하기 : Left Square Bracket 【[】 대괄호 열기
- Alt를 누른 상태에서 마우스 오른쪽을 드래그하여 크기를 조절할 수 있습니다.

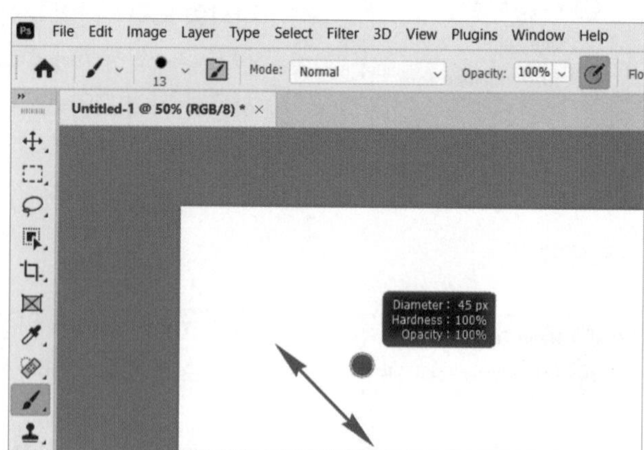

▶ 브러시 Hardness(경도) 조절하기

- Hardness 0%는 브러시의 부드러운 테두리를 의미합니다.
- Hardness 100%는 브러시의 정확한 테두리를 의미합니다.
- 25%씩 Hardness를 Hard하게 할 때 【Shift+] 】
- 25%씩 Hardness를 Soft하게 할 때 【Shift+[】

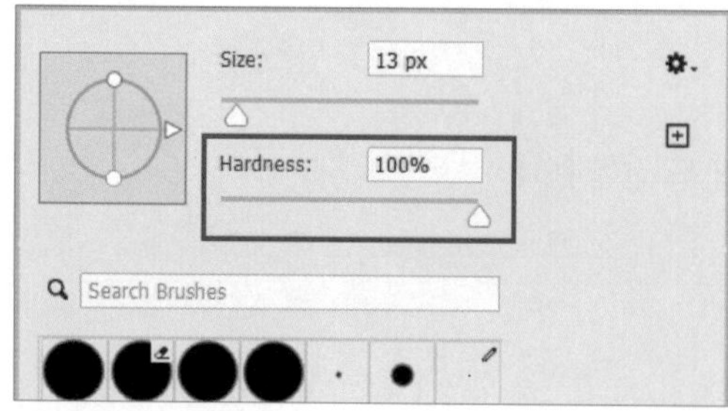

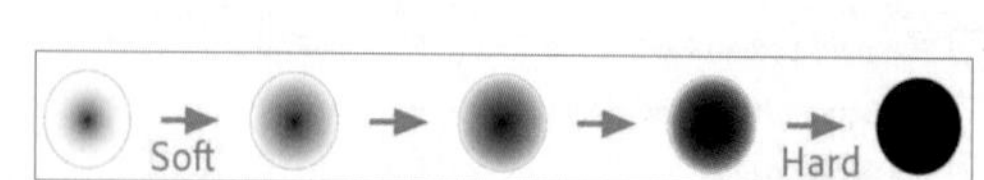

▶ 브러시 모양 변경하기

환경설정 【Ctrl+K】에서 변경할 수 있습니다. 또한 Caps Lock Key를 번갈아 클릭하면 '+' 형태로 변경됩니다.

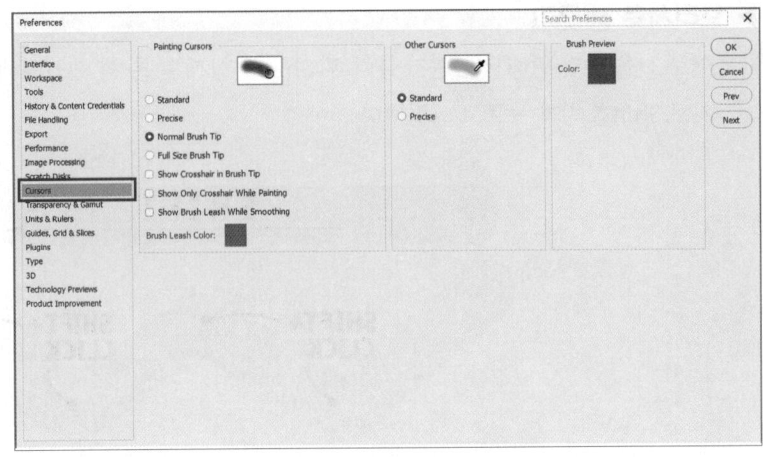

▶ 브러시 Opacity(투명도) 조절하기

브러시의 Opacity를 조절하려면 Number Pad의 번호를 입력하여 조절합니다.

Ex

- Type 3 =30% (숫자 3을 입력하면 Opacity가 30%가 됩니다.)
- Typing 77 = 77% (숫자 77을 연속하여 입력하면 Opacity가 77%가 됩니다.)
- Type 0 = 100% (숫자 0을 입력하면 Opacity가 100%가 됩니다.)
- Opacity라는 글자 위에서 마우스를 좌우로 드래그하여 Opacity를 변경할 수 있습니다.

▶ 브러시 Flow 조절하기

브러시의 Flow를 조절할 때는 Shift+Number를 입력하여 조절합니다.

Ex

- Type Shift+3 =30% (Shift 누른 상태로 3을 입력하면 Flow가 30%가 됩니다.)
- Typing Shift+77 = 77% (Shift 누른 상태로 77을 입력하면 Flow가 77%가 됩니다.)
- Type Shift+0 = 100% (Shift 누른 상태로 0을 입력하면 Flow가 100%가 됩니다.)
- Flow라는 글자 위에서 마우스를 좌우로 드래그하여 Flow를 변경할 수 있습니다.

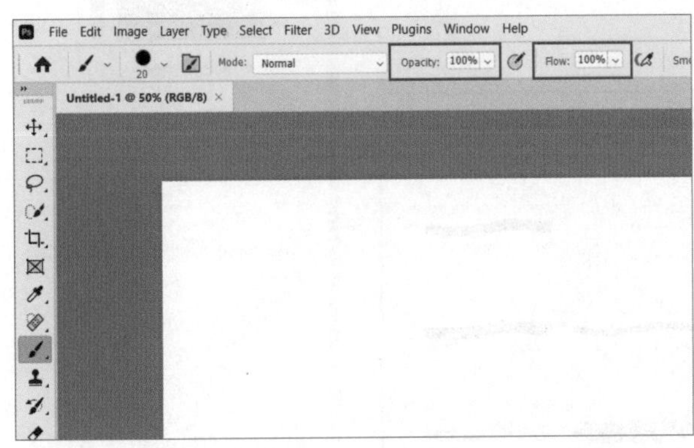

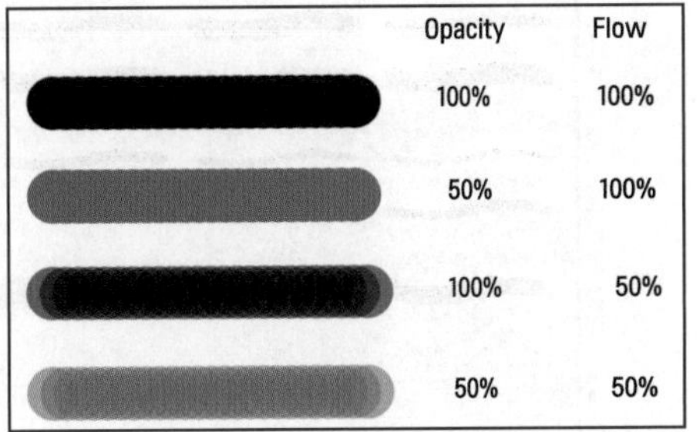

▶ 브러시로 선 긋기

똑바로 선을 긋기 위해서는 먼저 클릭 후 Shift를 함께 누른 채 페인팅해야 합니다. 그리고 45˚, 90˚ 마찬가지로 Shift를 함께 누르고 그립니다.

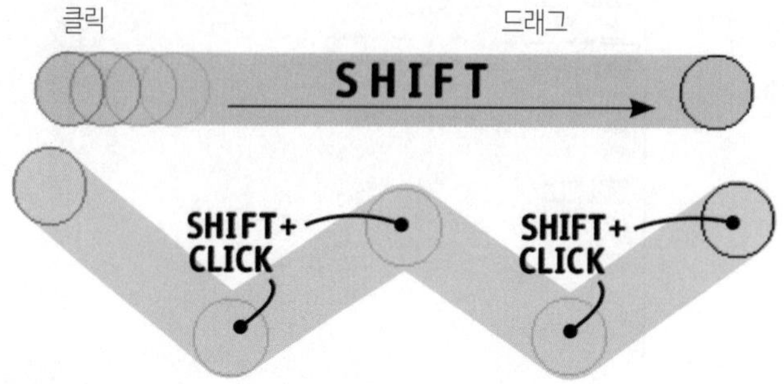

▶ 모든 브러시의 모양을 한번에 보기

01 Pop-up 패널을 보이게 한 후 ⇨ 아래 브러시 그룹 앞의 화살표를 【Alt+Ctrl+Click】 합니다.

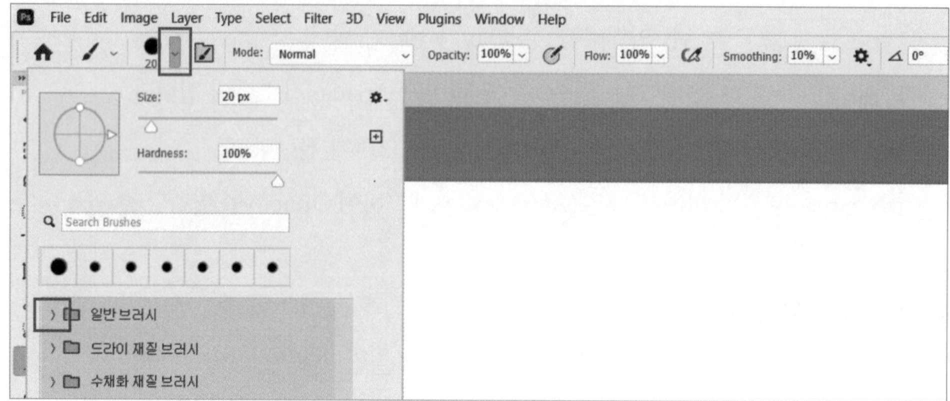

02 모든 그룹 브러시의 모양을 한번에 열어 확인할 수 있습니다.

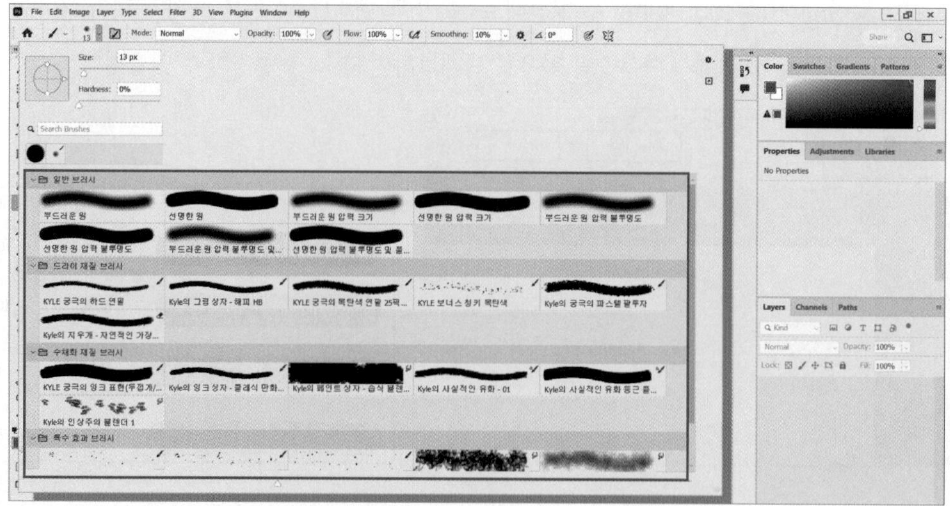

▶ 브러시 크기를 작게 보거나 크게 보기

슬라이더(Slider)를 왼쪽으로 옮겨 작게 보거나 오른쪽으로 옮겨 브러시의 크기를 크게 볼 수 있습니다.

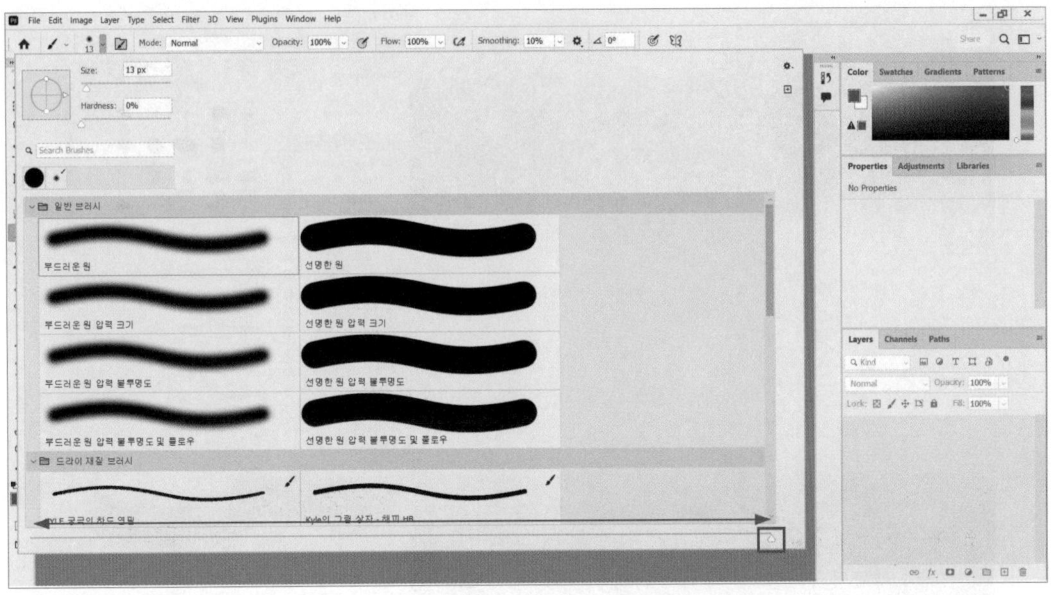

▶ 구 버전의 브러시를 보이게 하기

이전 버전의 브러시를 추가하려면 Converted Legacy tool Presets과 Legacy Brushes를 추가합니다.

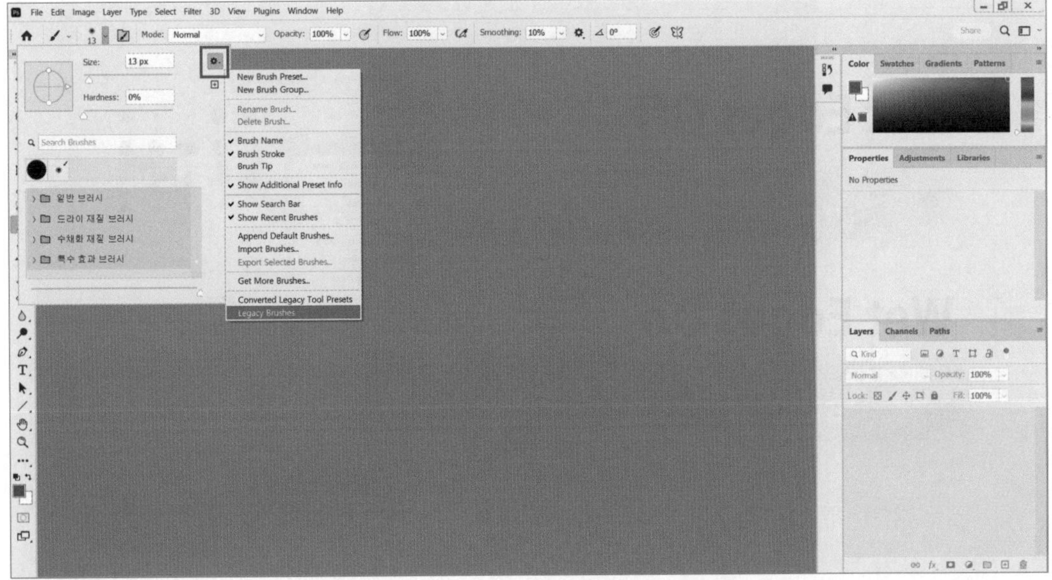

▶ 노이즈를 적용하거나 해제하기

Soft Round Brush로 Noise를 체크 해제한 상태에서 그려봅니다. 아래는 체크한 상태에서 드래그합니다.

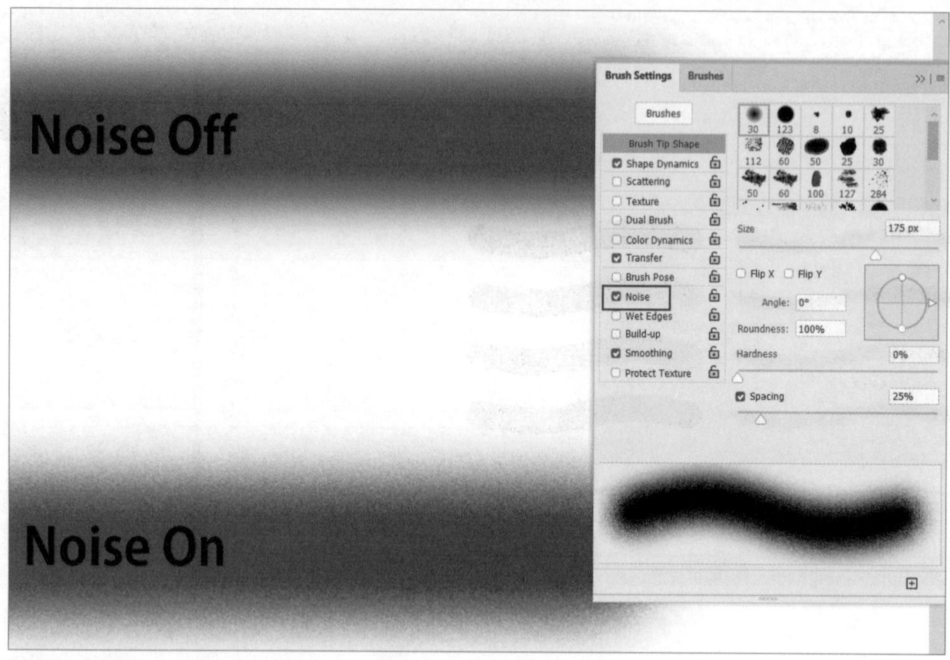

▶ 가장자리를 젖은 느낌으로 만들기

Soft Round Brush로 Wet Edges를 체크하고 드래그한 경우 가장자리가 수채화 느낌의 스트로크가 됩니다.

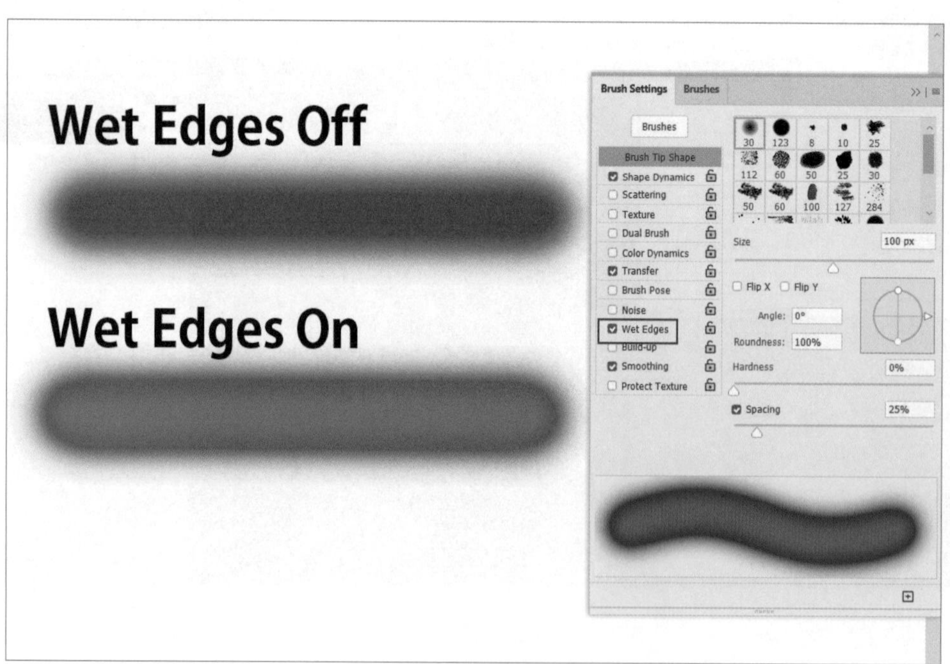

▶ 타블렛을 이용한 선 그리기 옵션-Smoothing

브러시툴을 타블렛을 이용하여 사용할 경우 곡선을 보다 유연하게 그리고자 할 때 Smoothing 값을 조절합니다. 값을 낮추면 다소 매끄럽지 않게 되지만 Smoothing 100%로 하면 보다 부드럽고 유연한 곡선을 그릴 수 있습니다.

▶ 타블렛을 이용한 압력조절하기

브러시의 옵션바에 있는 Pressure for Opacity와 Pressure for Size를 클릭한 채 그려봅니다.

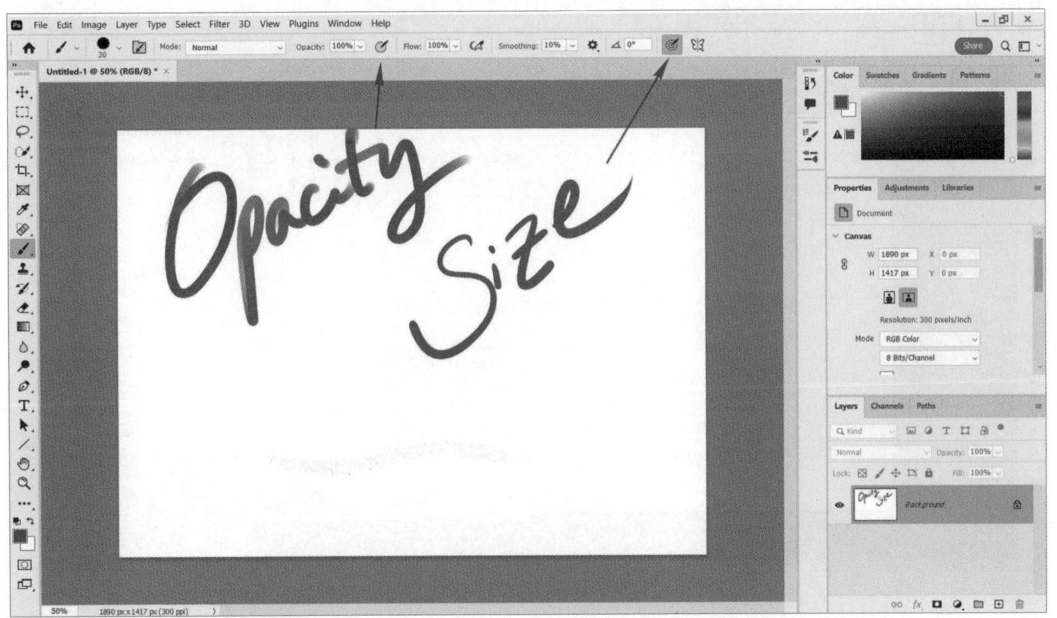

사진 편집 기술

01 | Brush Settings 브러시 세팅하기

01 File ⇨ New 【Ctrl+N】 새 문서를 만듭니다.

02 Photo 항목에서 Default photoshop size를 선택하여 기본 크기의 문서를 만듭니다.

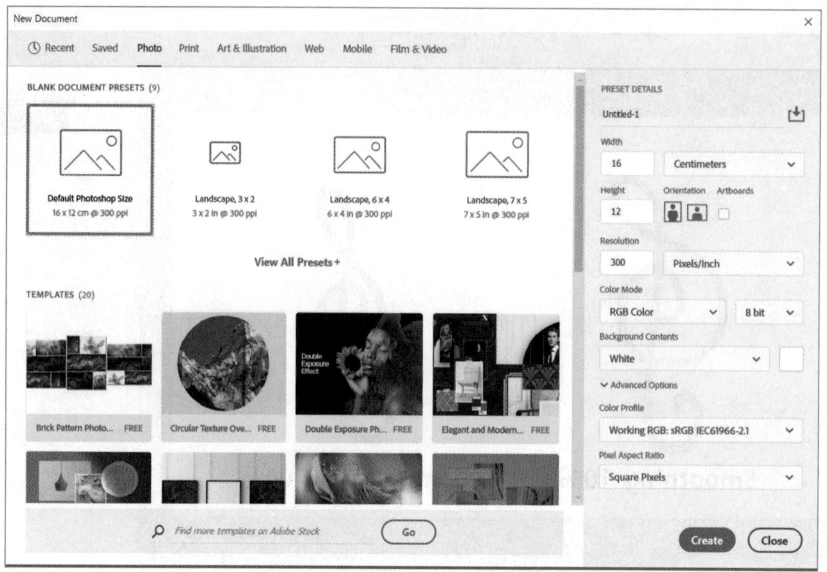

03 Brush tool 【B】를 선택한 뒤 옵션바에서 Toggle Brush Setting 패널 【F5】 버튼을 클릭하여 패널을 꺼낼 수 있습니다.

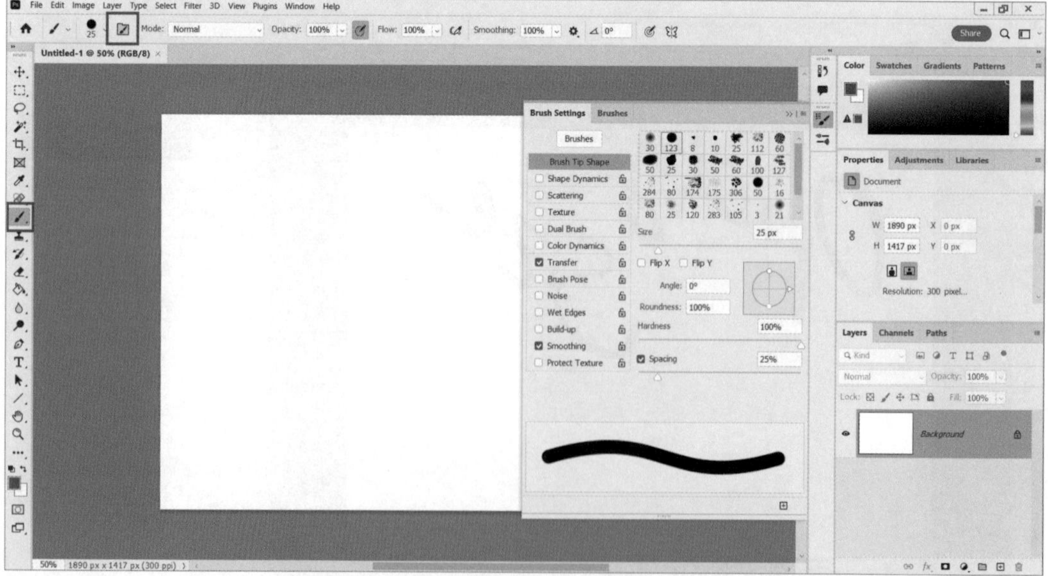

04 옵션바에 있는 Brush 아이콘의 오른쪽 마우스를 클릭하여 Reset Tool(초기화) 합니다.

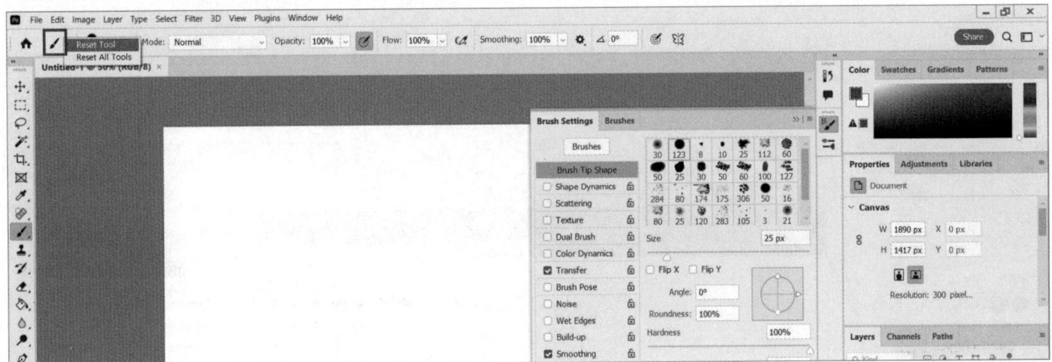

05 Brush 아이콘 옆에 Brush Preset picker 버튼을 클릭합니다.

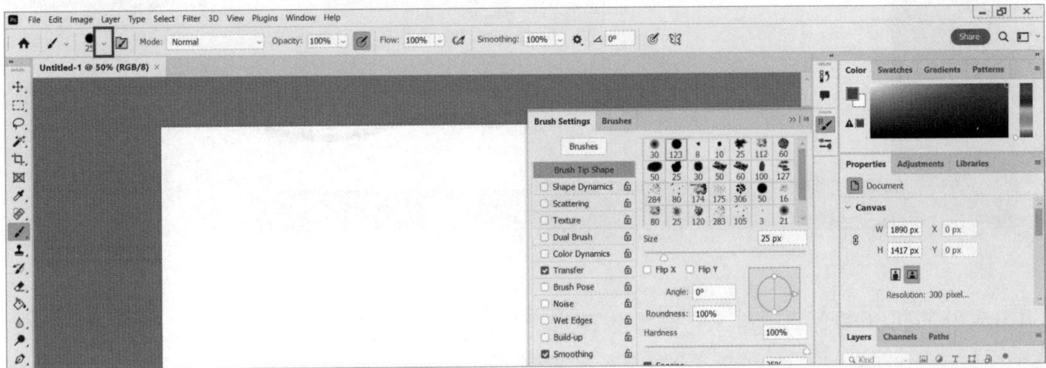

06 Brush Preset picker 패널이 열리고 다양한 형태의 브러시를 선택할 수 있습니다.

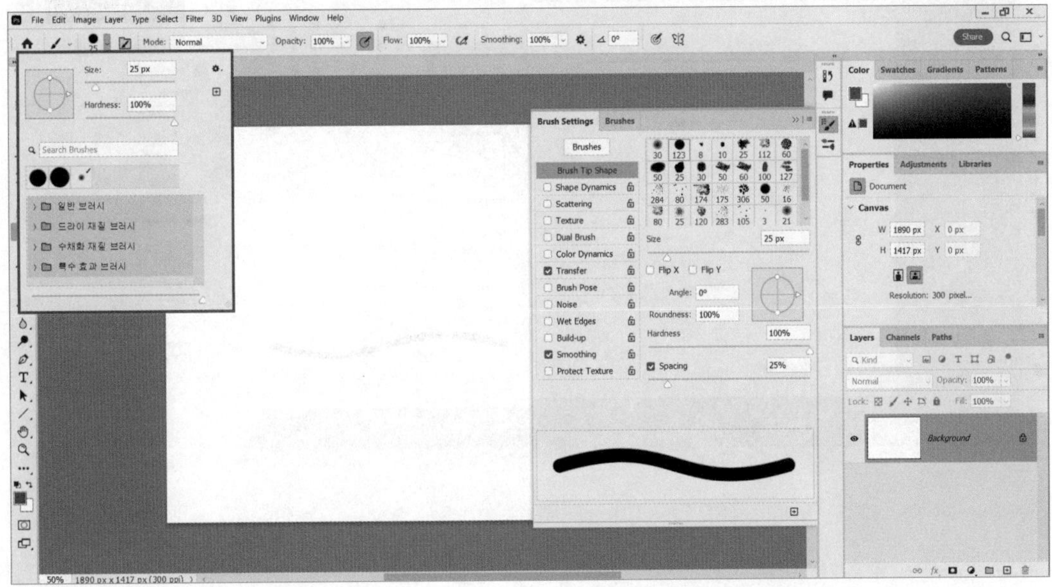

02 | Brush를 이용하여 선 그리기

01 일반 브러시 항목 안에 '선명한 원'을 더블 클릭하여 선택합니다. Size는 13px, Hardness는 100%입니다.

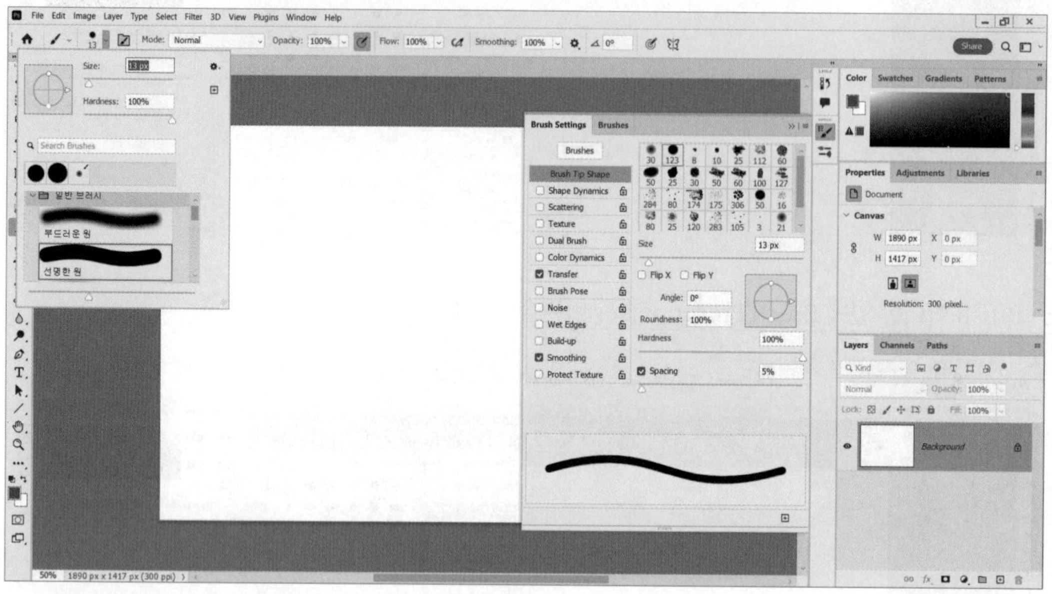

02 Click한 후 Shift를 누르면서 오른쪽으로 드래그하여 선을 그립니다.

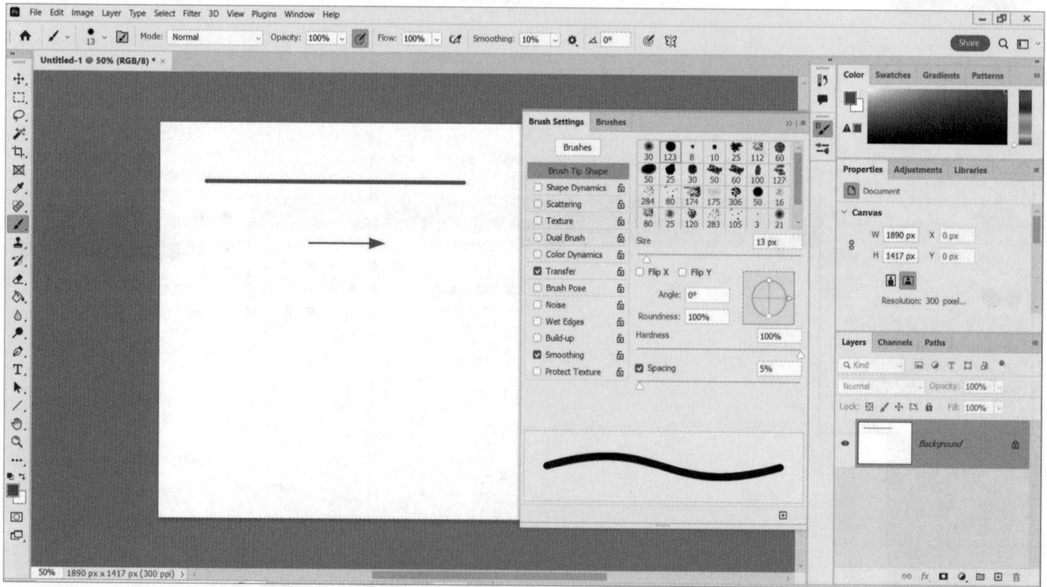

03 | 점선 그리기

Brush Settings 패널에서 Spacing의 수치를 150% 정도로 설정합니다. Click한 후 Shift를 누르면서 오른쪽으로 드래그하여 선을 그립니다.

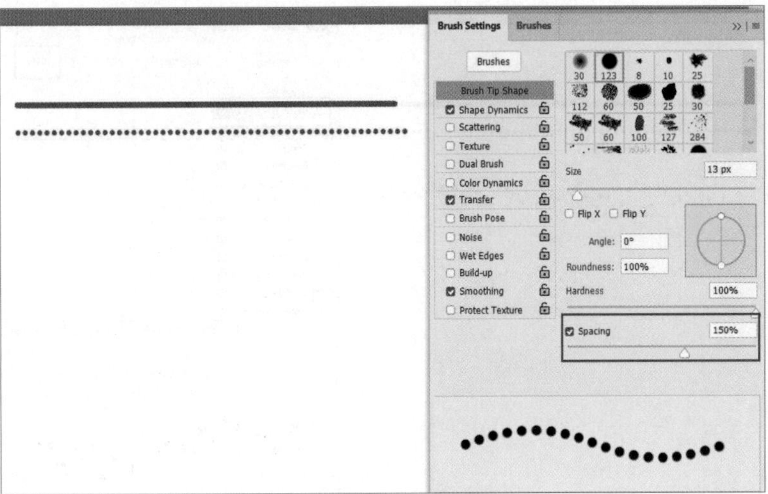

04 | Scattering 흩뿌리기

Brush Settings 패널에서 Scattering의 수치를 500% 정도로 설정합니다. Click한 후 Shift를 누르면서 오른쪽으로 드래그하면 작은 원이 흩어진 상태로 그려집니다. Count의 수치를 변경하여 모여지거나 흩어지도록 조절할 수 있습니다.

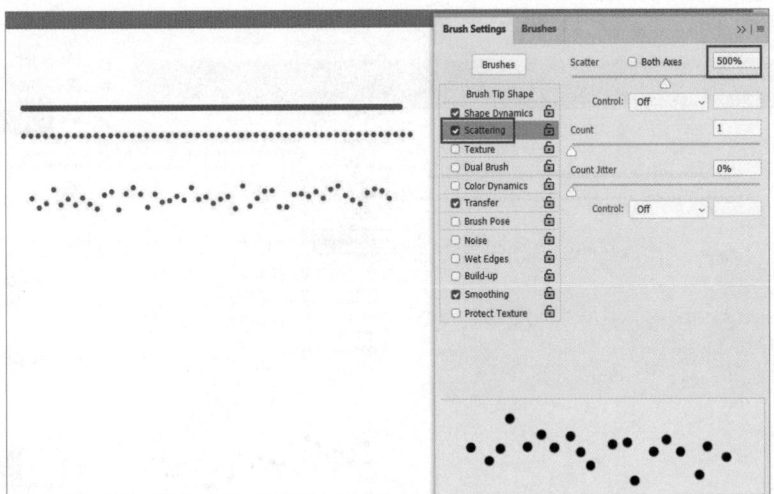

05 | Shape Dynamics 다이내믹한 형태

Brush Settings 패널에서 Shape Dynamics의 Size Jitter의 수치를 100% 정도로 설정합니다. Click한 후 Shift를 누르면서 오른쪽으로 드래그하면 다양한 크기로 그려집니다.

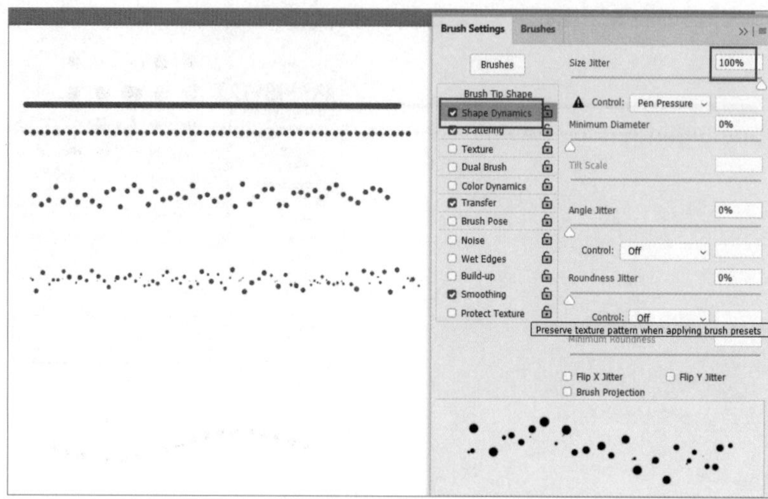

06 | Color Dynamics 다이내믹한 색상

01 Background Color(배경색)을 노란색으로 변경합니다. Brush Settings 패널에서 Color Dynamics의 Foreground/Background Jitter의 수치를 100% 정도로 설정합니다. Click한 후 Shift를 누르면서 오른쪽으로 드래그하면 색상이 혼합되어 그려집니다.

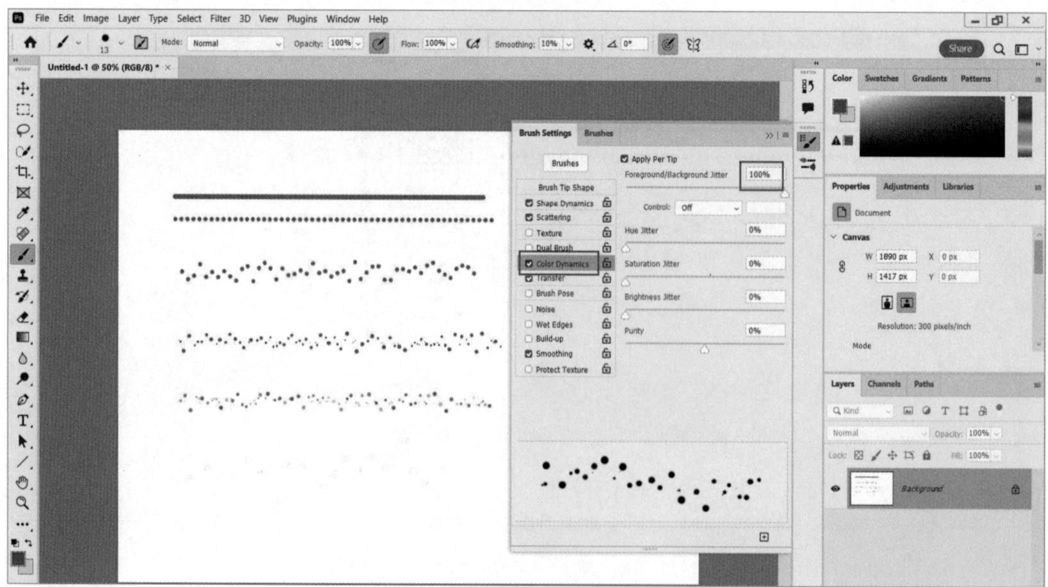

02 Hue Jitter의 수치를 100% 정도로 설정합니다. Click한 후 Shift를 누르면서 오른쪽으로 드래그하면 다양한 스펙트럼의 색상이 혼합되어 그려집니다.

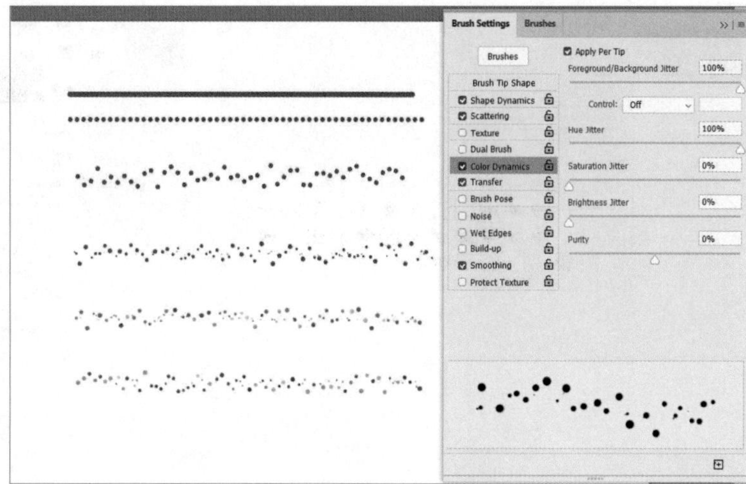

07 | Path에 브러시 적용하기

01 Default Photoshop Size의 문서를 준비합니다.

02 Custom Shape Tool【U】을 선택한 뒤 옵션바에서 'Path'를 선택합니다.

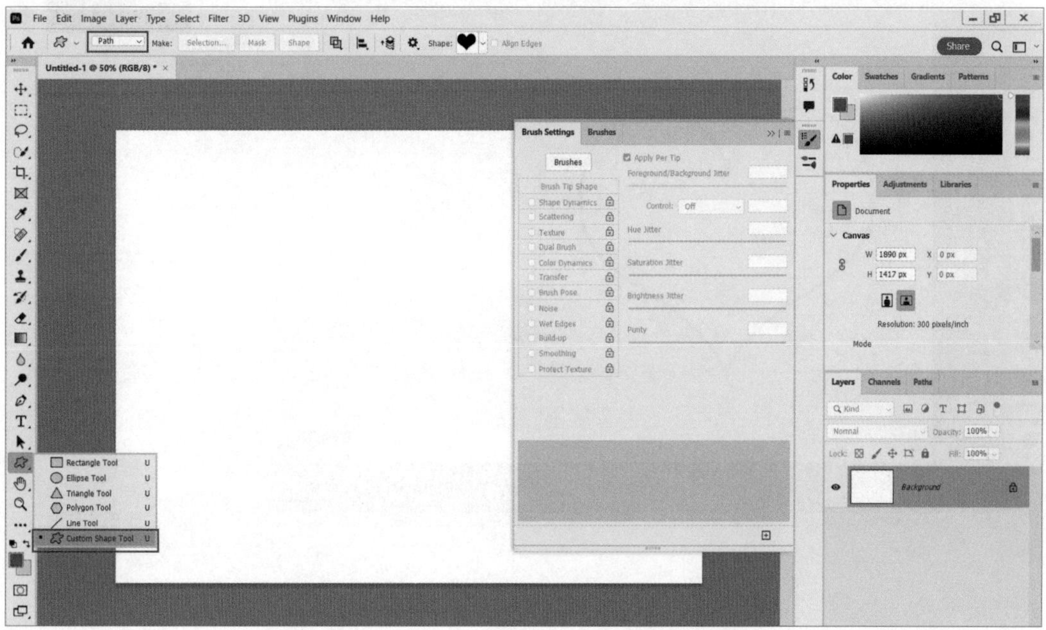

03 Heart Card를 찾아 더블 클릭하여 선택합니다.

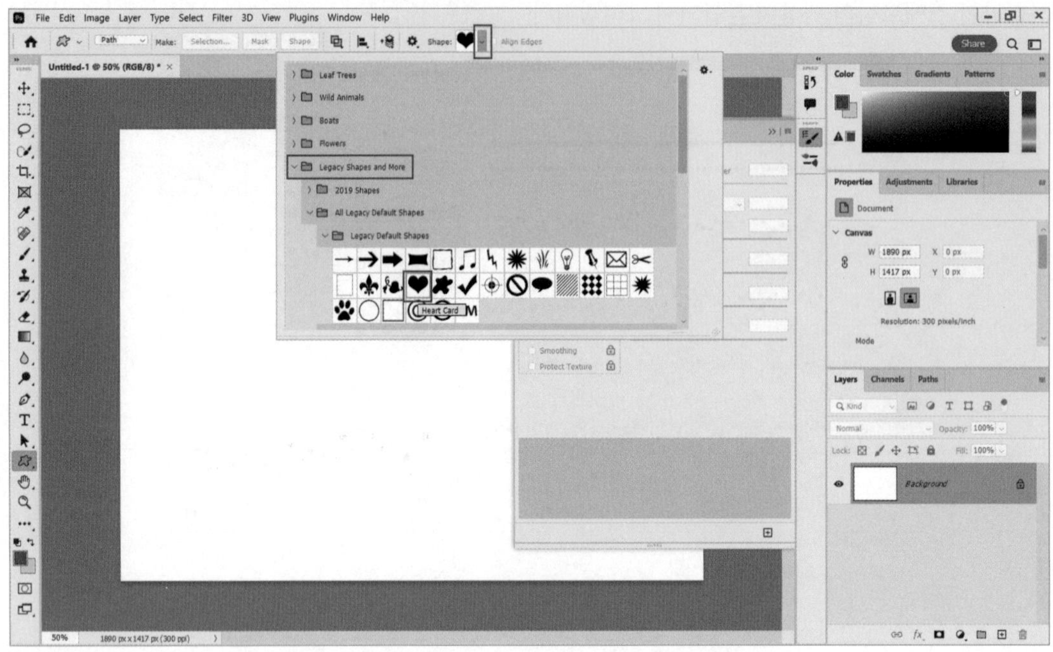

04 Shift를 누른 채 드래그하여 그립니다.

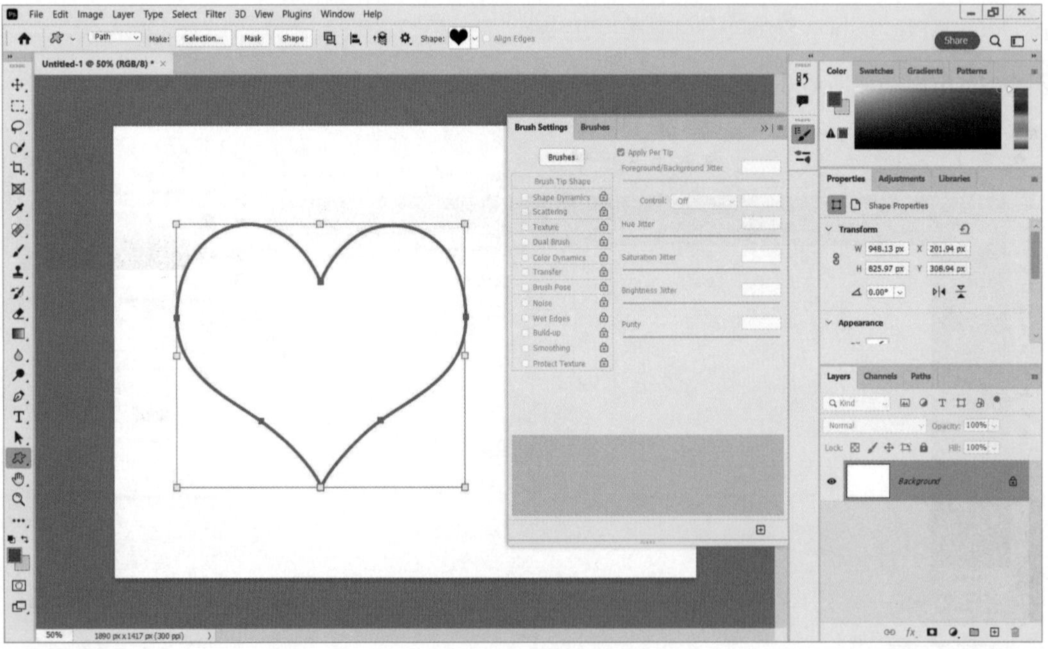

05 Brush tool을 선택하고 Path 패널 아래에 있는 'Stroke Path with Brush' 버튼을 클릭하면 Path의 형태대로 브러시 세팅 상태가 적용됩니다.

06 Path 패널에 Work Path를 해제합니다.

08 | Define Brush 브러시 정의하기

01 unit7_src 8.jpg 파일을 Open합니다.

02 Crop tool 【C】을 선택합니다. Option을 1:1(Square)로 하면 너비와 높이가 같은 비율로 자를 수 있습니다. Enter를 눌러 크기를 결정합니다.

03 Image ⇨ Image Size 【Alt+Ctrl+I】 이미지 크기를 확인합니다.

04 이미지의 Width(너비)와 Height(높이)를 각각 400 픽셀로 정합니다.

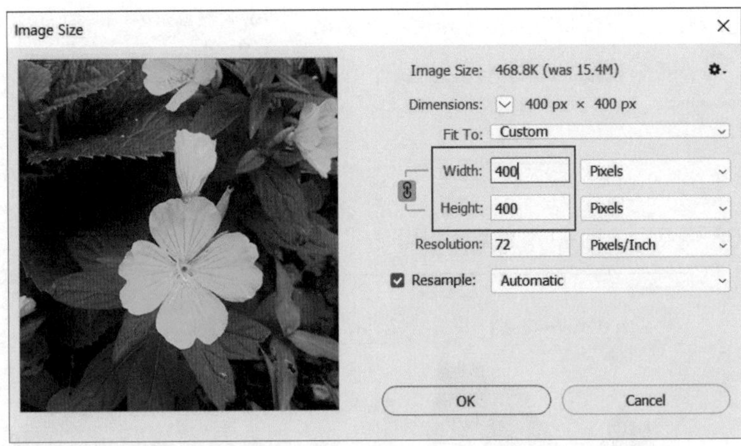

05 View ⇨ 100% 【Ctrl+1】를 선택해서 파일의 크기를 100% 크기로 봅니다.

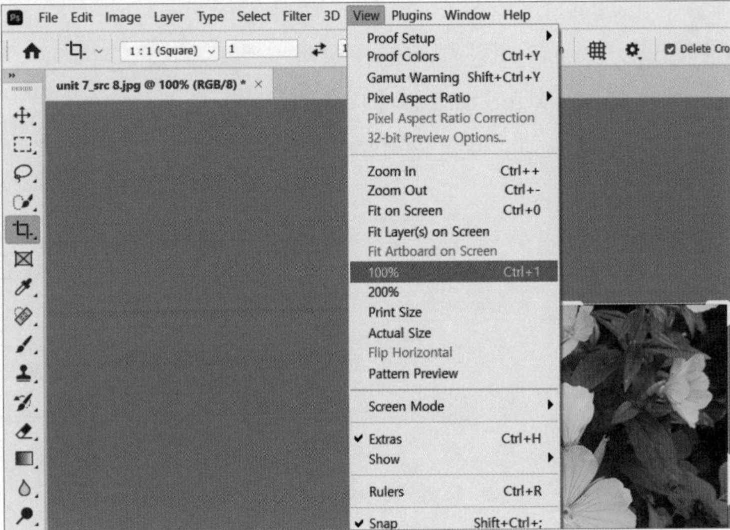

06 Image ⇨Adjustments ⇨ Invert 【Ctrl+I】 이미지를 반전합니다.

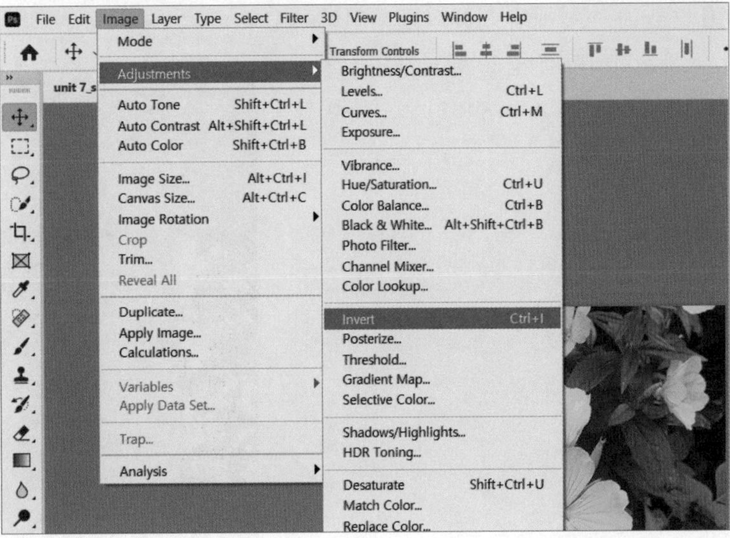

07 Image ⇨ Adjustments ⇨ Threshold 한계값 레벨을 선택합니다.

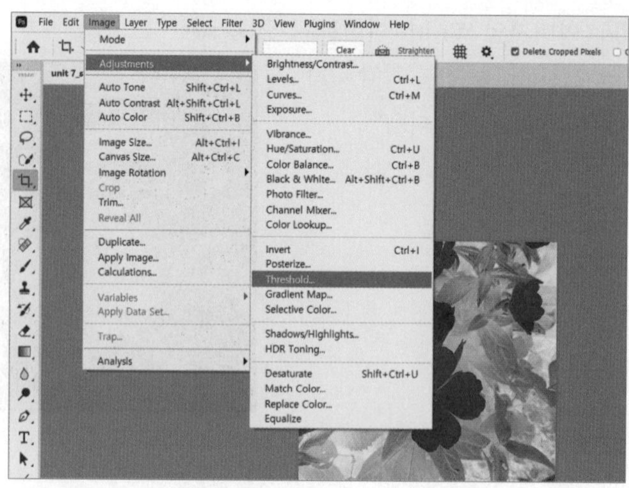

08 수치를 약 180 정도로 정합니다.

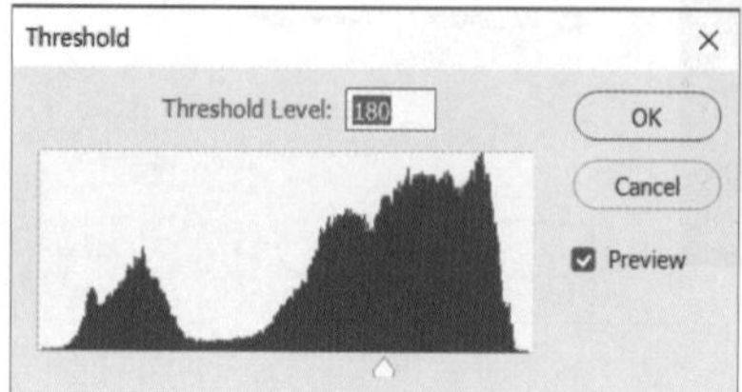

09 Contiguous(인접한)를 해제한 상태에서 Magic Wand tool【W】 마술봉 툴을 이용하여 흰 부분을 선택합니다.

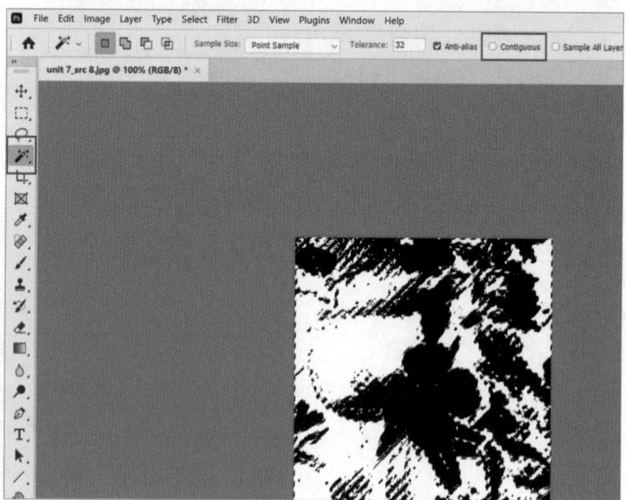

10 Layer 패널에서 자물쇠를 클릭하여 해제합니다. 잠금을 해제해야만 흰색을 삭제하는 경우 투명한 영역이 만들어집니다.

11 키보드의 Delete를 눌러 흰색 배경을 삭제합니다.

12 Select ⇨ Deselect【Ctrl+D】 선택 영역을 해제합니다.

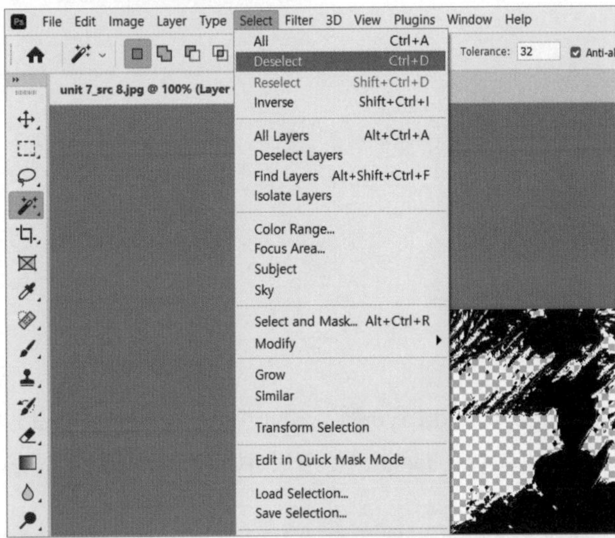

13 Edit ⇨ Define Brush Preset 브러시로 정의합니다.

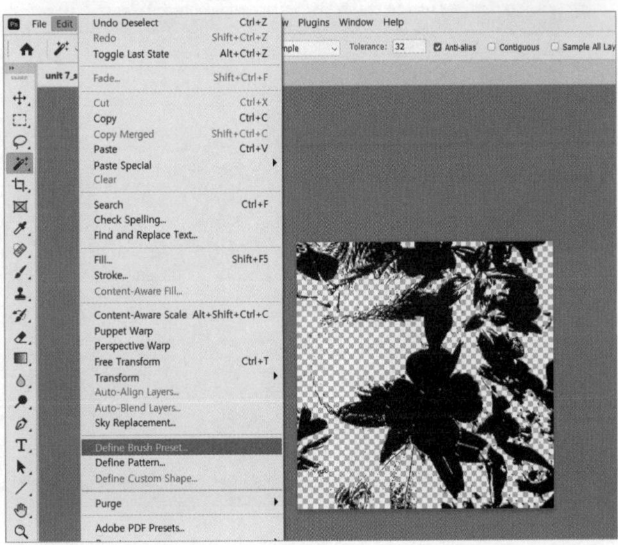

14 브러시 이름을 정합니다.

15 New Document【Ctrl+N】⇨ Width 800px×Height 800px 크기의 새 문서를 만듭니다. Preference【Ctrl+K】⇨ Guide, Grid & Slice 탭을 선택한 뒤 ⇨ Gridline Every 400 pixels, Subdivisions : 1로 합니다. ⇨ Show Grid【Ctrl+따옴표】하여 격자를 보이게 합니다.

16 Background Layer에 다양한 배경색을 채웁니다. (f39801, 84ccc9, f29c9f, 8fc320) 색상을 각각 선택한 후【Alt+Delete】를 클릭하여 색상을 채울 수 있습니다.

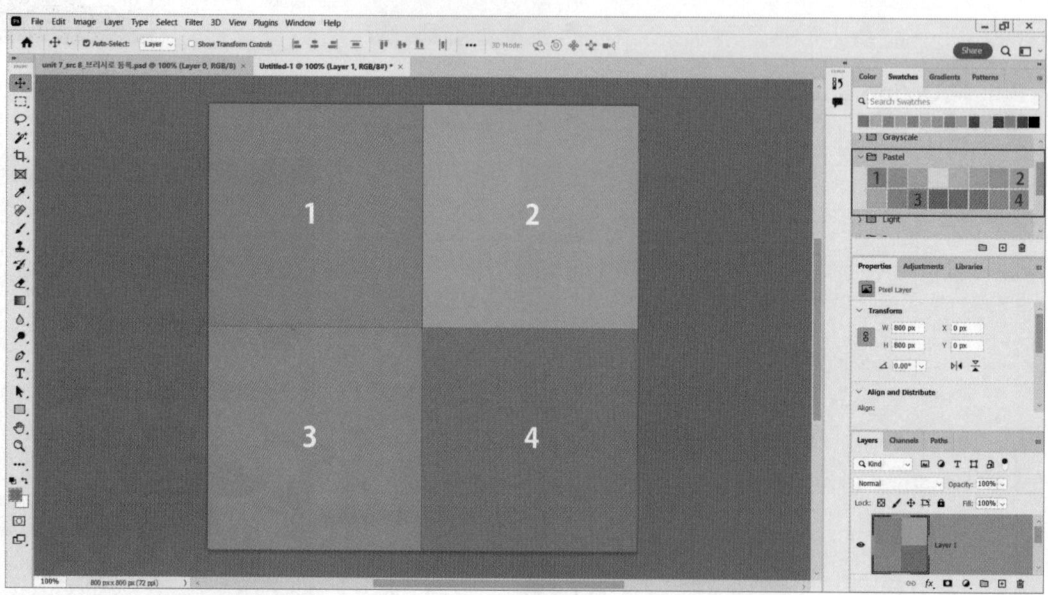

17 Layer ⇨ New ⇨ Layer【Shift+Ctrl+N】새 레이어를 만듭니다.

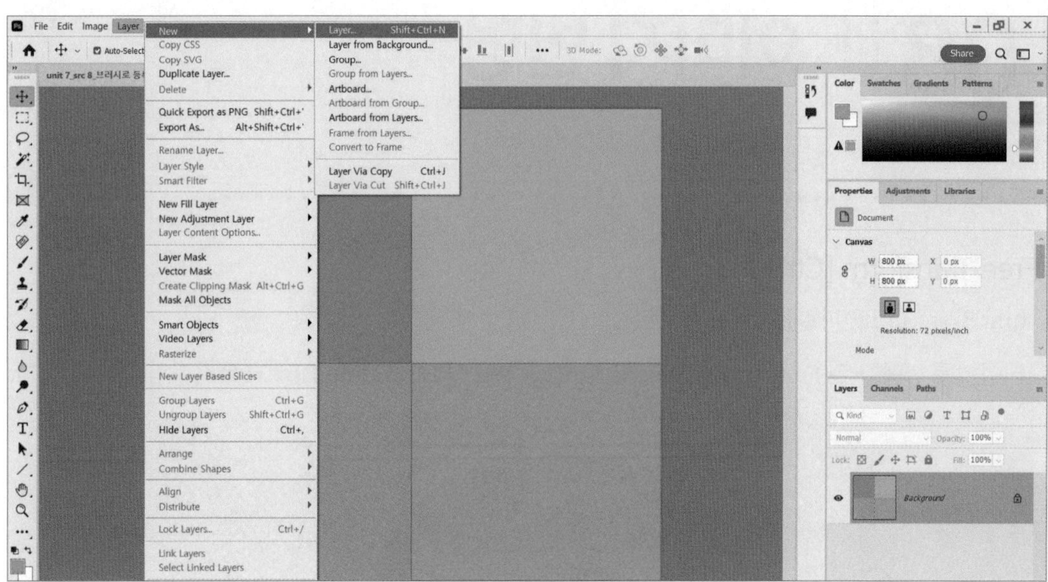

18 이름을 정합니다.

T I P

레이어의 이름을 지정하면서 새 레이어를 만드는 단축키는 [Shift+Ctrl+N]입니다. 그러나 대화창을 띄우지 않고 새 레이어를 만들땐 [Alt+Shift+Ctrl+N]입니다.

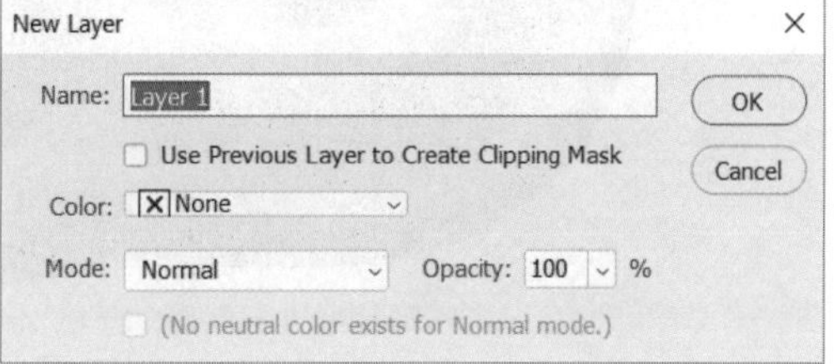

19 등록해 놓았던 브러시 툴로 클릭합니다. (009a44, a4005b, 5f52a1, 01ffff)

이미지 변형

▶ Free Transform [Ctrl+T]

01 unit 8_src 1.png 파일을 Open합니다.

02 레이어를 선택한 뒤 Free Transform【Ctrl+T】을 누르면 Bounding Box(테두리상자)가 보입니다.

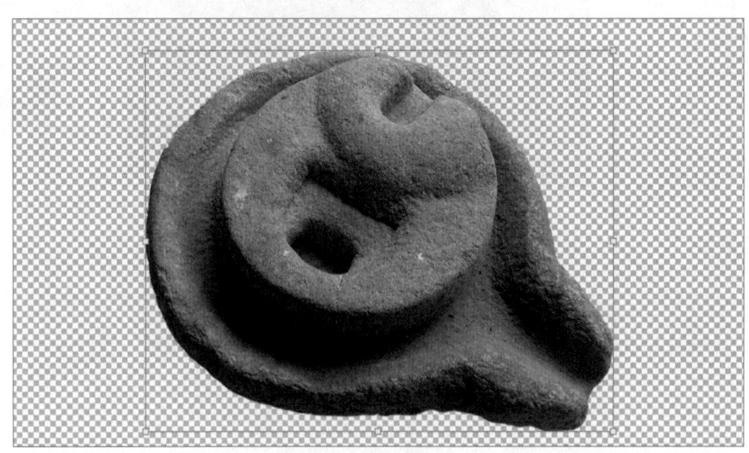

03 Bounding Box의 안쪽에서 마우스 오른쪽 버튼을 클릭하면 다양한 변형 방법이 보입니다.

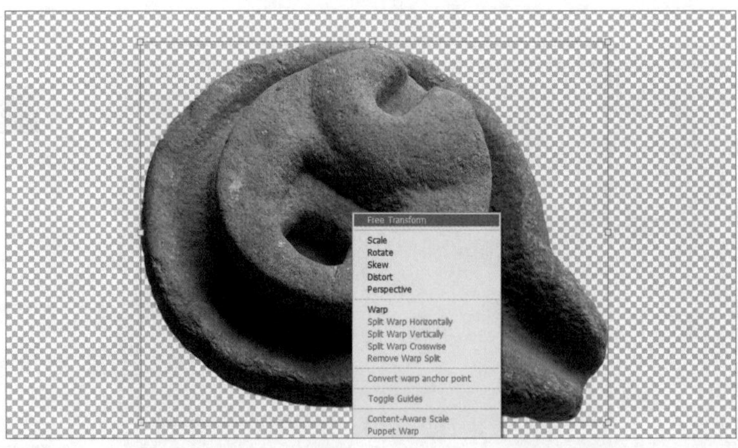

01 | Scale : 크기 변형하기

01 Scale을 선택합니다.

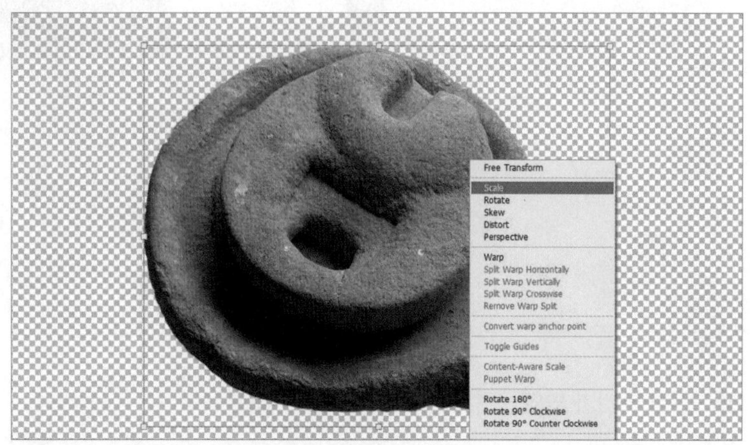

02 마우스를 오른쪽 아래 모서리에 위치하게 한 후 【Alt】를 누른 상태에서 10시 방향으로 마우스를 드래그하면 크기를 작게 조절할 수 있습니다.

03 Commit transform (Enter) 버튼을 클릭하여 크기를 확정할 수 있습니다.

04 Edit ⇨ Undo Transform 【Ctrl+Z】 방금 진행했던 작업을 실행취소합니다.

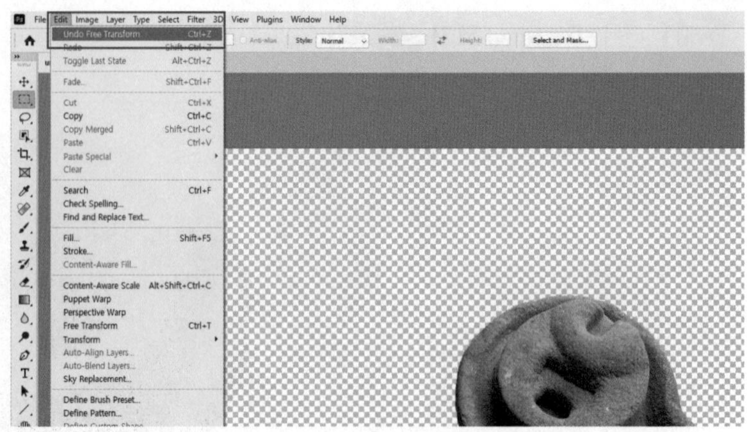

05 원래 크기가 되었습니다.

02 | Rotate : 회전하기

레이어를 선택한 뒤 Free Transform 【Ctrl+T】을 누르고 Shift를 누른 채 회전하면 15°씩 회전됩니다.

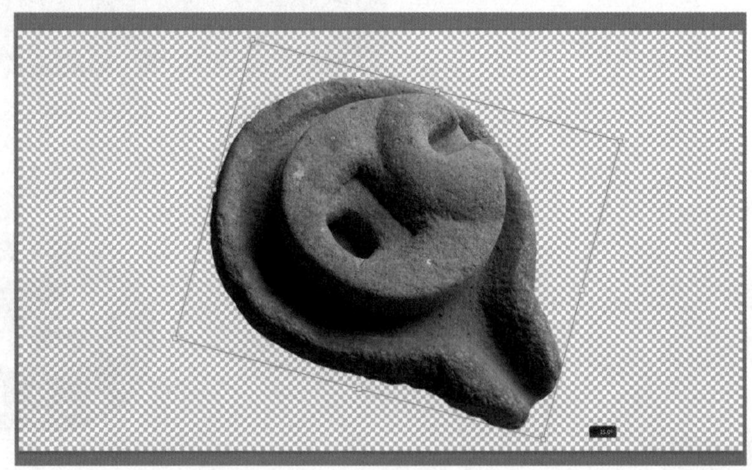

03 | Skew : 비스듬하게 하다

위쪽 가운데에 있는 조절점을 Ctrl을 누른 상태에서 마우스를 이용하여 오른쪽으로 당깁니다. 오른쪽으로 옮기는 도중에 Shift를 함께 눌러 좌우로만 이미지를 비스듬히 기울이게 할 수 있습니다.

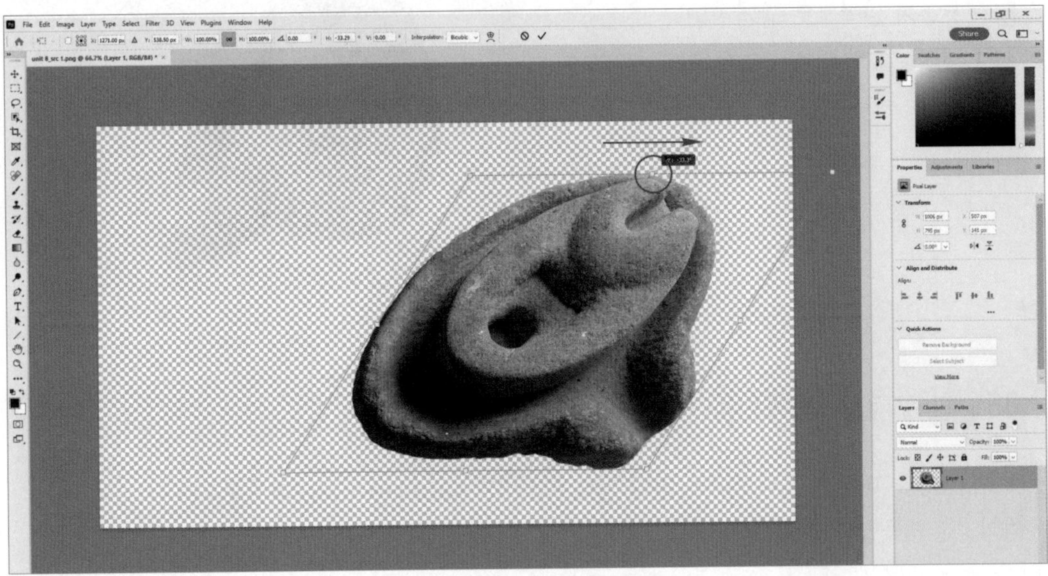

04 | Distort : 비틀다

오른쪽 위의 모서리에 있는 조절점을 Ctrl을 누른 상태에서 마우스를 이용하여 오른쪽으로 당겨 이미지를 비틀 수 있습니다.

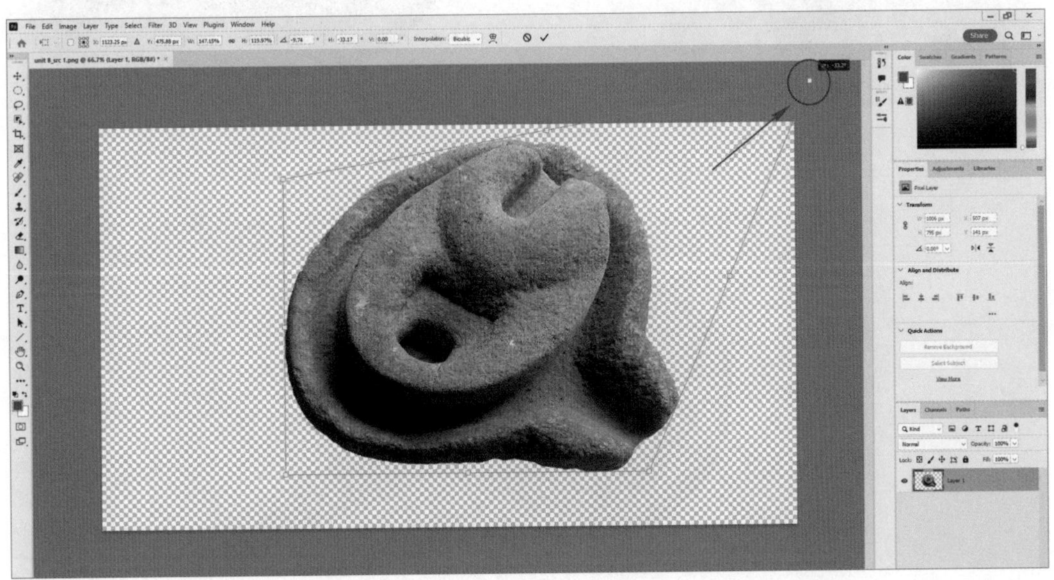

05 | Perspective : 원근 효과

오른쪽 위의 모서리에 있는 조절점을 【Alt+Shift+Ctrl】를 누른 상태에서 마우스를 이용하여 왼쪽으로 당겨 이미지의 원근감 변형을 만들 수 있습니다.

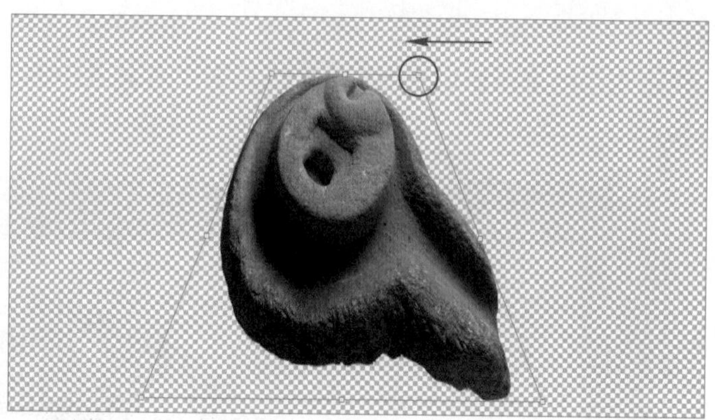

06 | Warp : 휘게 만들다

01 Warp Mode 버튼을 클릭하여 다양한 형태로 이미지를 왜곡할 수 있습니다.

02 Gridded Mesh(파란선)가 나타납니다.

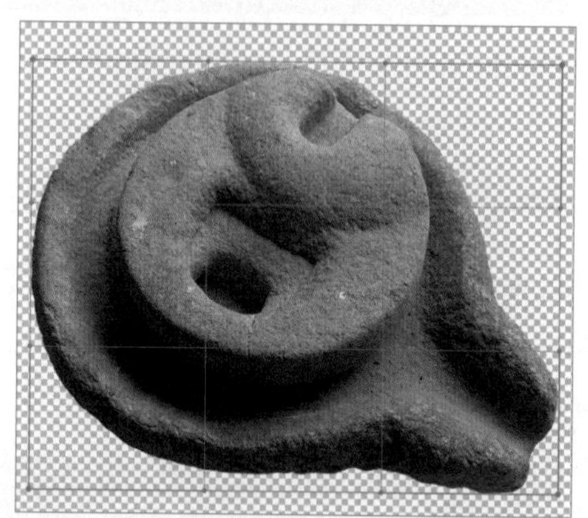

03 원하는 방향으로 드래그하여 이미지를 휘게 할 수 있습니다.

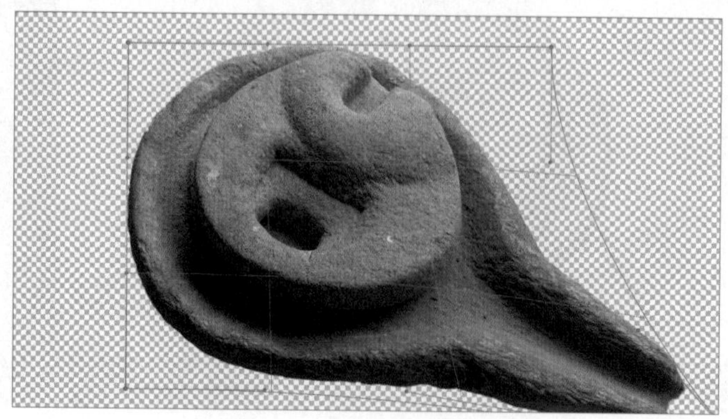

07 | Rotate 180˚ 회전하기

01 Bounding Box의 안쪽에서 마우스 오른쪽 버튼을 클릭한 후 Rotate 180˚를 선택합니다.

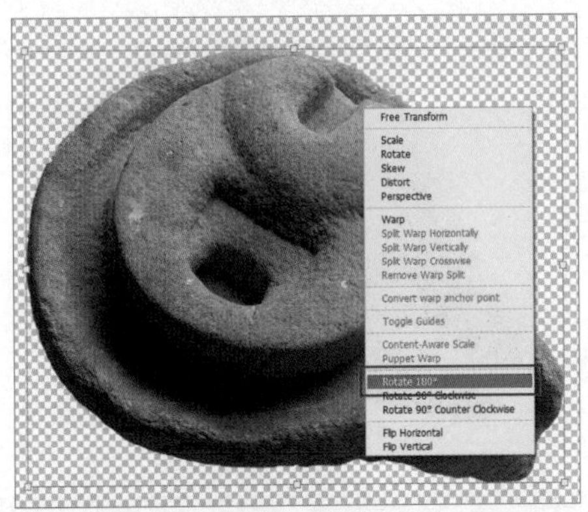

02 180˚ 회전할 수 있습니다.

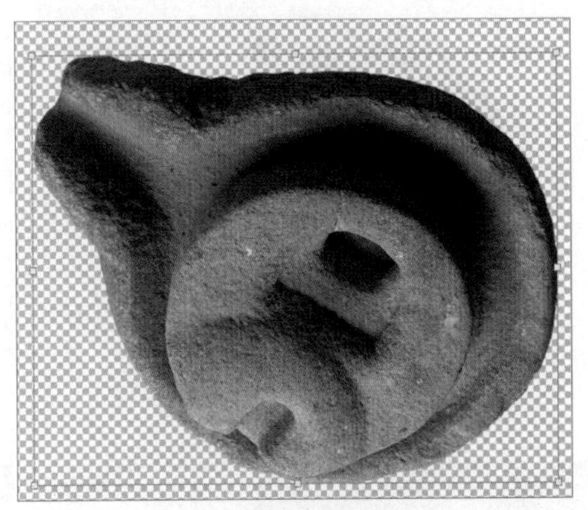

08 | Rotate 90˚ 회전하기

01 Rotate 90˚ Clockwise를 선택합니다.

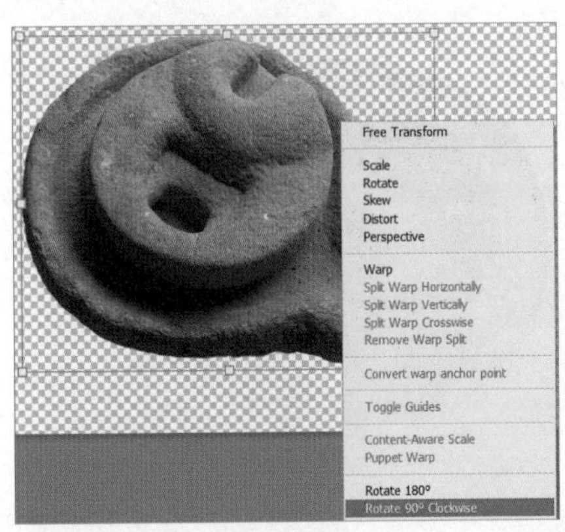

02 시계 방향으로 90˚ 회전할 수 있습니다.

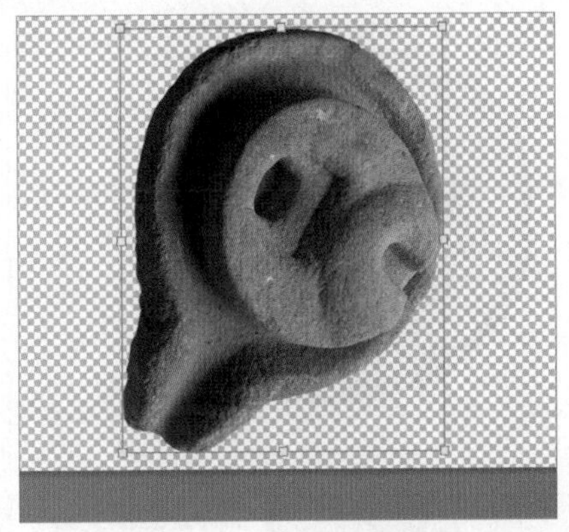

03 Rotate 90˚ Counter Clockwise를 선택합니다.

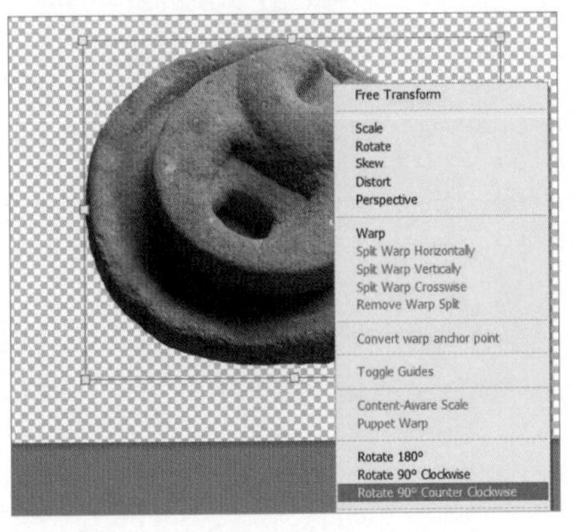

04 시계반대 방향으로 90˚ 회전할 수 있습니다.

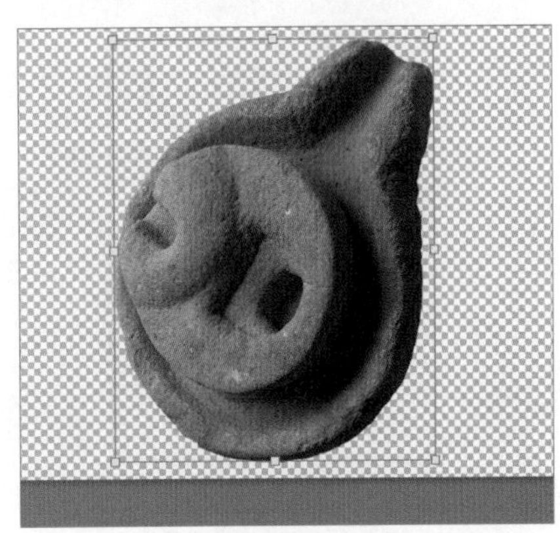

09 | Flip Horizontal 수평으로 뒤집기 / Flip Vertical 수직으로 뒤집기

01 Flip Horizontal을 선택합니다.

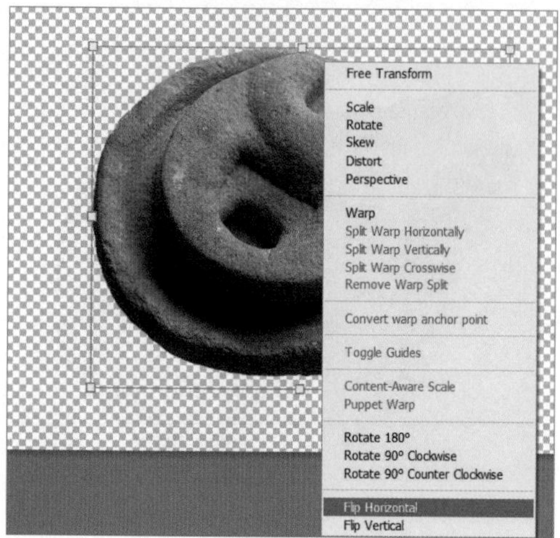

02 좌우가 반전됩니다.

03 Flip Vertical을 선택합니다.

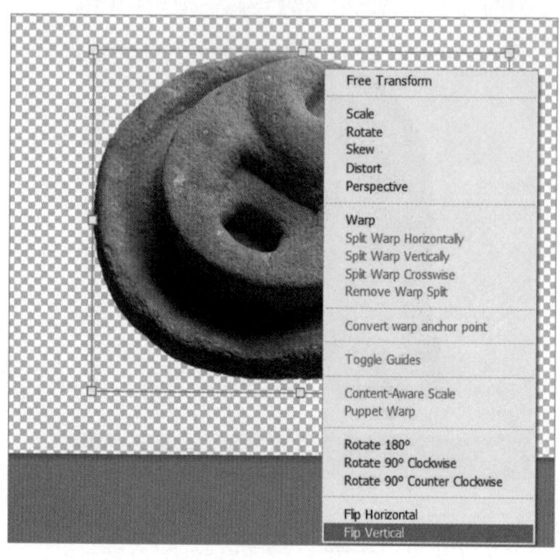

04 상하를 뒤집을 수 있습니다.

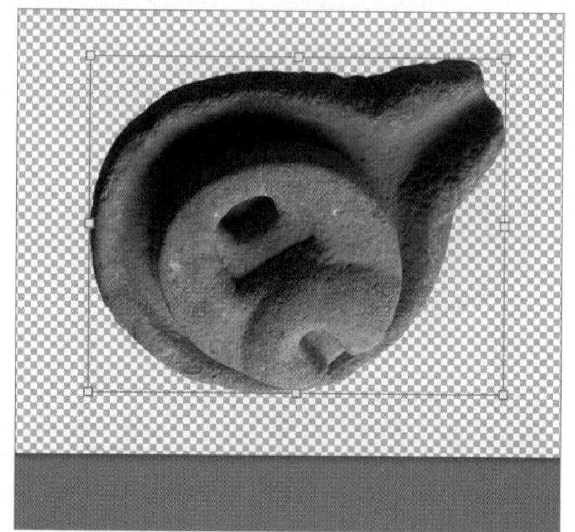

Unit

09 그래디언트 툴

■ Gradient는 여러 색상을 점진적으로 혼합합니다. 단축키는 【G】입니다.
(Bitmap 또는 Index 색상 이미지는 Gradient tool을 사용할 수 없습니다.)

■ Gradient Type

1. **Linear Gradient** : 시작점에서 끝점까지 직선으로 부드러운 그래디언트를 만듭니다.
2. **Radial Gradient** : 원형 패턴으로 부드러운 Conic(원뿔형태) 그래디언트를 만듭니다.
3. **Angle Gradient** : 시계 반대 방향으로 부드러운 그래디언트를 만듭니다.
4. **Reflected Gradient** : 양쪽에 동일한 선형 그래디언트를 미러링합니다.
5. **Diamond Gradient** : 다이아몬드 모양으로 바깥쪽 모서리까지 부드러운 그래디언트를 만듭니다.

■ Gradient Editor

그래디언트 편집기 대화상자에서 샘플을 선택할 수 있습니다. 또한 복사본을 수정하여 새 그래디언트를 정의할 수 있습니다.

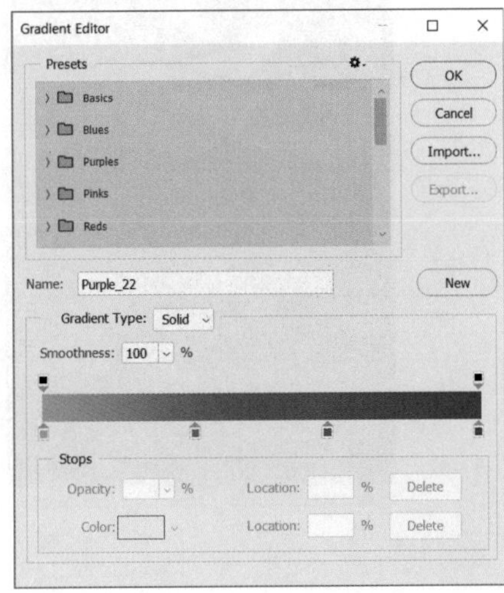

01 | Radial Gradient 원형 그래디언트

01 unit 9_src 1.jpg 파일을 Open합니다.

02 Object Selection tool【W】을 선택합니다.

03 인물 부분을 클릭하면 Option에 Object Finder가 자동으로 인식합니다.

04 가운데 부분을 클릭하여 선택합니다.

05 Layer Via Copy【Ctrl+J】 선택 영역을 복사합니다.

06 Create New Layer 버튼을 Ctrl을 누른 채 클릭하여 새 레이어를 아래 방향으로 만듭니다.

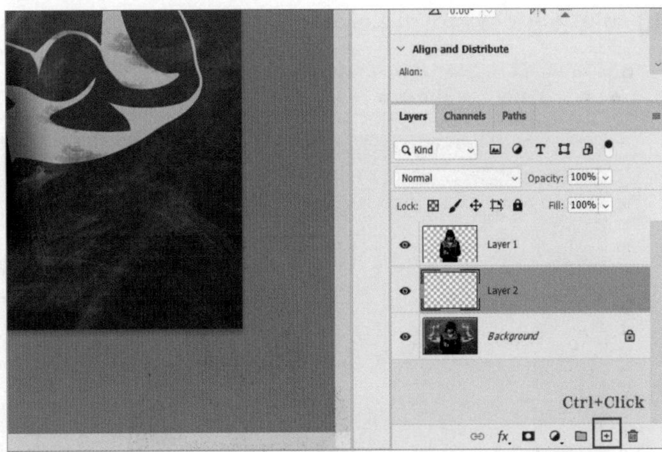

07 Gradient tool【G】을 선택한 후 Option Bar에서 원형 패턴으로 부드러운 그래디언트를 만들기 위해 Radial Gradient를 선택합니다.

08 Gradient Editor를 클릭합니다.

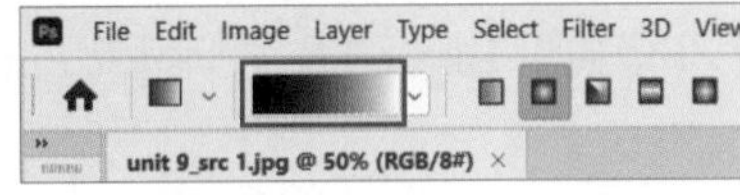

09 Blues 폴더 안에 Blue_17을 선택합니다.

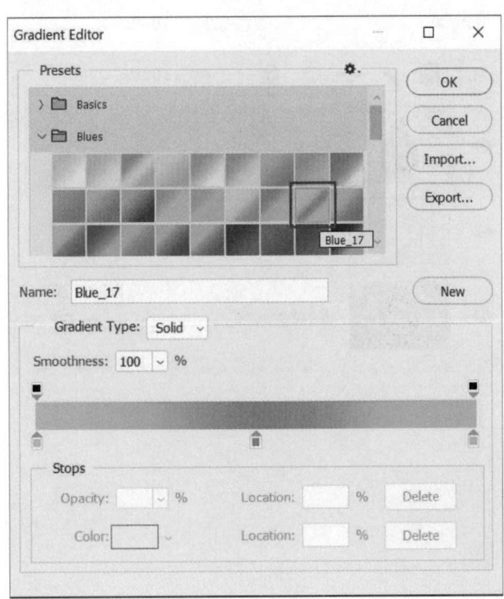

10 마우스를 이용하여 가운데에서 바깥쪽으로 드래그하여 그립니다.

11 Layer 2의 그래디언트 색상의 느낌을 Layer 1에 적용하기 위해 가장 위의 Layer 1을 선택하고 Filter ⇨ Neural Filters을 클릭합니다.

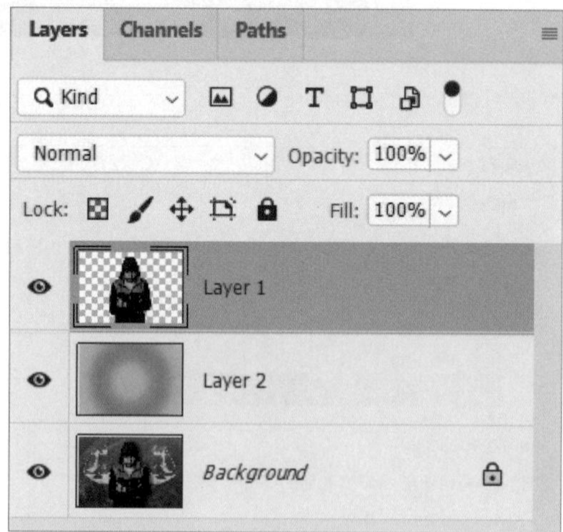

12 Harmonization을 활성화하고 오른쪽의 세기와 색상 그리고 채도 옵션을 조정합니다.

13 새 레이어로 만들어집니다.

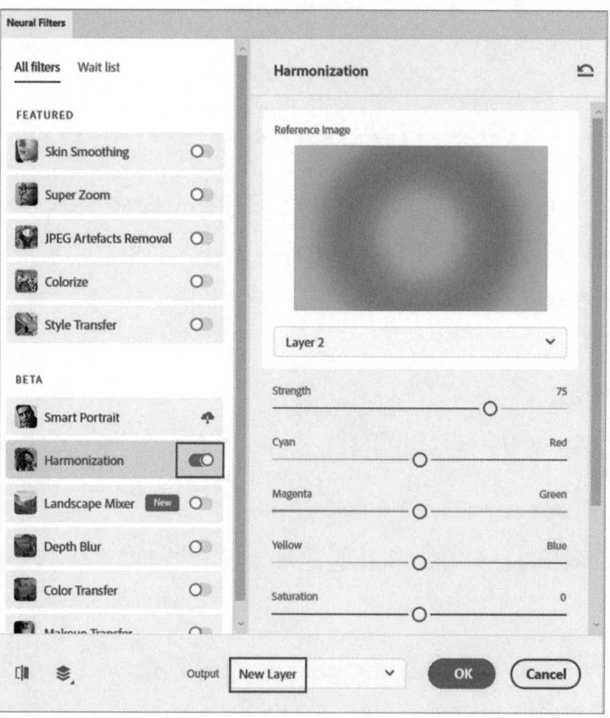

14 중간에 있는 레이어의 눈 아이콘을 끕니다.

Unit

10 이미지 보정

Adjustment Layer(조정 레이어)는 속성 패널의 변경을 통해 아래의 모든 레이어에 영향을 주는 레이어를 말합니다. 변경 사항을 취소하고 언제든지 원본 이미지를 복원할 수 있습니다. 또한 이미지의 마스크를 페인팅하여 아래 레이어의 영향을 주는 부분을 조절할 수 있습니다.

01 Brightness & Contrast

이미지의 밝기와 대비를 조절할 수 있습니다.

02 Levels

이미지의 Histogram(분포)을 확인한 후 검정, 흰색 및 중간톤 레벨의 위치를 이동하여 밝기의 범위를 조절할 수 있습니다.

03 Curves

대각선을 변경하여 밝기와 대비를 조절할 수 있으며, White Point와 Black Point를 활용하여 Contrast(대비)를 함께 조절할 수 있습니다.

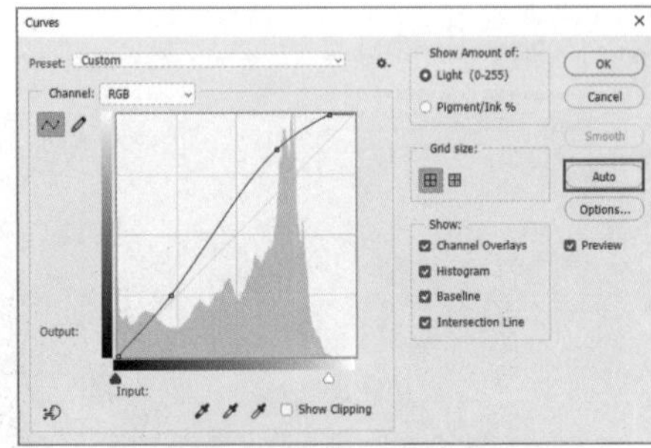

04 Exposure

노출(사진을 찍은 빛의 양을 측정한 것)을 조절할 수 있습니다.

노출 과다(Plus 2.0)

적정 노출

노출 부족(Minus 2.0)

05 Vibrance

Vibrance(생동감)는 주로 채도가 낮은 색상의 색의 강도를 조절할 때 주로 사용합니다.

06 Hue/Saturation

Hue(색조)는 특정 색상을 정의하는 속성입니다. 예를 들어 파란색, 녹색 및 빨간색은 모두 색조입니다. 채도는 색상의 Vividness(선명도)입니다.

07 Color Balance

이미지 전체를 균형잡힌 색상으로 조절할 수 있습니다.

08 Black/White

흑백 사진은 색상에 얽매이고 싶지 않거나 극적인 효과를 줄 수 있습니다.

09 Photo Filter

이미지에 원하는 컬러를 지정하거나 필터를 적용하여 효과를 빠르게 추가할 수 있습니다. 아래처럼 이미지는 배경색을 블루 계열로 보정하여 노란색 꽃과 좀 더 대비되도록 하였습니다. Photo Filter는 렌즈를 통해 투과되어 필름을 노출시키는 빛의 색 균형과 색 온도를 조절합니다.

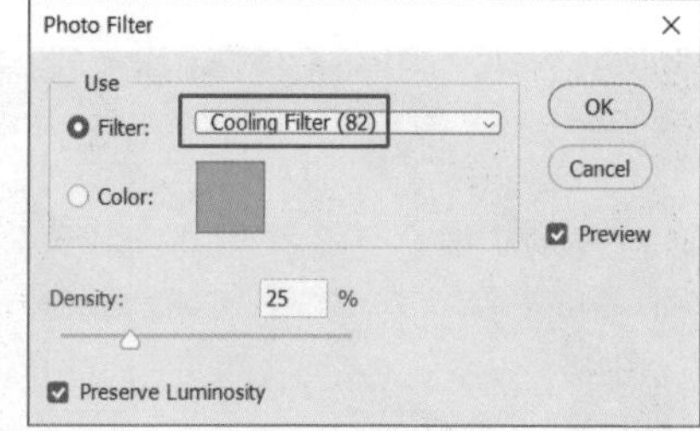

10 Channel Mixer

한 가지 색상 채널을 기준으로 다른 색상 채널을 혼합하여 색상을 개선할 수 있습니다.

11 Color Lookup

일종의 색상 프리셋으로 이미지 위에 특정 색상을 매핑할 수 있습니다.

사진 편집 기술

12 Invert

이미지의 색상과 정확히 반대되는 색상으로 적용할 수 있습니다.

13 Posterize

이미지의 색상 수를 줄여 이미지를 Posterize(포스터화)하여 예술적 효과를 높일 수 있습니다. Grayscale(회색조) 이미지의 경우 회색의 수를 줄일 때 분명하게 나타납니다.

14 Threshold

이미지를 High-Contrast(고대비) 흑백 이미지로 변환합니다. Threshold(임계값)보다 밝은 부분은 흰색으로 변환되고 임계값보다 어두운 모든 픽셀은 검은색으로 변환됩니다.

15 Selective Color

색상을 혼합하고 이미지에서 선택적인 색상을 보정할 수 있습니다. 아래의 장미꽃을 좀 더 강하게 표현하였습니다. Selective Color(선택적 색상)는 CMYK 색상을 사용하여 이미지를 보정하지만 RGB 이미지에도 사용할 수 있습니다.

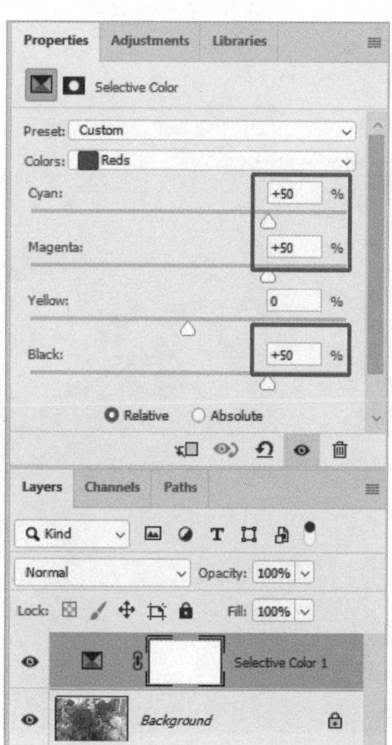

16 Gradient Map

아래처럼 Sepia tone(세피아톤)을 적용하여 오래된 사진처럼 보이게 할 수 있습니다.

전경색 #893700 ⇨ 배경색 #ffffff

01 | Vibrance - 이미지의 생동감을 조절하기

01 unit 10_src 1.jpg 파일을 Open합니다.

02 Select ⇨ Color Range 색상 범위는 색상을 기반으로 이미지의 일부를 선택할 수 있습니다.

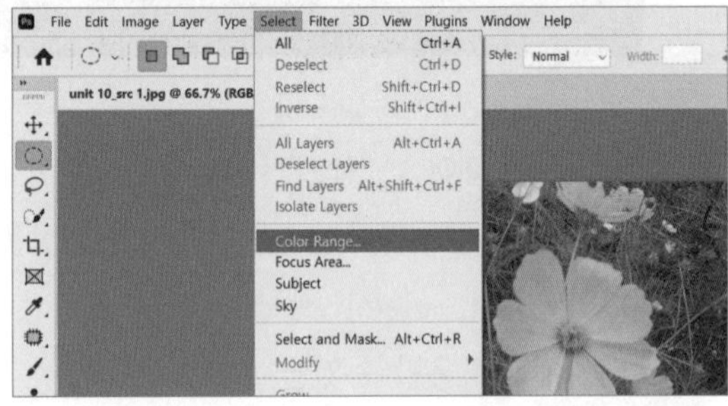

03 오른쪽에 Eyedropper tool을 이용하여 분홍색 코스모스의 가장 밝은 부분을 찾아 선택합니다.

04 오른쪽에 Eyedropper tool(Add to Sample)을 클릭하여 분홍색 코스모스의 가장 어두운 부분을 찾아 선택합니다.

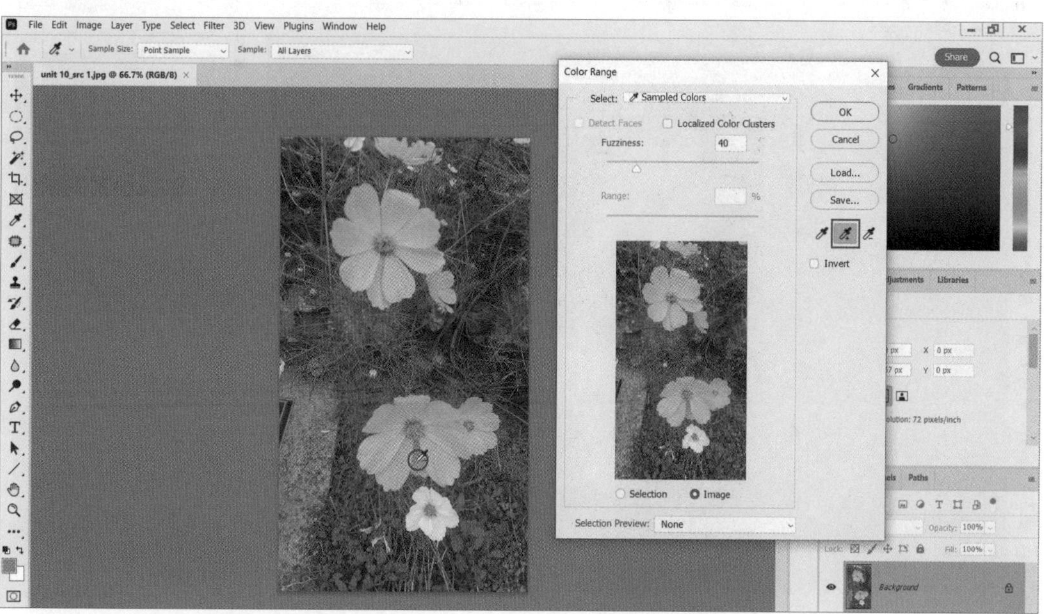

05 선택 영역을 조절하기 위해 Selection을 선택한 후 ⇨ Fuzziness 수치를 좌우로 조절하여 최대한 흰색으로 만듭니다. Fuzziness는 유사한 색상의 양을 조정합니다.

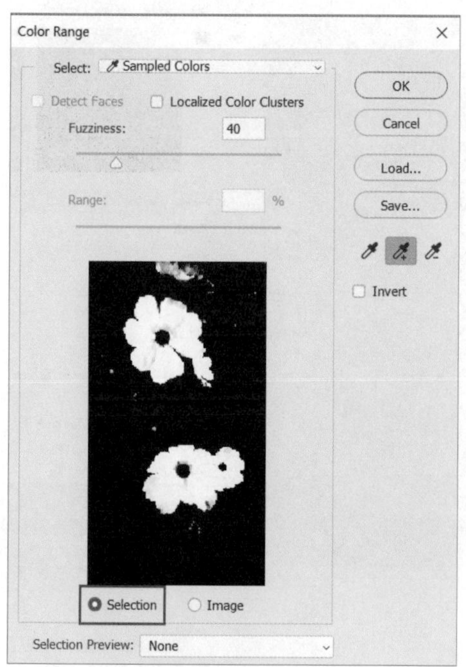

06 흰색 부분은 선택 영역이 됩니다.

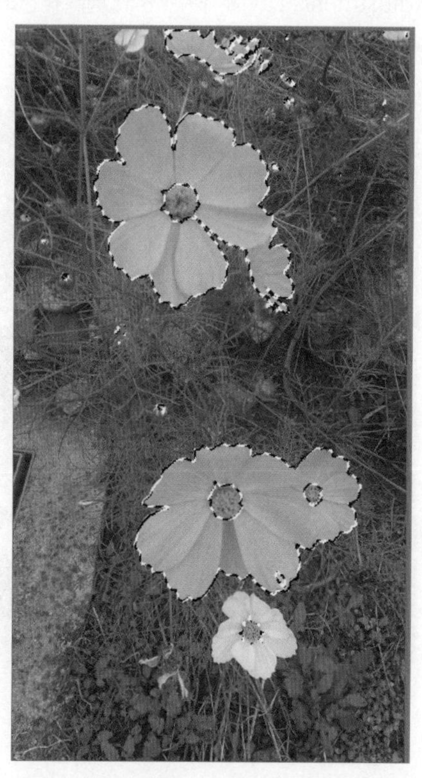

사진 편집 기술

07 Adjustments 패널을 찾아 Vibrance 아이콘을 클릭합니다.

08 Adjustments Layer가 추가되었습니다. 또한 선택 영역은 마스크의 흰 부분으로 보입니다.

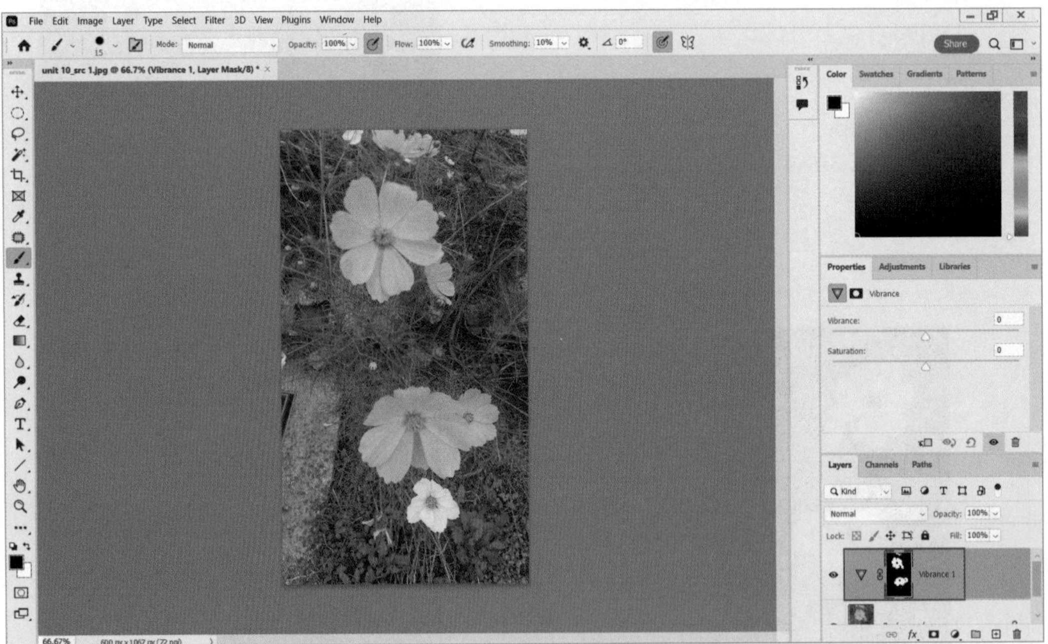

09 Vibrance를 100으로 올리면 코스모스 꽃의 채도가 올라가면서 생동감이 높아집니다.

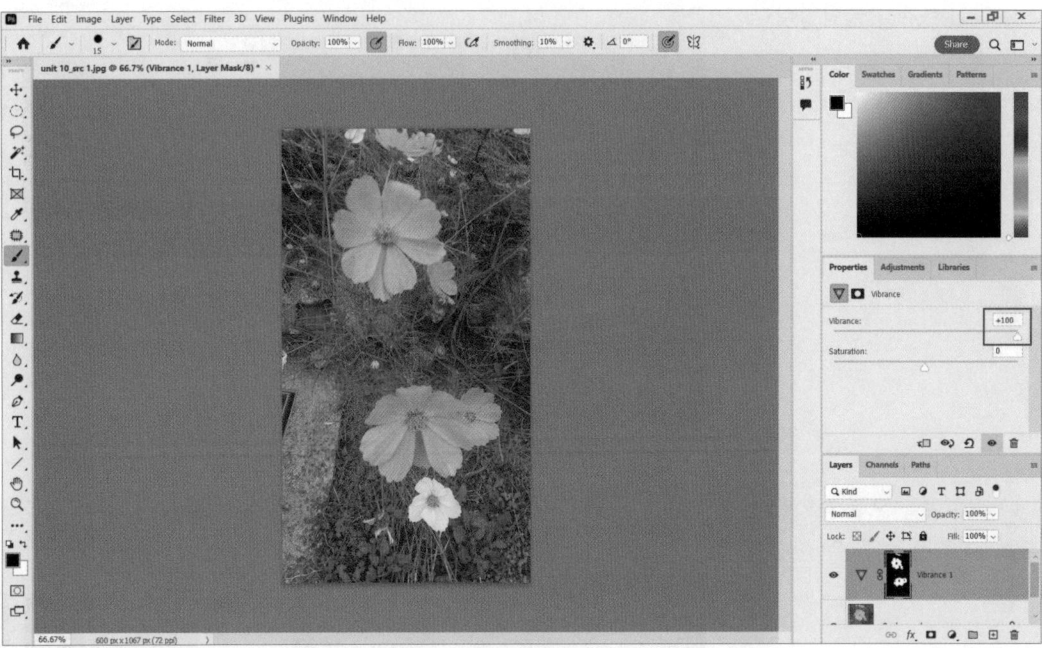

02 | Level - 밝기 조정하기

01 unit 10_src 2.jpg 파일을 Open합니다. 사진의 오른쪽 부분을 조금 더 어둡게 보정하고자 합니다.

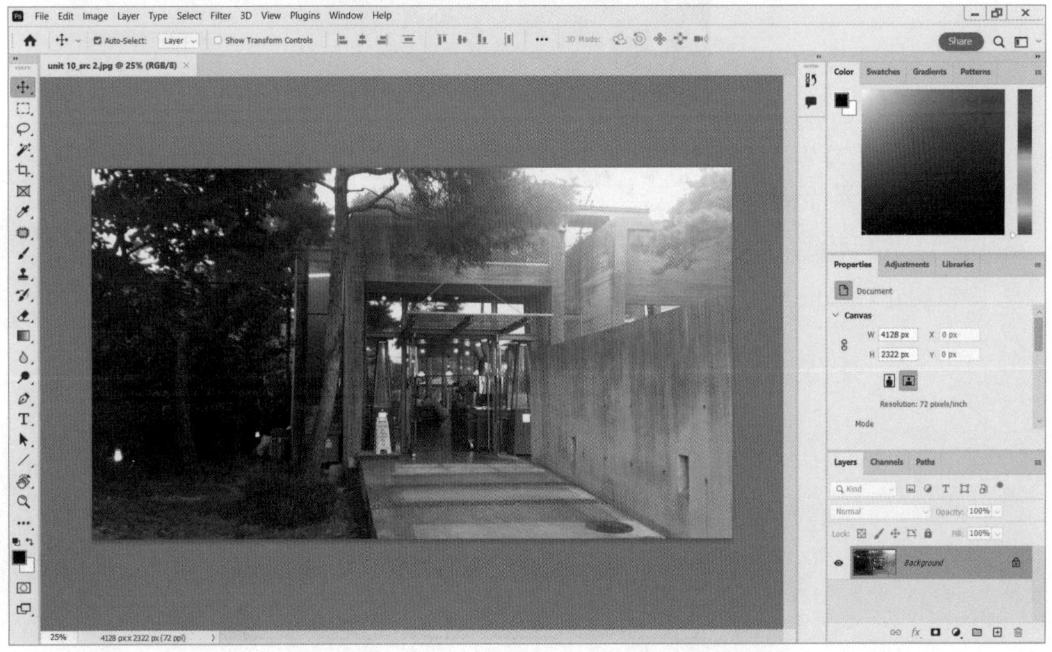

02 Adjustments 패널의 두 번째의 Levels을 클릭합니다.

03 Midtone을 오른쪽으로 옮겨 오른쪽 부분을 어둡게 합니다.

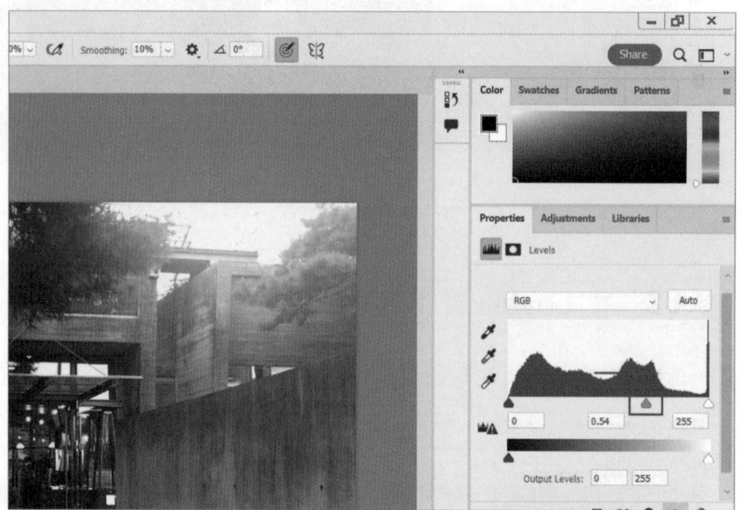

04 Default color 【D】 기본색으로 설정한 뒤 Gradient tool 【G】을 선택합니다. 옵션 중 Linear Gradient를 선택합니다.

05 검은색에서 흰색으로 설정한 상태에서 왼쪽에서 오른쪽으로 드래그합니다.

06 Adjustment Layer(조정 레이어)의 마스크 밝기를 조절하여 오른쪽의 밝은 부분을 어둡게 조절하여 양쪽이 비슷한 밝기가 되도록 하였습니다.

03 | Color Balance – 균형 잡힌 색상으로 조절하기

01 unit 10_src 3.jpg 파일을 Open합니다.

02 중앙에 숲을 좀더 강한 느낌으로 보정하고자 합니다. Color Balance 아이콘을 클릭합니다.

03 Adjustment Layer(조정 레이어)가 생성됩니다.

04 Shadow tone을 다소 강하게 하기 위해 Green을 약간 추가(+35 정도)합니다.

05 Highlights tone을 선택하고 ⇨ Yellow를 -25 정도 조절합니다. 노란색 해바라기의 느낌을 좀더 살려주며 7월 제주도의 해바라기밭의 따스함을 더욱 강조해주기 위해 노란색을 추가해줍니다.

06 Shadow tone의 초록색의 느낌이 강해졌기 때문에 Midtone의 Green을 감소하기 위해 -30 정도로 조절합니다. 그러면 해바라기 밭의 초록색 느낌이 다소 줄어듭니다.

04 | Color Lookup - 이미지 위에 특정 색상을 매핑하기

▶ 1단계 - Color Lookup 만들기

01 unit 10_src 4-1.jpg 파일을 Open합니다. Default Color【D】기본 색상으로 합니다.

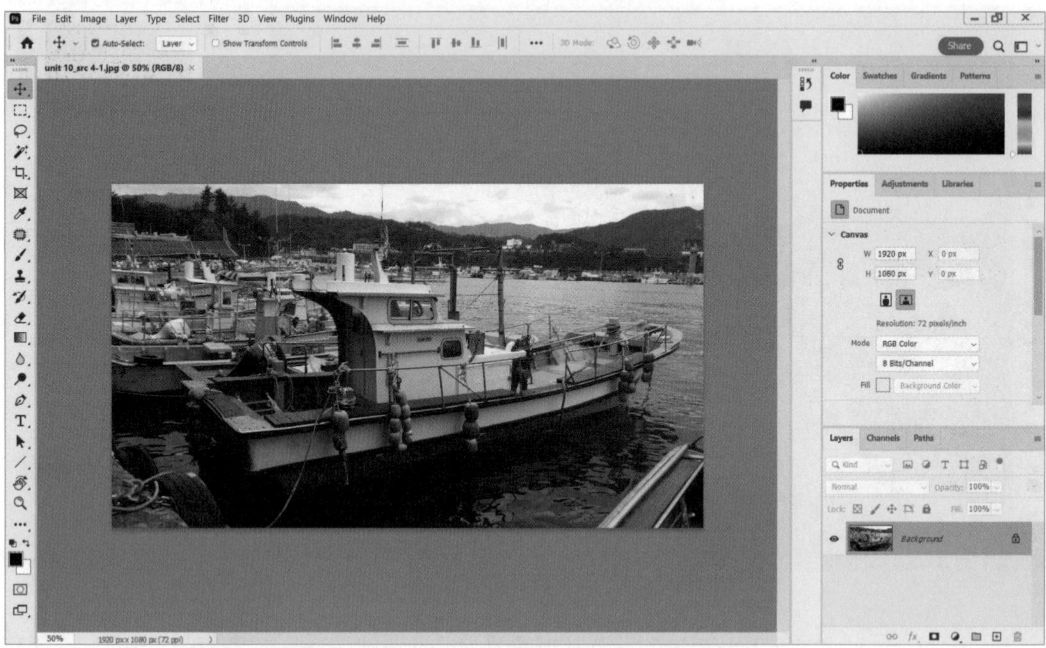

02 레이어 패널의 하단의 Adjustment Layer Icon을 클릭하여 Gradient Map을 적용합니다.

03 Properties 창이 보이고 Layer 패널에는 Adjustment Layer가 생성됩니다.

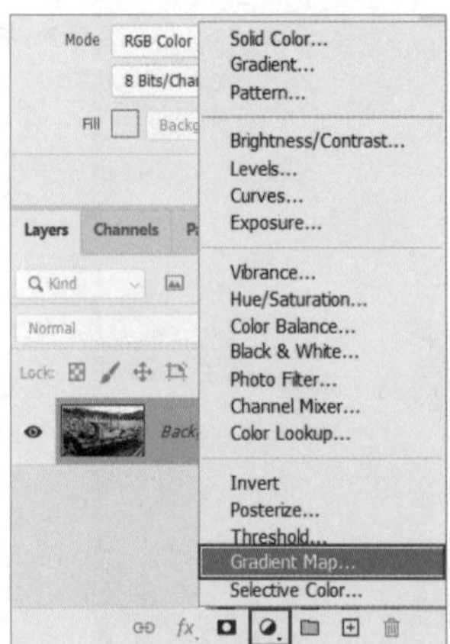

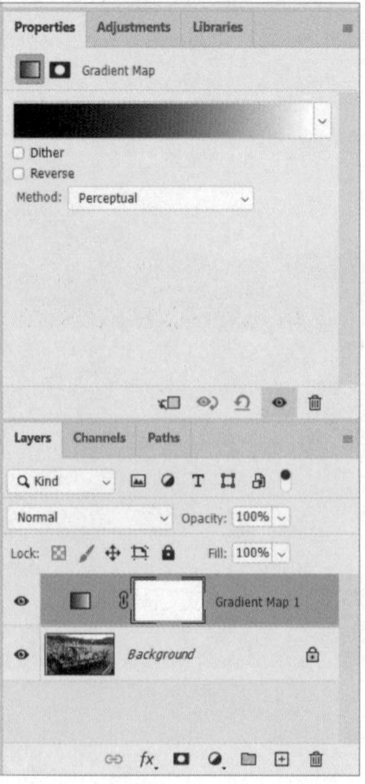

04 Curve를 추가합니다.

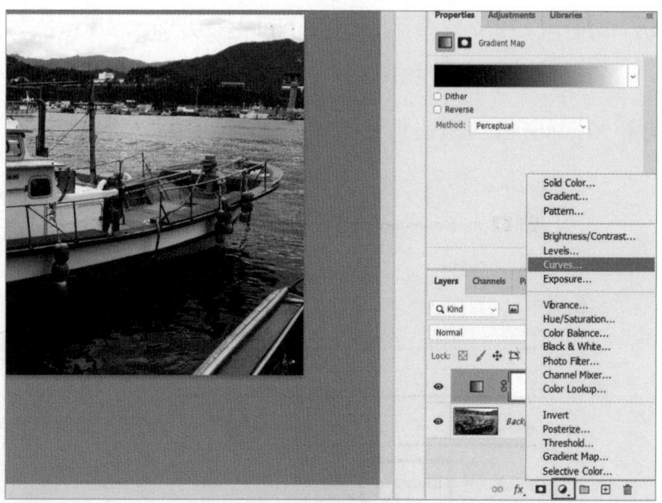

05 그래프의 모양을 아래처럼 밝은 부분은 좀더 밝게 하고 어두운 영역은 좀더 강한 느낌으로 보정합니다.

06 추가로 Hue/Saturation을 적용합니다.

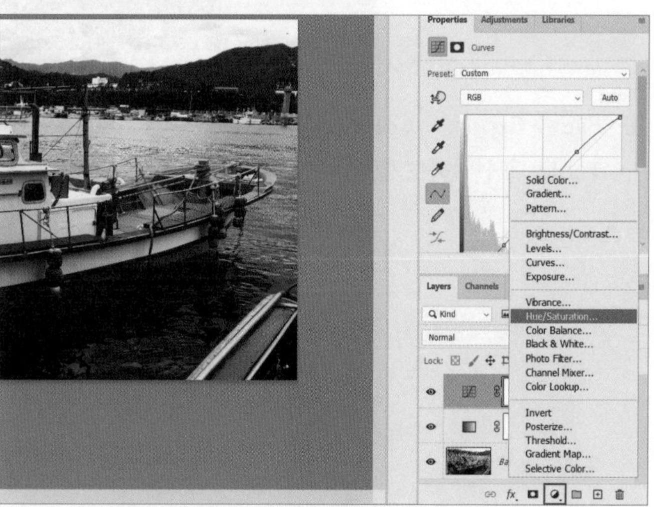

07 하단의 Colorize를 체크한 후 Hue는 29, Saturation은 21, Lightness는 -9로 합니다.(Colorize : 이미지의 다양한 음영을 단일 색상으로 바꿉니다.)

08 Adjustment Layer를 모두 선택합니다.

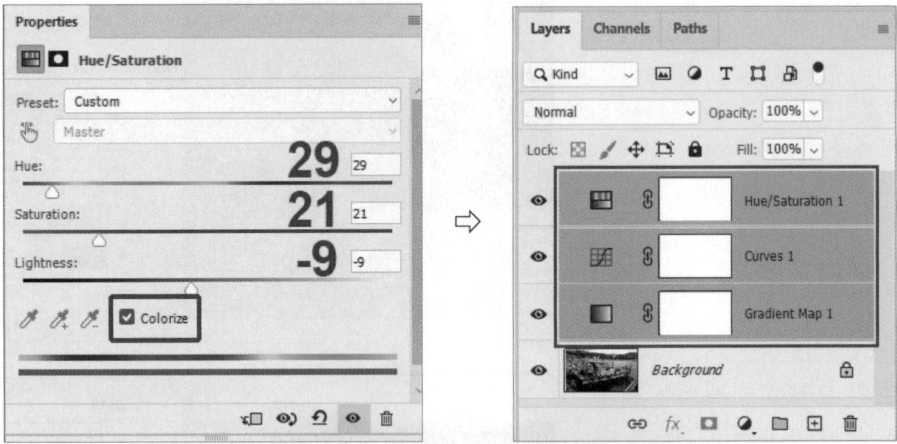

09 Group【Ctrl+G】그룹합니다.

10 File ⇨ Export ⇨ Color Lookup Tables을 선택하여 출력합니다.

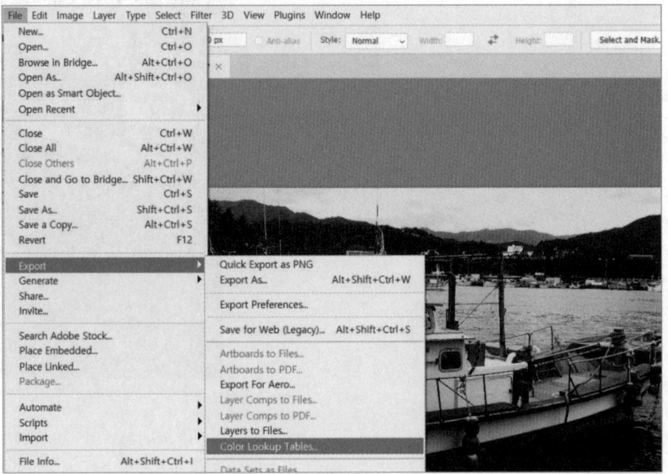

11 Color Lookup Table로 출력하기 위해 아래와 같이 설정합니다.

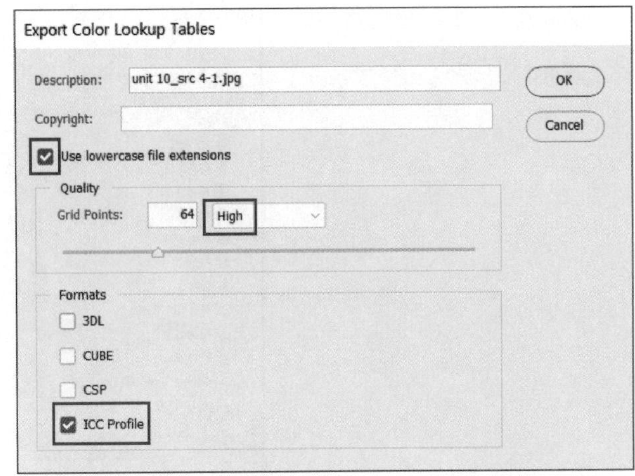

TIP

ICC Profile(International Color Consortium)이란 색상을 표시하는 모든 장치의 색 영역을 말합니다.

12 파일 이름을 정해준 후에 저장합니다. 반드시 파일명을 정해줍니다.

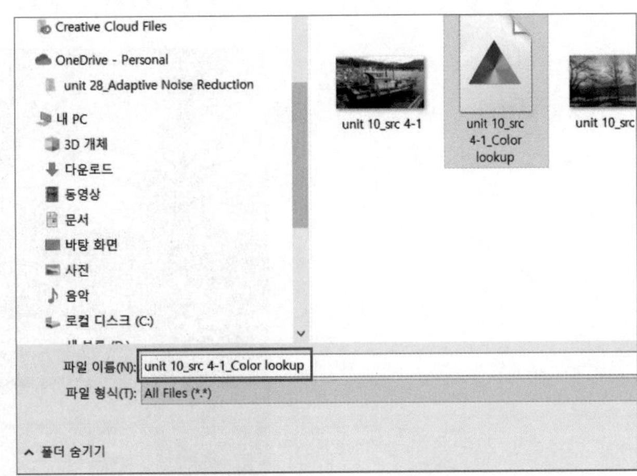

▶ 2단계 – Color Lookup 적용하기

13 Color Lookup Table을 적용하기 위한 unit 10_src 4-2.jpg 파일을 open 합니다.

14 Adjustment Layer Icon을 클릭한 후에 Color Lookup Table를 선택합니다.

15 Properties 패널에서 Device Link 안에 보면 Load DeviceLink Profile을 선택합니다.

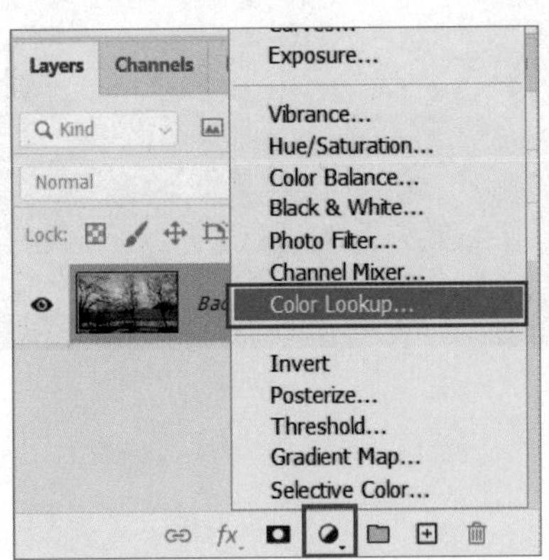

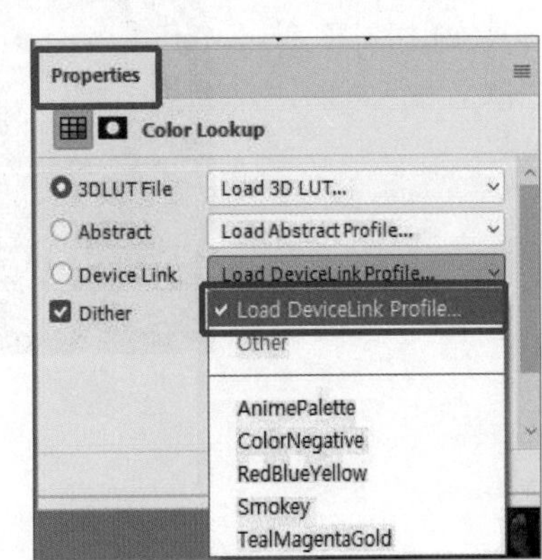

16 저장해 놓은 .ICC 파일을 Load 합니다.

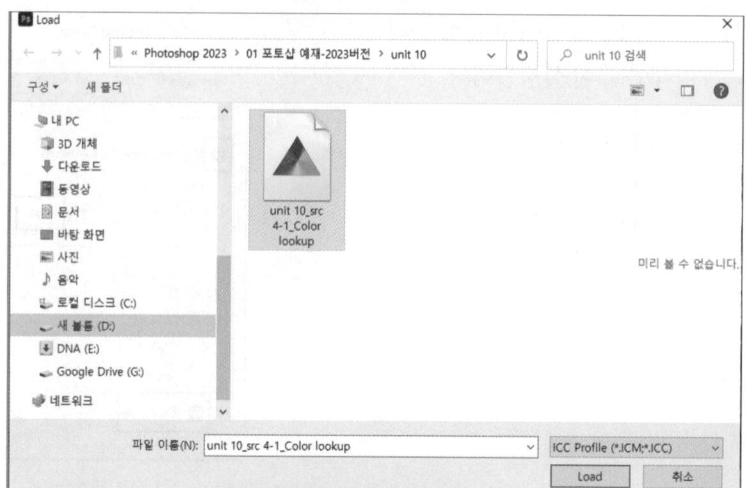

17 unit 10_src 4-1_Color Lookup.icc 파일이 Device Link됩니다.

18 만들어서 저장해 놓은 Color Lookup Table을 다른 이미지에 적용하여 Sepia tone(세피아톤)의 느낌이 나는 이미지를 만들었습니다.

필터

01 | Convert for Smart Filters

01 unit 11_src 1.jpg 파일을 Open합니다.

02 Filter ⇨ Convert for Smart Filters란 레이어에 필터 효과를 주기 전에 Convert for Smart Filters를 적용하여 추후 레이어에 추가적인 필터를 주거나 수정을 손쉽게 할 수 있는 기능입니다.

03 Smart Filter는 재편집이 가능하다는 메시지를 확인합니다.

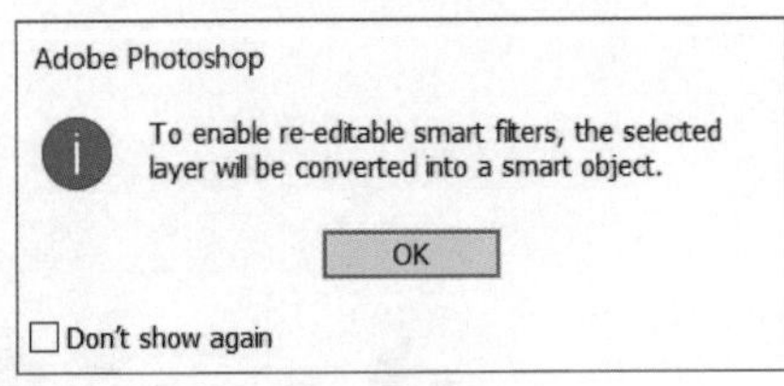

04 스마트 필터가 적용된 레이어의 표시입니다.

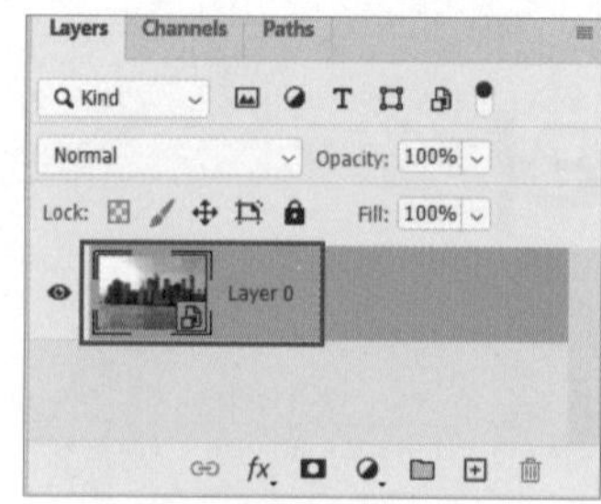

05 Filter ⇨ Sharpen ⇨ Shake Reduction(자동으로 이미지의 흔들림을 감소시키는 필터)를 적용합니다.

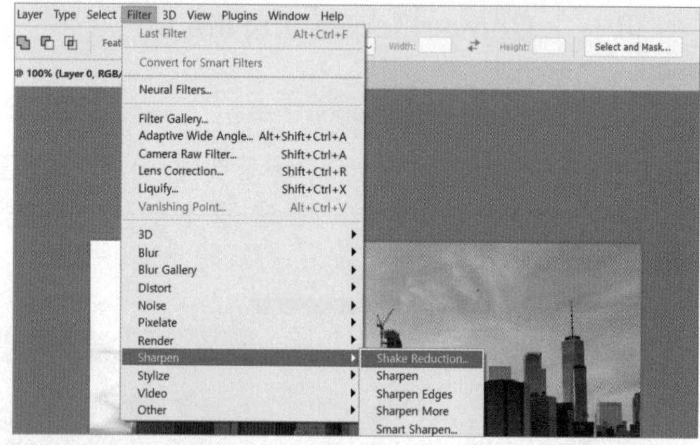

06 오른쪽 아래의 'Undock Detail' 아이콘을 클릭합니다.

07 이미지 미리보기가 중앙으로 옮겨져 쉽게 선명도를 비교할 수 있습니다. 자동으로 흔들림이 감지되어 모든 수치를 특별히 조정하지 않아도 됩니다.

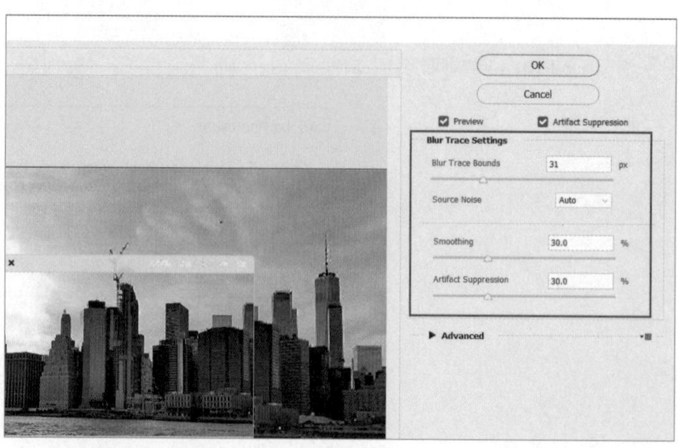

08 눈 아이콘을 켰다 껐다하면서 흔들림이 감소되었는지를 확인할 수 있습니다.

02 | Neural Filters

Neural Filters는 어려운 작업 과정을 몇 번의 클릭만으로 획기적으로 줄일 수 있는 필터입니다. 필터를 시험해 보고 몇 초 안에 창의적인 아이디어를 탐험할 수 있게 해주는 도구입니다.

▶ All filters

- Skin Smoothing – 피부를 매끄럽게
  인물 사진을 편집할 때 한 번의 클릭으로 잡티, 피부의 점 및 여드름을 빠르고 매끄럽게 표현할 수 있습니다.
- Super Zoom – 강력한 확대, 축소
  이미지의 디테일한 부분의 노이즈를 제거하고 선명하게 하면서 빠르게 확대할 수 있습니다.
- JPEG Artifacts Removal – Jpeg 아티팩트 제거
  Jpeg 압축으로 인한 Artifacts(압축 시 발생하는 이미지의 뭉침현상, 가장자리 주변의 노이즈, 색상 저하 등)을 제거합니다.
- Colorize
  흑백 사진에 색상을 추가하여 생동감 있는 사진을 만들 수 있습니다.
- Style Transfer – 스타일 변환
  이미지에 예술적 스타일을 적용한 이미지를 만들 수 있습니다.
- Smart Portrait – 스마트한 인물사진
  인물사진 필터는 행복, 놀라움, 분노, 얼굴 나이, 시선, 머리카락 두께, 머리 방향 및 빛 방향 등을 생성하여 창의적인 인물 이미지를 만들 수 있습니다.
- Harmonization – 조화
  레이어의 색상과 톤을 다른 레이어와 일치하게 하여 새로운 합성 이미지를 만들 수 있습니다.

· Landscape Mixer – 풍경 혼합
합성 풍경 이미지를 만들 때 매우 유용한 필터입니다.

· Depth Blur – 피사계 심도를 흐리게
피사체 주변에 Haze(연무, 옅은 안개)를 추가하고 전경이나 배경의 심도를 조절하여 따스하거나 차갑게 보이게 합니다.

· Color Transfer – 색상 전송
다른 이미지의 색상 팔레트를 가져와 작업 중인 이미지의 색상 팔레트에 적용할 수 있습니다.

· Makeup Transfer – 메이크업 변환
화장을 고치지 않고 열린 다른 이미지의 눈과 입 영역에 비슷한 스타일을 적용합니다.

· Photo Restoration – 사진 복원
오랜 시간이 흘러 스크래치가 많은 사진을 복원합니다.

2-1 Neural Filters – Colorize

01 unit 11 Neural Filter 1-Colorize.jpg 파일을 Open합니다.

02 Filter ⇨ Neural Filters를 클릭합니다.

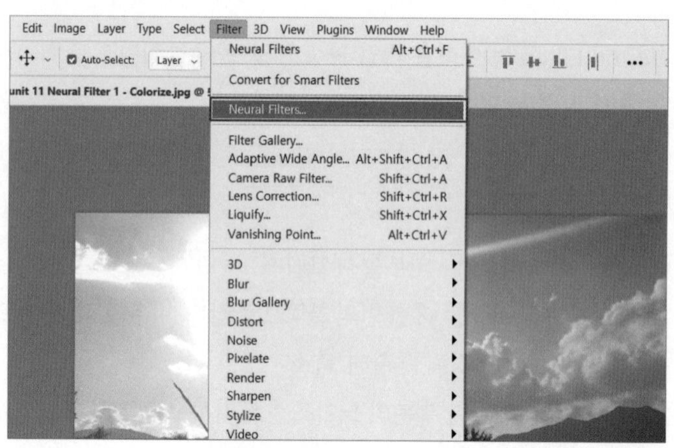

03 Colorize를 클릭합니다.

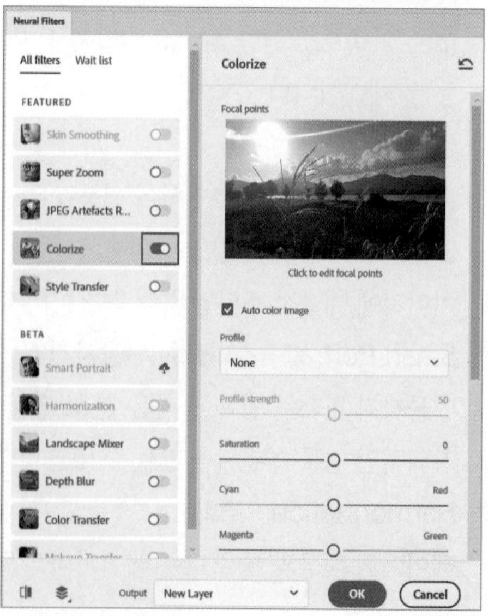

04 생동감 있는 풍경사진을 만들 수 있습니다.

2-2 Neural Filters – Style Transfer

01 unit 11 Neural Filter 2 – Style Transfer.jpg 파일을 Open합니다.

02 Filter ⇨ Neural Filters를 클릭합니다.

03 Style Transfer를 클릭해 활성합니다.

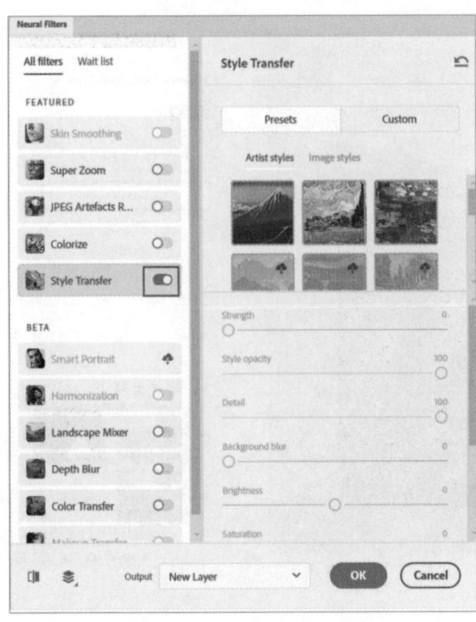

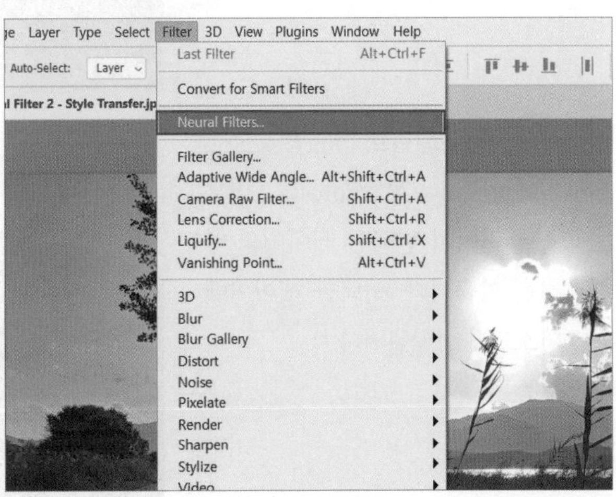

04 Artist style을 반 고흐(Vincent van Gogh, 1853~1890)의 화풍으로 정합니다.

(오른쪽 Neural Fiter는 2022 버전의 화면입니다.)

05 새 레이어에 적용된 필터 효과가 보입니다.

06 Properties 패널의 Quick Action 밑에 Remove Background 버튼을 클릭하여 선택한 레이어의 배경을 지웁니다. 선택한 레이어에 마스크가 생성됩니다.

07 브러시 툴을 이용하여 불필요한 부분을 지웁니다. 이때 색상은 Default Color입니다. Foreground Color를 검은색으로 합니다.

08 Layer Mask를 선택한 채 Foreground Color를 흰색으로 변경한 상태에서 페인팅하여 머리 부분의 필터 효과가 보이도록 합니다. 수정할 때는 Foreground Color를 흰색으로 합니다.

09 브러시 툴의 크기를 작게 하여 디테일한 부분을 그리도록 합니다.

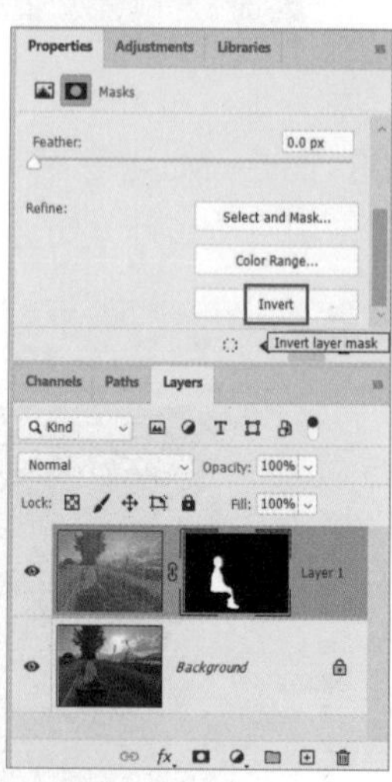

10 Layer Mask를 선택한 채 Properties 패널의 Invert 버튼을 클릭합니다.

11 마스크가 Invert(반전)됩니다. 검은색은 흰색이 되고 흰색은 검은색이 됩니다. 이미지를 확인해 보면 인물은 원래의 모습으로 배경은 반고흐의 화풍처럼 필터 효과를 적용하였습니다.

2-3 Neural Filters - Depth Blur

01 unit 11 Neural Filter 3 - Depth Blur.jpg 파일을 Open합니다.

02 Filter ⇨ Neural Filters를 클릭합니다.

03 Depth Blur를 클릭하여 활성화합니다.

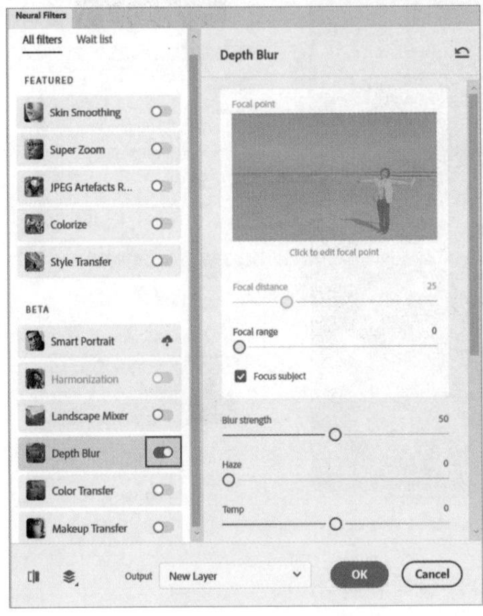

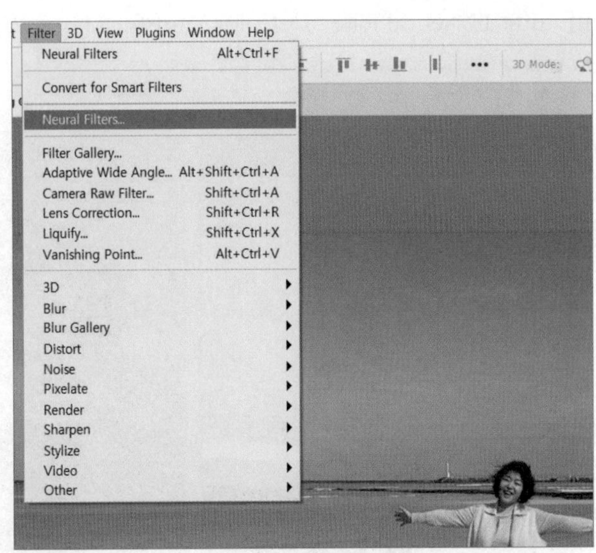

04 Blur Strength의 수치를 조절하여 배경을 흐리게 처리합니다.

2-4 Neural Filters - Color Transfer

01 unit 11 Neural Filter 4 - Color Transfer 1.jpg과 2.jpg 두 개의 파일을 Open합니다.

02 왼쪽 인물사진을 선택한 상태에서 Filter ⇨ Neural Filters를 클릭합니다.

03 Color Transfer를 클릭하여 활성화합니다.

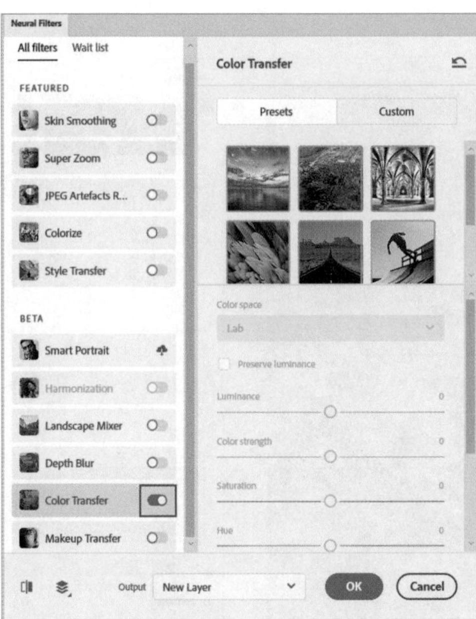

04 Custom 버튼을 클릭하여 오른쪽 파일을 선택합니다.

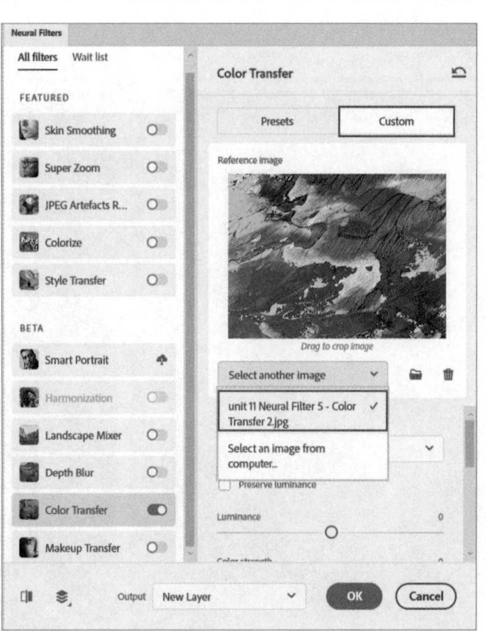

05 Reference Image의 원하는 색상 구간을 마우스로 드래그하여 색상을 입힐 수 있으며 모서리를 움직여 다른 색상 영역을 정할 수도 있습니다.

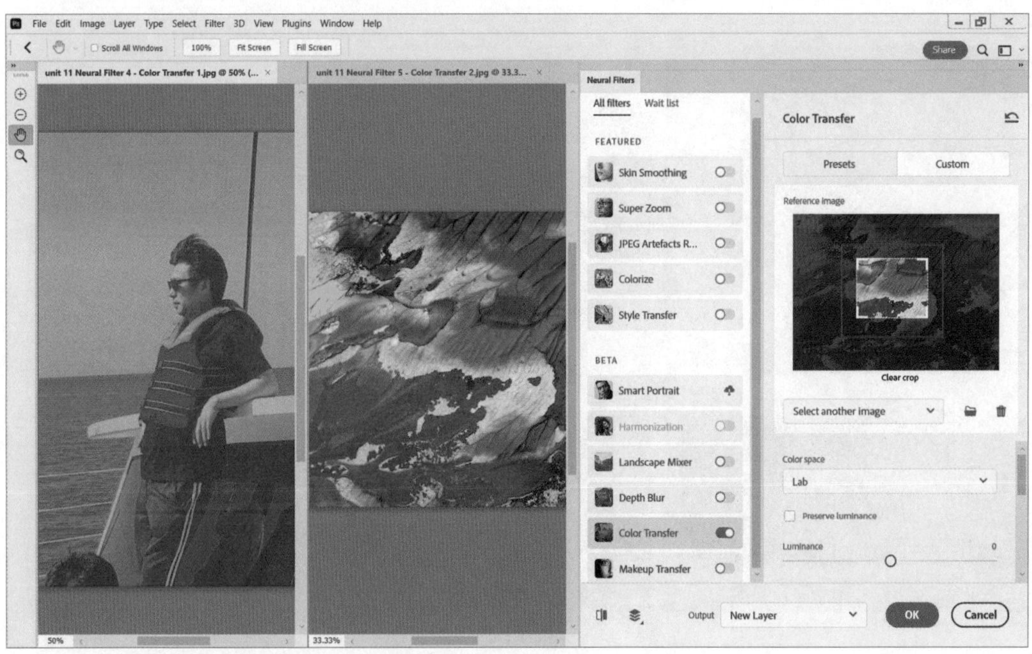

사진 편집 기술

06 새 레이어에 결과 이미지가 만들어집니다.

07 Blend Mode를 Darken으로 변경합니다.

03 | Filter Gallery

▶ Artistic : 다양한 미술도구나 화가들의 터치를 이미지에 적용하는 것

- Colored Pencil : 색연필 효과
- Cut out : 이미지의 색상과 면을 단순화
- Dry Brush : 마른 붓으로 그린 느낌
- Film Grain : 노이즈를 추가
- Fresco : 프레스코 벽화의 효과
- Neon Glow : 네온 효과
- Paint Daubs : 거친 붓 효과
- Pallete Knife : 유화용 나이프로 그린 효과
- Plastic Warp : 이미지에 랩을 씌운 효과
- Poster Edges : 색상의 단순화
- Rough Pastels : 파스텔 효과
- Smudge Stick : 물감이 마르기 전에 문지른 효과
- Sponge : 스폰지로 터치한 효과
- Underpainting : 질감 있는 종이에 터치한 효과
- Watercolor : 수채화
- Sumi-e : 수묵화 같은 물감의 번짐 효과

▶ Brush Strokes : 붓터치의 회화 느낌을 적용

- Accented Edges : 색상의 경계선을 강조
- Angled Stroke : 각을 주어 터치한 효과
- Crosshatch : 빗살무늬로 이미지를 표현
- Dark stroke : 어두운 부분의 터치를 강조
- Ink outlines : 외곽 부분을 잉크로 덧칠한 효과
- Spatter : 뿌린 효과
- Sprayed strokes : 뿌린 효과

▶ Distort : 이미지를 일그러뜨림

- Diffuse glow : 빛의 입자를 뿌려서 빛이 발광하게 하는 효과
- Glass : 유리 효과
- Ocean ripple : 물결 속에 비추는 효과

▶ Sketch : 스케치 느낌으로 적용하기

- Bas relief : 이미지의 입체적인 효과
- Chalk&Charcoal : 분필, 목탄
- Charcoal : 목탄
- Chrome : 금속
- Conte cryon : 크레용
- Graphic pen : 그래픽 펜 효과
- Halftone pattern : 망점
- Note paper : 엠보스와 그레임 효과
- Photocopy : 복사한 것 같은 효과
- Plaster : 석고 틀에서 떼어낸 듯한 효과
- Reticulation : 오래된 사진 효과
- Stamp : 고무 스탬프 효과
- Torn edges : 찢어진 종이의 가장자리 효과
- Water paper : 젖은 종이의 물감 번짐 효과

▶ Stylize

- Glowing edges : 네온사인 효과

▶ Texture : 질감 효과

- Craquelre : 갈라진 효과
- Grain : 노이즈
- Mosaic tile : 모자이크
- Patchwork : 규칙적인 타일의 형태로 분할하여 표현
- Stained Glass : 스테인드 글라스
- Texturizer : 텍스쳐의 질감 표현

3-1 Filter Gallery dialog box

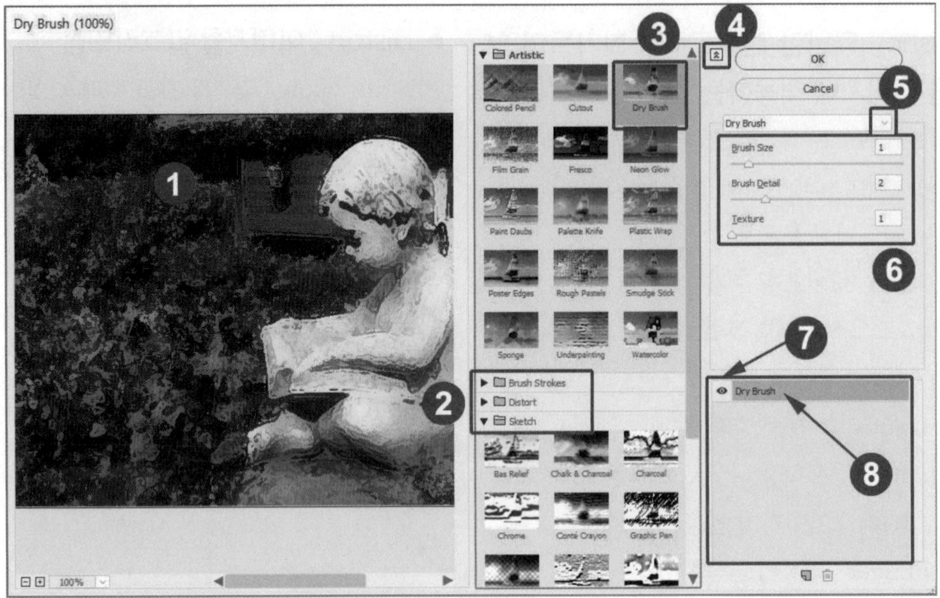

❶ 미리보기 (Preview)

❷ 필터 카테고리 (Filter category)

❸ 선택한 필터를 작은 크기로 보기 (Thumbnail of selected filter)

❹ 필터 섬네일 보이기/감추기 (Show/Hide filter thumbnails)

❺ 필터 팝업 메뉴 (Filters pop-up menu)

❻ 선택한 필터의 옵션 (Options for selected filter)

❼ 적용한 필터 목록 또는 배치 (List of filter effects to apply or arrange)

❽ 선택한 필터 이팩트 (Applied Filter Effect)

01 unit 11 Filter Gallery.jpg 파일을 Open 합니다.

02 Filter ⇨ Filter Gallery 필터 갤러리를 클릭합니다.

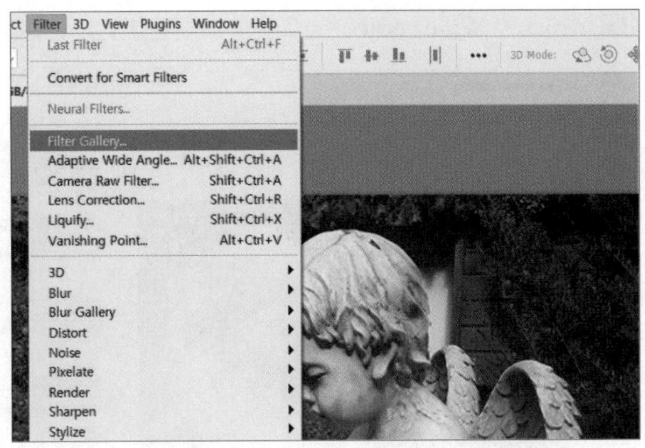

03 Artistic ⇨ Cutout ⇨ 오른쪽 옵션은 5, 2, 1로 입력합니다.

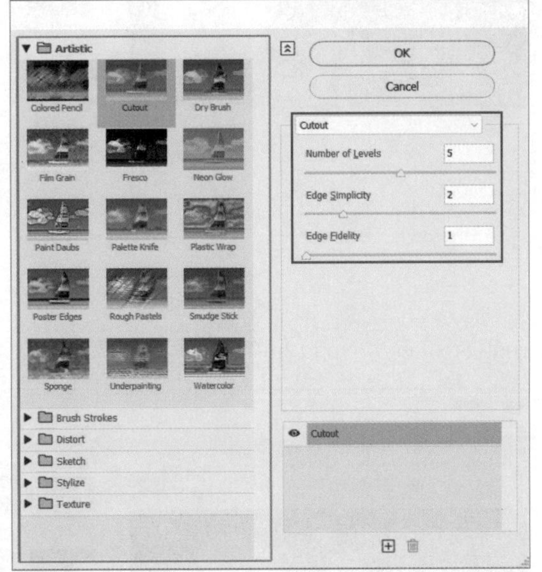

04 Artist ⇨ Dry Brush ⇨ 오른쪽 옵션은 2, 6, 2로 입력합니다.

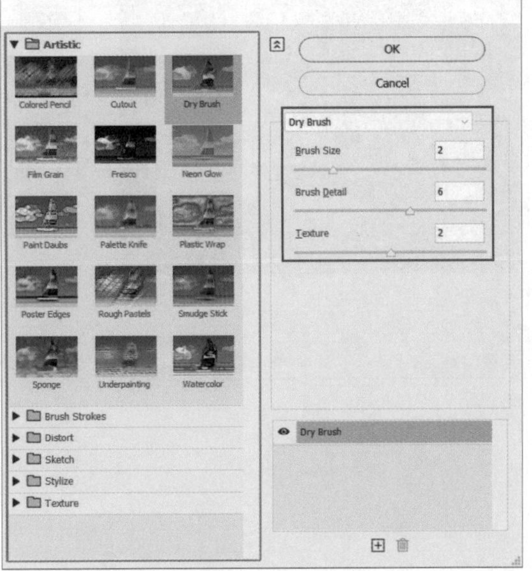

05 Artist ⇨ Water color ⇨ 오른쪽 옵션은 13, 1, 1로 입력합니다.

06 Brush Strokes ⇨ Spatter ⇨ 오른쪽 옵션은 10, 4로 입력합니다.

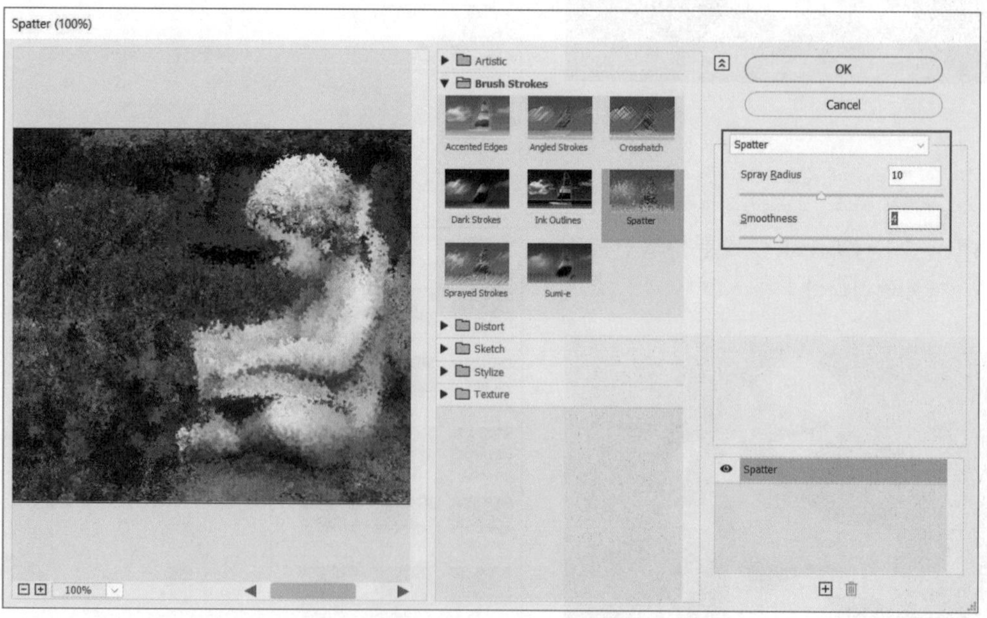

07 Distort ⇨ Diffuse Glow ⇨ 오른쪽 옵션은 6, 10, 15로 입력합니다.

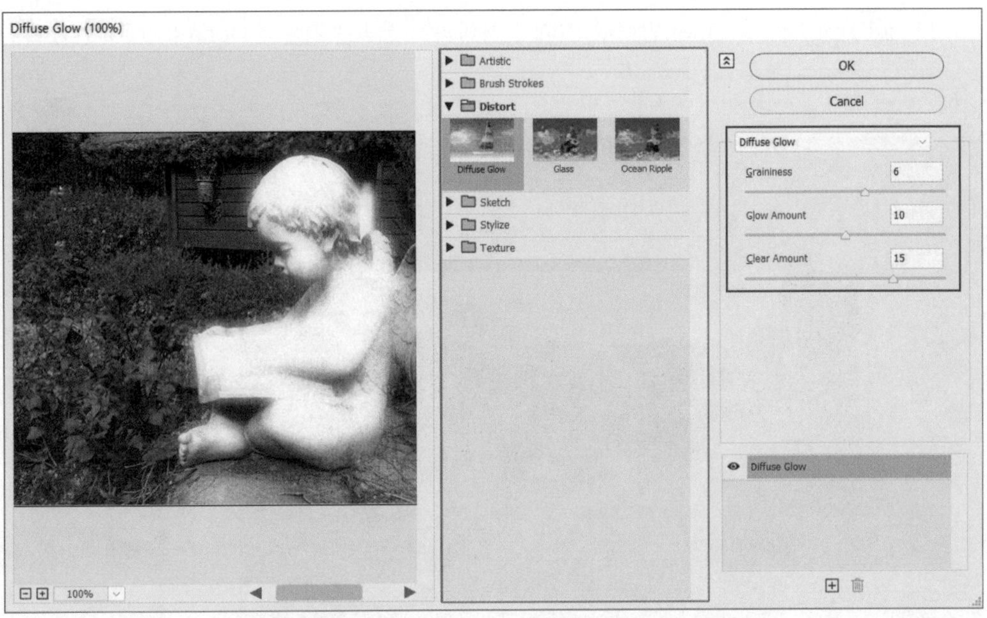

08 Texture ⇨ Texturizer ⇨ 오른쪽 옵션은 100%, 4로 입력합니다.

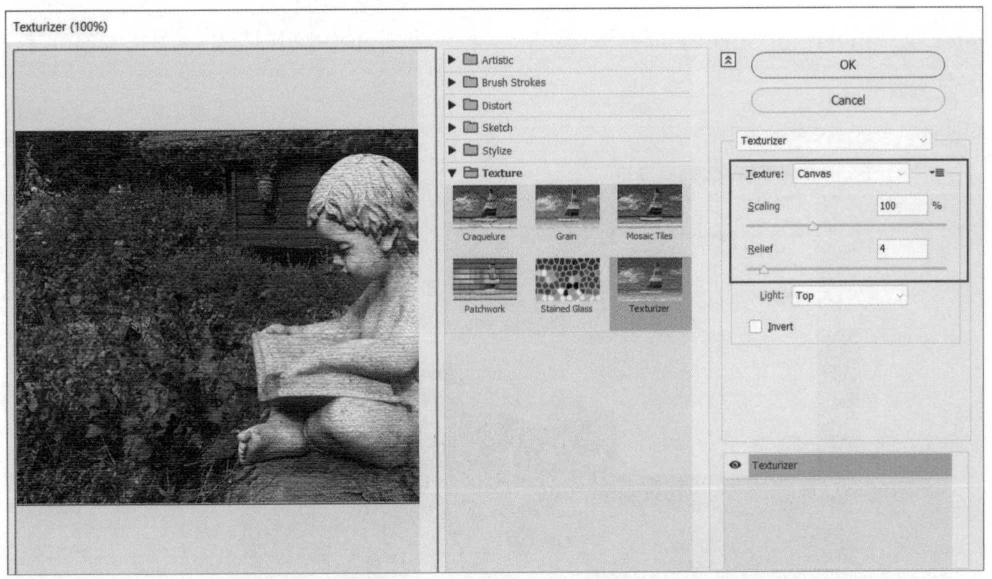

3-2 Filter Blending 하기

01 unit 11_src 2.jpg 파일을 Open합니다. 이때 전경색과 배경색은 기본색 Default color 【D】로 합니다.

02 Filter ⇨ Convert for Smart Filters를 클릭합니다. 원본 레이어의 필터값을 손쉽게 수정하거나 변경할 수 있습니다.

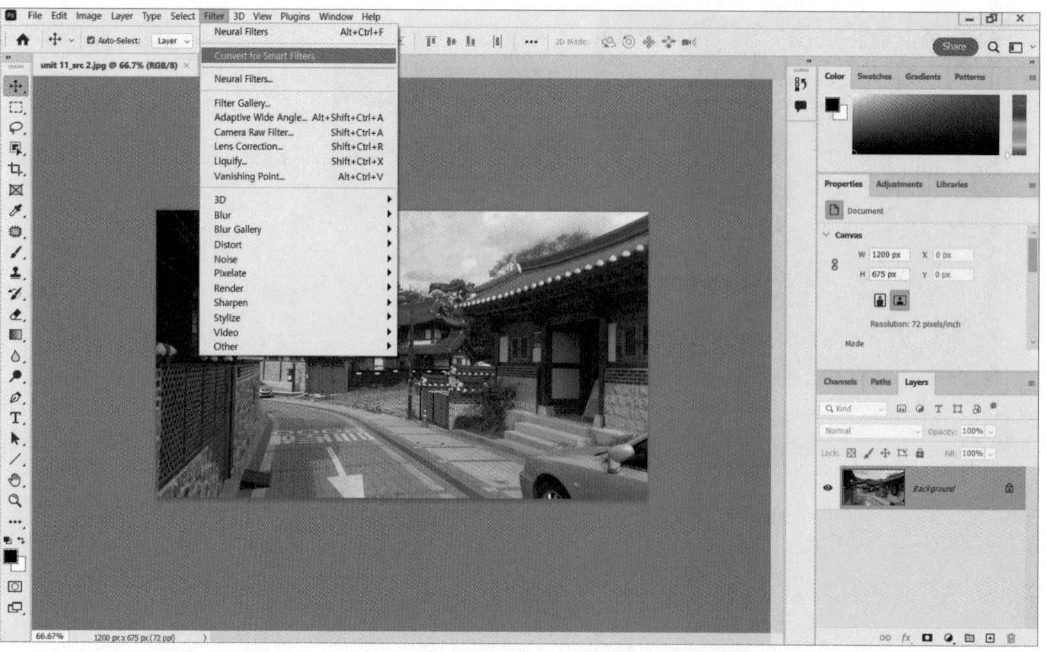

03 Filter ⇨ Filter Gallery를 클릭합니다.

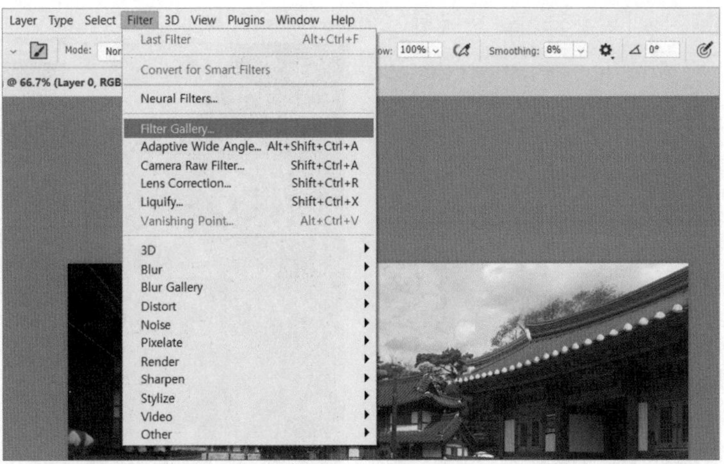

04 Artistic 항목 안에 Paint Daubs(Oil Painting 느낌)를 선택합니다.

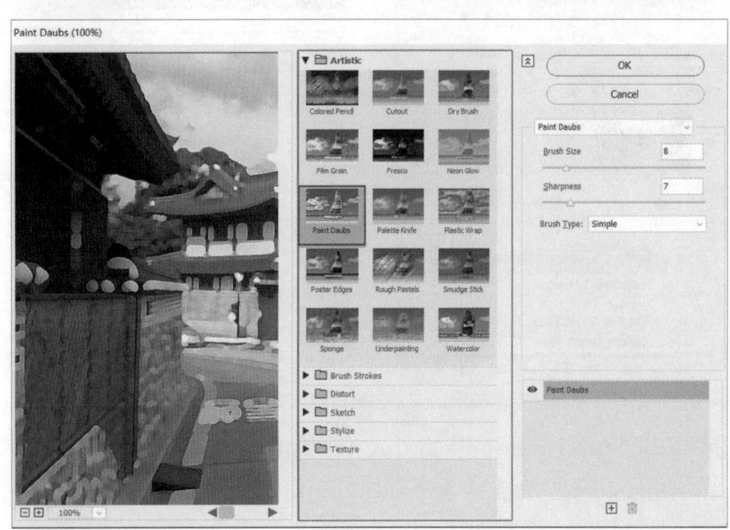

05 New Effect Layer Icon을 클릭하여 필터를 복사합니다.

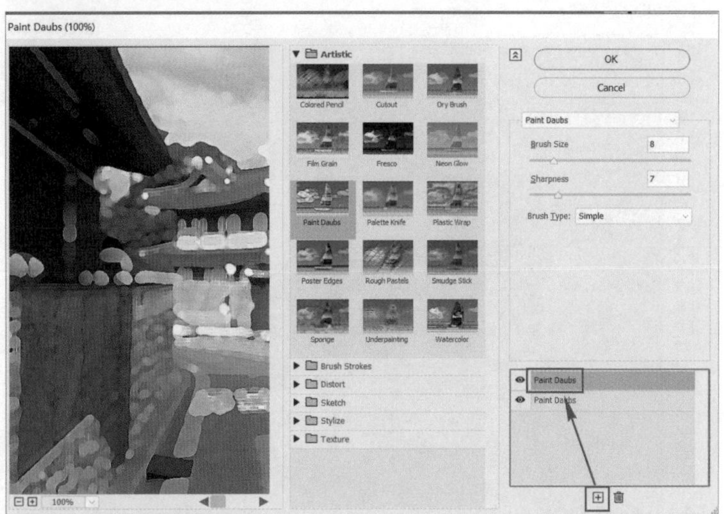

06 복사된 필터를 선택하고 Artistic ⇨ Poster Edge로 변경합니다.

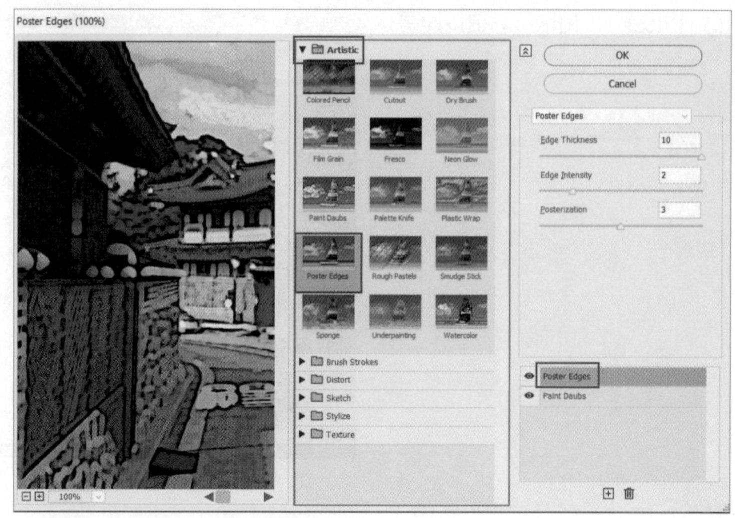

07 Layer 패널 밑으로 Smart Filter가 보입니다. Filter Gallery의 오른쪽 아래에 있는 아이콘을 오른쪽 버튼으로 클릭하거나 또는 더블 클릭합니다.

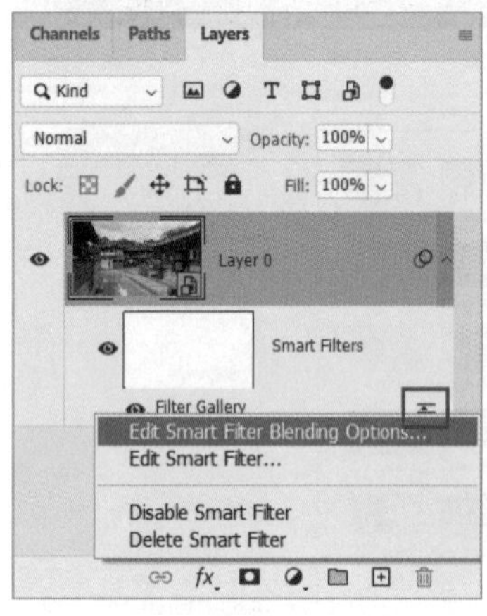

08 Edit Smart Filter Blending Options 대화상자가 나타납니다. Mode를 Overlay로 변경한 후 Opacity를 35%로 낮추면 두 개의 필터 효과가 겹쳐보입니다.

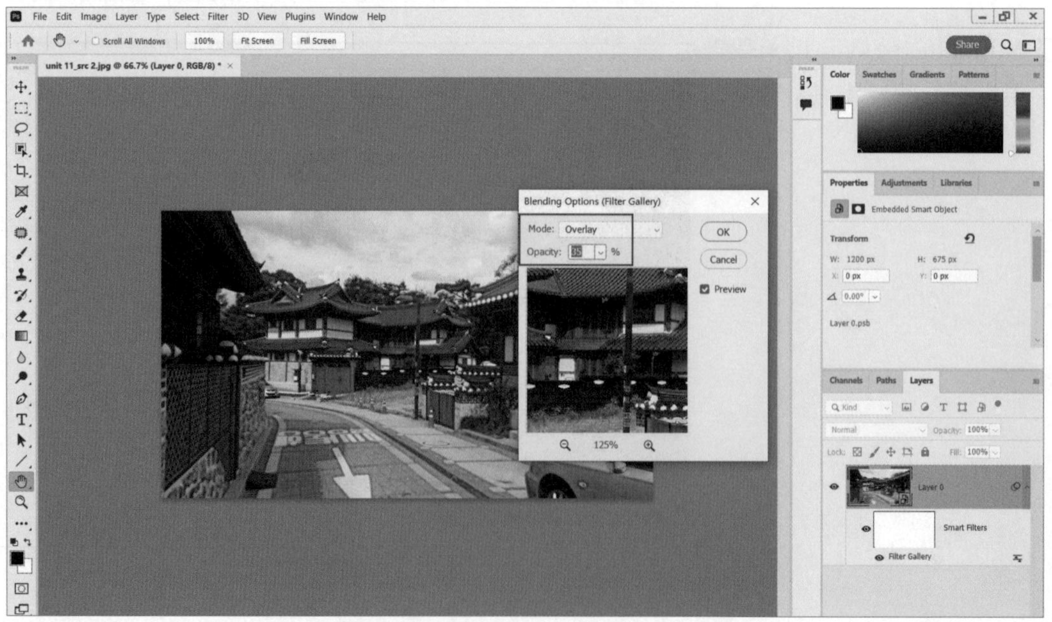

04 | Camera RAW Filter

4-1 Camera RAW Filter - Basic

01 unit 11_src 3.jpg 파일을 Open합니다.

02 Filter ⇨ Camera RAW Filter 【Shift+Ctrl+A】를 클릭합니다.

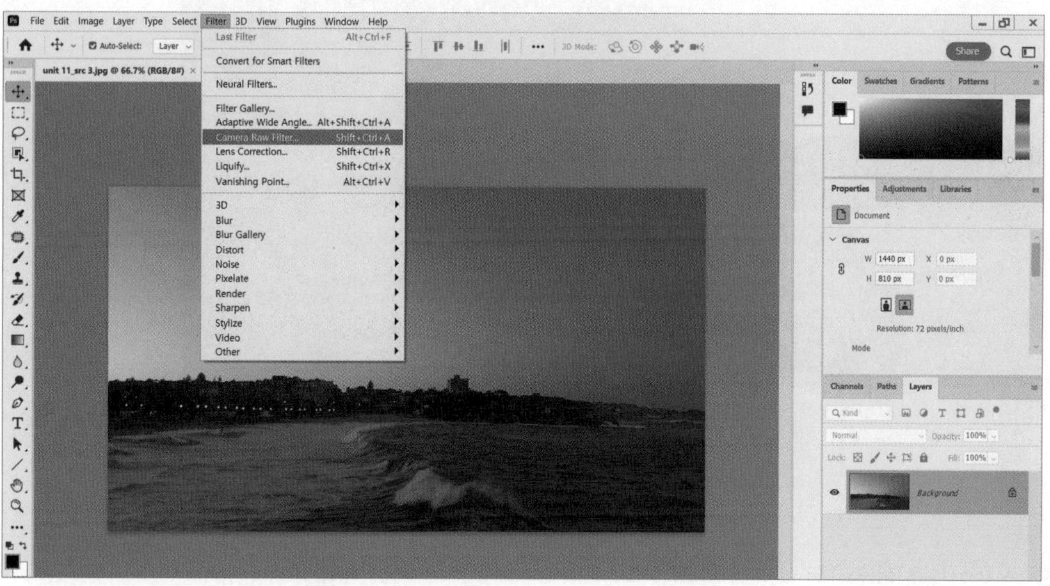

03 Camera RAW 15.0을 실행합니다.

- Camera RAW Filter는 DSLR 카메라로 촬영된 raw, jpeg, png, tiff 등의 이미지 파일을 한 화면에서 다양하게 보정할 수 있는 필터입니다. Adobe에서 최신 Camera Raw 플러그인 설치 프로그램을 다운받아 설치할 수 있습니다..

TIP

Raw는 가공되지 않은 원본 데이터를 말합니다.
예를 들어 소니 DSLR CAMERA로 촬영한 Raw 데이터는 'Arw' 포맷으로 저장됩니다.(니콘 카메라는 nef, 캐논 카메라는 cr2, 라이카 카메라나 삼성 카메라는 dng 등)

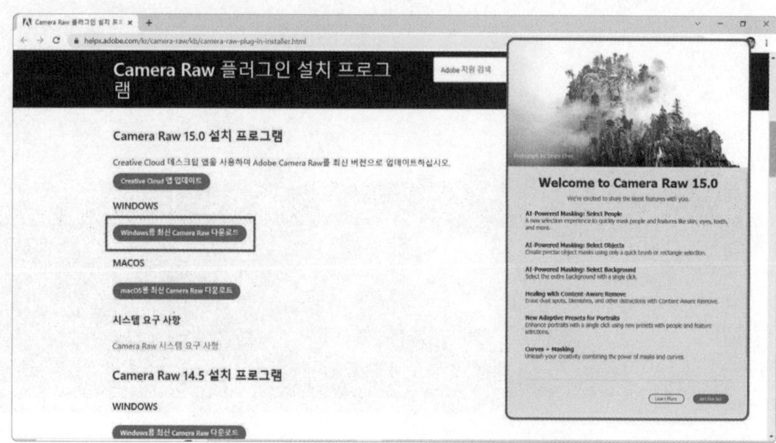

04 Auto 버튼을 클릭하여 기본적인 보정을 합니다. 약간 밝아지는 느낌입니다.

05 스포이드를 이용하여 파도의 흰 부분을 클릭하여 이미지 전체의 White Balance를 맞출 수 있습니다.

06 Detail 항목의 Noise Reduction(노이즈 제거)의 수치를 50 정도로 올리면 부드러운 픽셀의 느낌을 만들 수 있습니다.

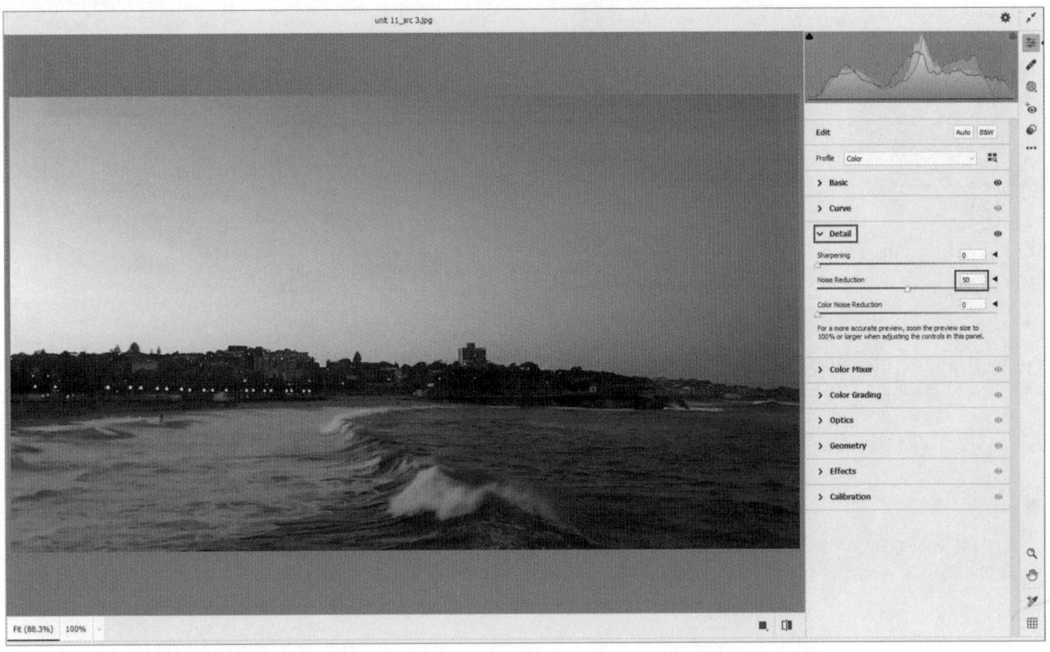

4-2 Camera RAW Filter - Geometry

01 unit 11_src 4.jpg 파일을 Open합니다. 가로등을 기준으로 보면 약간 왼쪽으로 기울어져 있는 느낌입니다. 똑바로 세워보겠습니다. (수평 또는 수직으로 교정하기)

02 Filter ⇨ Camera RAW Filter【Shift+Ctrl+A】를 클릭합니다.

03 Grid를 체크한 후에 Geometry 항목 안에 Vertical Perspective Correction을 클릭하면 수직을 교정할 수 있습니다.

04 기울어져 보이던 가로등이 똑바로 세워지도록 교정되었습니다.

4-3 Camera RAW Filter - Curve

01 unit 11_src 5.jpg 파일을 Open합니다.

02 Filter ⇨ Camera RAW Filter 【Shift+Ctrl+A】를 클릭합니다.

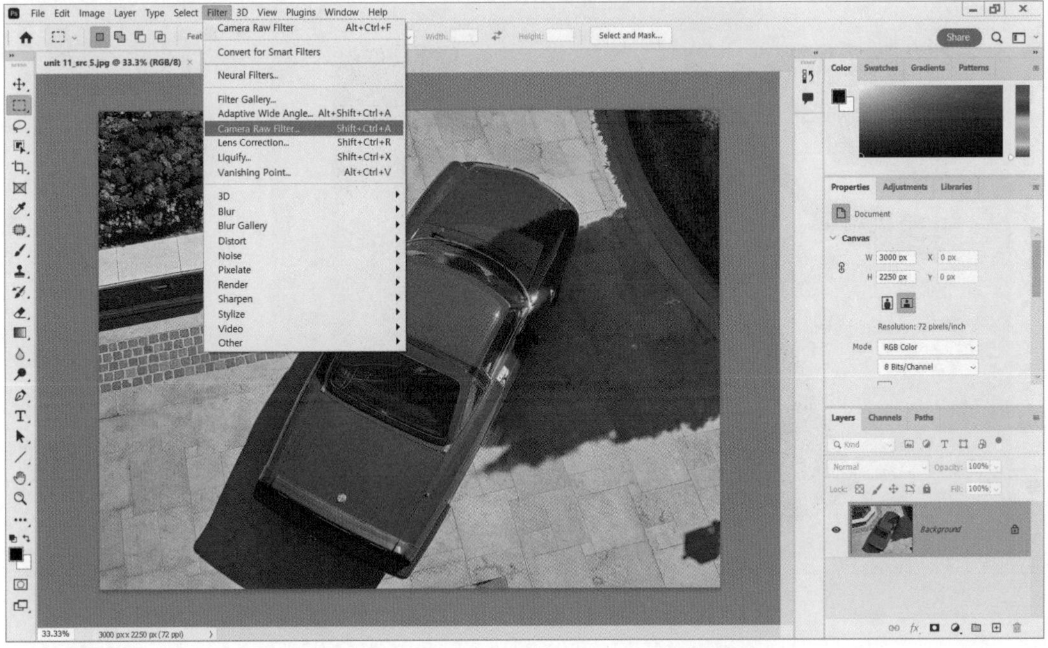

03 Curve 항목에 Point Curve 중 Strong Contrast를 선택합니다.

04 이미지의 채도와 콘트라스트(대비)가 강해지도록 색상을 보정할 수 있습니다.

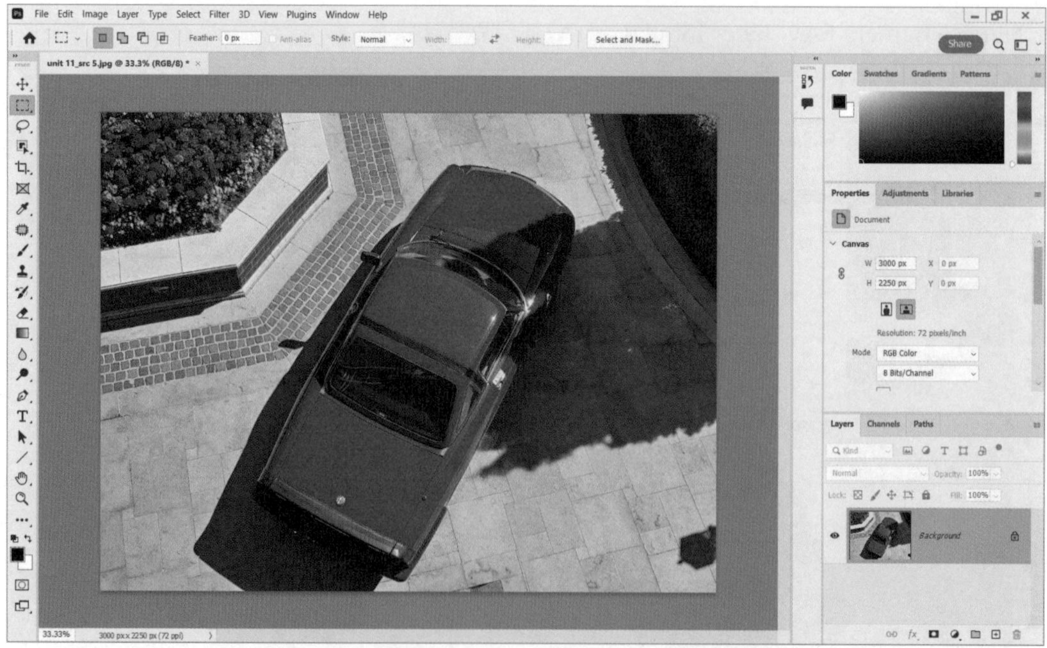

05 | Liquify

01 unit 11_src 6.jpg 파일을 Open 합니다.

02 Filter ⇨ Liquify【Shift+Ctrl+X】를 클릭합니다.

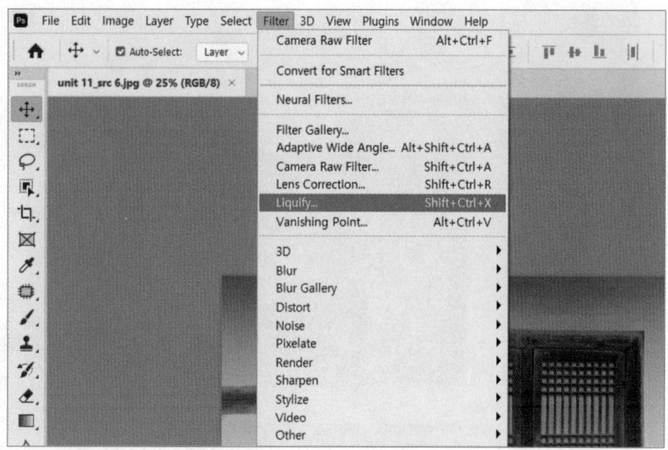

03 Bloat tool【B】를 선택하고 Size를 1500 정도로 크게 합니다.

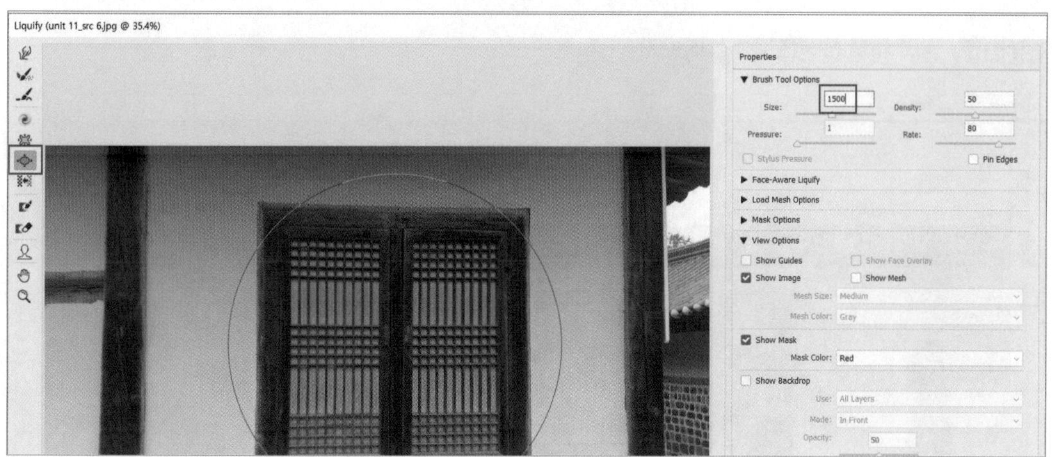

04 창문의 가운데 부분을 몇 차례 클릭하여 부풀립니다.

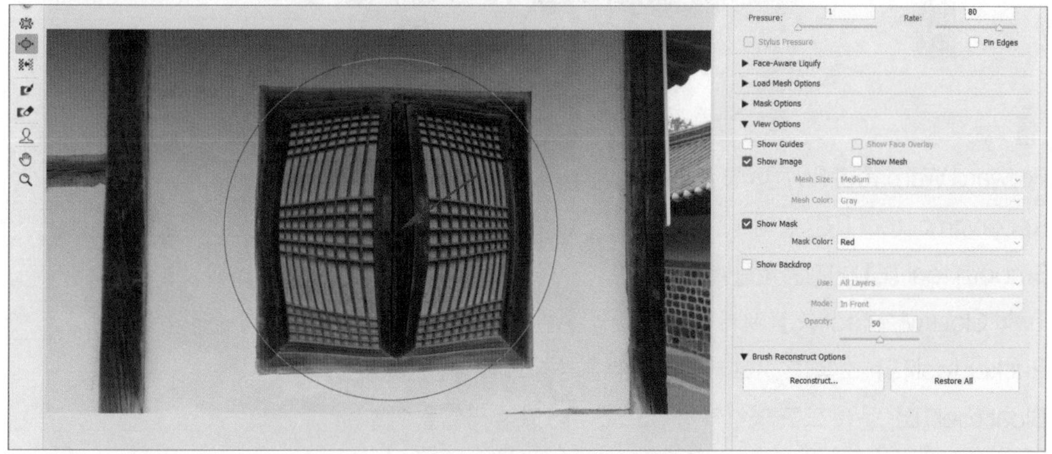

05 Liquify(유통화) 필터를 이용하여 이미지를 왜곡할 수 있습니다.

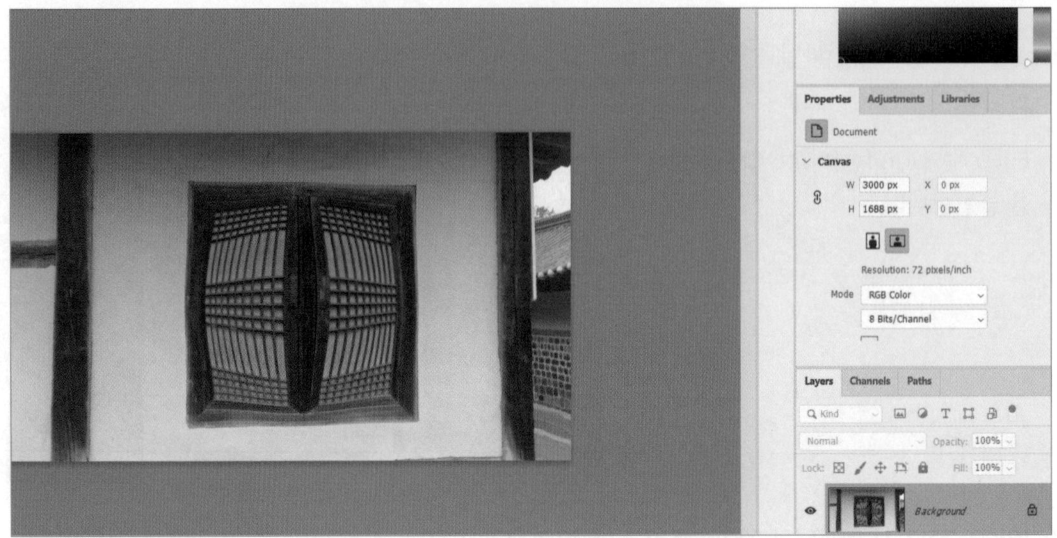

■ Liquify 필터 세부 옵션(도구) 살펴보기

▶ 툴

- Forward Warp tool【W】: 변형 도구(픽셀을 앞쪽으로 민다)
- Reconstruct tool【R】: 원래대로 돌림
- Smooth tool【E】: 가장자리를 부드럽게
- Twirl Clockwise tool【C】: 시계 방향으로 돌림(반대 방향은 Alt 누르면서)
- Pucker tool【S】: 오목 도구(브러시의 영역을 중심으로 픽셀 이동)
- Bloat tool【B】: 볼록 도구(영역의 중심으로 부터 멀리 픽셀을 이동)

- Push Left tool 【O】: 위로 똑바로 드래그하면 왼쪽 밀기(오른쪽으로 이동할 땐 아래로 드래그)
- Freeze Mask tool 【F】: 마스크 고정 도구
- Thaw Mask tool 【D】: 마스크 해동 도구
- Face tool 【A】: 얼굴을 자동으로 식별
- Hand tool 【H】: 스페이스 바를 눌러 핸드 툴로 변경한 후 보기 영역을 다른 곳으로 이동할 수 있습니다.
- Zoom tool 【Z】: 확대할 수 있으며, 축소하고 싶을 땐 Alt를 누릅니다.

▶ Face-Aware Liquify(얼굴인식 픽셀 유동화)

- Eyes : 눈
- Nose : 코
- Mouth : 입
- Face Shape : 얼굴 형태

▶ Mask Option

- 선택영역 대체
- 선택영역에 추가
- 선택영역에서 빼기
- 선택영역과 교차
- 선택영역 반전

06 | Vanishing Point

01 unit 11_src 7.jpg 파일을 Open합니다.

02 Filter ⇨ Vanishing Point 【Alt+Ctrl+V】를 클릭합니다.

03 Create Plane tool 【C】을 이용하여 4군데를 클릭하여 아래처럼 그립니다. 이때 노란색이나 빨간색이 아닌 파란색으로 표시되어야 합니다. 모양을 수정하고 싶을 경우 모서리를 이동하면 됩니다.

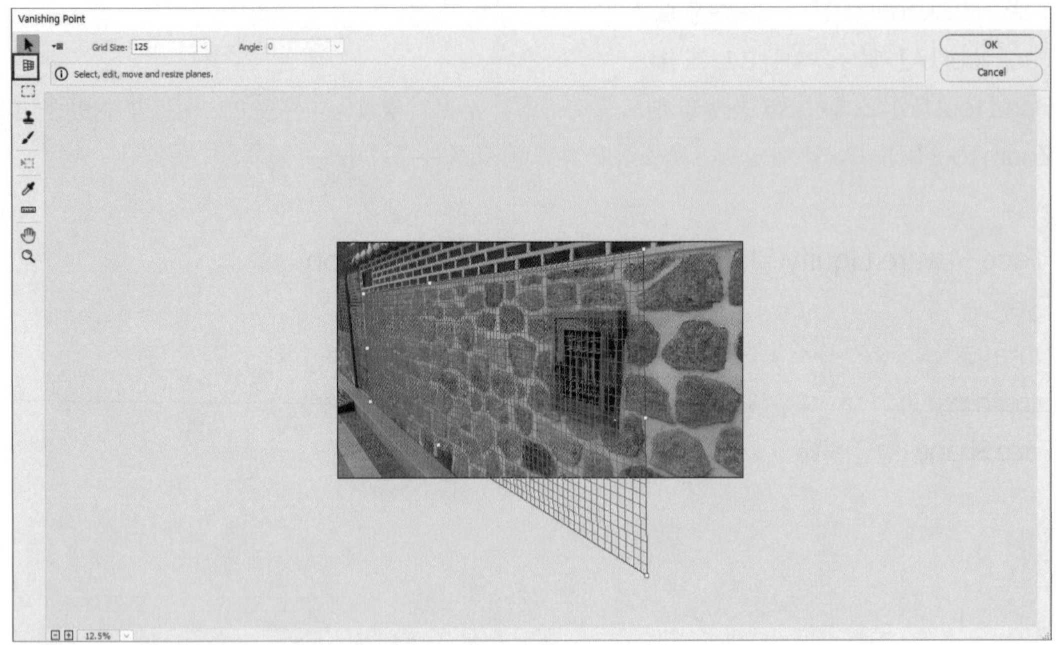

04 Marquee tool 【M】을 클릭하여 선택 영역이 되도록 합니다.

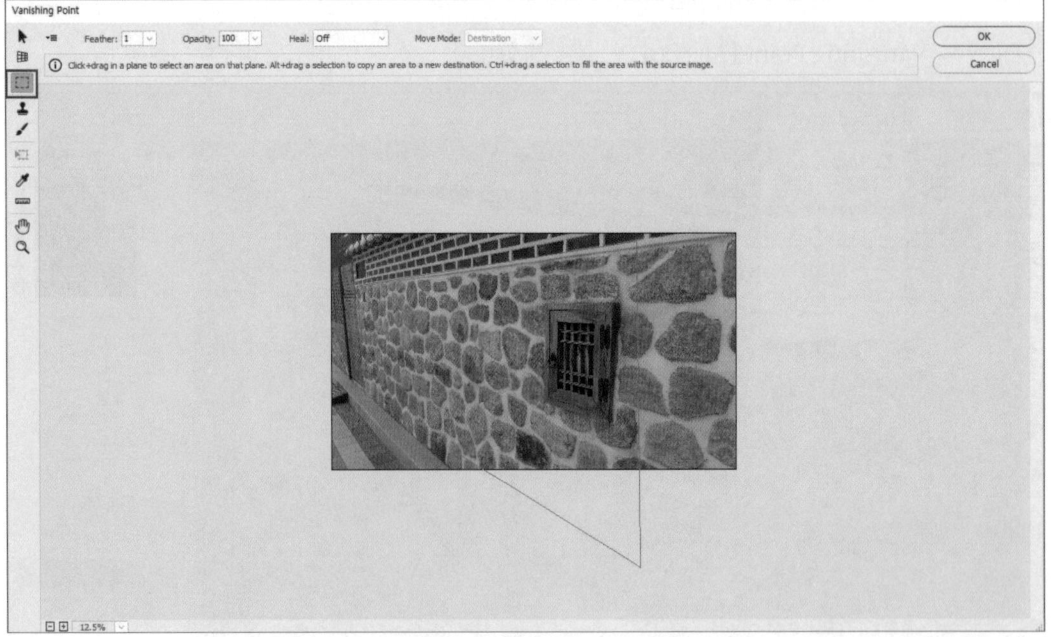

05 선택 영역으로 변경한 후 Stamp tool【S】로 바꿉니다.

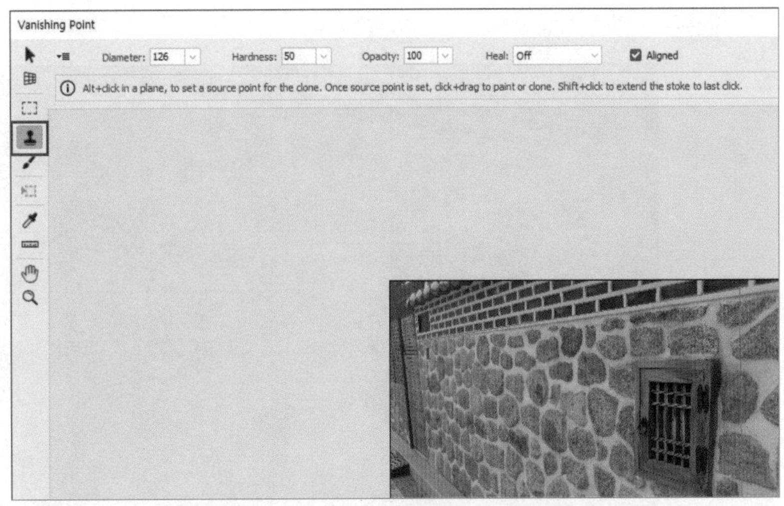

06 오른쪽 창문을 Alt+Click한 뒤 왼쪽에서 마우스로 문지르면 복사됩니다.

07 화면을 확대한 후에 History brush tool【Y】을 이용하여 잘못 칠해진 부분을 이전 단계로 되돌려 수정합니다.

08 원근감이 있는 창문으로 복사되었습니다.

07 | Blur Gallery

7-1 Blur Gallery - Field blur

01 unit 11_src 8.jpg 파일을 Open합니다.

02 Filter ⇨ Blur Gallery ⇨ Field blur를 클릭합니다.

03 가운데에 동그란 모양의 Field blur pin이 보입니다.

04 Field blur pin 두 개를 클릭하여 추가합니다.

05 각각 Blur 수치를 0px, 5px, 10px로 정하고 OK 클릭합니다.

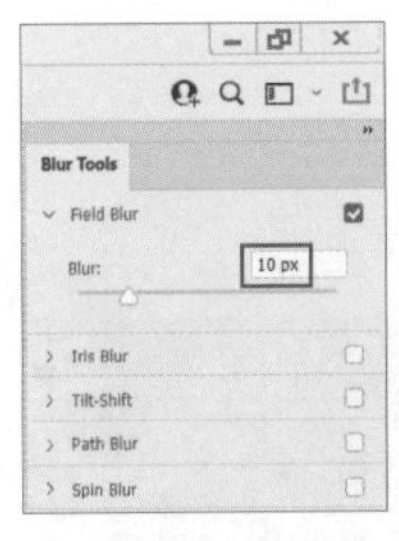

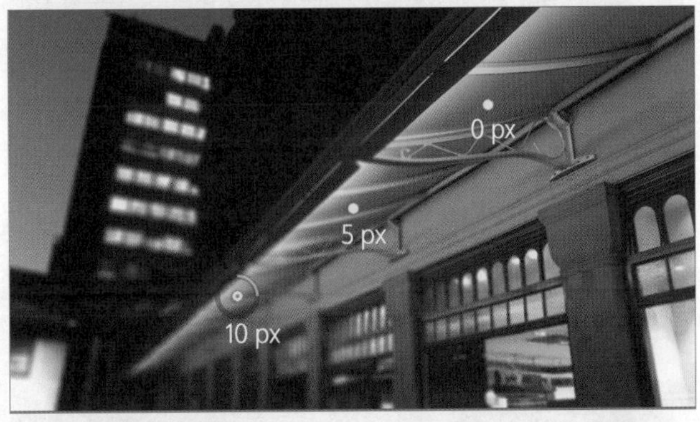

06 거리가 멀어지는 부분일수록 흐려지는 효과가 적용됩니다.

07-2 Blur Gallery - Bokeh

01 unit 11_src 9.jpg, unit 11_src 10.jpg 파일을 Open합니다.

02 unit 11_src 9.jpg의 파일명 부분을 클릭하고 마우스 오른쪽을 클릭하여 Consolidate all to here를 클릭합니다.

(Consolidate all to here : 여러 개의 문서가 열려 있을 경우 하나의 탭으로 통합한다는 의미입니다.)

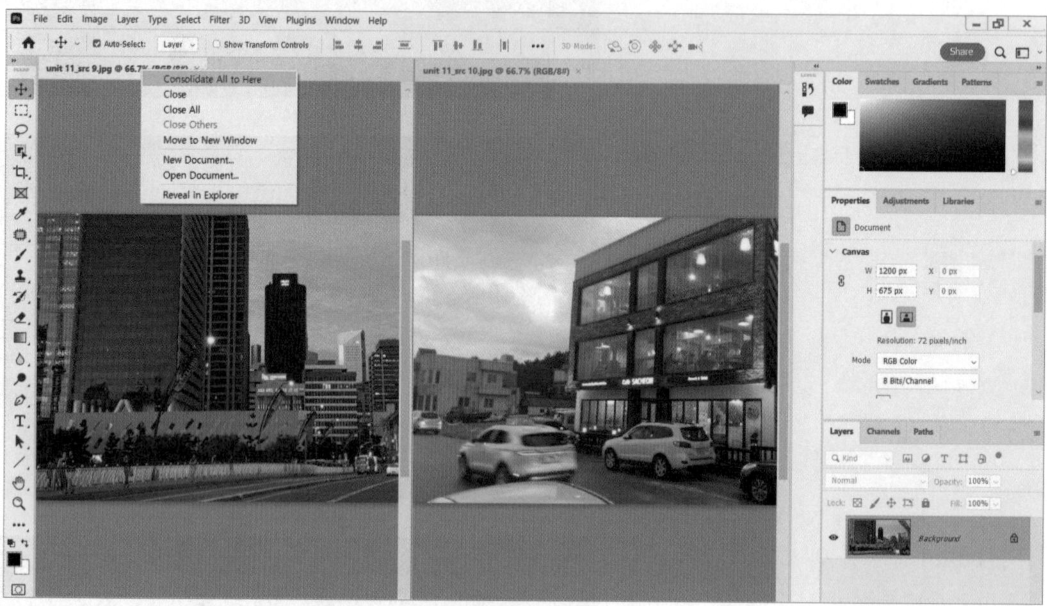

03 Filter ⇨ Blur Gallery ⇨ Field Blur를 선택합니다.

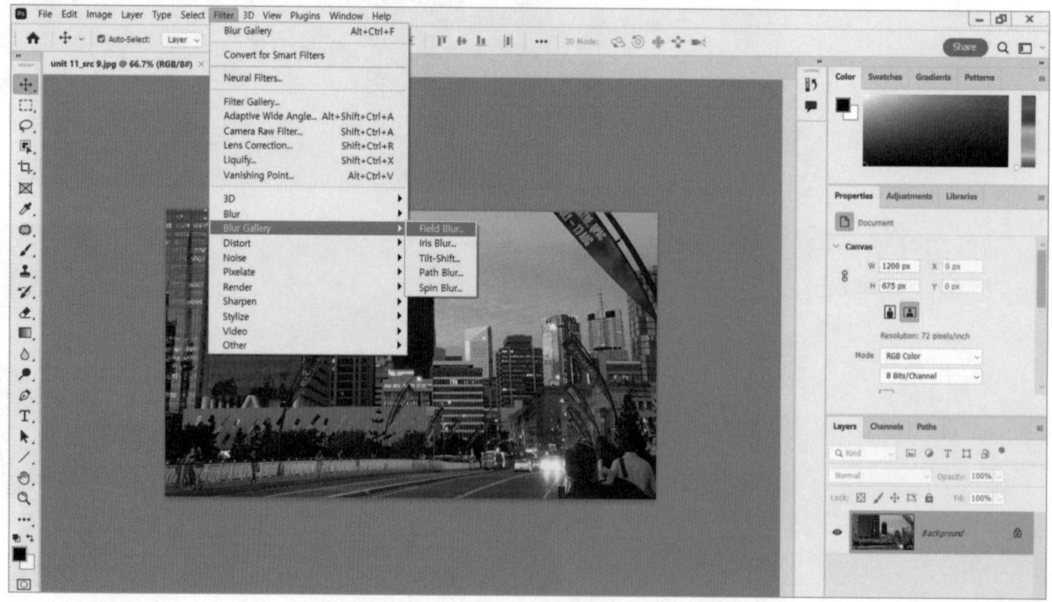

04 오른쪽처럼 Bokeh Color : 60%, Light Bokeh : 100%로 이미지를 초점이 맞지 않아 뿌옇게 보이는 사진 효과(Bokeh Effect)를 만듭니다.

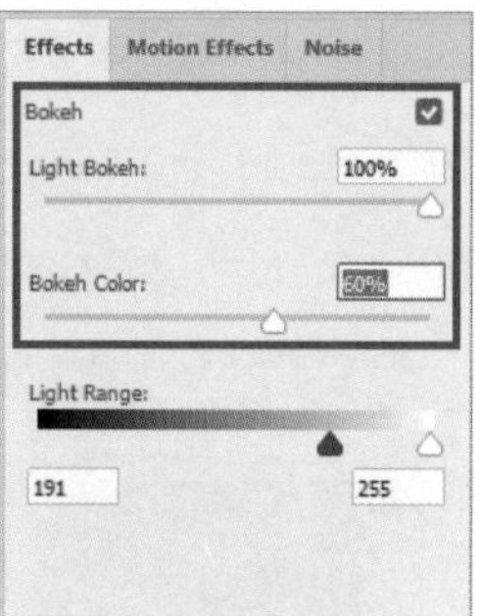

05 Select All 【Ctrl+A】 ⇨ Copy 【Ctrl+C】 전체를 선택한 후 복사합니다.

06 unit 11_src 10.jpg 파일에 붙입니다.

07 Blend Mode를 Lighten으로 변경합니다.

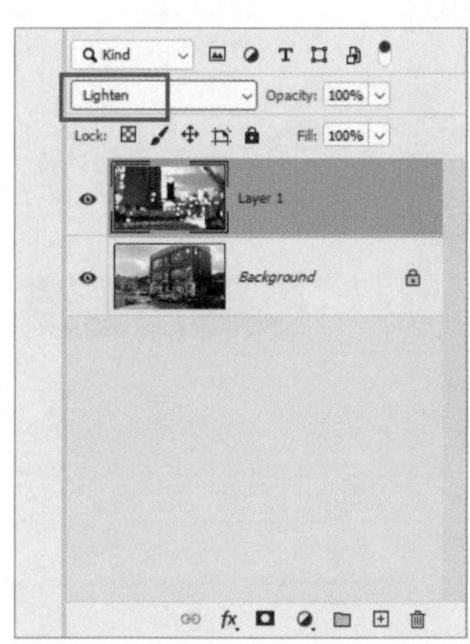

08 Free Transform 【Ctrl+T】로 이미지의 크기를 크게 하고 위치를 변경합니다. Bokeh Effect는 F 2.8 이상의 넓은 조리개를 사용하여 피사체를 촬영할 때 부드러운 아웃포커스를 만드는 방법입니다.

7-3 Blur Gallery – Tilt-Shift

01 unit 11_src 11.jpg파일을 Open합니다.

02 Filter ⇨ Blur Gallery ⇨ Tilt-Shift를 클릭합니다.

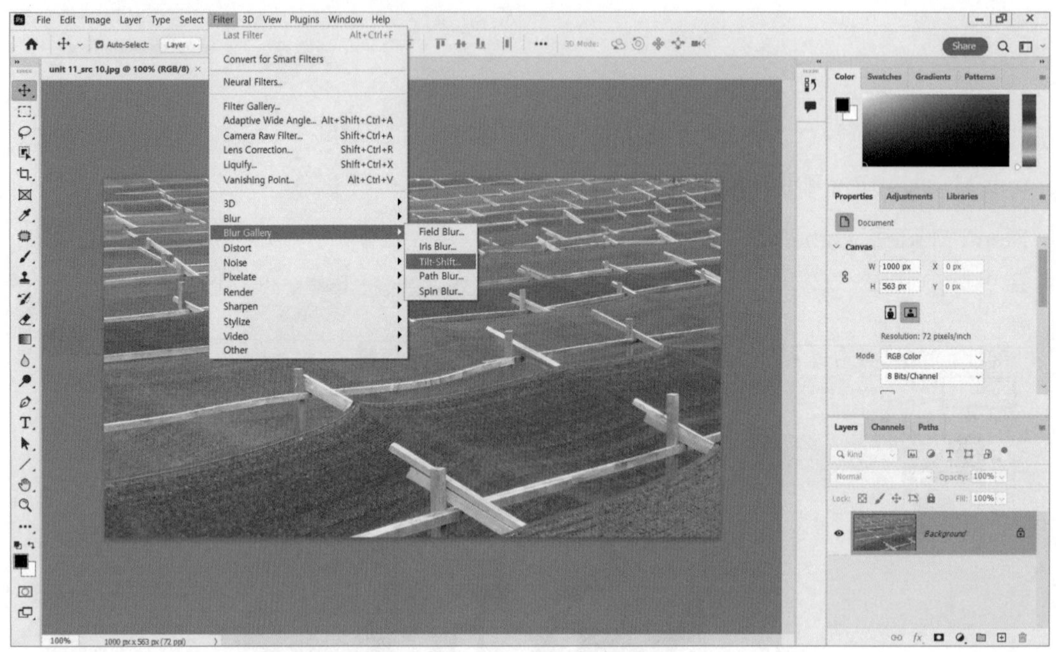

03 아래 동그라미를 좌우로 움직여 기울기를 정합니다.

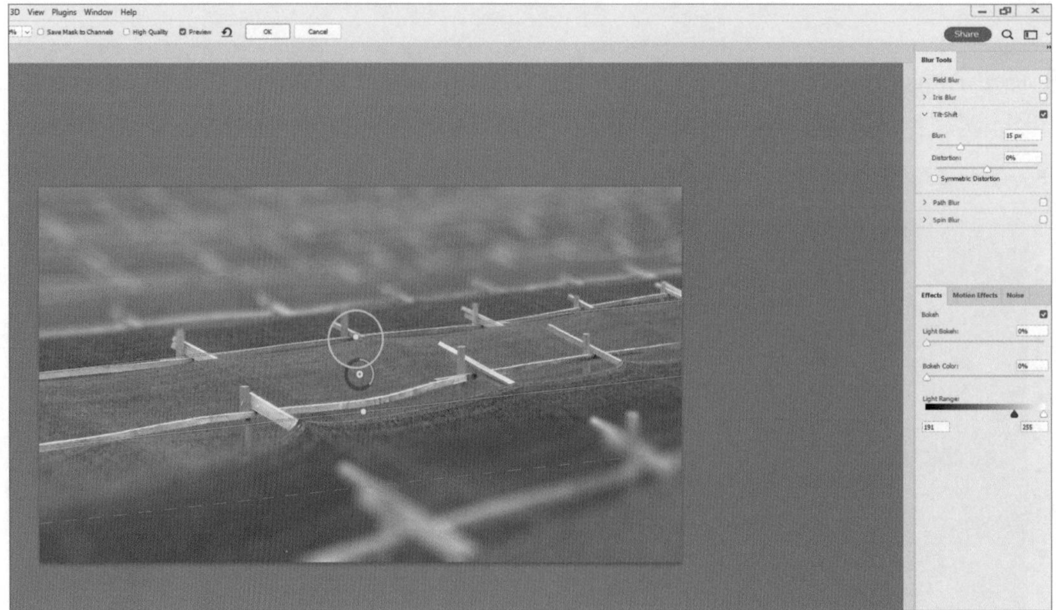

04 뚜렷하게 보여야 할 영역을 위 아래를 넓힙니다.

05 Blur의 수치를 5정도로 조절합니다. Tilt-shift는 카메라의 렌즈가 이미지 센서와 평행하지 않도록 기울어지게 하여 평면을 극도로 선명한 초점을 맞추고 엄청난 피사계 심도를 생성하는 렌즈 효과입니다. 이것을 Scheimpflug Principle(샤임플러그 원리)라고 합니다.

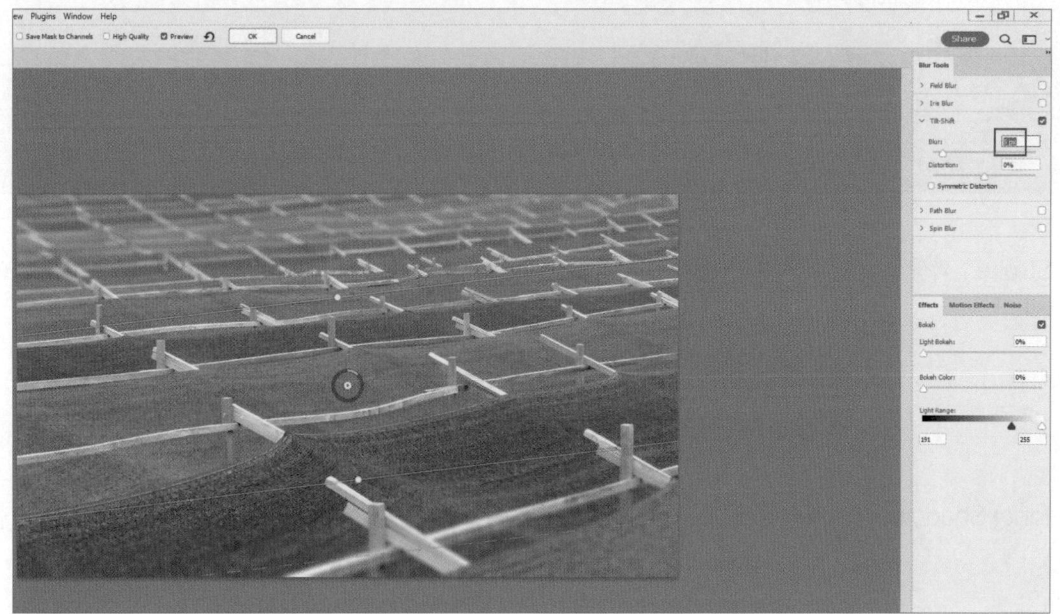

텍스트 레이어 스타일

▶ 레이어 스타일

Layer styles을 사용하여 빠르게 레이어에 효과를 적용할 수 있습니다. 또한 효과를 누적시키거나 설정을 변경하여 최종 결과물을 조절할 수 있습니다.

▶ 레이어 스타일의 종류

• No Style

No Style

• Bevel & Emboss : 레이어의 하이라이트와 그림자의 다양한 조합을 추가합니다.

Bevel & Emboss   Emboss

Outer Bevel   Pillow Emboss

Inner Bevel

• Stroke : 색상, 그라데이션 또는 패턴을 사용하여 현재 레이어의 객체 윤곽선을 그립니다. 특히 글자와 같은 단단한 모양의 경우 유용합니다.

Stroke

• Inner Shadow : 레이어의 내용 가장자리에 있는 그림자를 추가하여 레이어에 움푹 패인 모양을 지정합니다.

Inner Shadow

- Inner Glow : 레이어 내용의 내부 가장자리에서 나오는 광선을 추가합니다.

Inner Glow

- Satin : 내부에 음영을 적용하여 윤이 나는 효과를 적용합니다.

Satin

- Color Overlay : 레이어 내용을 색상으로 채웁니다.

Color Overlay

- Gradient Overlay : 레이어 내용을 그래디언트로 채웁니다.

Gradient Overlay

- Pattern Overlay : 레이어 내용을 패턴으로 채웁니다.

Pattern Overlay

- Outer Glow : 레이어 내용이 외부로 번지는 광선을 추가합니다.

Outer Glow

- Drop Shadow : 레이어의 뒤쪽으로 그림자를 추가합니다.

Drop Shadow

01 | Embossed Text 만들기

01 New Document【Ctrl+N】새문서를 만듭니다. Width(너비)1000px×Height(높이)500px, 해상도는 72로 합니다.

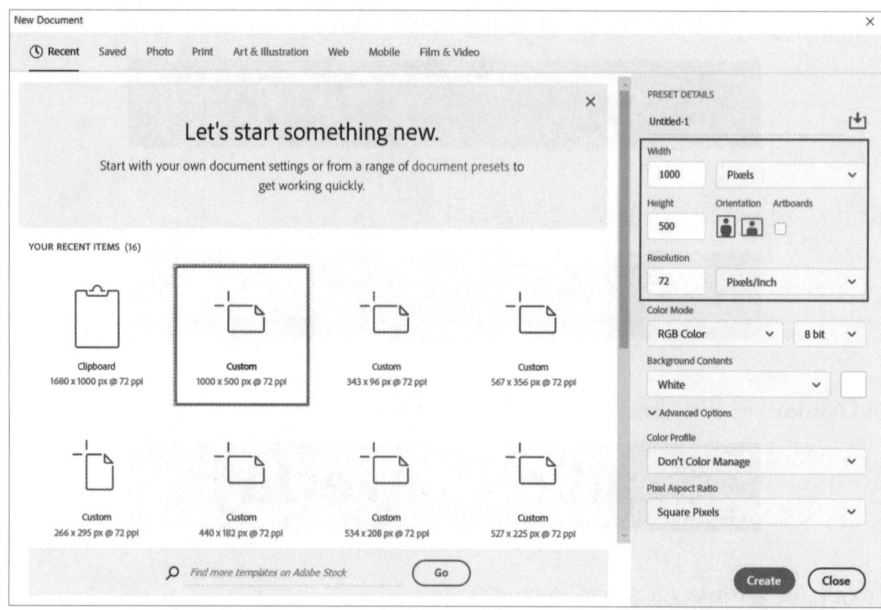

02 Foreground Color(#3c9179)를 만들고 Background Color(#60dcb9)를 만듭니다.

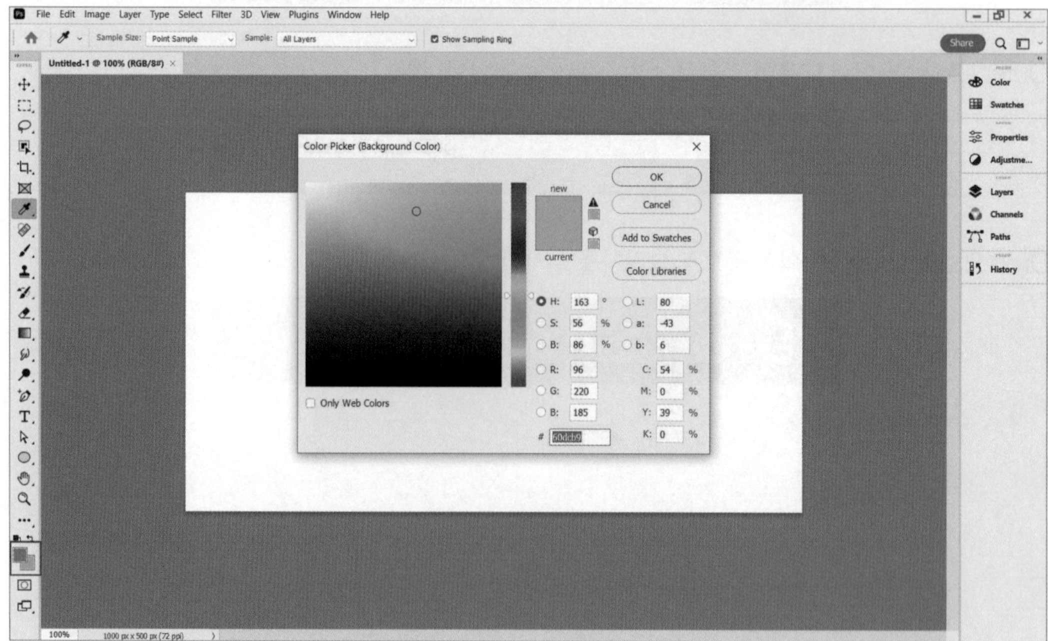

03 Gradient Tool【G】을 선택한 후 Linear Gradient로 드래그하여 아래처럼 배경색을 만듭니다.

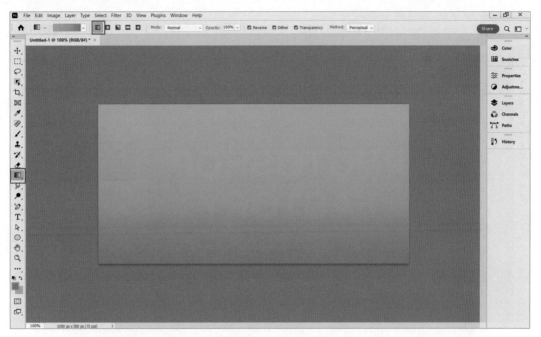

04 텍스트를 입력합니다. (Arial Bold, 120pt, 흰색, 행간 130pt)

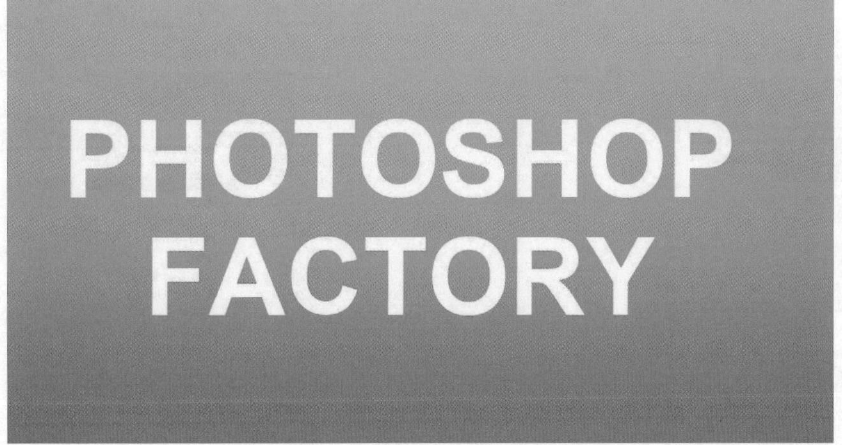

사진 편집 기술

05 Move tool【V】을 선택하고 레이어를 모두 선택한 뒤 문서의 가운데로 정렬합니다.

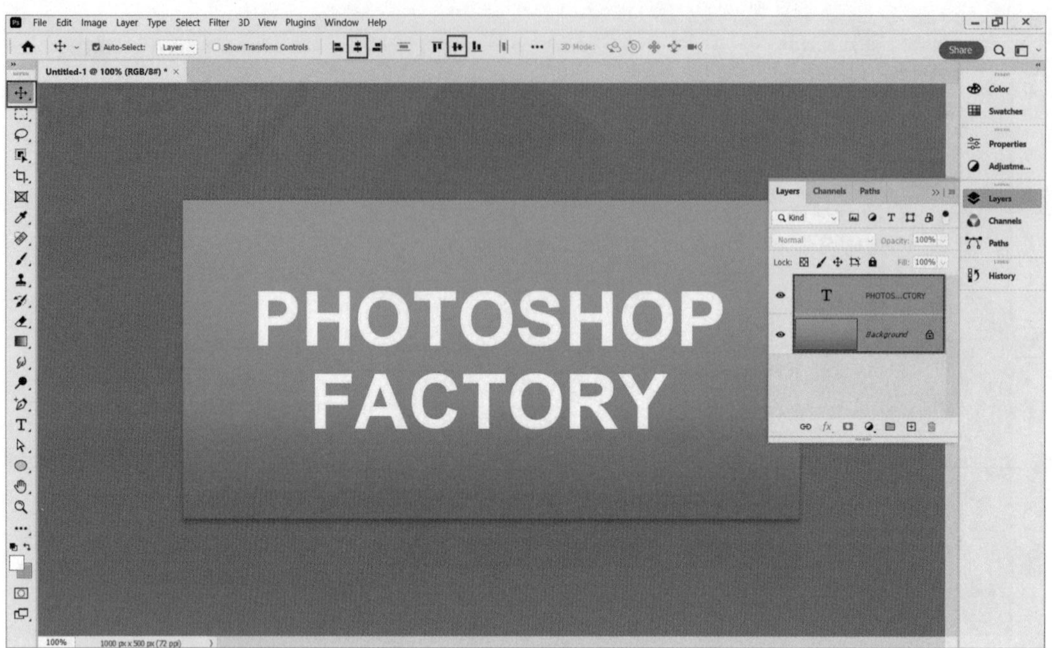

06 Layer 패널에서 텍스트 레이어의 Fill을 0%로 합니다.

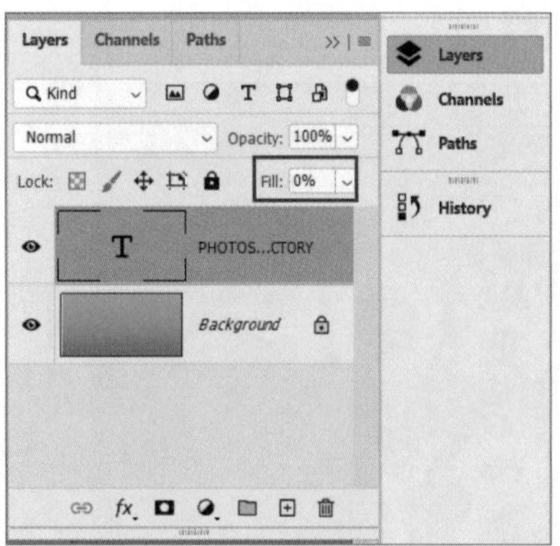

07 fx(레이어스타일 추가) 버튼을 클릭하여 Bevel and Emboss를 선택합니다.

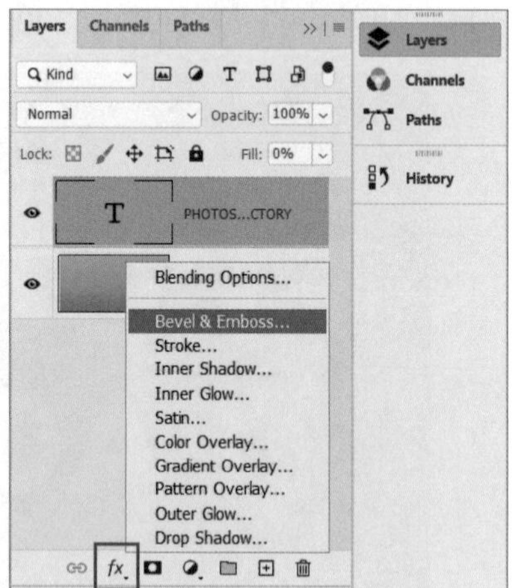

TIP

일반 레이어의 불투명도의 조절은 Opacity와 Fill이 동일합니다. 하지만 레이어에 스타일이 적용된 경우, 즉 Opacity를 50% 낮추면 레이어의 모든 것이 50%로 낮아집니다. 그러나 Fill을 50%로 낮추면 스타일을 제외한 부분만 50%로 낮아집니다. 만약 텍스트라면 텍스트는 50%로 낮아지지만 레이어 스타일은 낮아지지 않습니다.

08 Bevel and Emboss를 아래처럼 세팅합니다.

- Style: Outer Bevel
- Size: 5
- Use Global Light box 체크 해제
- Angle: 100
- Altitude: 25
- Anti-aliased box 체크합니다.
- Highlight Mode: Soft Light(Opacity: 50%)
- Shadow Mode: (Opacity: 15%)

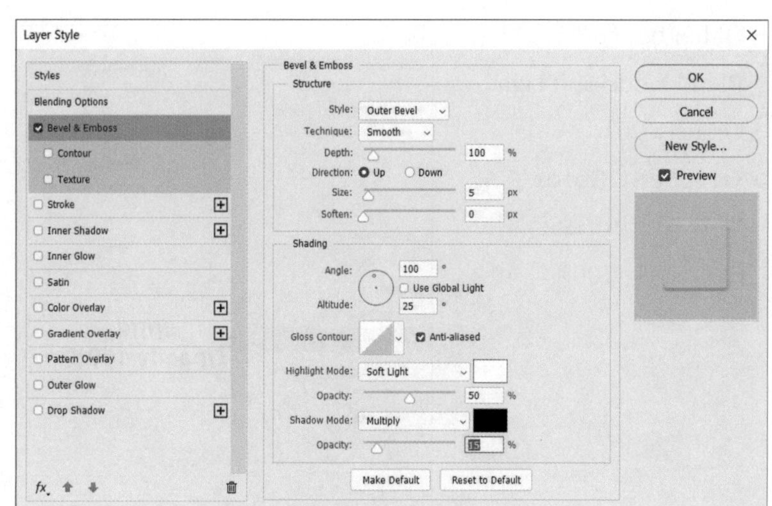

09 Inner Shadow를 아래처럼 세팅합니다.

- Blend Mode: Vivid Light
- Color: #d0d0d0
- Opacity: 50%
- Use Global Light box 체크 해제
- Angle: 90
- Distance: 1
- Size: 1

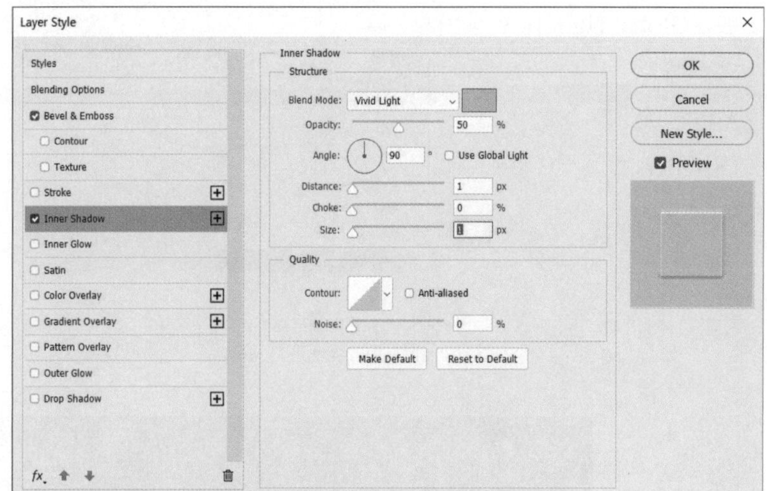

10 Gradient Overlay를 다음과 같이 세팅합니다.

- Dither box를 체크합니다.
- Blend Mode: Soft Light
- Opacity: 20%
- Gradient Color는 둘 다 흰색(#ffffff)으로 하고 Opacity는 100%와 40%로 합니다.

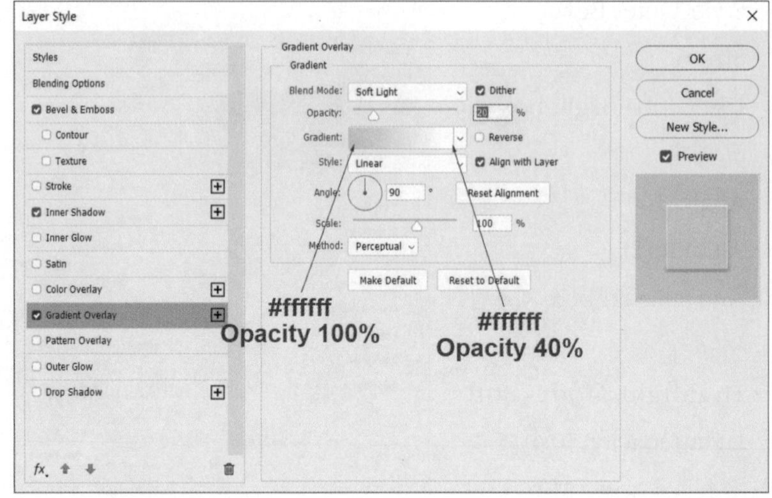

11 Drop Shadow를 아래처럼 세팅합니다.

- Blend Mode: Soft Light
- Color: #000000
- Opacity: 50%
- Use Global Light box 체크 해제
- Angle: 90
- Distance: 7
- Size: 10

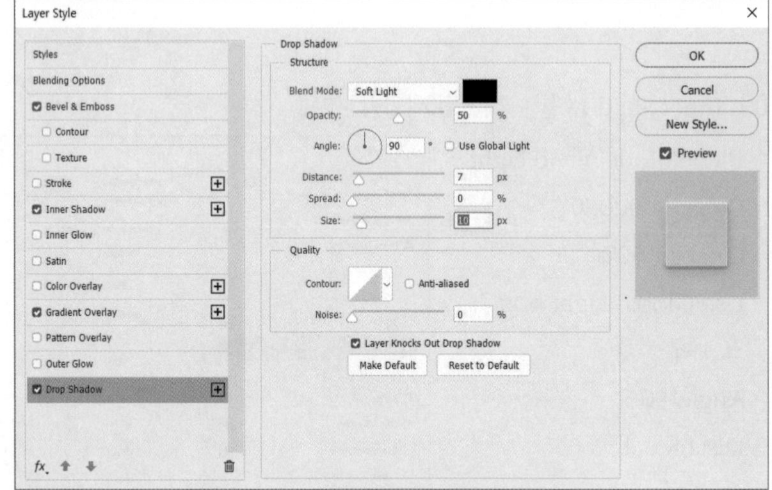

Unit 13

패스

▶ 패스 관련 용어와 패스 패널 알아보기

01 Pen tool 【P】을 활용하여 아래처럼 그린 후 용어를 살펴봅니다.

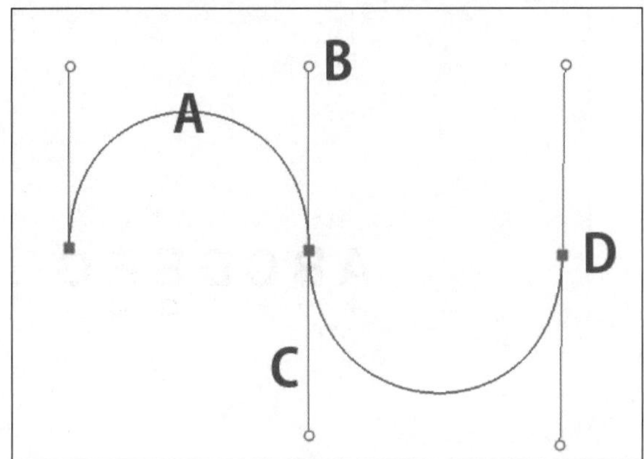

A. 곡선 (Curved line segment)
B. 방향점 (Direction point)
C. 방향선 (Direction line)
D. 선택한 기준점 (Selected Anchor point)

02 Direct Selection tool 【A】을 선택하고 Alt를 누른 채 Direction point를 위로 올립니다.

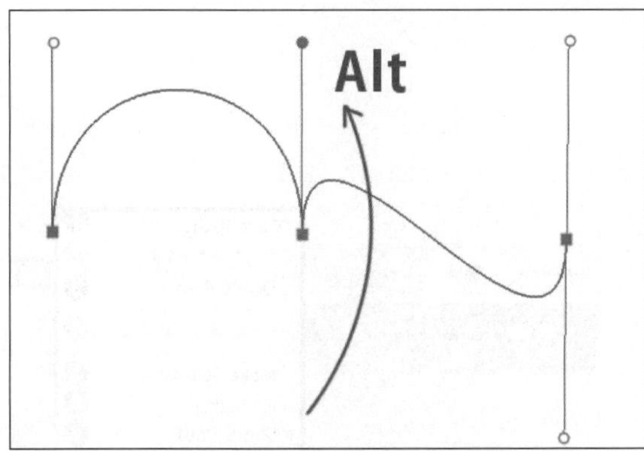

03 Direction point를 위로 올립니다.

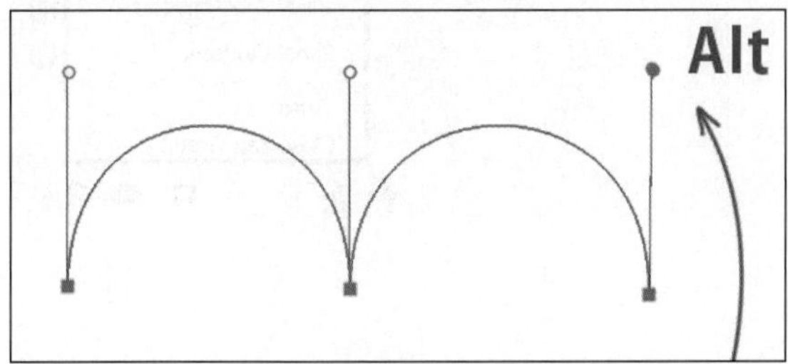

04 패스를 선택한 후 아래의 두 도구를 이용하여 활용할 수 있습니다.

Path Selection tool(패스 선택 툴) : 패스를 선택한 후 크기, 회전, 이동 등을 할 수 있습니다.

Direct Selection tool(직접 선택 툴) : 앵커 포인트를 삭제하거나 이동, 전환 등을 할 수 있습니다.

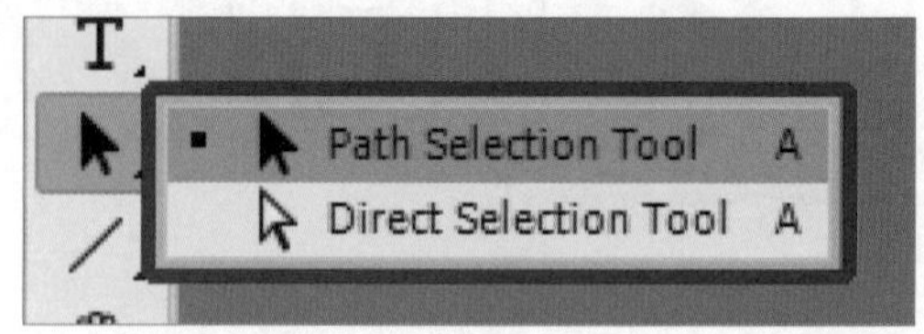

05 Path 패널 하단의 아이콘

A : Fill path with Foreground color 전경색을 패스에 채웁니다.

B : Stroke path with Brush 브러시를 패스에 테두리로 적용합니다.

C : Load path as Selection 패스를 선택 영역으로 로딩합니다.

D : Make work path from Selection 선택 영역을 패스로 만듭니다.

E : Add layer Mask 마스크를 추가합니다.

F : New Path 새로운 패스를 만듭니다.

G : Delete Path 패스를 삭제합니다.

06 Path 패널의 보조 메뉴에 다양한 기능이 있습니다.

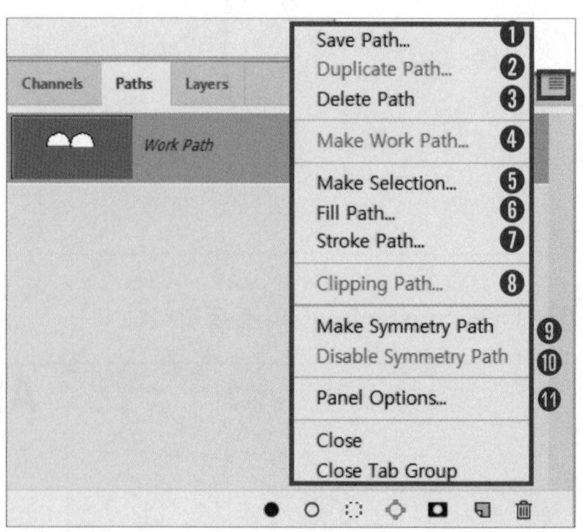

❶ New Path / Save Path : 새로운 패스를 만들거나 패스를 저장합니다.

❷ Duplicate Path : 패스를 복제하는 기능입니다.

❸ Delete Path : 패스를 삭제합니다.

❹ Make Work Path : 선택 영역을 Work Path로 전환합니다. Tolerance(허용 치수)는 0.5~10 사이이며 수치가 낮을수록 테두리가 부드럽게 만들어집니다. 패널 아래쪽의 Make Work Path from Selection 아이콘과 동일한 기능입니다.

❺ Make Selection : 패스를 선택 영역으로 전환하는 기능

❻ Fill Path : 패스 내부에 색상을 채우는 기능

❼ Stroke Path : 패스의 외곽에 Foreground color를 이용한 선을 만드는 기능

❽ Clipping Path : 이미지의 일부분만 보이게 할 수 있는 기능으로 편집 디자인(예: 인디자인의 텍스트 감싸기)하는 경우에 유용합니다. 수치는 0.2로 합니다.

❾ Make Symmetry Path : 대칭 패스 만들기

❿ Disable Symmetry Path : 대칭 패스 비활성화하기

⓫ Panel Options : 섬네일 크기를 지정합니다.

▶ 펜툴의 종류

- Pen tool【P】
- Pen tool : 펜툴을 이용하여 직선, 곡선 그리고 형태를 그릴 수 있습니다.
- Freeform Pen tool : 자동적으로 앵커포인트가 추가되면서 Shape를 그릴 수 있습니다.
- Curvature Pen tool : 곡률을 그릴 때 패스를 보다 빠르고 쉽게 그릴 수 있습니다.

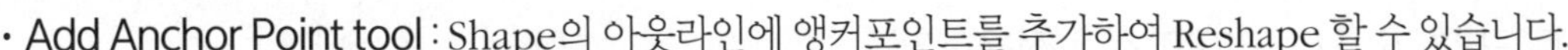

- Add Anchor Point tool : Shape의 아웃라인에 앵커포인트를 추가하여 Reshape 할 수 있습니다.
- Delete Anchor Point tool : 앵커포인트를 Remove합니다.
- Convert Point tool : Corner의 앵커포인트를 전환할 수 있습니다.

▶ 펜툴의 이해

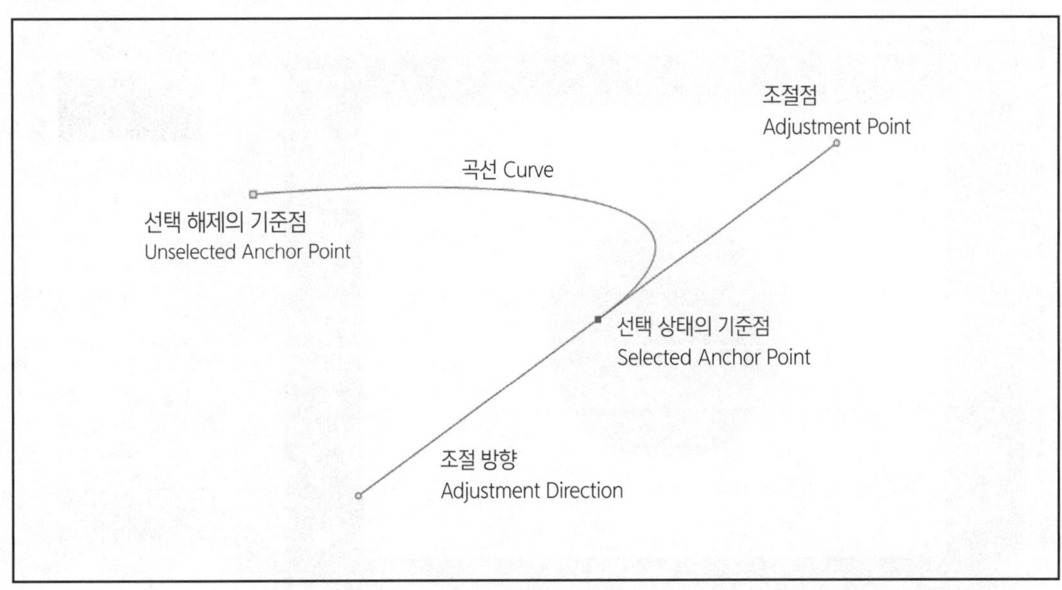

Inactive : 펜 아래의 별표는 그리기 시작할 때 새로운 경로를 시작한다는 의미입니다.

Awaken : 경로의 끝부분으로 마우스를 가져갔을 때 패스를 이을 수 있습니다.

Active : 새로운 포인트를 추가할 수 있습니다.

Connect : 두 개의 분리된 경로를 연결합니다.

Delete : 패스에 앵커포인트를 삭제합니다.

Close : 경로를 닫습니다.

Convert : 앵커포인트 좌우의 곡선을 직선으로 또는 직선을 곡선으로 변환합니다.

Insert : 패스에 앵커포인트를 추가할 수 있습니다.

▶ 하트 모양 그리고 클리핑마스크 적용하기

01 New Document【Ctrl+N】 ⇨ Default Photoshop Size로 새 문서를 만듭니다.

02 Ellipse tool【U】을 선택한 뒤 상단의 옵션바에서 Shape를 선택합니다. Shift를 누른 상태에서 원을 그립니다. 새 레이어가 생성됩니다.

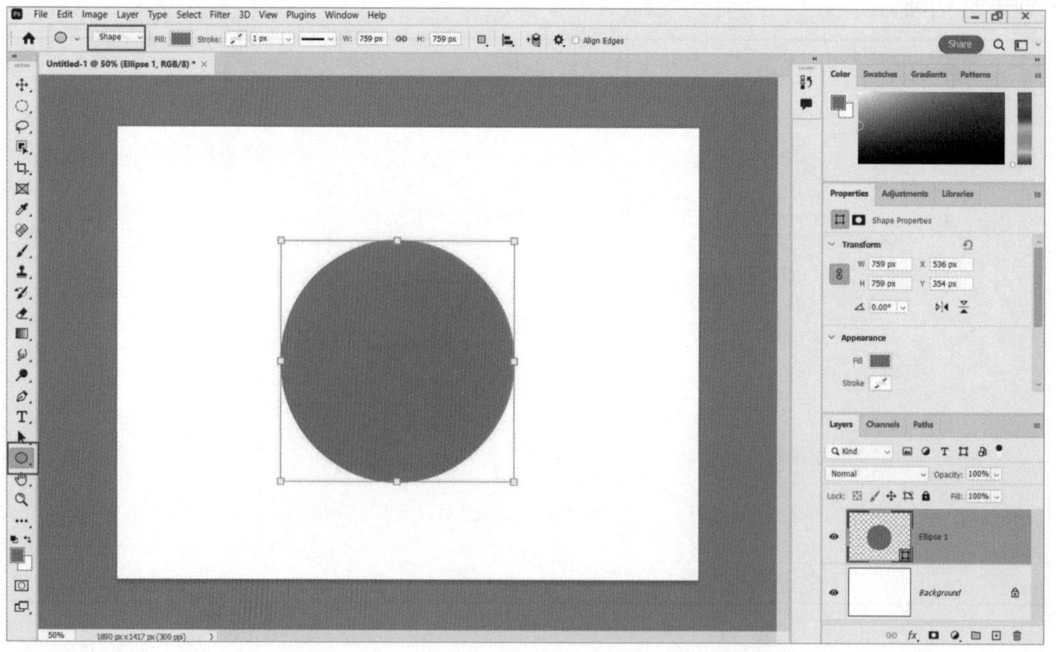

03 Direct Selection tool【A】을 선택합니다.

T I P

Direct Selection tool(직접선택툴)을 사용하여 패스나 포인트를 확인하거나 삭제, 이동하는데 사용합니다.

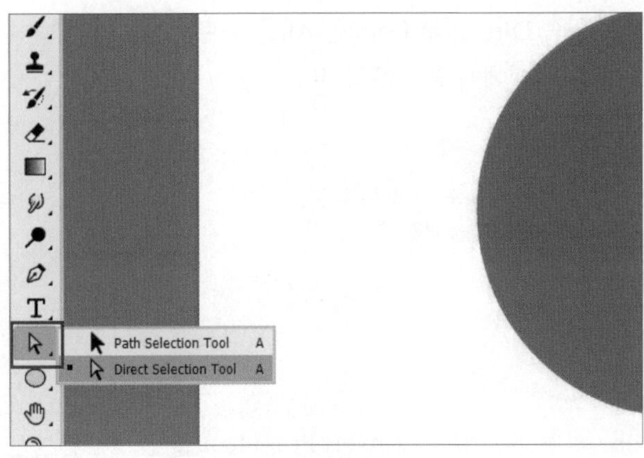

04 윗부분을 드래그하면 좌표를 찾을 수 있습니다.

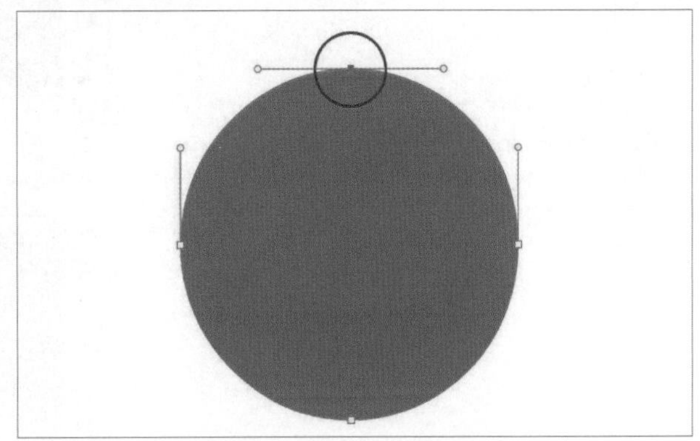

05 Shift를 누른 상태로 아래로 이동합니다.

T I P

Shift를 누른 채 이동하면 10px씩 이동됩니다.

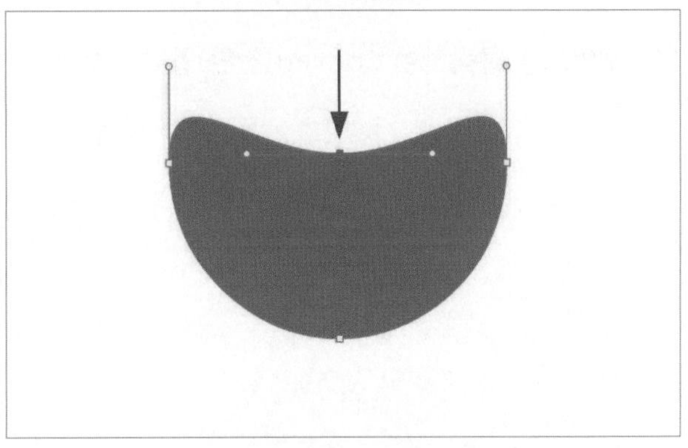

06 Alt를 누른 상태에서 Direction Point를 위쪽으로 올려 형태를 만듭니다.

T I P

만약 Alt를 누르지 않은 상태에서 Direction Point를 움직이게 되면 반대편의 포인트도 함께 움직입니다.

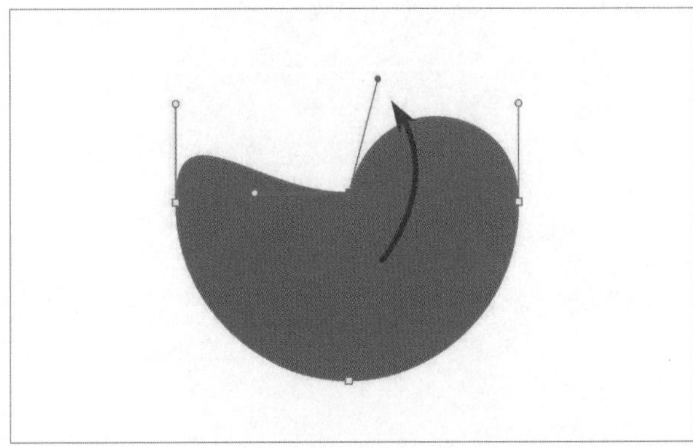

사진 편집 기술

07 왼쪽 Direction Point는 Alt를 누르지 않은 상태에서 위로 올립니다.

> **T I P**
>
> 가급적 동일한 각도가 되도록 하여 하트의 윗부분을 만듭니다.

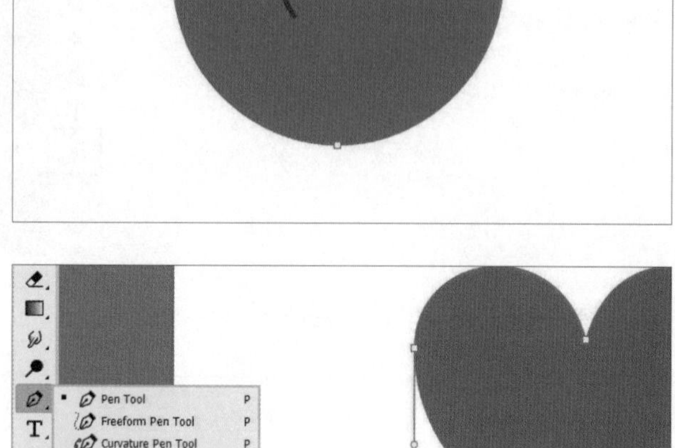

08 펜툴 속에 있는 Convert Point tool을 선택합니다.

> **T I P**
>
> Convert Point tool은 곡선을 직선으로 또는 직선을 곡선으로 전환할 때 사용합니다.

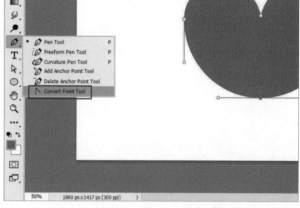

09 포인트를 클릭하여 Convert(전환)합니다.

10 Edit ⇨ Free Transform 【Ctrl+T】 크기를 조절할 수 있는 바운딩박스가 보입니다.

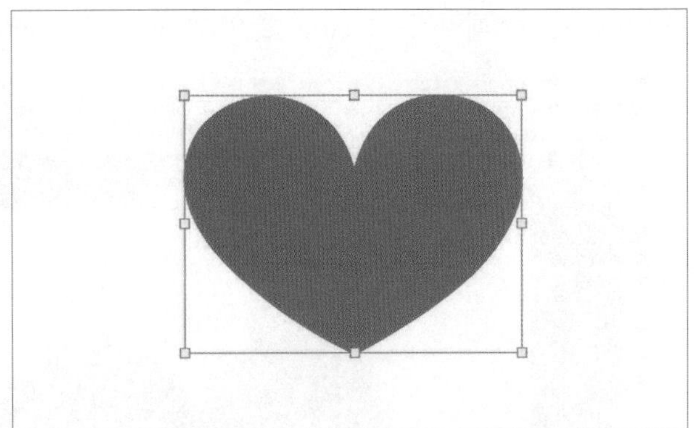

11 Alt를 누른 채 모서리를 당겨서 크기를 크게 조절합니다.

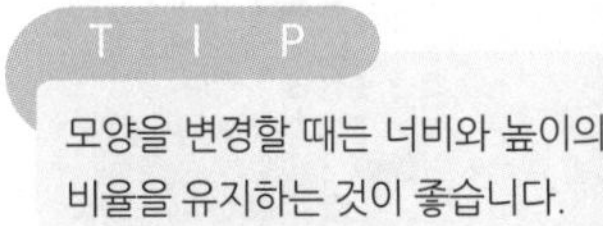

T I P
모양을 변경할 때는 너비와 높이의
비율을 유지하는 것이 좋습니다.

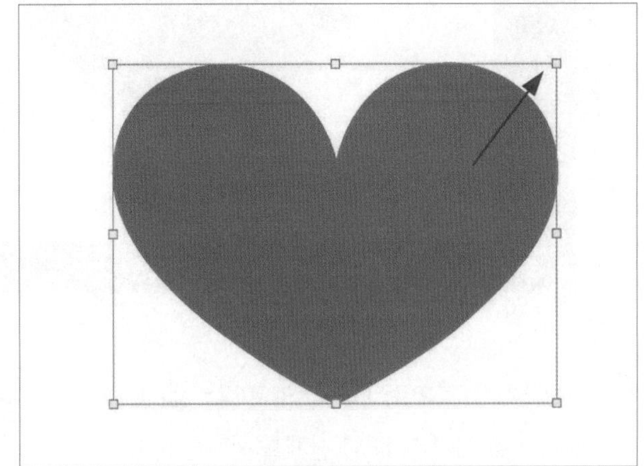

12 마음에 드는 크기가 되었습니다.

13 Properties 패널에서 Feather를 약 20px 정도로 조절하여 경계 부분을 부드럽게 합니다.

14 unit 13_src 1.jpg 파일을 Open합니다.

15 Select ⇨ All 【Ctrl+A】 전체를 선택합니다.

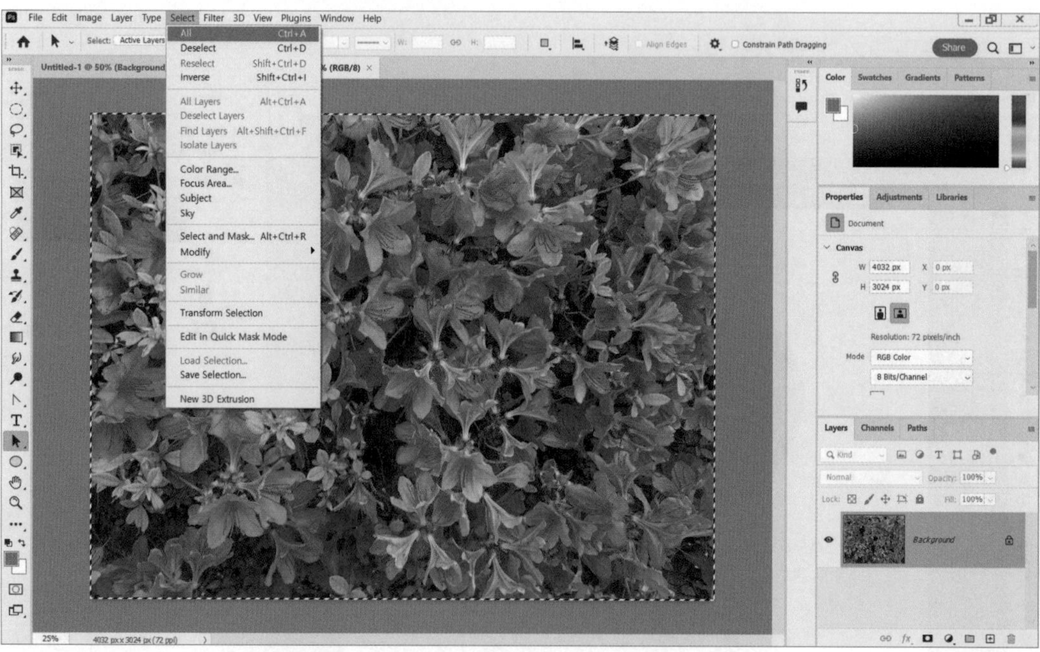

16 Edit ⇨ Copy 【Ctrl+C】 복사합니다.

17 Edit ⇨ Paste 【Ctrl+V】 하트 문서에 붙입니다.

18 Layer ⇨ Clipping Mask【Alt+Ctrl+G】를 선택합니다. 클리핑마스크는 레이어의 일부를 숨기거나 보이게 하는 기능입니다. 위의 레이어를 Masking(마스킹)할 수 있습니다.

19 레이어에 Clipping Mask를 적용하는 또 다른 방법은 두 개 레이어를 나누는 선을, Alt를 누른 채 클릭하여 적용할 수도 있습니다.

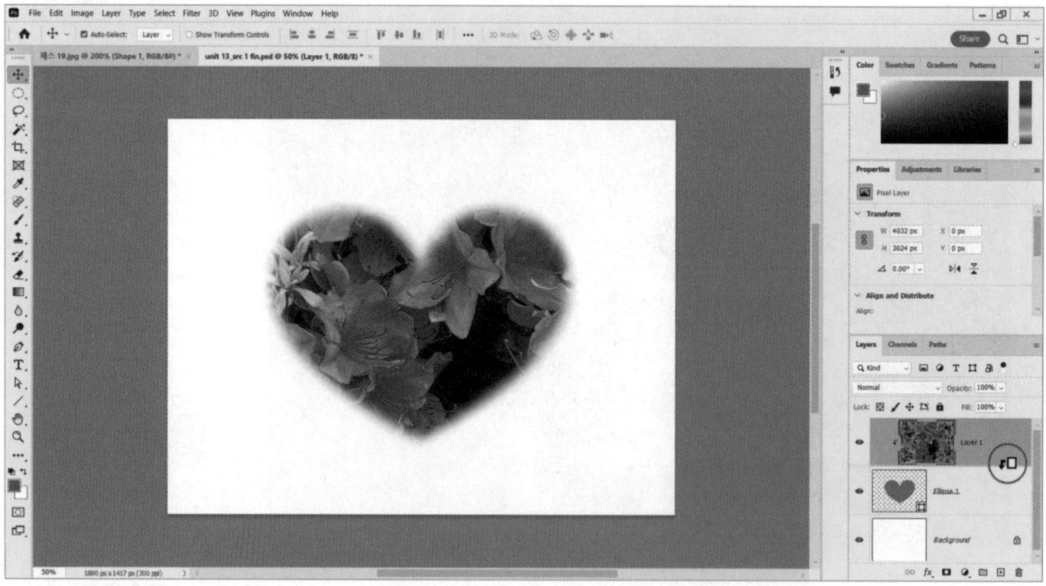

Unit 14

혼합 모드

▶ 블랜드 모드의 종류

· 그룹별로 이해하기(Blend Group) · 블랜드 모드 단축키(Blend Mode Shortcut)

레이어 패널에서 블랜드 모드를 변경하고자 할 때 【Shift+ +(Plus)】 또는 【Shift+ -(Minus)】를 눌러 순환하여 선택할 수 있습니다. 또는 마우스를 블랜드 이름 위로 올리고 위 아래로 이동하면서 효과를 확인할 수 있습니다.

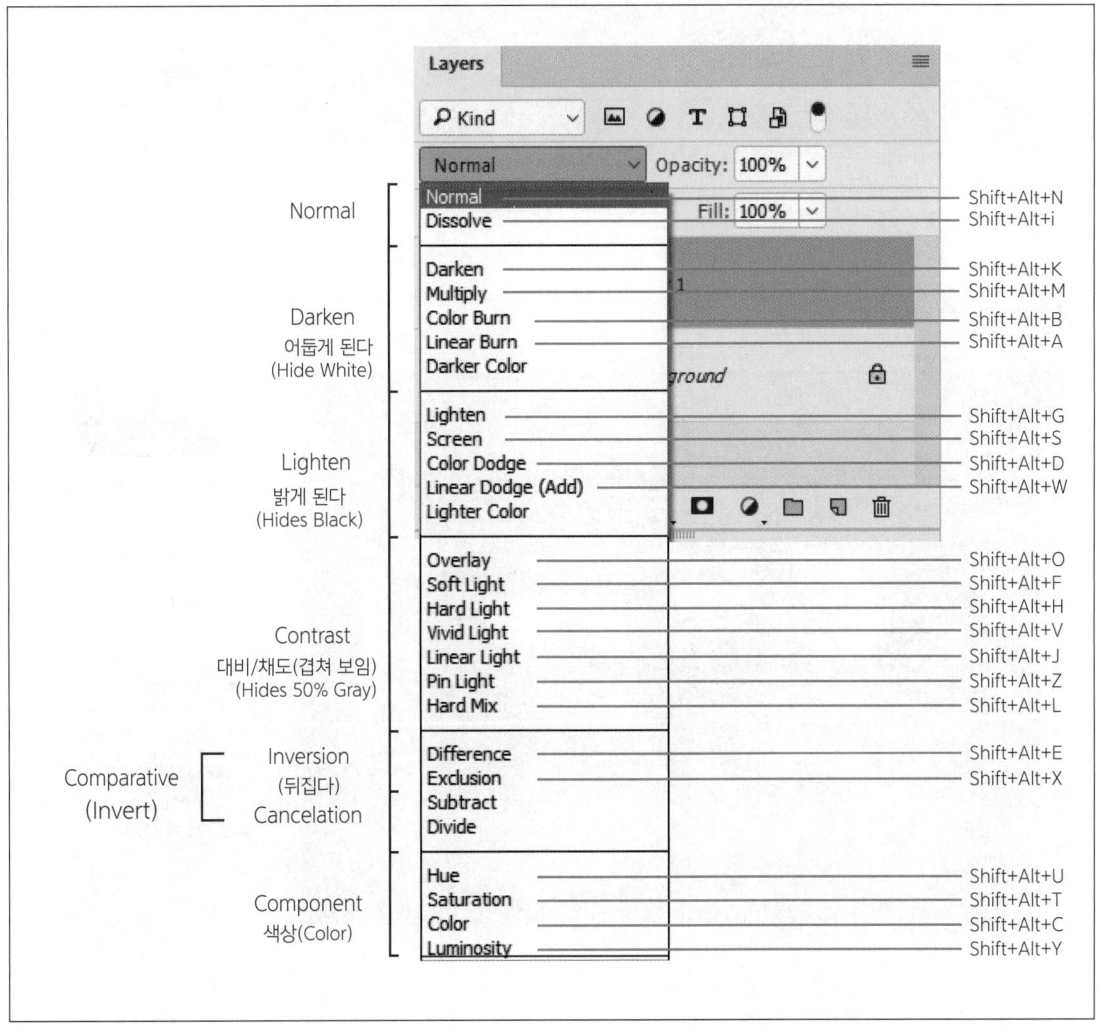

▶ 블랜드 모드 살펴보기

01 unit 14_src 1.jpg, unit 14_src 2.jpg 파일을 Open합니다.

02 unit 14_src 2.jpg를 복사하여 unit 14_src 1.jpg 파일 위에 배치합니다.

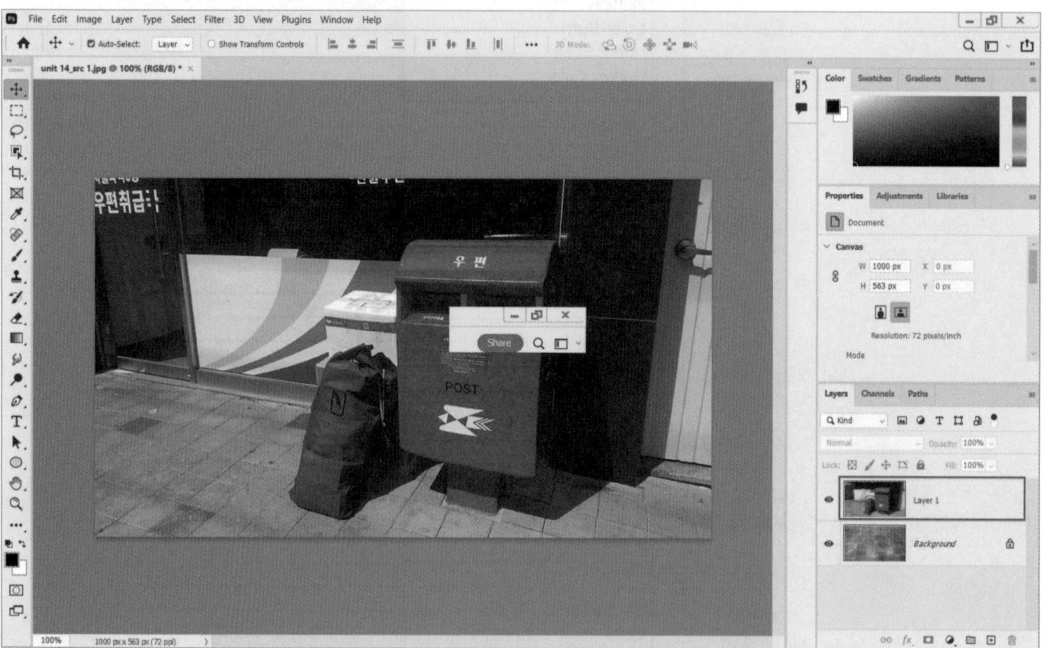

▼ Normal – 일반 상태

01 NORMAL - 일반모드라고 합니다.

02 DISSOLVE - '해산하다'라는 뜻으로 픽셀 모양의 사각형 점으로 분해해 표시합니다. Opacity 값을 조정해야 효과가 보입니다.

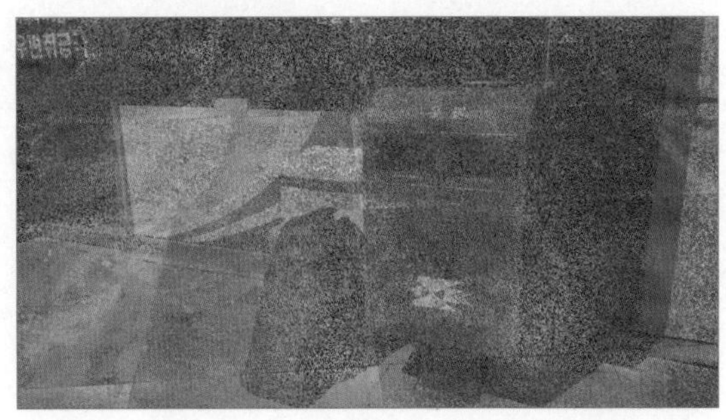

▼ Darken – 어둡게 하기(Hide White)

03 DARKEN - 어두운 부분의 색상이 부각되어 어둡게 합성합니다.

04 MULTIPLY - 곱하기라는 뜻으로 색상을 곱하여 표시합니다. 즉 어두운 색은 더욱 어두워지며 100% 흰색은 아무런 변화가 없습니다.

05 COLOR BURN - 번틀을 사용한 것처럼 어둡게 표시됩니다.

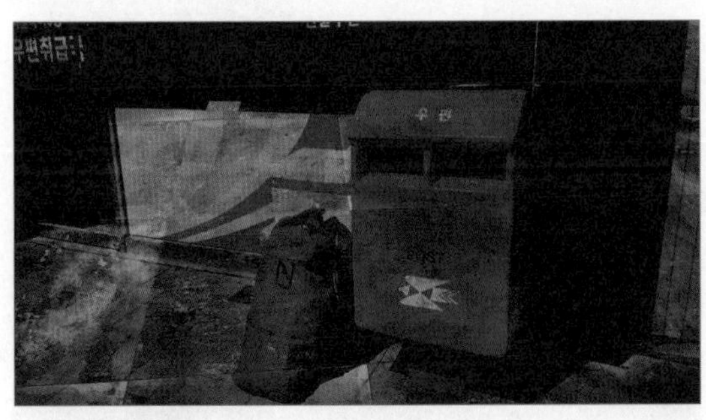

06 LINEAR BURN - 어두운 색을 부각시켜 밝은 부분을 감소시킵니다.

07 DARKER COLOR - 혼합 색상과 기본 색상에 대한 모든 채널 값을 비교해 더 낮은 값의 색상을 표시합니다.

▼ Lighten - 밝게 하기(Hides Black)

08 LIGHTEN - 밝은 부분을 더욱 부각시켜 전체적으로 밝아집니다.

09 SCREEN - Hide Black의 의미로 결과 색상은 항상 더 밝은 색상이 됩니다.

10 COLOR DODGE - 닷지 툴을 사용한 것처럼 밝아집니다.

11 LINEAR DODGE - 전체적으로 고르게 밝게 표현됩니다.

▼ Contrast - 대비/채도(Hide 50% Gray)

12 OVERLAY - Multiply나 Screen 모드를 합쳐 놓은 것같은 느낌으로 가장 어두운 곳과 밝은 곳은 변함이 없습니다.

13 SOFT LIGHT - 빛이 확산되어 부드럽게 표현됩니다.

14 HARD LIGHT - 밝은 부분은 Screen 모드가 적용되어 밝아지며 어두운 부분은 Multiply 모드가 적용되어 어둡게 됩니다. 따라서 강력한 조명을 이용해 표현한 것같이 합성됩니다.

15 VIVID LIGHT - 더욱 강렬한 빛(조명) 효과를 만듭니다.

16 LINEAR LIGHT - 밝은 부분은 더욱 밝고 어두운 부분은 더욱 어두워집니다.

17 PIN LIGHT - 전체적으로 밝아집니다.

18 HARD MIX - 거칠게 합성합니다.

▼ Invert – 반전

19 DIFFERENCE – 위에 겹친 레이어의 어두운 부분은 아래쪽 겹친 레이어를 반전시켜 보색으로 표현하고 이미지가 보색관계로 대치되어 합성됩니다.

20 EXCLUSION – 보색대비 합성

▼ Component – 색상(Color)

21 HUE – 아래에 겹친 레이어 이미지의 채도와 명도가 위에 겹친 레이어의 색상에만 반영되어 합성됩니다.

22 SATURATION – 위에 겹친 레이어의 채도에만 반영되어 합성됩니다.

23 COLOR – 아래에 겹친 레이어 이미지의 명도가 위의 겹친 레이어의 색상 및 채도에 반영되어 합성됩니다.

24 LUMINOSITY – 아래의 겹친 레이어 이미지의 색상과 채도가 위에 겹친 레이어의 명도에 반영되어 합성됩니다.

01 | Screen - 밝게 합성하기

01 unit 14_src 3.jpg, 파일을 Open합니다.

02 Layer via Copy 【Ctrl+J】 레이어를 복사합니다.

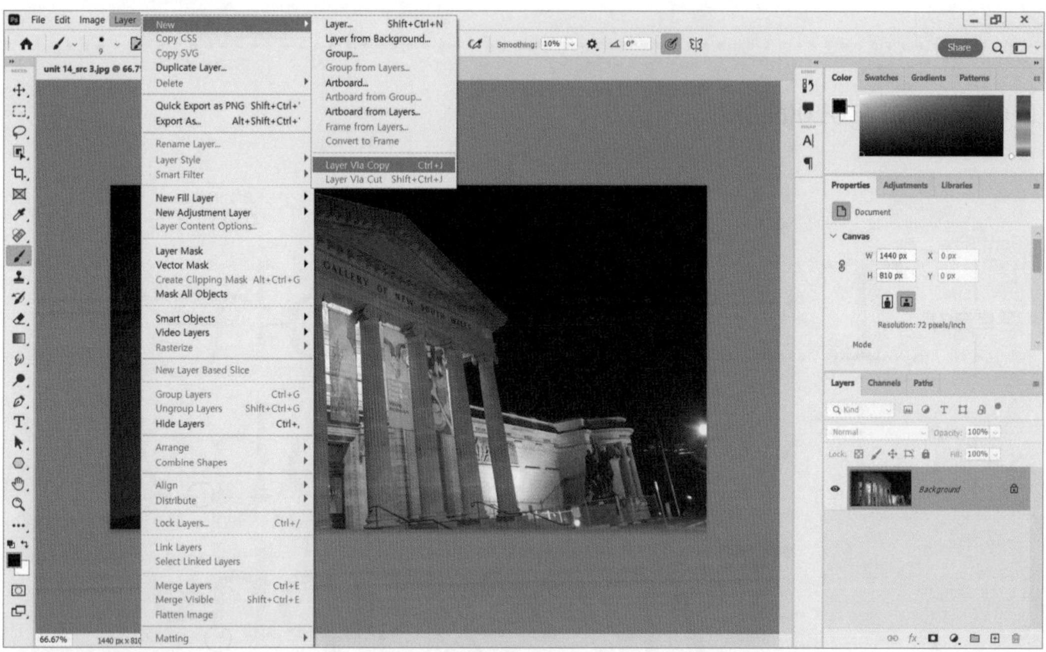

03 복사한 레이어를 선택한 상태에서 Blend Mode를 Screen으로 변경합니다. 검은색을 감소시켜 전체적으로 밝게 합성됩니다.

Unit 15

타이포그래피

▶ 타이포그래피 용어 이해하기

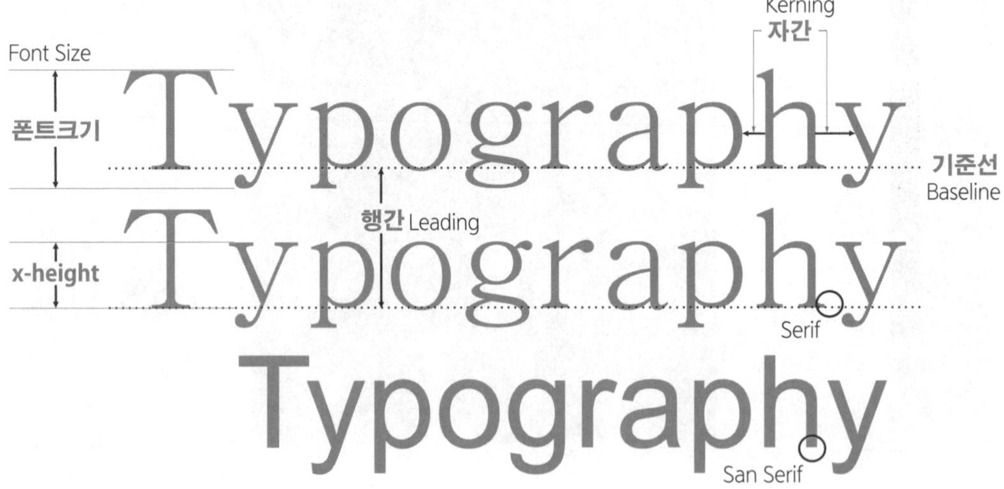

01 | Character (문자) 패널

01 Font Family, Font Style

글자체는 'Font Family'라고 합니다. 글자체를 변경하는 경우 문서의 텍스트 레이어를 먼저 블럭 설정합니다. 그리고 Font Family도 함께 블럭 설정하고 방향키를 위, 아래로 바꾸어 폰트를 변경할 수 있습니다. 캐릭터 1~캐릭터 7까지 변경한 이미지입니다.

02 Font Size - 폰트 크기

폰트의 크기를 단축키로 변경할 수 있습니다.

- 폰트의 크기를 크게 하기【Shift+Ctrl+>】
- 폰트의 크기를 작게 하기【Shift+Ctrl+<】

Arial Bold 49pt **Mack Kim**

Mack Kim

03 Leading - 행간 조정하기

행간을 조절하려면 블럭 설정 후【Alt+방향키 위, 아래】로 조절할 수 있습니다.

Leading 48pt **Mack Kim**
Mack Kim

04 Kerning - 글자와 글자 사이의 자간

반드시 커서를 글자 안에 위치하게 한 후에 자간을 좁히고 싶은 경우【Alt+방향키 왼쪽】으로 자간을 넓히고 싶은 경우에【Alt+방향키 오른쪽】을 수차례 클릭하여 글자와 글자 간의 자간을 조절할 수 있습니다.

Kerning 260 **Mack K im**

05 Tracking - 글자 전체의 자간

텍스트 레이어 전체를 블럭 설정한 후에 전체 자간을 넓히고 싶으면 【Alt+방향키 오른쪽】으로 전체 자간을 좁히고 싶으면 【Alt+방향키 왼쪽】을 수차례 클릭하여 전체 블럭 설정한 글자의 자간을 조절할 수 있습니다.

Tracking 100 Mack Kim

06 Vertical Scale - 수직 방향으로 크기를 크게

수직으로 긴 형태의 글자 모양을 만들 수 있습니다.

Vertical scale Mack Kim

07 Horizontal Scale - 수평 방향으로 크게

수평으로 긴 형태의 글자 모양을 만들 수 있습니다.

Horizontal Scale Mack Kim

08 Baseline Shift - 기준선 이동하기

블럭 설정한 텍스트를 【Alt+Shift】을 누른 채 방향키를 위쪽이나 아래방향으로 수차례 클릭하여 위로 올리거나 아래로 내릴 수 있습니다.

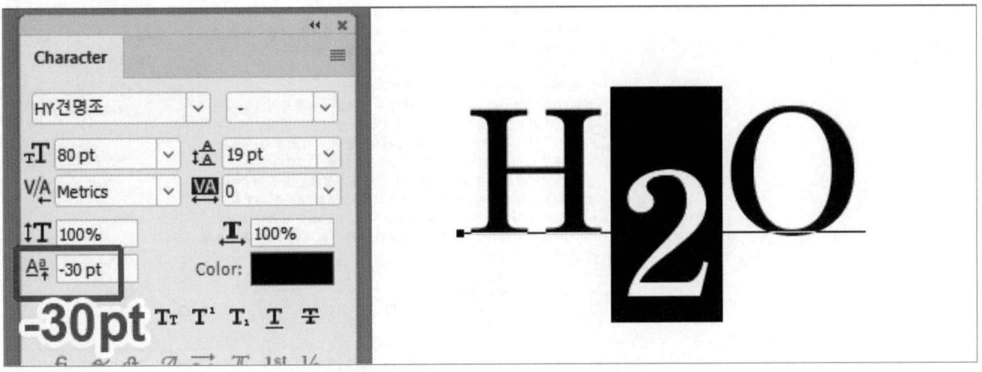

09 Faux Style

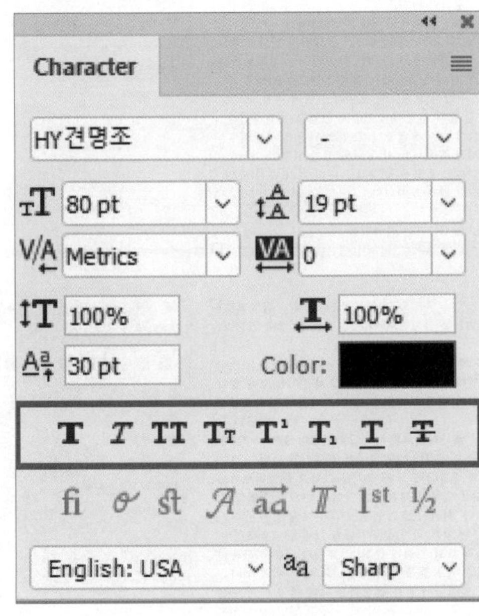

- Faux Bold : 굵게
- Faux Italic : 이탤릭체(기울여짐)
- Uppercase : 영문 소문자를 대문자 크기의 대문자로 변경
- Small Caps : 영문 소문자를 소문자 크기의 대문자로 변경
- Superscript : 윗 첨자
- Subscript : 아래 첨자
- Underline : 밑줄
- Strikethrough : 크로스 선

02 | Paragraph (단락) 패널

01 Left Align Text - 왼쪽 정렬하기

Text Box 안의 내용을 블럭 설정한 후 왼쪽 정렬【Ctrl+Shift+L】할 수 있습니다.

02 Center Text - 가운데 정렬하기

Text Box 안의 내용을 블럭 설정하거나 또는 Horizontal Type tool【T】을 Text Box 안에 넣은 상태에서 ⇨ 가운데 정렬【Ctrl+Shift+C】할 수 있습니다

03 Right Align Text - 오른쪽 정렬하기

Text Box 안의 내용을 블럭 설정한 후 오른쪽 정렬【Ctrl+Shift+R】할 수 있습니다.

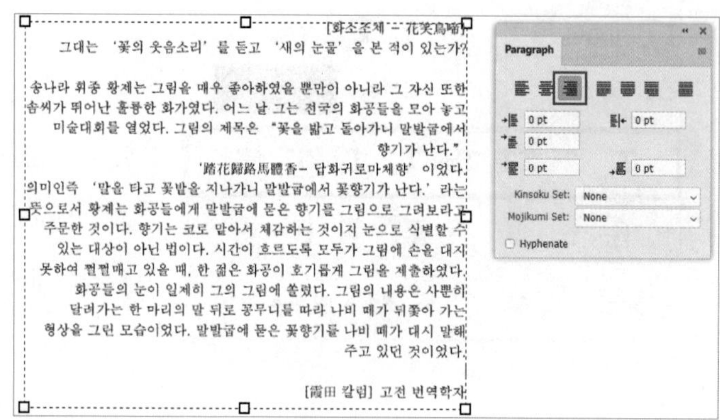

04 Justify Last Left - 왼쪽으로 행의 끝을 맞추기

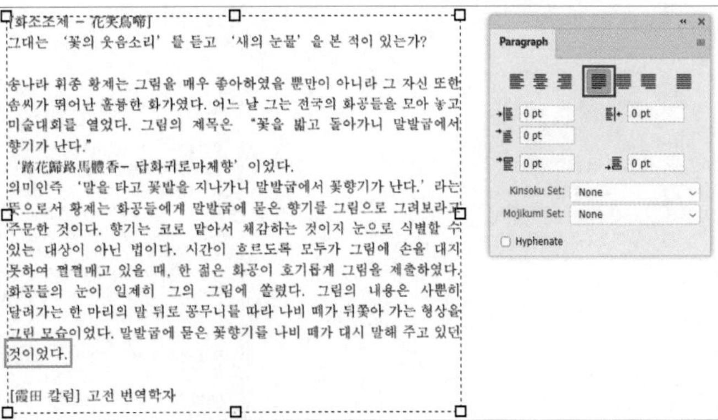

05 Justify Last Centered - 가운데로 행의 끝을 맞추기

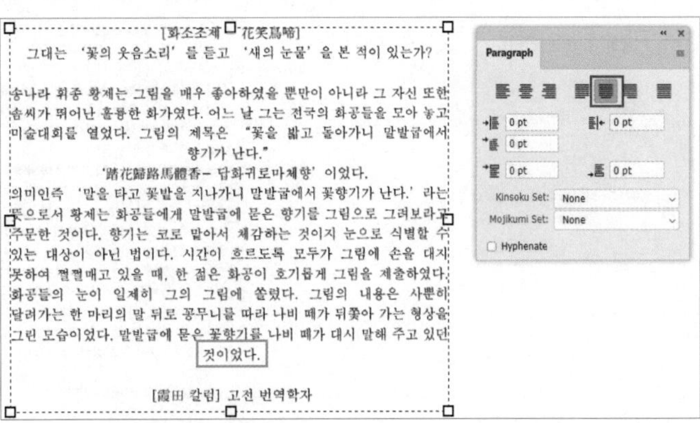

06 Justify Last Right - 오른쪽으로 행의 끝을 맞추기

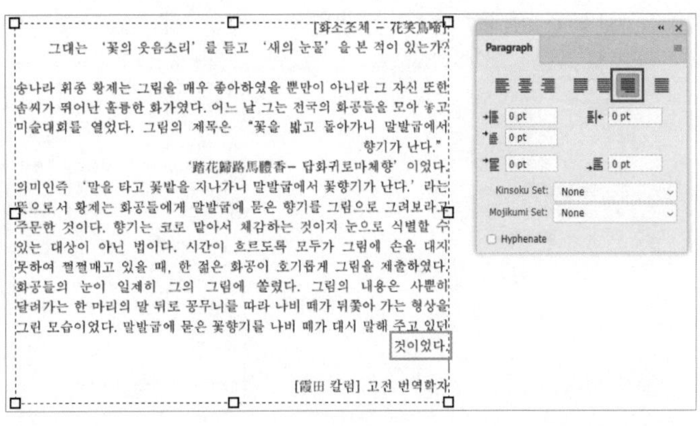

07 Justify All - 행 전체로 맞추기

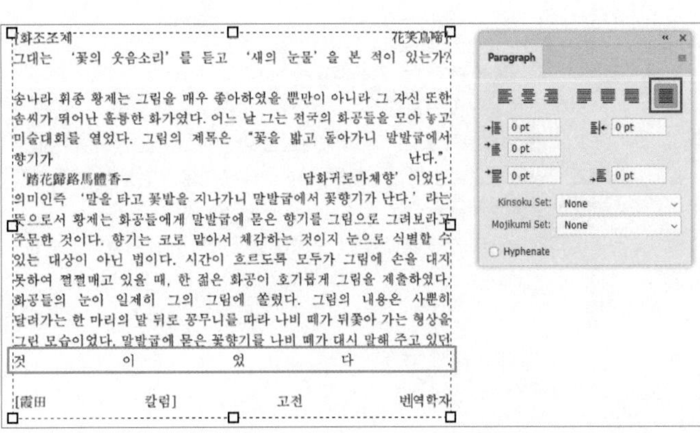

08 Left Indent - 왼쪽 들여쓰기

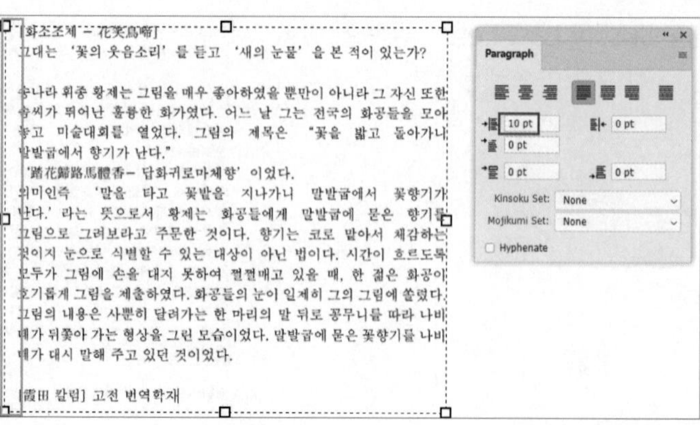

09 Right Indent - 오른쪽 들여쓰기

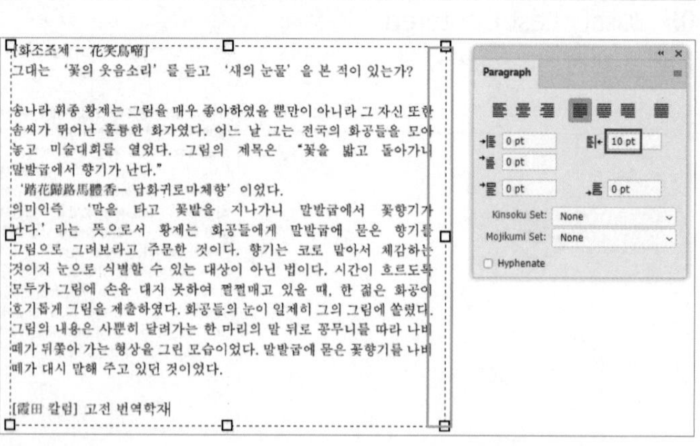

10 First line left Indent - 첫행 왼쪽 들여쓰기

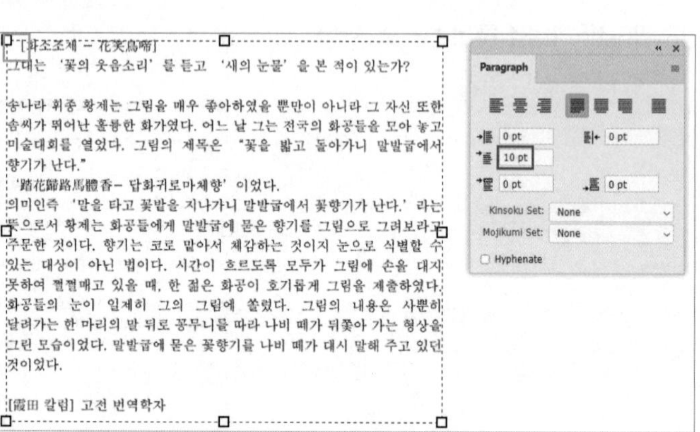

TIP

보다 나은 문단의 구조를 작성하려면?

1. 첫 문장에 주제를 넣어 독자로 하여금 어떤 내용이 있을지에 대한 정보를 제공합니다.
2. 단락의 중간에는 이전 단락의 후속 정보나 핵심 문장을 통해 독자가 상상하는데 도움을 주는 것이 좋습니다.
3. 새로운 주제를 시작할 때는 단락을 구분하는 것이 좋습니다.
4. 그리드 레이아웃에서 많이 사용하는 황금비율 등을 활용하면 아름다운 화면 공간을 나눌 수 있습니다.

03 | Variable Text 가변 글꼴

01 unit 15_src1.jpg를 Open합니다.

02 Horizontal Type tool【T】을 선택하고 옵션바에서 Character 패널을 클릭하여 보이도록 합니다.

03 입력란에 'var'을 입력합니다. (var=Variable, 가변 글꼴)

04 원하는 폰트를 선택합니다.

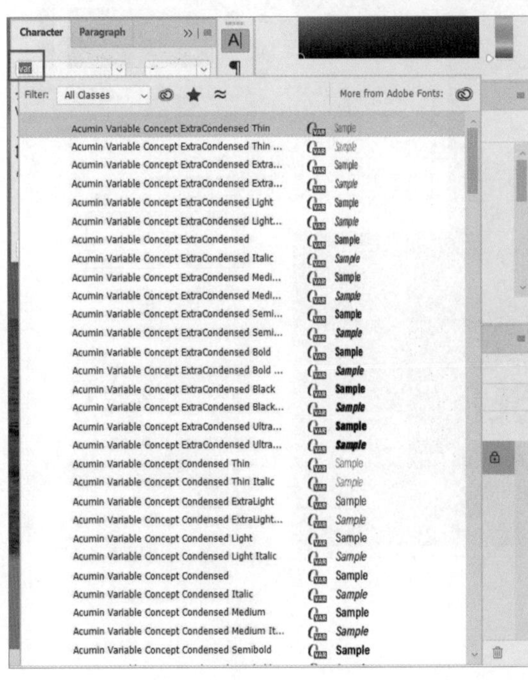

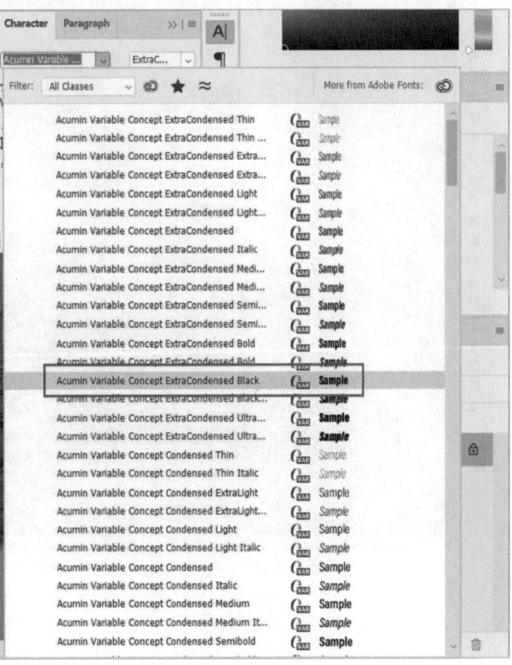

05 Font size는 300pt로 하고 Font Color는 흰색으로 정한 후 적절한 위치에 텍스트를 입력합니다.

06 Properties 패널에 Weight, Width, Slant 항목의 수치를 변경하면 글꼴을 변경할 수 있습니다.

07 Weight(무게)는 900, Width(너비)는 90으로 Slant(기울어진 정도)는 12로 변경합니다.

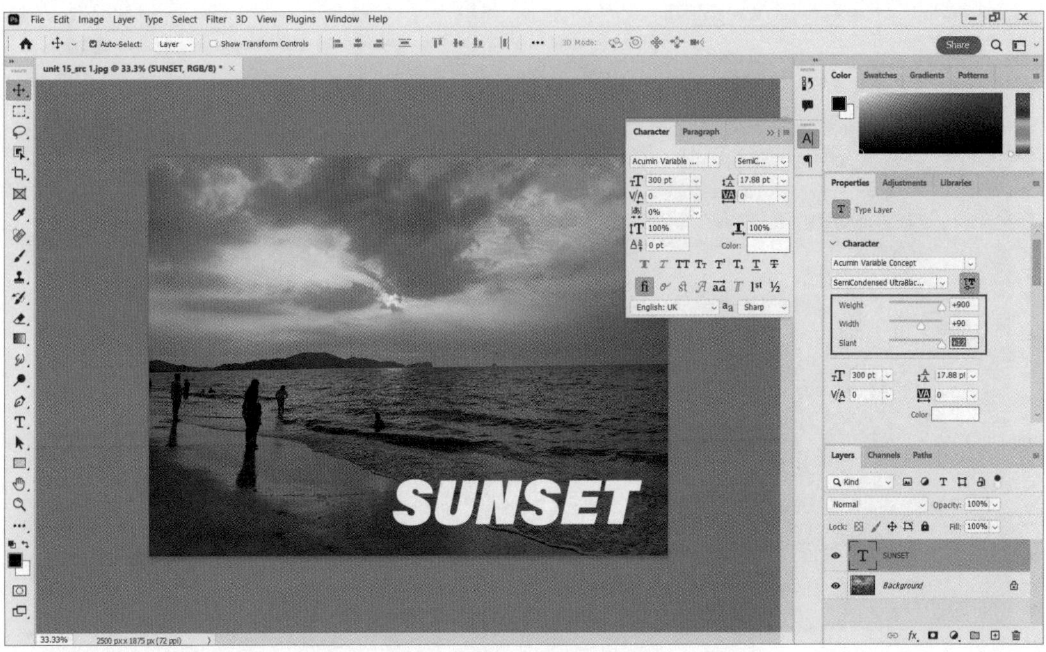

08 텍스트 레이어의 마우스 오른쪽을 클릭하여 Convert to Shape를 선택합니다.

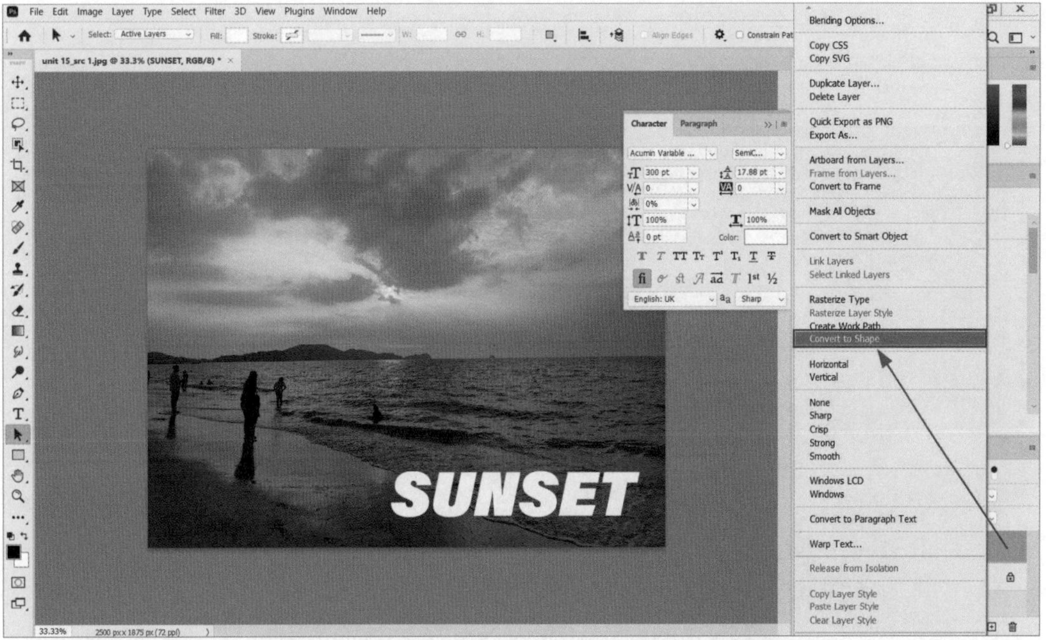

09 옵션 사항은 Fill을 none으로 하고 Stroke는 흰색, 두께 5px로 합니다.

10 가변 글꼴을 이용한 텍스트 레이어를 만들 수 있습니다.

04 | 텍스트에 Emboss 적용하기

01 unit 15_src 2.jpg를 Open합니다.

02 Text를 입력합니다.(Arial Black, 228pt)

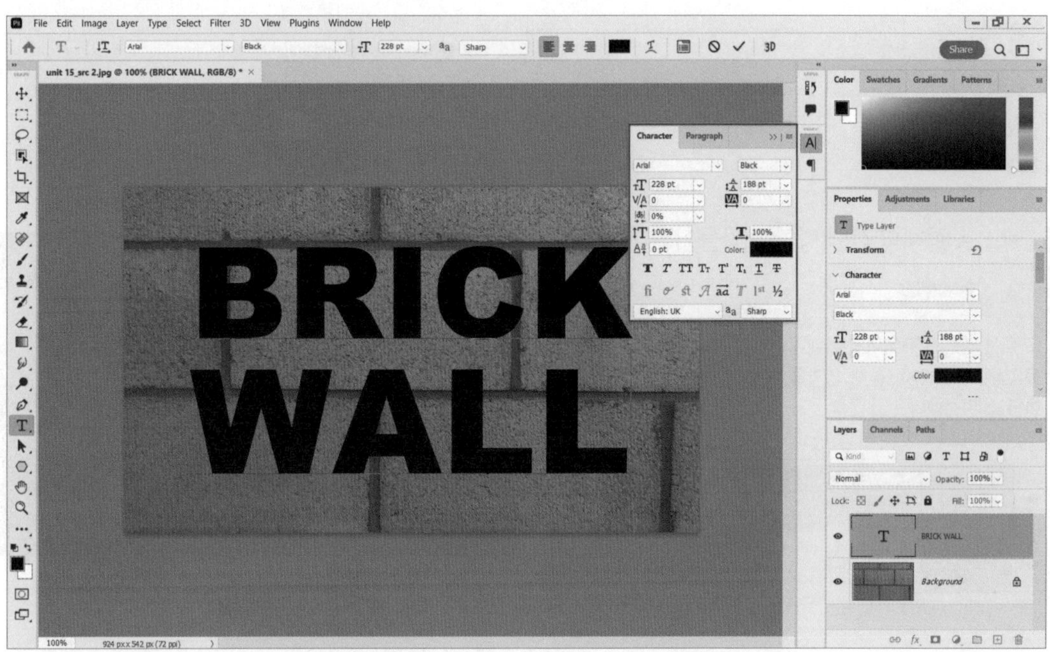

03 Select ⇨ Load Selection을 클릭합니다.

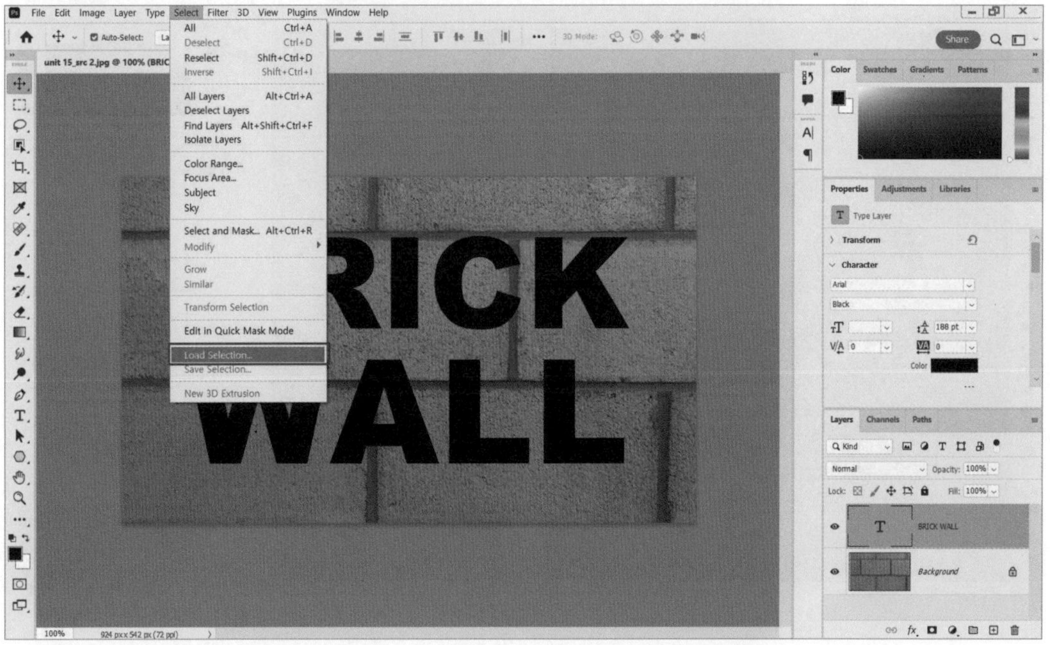

04 텍스트 레이어를 선택합니다.

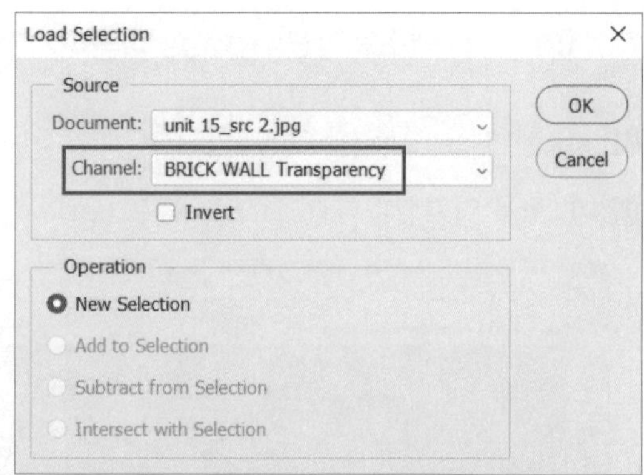

05 텍스트 형태의 선택 영역이 만들어집니다.

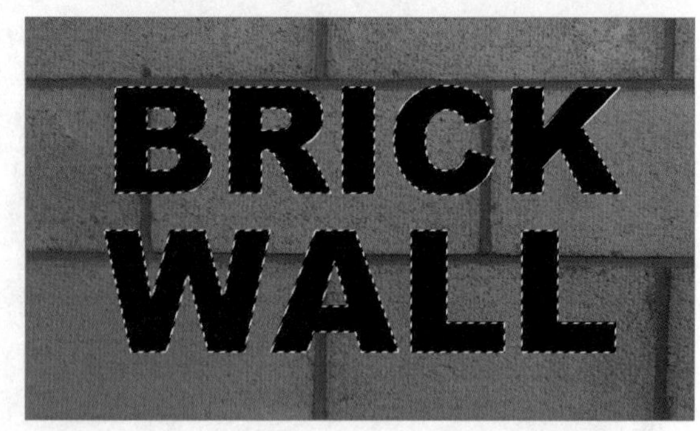

> **TIP**
>
> 또 다른 방법은 레이어의 섬네일을 Ctrl+Click하여 선택 영역을 만들 수 있습니다.

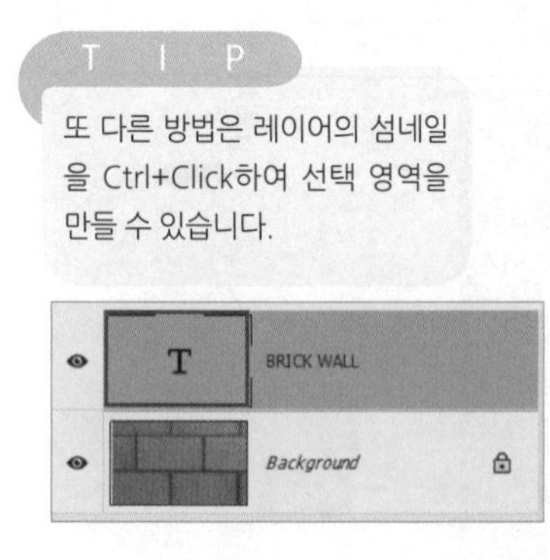

06 Text layer의 눈 아이콘을 끄고 Background layer를 선택합니다.

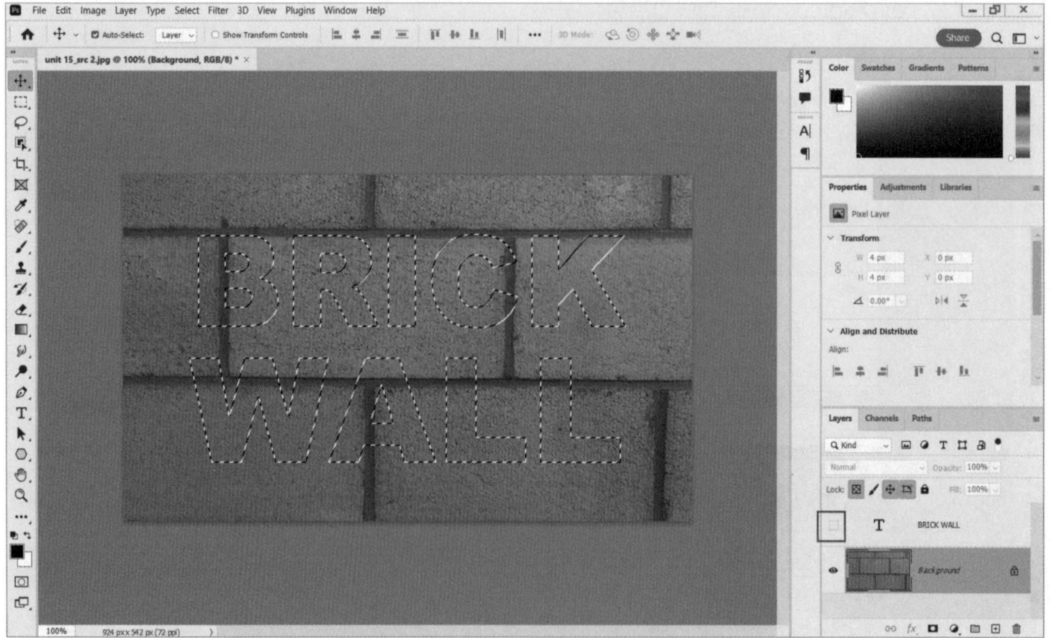

07 Layer ⇨ Layer via copy【Ctrl+J】Background layer를 선택하고 선택 영역을 복사합니다.

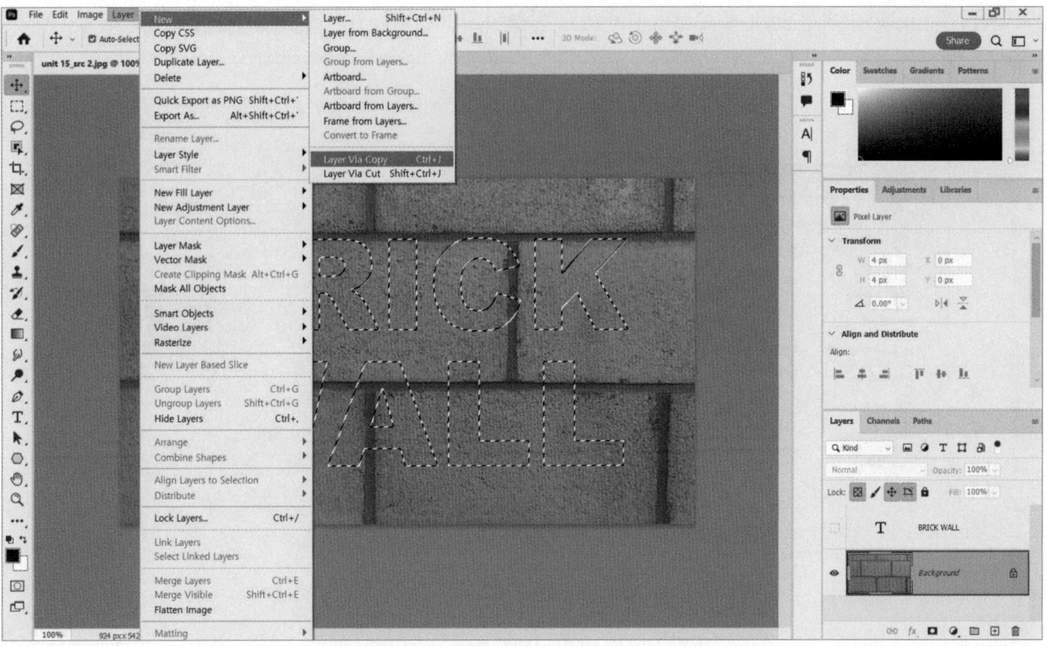

08 레이어 패널의 아래에 fx(Layer Style) 아이콘을 클릭합니다.

09 Reset to Default 설정값을 초기화합니다.

Bevel & Emboss에서 Style을 Outer Bevel로 변경하고 Depth : 100%, Size를 10px로 변경합니다.

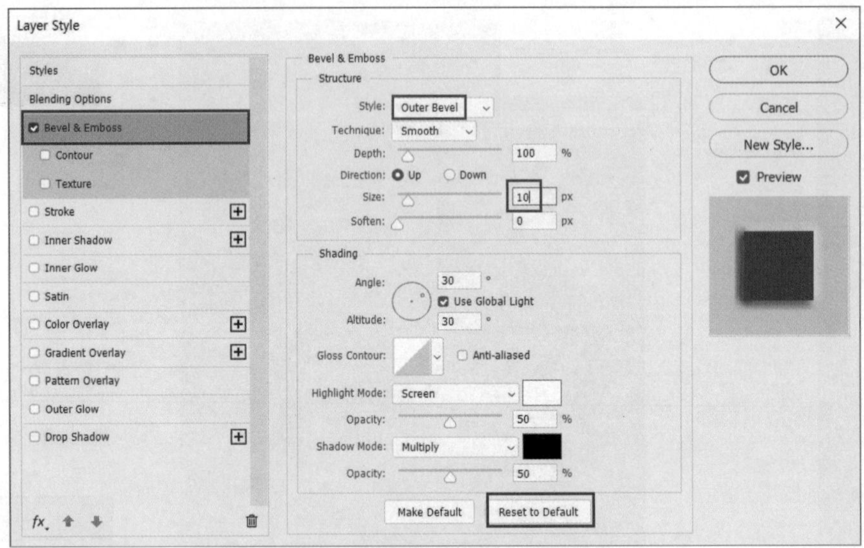

10 Layer Style를 활용한 입체적인 텍스트 효과를 완성할 수 있습니다.

가장자리 다듬기

01 | Refine a Selection

01 unit 16_src 1.psd 파일을 Open합니다.

02 Object Selection tool【W】를 이용하여 인물 전체를 드래그하여 선택합니다.

03 인물이 선택됩니다. 이때 추가적인 선택(+Shift)을 하고 싶거나 또는 선택 영역을 제외(+Alt)하고 싶은 경우 Mode를 Lasso로 변경한 후에 드래그합니다.

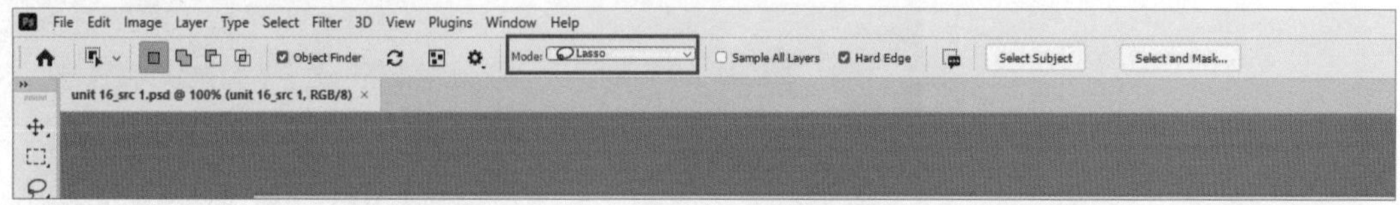

04 옵션바의 'Select and Mask' 아이콘(Create or refine a selection)을 클릭합니다.

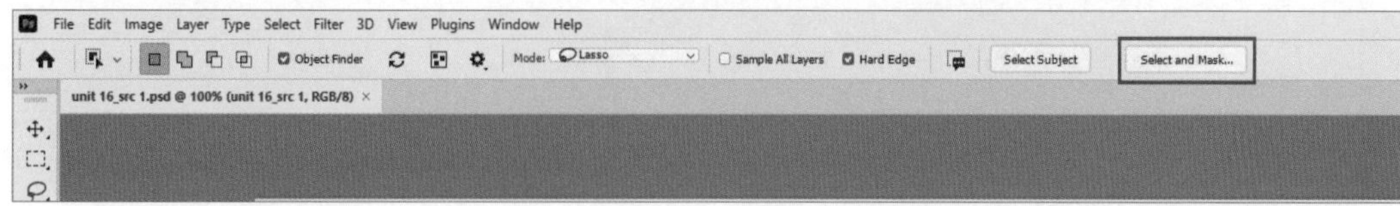

05 사진의 색상에 따라 적합한 View Mode를 다르게 선택할 수 있습니다. View Mode를 Overlay로 하고 Edge Detection밑의 Radius의 수치를 조절해 봅니다. Radius는 일반적으로 가장 자리를 다듬을 때 많이 사용합니다. View Mode를 Overlay로 합니다.

06 왼쪽의 Quick Selection tool을 이용하여 가장자리 부분을 문지릅니다.

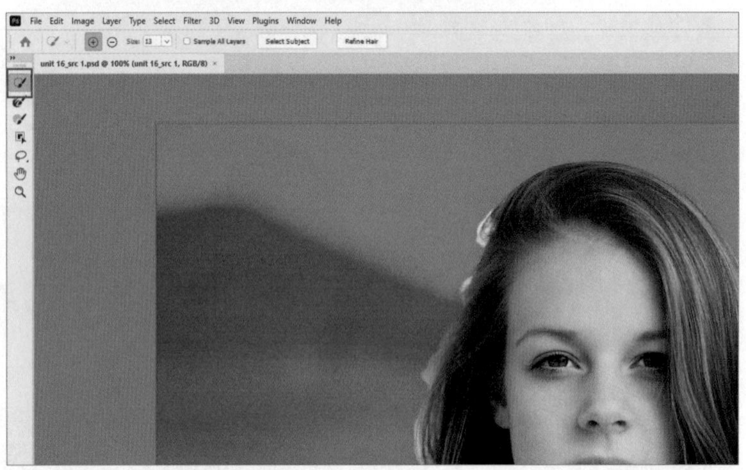

07 Quick Selection tool을 이용하여 가장자리 부분을 문질러 가느다란 머리카락이 어느 정도 보이도록 합니다.

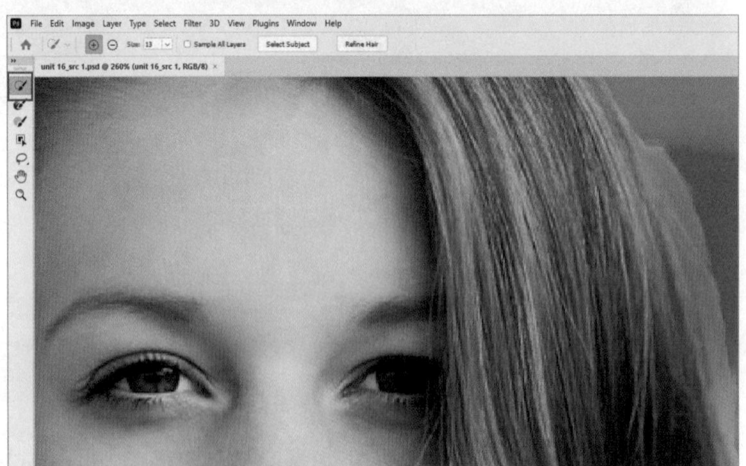

08 Refine Edge Brush tool로 흰 부분을 문질러 핑크색으로 변하게 합니다.

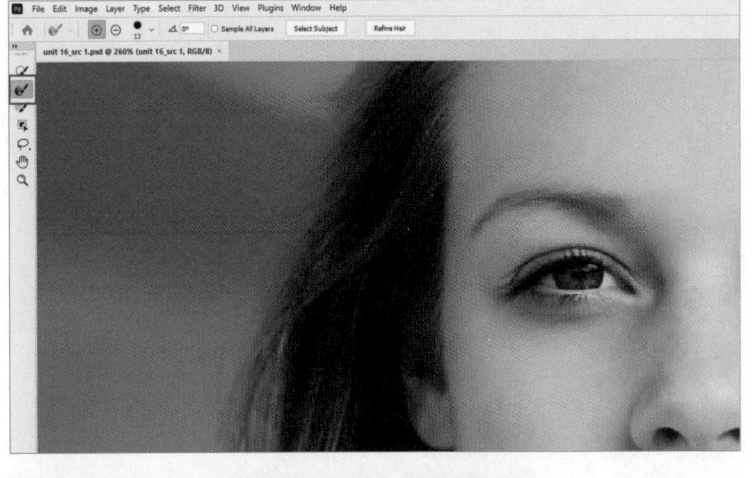

TIP

Refine Edge Brush tool은 선택하기 어려운 배경을 브러시로 문질러 효과적으로 마스킹하여 해결하는 도구입니다.

09 Output Settings에서 Decontaminate Colors를 체크합니다.('오염 물질을 제거'라는 의미) Output To는 New Layer with Layer Mask를 선택하면 마스크를 포함한 새로운 레이어로 생성됩니다.

10 Layer 패널을 확인해 보면 새 레이어가 생성되었습니다(마스크 포함). 아래 레이어의 눈 아이콘은 자동으로 꺼져 있습니다. 머리카락의 경계부분이 부드럽게 선택되어 자연스럽게 합성되었습니다.

사진 편집 기술

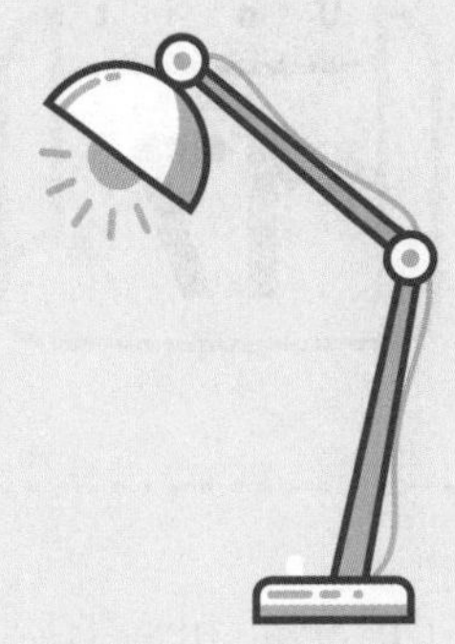

Chapter 3
고급기능 살펴보기

포토샵은 일러스트레이터와 연동할 수 있으며 스크립트를 활용하여 복잡한 작업을 손쉽고 수월하게 진행할 수 있고 여러 단계를 거쳐야 할 것도 몇 차례의 액션 기능 등을 이용해 빠른 속도로 시간을 절약할 수 있습니다. 이처럼 복합적이고 다양한 고급 기능을 살펴봅니다.

일러스트레이터의 ASE파일 가져오기

01 Swatches 패널의 보조 메뉴를 클릭하여 Import Swatches를 선택하여 일러스트레이터에 있는 .ase 파일을 가져올 수 있습니다.

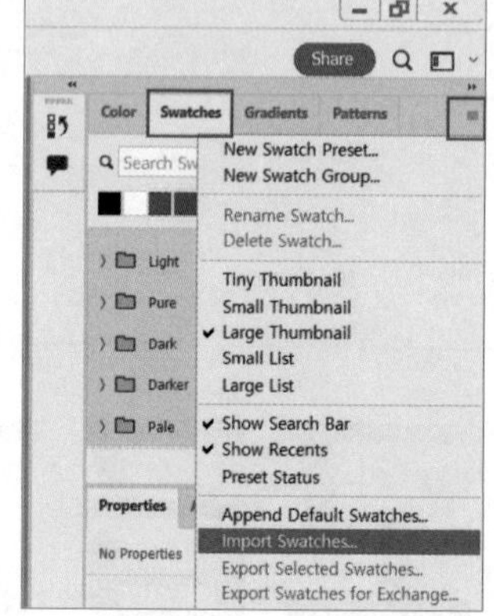

TIP

.ASE 파일은 어도비 프로그램 간 색상을 교환할 수 있는 색상 견본 파일을 말합니다. ASE 파일은 어도비 프로그램의 /Preset/Swatches/폴더에 저장됩니다.

02 오른쪽 아래에 Swatch Exchange(*.ASE)를 선택한 후에 C드라이브 ⇨ Program Files ⇨ Adobe ⇨ Adobe illustrator 2023 ⇨ Preset ⇨ en_US ⇨ Skintones를 찾아 Load합니다.

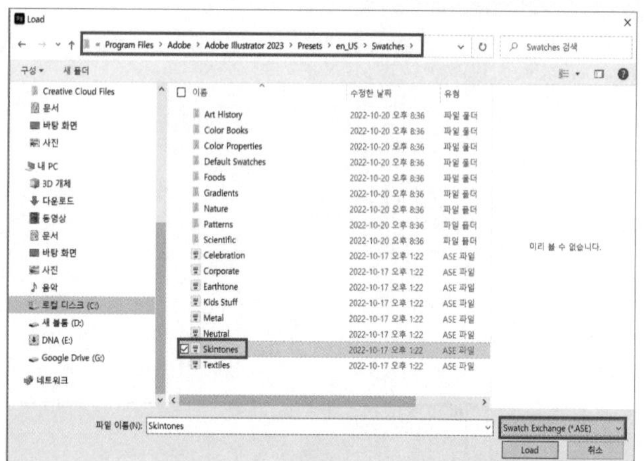

03 포토샵의 Swatches 패널에 일러스트레이터의 .ase 파일을 가져와 활용할 수 있습니다.

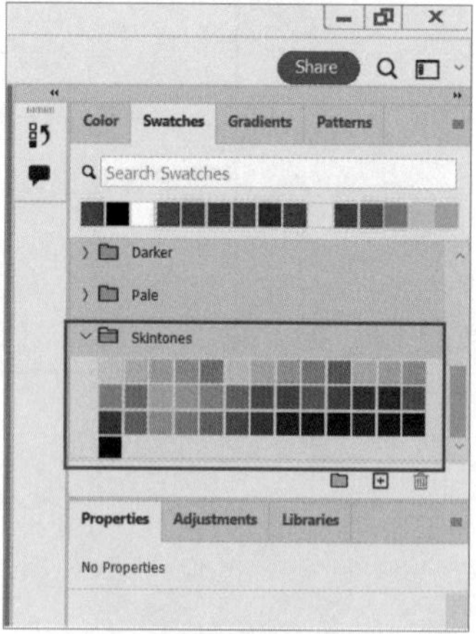

스크립트를 이용하여 이미지 합성하기

01 | Scripts Statistics

01 합성할 파일을 찾기 위해 File ⇨ Scripts ⇨ Statistics(통계)를 선택합니다.

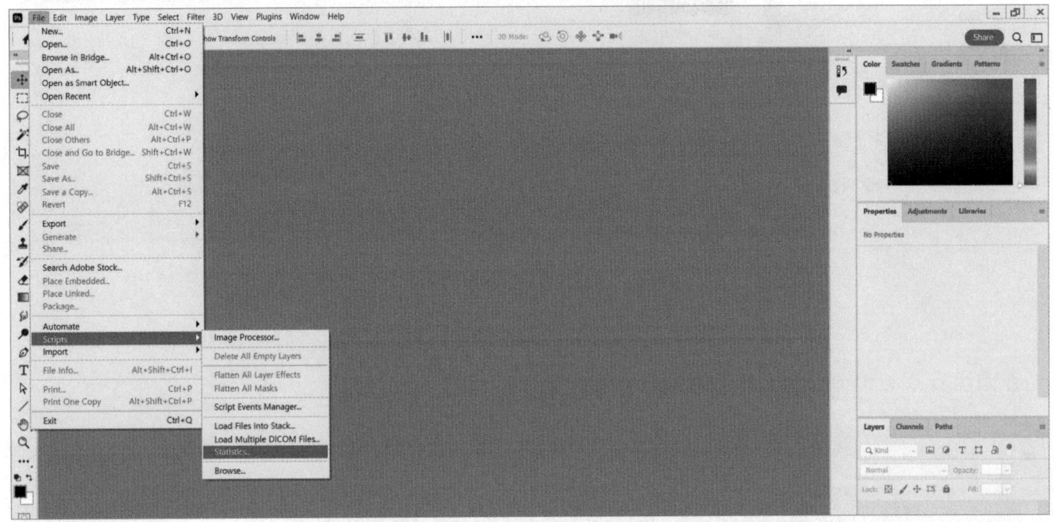

02 Choose Stack Mode 중에 Standard Deviation(표준편차)를 선택합니다. 좋은 결과를 얻기 위해 다른 방법도 시도해 봅니다. ⇨ 파일을 찾기 위해 Browser를 클릭합니다.

- Mean : 평균
- Summation : 요약
- Minimum : 최저한의
- Maximum : 최고
- Median : 중간값
- Variance : 변화
- Standard Deviation : 표준편차
- Skewness : 비대칭
- Kurtosis : 첨도
- Range : 범위
- Entropy : 엔트로피

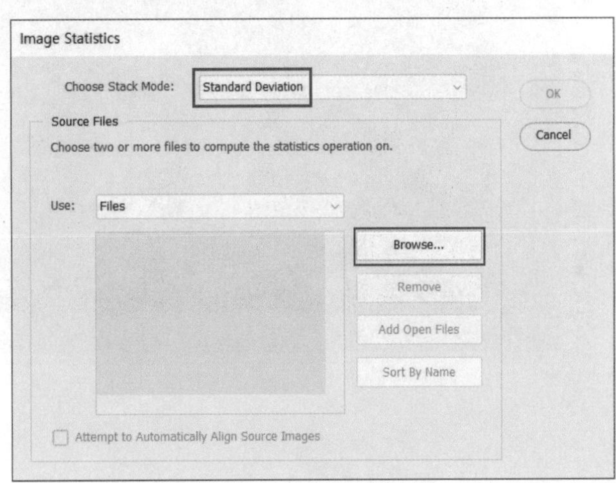

03 합성할 이미지를 선택합니다.

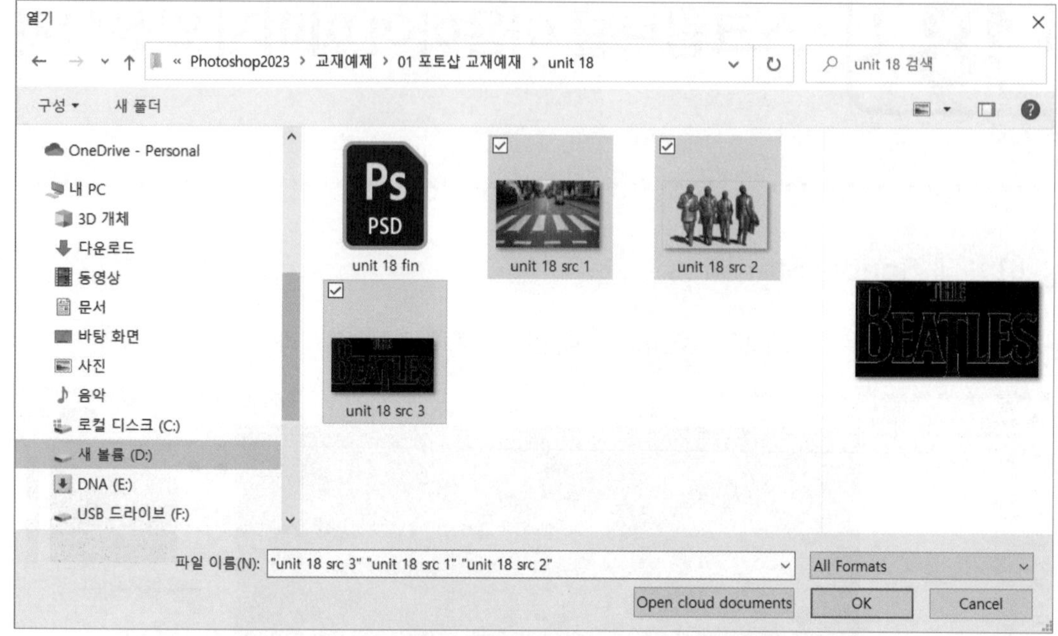

04 세 개의 이미지가 한 개의 레이어에 합성됩니다.

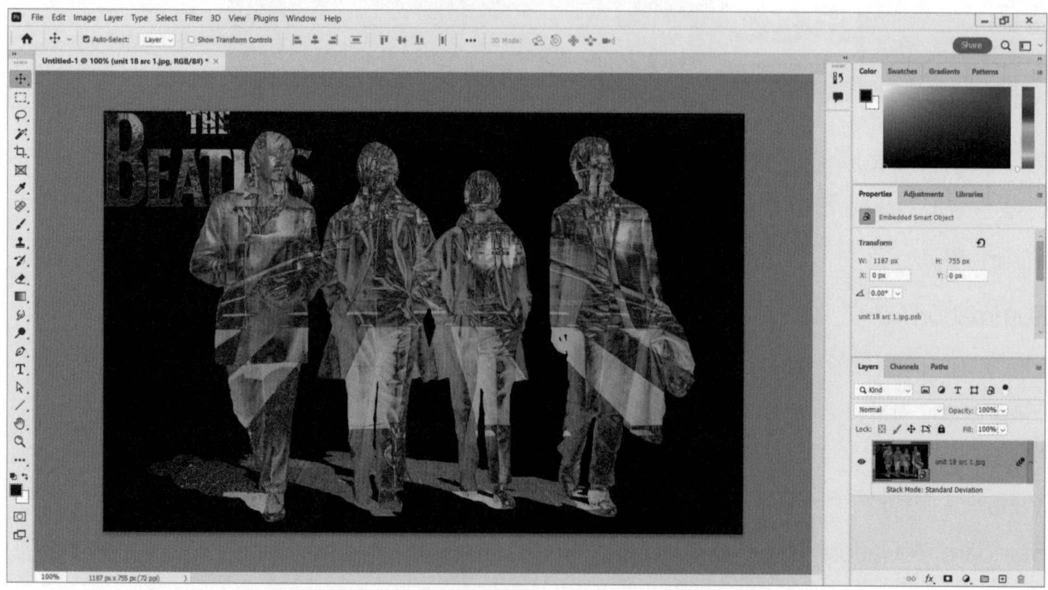

05 레이어의 위치와 순서를 변경하기 위해 Layer의 Smart Object Thumbnail을 더블 클릭합니다. 세 개의 레이어가 모두 보입니다.

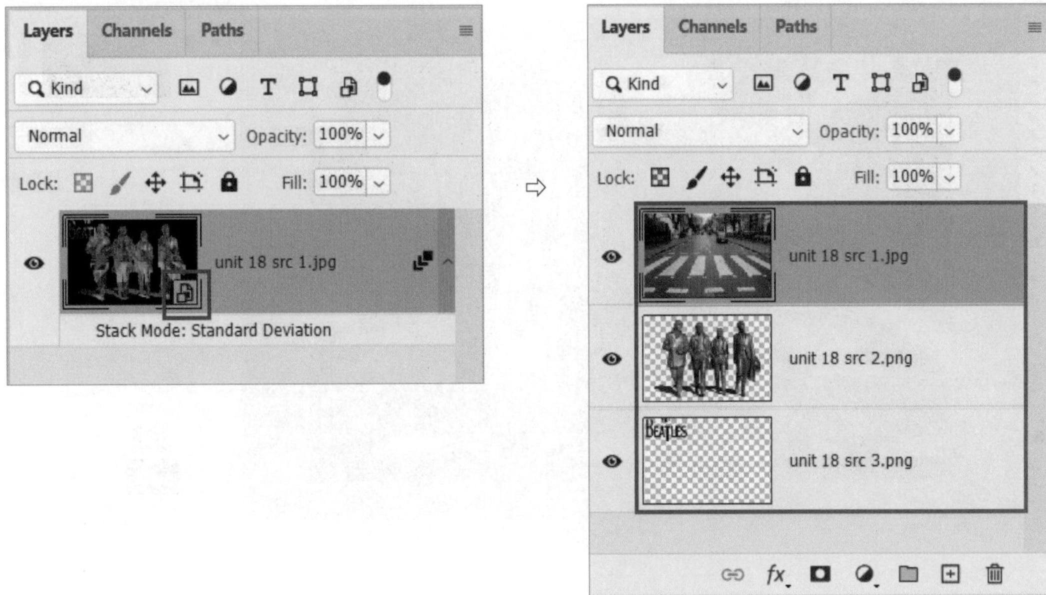

06 ~.psb 파일이 보입니다. 텍스트 이미지를 맨 위로 올리고 배경 레이어를 가장 아래로 내리고 위치를 변경합니다. (.psb 파일은 포토샵에서 만든 대용량의 큰 이미지 파일입니다.)

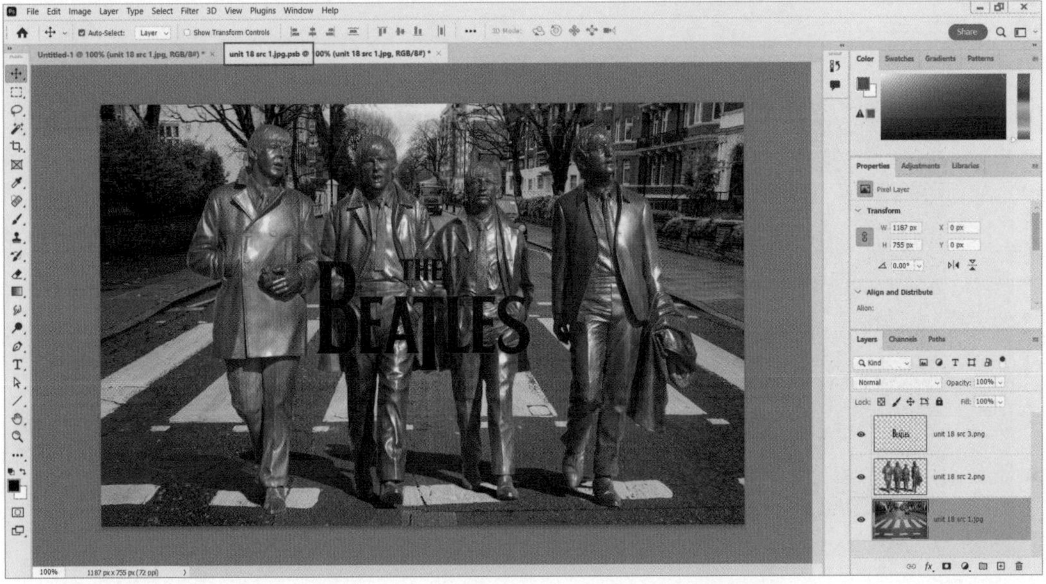

07 텍스트 레이어의 크기를 작게 줄이고 왼쪽 위로 올립니다.

08 File ⇨ Save【Ctrl+S】.psb를 저장한 후에 왼쪽 탭을 눌러 확인합니다.

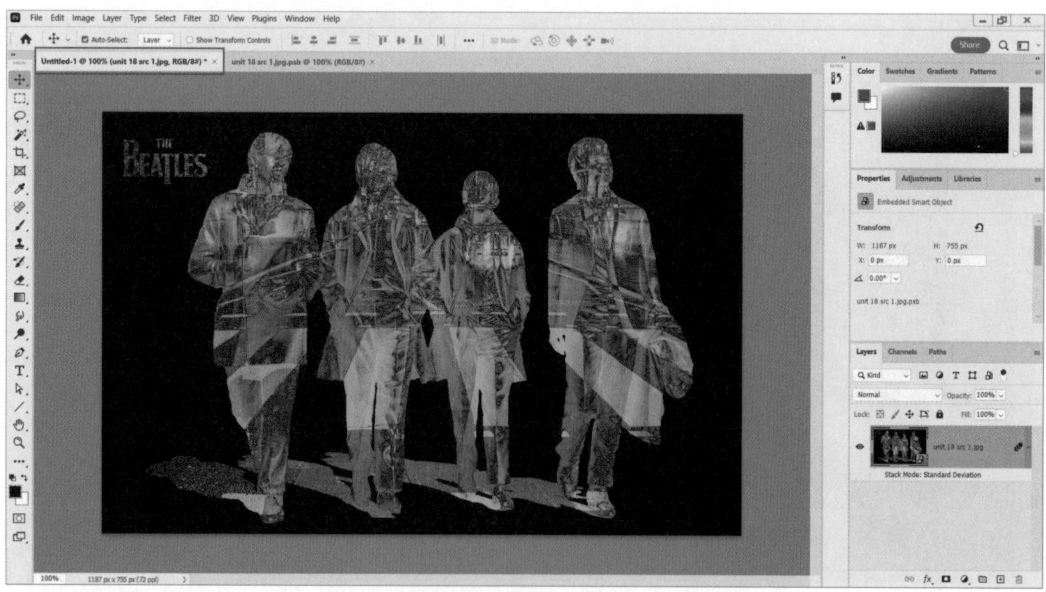

Unit

19 목업

01 File ⇨ Open ⇨ unit 19 src1.jpg 파일을 Open합니다.

02 Pen tool 【P】을 선택한 뒤 옵션바에서 Shape를 선택하고 모서리를 클릭합니다.

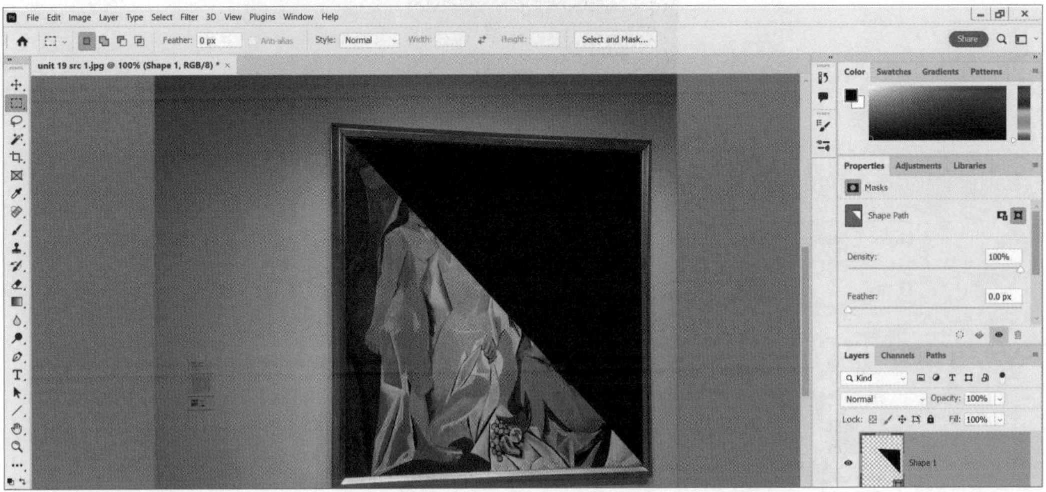

03 가장 먼저 클릭했던 기준점을 다시 클릭하여 닫힌 패스를 만듭니다. 레이어 패널에 보면 Shape Layer가 추가됩니다.

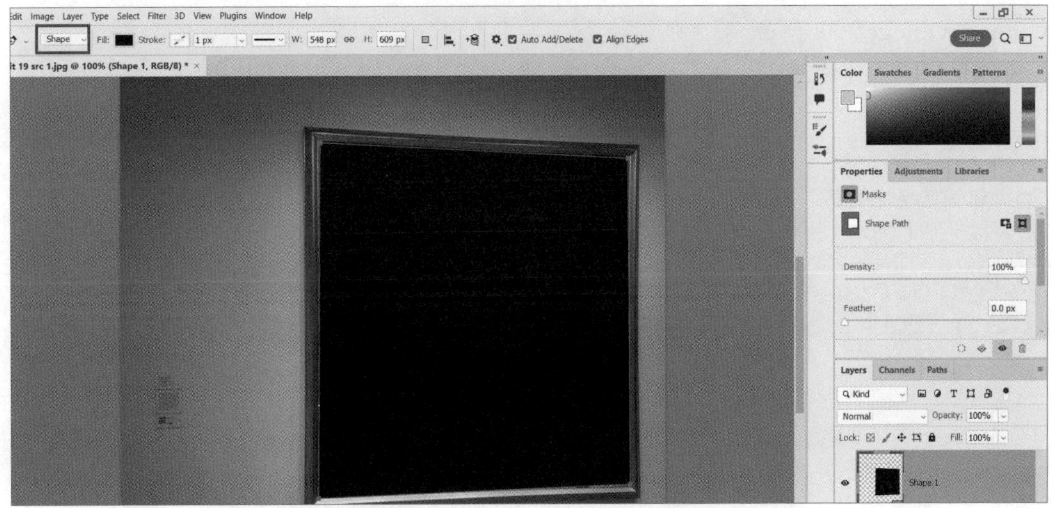

04 Shape layer를 선택하고 마우스 오른쪽 버튼을 클릭하여 Convert to Smart Object를 선택합니다.

05 Path 레이어가 Smart Object 레이어가 된 것을 확인할 수 있습니다.

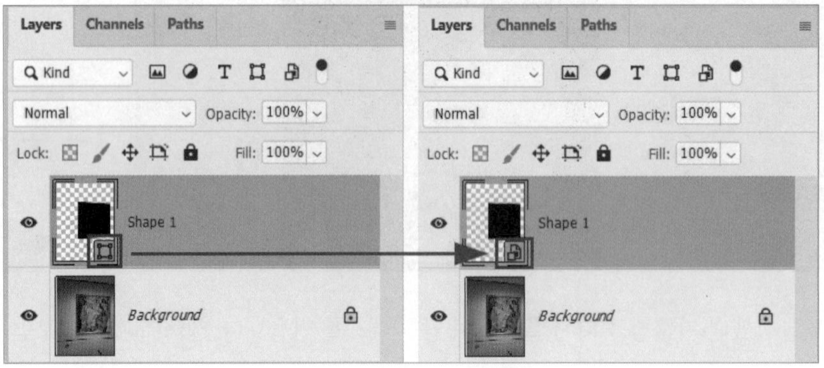

06 Smart Object를 더블 클릭합니다.

TIP

Smart Object Layer란 포토샵이나 일러스트레이터 파일에 데이터가 있는 레이어로서 원본의 내용을 훼손하지 않고 편집할 수 있게 하는 장점이 있습니다.

07 Shape 1.psb 파일이 나타납니다.

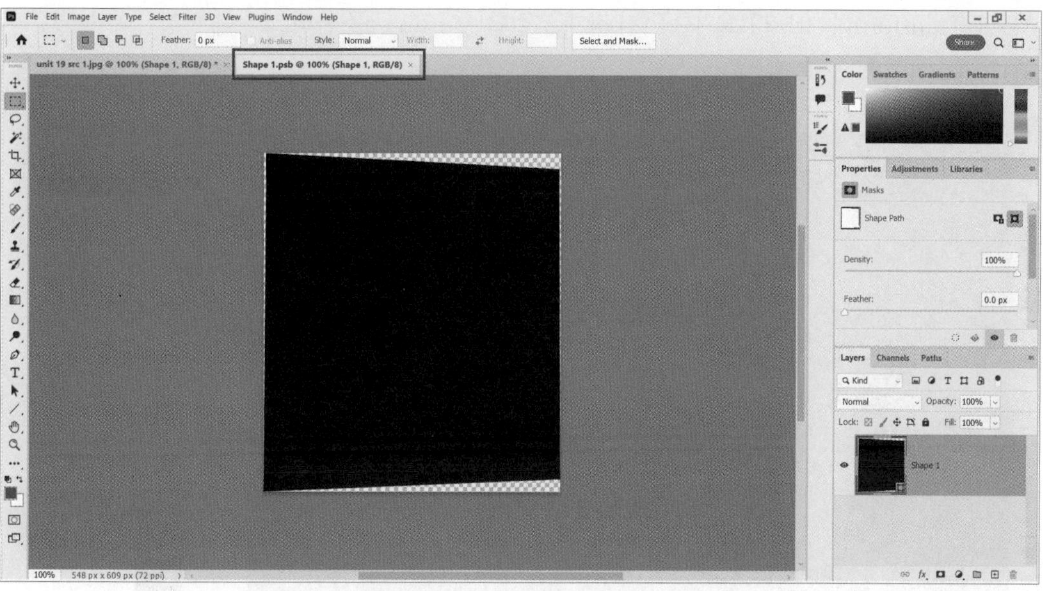

08 File ⇨ Open ⇨ unit 19 src2.jpg 파일을 Open합니다.

09 Select All【Ctrl+A】⇨ Edit ⇨ Copy【Ctrl+C】전체를 선택한 후 복사합니다.

10 Edit ⇨ Paste【Ctrl+V】복사한 이미지를 Shape 1.psb 파일에 붙입니다.

Free Transform【Ctrl+T】크기를 약간 작게 조절합니다. Enter를 눌러 크기를 확정합니다.

11 Layer 1를 선택하고 마우스 오른쪽을 클릭하여 Create Clipping Mask를 선택합니다.

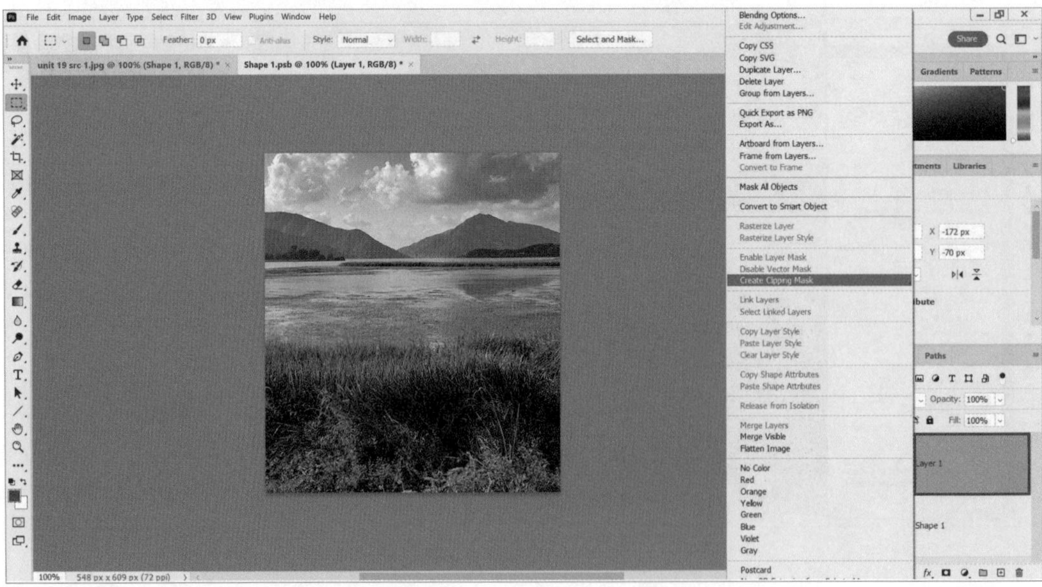

12 Shape 1.psb 파일을 저장합니다.

13 처음에 꺼냈던 파일에 이미지가 삽입된 것을 확인할 수 있습니다.

14 빨간색 부분의 사진을 변경하여 다른 사진으로 교체할 수 있습니다.

고급기능 살펴보기

워터마크 자동 삽입하기

01 unit 20 폴더 안의 unit 20 src 1.jpg 파일을 Open합니다.

02 Action 패널【F9】을 꺼냅니다.

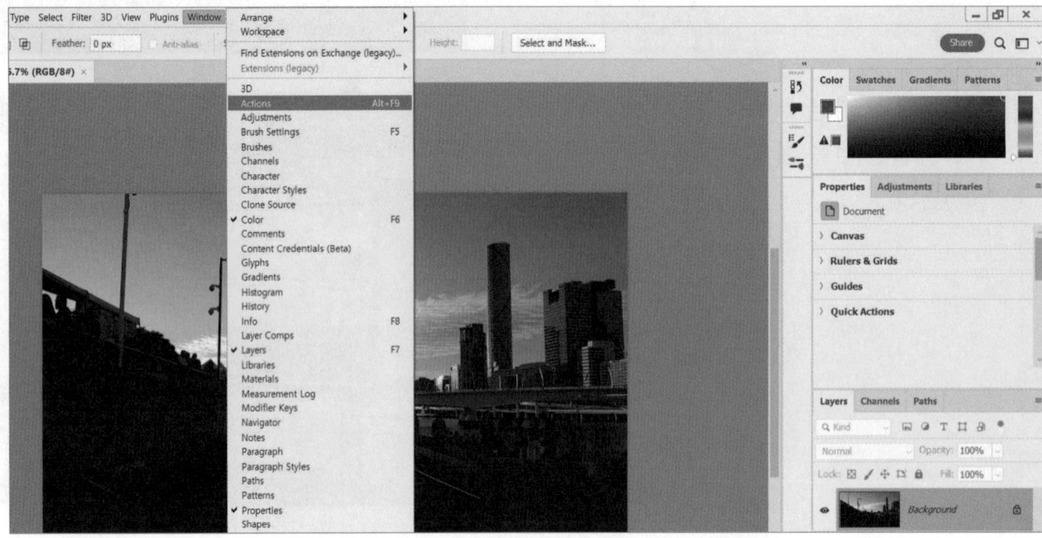

03 새로운 Set를 만듭니다. 이름을 '워터마크'라고 입력합니다.

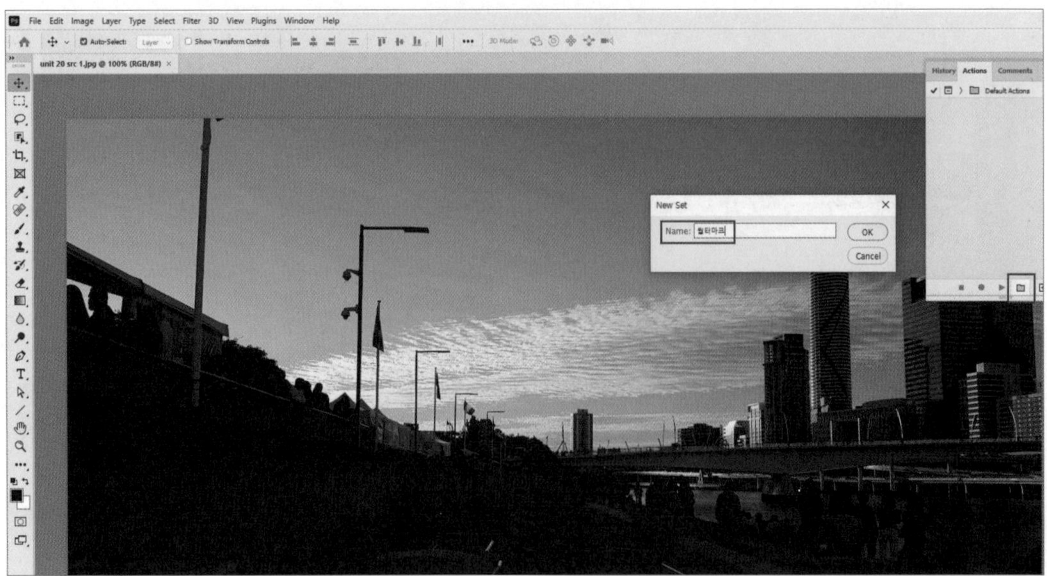

04 '워터마크'라는 액션 Actions 폴더가 생성됩니다.

05 New Action을 실행한 후 'Record'를 클릭하여 녹음을 시작합니다.

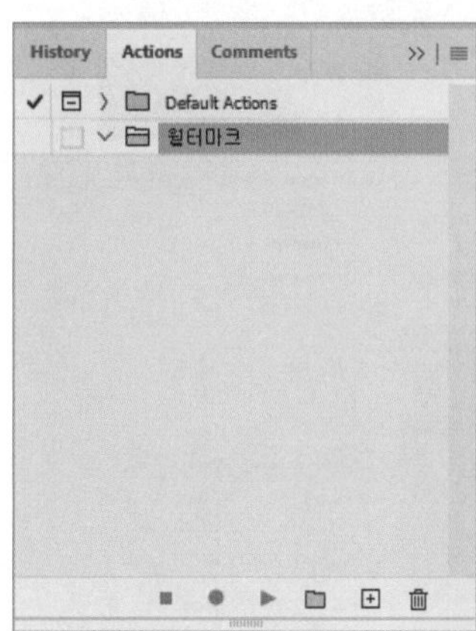

06 이미지의 가운데에 'Australia' 글씨를 입력합니다.

07 Layers의 Blend를 Overlay로 변경하고 Opacity는 40% 정도로 낮춥니다.

고급기능 살펴보기

08 File ⇨ Save as 【Shift+Ctrl+S】 저장합니다.

09 저장할 위치를 지정한 후 저장합니다.

10 Action 진행이 마무리되었으므로 Stop Recording 버튼을 클릭합니다.

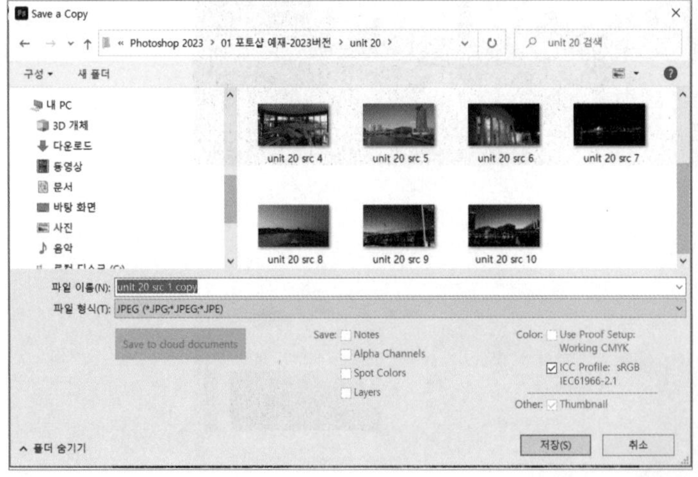

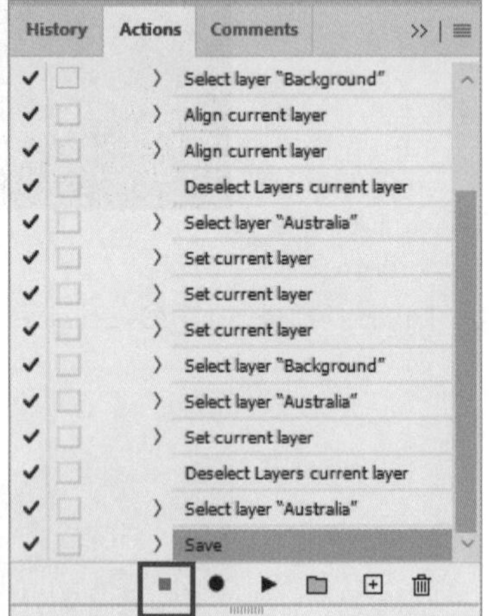

11 File ⇨ Close【Ctrl+W】문서를 닫습니다.

12 File ⇨ Scripts ⇨ Image Processor 폴더 안의 모든 이미지에 워터마크가 입력되도록 하기 위해 Script를 실행합니다.

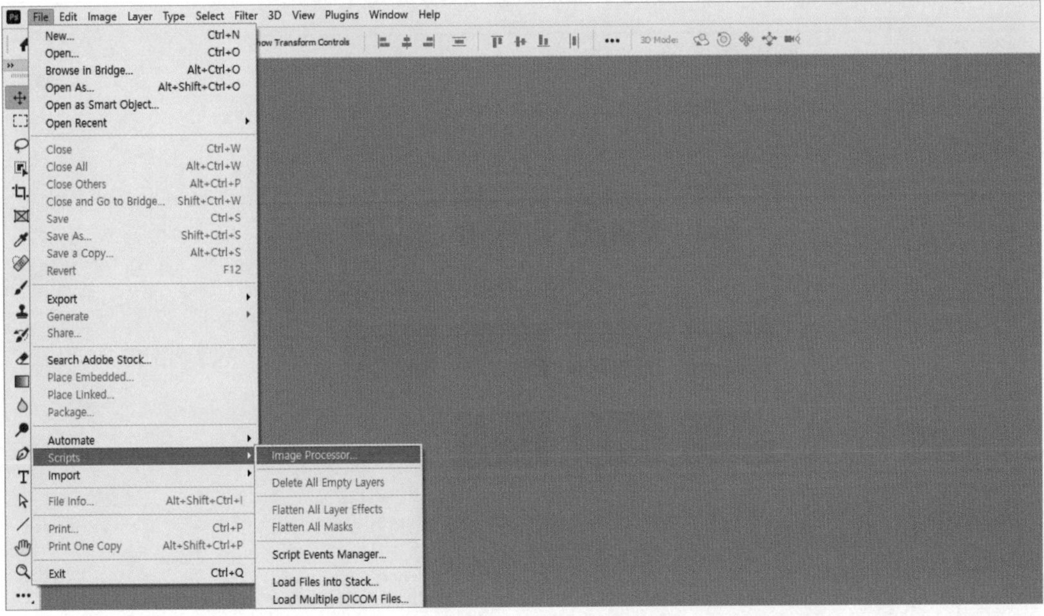

13 아래와 같은 부분을 순서대로 점검합니다. Run을 클릭하여 액션을 실행합니다.

❶ Select the images to process 항목의 Select Folder 버튼을 클릭하여 소스가 있는 폴더를 찾습니다.

❷ Select location to save processed image 항목에서 Save in same location 동일한 위치에 저장된다는 것을 확인합니다.

❸ File Type은 Save as JPEG 체크하여 jpeg로 저장하기로 합니다. 이미지의 품질(Quality)은 12로 합니다.

❹ Preference 항목에서 Run Action을 체크하고 '워터마크'를 찾습니다. 'Run' 버튼을 클릭하여 실행합니다.

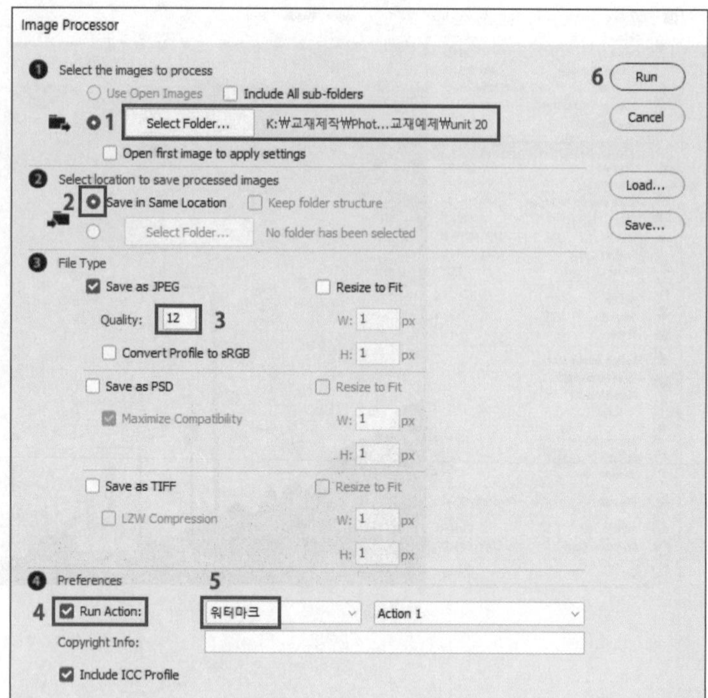

14 폴더를 확인해보면 별도로 'JPEG' 폴더가 새로 생성되어 있고 그 안에 모두 적용된 파일이 있습니다.

15 폴더를 더블 클릭하여 확인해보면 폴더 안의 모든 파일에 한번에 'Watermark' 넣기가 자동으로 적용된 것을 확인할 수 있습니다.

다양한 시각적 효과를 손쉽게 작성하기 위해 인터넷에서 유료 또는 무료로 액션을 다운받아 사용할 수 있습니다.

- https://freepsdvn.com/photoshop-action/zoom-burst-photo-effect-ap2tcyj/
- https://designshack.net/articles/inspiration/free-photoshop-actions/

움직이는 이미지

01 unit 21 src 1.png를 Open합니다.

02 첫 번째 이미지를 사각선택툴(또는 올가미툴)로 드래그하여 선택합니다.

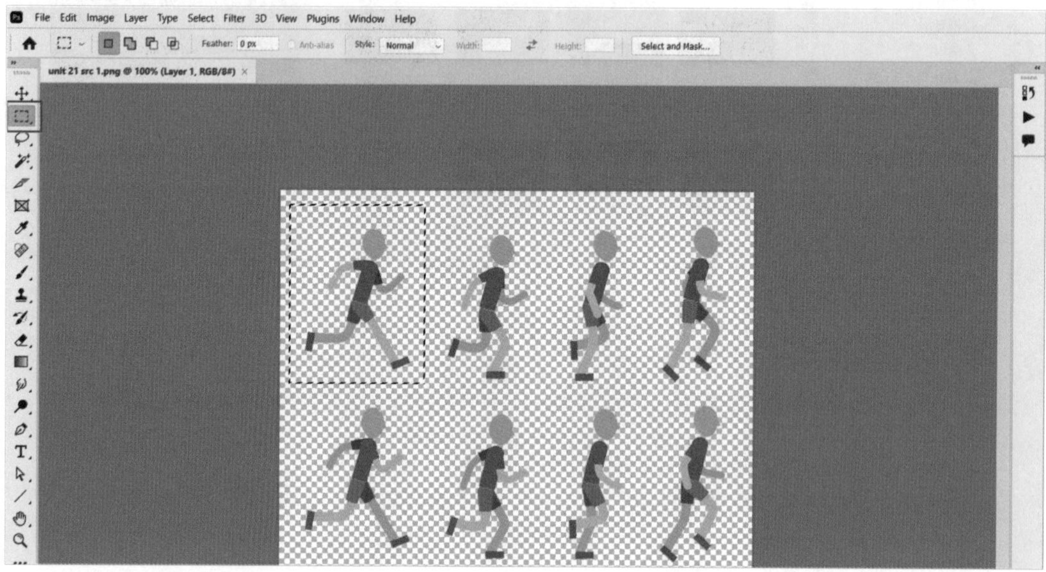

03 Layer Via Cut【Shift+Ctrl+J】선택 영역을 잘라냅니다.

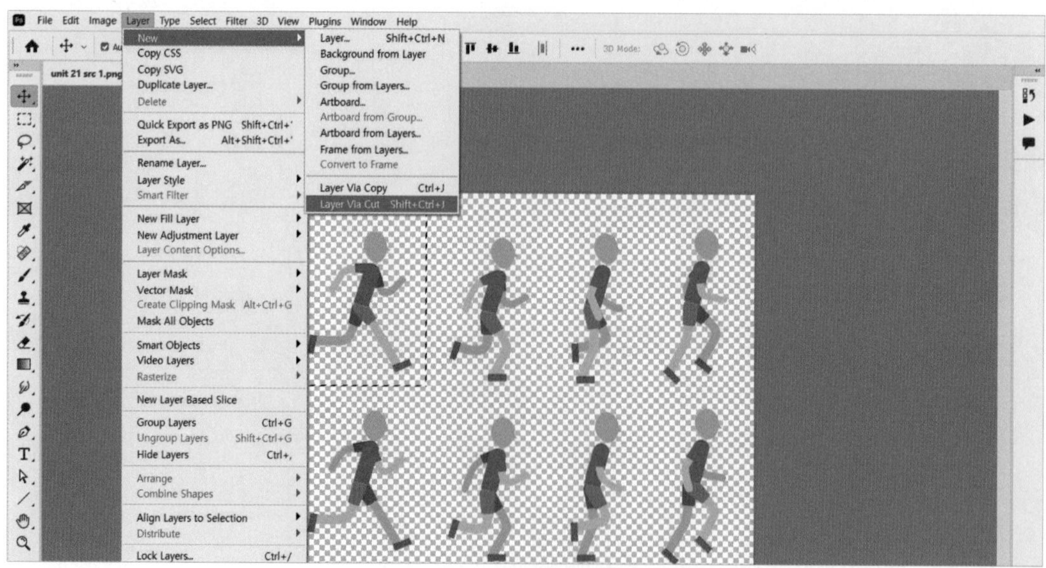

04 첫 번째 이미지가 Cut되어 새로운 레이어로 만들어집니다.

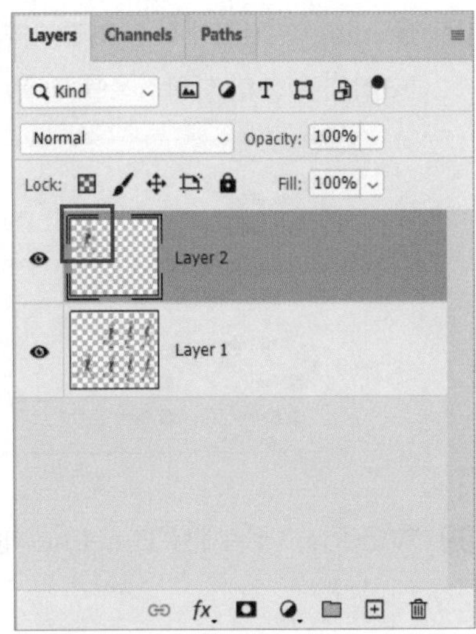

05 동일한 방법으로 8개의 이미지를 각각의 레이어로 분리합니다.

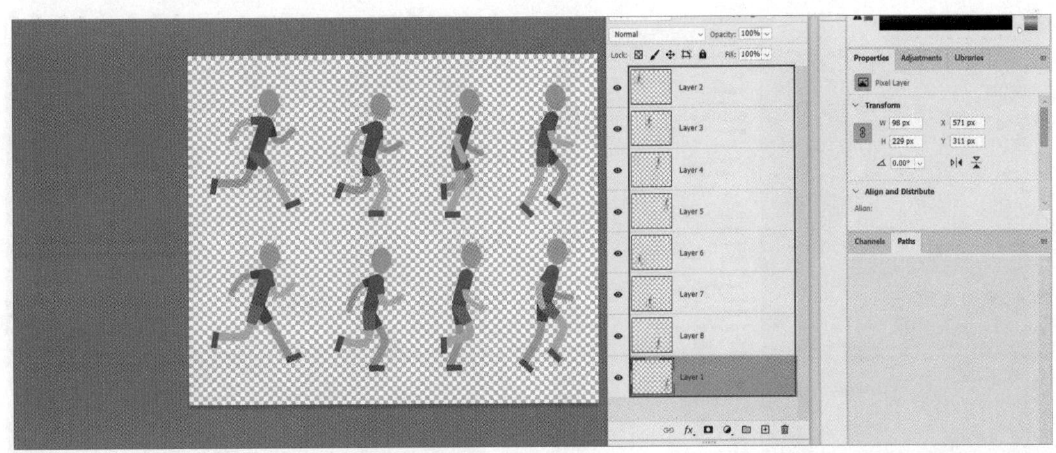

06 모든 Layer를 선택하고 Move Tool【V】을 클릭하면 옵션바에 정렬 아이콘이 보입니다. 두 개의 버튼을 클릭하여 가운데로 정렬합니다.

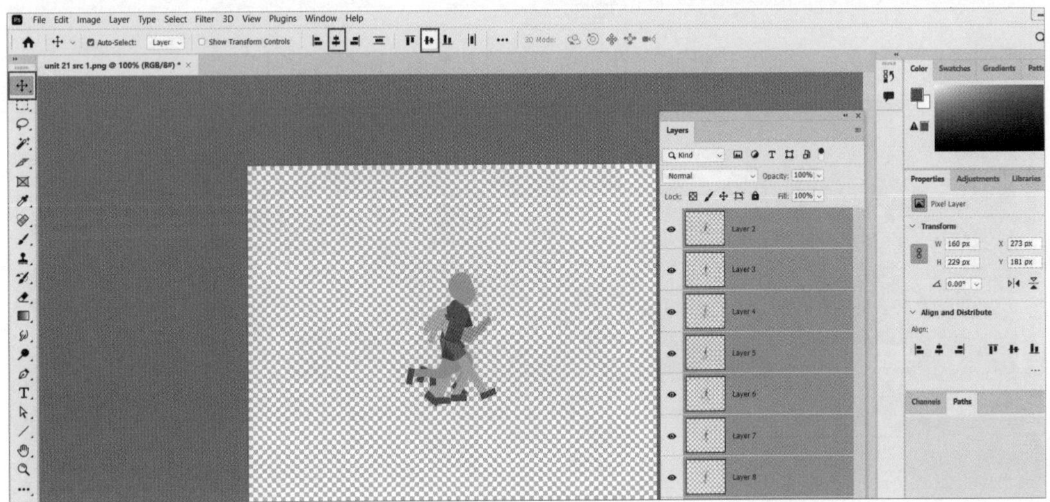

07 Image ⇨ Trim에서 이미지 이외의 나머지 투명 영역 부분의 상하좌우를 자릅니다.

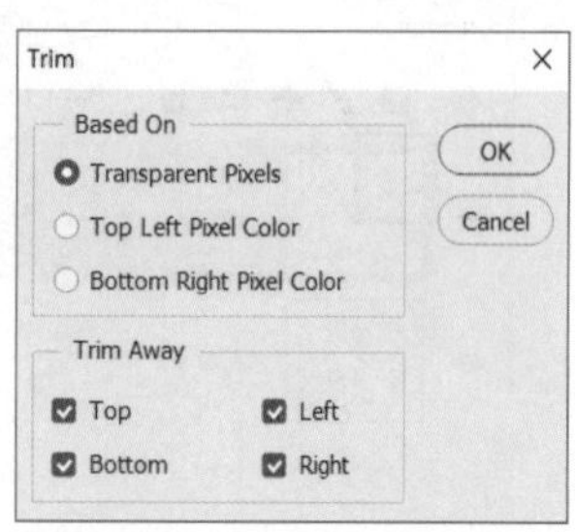

08 아래처럼 이미지 부분만 남게 됩니다.

09 Window 메뉴에서 Timeline 패널을 찾아 꺼냅니다.

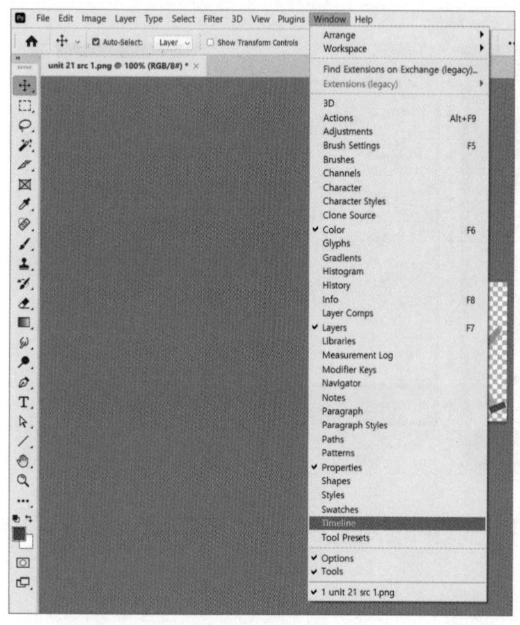

10 Timeline 패널의 중앙에 Create Frame Animation을 클릭합니다.

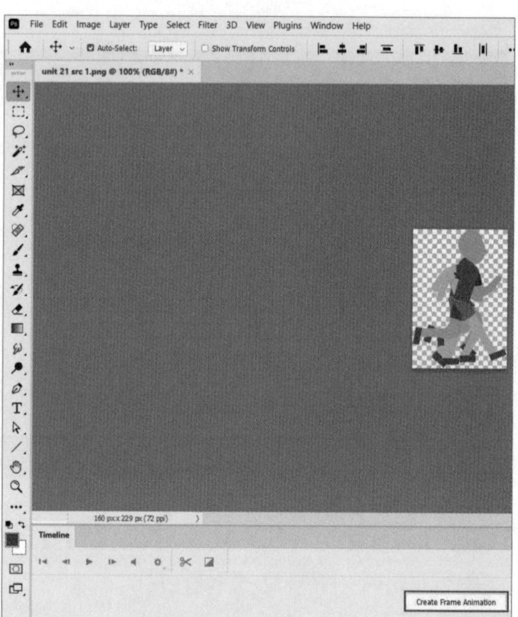

11 재생 속도는 0.1초로 설정하고 반복 재생될 수 있도록 Forever를 선택합니다.

12 모든 레이어가 선택된 상태에서 Timeline의 보조 메뉴에서 Make Frames from Layers를 선택합니다.

13 모든 레이어를 프레임으로 만듭니다. Play 해보면 뒷걸음치는 느낌입니다.

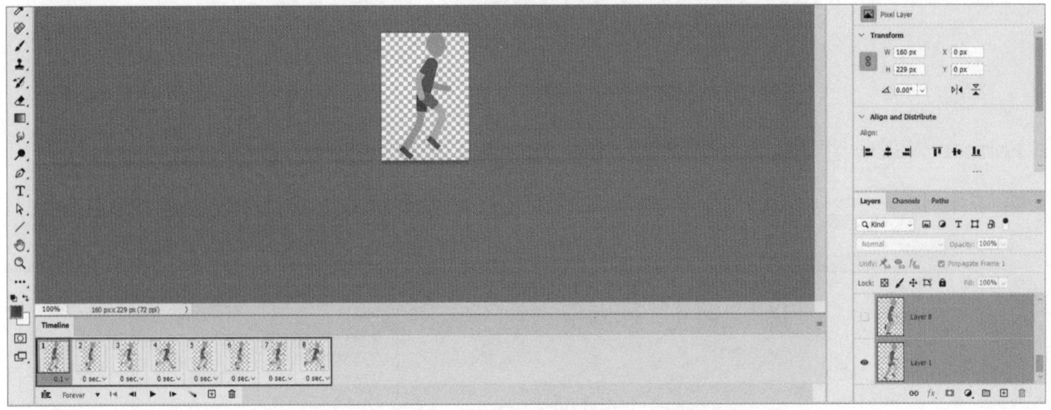

14 전체 프레임을 모두 선택한 상태에서 Timeline 패널의 보조 메뉴에서 Reverse Frames을 선택하면 프레임의 순서가 반전되어 앞으로 뛰는 느낌으로 바뀝니다.

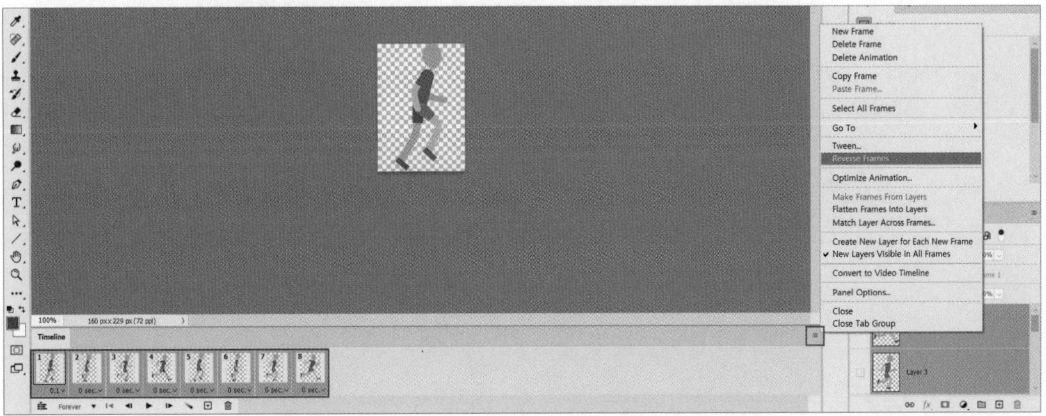

15 File ⇨ Export ⇨ Save for Web 【Alt+Shift+Ctrl+S】 웹용 파일로 내보냅니다.

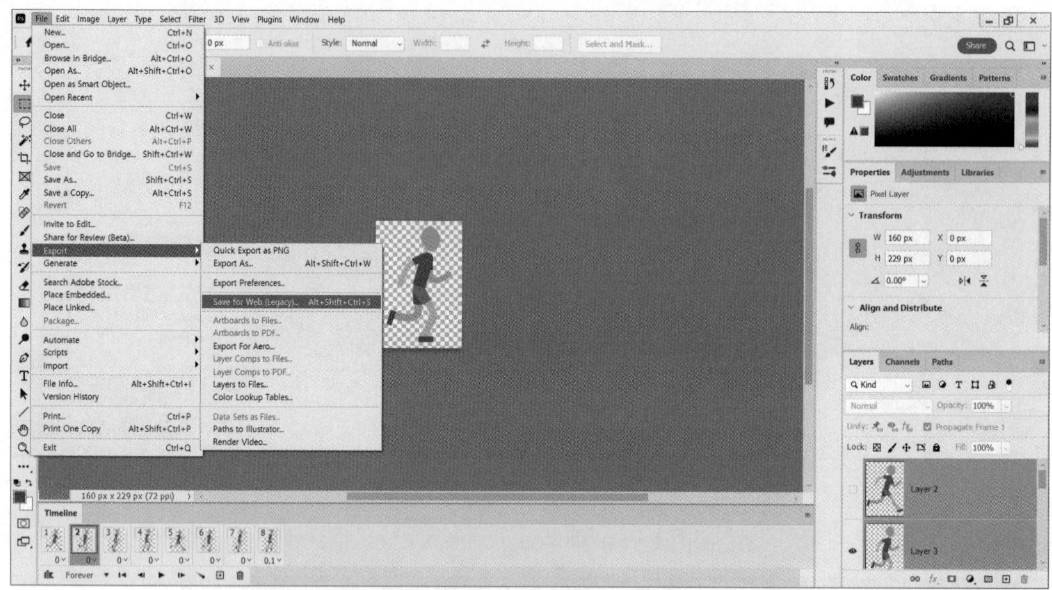

16 Format은 Gif를 선택한 후 저장합니다. Gif는 웹상의 움직이는 이미지 파일 형식입니다.

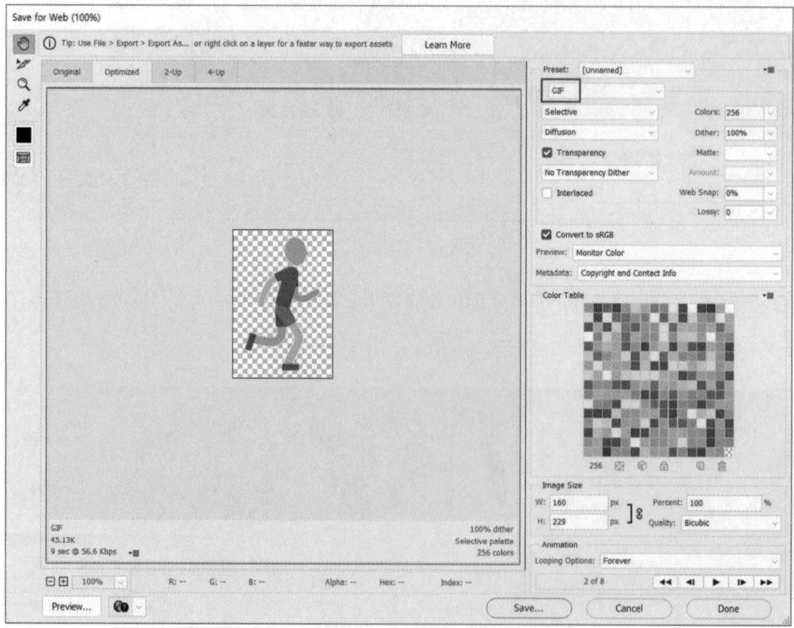

17 저장 형식에는 HTML and Images를 선택하고 저장합니다.

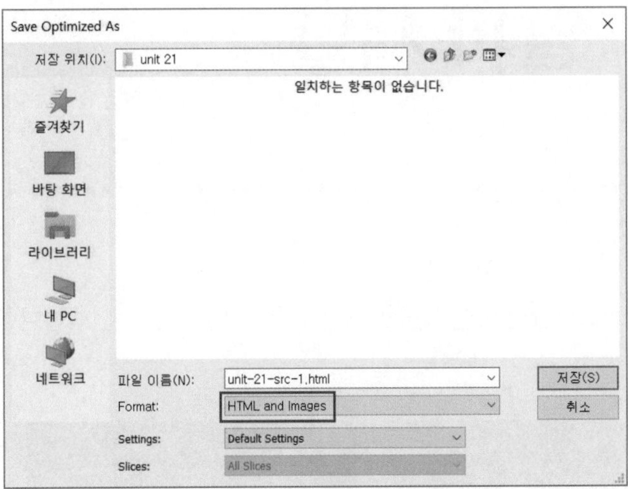

18 저장된 폴더에서 html 문서를 선택하고 연결 프로그램을 원하는 브라우저로 선택합니다.

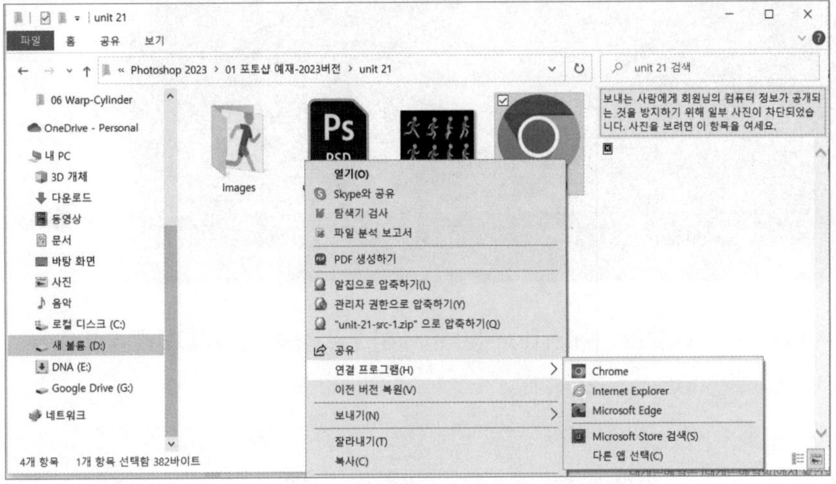

19 움직임이 있는 이미지(달리는 모습)를 만들 수 있습니다.

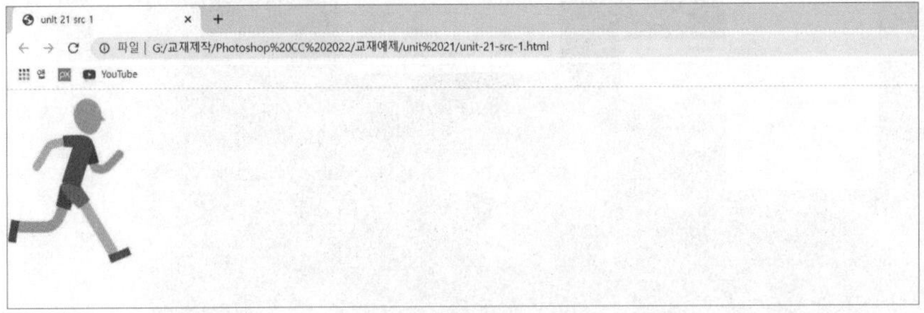

Unit 22 알파 채널

01 unit 22 src1.jpg 파일을 Open합니다.

02 Elliptical Marquee tool【M】을 선택한 후 드래그하여 가운데 꽃을 선택합니다.

03 Select ⇨ Modify ⇨ Feather Selection【Shift+F6】으로 선택 영역의 경계 부분을 부드럽게 합니다. Feather Radius를 50pxels로 합니다.

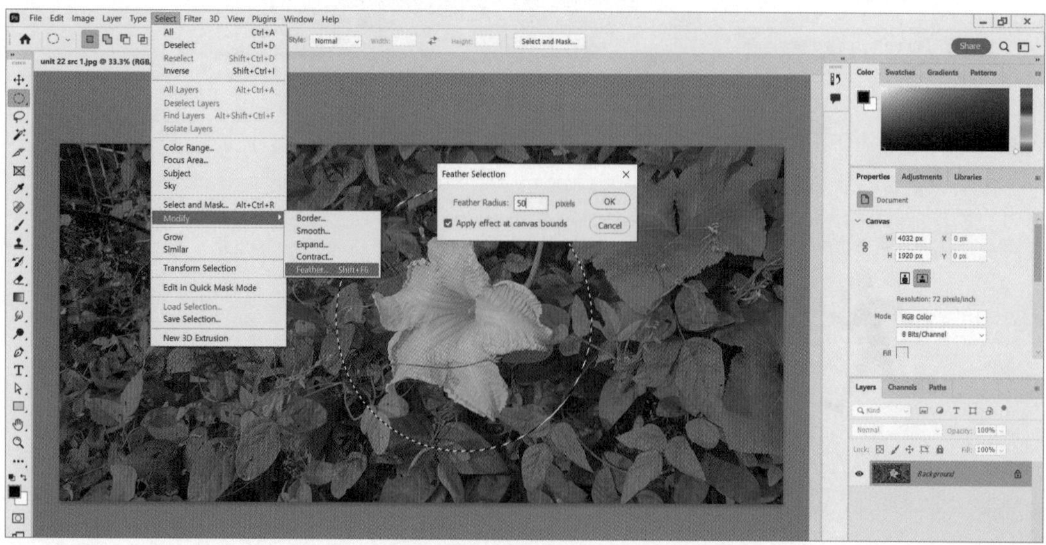

04 Channel 패널의 하단에 Create New Channel Icon을 클릭하여 채널을 생성합니다.

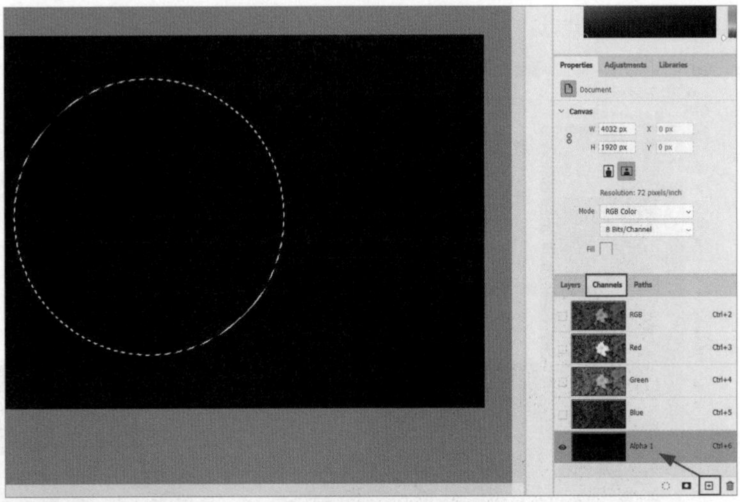

05 Edit ⇨ Fill【Shift+F5】⇨ White를 선택 영역에 채웁니다.

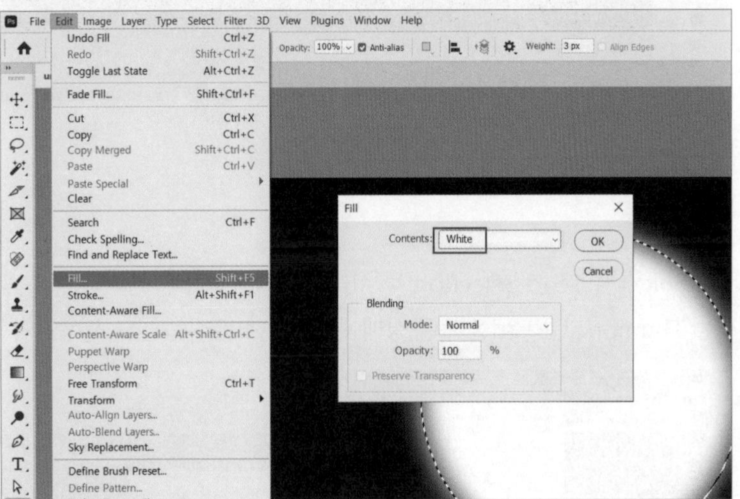

06 Deselect【Ctrl+D】선택 해제합니다.

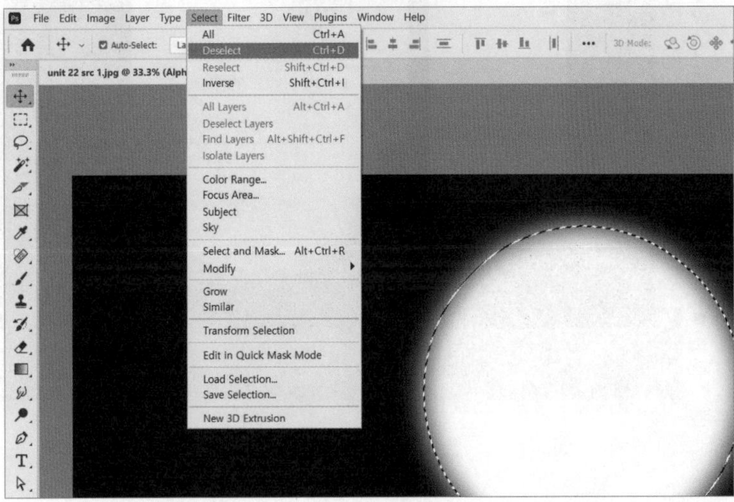

07 Filter ⇨ Pixelate ⇨ Crystallize ⇨ Cell Size를 70으로 합니다.

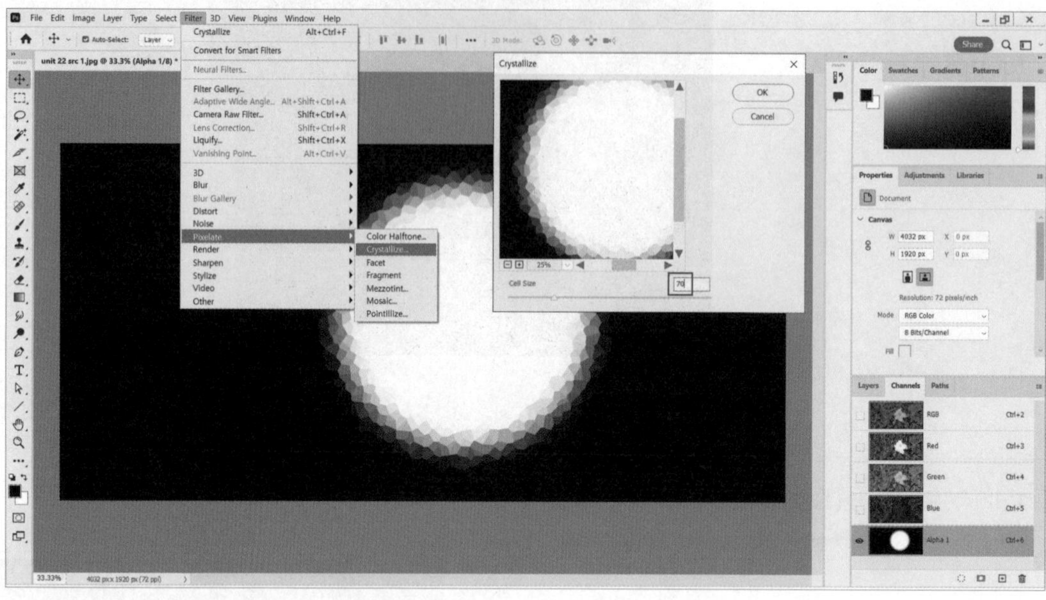

08 Select ⇨ Load Selection ⇨ Alpha 1을 선택하여 알파 채널을 선택 영역으로 만듭니다. Alpha 1의 Thumbnail은 Ctrl을 누른 상태에서 마우스로 클릭해도 선택영역을 만들 수 있습니다.

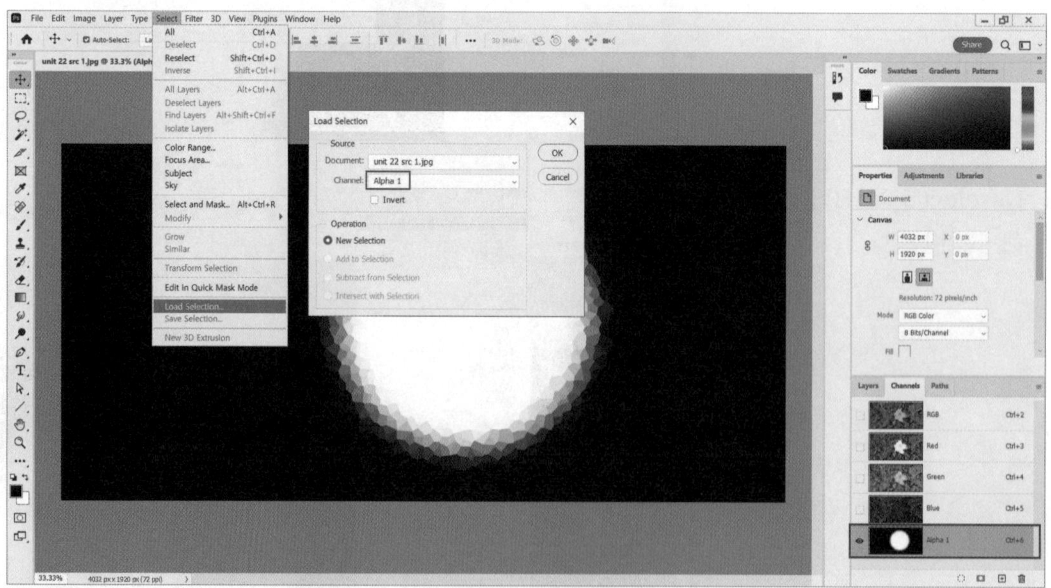

09 아래처럼 선택 영역이 됩니다.

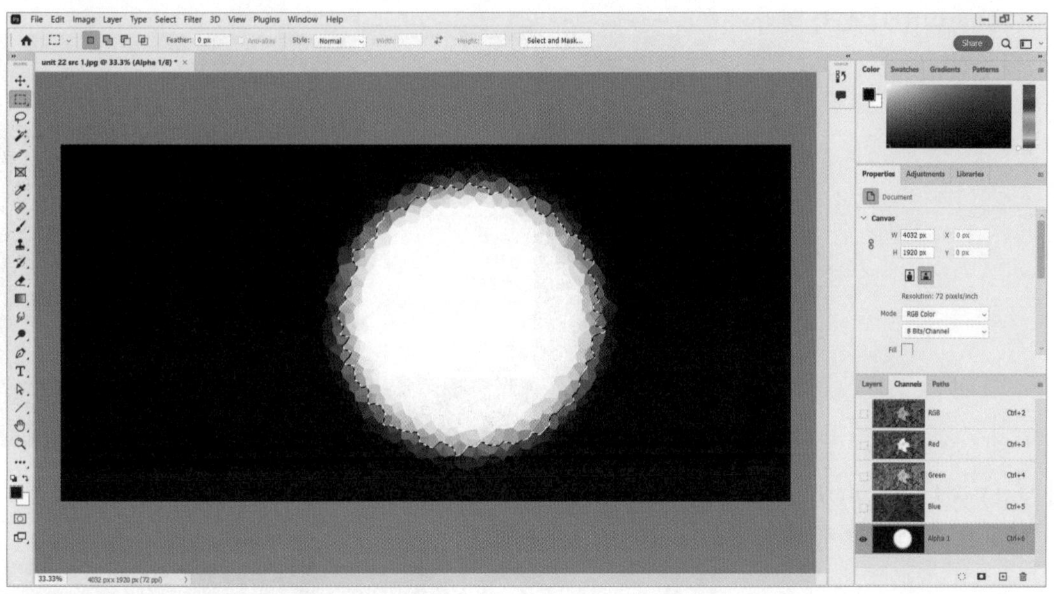

10 RGB Channel의 오른쪽 빈 공간을 클릭합니다. RGB의 눈 아이콘과 Alpha 채널의 눈 아이콘이 동시에 켜지지 않도록 해야 합니다.

11 Select 메뉴에서 Inverse 【Shift+Ctrl+I】 선택 영역을 반전합니다.

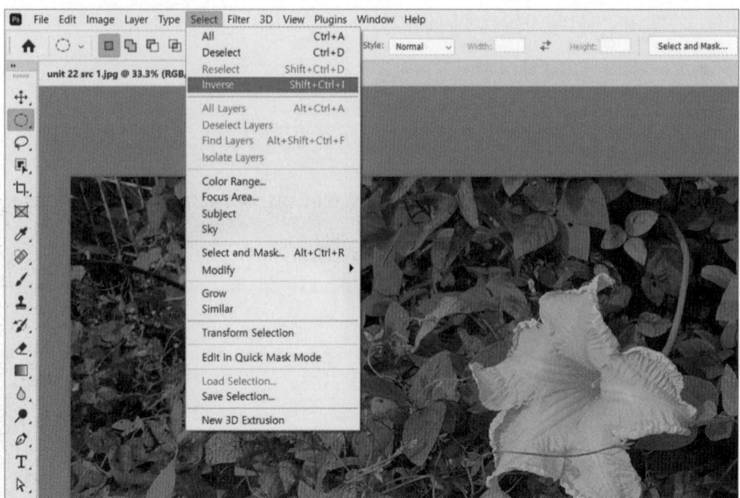

12 Edit ⇨ Fill 【Shift+F5】 ⇨ White 흰색을 선택 영역에 채웁니다.

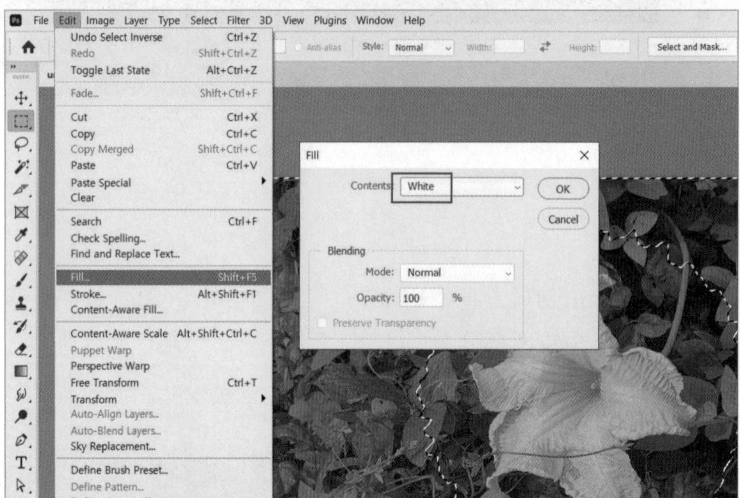

13 Select ⇨ Deselect 【Ctrl+D】 선택 영역을 해제합니다.

14 정사각형으로 이미지를 자르기 위해 Crop tool【C】을 선택합니다. Option Bar에서 1:1(Square) 비율을 선택하고, 현재의 크기로 자릅니다.

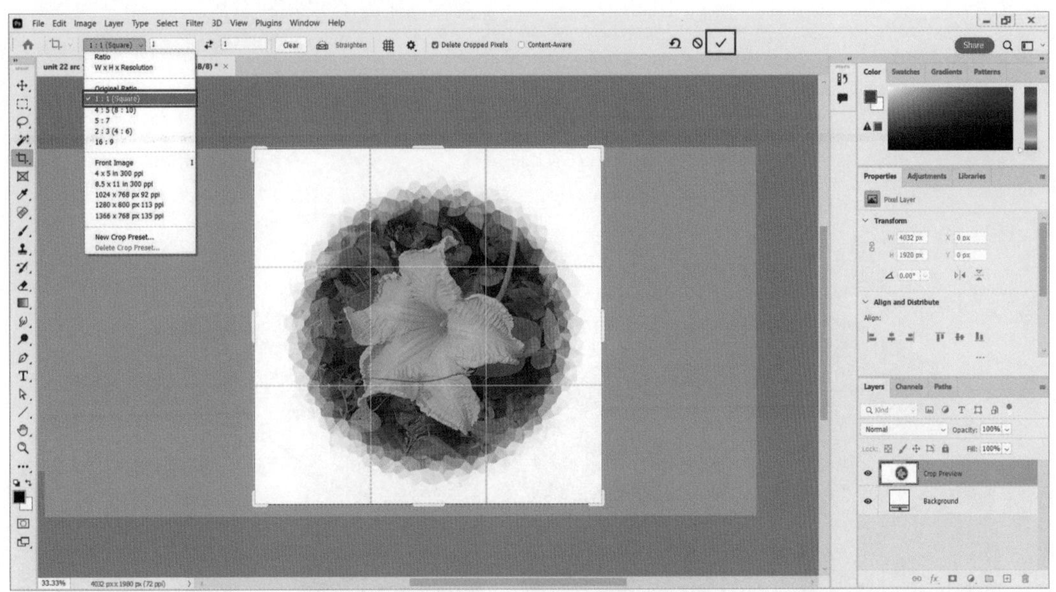

15 원본 이미지에 Crystallize 필터 효과를 적용한 알파 채널과 합성하였습니다.

PART 02

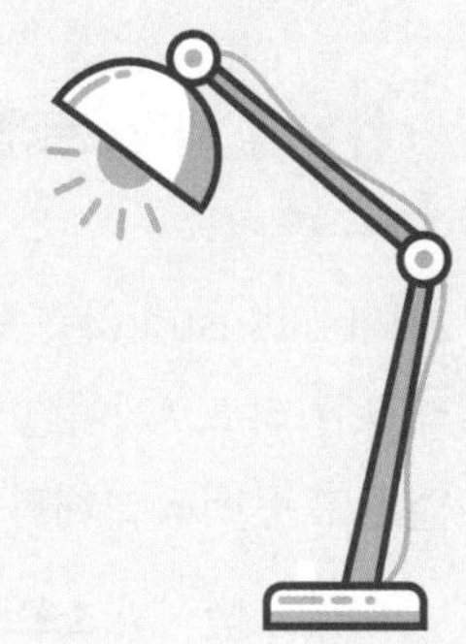

Chapter 1
기본 살펴보기

일러스트레이터를 이용하여 용량이 적고 확대해도 이미지가 매우 선명한 벡터 아트웍을 빠른 속도로 진행할 수 있습니다. 이 장에서는 일러스트레이터를 본격적으로 학습하기 이전 단계의 기본 기능을 꼼꼼히 살펴보고 확실하게 집고 넘어가야 할 개념을 정리하였습니다. 이제 새로운 벡터그래픽의 세계로 함께 들어가 볼까요?

01 일러스트레이터의 일반적 해설

Adobe Illustrator는 인쇄, 웹, 인터랙티브, 비디오 및 모바일과 같은 모든 종류의 미디어에 대한 디지털 그래픽, 일러스트레이션 및 타이포그래피를 만들고자 하는 모든 유형의 디자이너가 전 세계적으로 사용하는 업계 표준 벡터 그래픽 소프트웨어입니다.

- Vector 방식의 소프트웨어이며 벡터란 이미지의 표현 요소로서의 방향을 가지는 선으로 된 그림을 말합니다.
- Anchor Point(기준점)는 Axis of Coordinates(축의 좌표)를 가집니다.
- Adobe Illustrator는 Drawing 프로그램입니다.
- Adobe Illustrator는 Print(인쇄)를 기반으로 하기 때문에 기본 컬러 모드는 CMYK입니다.
- 아트웍의 크기를 크게 조정하더라도 오브젝트는 선명하게 유지되는 장점이 있습니다.

02 일러스트레이터의 활용

- 웹 및 모바일 그래픽(UI&UX)부터 사진, 영상, 로고, 아이콘, 서적 삽화, 제품 패키지, 옥외 광고판에 이르기까지 다양한 콘텐츠를 제작할 수 있습니다.
- Inforgraphic 및 Visual Communication 분야에 활용 가치가 높습니다.

03 일러스트레이터 관련 웹 사이트

- Pixabay https://pixabay.com/ko/illustrations/
- Freepik https://www.freepik.com/popular-vectors
- Openclipart https://openclipart.org/
- Flaticon https://www.flaticon.com/
- VectorStock https://www.vectorstock.com/
- Vecteezy https://www.vecteezy.com/browse
- The Noun Project https://thenounproject.com/
- Vector4Free https://www.vector4free.com/
- Shutterstock https://www.shutterstock.com/ko/vectors#free-download
- Behance https://www.behance.net/onboarding/adobe
- Pinterest https://www.pinterest.co.kr/
- Adobe Color https://color.adobe.com/ko/create/color-wheel
- Grafolio https://grafolio.naver.com/works/list.grfl

인터페이스 & 워크스페이스

01 | illustrator의 Interface (화면 배치)

01 Adobe illustrator 2023을 실행합니다.

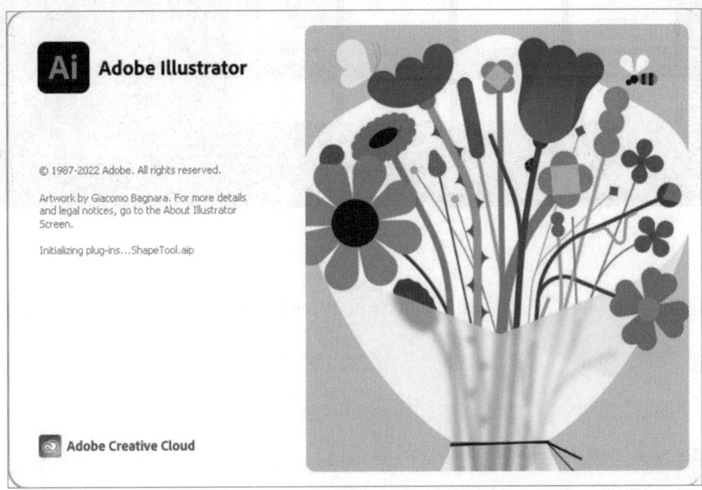

02 프로그램이 실행되며 Home Screen이 보입니다. 왼쪽에 보이는 Create New를 클릭하여 새 Artboard를 만들 수 있습니다. Artboard는 실제 책상 위의 그림을 그릴 수 있는 종이처럼 작동하는 문서를 말합니다.

03 Mobile, Web, Print 등 디자인에 필요한 템플릿을 빠르게 선택할 수 있습니다. Print 항목 중에 A4를 선택합니다. Width(너비)와 Height(높이)를 확인하고 Unit(단위)는 mm입니다.

TIP

홈스크린을 보이지 않도록 하고 싶을 경우엔 Edit > Preference【Ctrl+K】> Show the home screen when no documents are open을 해제합니다.

04 A4 규격(210mm×297mm)의 문서가 만들어집니다.

05 Edit ⇨ Preference ⇨ User Interface(사용자 화면 배치)를 변경하고자 합니다.

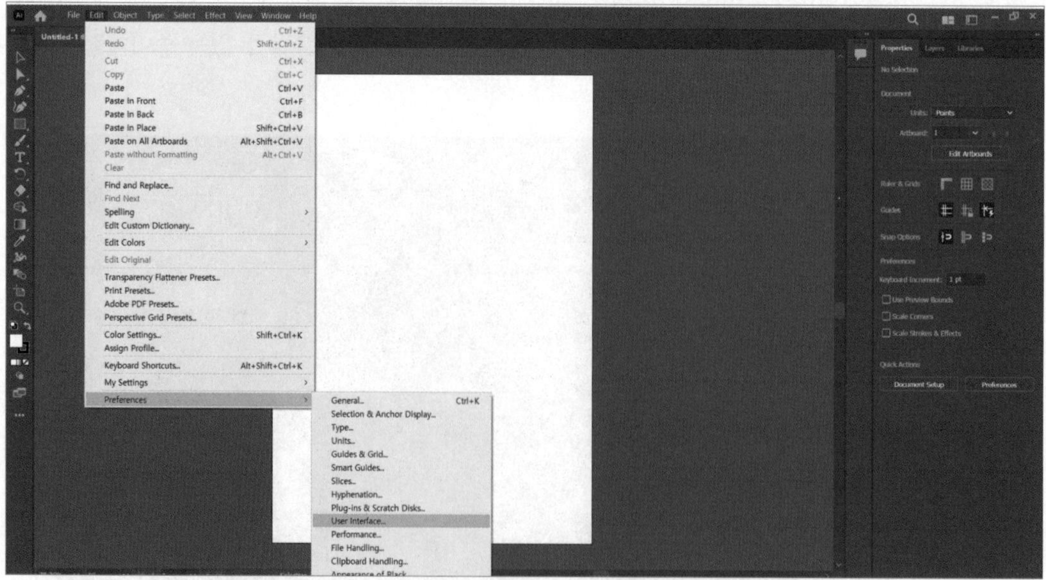

06 화면의 밝기를 개인의 선호도에 따라 변경합니다.

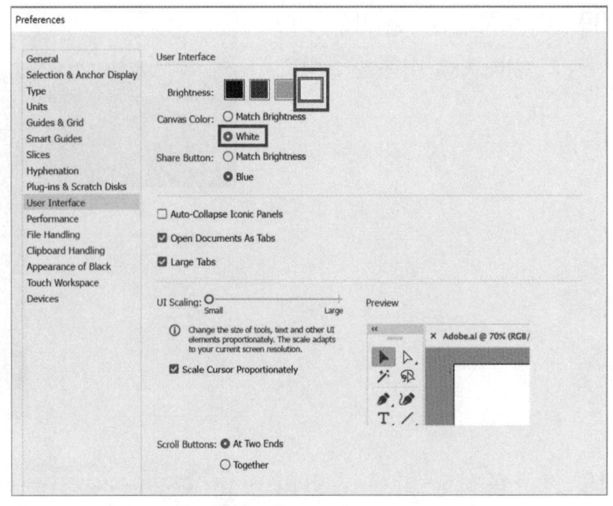

> **TIP**
> 본 교재는 아트보드의 바깥 영역을 White로 합니다.

07 A4 문서의 방향을 변경하기 위해서 Artboard tool【Shift+O】을 선택합니다.

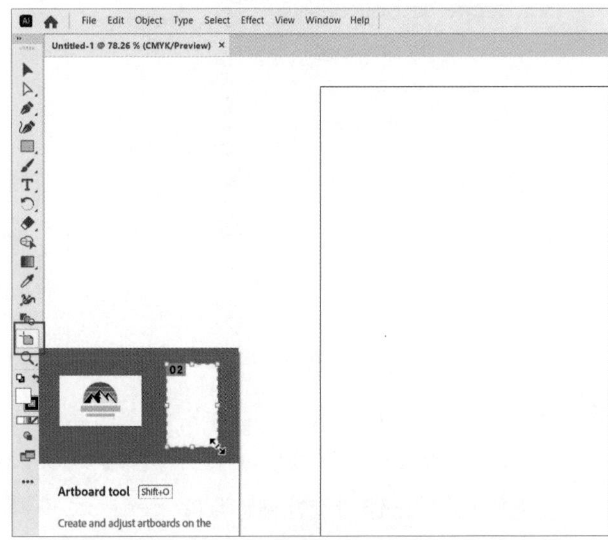

08 Artboard의 방향을 Landscape(풍경화, 관용적으로는 가로 방향이라고 합니다.)로 변경합니다.

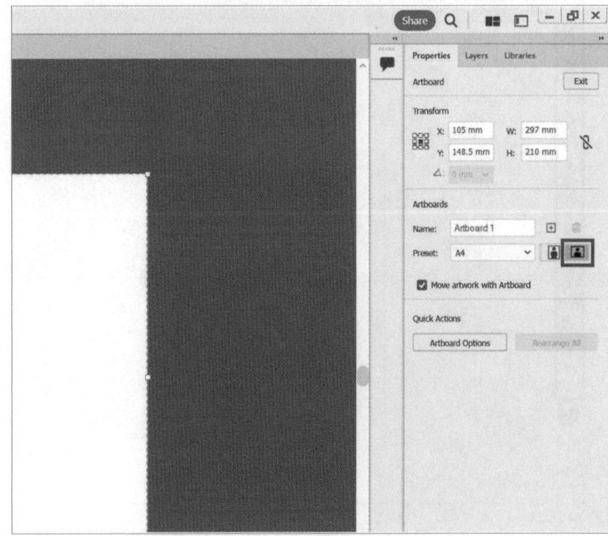

> **TIP**
> Artboard의 세로 방향은 Portrait(인물화)라고 합니다.

기본 살펴보기

09 Artboard 편집을 마무리 하기 위해 Exit 버튼을 클릭합니다.

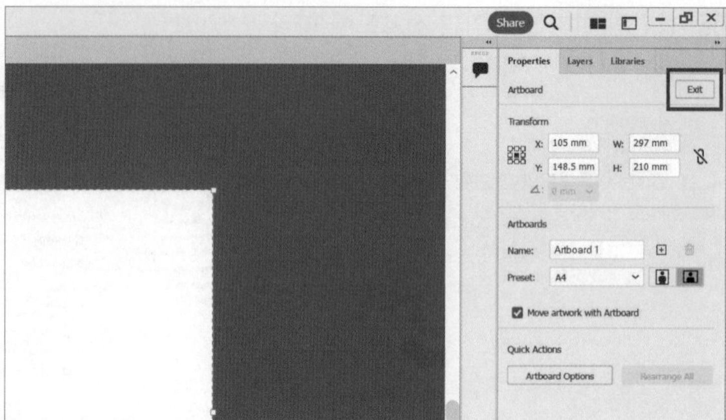

10 오른쪽처럼 밝은 화면의 Landscape Artboard(풍경화 대지)가 만들어집니다.

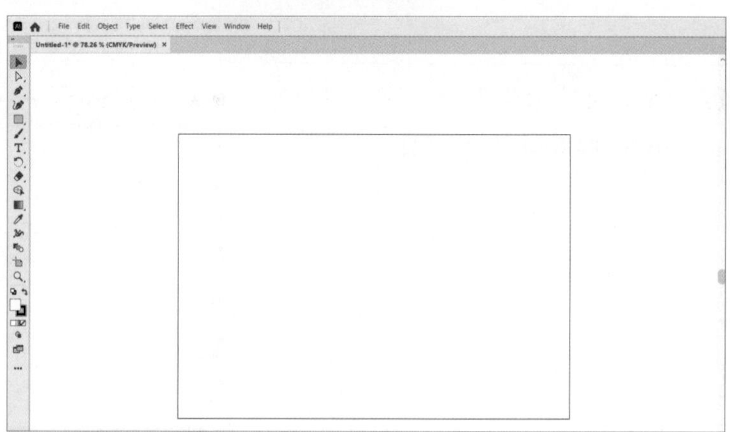

11 Illustrator의 Interface(화면배치)를 살펴보면 위쪽으로는 ❶ Application Bar ❷ Tabbed Document Window가 있습니다. 왼쪽엔 ❸ Tool Panel 가운데에는 ❹ Document Window가 보이고 오른쪽에는 ❺ 다양한 패널과 Properties로 배치되어 있습니다.

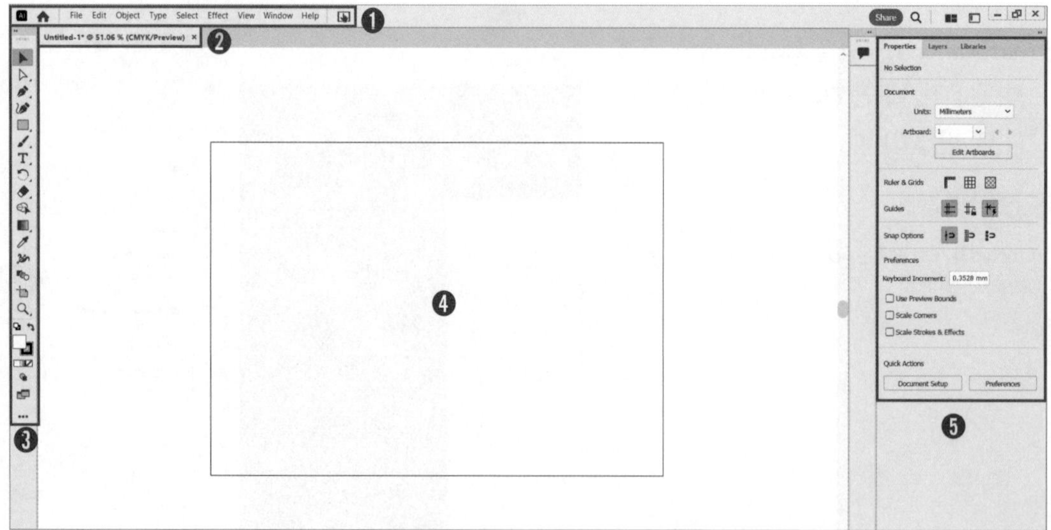

02 | 나만의 Workspace(작업환경) 설정하기

01 Workspace(작업환경)은 Essential Classic으로 하겠습니다.

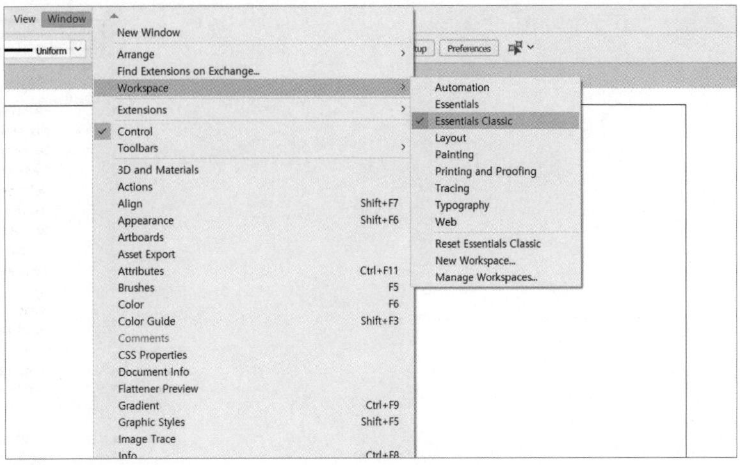

02 Window ⇨ Swatches에 단축키가 없음을 확인합니다.

TIP

사용빈도 수가 매우 높은 Swatches 패널(색상 견본)을 단축키를 설정하여 손쉽게 패널을 보이게 하거나 감출 수 있습니다.

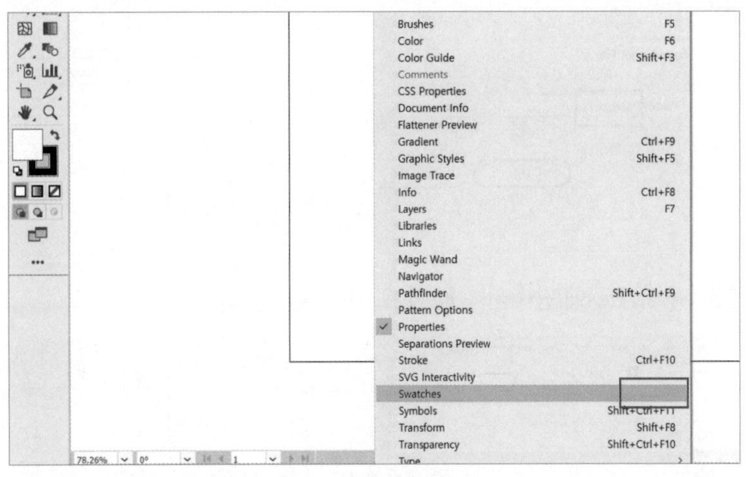

03 Edit ⇨ Keyboard Shortcuts을 선택하여 내 작업환경에 필요한 단축키를 설정하고자 합니다.

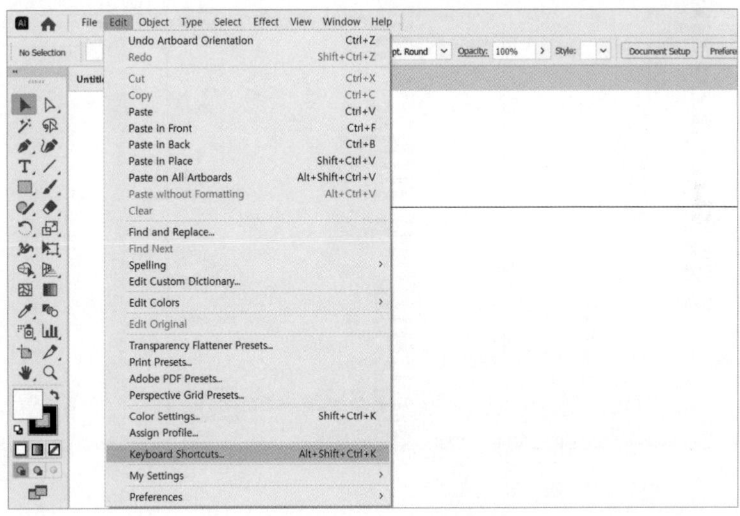

04 Menu Commands를 우선 선택한 뒤 Window 항목 안에 Swatches를 찾아 F9를 입력해줍니다.

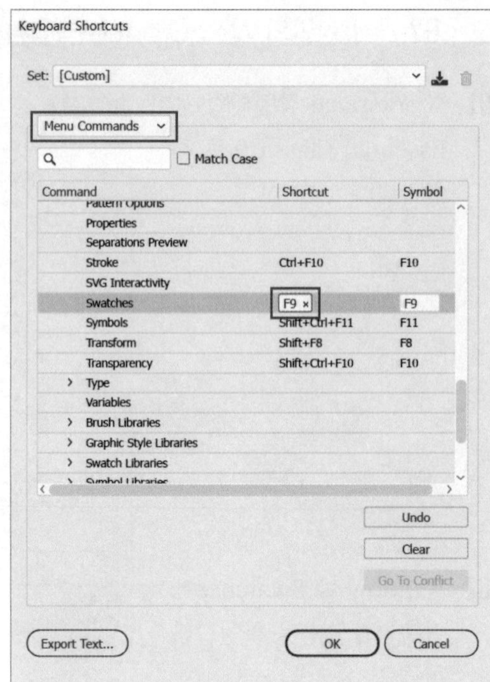

05 Name을 임의로 정해줍니다.

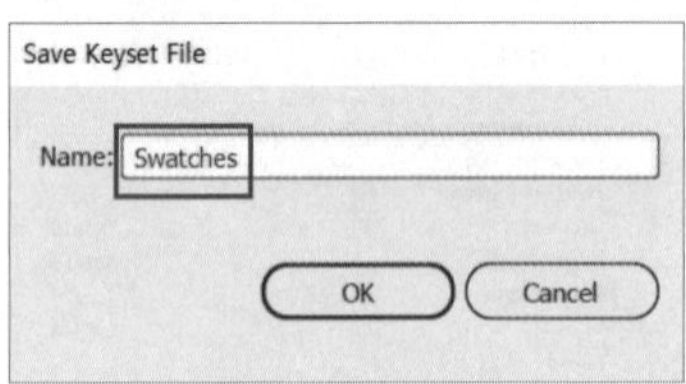

06 Swatches에 단축키가 【F9】로 설정되었습니다.

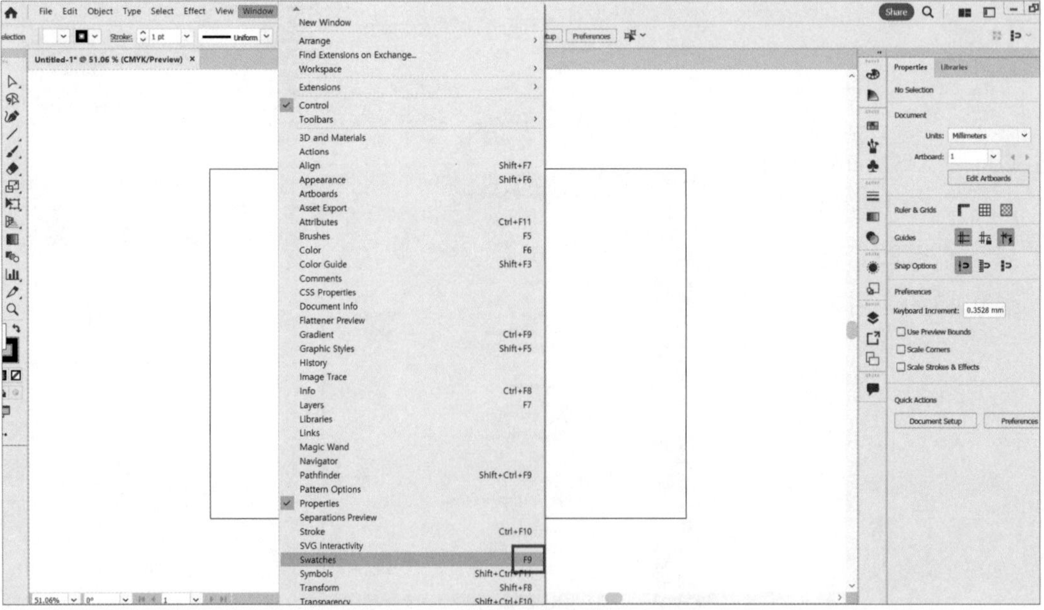

07 Window ⇨ Workspace ⇨ New Workspace 이제 자기만의 작업환경으로 저장합니다.

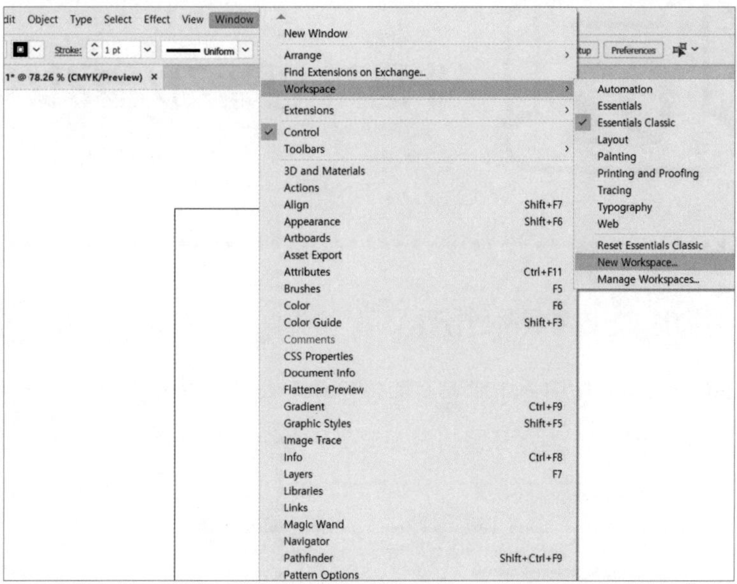

08 이름을 지정해줍니다.

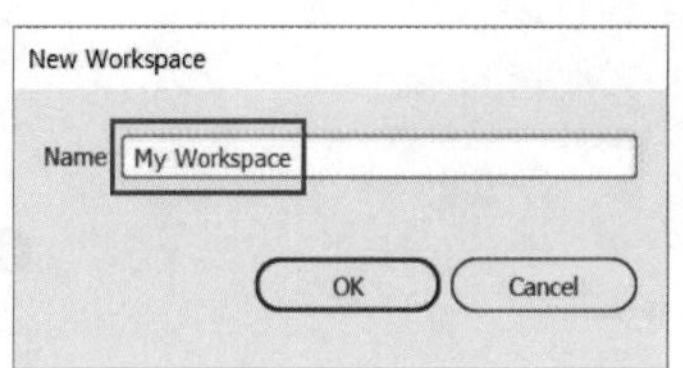

09 지정한 작업환경이 등록된 것을 확인할 수 있습니다.

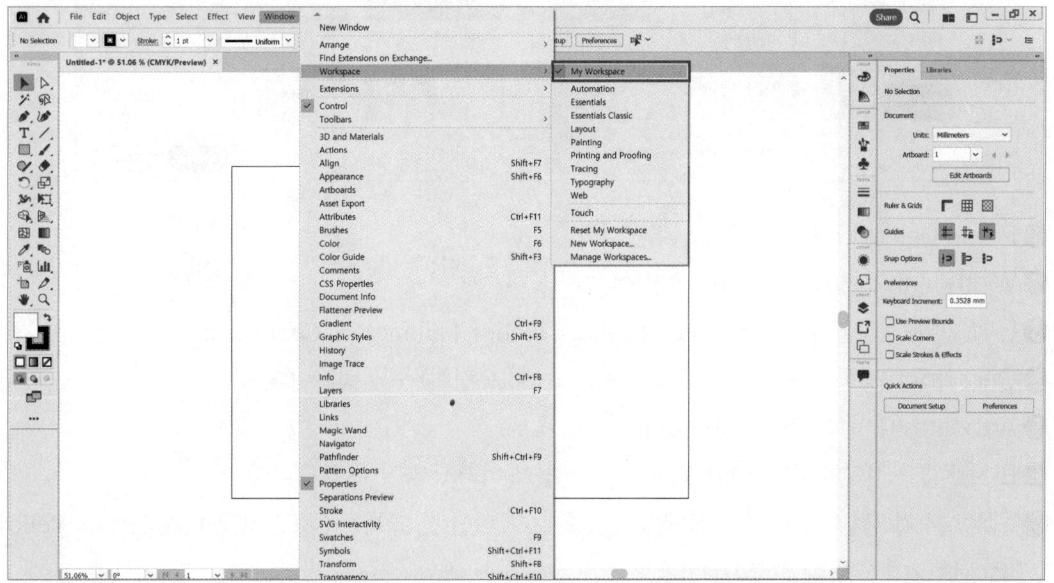

새 문서 만들기/열기/이미지 가져오기

01 | 새 문서 만들기

File ⇨ New 【Ctrl+N】 새 문서를 만듭니다. 상단에 모바일, 웹, 인쇄, 영상 등의 카테고리를 선택하여 최적화된 색상모드와 해상도를 가진 프리셋을 쉽게 선택할 수 있습니다.

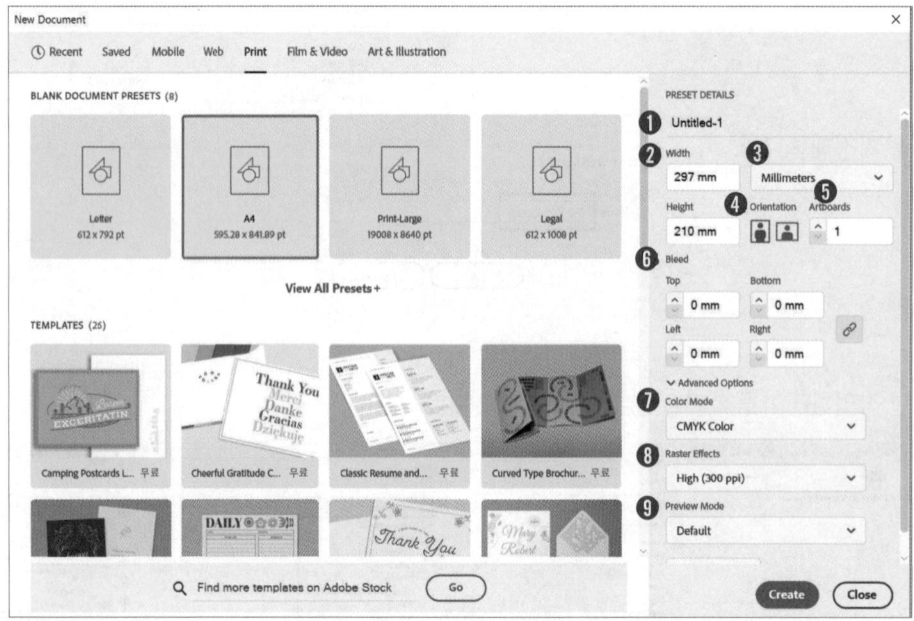

❶ Preset Details : 문서의 이름을 입력합니다.

❷ Width(너비)와 Height(높이)를 설정합니다.

❸ Unit(단위)를 정합니다. Pixels, Points, Picas, Inches, Millimeters, Centimeters

❹ Orientation(방향) : Portrait(인물화), Landscape(풍경화) 중 선택합니다.

❺ Artboards(대지)의 장수를 정합니다.

❻ Bleed(재단선)의 수치를 정합니다. 이때 인쇄물에 따라 달라질 수 있습니다.

❼ Color Mode(컬러 모드)를 목적에 맞게 정합니다. 다만 본 교재는 CMYK(Cyan, Magenta, Yellow, Black)를 기준으로 작성하였습니다.

❽ Raster Effect : 레스터 효과는 인쇄상의 해상도와 연관이 있습니다.(PPI란 인치당 픽셀 수를 말함) High(300ppi), Medium(150ppi), Screen(72ppi), 36ppi

❾ Preview Mode(화면 보기)는 Default, Pixel, Overprint로 구분할 수 있습니다.

02 | 일러스트 파일 열기

01 File ⇨ Open【Ctrl+O】벡터 파일을 열 수 있습니다.

02 unit 2-1 일러스트파일 열기.ai 파일을 선택합니다.

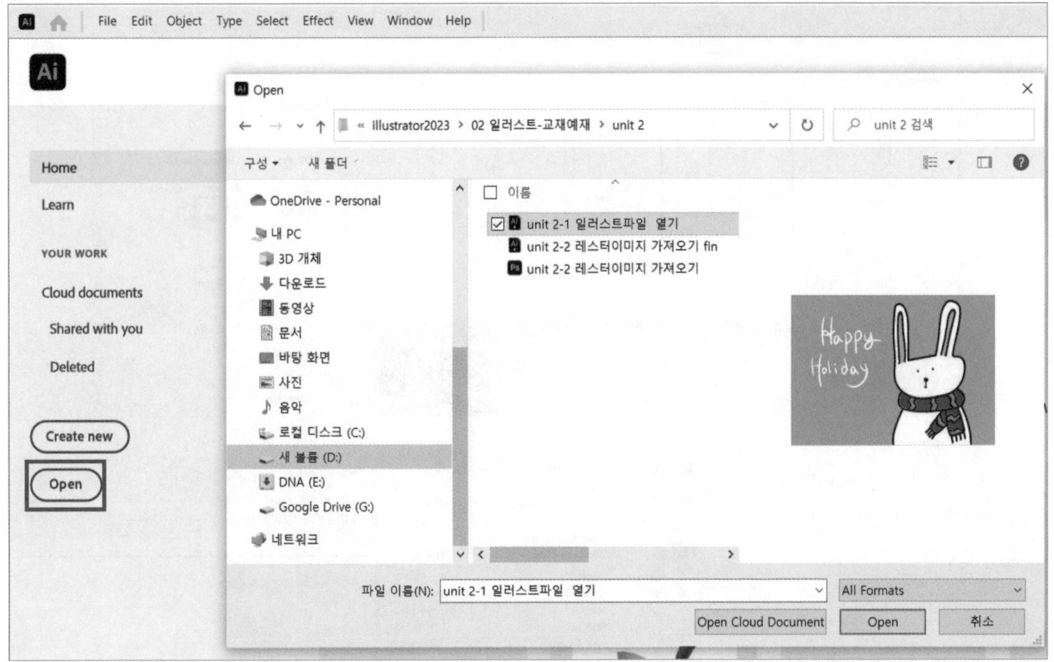

03 일러스트레이터 파일(.ai)을 열 수 있습니다.

기본 살펴보기

03 | 레스터 이미지 가져오기

01 File ⇨ New【Ctrl+N】새 문서를 만듭니다.

02 Print 항목에서 A4 용지를 선택하고 방향은 가로 방향을 선택합니다.

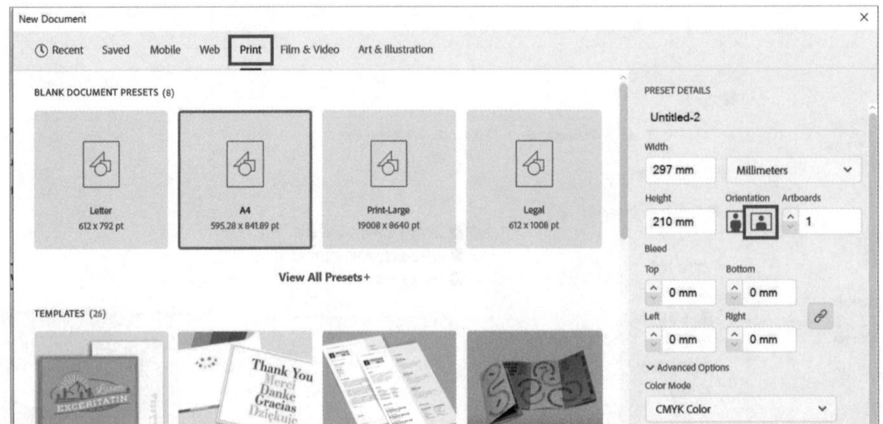

03 File ⇨ Place【Shift+Ctrl+P】로 레스터 이미지를 가져옵니다.

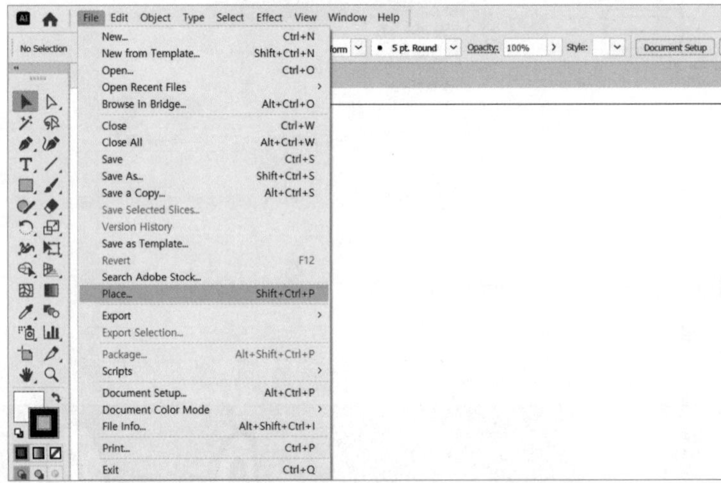

04 Link 상태에서 이미지를 가져옵니다.

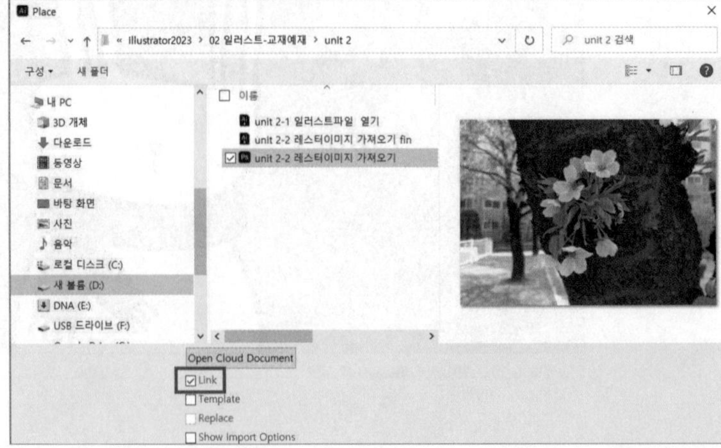

05 마우스로 드래그 하여 레스터이미지를 가져옵니다. Linked File(연결 상태인) 표시가 보입니다.

06 Embed(포함) 버튼을 클릭하여 이미지를 포함하면 복사본이 일러스트레이터 문서에 통합됩니다. 이때 문서의 크기는 가져온 파일의 크기만큼 커집니다.

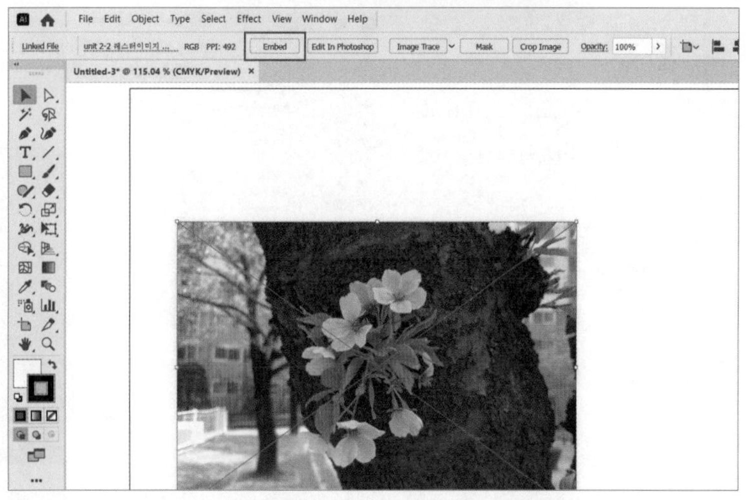

07 파란색 선이 없어지며 Image가 문서에 통합되었다는 표시를 확인할 수 있습니다.

저장하기

01 | 다양한 저장 방법

unit 3-1.ai 파일을 Open합니다. 일러스트레이터로 저장할 수 있는 다양한 방법에 대해 살펴보겠습니다.

▶ File ⇨ Save as [Shift+Ctrl+S]

- Ai : 버전을 다르게 저장할 수 있습니다.
- Pdf : High Quality Print(고품질 인쇄) / Smallest File size(화면용)
- Eps : 인쇄용 파일로 레이어를 포함할 수 있습니다.

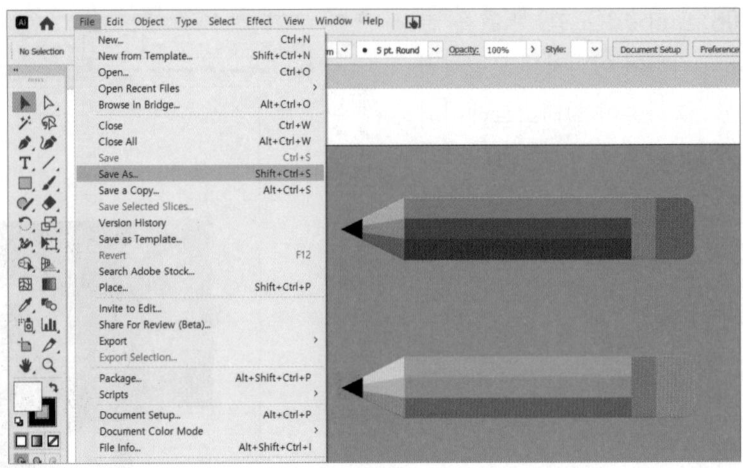

▶ File ⇨ Scripts ⇨ SaveDocsAsPDF

- 문서를 여러 개 꺼내 놓습니다.
- 동시에 다수의 문서를 자동으로 pdf로 저장합니다.

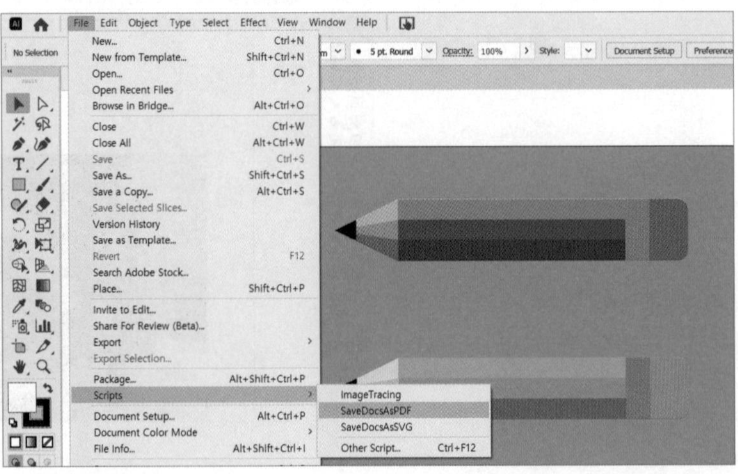

▶ File ⇨ Save for web [Alt+Shift+Ctrl+S]

- Gif : 압축률이 높은 8비트 이미지
- Jpeg : 웹사이트에 최적화하기 위해서는 60%~75% 정도 압축하는 것을 권장합니다.(손실방식)
- Png-8 : Gif보다 작은 크기의 8비트 이미지
- Png-24 : Jpeg보다 파일의 크기가 크며 손실이 적게 압축합니다.(비손실방식)

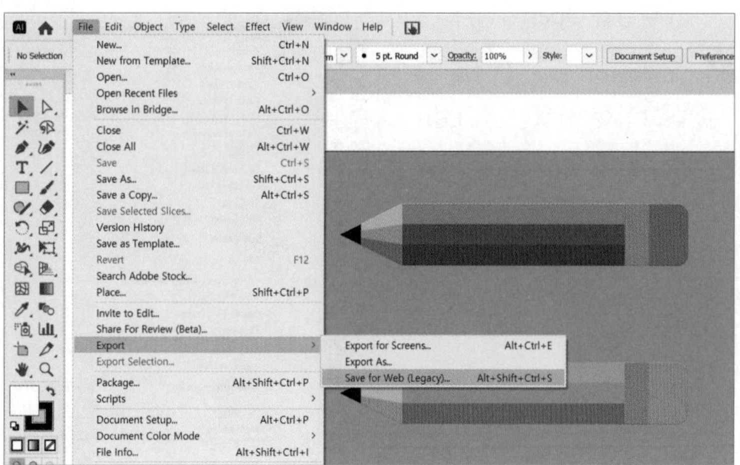

▶ File ⇨ Export ⇨ Export as ⇨ Jpeg/Psd

- Jpeg : Use Artboard를 체크한 상태 또는 해제한 상태로 저장해봅니다.
- Psd : 레이어를 구분할 수 있도록 저장해야 합니다.
- Targa : 32비트 트루칼라를 지원합니다. 스틸 이미지 시퀀스를 영상으로 렌더링하기 위해 많이 사용됩니다.

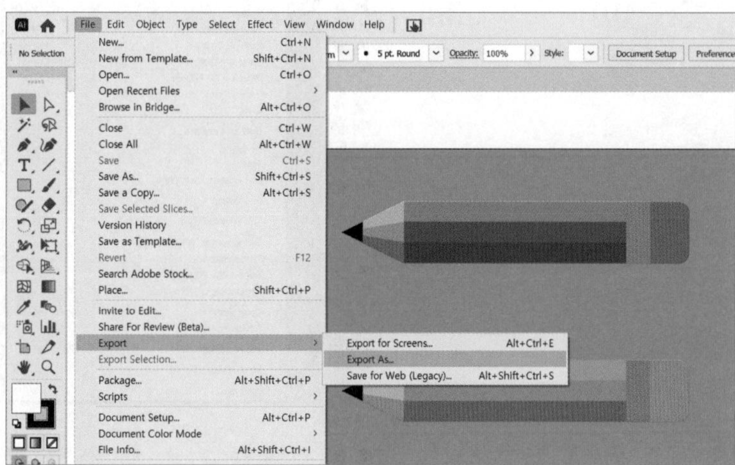

▶ File ⇨ Export ⇨ Export as ⇨ Png

01 File ⇨ New ⇨ Film & Video 항목의 HDTV 문서를 만듭니다.

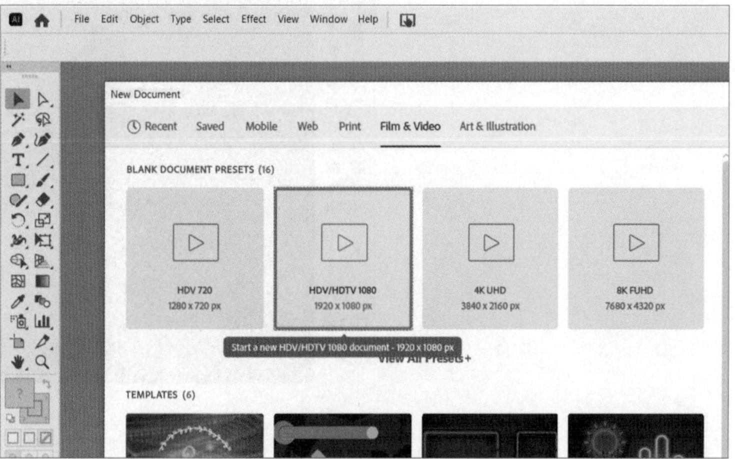

02 File ⇨ Open ⇨ unit 3-2.ai 파일을 Open합니다.

03 Selection tool 【V】로 드래그하여 선택한 후 Edit ⇨ Copy 【Ctrl+C】를 이용해서 unit 3-2.ai 파일을 복사합니다.

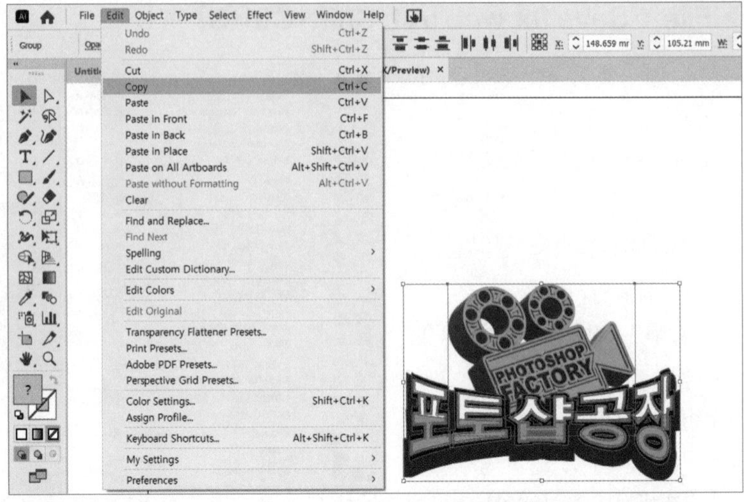

04 Edit ⇨ Paste 【Ctrl+V】 복사한 오브젝트를 만들어 놓은 HDTV 문서에 붙입니다.

05 채널 로고를 왼쪽 상단으로 옮깁니다.

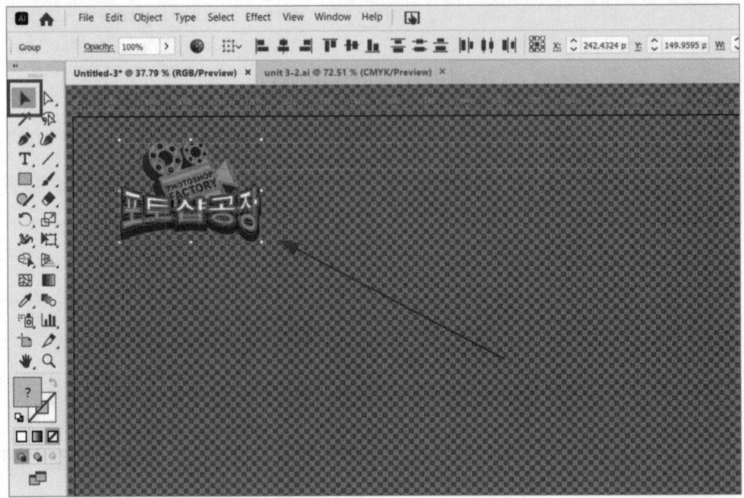

06 Artboard 패널에서 불필요한 Artboard 2를 반드시 삭제합니다.

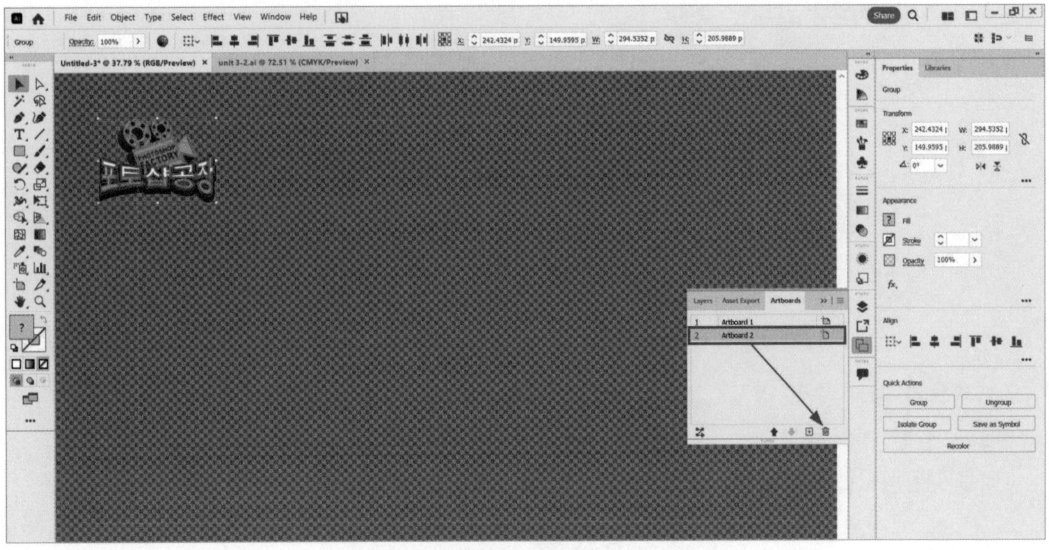

07 Artboard 2가 삭제되어 Artboard 1만 남깁니다.

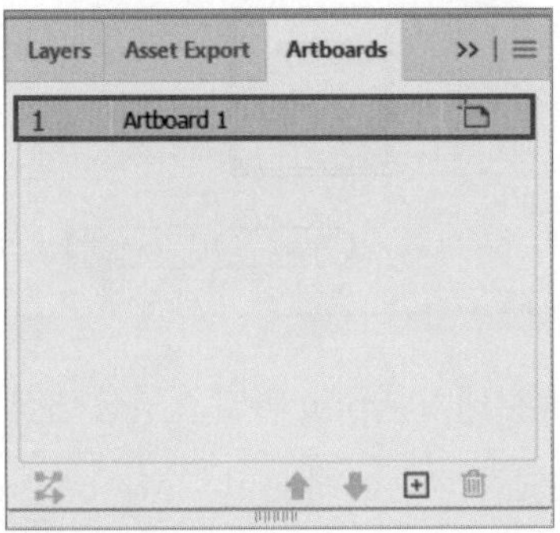

08 File ⇨ Export ⇨ Export as 내보내기를 선택합니다.

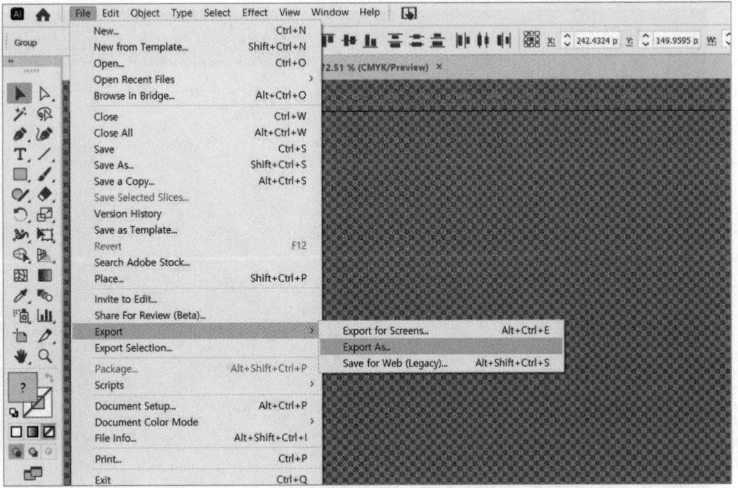

09 파일 형식은 Png를 선택한 후 Use Artboard를 반드시 체크합니다.

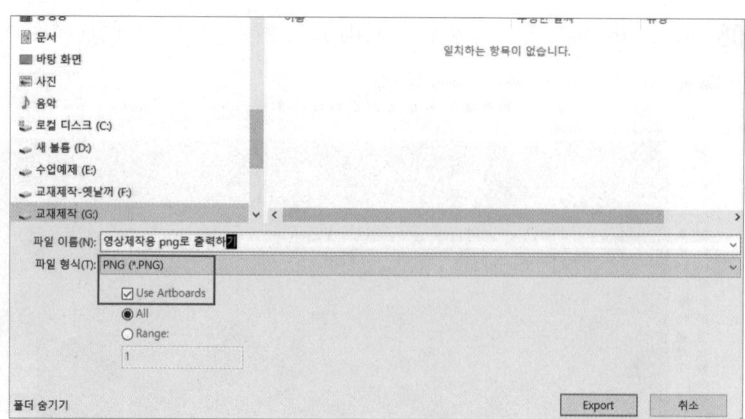

10 오브젝트와 함께 투명 영역을 포함한 아트보드의 크기로 저장됩니다.

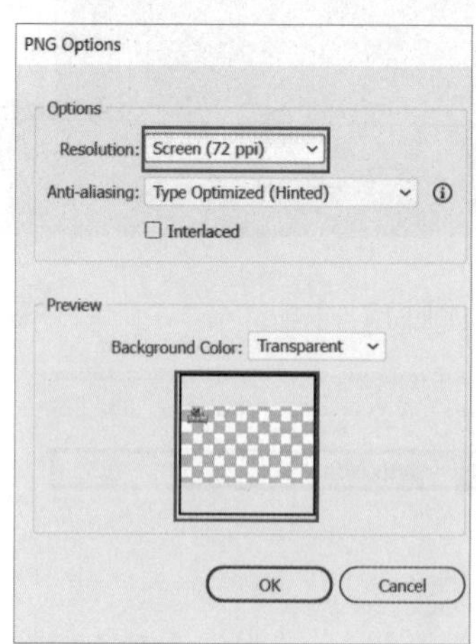

11 일러스트레이터에서 제작하고 내보내기한 png 파일은 영상 편집용으로 활용할 수 있습니다. 왼쪽 상단에 채널 로고로 활용하였습니다. 아래 화면은 Adobe Premiere 2023 화면입니다.

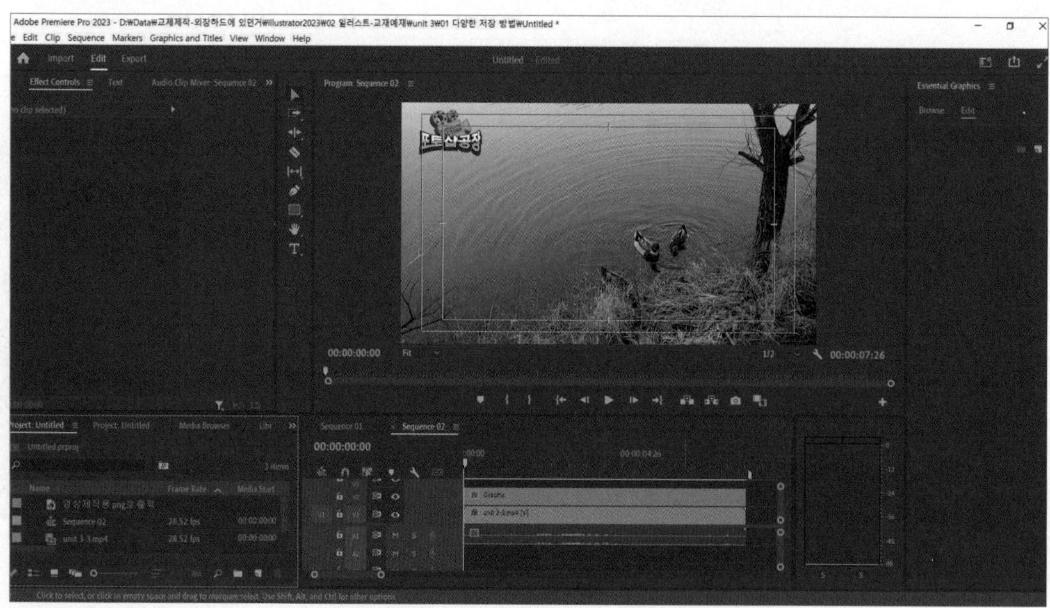

▶ File ⇨ Export ⇨ Export for Screen [Alt+Ctrl+E]

01 File ⇨ Export ⇨ Export for Screens 동시에 다양한 크기로 출력할 수 있습니다.

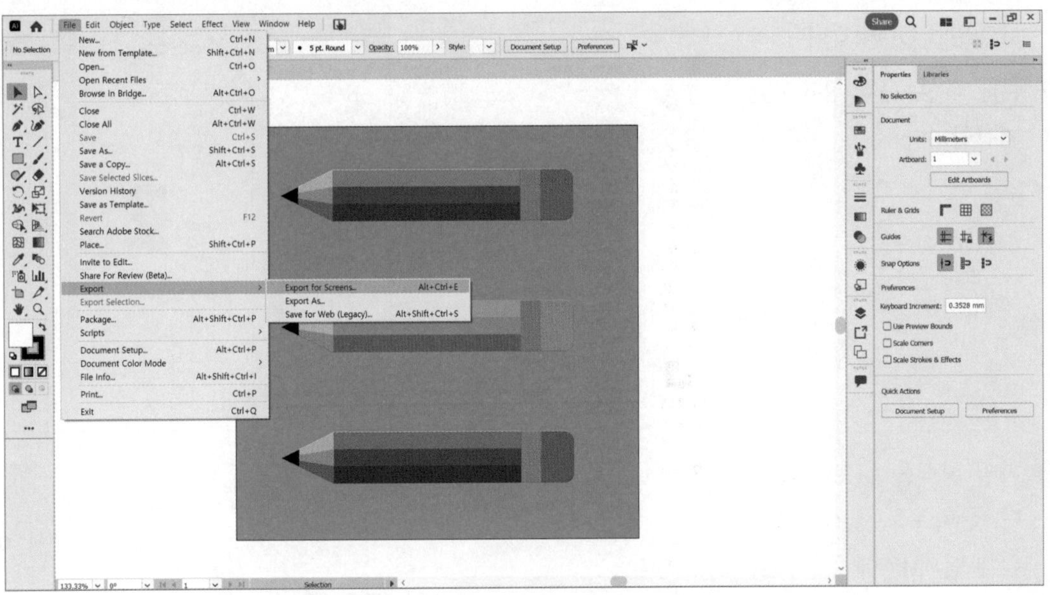

02 +Add Scale을 클릭하여 크기를 다르게 출력할 수 있습니다.

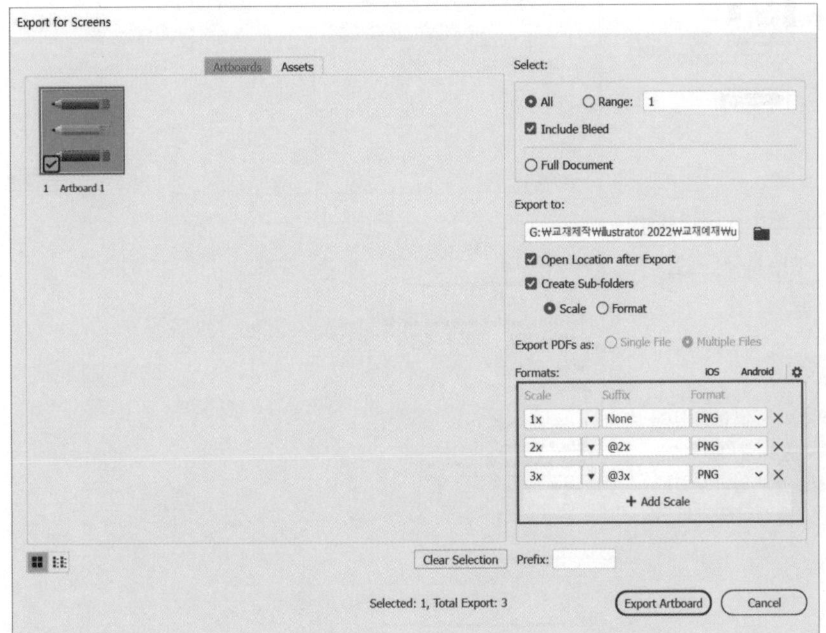

02 | 파일을 분리하여 저장하기

01 File ⇨ Open ⇨ unit 3-4.ai 파일을 Open합니다.

02 File ⇨ Save ⇨ Save as 저장합니다.

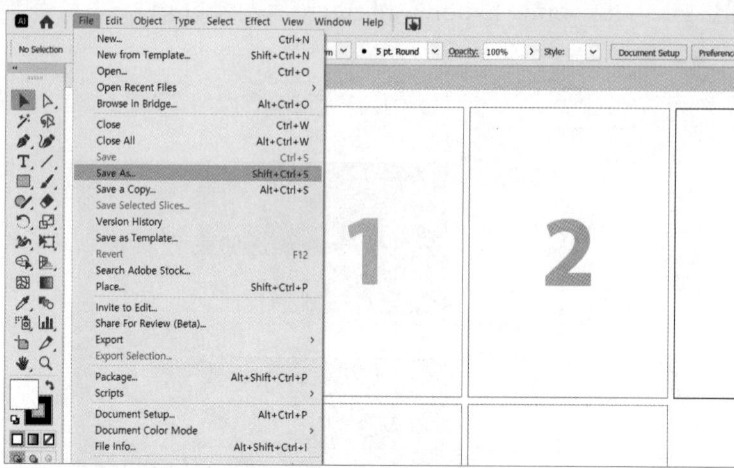

03 파일 형식을 AI로 정합니다. 클라우드에 저장하거나 본인의 PC에 구분하여 저장할 수 있습니다.

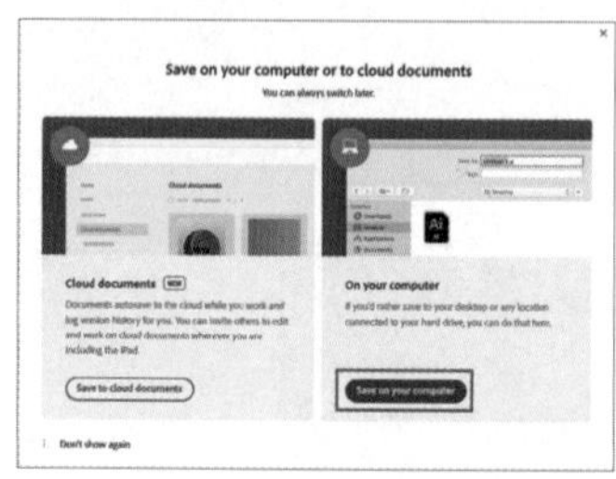

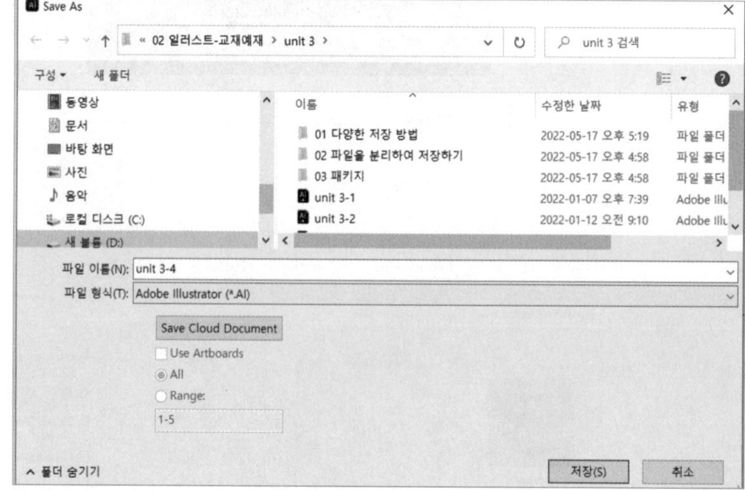

04 Save each artboard to a separate file을 체크합니다.

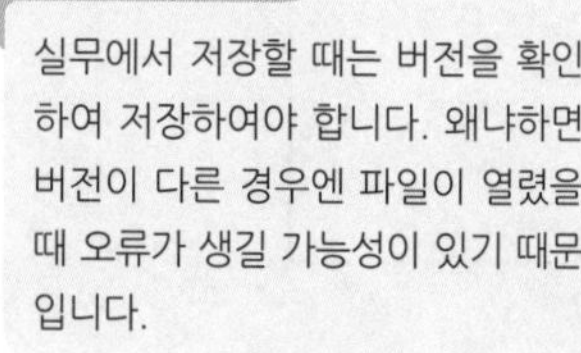

TIP

실무에서 저장할 때는 버전을 확인하여 저장하여야 합니다. 왜냐하면 버전이 다른 경우엔 파일이 열렸을 때 오류가 생길 가능성이 있기 때문입니다.

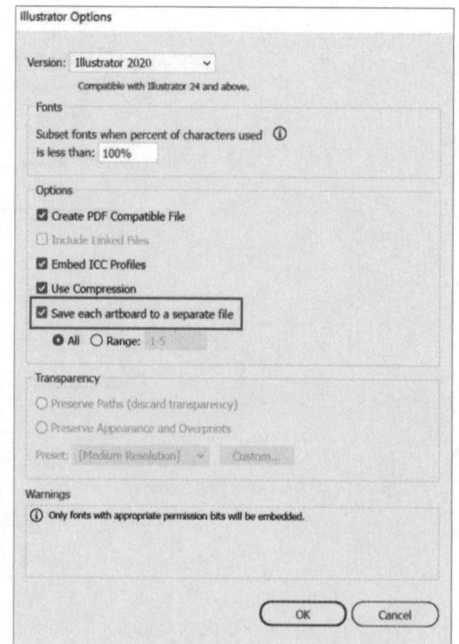

05 전체 파일과 각각 Artboard가 5개 파일로 분리되어 저장됩니다.

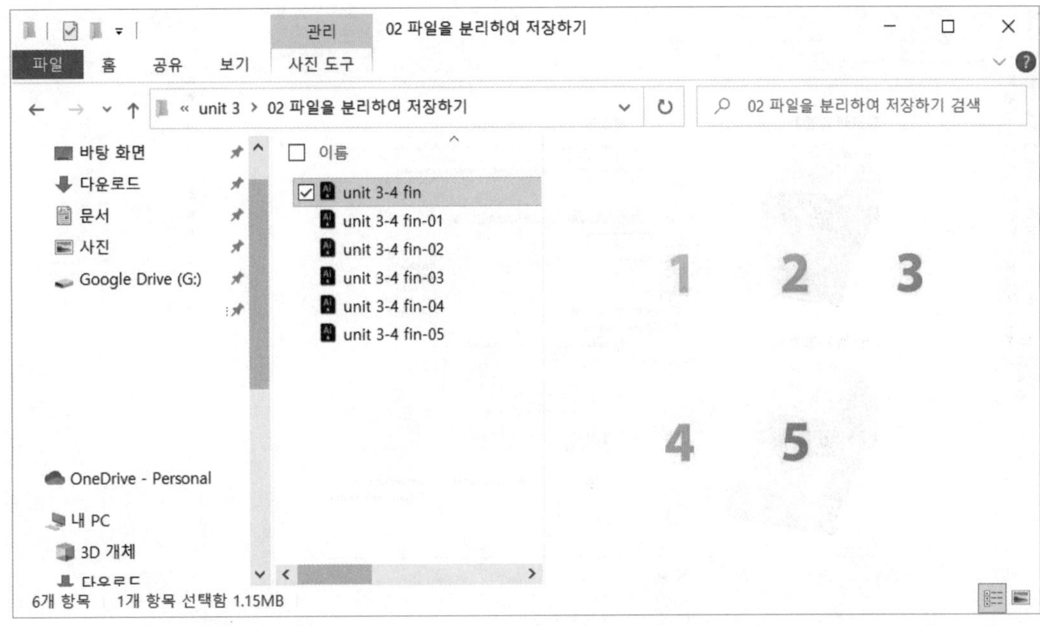

03 | Package 패키지

01 File ⇨ Open ⇨ unit 3-5.ai 파일을 Open합니다.

02 File ⇨ Package【Alt+Shift+Ctrl+P】패키지 메뉴를 선택합니다.

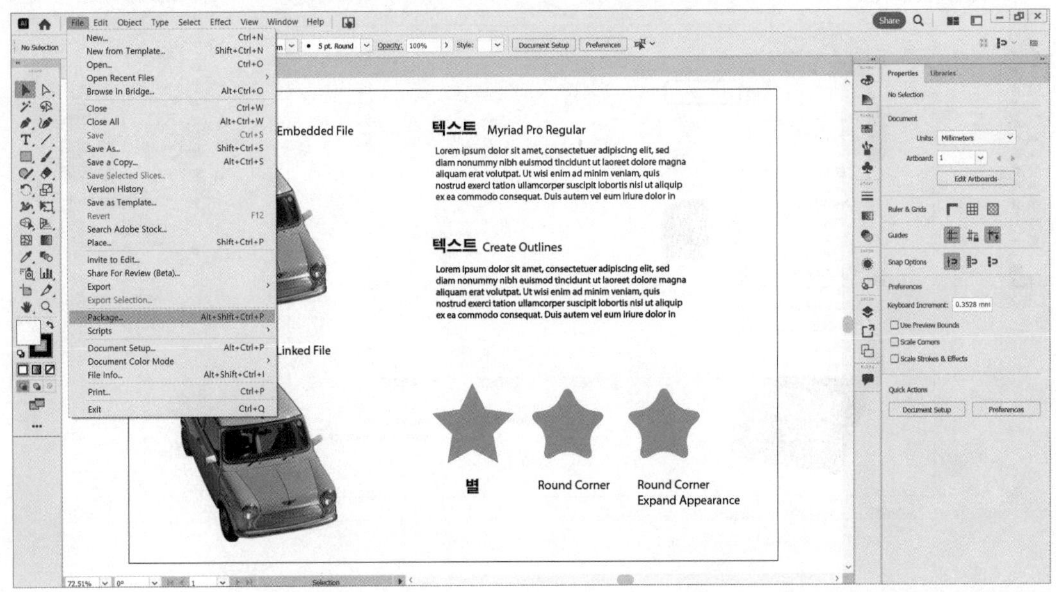

03 새 폴더에 패키지 됩니다.

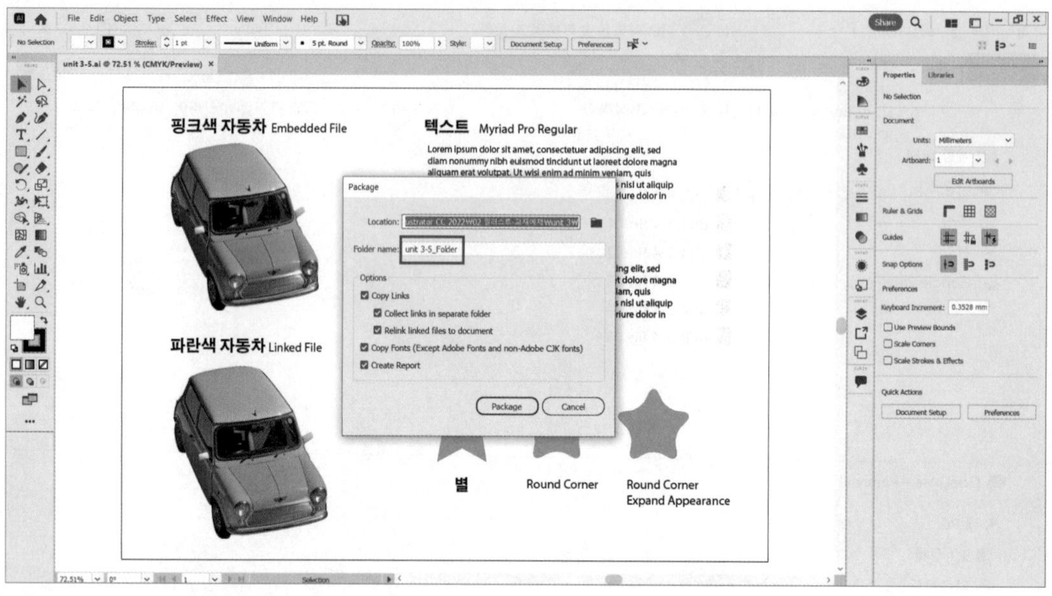

04 문서가 저장되고 지침서와 연결된 이미지를 별도의 폴더에 복사합니다. 그리고 글꼴을 하나의 폴더에 모을 수 있습니다.

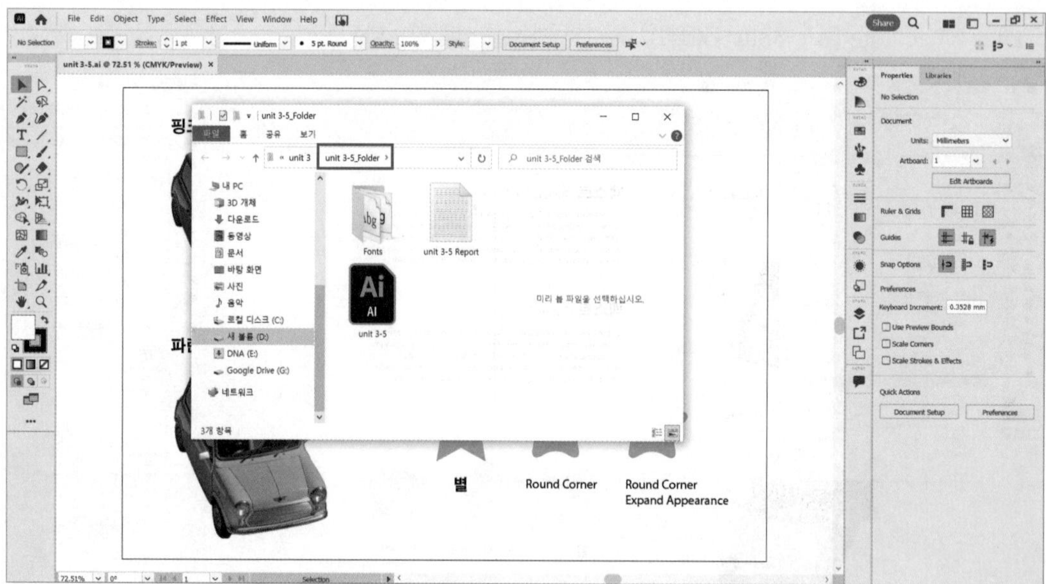

Unit

04 도구 모음 종류

01 | 툴박스

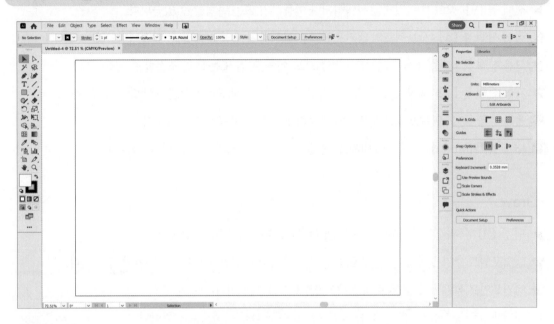

· Fill & Stroke

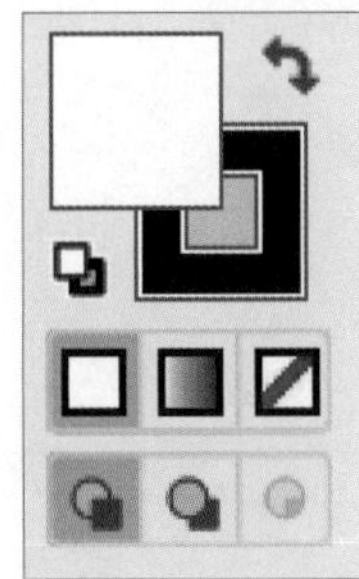

Switch 면색 버튼 【X】: Fill Color(면색)을 활성화

Switch 선색 버튼 【X】: Stroke Color(선색)을 활성화

Swap Color 선색과 면색을 교환 【Shift+X】

Default Color 기본 면색과 선색 【D】

칼라 【< 】/ 그래디언트 【 >】/ None 【/】

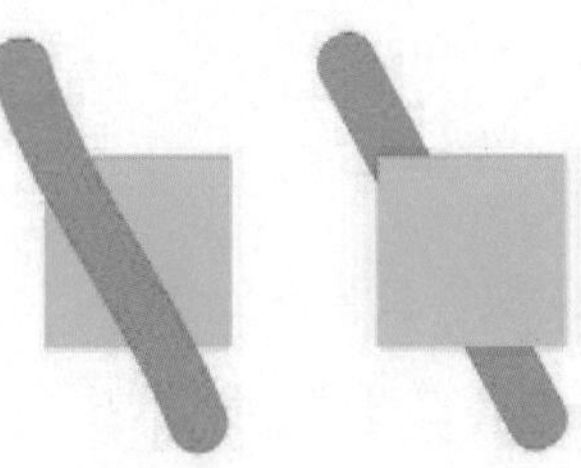

일반 그리기 모드 【Shift+D】

뒤에 그리기 【Shift+D】

안에 그리기 【더블 클릭한 후 드래그】

· 스크린 모드

Presentation Mode	Shift+F	프리젠테이션 모드
✓ Normal Screen Mode		기본 모드
Full Screen Mode with Menu Bar		화면을 채운 모드
Full Screen Mode		아트보드만 표시하는 모드

· Select

선택 툴【V】: 오브젝트 전체를 선택하거나 이동하기 또는 변형할 수 있습니다.

직접 선택 툴【A】: 오브젝트의 앵커포인트를 선택하여 모양을 고칠 수 있습니다.

그룹 선택 툴 : 그룹 내에서 개체를 개별적으로 이동, 편집 또는 크기 조정할 수 있습니다.

자동 선택 툴【Y】: 색상이나 투명도의 속성 등을 기준으로 오브젝트를 선택할 수 있습니다.

올가미 툴【Q】: 마우스를 드래그하여 각각의 포인트를 선택할 수 있습니다.

대지 툴【Shift+O】: 아트보드(대지)를 편집하거나 추가, 크기 변경을 할 수 있습니다.

· Draw

펜 툴【P】: 똑바른 부분이나 곡선을 이루는 경로(패스)를 그릴 수 있습니다.

앵커포인트 추가 툴【+】: 기존 경로의 중간을 클릭하여 앵커포인트를 추가할 수 있습니다.

앵커포인트 삭제 툴【-】: 경로에서 앵커포인트를 삭제합니다.

앵커포인트 툴【Shift+C】: 직선을 곡선으로 또는 곡선을 직선으로 전환합니다.

곡률 툴【Shift+~】: 대부분이 곡선인 모양을 만드는 경우에 좋은 방법입니다.

라인 툴【₩】: 임의 각도의 직선을 그릴 수 있습니다.

원호 툴 : 아치 모양(Arch)을 만듭니다.

나선형 툴 : 나선을 만듭니다.

사각형 그리드 툴 : 테이블을 만들거나 행과 열이 있는 그리드를 만들 수 있습니다.

폴라 그리드 툴 : 중간에서 만나는 수직선을 사용하여 극좌표 그리드를 만듭니다.

사각형 툴【M】: 직사각형(Rectangle)이나 정사각형(Square)을 그릴 수 있습니다.

둥근 사각형 툴 : 모서리가 둥근 사각형을 그립니다.

원형 툴【L】: 정원(Circle)이나 타원(Ellipse)을 그립니다.

다각형 툴 : 면(Side)의 수를 변경하여 원하는 갯수의 다각형을 그릴 수 있습니다.

별 툴 : Shift를 누른 채 그리는 별과 Alt+Shift를 누른 채 별을 그릴 수 있습니다.

- 플레어 툴 : 후광, 광선 및 고리가 있는 플레어 개체를 만듭니다.
- 페인트 붓 툴 【B】 : 테두리 선 속성으로 패턴이나 아트, 스캐터, 캘리그래프 등을 만듭니다.
- 물방울 붓 툴 【Shift+B】 : 면 속성으로 채워진 복합 경로(Compound Path)를 만들 수 있습니다.
- 연필 툴 【N】 : 프리핸드(Freehand) 경로를 그릴 수 있습니다.
- 스무스 툴 : 패스를 드래그하면 앵커포인트 사이가 더 부드럽게 전환됩니다.
- 패스 지우개 툴 : 선을 선택한 상태에서 드래그하여 패스를 지울 수 있습니다.
- 조인 툴 : 경로의 끝 포인트를 드래그하여 연결할 수 있습니다.
- 세이퍼 툴 【Shift+N】 : 마우스로 정확한 원이나 사각형 등의 도형을 그릴 수 있습니다.
- 심볼 스프레이 툴 【Shift+S】 : 심볼을 스프레이로 흩뿌릴 수 있습니다.
- 심볼 이동 툴 : Symbol Instance를 이동하고 싶을 때 사용합니다.
- 심볼 분쇄 툴 : 심볼을 모으거나 흩어지게 할 때 사용합니다.
- 심볼 크기 조절 툴 : 크기 조절할 때 (Click하면 커지고 Alt+Click하면 작아집니다.)
- 심볼 회전 툴 : Symbol Instance의 방향을 바꿀 때(회전) 사용합니다.
- 심볼 염색 툴 : Symbol Instance의 색상을 변경할 수 있습니다.
- 심볼 투명도 툴 : Symbol Instance의 투명도를 올리거나 내릴 수 있습니다.
- 심볼 스타일 툴 : 심볼에 Graphic Style 【Shift+F5】을 적용할 때 활용합니다.
- 막대 그래프 툴 【J】 : 기둥(Column) 그래프를 만들 수 있습니다.
- 누적 세로 막대 그래프 툴 : 숫자는 모두 양수이거나 모두 음수여야 합니다.
- 가로 막대 그래프 툴 : 양수 값과 음수 값을 결합할 수 있습니다.
- 가로 누적 막대 그래프 툴 : 숫자는 모두 양수이거나 모두 음수여야 합니다.
- 선 그래프 툴 : 데이터의 각 열은 선 그래프의 한 줄에 해당합니다.
- 영역 그래프 툴 : 값은 모두 양수이거나 모두 음수여야 합니다.
- 산포 그래프 툴 : 분산형 그래프는 두 축 모두 값을 측정합니다.
- 파이 그래프 툴 : 파이 그래프에 대한 데이터 세트를 구성합니다.
- 레이더 그래프 툴 : 레이더 그래프에서 양수 값과 음수 값을 결합할 수 있습니다.
- 분할 영역 툴 【Shift+K】 : 문서의 영역을 분할 할 수 있습니다.
- 분할 영역 선택 툴 : 분할된 영역을 선택합니다.
- 원근감 격자 툴 【Shift+P】 : 1, 2, 3개의 원근 포인트를 오브젝트 안에 넣을 수 있습니다.
- 원근감 선택 툴 【Shift+V】 : 원근감 있는 개체를 선택, 이동, 크기 조정, 복사 및 변형할 수 있습니다.

· Type

문자 툴【T】: 수평 문자를 편집하거나 만들 수 있습니다.

영역 문자 툴 : 개체의 영역을 사용하여 가로로 문자의 흐름을 제어합니다.

패스상의 문자 툴 : 경로나 모양의 윤곽선에 텍스트를 입력할 수 있습니다.

세로 문자 툴 : 수직 문자를 편집하거나 만들 수 있습니다.

세로 영역 문자 툴 : 개체의 영역을 사용하여 세로로 문자의 흐름을 제어합니다.

패스상의 세로 문자 툴 : 경로나 모양의 윤곽선에 세로로 텍스트를 입력할 수 있습니다.

문자 손질 툴【Shift+T】: 문자를 개별적으로 이동, 크기 조정, 회전 및 겹칠 수 있습니다.

· Paint

그래디언트 툴【G】: 기존 그래디언트의 각도나 반지름, 길이, 위치를 변경할 수 있습니다.

망 툴【U】: 오브젝트를 그물망을 이용하여 다수의 칼라를 편집하거나 만들 수 있습니다.

도형 구성 툴【Shift+M】: 오브젝트를 결합할 수 있습니다.

라이브 페이트 툴【K】: 영역 내부를 클릭하여 색상을 채울 수 있습니다.

라이브 페인트 선택 툴【Shift+L】: 획 또는 채우기 색상을 변경하거나 삭제합니다.

· Modify

회전 툴【R】: 오브젝트를 회전할 수 있습니다.

반사 툴【O】: 이미지나 오브젝트를 축을 중심으로 반사합니다

크기 조절 툴【S】: 오브젝트의 크기를 조절할 수 있습니다.

기울이기 툴 : 각도를 조절하여 오브젝트를 기울게 만듭니다.

모양 변경 툴 : 오브젝트의 선이나 모양을 모두 같은 방향으로 이동하여 모양을 변경합니다.

폭 툴【Shift+W】: 테두리의 두께를 조절할 수 있습니다.

변형 툴【Shift+R】: 오브젝트를 드래그하여 형태를 휘거나 왜곡하는 데 활용합니다.

돌리기 툴 : 회오리 모양으로 변형합니다.

오목 툴 : 형태가 수축되도록 합니다.

볼록 툴 : 브러시 크기 만큼 오브젝트를 부풀릴 수 있습니다.

조개 툴 : 오브젝트의 임의의 곡선을 만들 수 있습니다.

수정화 툴 : 불규칙하고 뾰족한 형태가 만들어집니다.

주름 툴 : 윤곽선에 주름 모양이 만들어집니다.

퍼펫 뒤틀기 툴 : 오브젝트를 뒤틀어 형태를 변형할 수 있습니다.

자유 변형 툴 【E】 : 원근감을 주거나 회전, 크기 조절, 반사, 비틀기 등을 할 수 있습니다.

측정 툴 : 두 점 사이의 거리를 계산합니다.

스포이드 툴 【I】 : 텍스트의 속성이나 색상 등의 샘플을 적용할 수 있습니다.

블랜드 툴 【W】 : 오브젝트 사이의 칼라 또는 모양을 혼합할 수 있습니다.

지우개 툴 【Shift+E】 : 오브젝트를 지울 수 있습니다.

가위 툴 【C】 : 클릭하여 면이나 선을 절단할 수 있습니다.

칼 툴 : 드래그하여 오브젝트를 절단할 수 있습니다.

· Navigate

핸드 툴 【H】 : 윈도우의 문서를 이동할 수 있습니다.

인쇄 영역 툴 : 인쇄 영역을 설정하는 툴입니다.

회전 보기 툴 【Shift+H】 : 캔버스 방향을 회전하여 변경합니다.

돋보기 툴 【Z】 : 문서를 확대하거나 축소할 수 있습니다.

· Action

- 새 문서 만들기 【Ctrl+N】
- 대화상자를 열지 않고 새문서 만들기 【Ctrl+Alt+N】
- 템플릿으로 새 문서 만들기 【Shift+Ctrl+N】
- 문서 열기 【Ctrl+O】
- 문서에 파일 가져오기 【Shift+Ctrl+P】
- 패키지 【Alt+Shift+Ctrl+P】
- 파일정보창 【Alt+Shift+Ctrl+I】
- 프린트 【Ctrl+P】
- 프로그램 종료 【Ctrl+Q】
- 환경설정 【Ctrl+K】
- 변형 반복하기 【Ctrl+D】
- 오브젝트 이동 【Shift+Ctrl+M】
- 그룹 【Ctrl+G】
- 그룹해제 【Shift+Ctrl+G】
- 클리핑마스크 【Ctrl+7】
- 선택 중인 아트보드의 오브젝트 선택 【Alt+Ctrl+A】
- 선택해제 【Shift+Ctrl+A】
- 확대보기 【Ctrl+=】
- 축소보기 【Ctrl+-】
- 아트보드를 윈도우 창에 맞춰보기 【Ctrl+0】(zero)
- 스마트 가이드 보기/감추기 【Ctrl+U】
- 그리드 보기/감추기 【Ctrl+'】
- 칼라 패널 보기/감추기 【Ctrl+6】
- 그래디언트 패널 보기/감추기 【Ctrl+F9】
- 레이어 패널 보기/감추기 【F7】
- 스트로크 패널 보기/감추기 【Ctrl+F10】
- 레이어 추가 【Ctrl+L】
- 패스파인더 패널 보기/감추기 【Shift+Ctrl+F9】
- 캐릭터 패널 열기 【Ctrl+T】
- 파라그래프 열기 【Alt+Ctrl+T】

화면보기(View Menu)

File ⇨ Open ⇨ unit 5-1.ai 파일을 이용하여 다양한 화면보기를 살펴보겠습니다.

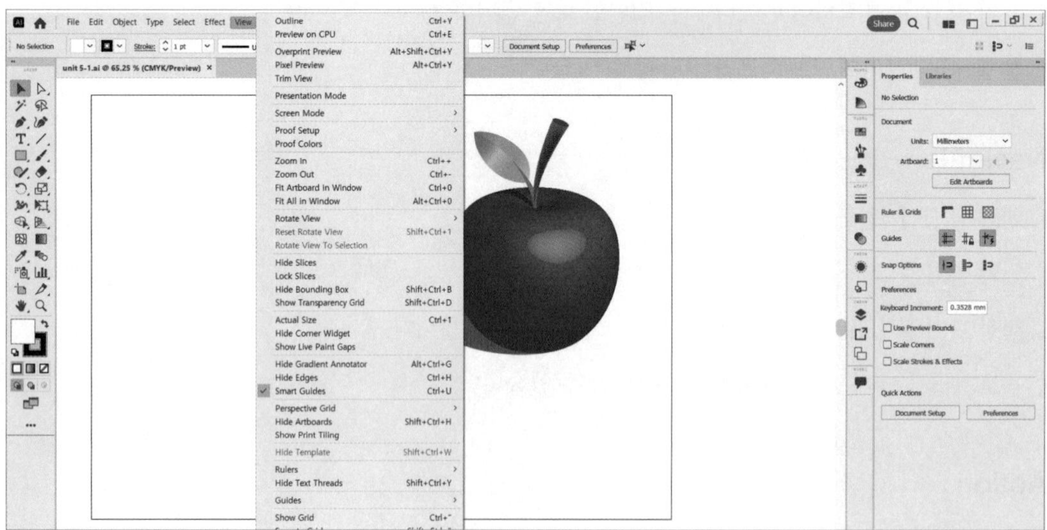

01 | 화면보기

· View ⇨ Outline【Ctrl+Y】

아트웍의 윤곽선(경로)만 표시되도록 선택할 수 있습니다. 복잡한 아트웍으로 작업할 때보다 화면을 다시 그리는 데 걸리는 시간이 단축됩니다.

· View ⇨ Preview on CPU/GPU Preview【Ctrl+E】

일러스트레이터처럼 벡터 아트 프로그램은 대개 CPU(컴퓨터에서 기억, 해석, 연산, 제어라는 4대 주요 기능을 관할하는 중앙처리장치)를 기반으로 합니다. 일러스트레이터에서 GPU(그래픽 연산을 빠르게 처리하여 결과값을 모니터에 출력하는 그래픽 처리 장치)가속을 사용하여 탐색 및 미리보기를 할 수 있습니다.

· View ⇨ Overprint Preview【Alt+Shift+Ctrl+Y】

기본적으로 불투명하고 겹치는 색상을 인쇄할 때 맨 위 색상은 아래 영역을 녹아웃시킵니다. 중복 인쇄를 사용하여 녹아웃을 방지하고 맨 위에 겹치는 인쇄 잉크가 기본 잉크와 관련하여 투명하게 나타나도록 할 수 있습니다.

· View ⇨ Pixel Preview【Alt+Ctrl+Y】

래스터화 될 때 아트웍이 어떻게 보일지 미리 볼 수 있습니다. 확대하면 픽셀 격자가 표시됩니다.

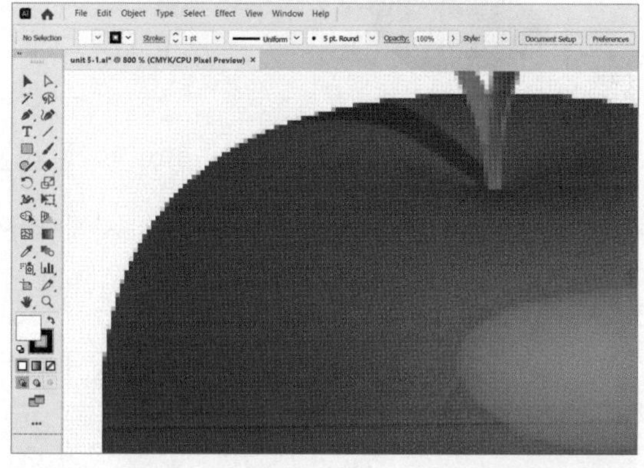

· View ⇨ Trim View

트리밍 보기를 선택하여 아트보드의 바깥에 있는 안내선과 아트웍을 숨깁니다.

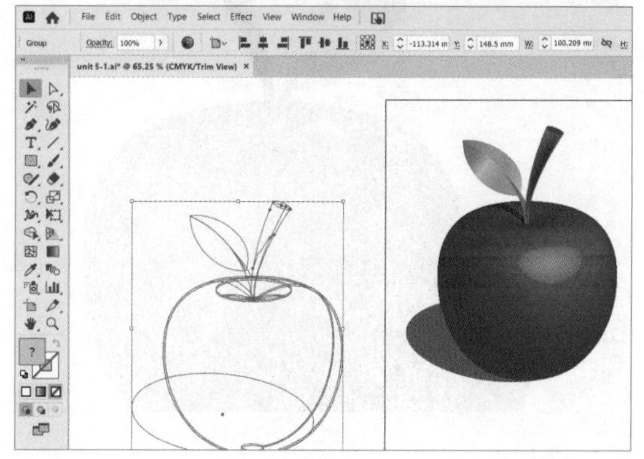

· View ⇨ Presentation mode【Shift+F】

이 모드에서는 응용 프로그램의 메뉴, 패널, 안내선, 격자 및 모든 선택 항목이 숨겨집니다. 아트웍만 표시되며 편집은 할 수 없습니다. 특히 디자인 아이디어를 제시하는 데 적합합니다.

· View ⇨ Screen Mode【F】

키보드의 F키를 몇 차례 눌러서 화면모드를 변경할 수 있습니다.

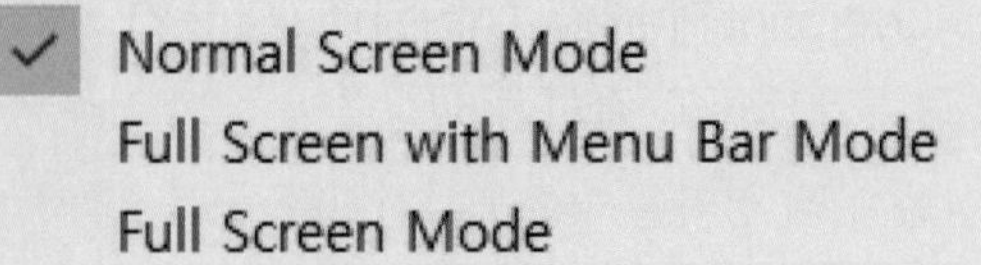

· View ⇨ 작업 도중 아트웍을 다시 확인하는 등의 특정 부분을 확대하거나 축소할 수 있습니다.

【Ctrl+Spacebar】를 누른 상태에서 5시 시계방향으로 드래그하면 확대 그리고 11시 시계방향으로 드래그하면 축소하여 화면보기를 할 수 있습니다. 또한 아래의 단축키를 활용할 수 있습니다.

Zoom In【Ctrl + +】확대

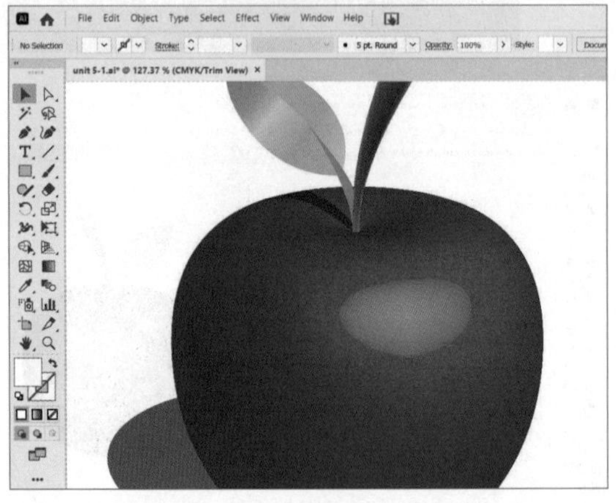

Zoom Out【Ctrl + -】축소

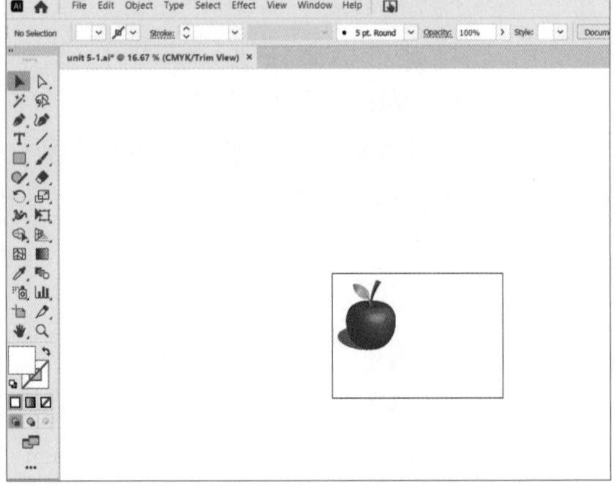

· Fit artboard in window【Ctrl+0】

윈도우의 크기에 아트보드를 맞추기

· Fit all in window【Alt+Ctrl+0】(unit 5-2.ai 참고)

윈도우의 크기에 모든 아트보드를 맞추기

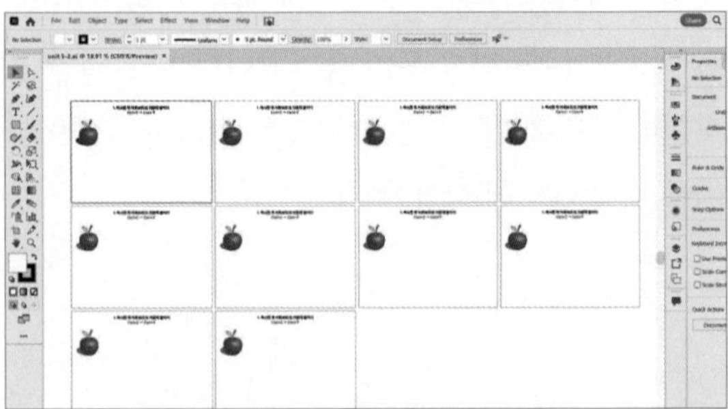

· View ⇨ Rotate view

unit 5-1.ai파일을 Open합니다.

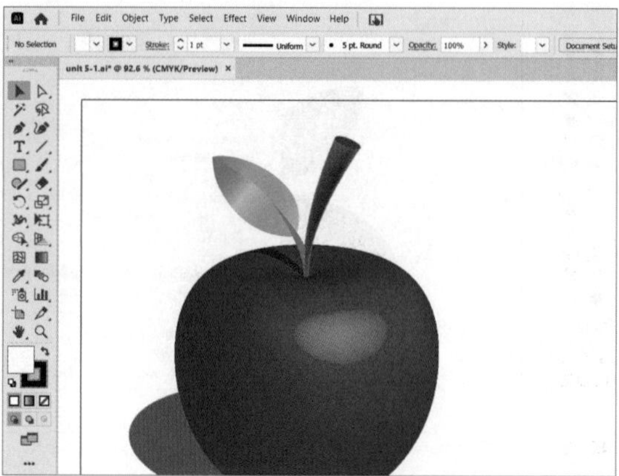

· View ⇨ Rotate view ⇨ 180˚

아트보드를 180˚ 회전할 수 있습니다.

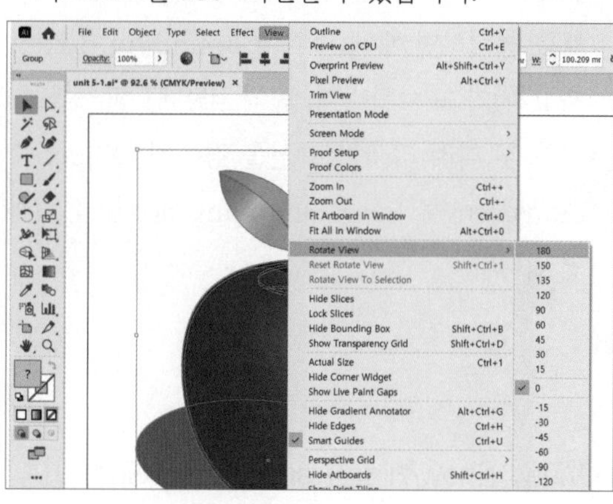

· View ⇨ Reset Rotate view 【Shift+Ctrl+1】

리셋할 수 있습니다.

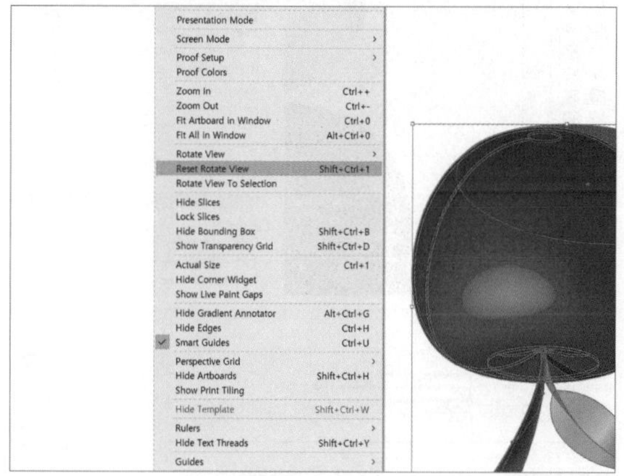

원래 상태가 됩니다.

· View ⇨ Show/Hide Slices

슬라이스 툴 【Shift+K】을 이용하여 자르고 싶은 영역 위를 드래그합니다.

· Slice Selection tool을 이용하여 자른 이미지를 선택한 후 Object 메뉴의 Slice ⇨ Slice Options를 선택하여 URL을 연결할 수 있습니다.

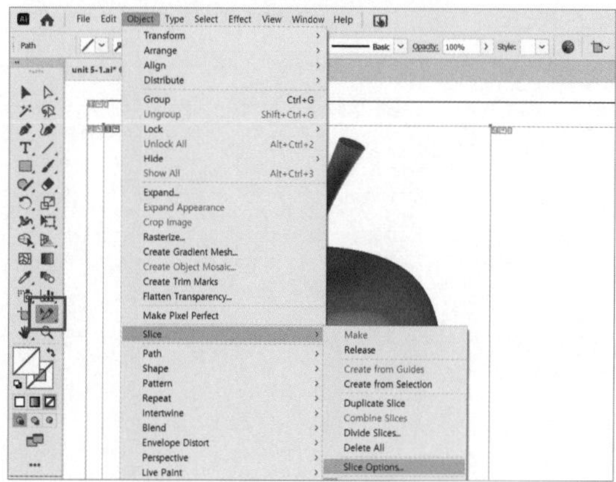

· View ⇨ Show/Hide Bounding Box

【Shift+Ctrl+B】 선택 도구를 이용하여 오브젝트를 선택하면 개체 주위에 Bounding Box(경계상자)가 표시됩니다. 만약 바운딩 박스를 회전한 후 다시 리셋하고 싶을 경우엔 Object ⇨ Transform ⇨ Reset Bounding Box를 선택하면 됩니다.

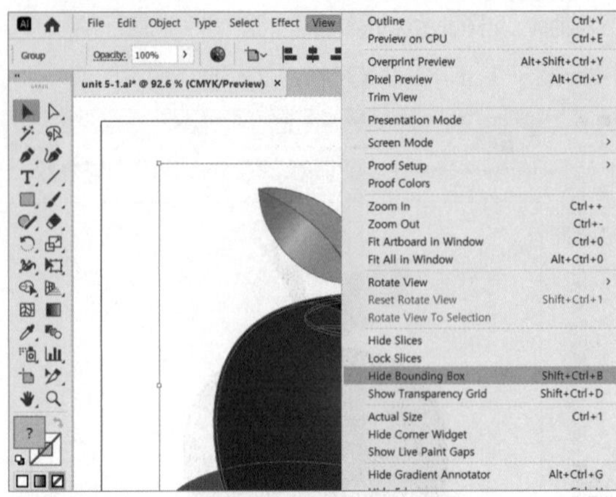

· View⇨Show/Hide Transparency Grid

【Shift+Ctrl+D】 아트보드의 배경색을 투명색으로 변경할 수 있습니다.

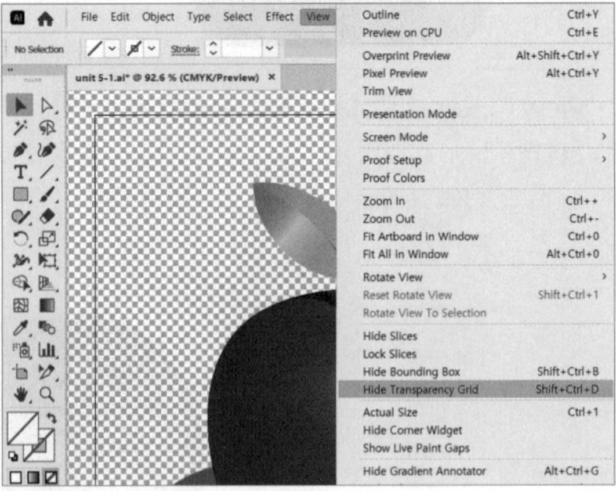

· File ⇨ Document Setup【Ctrl+Alt+P】

투명 영역의 색상을 흰색, 회색을 변경할 수 있습니다.

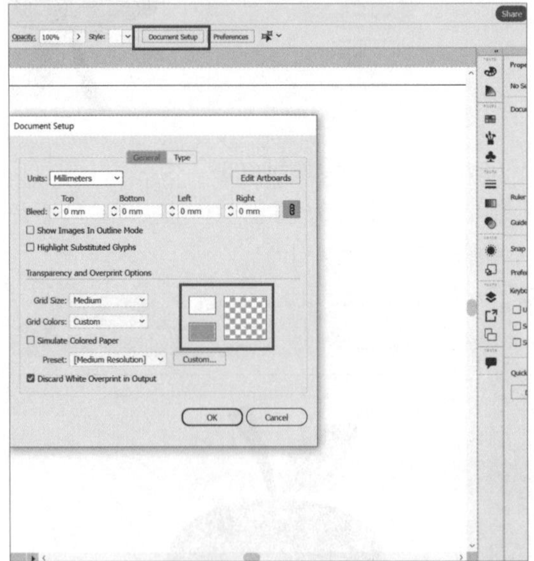

· View ⇨ Actual Size【Ctrl+1】
인쇄 디자이너는 실제 인쇄 크기에서 어떻게 보이는지 확인하기 위해서 실제 인쇄 크기의 인쇄 미리 보기를 확인할 수 있습니다.

· 그래디언트 툴을 이용하여 오브젝트에 왼쪽에서 오른쪽으로 드래그하면 Annotator(주석자)가 보입니다.

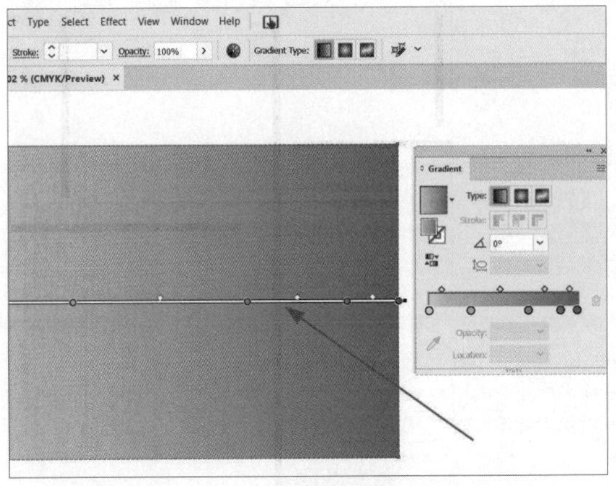

· View ⇨ Hide Gradient Annotator
【Ctrl+Alt+G】 Annotator(주석자)를 보이지 않도록 할 수 있습니다.

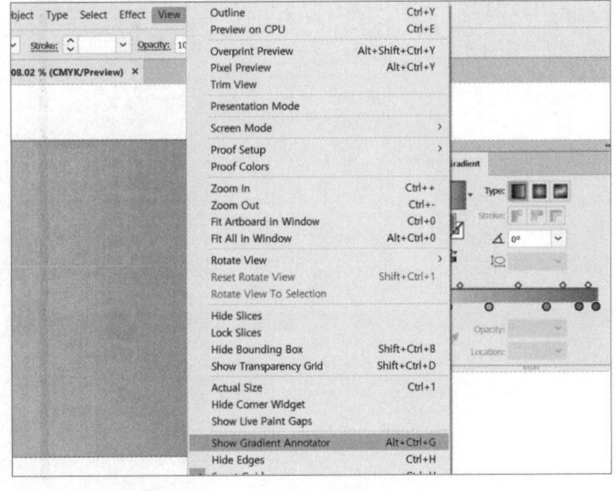

· View ⇨ Show Live Paint Gap
File ⇨ Open ⇨ unit 5-3.ai 파일을 Open합니다.

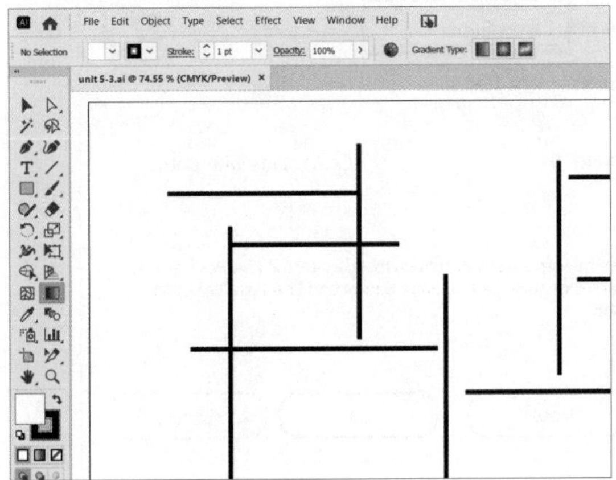

· Selection tool【V】로 드래그하여 오브젝트를 선택한 후 Live Paint Bucket tool【K】을 선택합니다.

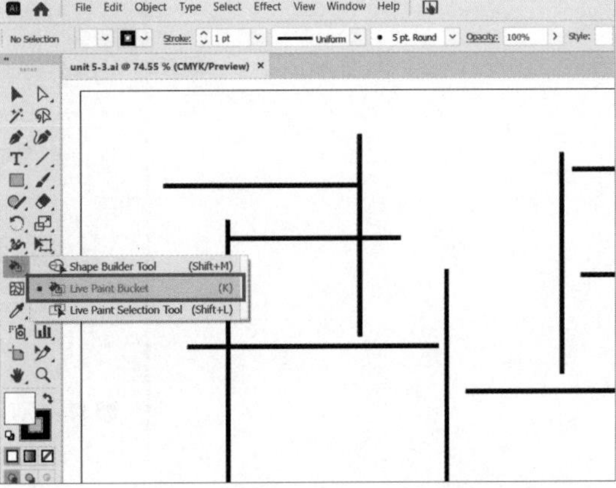

- 임의의 색을 클릭합니다. 이때 군데군데 연결이 끊겨 있기 때문에 색상이 채워지지 않습니다.

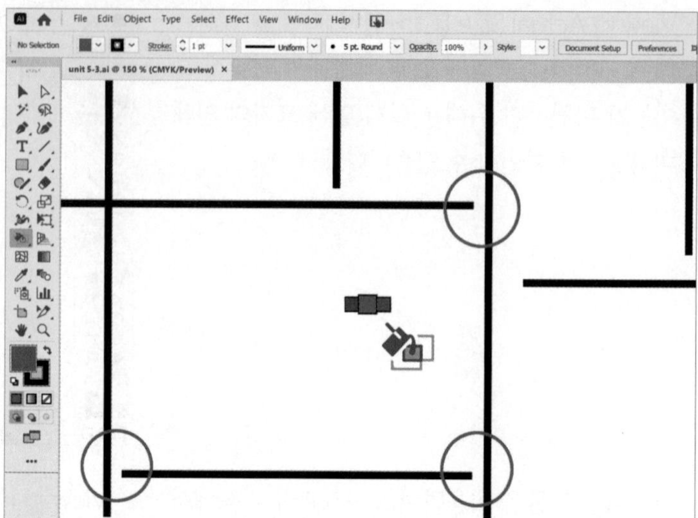

- Object ⇨ Live Paint ⇨ Gap Option으로 떨어져 있는 폭을 줄일 수 있습니다.

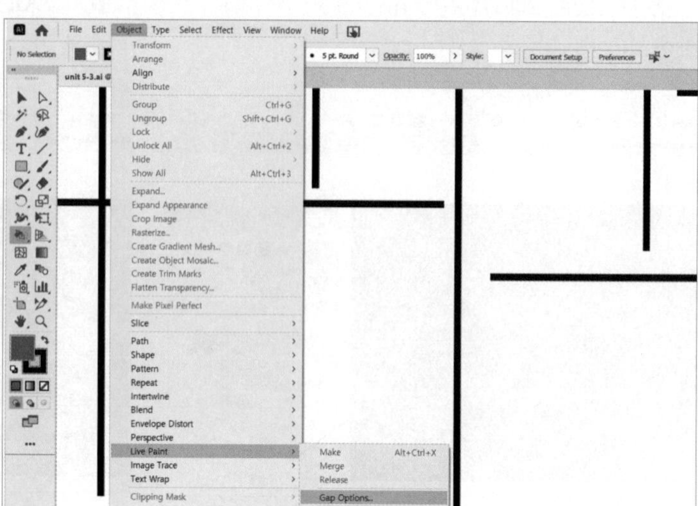

- Paint stops at을 Large Gaps으로 변경합니다. 이때 빨간색으로 미리보기 됩니다.

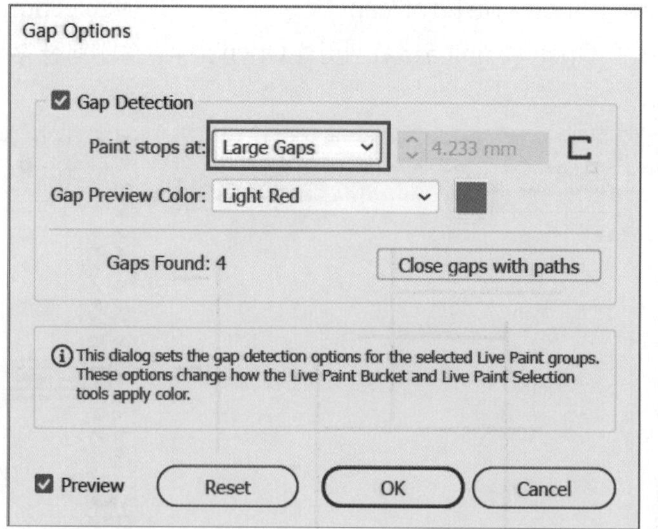

- Live Paint Bucket tool【K】을 선택하고 클릭하여 색상을 채울 수 있습니다.

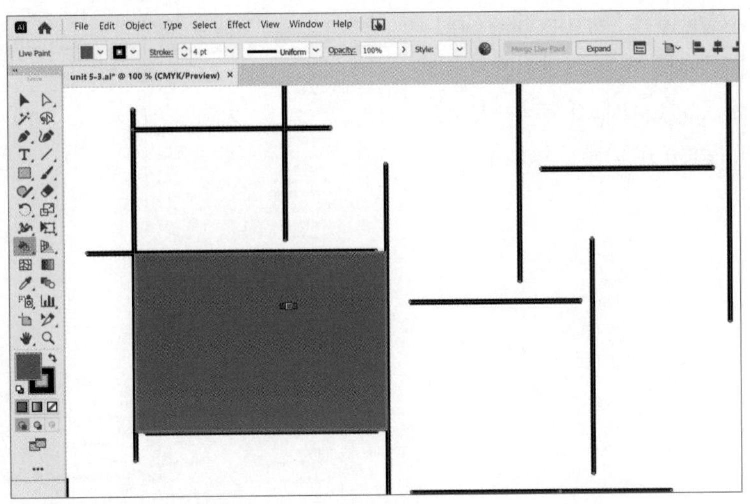

- View ⇨ Show/Hide Corner Widget
라이브 모서리 위젯을 표시하거나 감출 수 있습니다. 모서리를 드래그하면 3가지 모서리 유형 중 하나로 변경됩니다.모서리 유형은 라운드(Round), 반전 라운드(Inverted Round), 모따기(Chamfer)의 3종류가 있습니다.

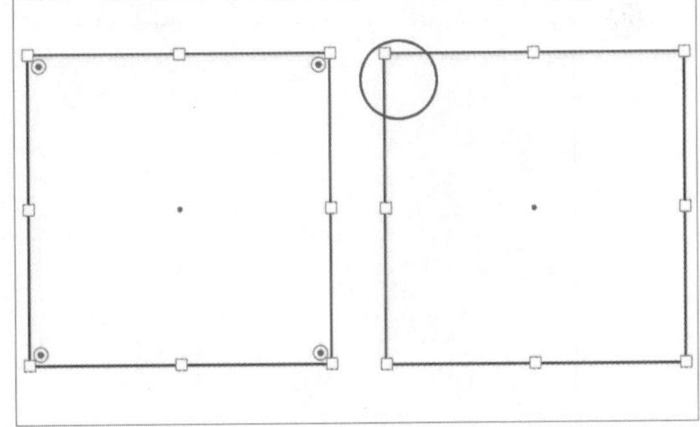

- View⇨Show/Hide Edges【Ctrl+H】
기준점(Anchor points)과 방향선(Direction lines) 그리고 방향점(Direction points)을 보이거나 감출 수 있습니다.

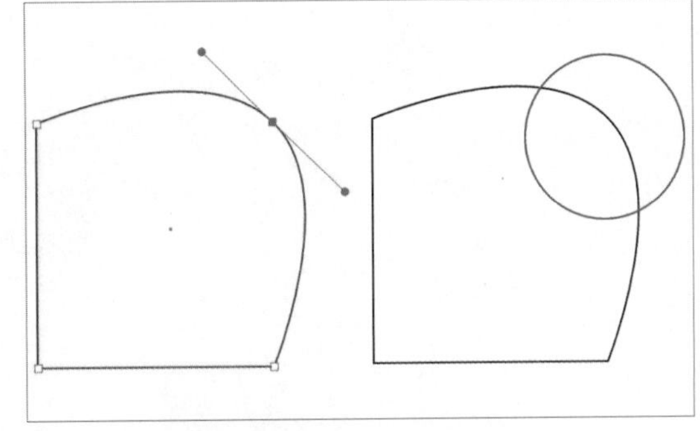

- View ⇨ Smart Guide
고급 안내선을 통해 오브젝트를 손쉽게 정렬할 수 있습니다. 분홍색 안내선으로 x 및 y 값과 교차점을 볼 수 있습니다.

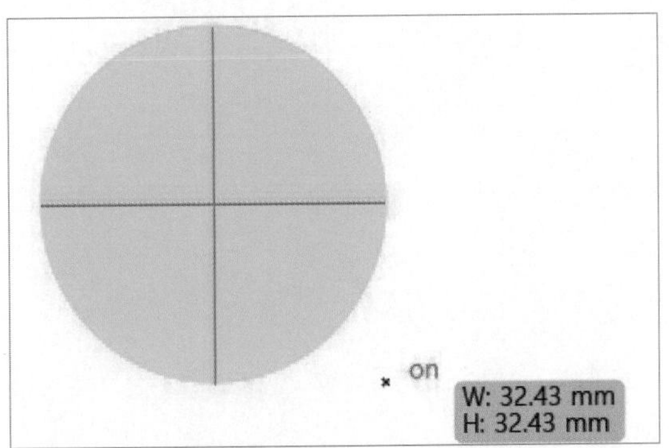

· View ⇨ Perspective Grid

투시도에는 일반적으로 1점 투시, 2점 투시 및 3점 투시의 세 가지 유형이 있습니다.

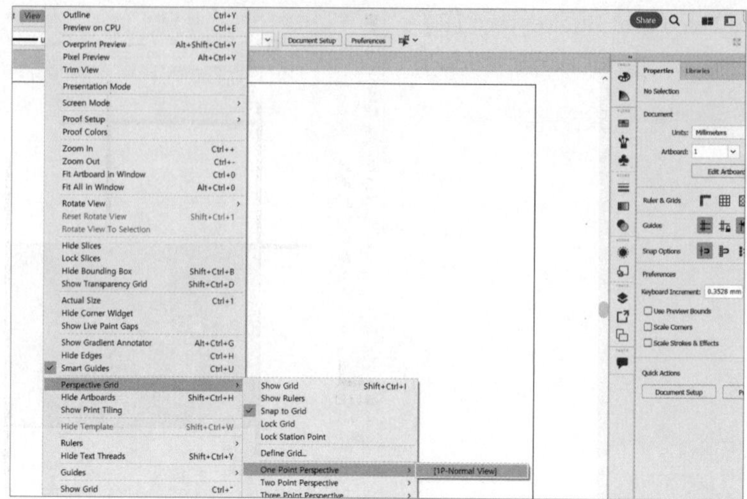

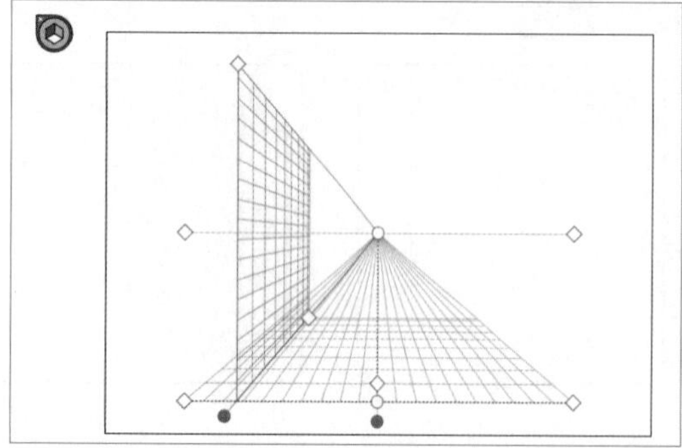

1 Point Perspective Grid

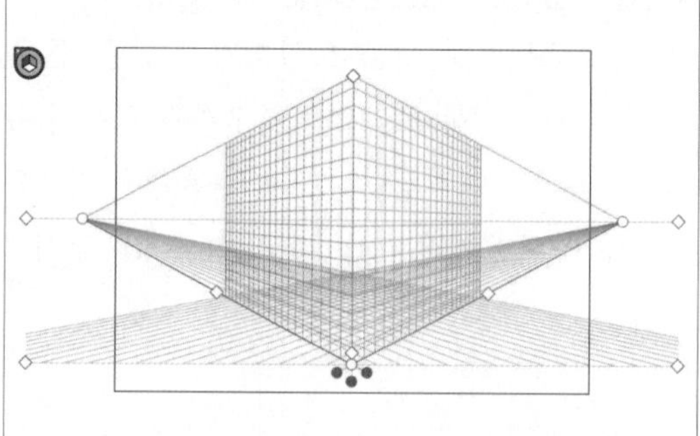

2 Point Perspective Grid

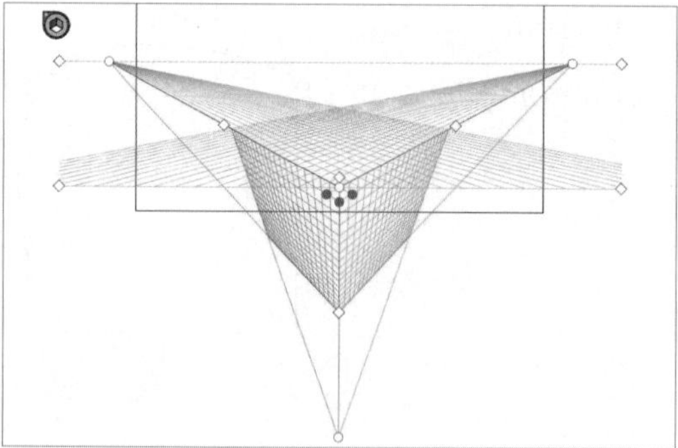

3 Point Perspective Grid

· View ⇨ Show/Hide Print Tiling
아트보드를 최대의 크기로 확대해보면 프린트 영역 안 내선이 점선으로 표시됩니다. 감추거나 보이게 할 수 있습니다.

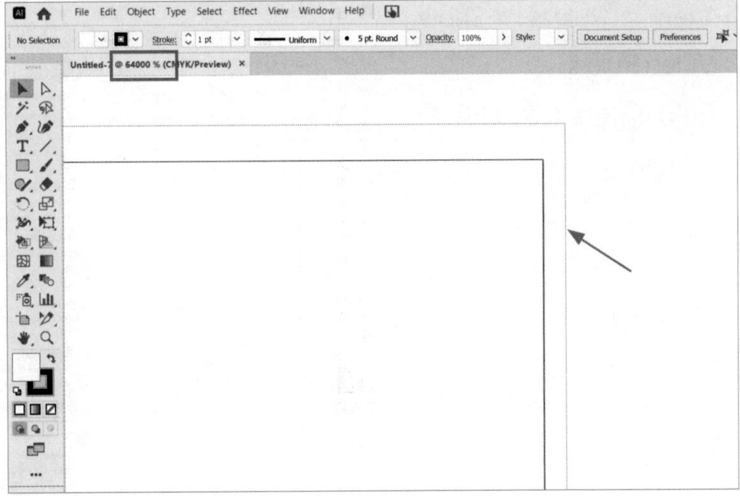

· View ⇨ Rulers ⇨ Show/Hide Rulers【Ctrl+R】
눈금자는 오브젝트를 배치하고 측정하는 데 도움이 됩니다. 눈금자의 0이 나타나는 부분을 눈금자의 영점이라고 합니다.

· File ⇨ New ⇨ Print 항목을 선택한 뒤 아래처럼 HDTV(1920px×1080px) 크기의 문서를 만듭니다.

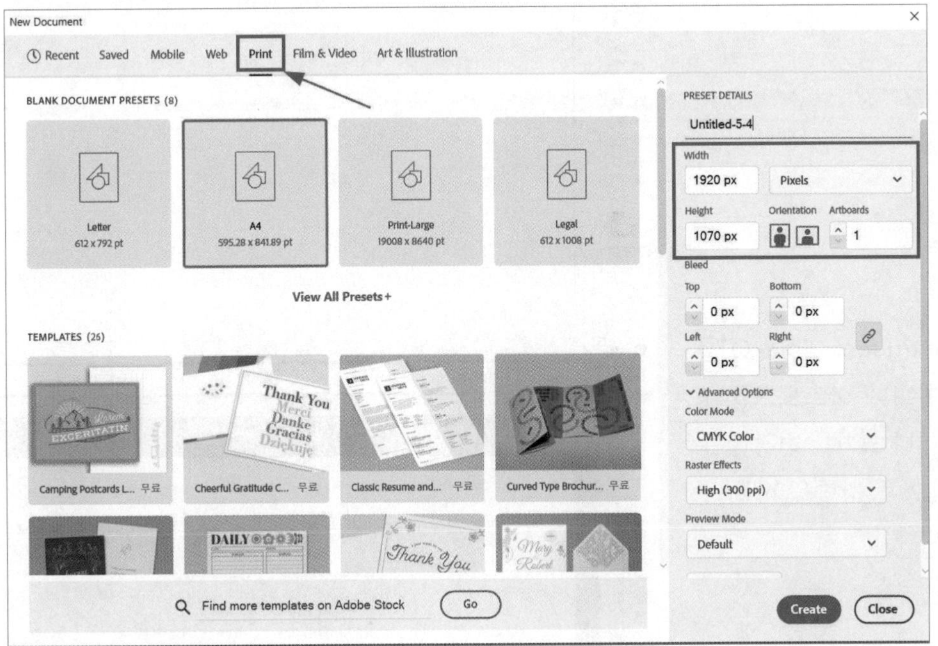

기본 살펴보기

· View ⇨ Rulers ⇨ Show Video Rulers
비디오용 눈금자를 보이도록 합니다.

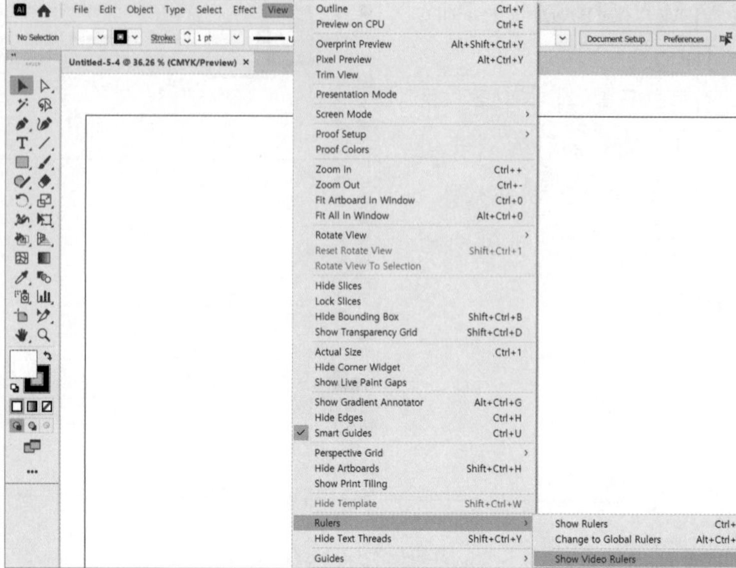

· 눈금자가 보입니다.

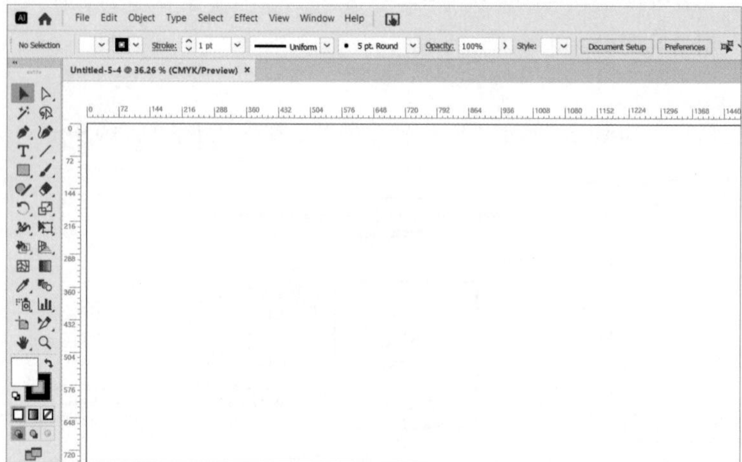

· Artboard tool 【Shift+O】를 선택합니다. 아트보드를 생성하거나 크기를 변경할 수도 있으며, 방향을 바꿀 수 있습니다.

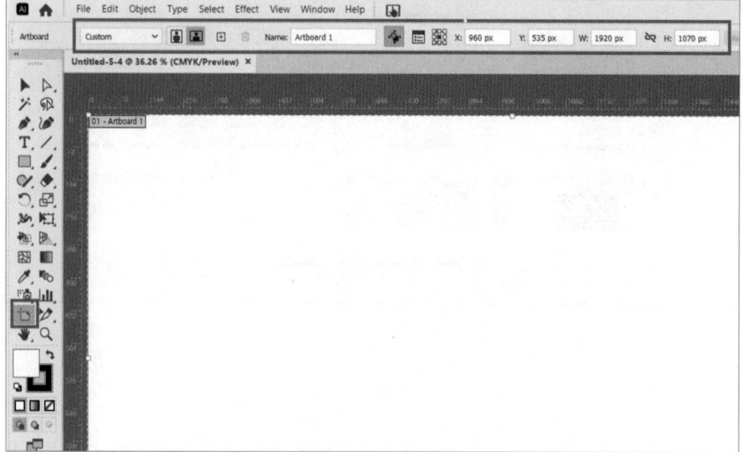

· Artboard Option을 클릭한 후 Display 항목 안에 Show Video Safe Areas를 체크합니다.

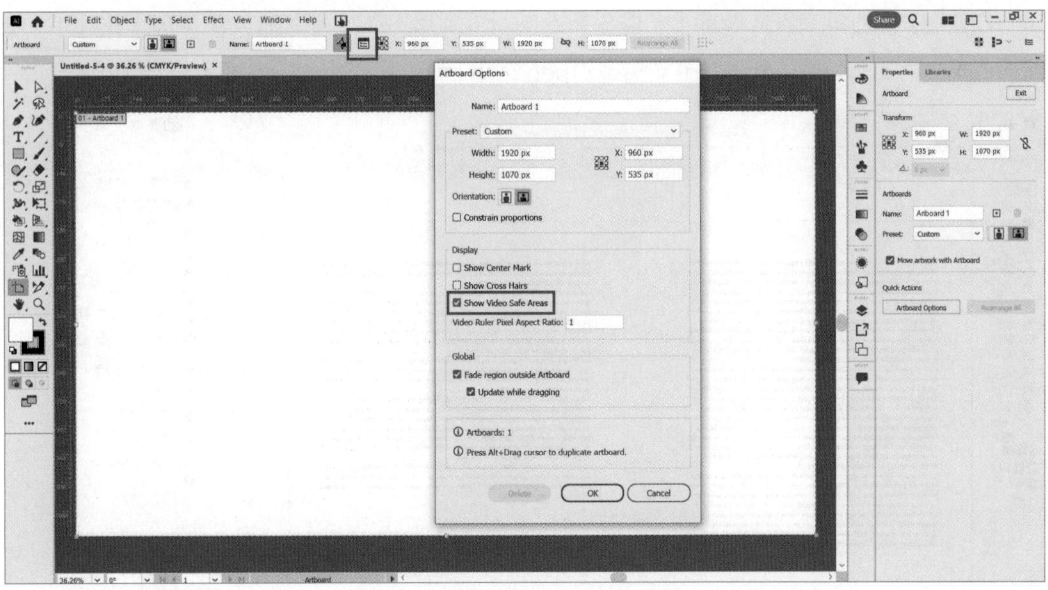

· 영상 소스 제작 시 필요한 Safe Area 표시가 나타납니다.(unit 5-4 fin.ai)

· View ⇨ Show Text Threads

【Shift+Ctrl+Y】 한 개의 텍스트 상자에서 다음 텍스트 상자로 텍스트가 계속 연결된 상태를 표시하는 것을 텍스트 스레드라고 합니다. unit 5-5.ai 파일을 Open합니다.

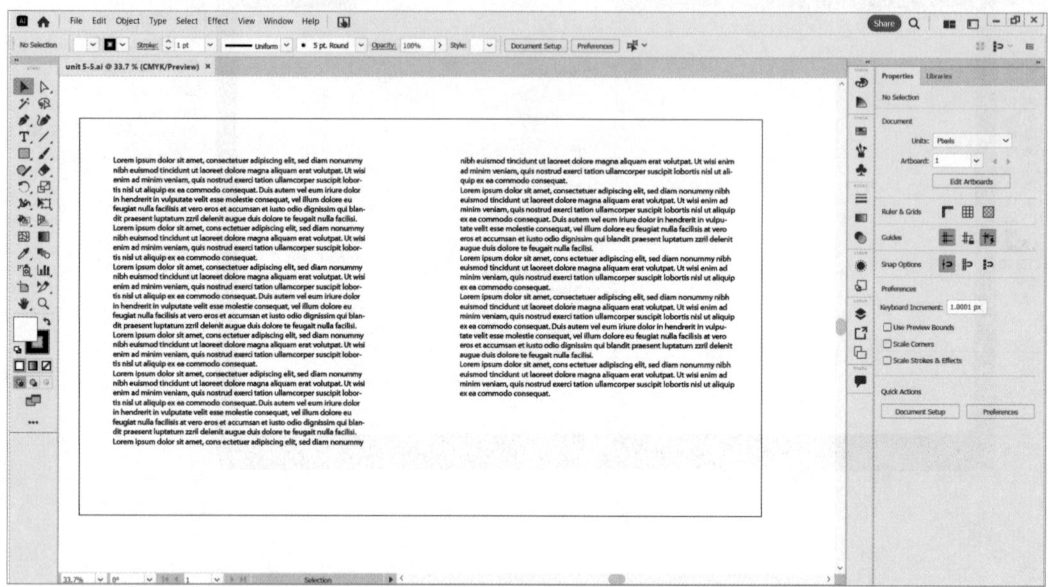

· Select ⇨ All 【Ctrl+A】 전체를 선택합니다.

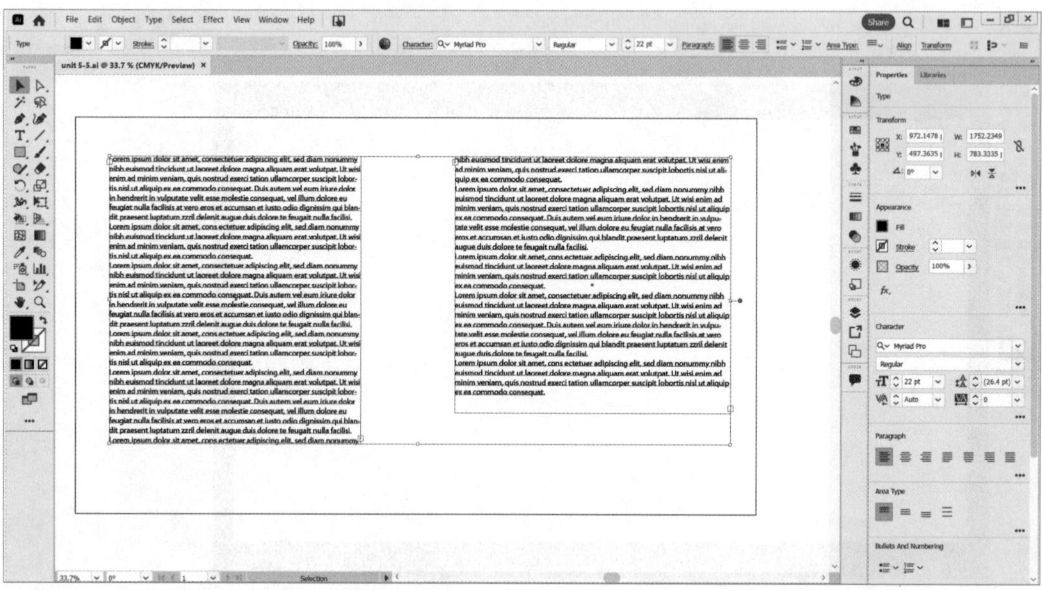

· View ⇨ Show Text Threads

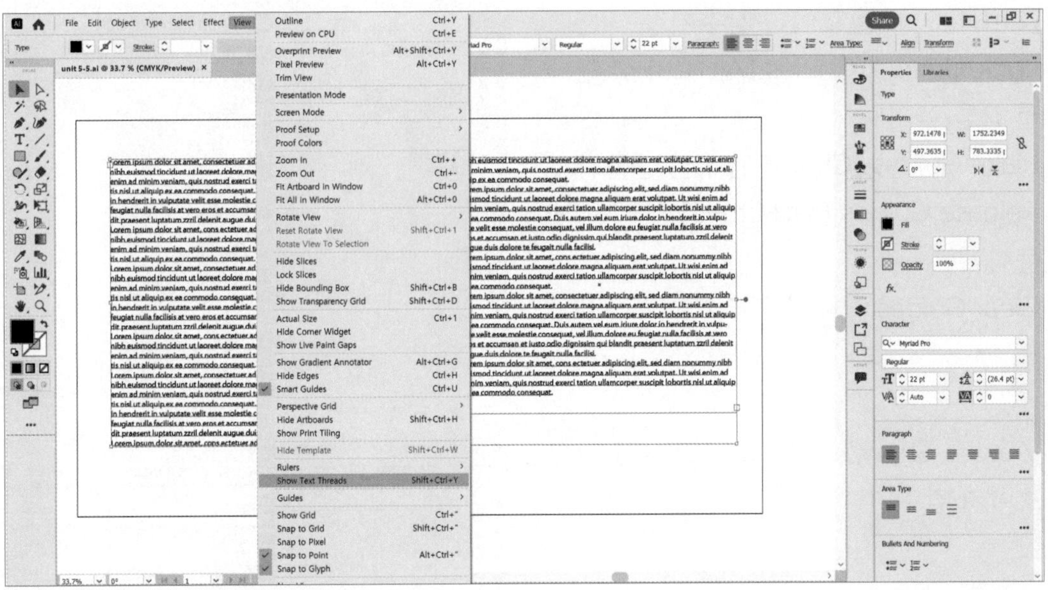

· 텍스트 상자의 연결을 보여줍니다.

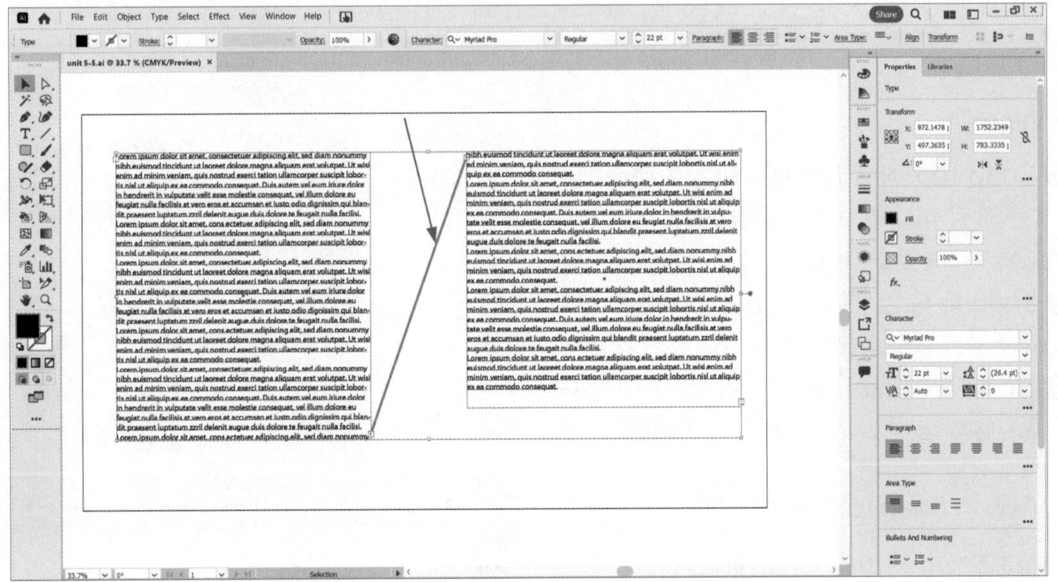

- View ⇨ Guides ⇨ Show/Hide Guides 【Ctrl+;】 안내선 보이기/감추기
- Lock/UnLock Guides 【Alt+Ctrl+;】 안내선 잠금/풀기
- Make Guides 【Ctrl+5】 안내선 만들기
- Release Guides 【Alt+Ctrl+5】 안내선 되돌리기
- Clear Guides 안내선 지우기

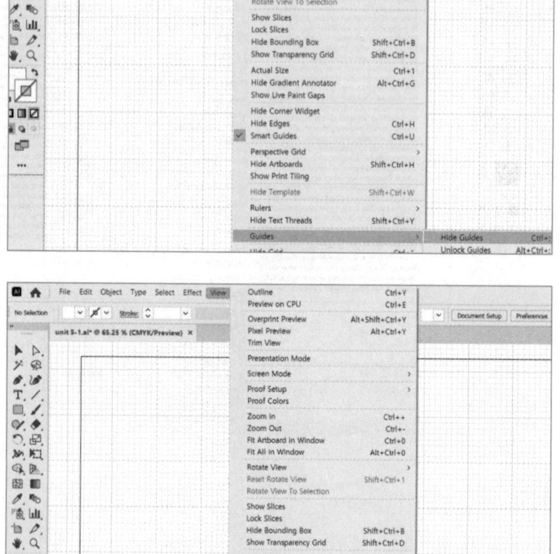

- View ⇨ Show/Hide Grid 【Ctrl+"】 격자 보이기/감추기

- View ⇨

❶ Snap to Point 【Alt+Ctrl+"】 기준점에서 1~8픽셀 이내의 지점에 오브젝트가 스탭되도록 할 수 있습니다.

❷ Snap to Grid 【Shift+Ctrl+"】 격자를 사용하여 오브젝트를 정렬합니다.

❸ Snap to Pixel 반드시 Pixel Preview Mode를 결 때만 사용할 수 있습니다.

- View ⇨ Snap to Glyph

unit 5-6.ai 파일을 Open합니다. 오른쪽에 원을 위 아래로 움직이다보면 초록색 선과 안내 텍스트가 보입니다

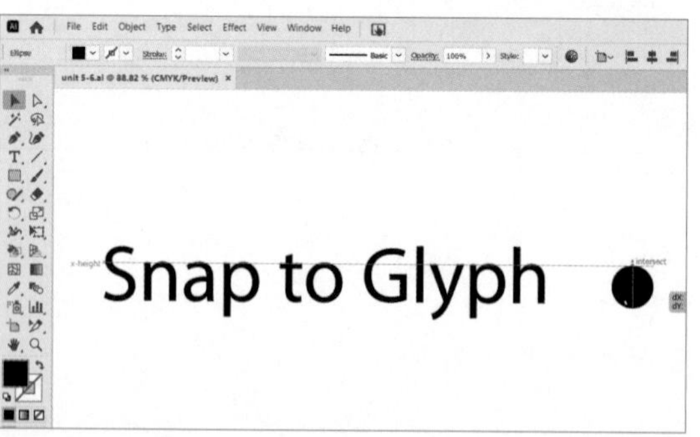

· View ⇨ New View 새 화면의 크기를 저장하여 활용할 수 있습니다. unit 5-6.ai 파일의 화면 크기를 50%로 합니다. 화면의 크기를 줄여서 보려면 Zoom Out【Ctrl+-】을 클릭합니다.

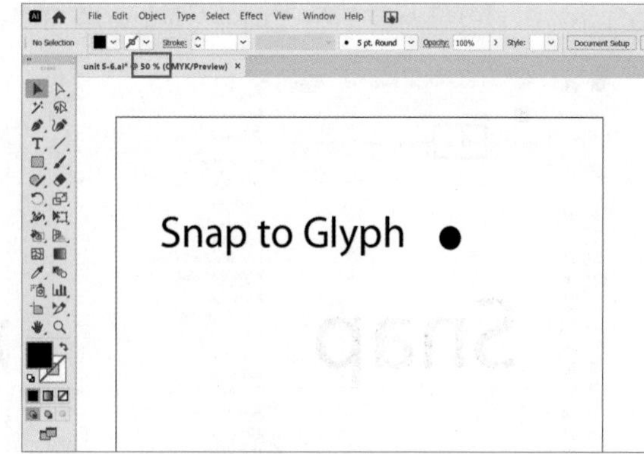

· View ⇨ New View를 선택합니다.

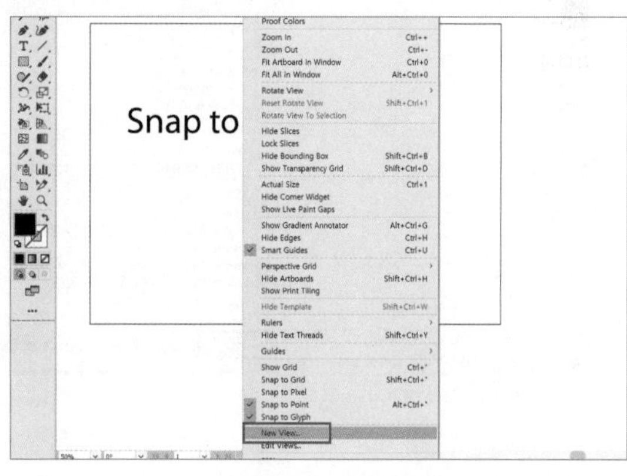

· Name을 50%로 정합니다.

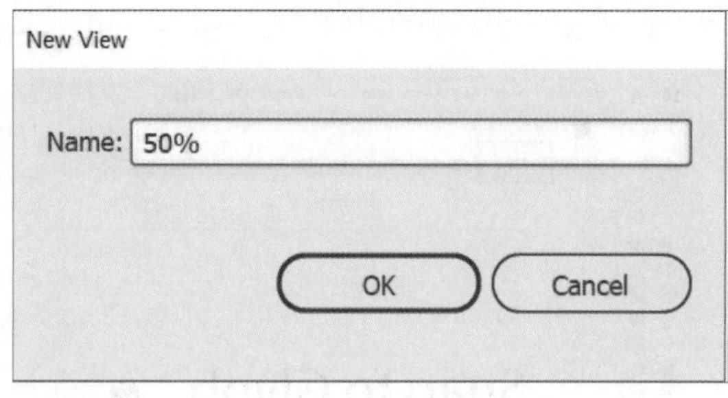

· View ⇨ 50%라고 저장된 부분이 보입니다.

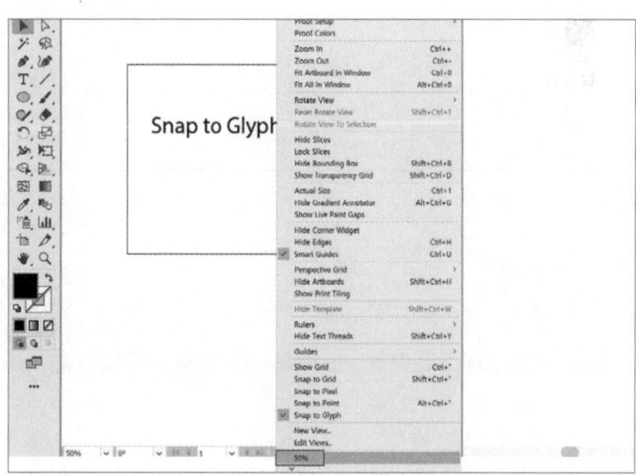

기본 살펴보기

• 100% 크기인 문서를 만든 상태에서 View ⇨ 50%를 클릭합니다.

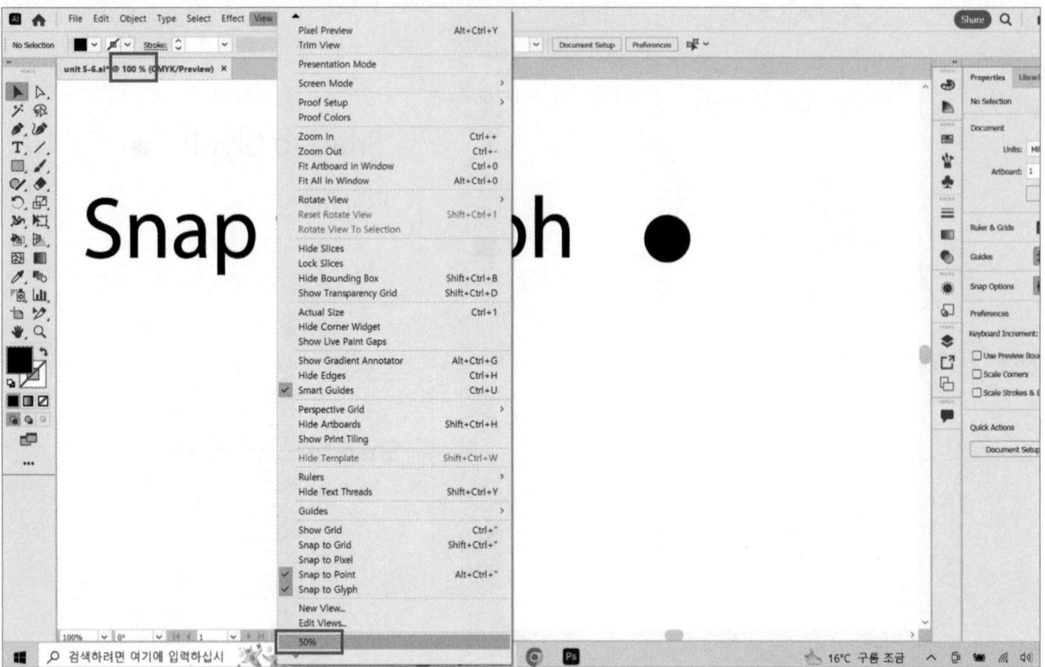

• 화면 비율이 50%가 됩니다.

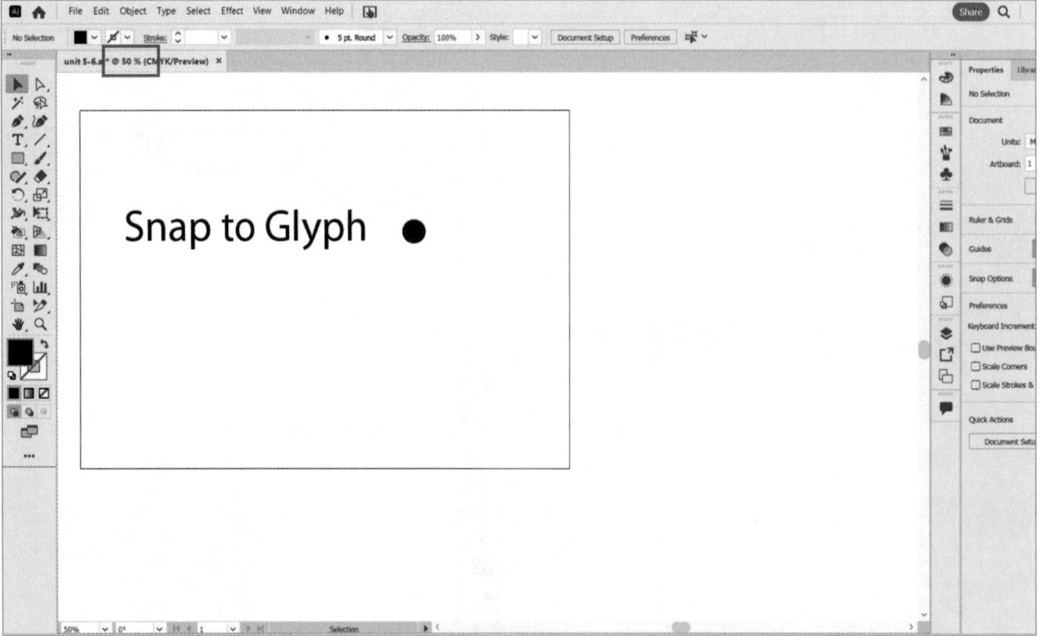

Unit

06 기본 기능 익히기

01 | 선택하기 / 해제하기

01 File ⇨ Open ⇨ unit 6-1.ai 파일을 Open합니다.

02 Select ⇨ All 【Ctrl+A】 전체를 선택합니다.

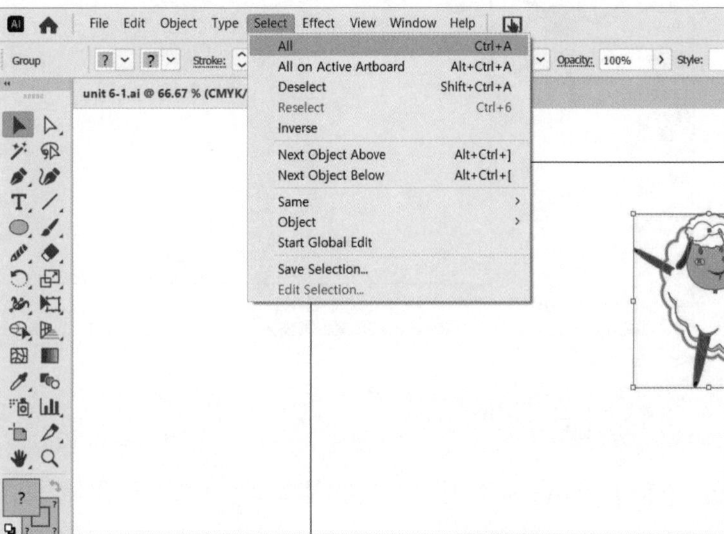

03 Select ⇨ Deselect 【Shift+Ctrl+A】 선택을 해제합니다.

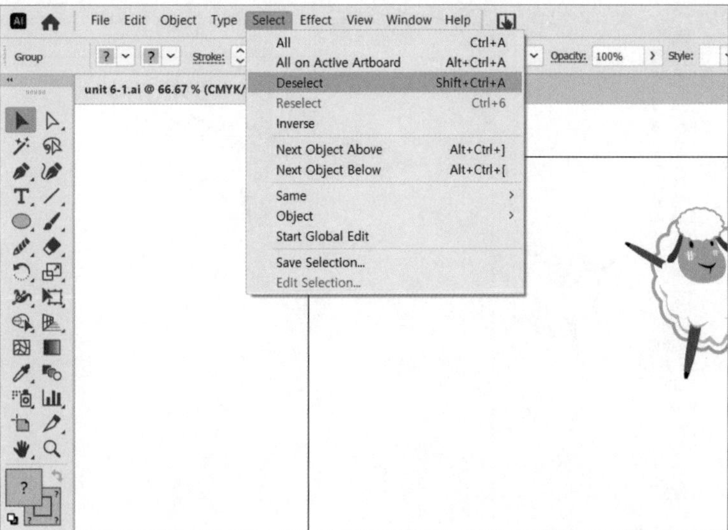

02 | 아트보드 위의 오브젝트만 선택하기

01 Select ⇨ All on active artboard【Alt+Ctrl+A】 활성 대지의 모든 아트웍을 선택합니다.

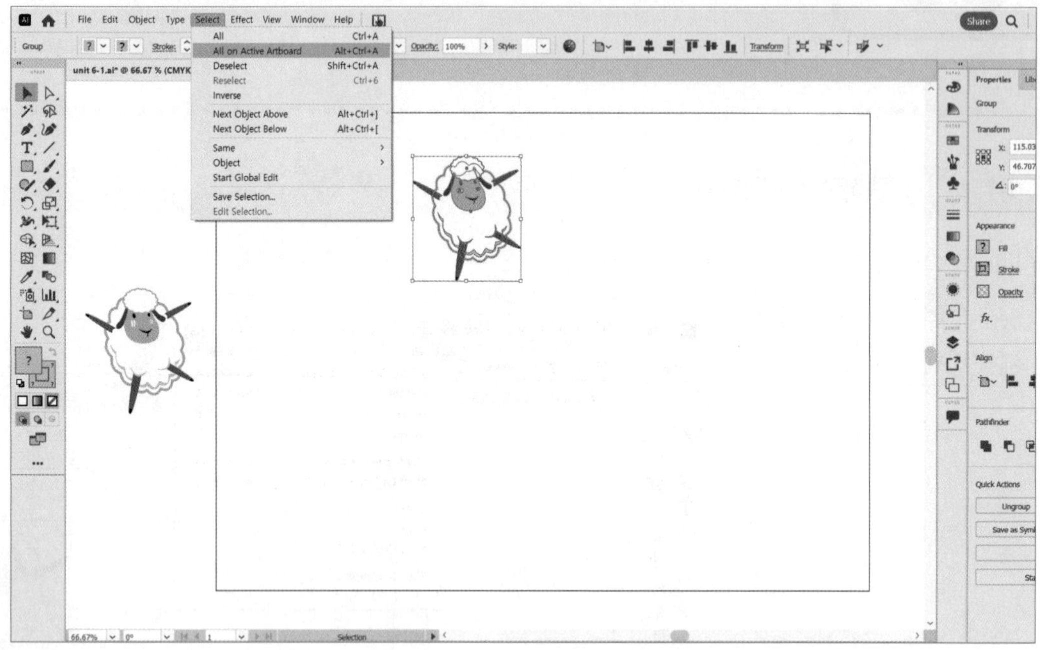

03 | 반전 선택하기

01 Select ⇨ Inverse(반전) 선택되지 않고 있던 아트웍을 선택합니다.

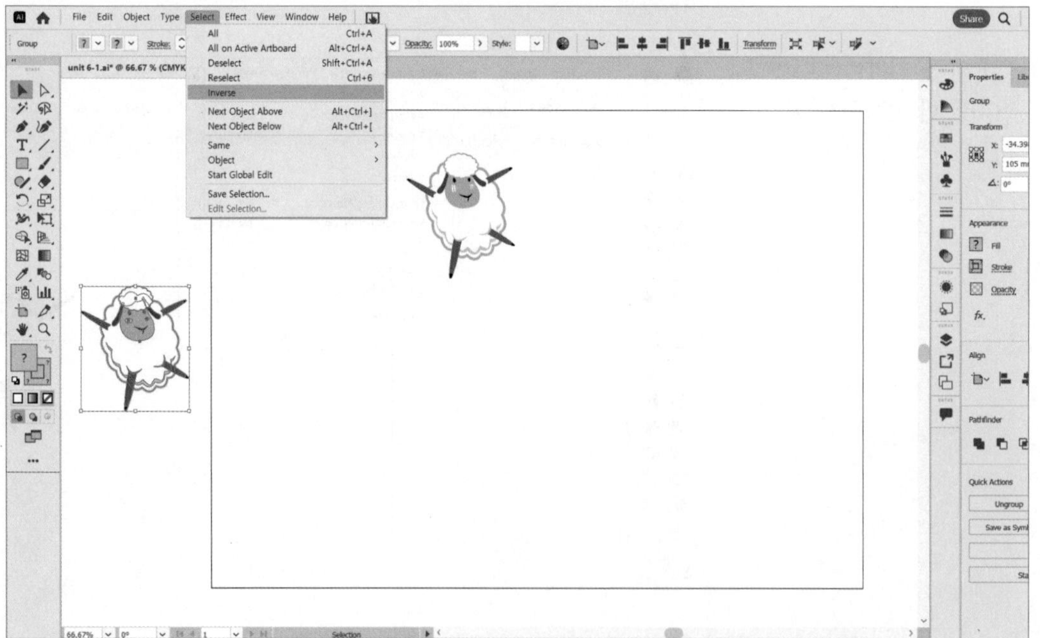

04 | 이동하기

01 Selection tool 【V】을 사용하여 마우스로 드래그하여 이동할 수 있습니다. 이때 이동하는 도중에 Shift를 누르면 수평, 수직 또는 45˚ 각도로 이동할 수 있습니다.

05 | 실행 취소

01 Edit ⇨ Undo 【Ctrl+Z】 방금 실행했던 기능을 취소할 수 있습니다.

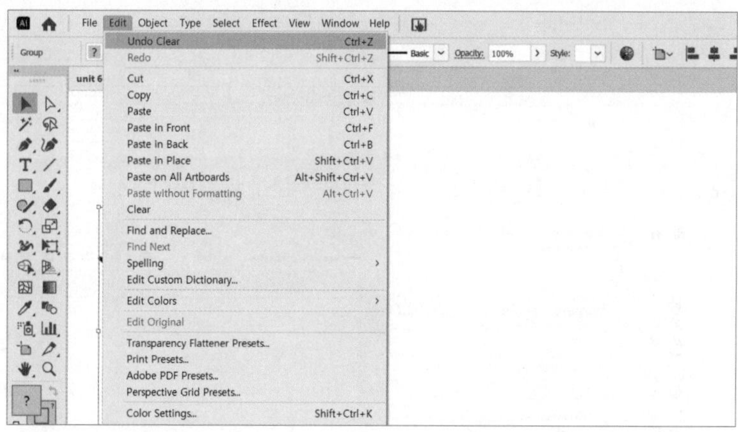

02 이동이 취소되었기 때문에 원래의 위치로 다시 돌아갑니다.

06 | 복사하기 / 붙이기

01 Selection tool【V】을 사용하여 마우스로 드래그하여 선택합니다.

Edit ⇨ Copy【Ctrl+A】 오브젝트를 복사합니다.

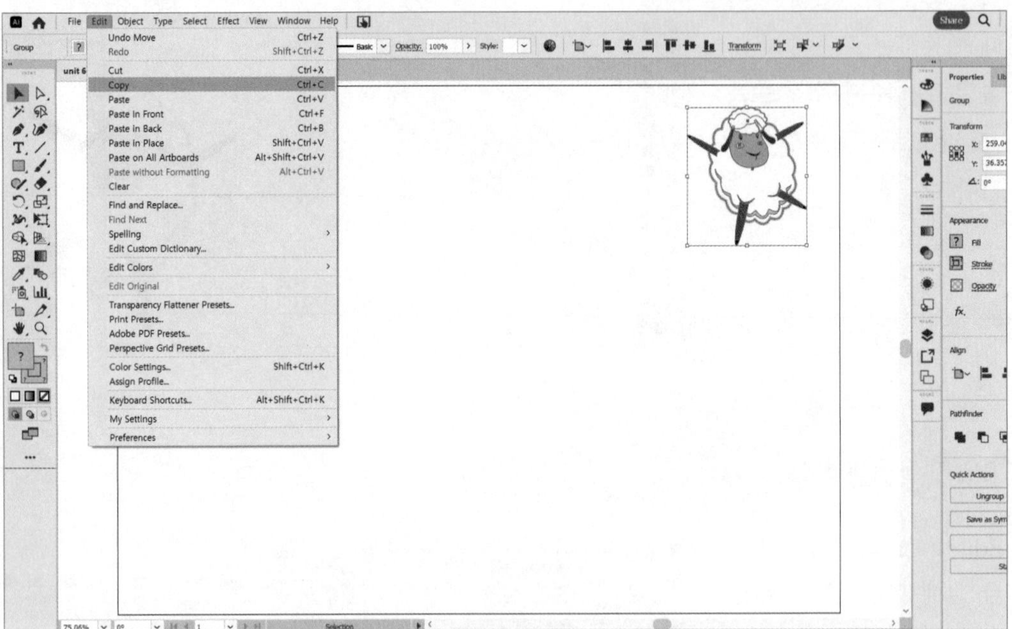

02 Edit ⇨ Paste【Ctrl+V】 아트보드의 중앙에 붙입니다.

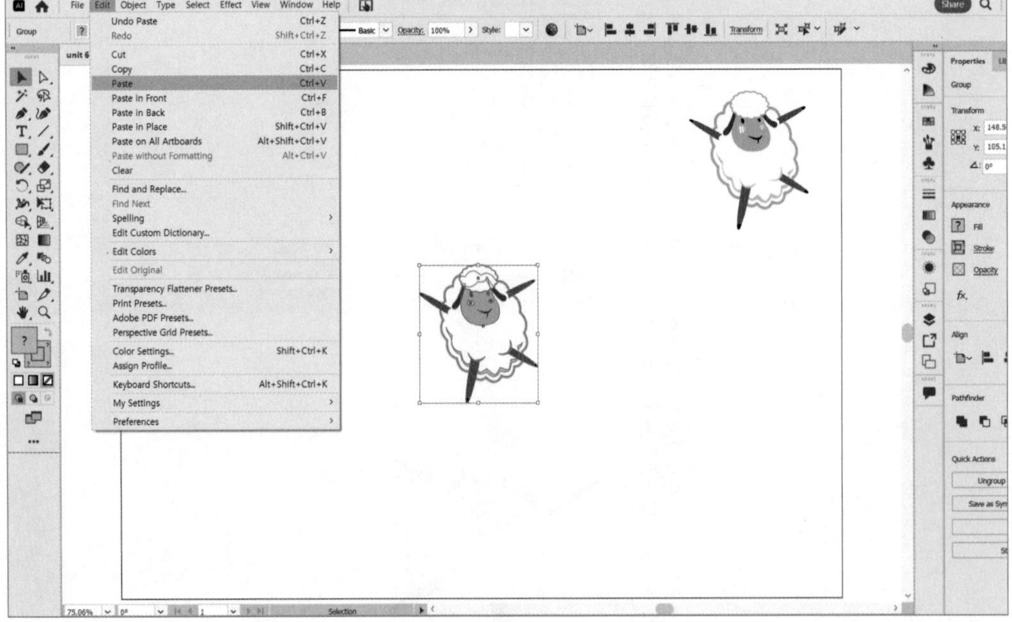

03 Edit ⇨

- Cut : 잘라내기
- Copy : 복사하기
- Paste : 중앙에 붙이기
- Paste in Front : 오브젝트의 앞에 붙이기
- Paste in Back : 오브젝트의 뒤에 붙이기
- Paste in Place : 동일한 위치에 붙이기
- Paste on All Artboards : 복사한 오브젝트를 모든 아트보드의 동일한 위치에 붙이기
- Paste without Formatting : 서식 없이 붙여넣기
- Clear : 삭제
- Paste in front【Ctrl + F】: 복사한 그래픽 앞에 붙여넣기
- Paste in Back【Ctrl + B】: 복사한 그래픽 뒤에 붙여넣기

Cut	Ctrl+X
Copy	Ctrl+C
Paste	Ctrl+V
Paste in Front	Ctrl+F
Paste in Back	Ctrl+B
Paste in Place	Shift+Ctrl+V
Paste on All Artboards	Alt+Shift+Ctrl+V
Paste without Formatting	Alt+Ctrl+V
Clear	

Paste in front【Ctrl + F】

Paste in Back【Ctrl + B】

04 Edit ⇨

- Paste in Place【Ctrl+Shift+V】 동일한 위치에 붙여넣기

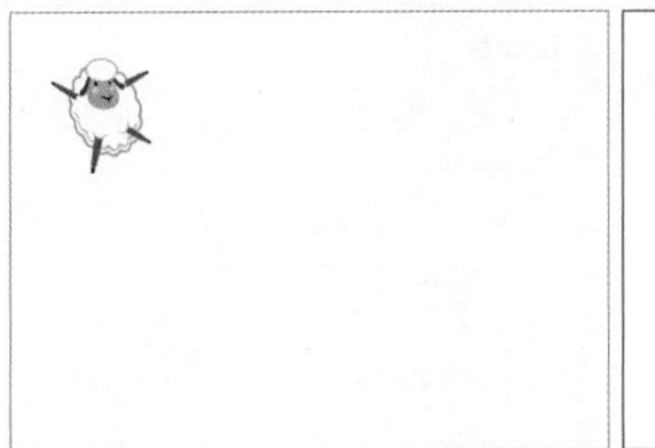

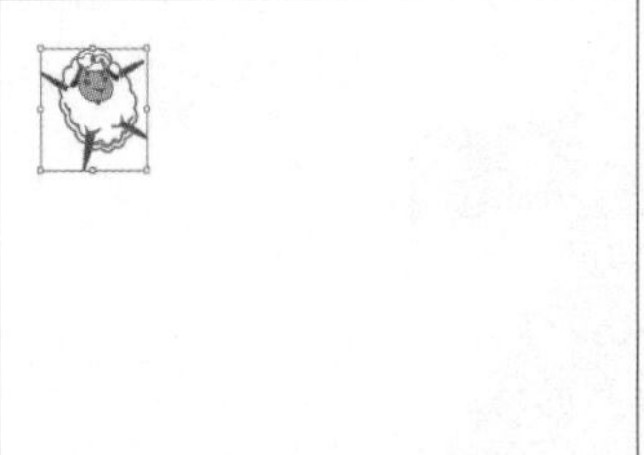

- Paste on All Artboards【Ctrl+Shift+Alt+V】 동일한 위치의 모든 아트보드에 붙여넣기

07 | 회전하기

01 File ⇨ Open ⇨ unit 6-2.ai 파일을 Open합니다.

02 Rotate tool 【R】을 이용하여 오브젝트를 회전할 수 있습니다.

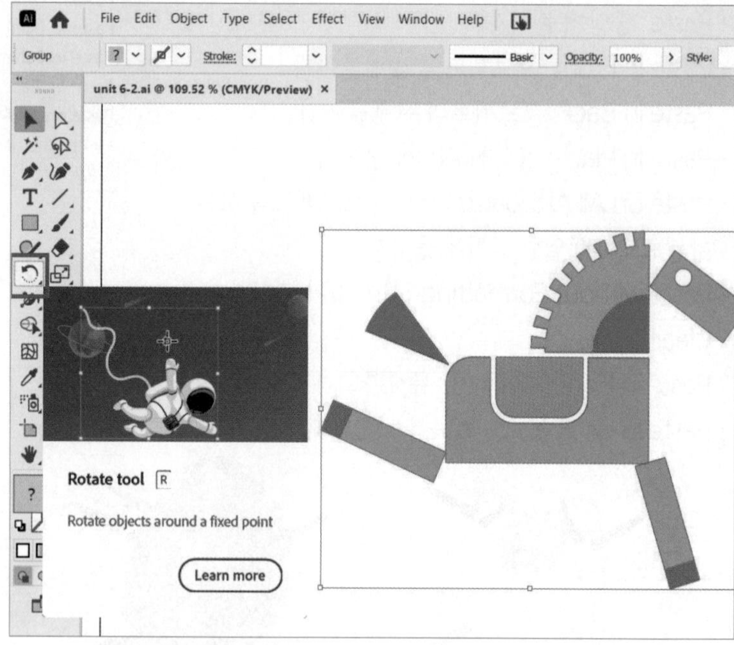

03 Rotate tool 【R】을 더블 클릭한 후 각도를 30°를 입력합니다. 반대 방향으로 회전하고 싶으면 '–'(마이너스)를 붙입니다.

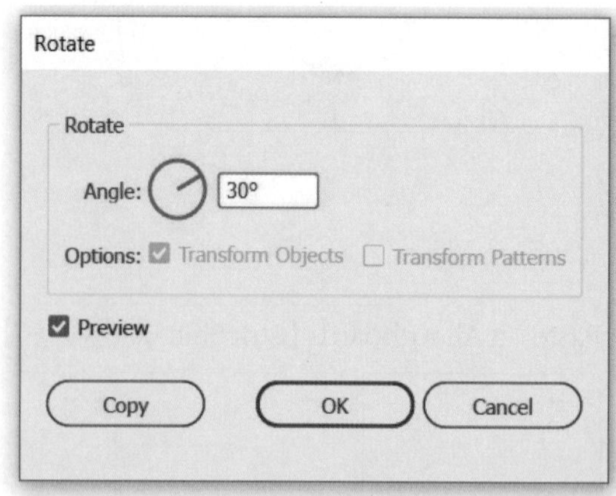

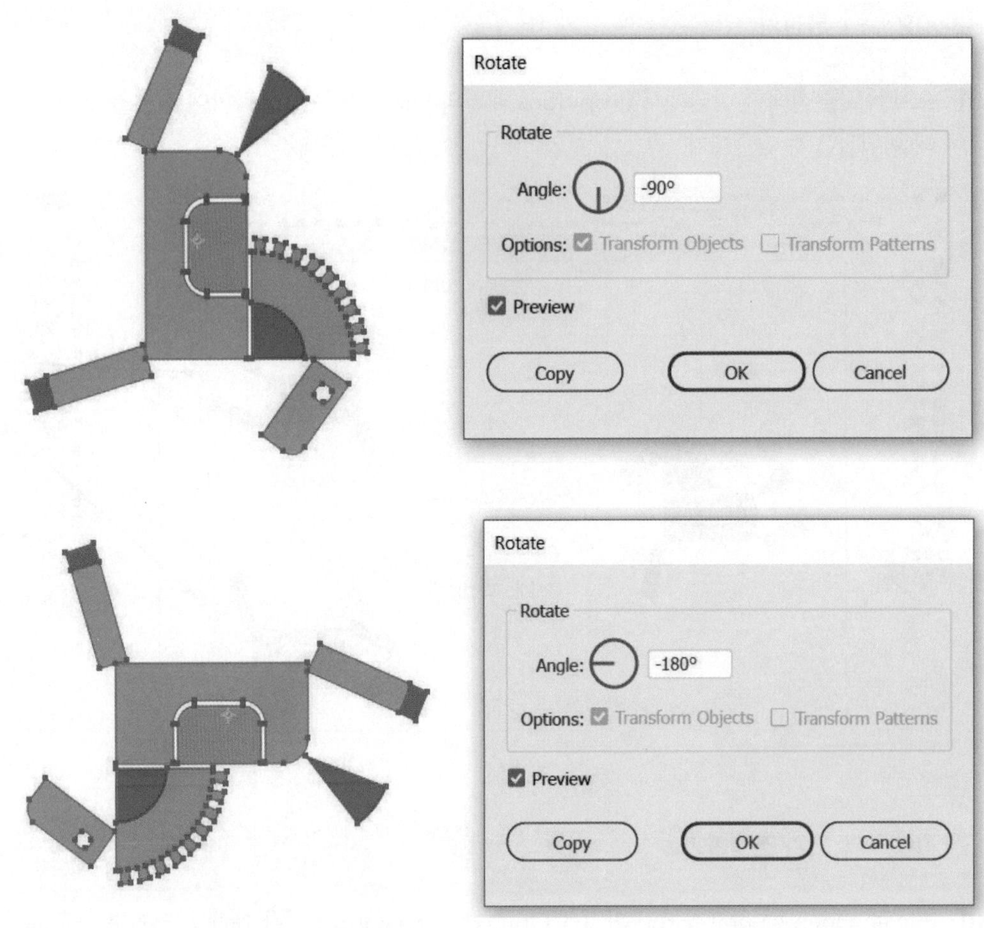

04 모서리의 바깥 부분을 Shift를 누른 상태에서 회전하면 45°씩 회전할 수 있습니다.

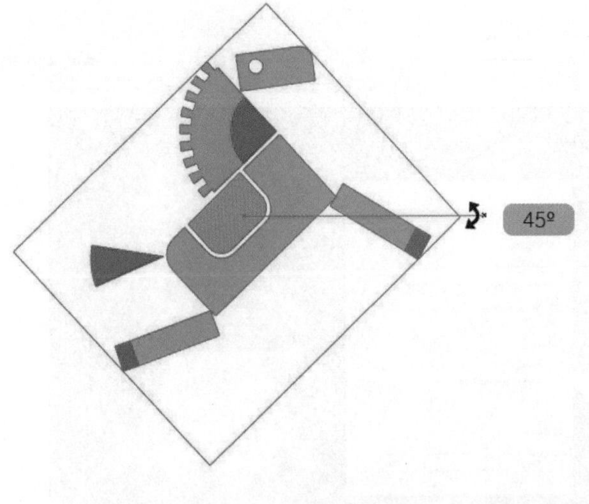

기본 살펴보기

08 | 뒤집기

01 오브젝트를 선택한 상태에서 Properties 패널의 Flip 아이콘을 클릭하여 좌우를 뒤집거나 또는 위아래를 뒤집을 수 있습니다.

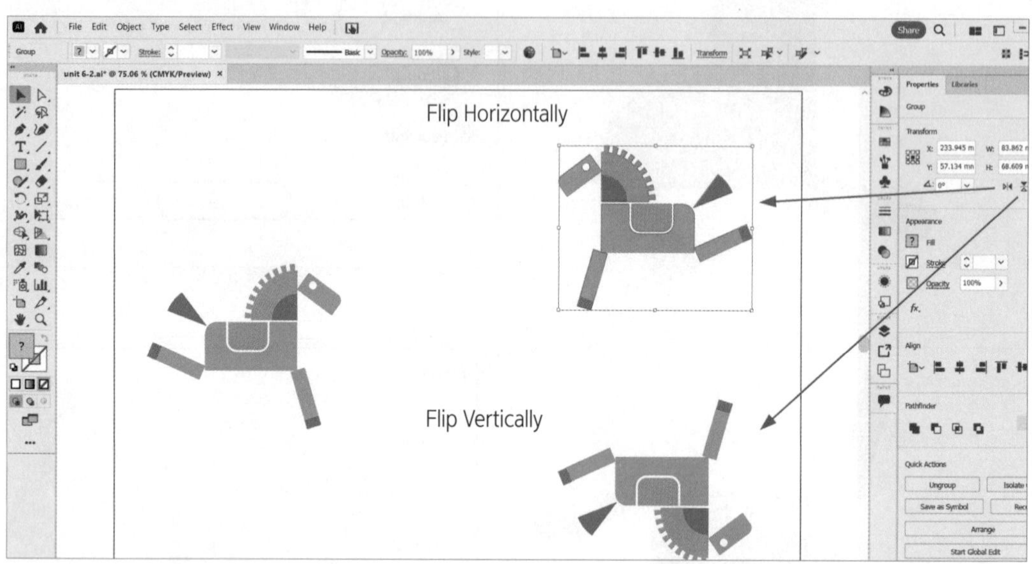

09 | 크기 조절하기

01 File ⇨ Open ⇨ unit 6-3.ai 파일을 Open합니다. Uniform이란 개체의 크기를 균등하게 조절하는 것을 말합니다.

02 Scale tool【S】을 더블 클릭한 후 Uniform 50%라고 입력하여 크기를 절반으로 줄입니다.

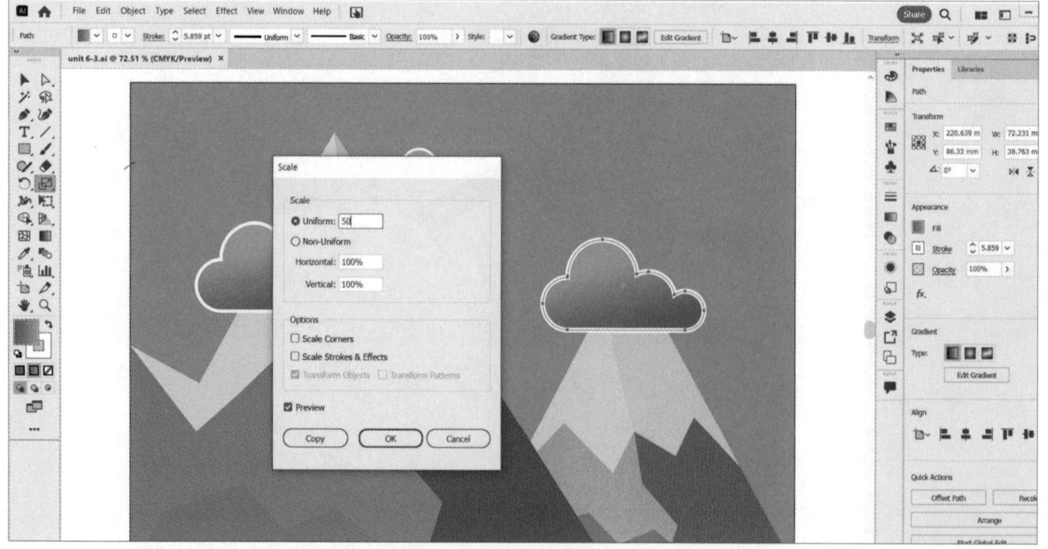

03 Selection tool【V】을 사용하여 마우스로 드래그하여 원하는 위치로 이동합니다.

10 | 반사하기

01 File ⇨ Open ⇨ unit 6-4.ai 파일을 Open합니다.

02 Selection tool【V】을 사용하여 오브젝트를 선택한 후 오른쪽으로 반사하기 위해서 Reflect tool【O】로 툴을 변경합니다. (Reflect tool은 옵션을 사용하여 개체를 뒤집을 수 있습니다. 즉 반사 툴은 미러링된 이미지를 만듭니다.)

03 Alt를 누른 상태에서 가이드선의 가운데를 클릭하면 대화상자가 나타납니다.

이때 Vertical 90°를 선택하고 Copy를 클릭합니다.

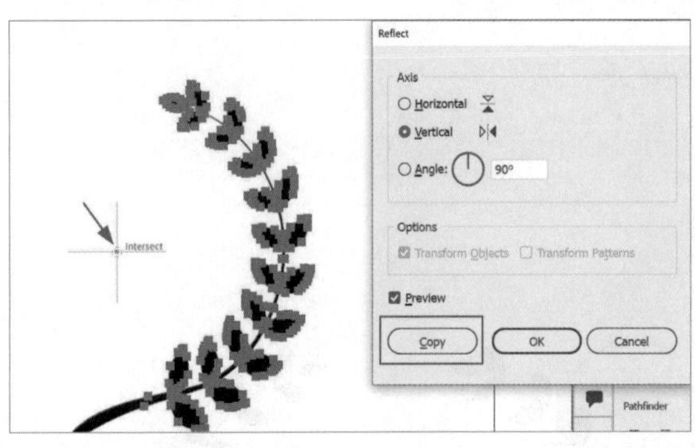

TIP

만약 가이드선이 선택되어 색상이 바뀐다면 가이드선을 잠가야 합니다.
View ⇨ Guides ⇨ Lock Guides【Alt+Ctrl+;】

기본 살펴보기

04 오브젝트의 수직을 중심으로 반사할 수 있습니다. 또 다른 방법으로는 Properties 패널의 버튼을 활용할 수도 있습니다.

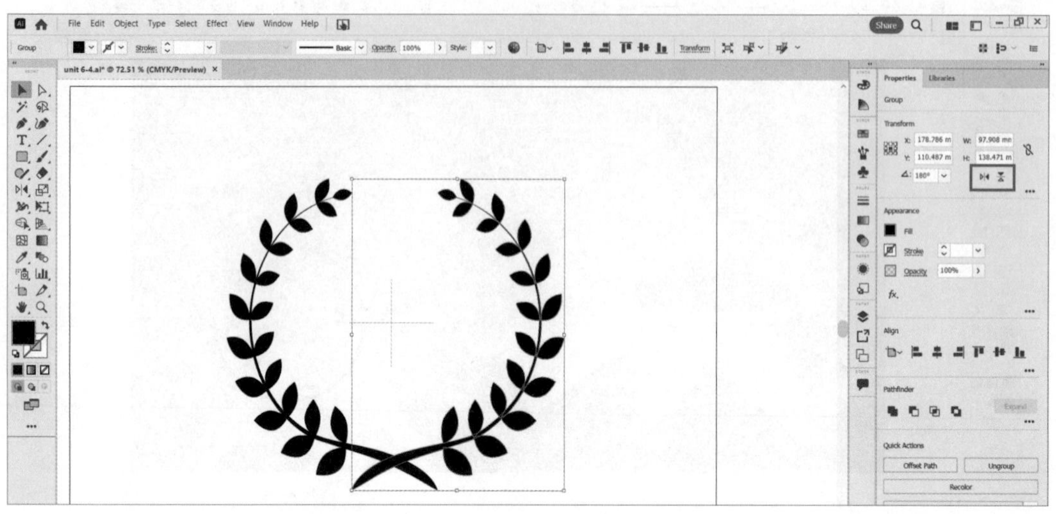

11 | 잠그기 & 풀기

05 Object ⇨ Lock ⇨ Selection【Ctrl+2】 선택 툴【V】을 사용하여 전체를 드래그하여 선택한 상태에서 오브젝트를 잠글 수 있습니다.

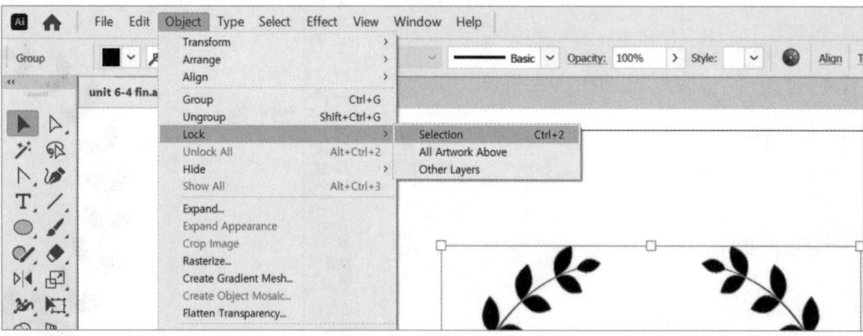

06 Object ⇨ Unlock All【Alt+Ctrl+2】 잠금을 해제합니다.

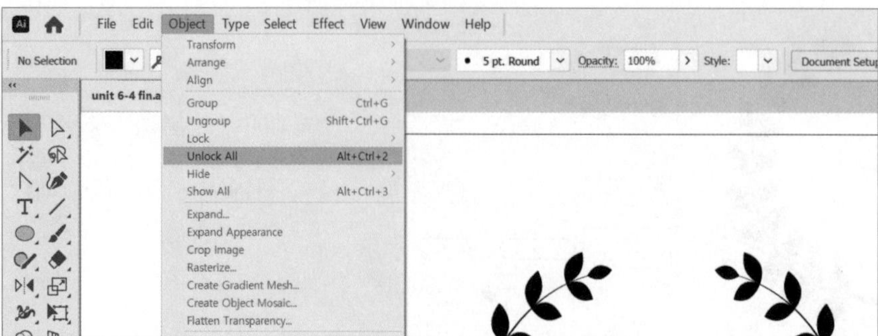

12 | 정렬하기

01 File ⇨ Open ⇨ unit 6-5.ai 파일을 Open합니다.

02 Select All【Ctrl+A】전체를 선택합니다. Align 항목의 오른쪽 밑에 More option 버튼을 클릭하여 Align 패널【Shift+F7】을 꺼냅니다.

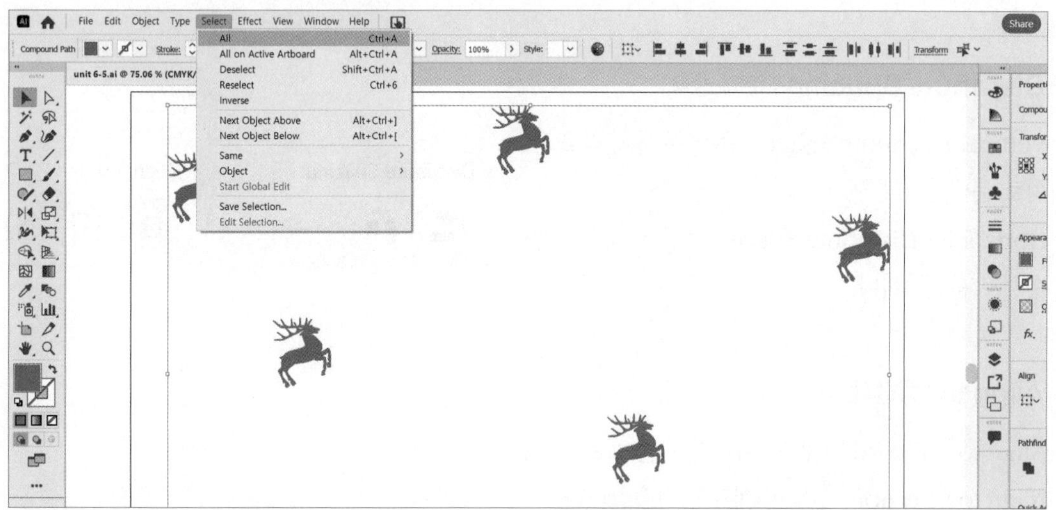

▶ Align Objects

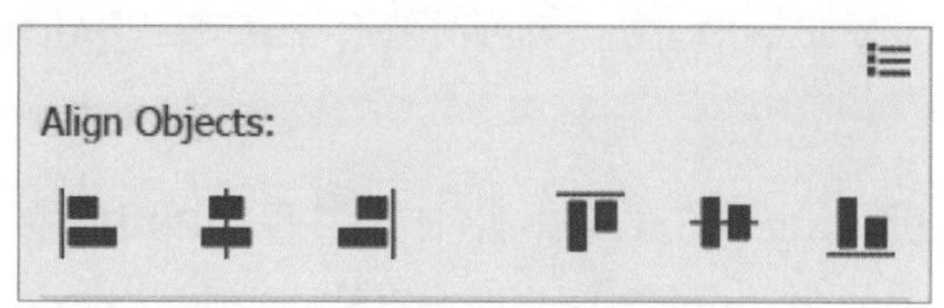

- Horizontal Align Left : 선택 영역의 가장 왼쪽에 있는 오브젝트의 왼쪽 부분에 정렬됩니다.
- Horizontal Align Center : 개체가 왼쪽이나 오른쪽으로 이동하여 선택 영역의 중심에 모든 것이 정렬됩니다.
- Horizontal Align Right : 선택 영역의 가장 오른쪽에 있는 오브젝트의 오른쪽 부분에 정렬됩니다.

- Vertical Align Top : 선택 영역의 가장 위쪽에 있는 오브젝트의 위쪽 부분에 정렬됩니다.
- Vertical Align Center : 개체를 위 또는 아래로 이동하여 모든 것을 중앙에 정렬합니다.
- Vertical Align Bottom : 선택 영역의 가장 아래에 있는 오브젝트의 아래 부분에 정렬됩니다.

▶ Distribute Objects : 개체를 균등하게 분배

- Vertical Distribute Top : 개체의 상단을 균등하게 분포합니다.
- Vertical Distribute Center : 대상물이 위나 아래로 이동하여 대상물의 중심이 균등하게 분포됩니다.

- Vertical Distribute Bottom : 개체의 아래쪽을 균등하게 배포합니다.
- Horizontal Distribute Left : 개체의 왼쪽을 균등하게 분배합니다.
- Horizontal Distribute Center : 개체를 왼쪽이나 오른쪽으로 이동하여 개체의 중심을 균등하게 분배합니다.
- Horizontal Distribute Right : 개체의 오른쪽을 균등하게 분배합니다.

▶ Distribute Spacing : 분배 간격

- Vertical Distribute Space : 수직 분배 간격을 수치로 분배합니다.
- Horizontal Distribute Space : 수평 분배 간격을 수치로 분배합니다.

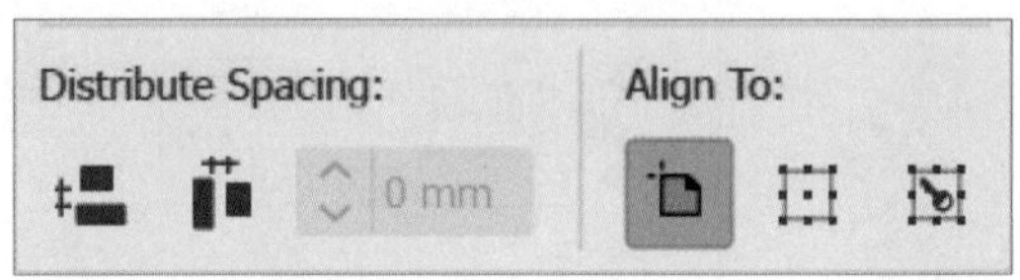

▶ Align to : 정렬 대상

- Align to Artboard : 개체가 대지를 기준으로 정렬됩니다.
- Align to Selection : 선택한 개체를 정렬합니다.
- Align to Key Object : 핵심 개체를 기준으로 정렬됩니다. Key Object란 기준이 되는 것으로 오브젝트를 모두 선택한 상태에서 특정 오브젝트만 Alt+Click 하여 Key Object로 만듭니다.

03 unit 6-5.ai 파일에 아트보드를 추가하여 총 14개를 만듭니다. Rearrange(재배치) 버튼을 클릭하여 Columns(열) 6으로 변경하면 아래처럼 배치할 수 있습니다.

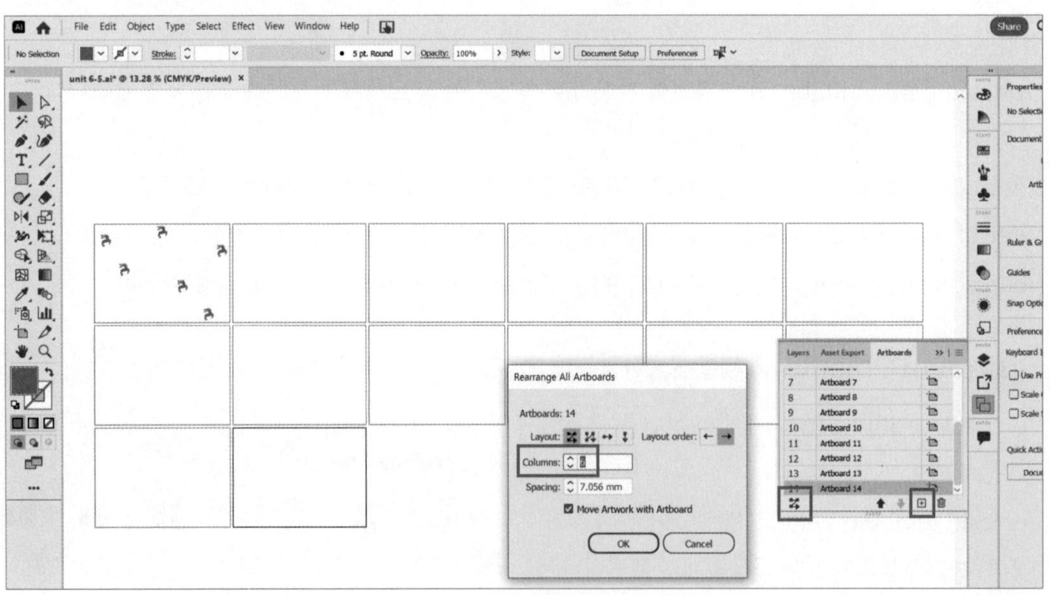

04 Select ⇨ All【Ctrl+A】⇨ Edit ⇨ Copy【Ctrl+C】아트보드1에 있는 모든 오브젝트를 선택합니다.

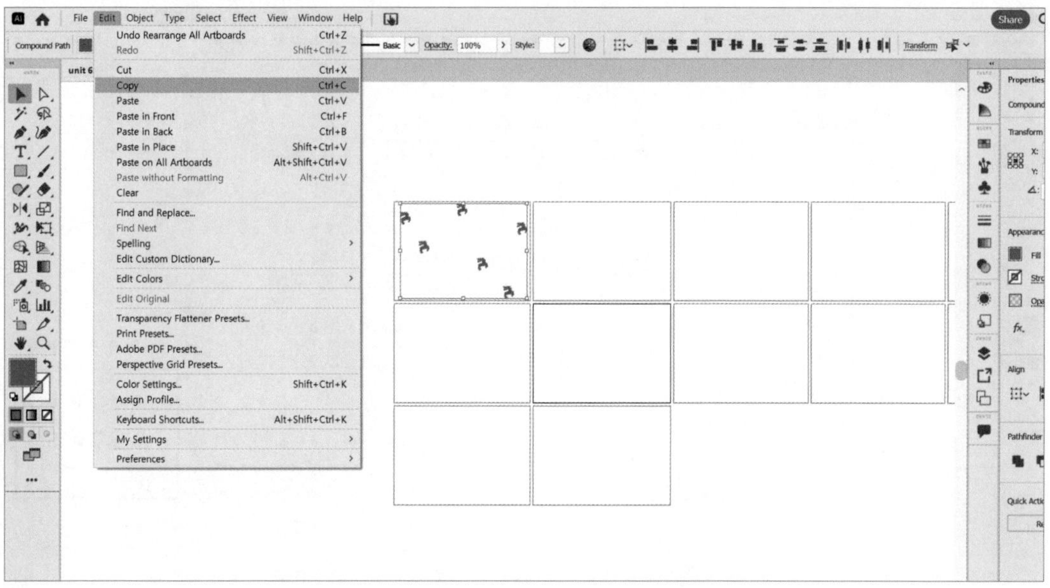

05 Edit ⇨ Paste on All Artboard【Alt+Shift+Ctrl+V】모든 아트보드에 붙입니다.

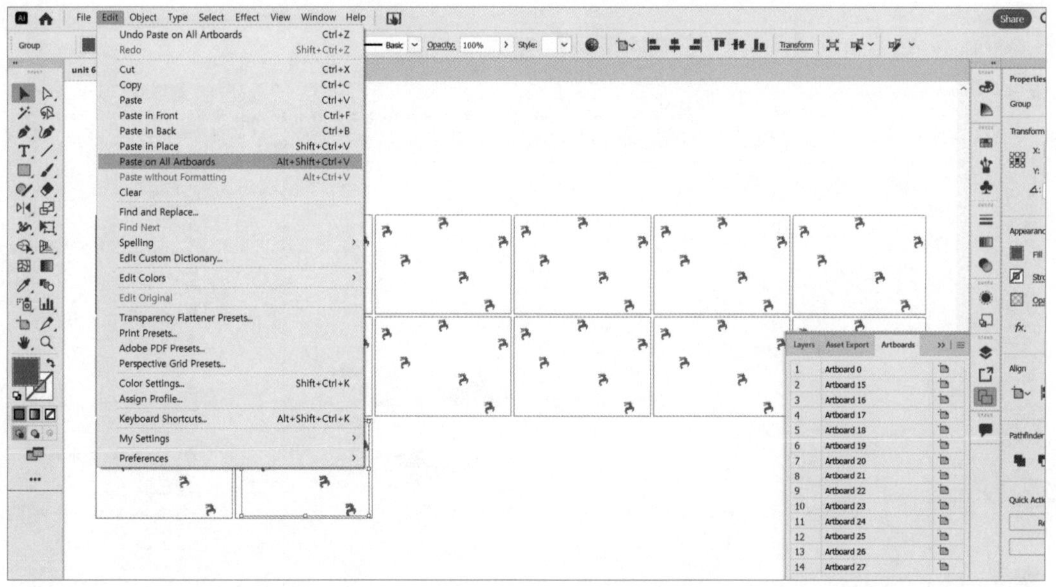

06 정렬에 관한 다양한 결과를 unit 6-5 fin.ai 파일에서 확인할 수 있습니다.

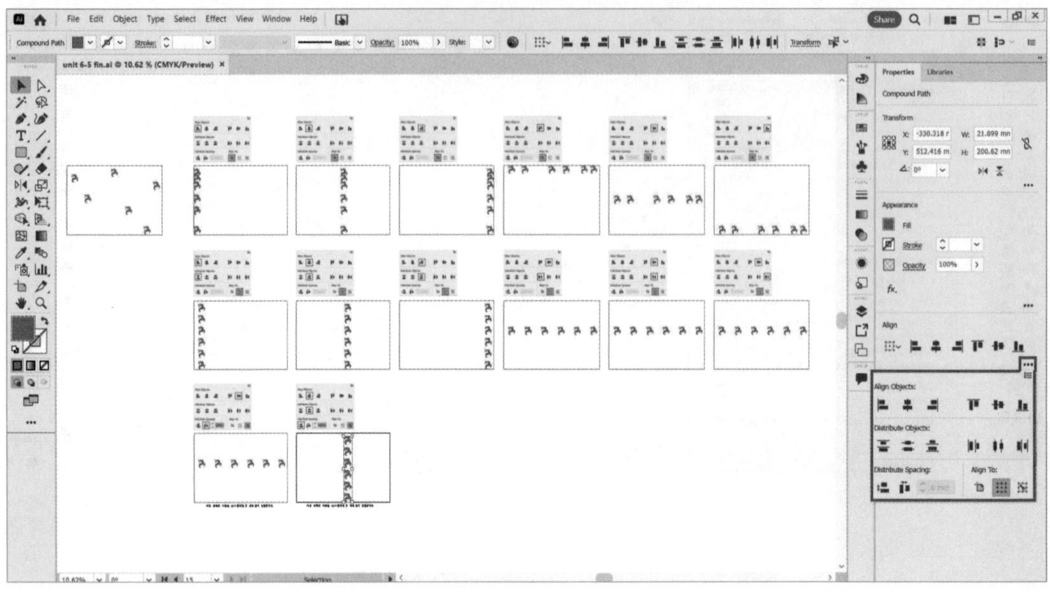

13 | 그룹 & 그룹 풀기

01 File ⇨ Open ⇨ unit 6-6.ai 파일을 Open합니다.

02 Select ⇨ All 【Ctrl+A】 전체를 선택합니다.

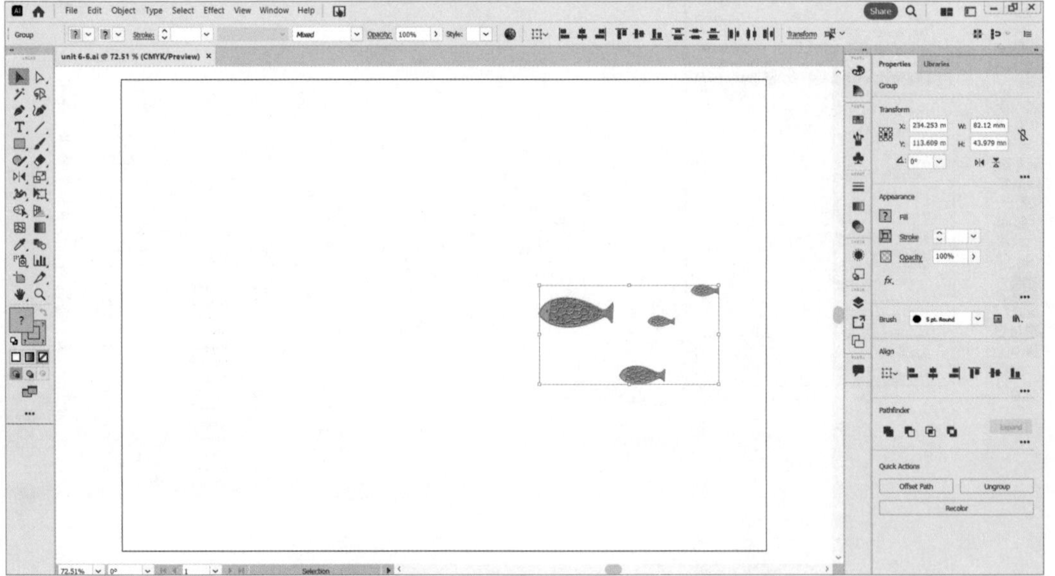

03 Object ⇨ Group【Ctrl+G】 전체 개체를 그룹화합니다.

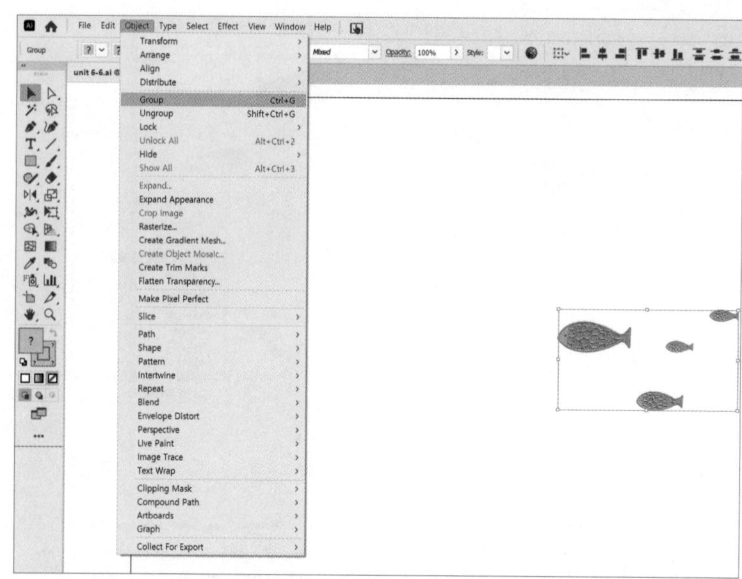

T I P

Group이란 다수의 개체를 하나로 묶을 수 있습니다. 그룹을 해제하지 않고 일부 개체를 변경하려면 Direct Selection tool(직접 선택 툴)이나 Group Selection tool(그룹 선택 툴)을 이용하여 개체를 선택할 수 있습니다. 개체를 추가할 때는 Shift를 누르면서 클릭합니다.

04 Alt를 누른 채 마우스로 드래그하여 이동합니다. 모든 개체가 한번에 이동됩니다.

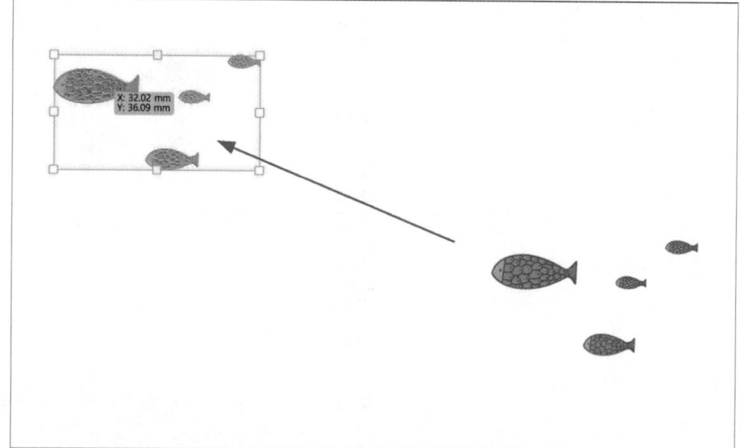

05 그룹을 선택한 후 마우스 오른쪽 버튼을 클릭하여 그룹을 분리(UnGroup)할 수 있습니다.

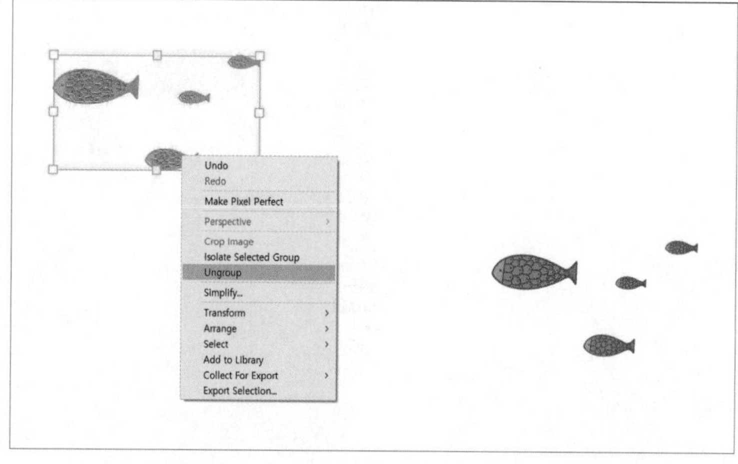

06 또는 Isolate Selected Group을 클릭하거나 더블 클릭하여 Isolation Mode(그룹화된 개체의 격리 모드) 화면으로 그룹을 분리할 수 있습니다.

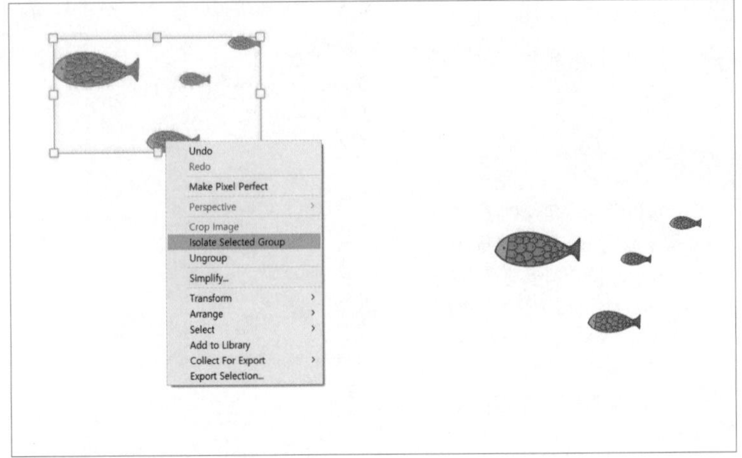

07 Isolation Mode(그룹화된 개체의 격리 모드) 화면에서 그룹에서 분리된 각각의 오브젝트를 선택할 수 있습니다.

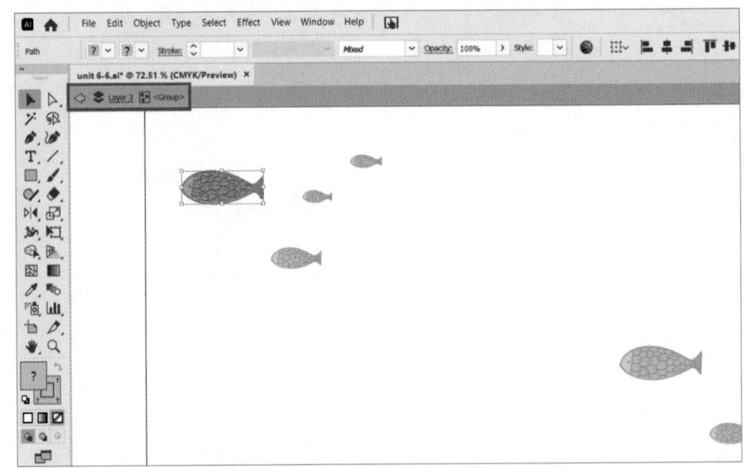

08 그룹 안의 격리모드에서는 【Alt+Shift】를 누른 채 드래그하여 크기를 약간 크게 조절할 수 있습니다. 이때 그룹은 해제되지 않습니다.

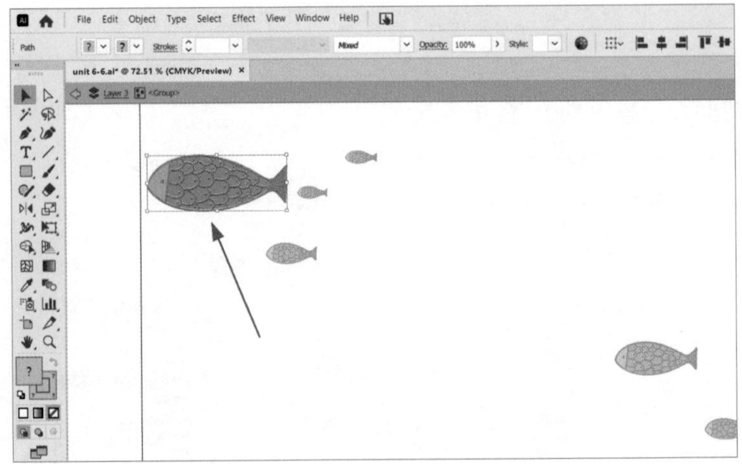

09 화살표(Exit Isolation Mode)를 더블 클릭하거나 키보드의 Esc를 클릭하여 격리모드 화면에서 원래의 아트보드 화면으로 되돌아올 수 있습니다.

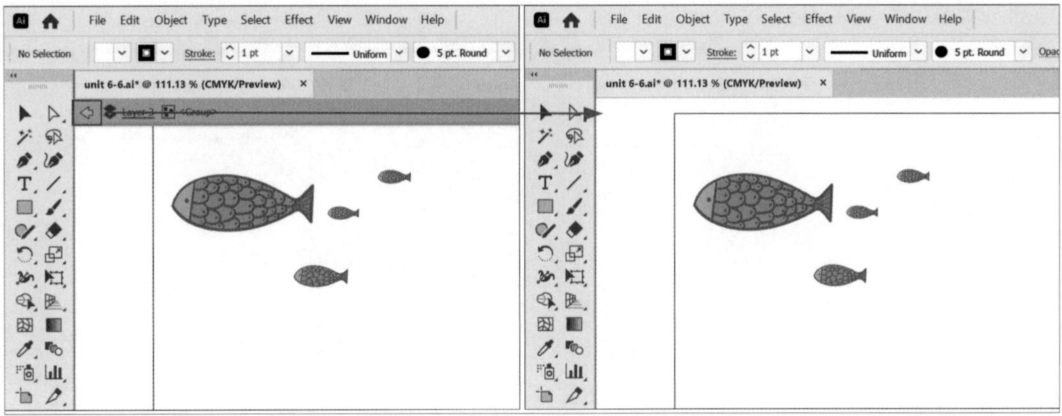

14 | 아트보드 재 배치하기

01 File ⇨ New【Ctrl+N】 새 문서를 만듭니다.

02 View ⇨ Zoom Out【Ctrl+-】 화면을 축소한 후 아트보드 패널을 꺼냅니다.

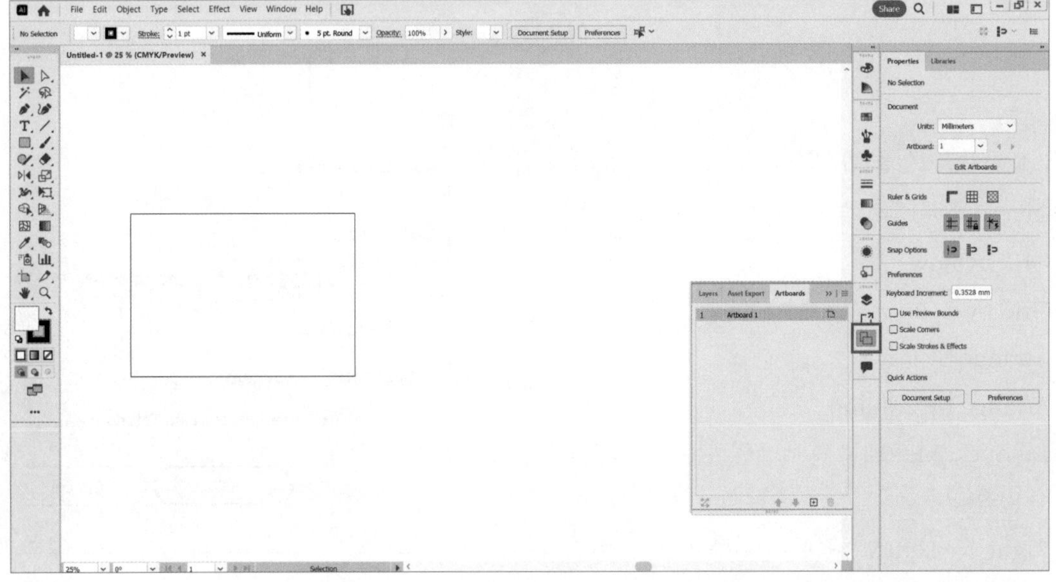

기본 살펴보기

03 아래에 있는 New Artboard 아이콘을 클릭하여 새 아트보드를 만듭니다.

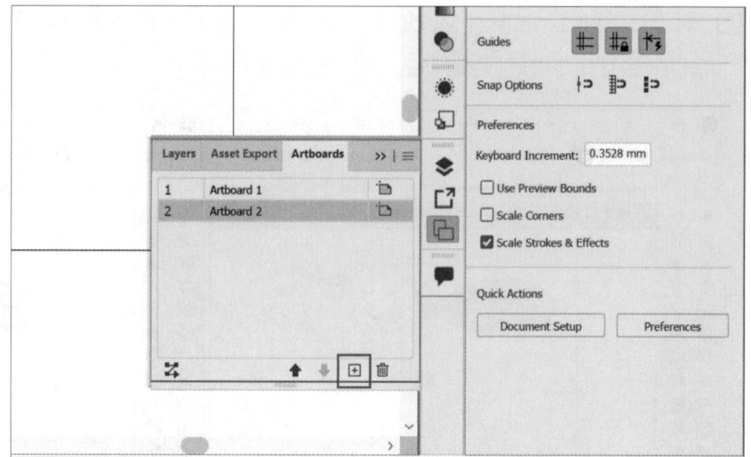

04 오른쪽으로 아트보드가 새로 만들어집니다. 아트보드를 재배치하기 위해 패널 아래에 왼쪽 버튼(Rearrange All Artboards)을 클릭합니다.

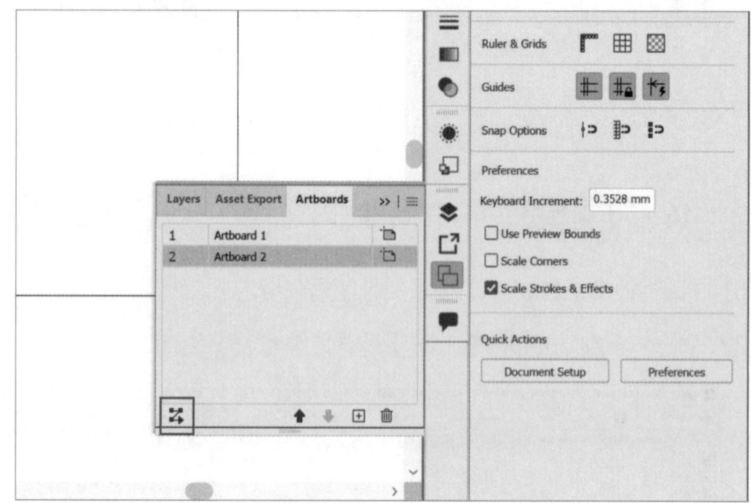

05 Row(행) 2행을 체크합니다.

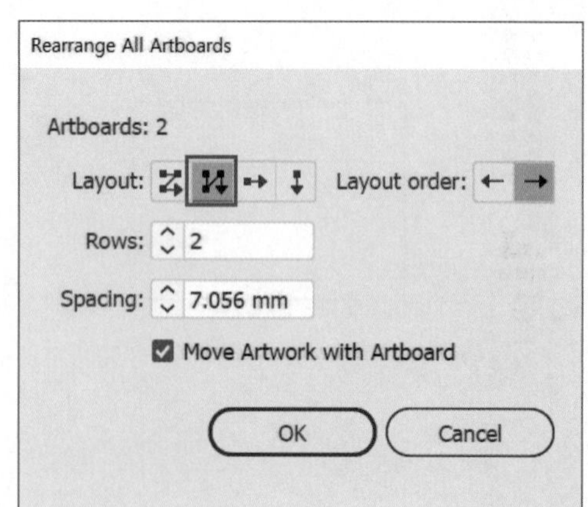

▶Layout(배치) : 4종류의 옵션이 있습니다.

- Grid by Row
- Grid by Column
- Arrange by Row
- Arrange by Column.

▶Layout Order(배치 순서) : 원하는 화면 배치를 정할 수 있습니다.

- Right-to-Left(오른쪽에서 왼쪽으로) 또는 Left-to-Right(왼쪽에서 오른쪽으로)

▶Columns/Rows(열/행) : 원하는 열이나 행의 갯수를 적습니다.

▶Spacing(간격) : 아트보드 사이의 간격을 정할 수 있습니다.

06 2행으로 아트보드를 재배치할 수 있습니다.

07 Artboard Tool 【Shift+O】을 선택하여 아트보드의 크기나 방향 등을 변경할 수 있습니다.

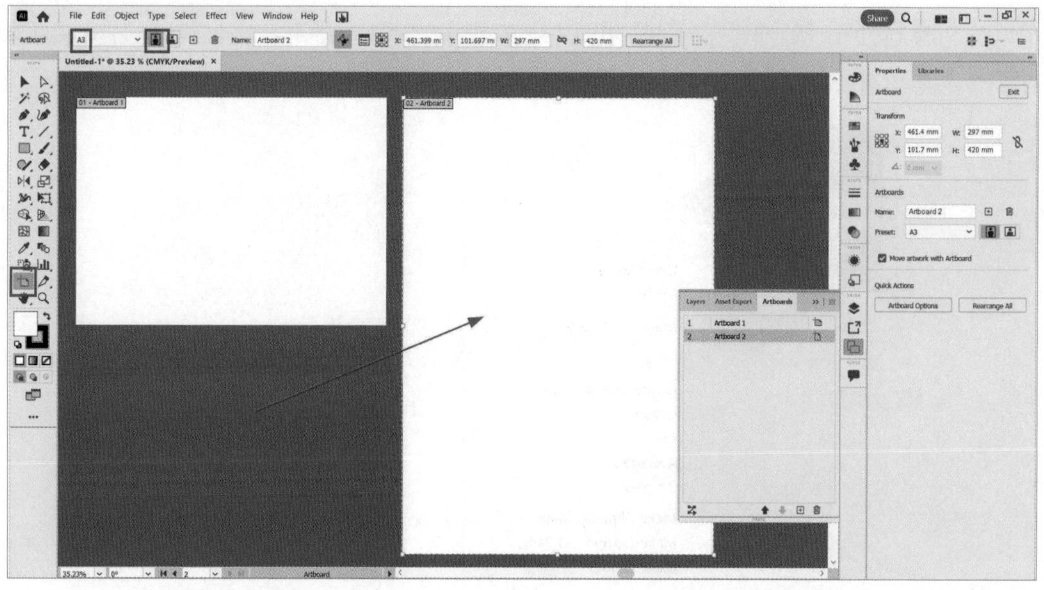

08 아트보드를 추가하거나 크기를 변경하거나 또는 간격을 조절할 수 있습니다.(unit 6-7 fin.ai)

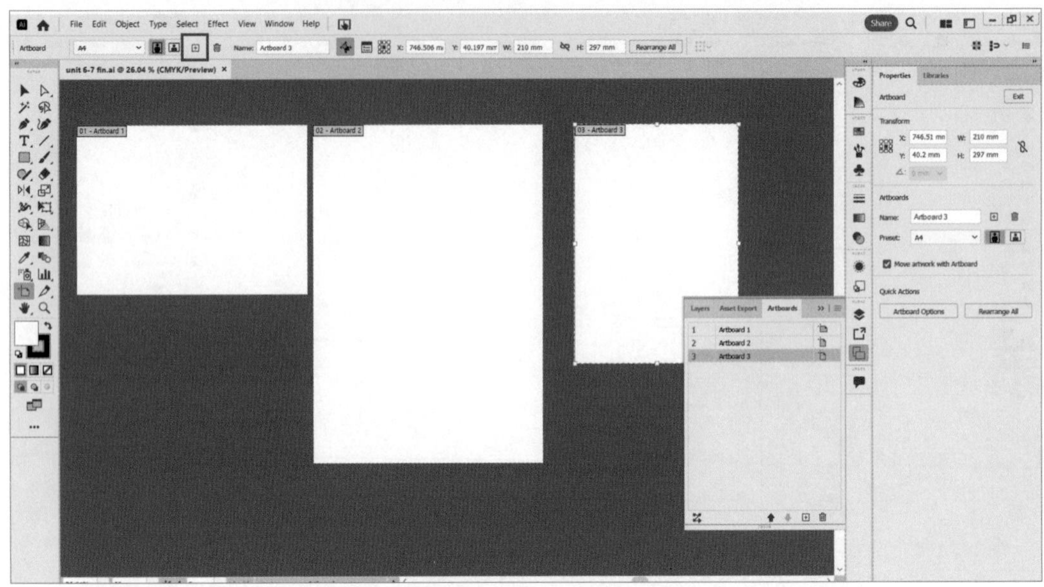

15 | 개체 정렬하기

일러스트에서는 선택한 개체를 레이어 간에 이동되지 않습니다. 즉 하나의 레이어에서 재배열을 하는 것 뿐입니다. 만약 레이어 간의 개체를 이동하려면 복사 후 붙이기를 해야 합니다. 아래처럼 몇 개의 오브젝트를 겹쳐놓은 후 앞뒤로 오브젝트를 옮길 수 있습니다.(unit 6-8.ai)

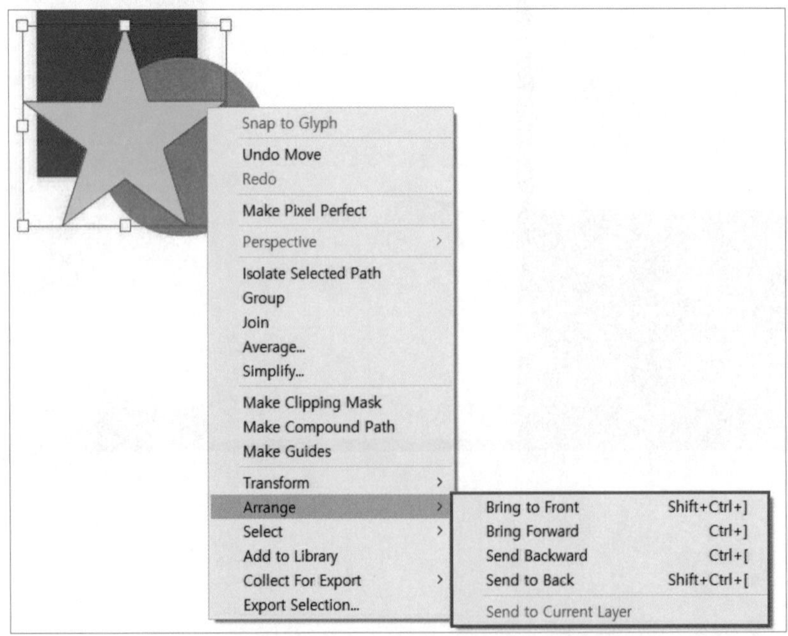

01 아래처럼 색상이 다른 도형을 그린 상태에서 가장 앞에 있는 별을 선택합니다.

02 Send to back【Shift+Ctrl+[】선택한 오브젝트(별)를 동일한 레이어에서 가장 뒤로 보냅니다.

03 Bring to front【Shift+Ctrl+]】선택한 오브젝트(별)를 동일한 레이어에서 가장 앞으로 가져옵니다.

04 Send Backward【Ctrl+[】선택한 오브젝트(별)를 동일한 레이어에서 한 단계씩 뒤로 보냅니다.

05 Bring Forward【Ctrl+]】선택한 오브젝트(별)를 동일한 레이어에서 한 단계씩 앞으로 가져옵니다.

환경설정

01 | 초기화 하기

01 Edit ⇨ Preferences ⇨ General 【Ctrl+K】 일러스트레이터를 초기화 하기 위해 환경설정을 선택합니다.

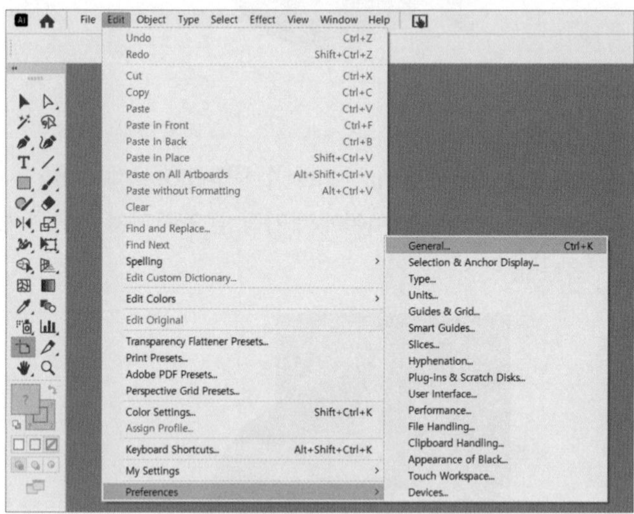

02 오른쪽 아래에 Reset Preference 버튼을 클릭합니다.

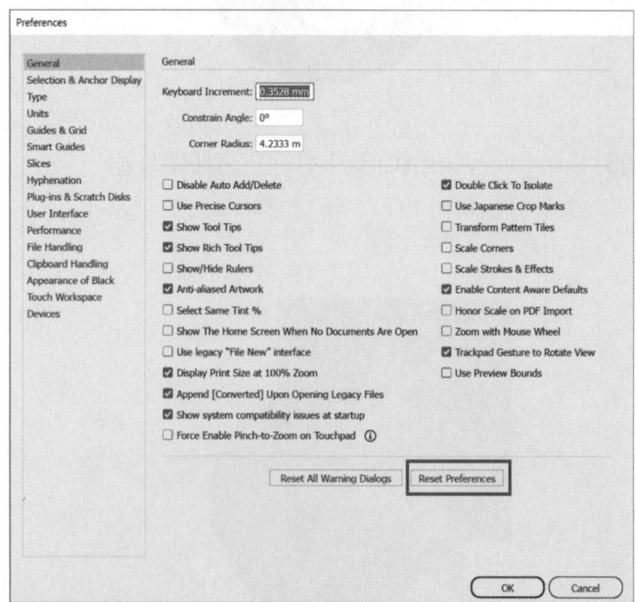

환경설정은 일러스트레이터를 재시작했을 때 초기화된다는 메시지가 보입니다.

⚠ Note: Preferences will reset only when you restart Illustrator.

03 Reset(초기화)된 프로그램의 첫 화면이 보입니다.

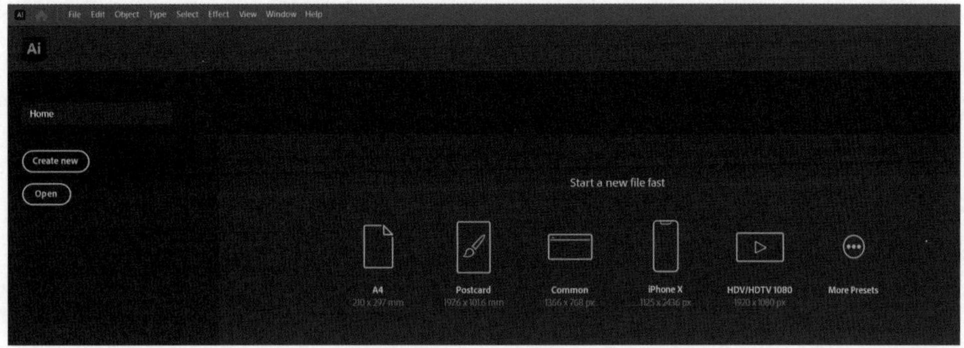

02 | 중요 환경설정

▶ General

- Keyboard Increment : 키보드의 화살표 키(위, 아래, 왼쪽, 오른쪽)를 사용하여 개체를 조금씩 이동하는 것을 'Nudging'이라고 합니다. 키보드의 기본 증분(增分)값은 1pt입니다. 하지만 현재 작업하는 문서에 맞게 적절한 값을 선택할 수 있습니다.
- Corner Radius : 라운드 사각형의 기본 모서리 반지름입니다.

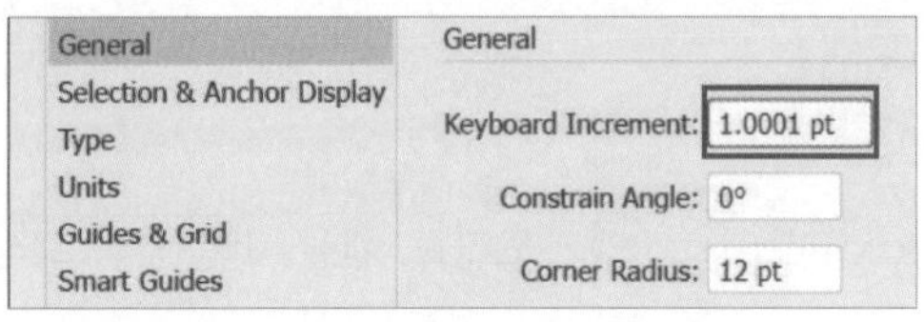

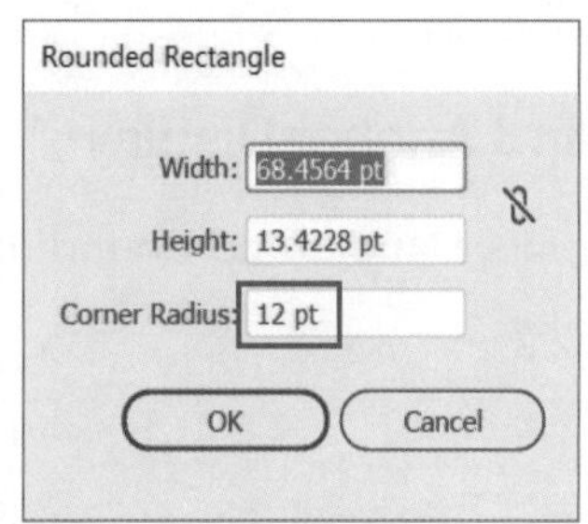

- Use Legacy 'File New' Interface : 이전 버전의 환경을 활성화하여 새 파일을 만듭니다.
- Use Preview Bounds : 오브젝트의 실제 크기로 바운딩 박스를 표시할 수 있습니다.

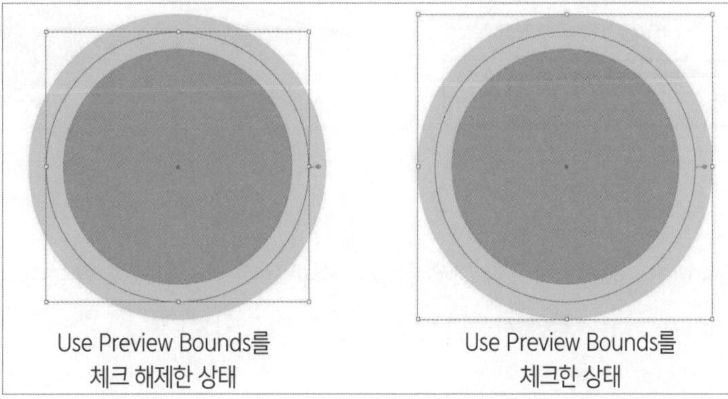

기본 살펴보기

- Double Click to Isolate : 편집하려는 개체를 두 번 클릭합니다. 격리 모드는 하위 레이어, 복합 경로, 그룹 또는 심볼 내의 개체 또는 경로를 편집하는 데 사용됩니다. 격리 모드에 들어가면 격리된 개체 내에 있지 않은 모든 항목이 흐리게 표시됩니다.
- Scale Corners : 체크하는 경우 모서리가 둥근 오브젝트의 경우 모서리의 크기를 함께 조절할 수 있습니다. 아래의 경우 Scale Stroke & Effects도 함께 체크해야 합니다.
- Scale Stroke & Effects : 체크할 경우 개체의 크기를 크게 하거나 또는 작게 할 때 Stroke(획)의 크기도 함께 조절할 수 있습니다.

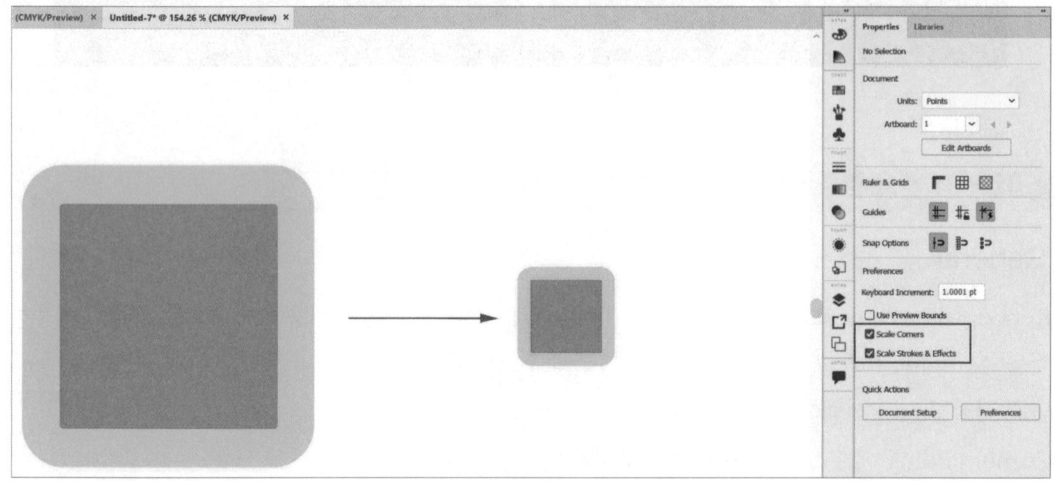

▶ Selection & Anchor Display

- Anchor Points, Handle, and Bounding Box Display : 앵커포인트, 핸들, 바운딩박스의 크기를 크게 표시할 수 있습니다.

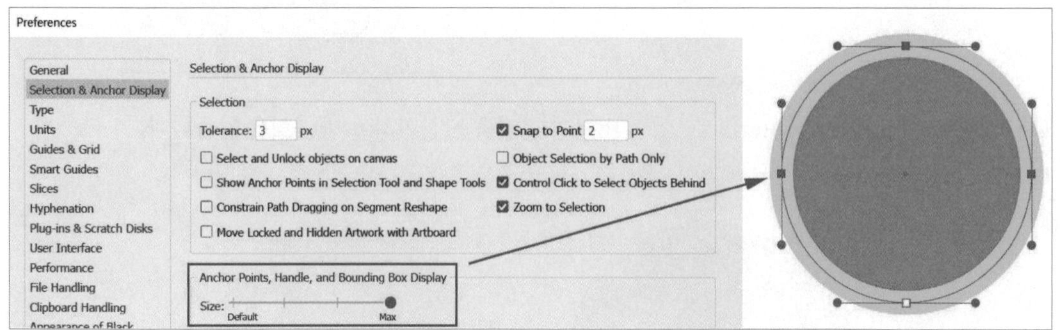

▶Type

- Show Font Names in English : 체크할 경우 글꼴을 영문으로 검색되도록 합니다.
- Number of Recent Fonts 10 : 최근 사용한 글꼴 수를 10개로 합니다.

- Fill New Type Object With Placeholder Text : 텍스트 상자를 만들 때 텍스트를 미리 채우는 기능입니다.

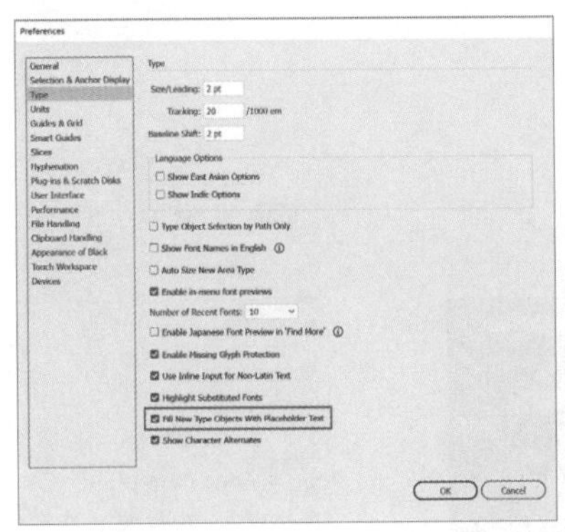

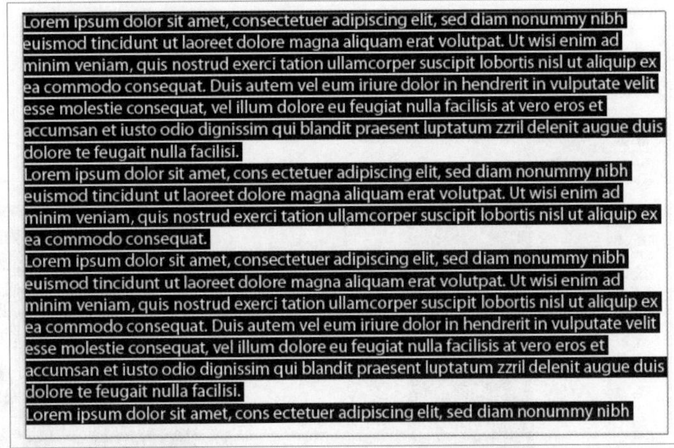

▶ Units

- General : Millimeters : Show Ruler【Ctrl+R】문서를 만든 후 단위를 변경할 수 있습니다.

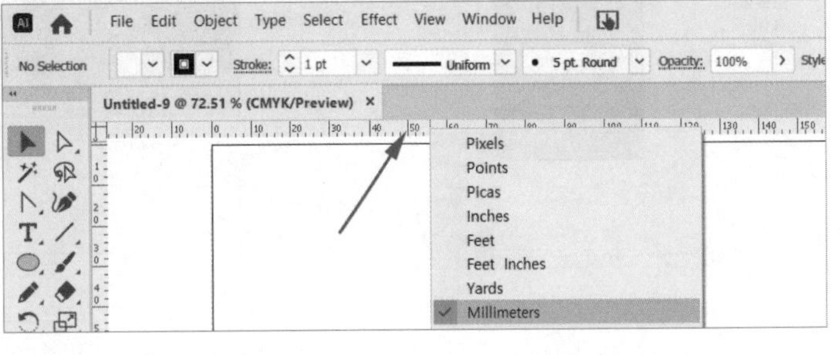

▶ Guides & Grid 안내선 & 격자

- Gridline every, 25.4mm : 격자선의 간격을 변경할 수 있습니다.
- Subdivisions, 8 : 세분화를 8등분 한다는 의미입니다. Show Grid【Ctrl+'】그리드를 보이게 합니다.

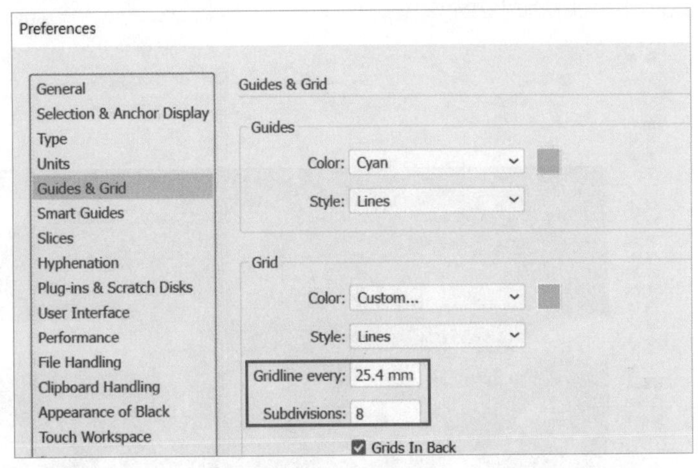

▶ Smart Guides

- Measurement Labels : 측정 라벨의 의미로 체크를 해제하면 회색 바가 생기는 불편함을 해소할 수 있습니다.

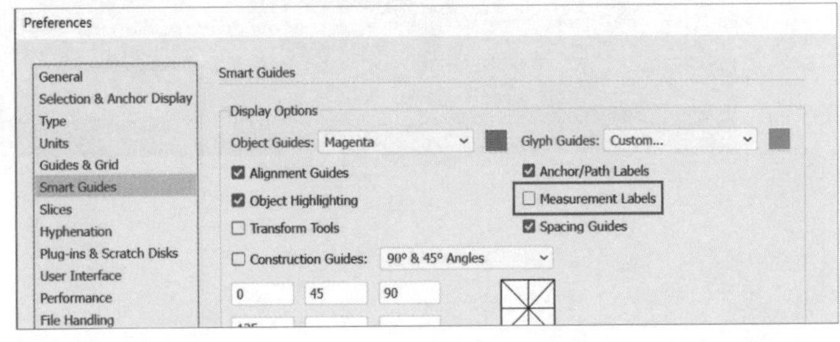

▶ Slices

Show Slice Numbers : 조각난 번호를 보여주는 기능입니다.

01 File ⇨ Open ⇨ unit 7-1.ai 파일을 Open합니다.

02 View ⇨ Rulers ⇨ Show Rulers【Ctrl+R】 자를 보이게 합니다.

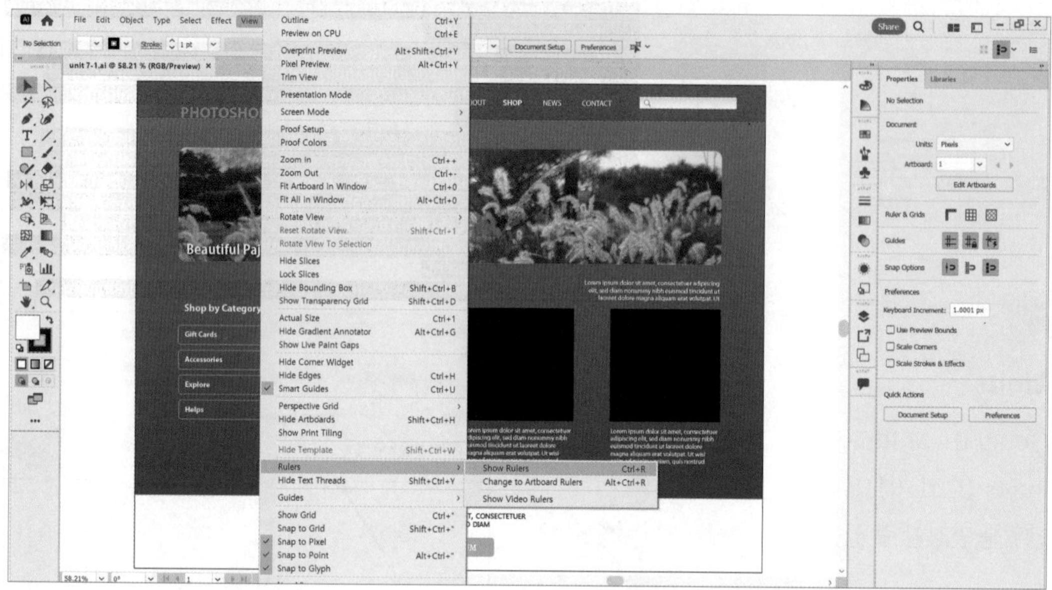

03 자(Ruler)에서 선택 툴을 드래그하여 가이드선을 만듭니다.

04 Object ⇨ Slice ⇨ Create from Guides 가이드선을 기준으로 이미지를 자릅니다.

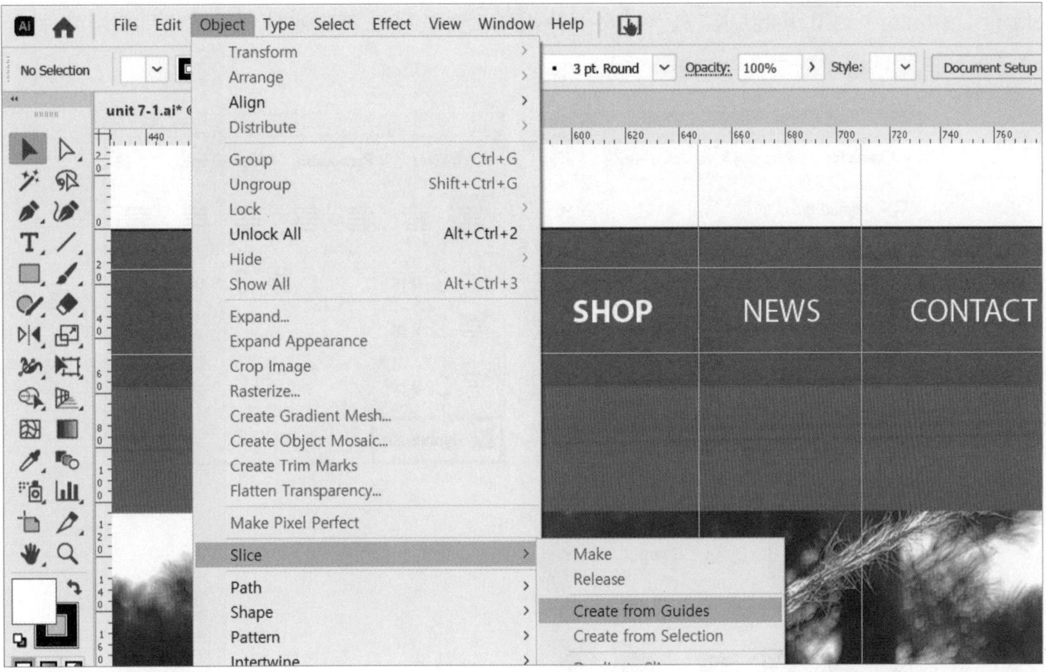

05 잘린 이미지의 번호가 보입니다.

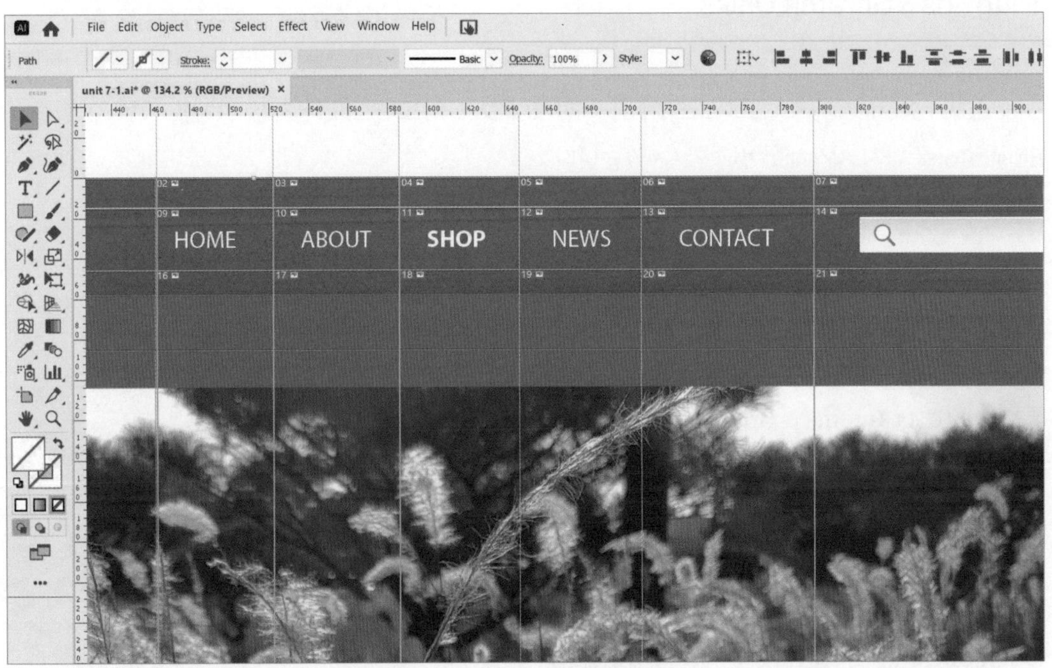

기본 살펴보기

▶ Hyphenation 하이픈 언어

Default Language - English UK : 사전에 하이픈을 넣으려면 문자 패널에서 언어를 선택합니다. 문단 패널에서 하이픈 선택할지 말지를 결정할 수 있습니다.

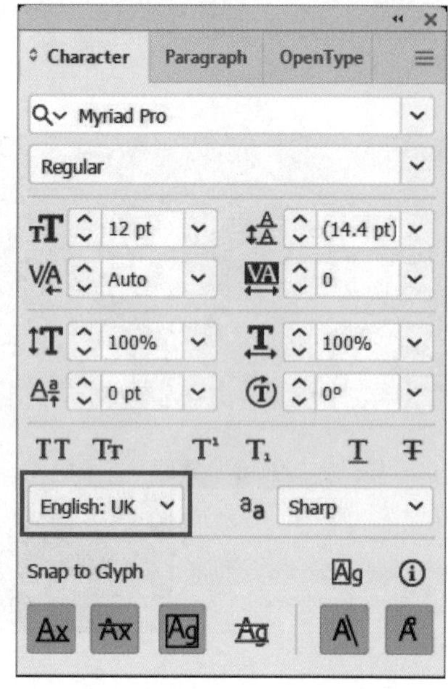

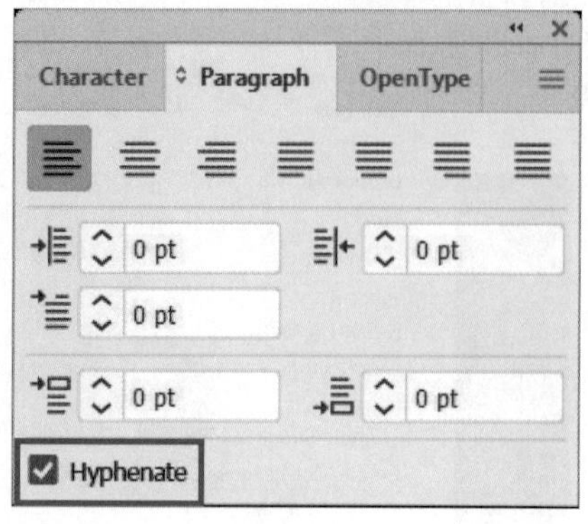

▶ Plug-ins & Scratch Disks

- Primary C : ₩
- Secondary None : 기본 하드디스크의 저장 위치와 보조 하드디스크의 저장 위치를 정할 수 있습니다. Illustrator를 다시 시작해야 변경할 수 있습니다.

▶ User Interface 사용자

- Brightness : 밝기
- Canvas Color : 캔버스 색상
  - Match User Interface Brightness : 캔버스의 컬러를 화면의 밝기와 매칭합니다.
  - White : 캔버스의 컬러를 흰색으로 합니다.
- Open documents as Tabs 문서 탭을 표시합니다.

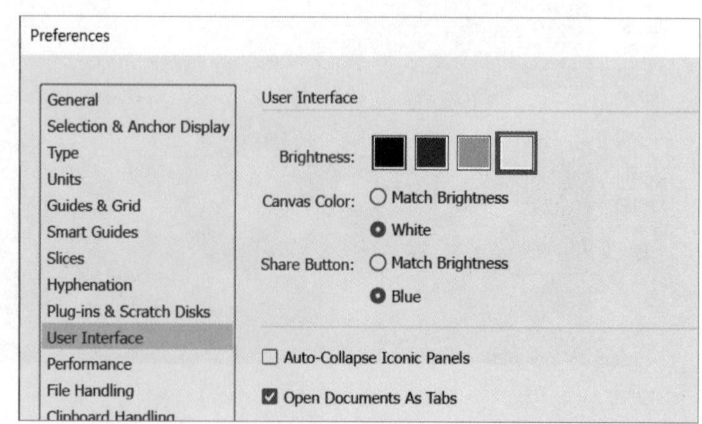

- UI Scaling : Large로 설정하여 크게 보도록 합니다.

▶ Performance

- Performance ⇨ GPU Performance GPU 성능을 찾을 수 있습니다.
- Other ⇨ Undo Counts 100 : 기본 실행 취소 횟수를 100회로 합니다. 50에서 200 사이의 값을 입력하여 변경할 수 있습니다.

▶ File Handling ⇨ File save options ⇨ Automatically save recovery data every 2min

- Illustrator 자동 저장을 활성화합니다.
- Files ⇨ Number of recent files to displays : 20 최근 파일 수를 표시합니다.

▶ Clipboard Handling

특정 파일을 처리하는 방법에 대한 설정과 다른 응용 프로그램에 붙여넣기 위해 클립보드에 아트를 복사하는 방법에 대한 설정입니다.

▶ Appearance of Black

화면에 대한 설정과 인쇄/내보내기에 대한 설정의 두 가지 설정이 있습니다.

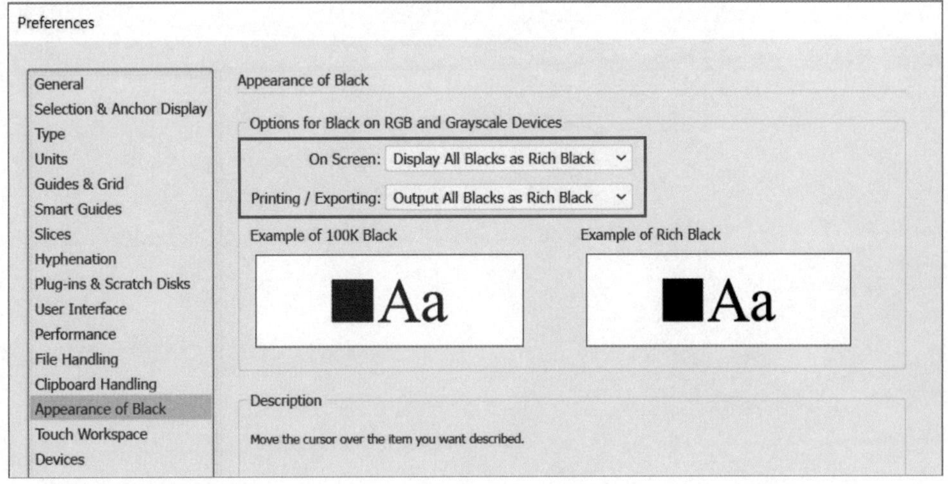

▶Touch Workspace

터치 작업영역을 활성화 합니다.

▶ Devices

Enable Wacom : 태블릿 드라이버를 설치하여 활용합니다.

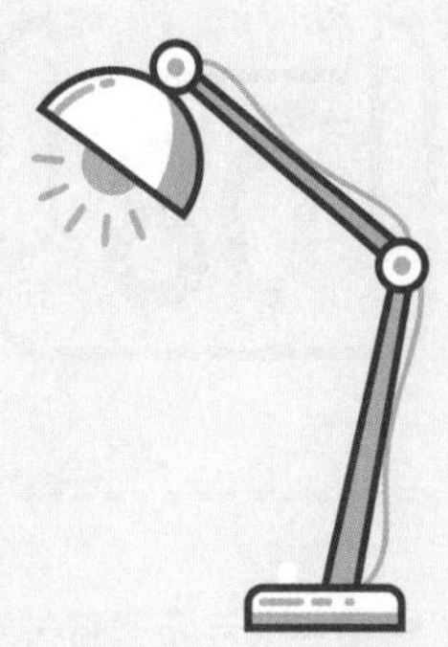

Chapter 2
드로잉 & 다양한 기능 살펴보기

인쇄나 웹 등 디자인 실무에서는 다양한 기능을 활용한 복합적인 결과물이 필수적입니다.

이 장에서는 활용도가 높고 반드시 학습해야 할 기능 뿐만 아니라 다양한 기술적 노하우를 수록했습니다.

패스파인더

▶ 오브젝트를 결합하는 방법_Methods of combining objects

- Pathfinder effect(패스파인더 효과) : 오브젝트 간의 상호작용에 따라 형태를 추가하거나 영역에서 빼거나 마스크처럼 교차하는 영역만을 보여주거나 또는 겹치는 영역을 제외시키는 등의 개체를 결합할 수 있습니다.

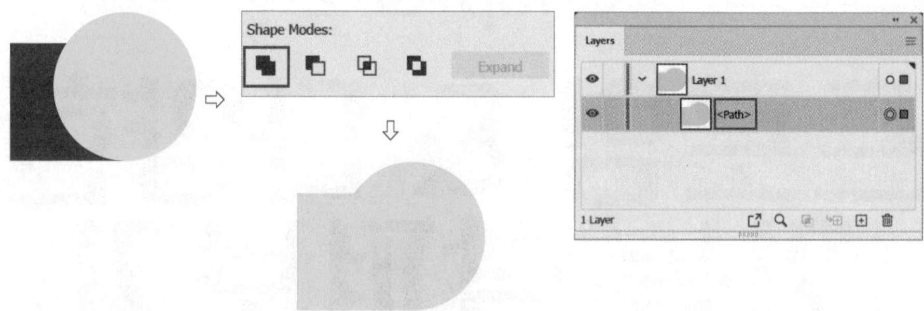

- Compound shapes(복합 모양) : Alt를 누른 채 Shape mode의 버튼을 클릭합니다. 기본 오브젝트는 변동되지 않으며 더블 클릭하여 객체 내의 편집을 할 수 있습니다.

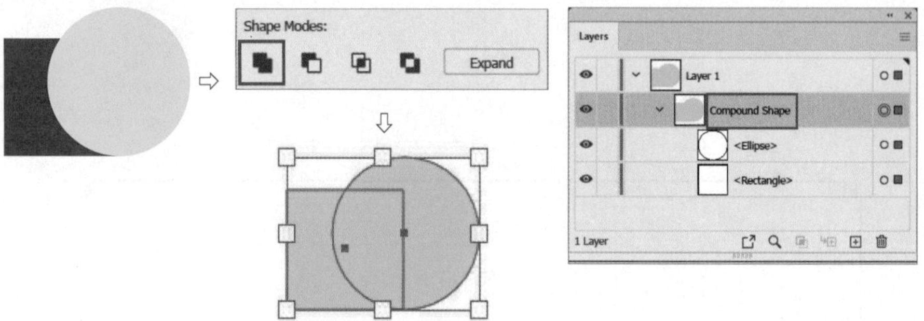

- Compound paths(복합 경로) : 두 개의 오브젝트를 선택한 후 Object ⇨ Compound paths ⇨ Make 【Ctrl+8】를 선택하면 겹친 오브젝트에 구멍을 낼 수 있습니다. 복합 경로는 서로 상호 작용하는 둘 이상의 경로로 바깥쪽 원의 경로와 가운데 사각형의 경로로 구성된다는 의미입니다.

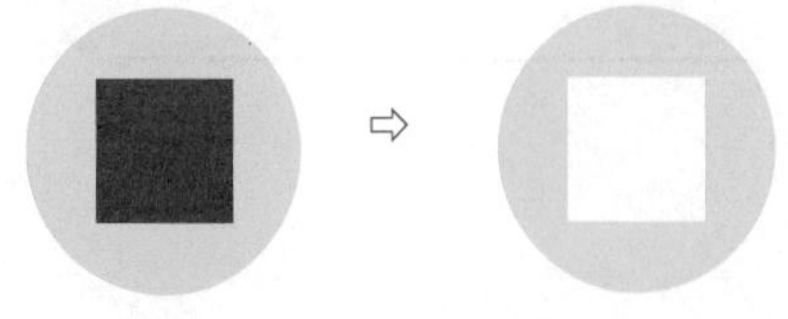

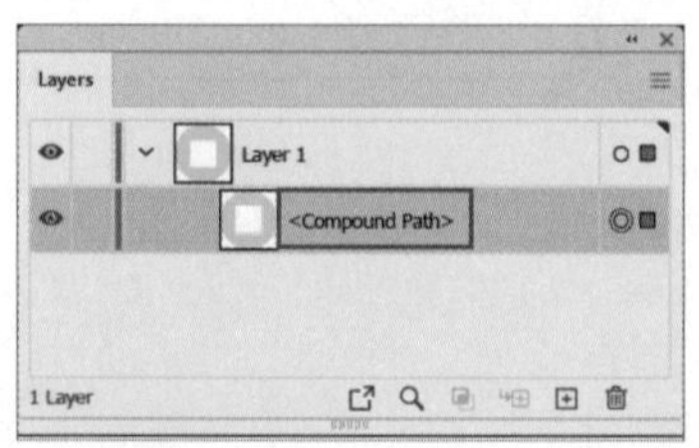

01 File ⇨ Open ⇨ unit 8-1.ai 파일을 Open합니다.

02 Window ⇨ Pathfinder【Shift+Ctrl+F9】 패스파인더 패널을 꺼내거나 또는 오른쪽 아래 부분에서 찾을 수 있습니다.

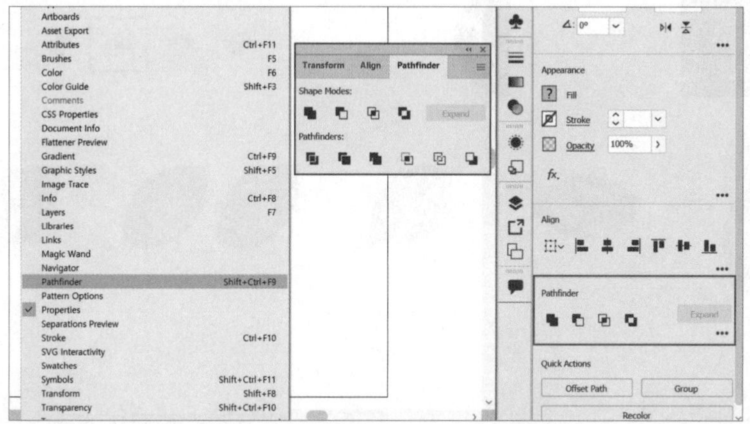

01 | Unite(Add)

• 처음 그린 오브젝트 위에 새로운 오브젝트를 추가하여 새로운 형태를 만듭니다.

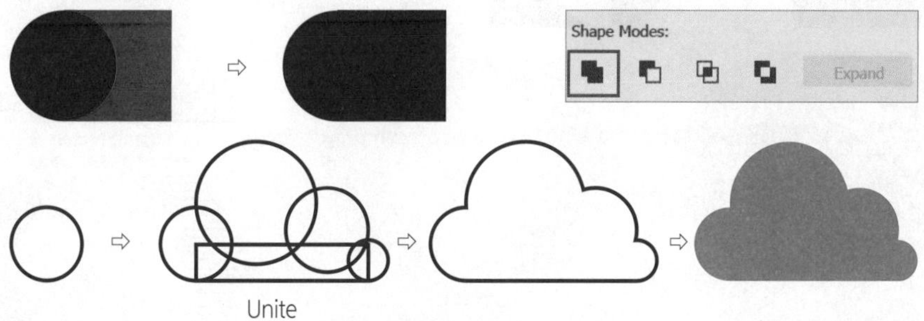

02 | Minus Front(Subtract)

• 처음 그린 오브젝트 위에 새로운 오브젝트를 추가한 후 영역을 잘라냅니다.

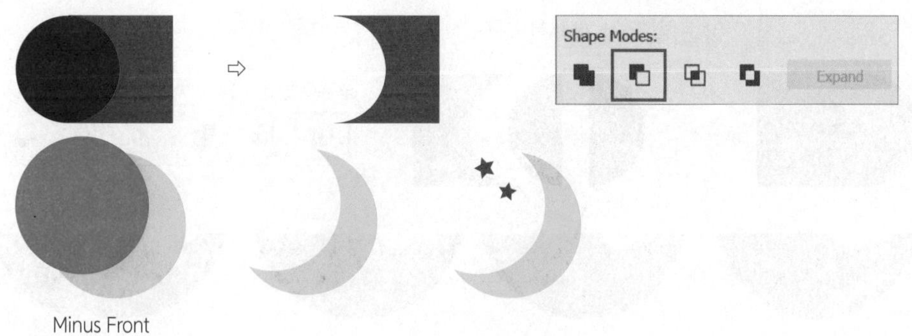

드로잉 & 다양한 기능 살펴보기

03 | Intersect

• 겹친 영역만 남겨두고 싶을 경우엔 교차를 사용합니다.

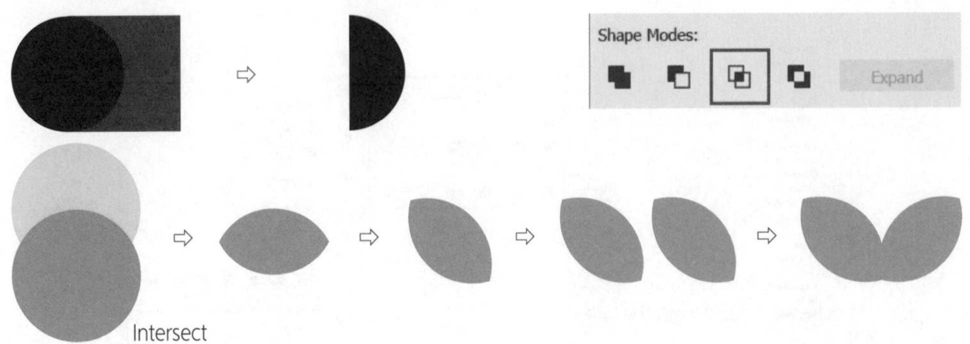

04 | Exclude

• 겹치는 모양 영역을 제외합니다.

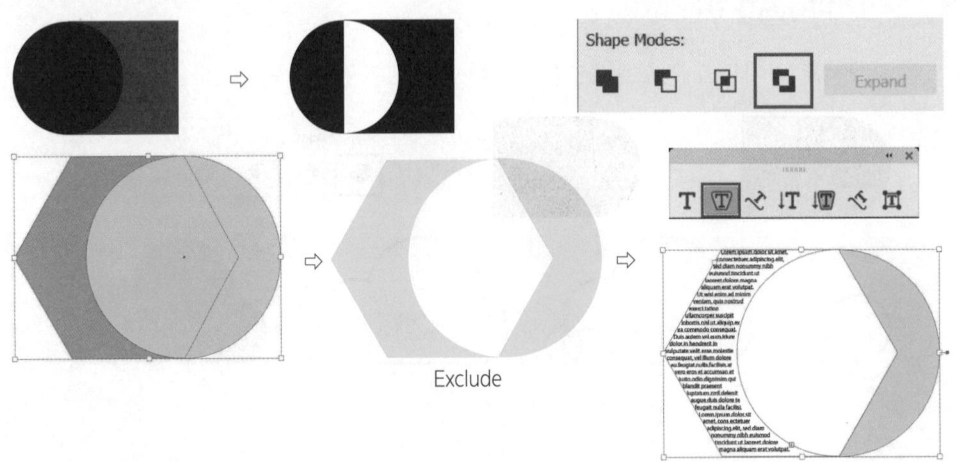

05 | Divide

• 겹치는 영역에서 겹치지 않는 별도의 개체를 만드는 데 사용합니다.

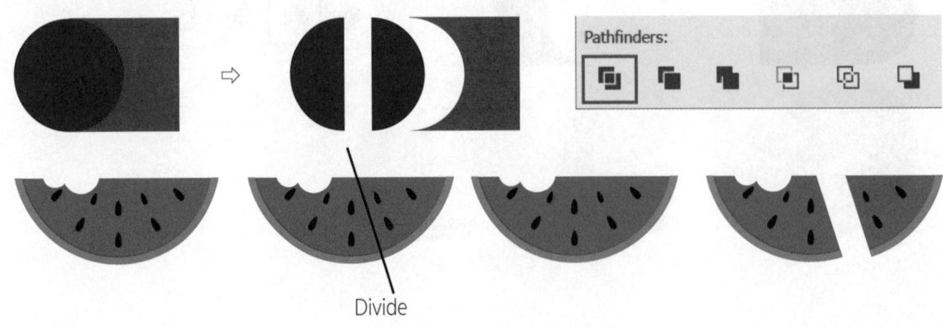

06 | Trim

• 맨 앞에 있는 개체를 유지하면서 뒤에 있으며 겹치는 개체를 삭제하는 데 사용합니다.

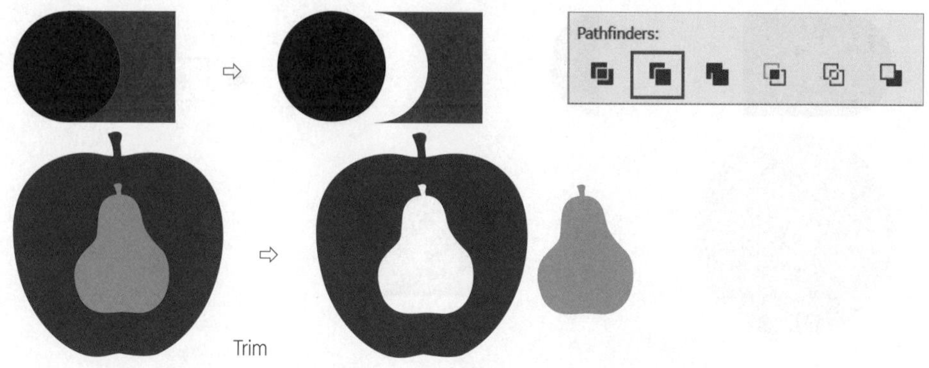

07 | Merge

• 동일한 채우기 속성을 사용하여 인접하거나 겹치는 개체를 병합하는 데 사용합니다.

• 동일한 면색과 테두리 색은 합쳐지지 않습니다. 또한 색상이 다른 면색 끼리는 합쳐지지 않습니다.

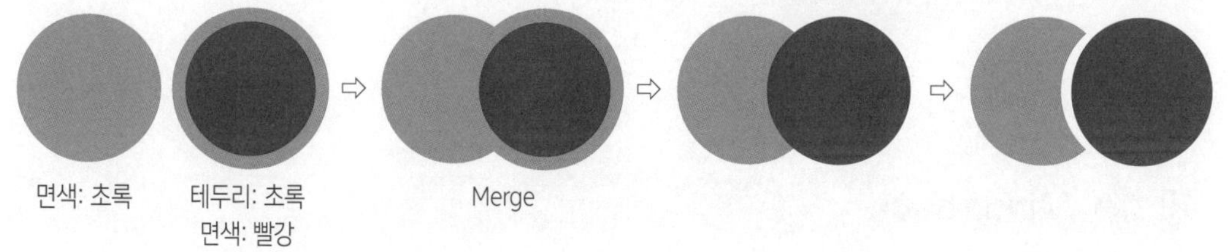

• 같은 색상의 면색은 합쳐집니다.

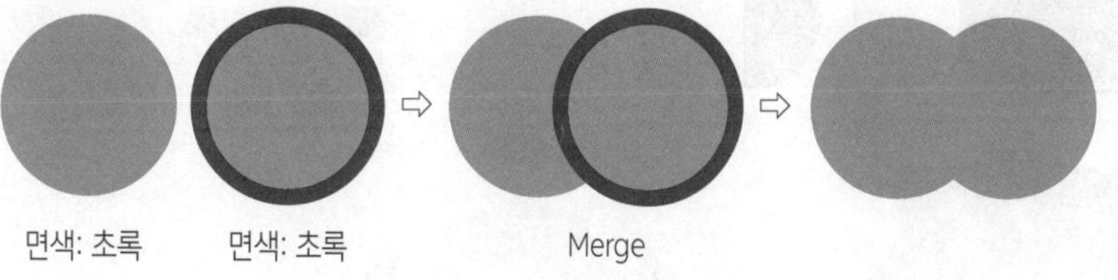

08 | Crop

• 맨 앞에 있는 개체를 자르는 데 사용합니다. 클리핑마스크와 비슷합니다.

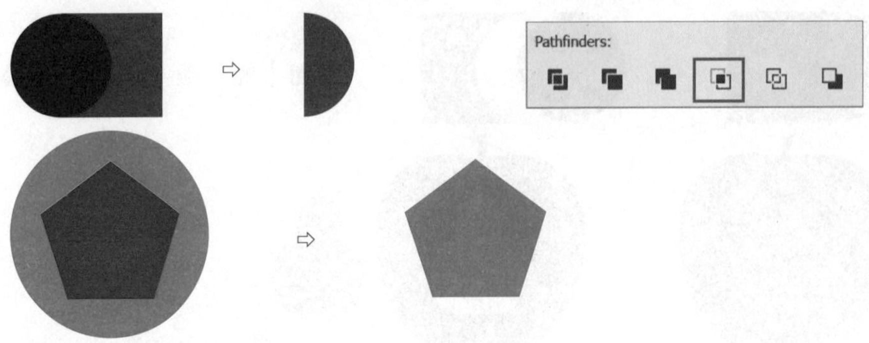

09 | Outline

• 겹치는 개체의 윤곽을 만드는 데 사용합니다.

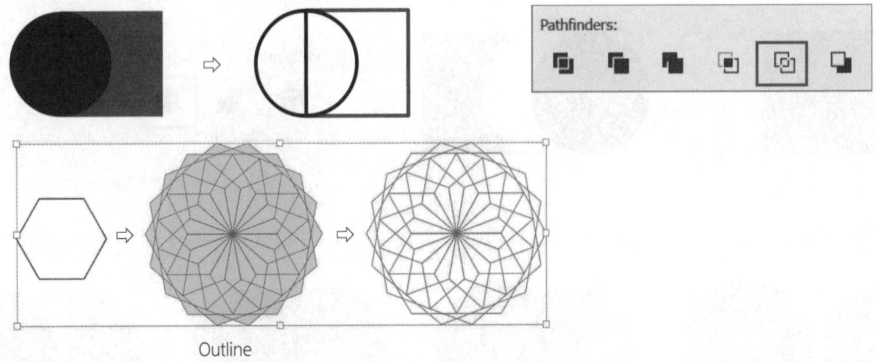

10 | Minus back

• 앞에 있는 객체의 겹쳐지지 않는 부분은 남기고 뒤에 있는 객체를 제거하는 데 사용합니다.

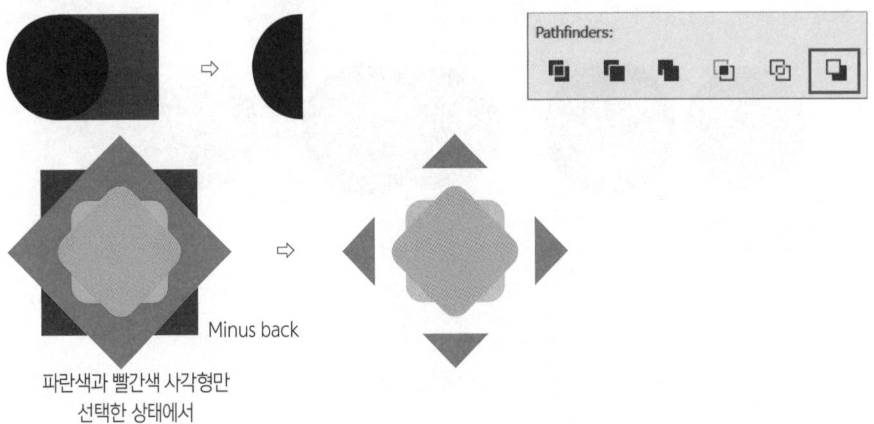

패스파인더 활용하기

01 | 자동차 그리기

01 사각형을 그립니다. Fill Color(면색)로만 사각형을 그립니다.

02 긴 사각형을 아래에 그립니다. 이때 두 개의 도형을 겹칩니다.

03 Selection tool【A】로 전체를 선택하고 패스파인더 패널에서 unite(통합시키다)를 클릭하여 도형을 병합합니다.

04 창문으로 만들 사각형 두 개를 그립니다. 먼저 한 개의 사각형을 그린 후에 Alt를 누르고 옆으로 이동하여 복사합니다.

05 전체를 선택한 후 Minus Front를 클릭하여 영역을 잘라냅니다.

06 Shift와 Alt를 누른 상태에서 드래그하여 동그라미를 그린 후에 Alt를 누른 상태에서 이동하여 복사합니다.

07 두 개의 바퀴만 선택한 후 복사합니다.【Ctrl+C】

08 파란색 바퀴와 빨간색 자동차 바디를 모두 선택한 후 Pathfinder 패널에서 Minus Front를 클릭하면 영역을 잘라냅니다.

09 복사해 두었던 파란색 바퀴를 동일한 위치에 붙입니다. Paste in Place【Shift+Ctrl+V】

10 왼쪽의 파란 원 하나만을 선택한 후 Scale tool【S】을 더블 클릭하여 앞바퀴의 크기를 80%로 줄입니다.

11 뒷바퀴의 크기를 동일한 방법으로 80%로 줄입니다.

02 | 런던 지하철 심볼 그리기

01 정원을 그립니다. 두께를 안쪽 방향으로 두껍게 합니다.

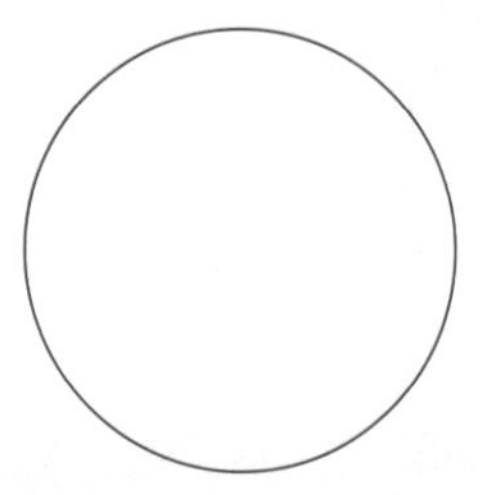

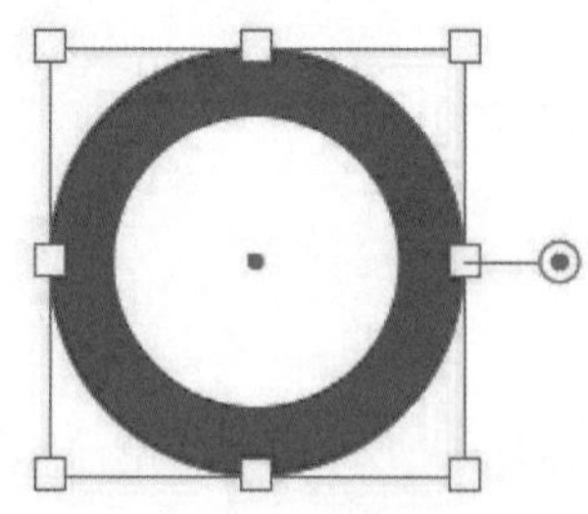

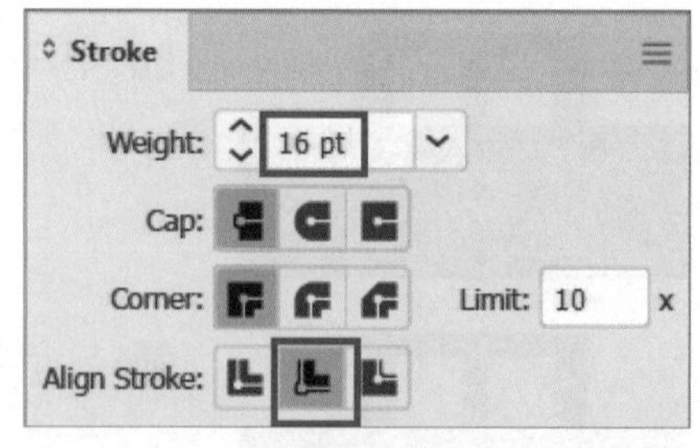

02 Object ⇨ Path ⇨ Outline Stroke

TIP

바깥쪽과 안쪽 각각의 패스가 만들어지는 Compound Path(복합경로)가 됩니다.

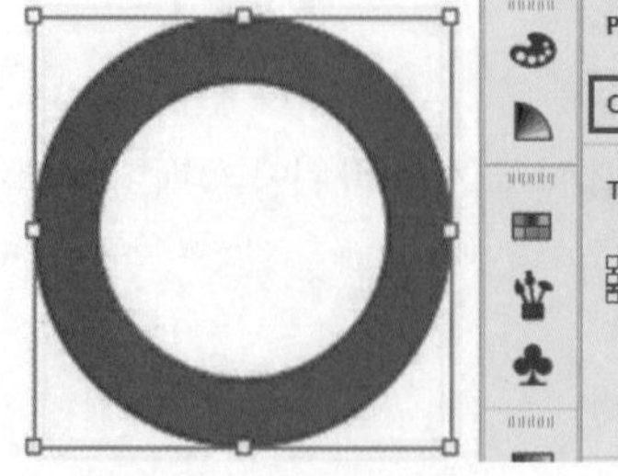

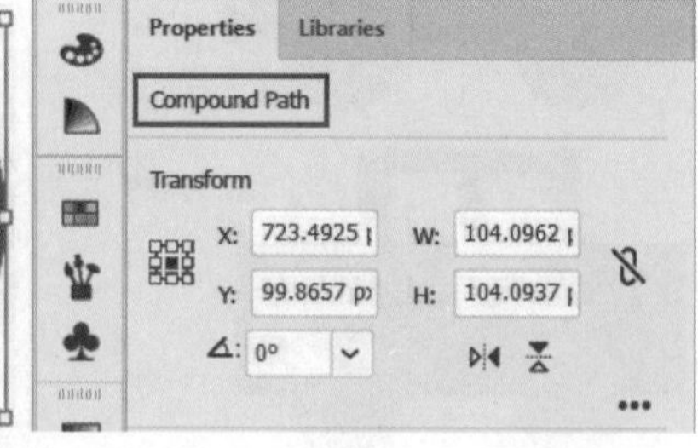

03 사각형을 그립니다. 두 개의 오브젝트를 선택한 후 정렬합니다.

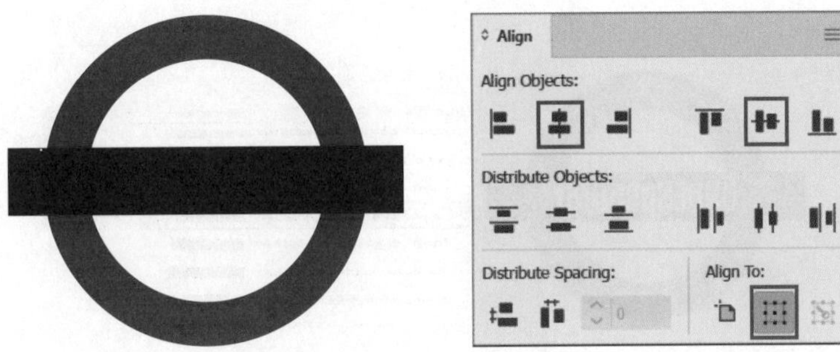

04 Align Center【Shift+Ctrl+C】 가운데 정렬 상태에서 텍스트를 입력합니다.

05 글씨 색을 흰색으로 변경한 후 파란색 사각형 위에 배치합니다.

06 Character 패널에서 'var'을 입력합니다. var이란 'Variable(가변)'을 의미합니다. 즉 폰트 스타일의 변화를 줄 수 있는 폰트를 말합니다.

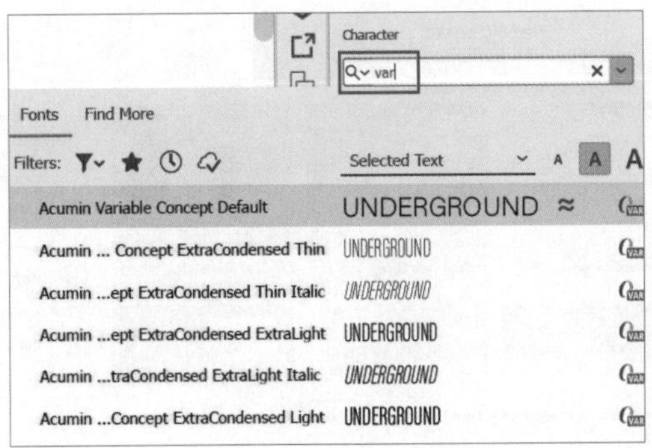

07 임의의 원하는 가변글꼴을 찾습니다.

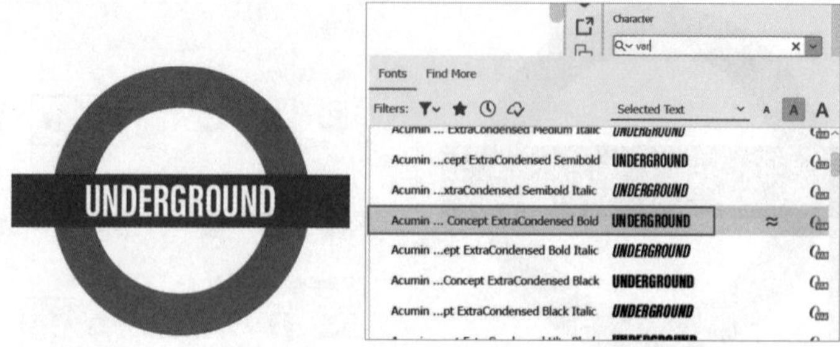

08 Variable Font 버튼을 클릭하여 두께는 두툼하게 하고 너비는 보다 넓게 조절합니다.

Create Outline【Shift+Ctrl+O】텍스트의 윤곽선을 만들고 나서 텍스트가 중앙에 올 수 있도록 정렬합니다.

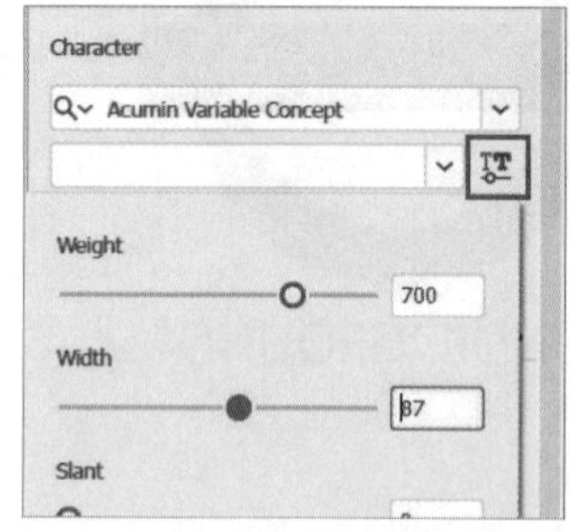

03 | 하트 그리기

01 File ⇨ New Document【Ctrl+N】⇨ A4 규격의 새 문서를 만듭니다.

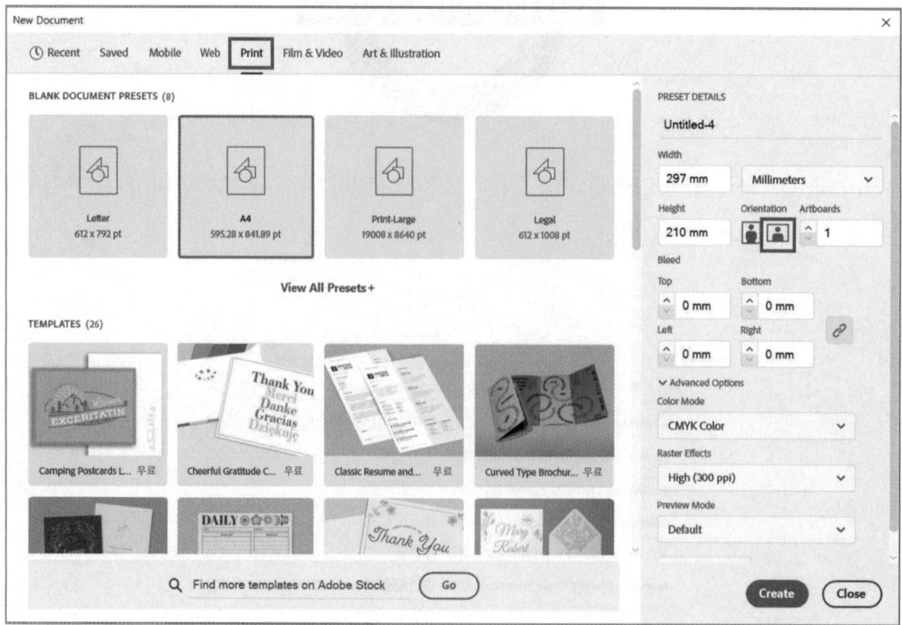

02 View ⇨ Snap to Grid 【Shift+Ctrl+"】 를 선택합니다. 파일이나 도형 등을 Grid(격자)를 사용하여 수평선과 수직선에 자동으로 맞추도록 합니다.

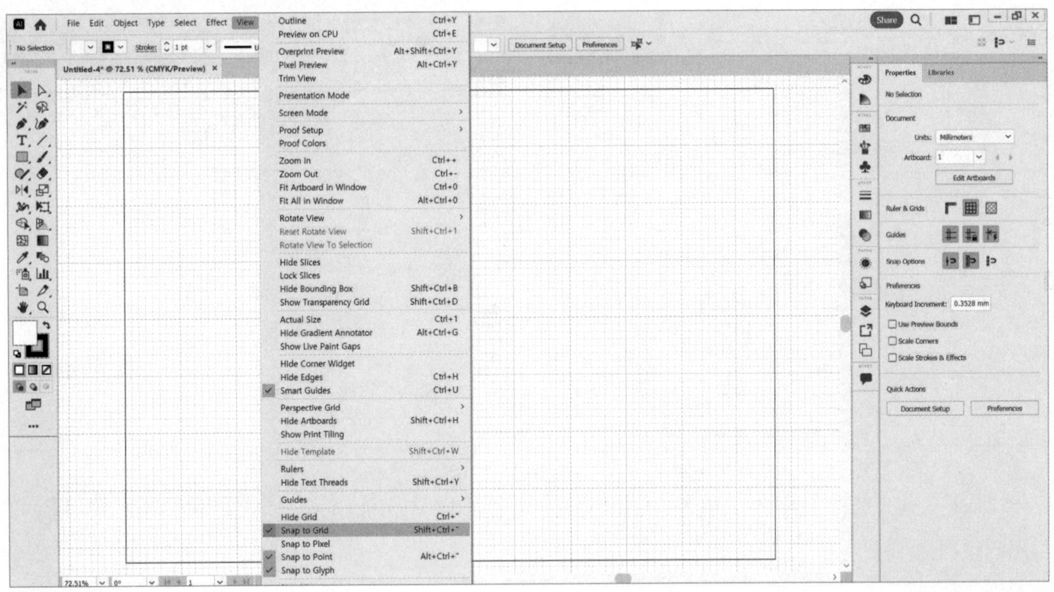

03 Edit ⇨ Preference ⇨ Guide & Grid ⇨ Gridline every을 20mm로 변경해주고 Subdivisions(세분화)을 2로 정합니다.

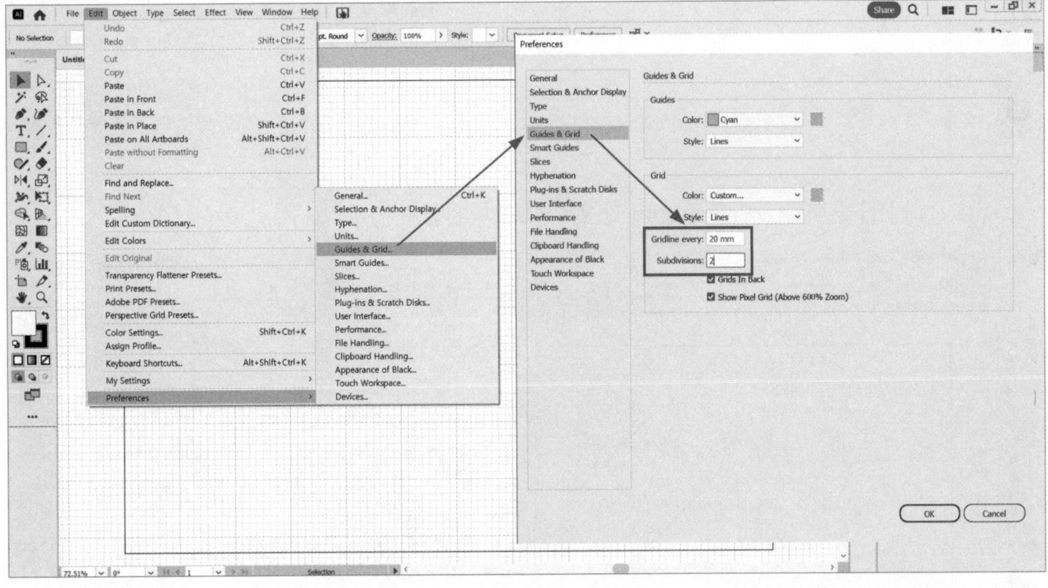

04 Rounded rectangle tool을 선택한 후 아래와 같이 그리고, View ⇨ Snap to Grid를 체크합니다.

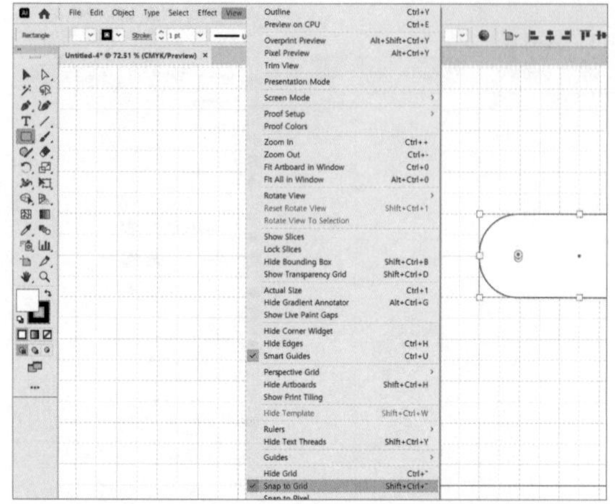

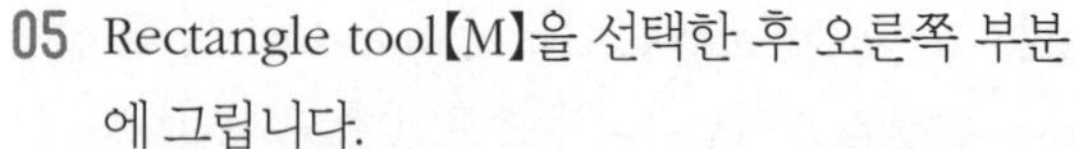

05 Rectangle tool【M】을 선택한 후 오른쪽 부분에 그립니다.

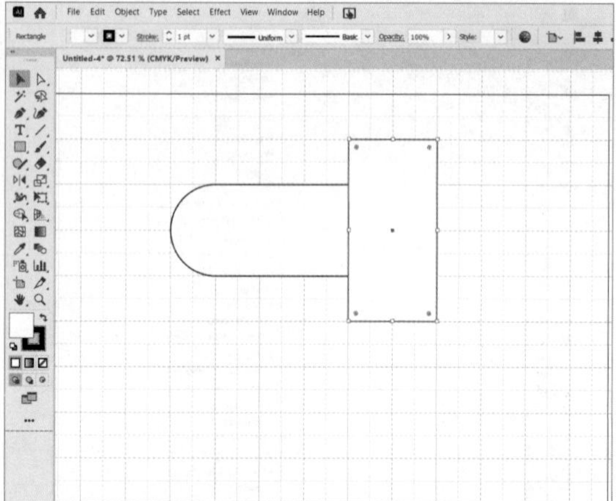

06 두 개의 오브젝트를 모두 선택한 뒤 Pathfinder 패널에서 Minus front를 선택하여 위의 영역을 제외시킵니다.

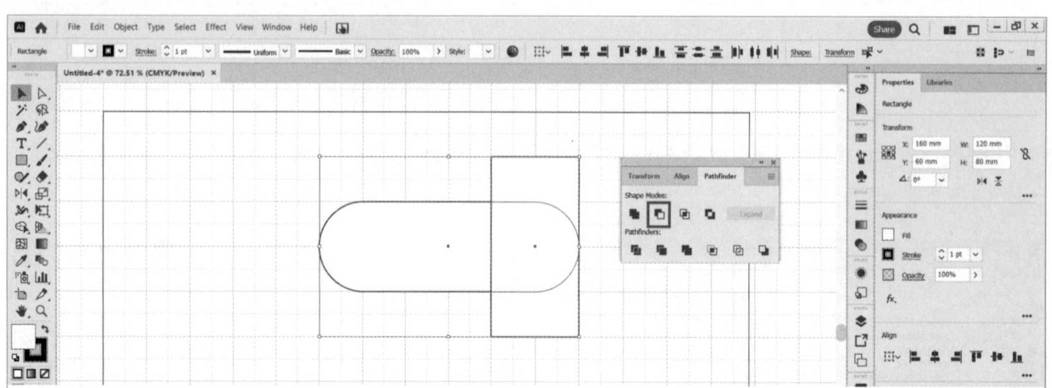

07 Rotate tool【R】을 더블 클릭한 후 -45°를 입력하여 회전합니다.

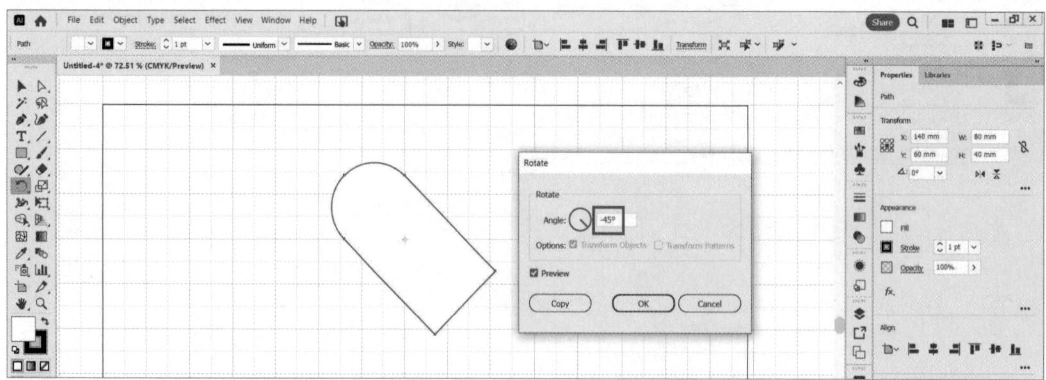

08 Reflect tool【O】을 더블 클릭하여 Vertical 90°로 반전하고 복사합니다.

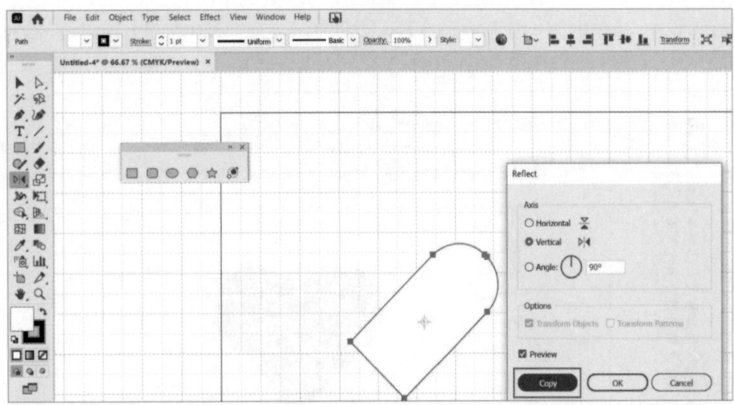

09 전체 선택한 후 Shape builder tool【Shift+M】을 선택하고 마우스로 드래그하여 두 개의 면을 병합합니다.

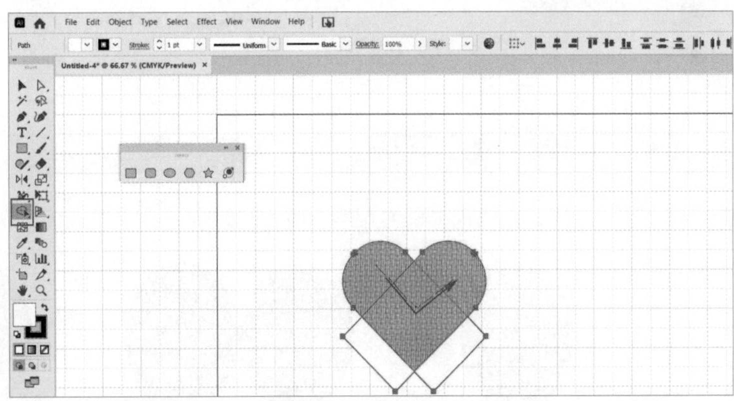

10 Direct selection tool【A】로 아래의 두 사각형을 클릭하여 선택한 후 삭제합니다.

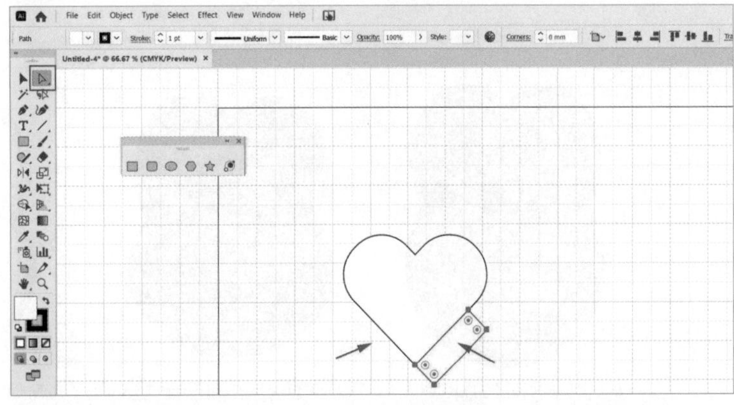

11 Swatches 패널에서 원하는 색상을 선택합니다.

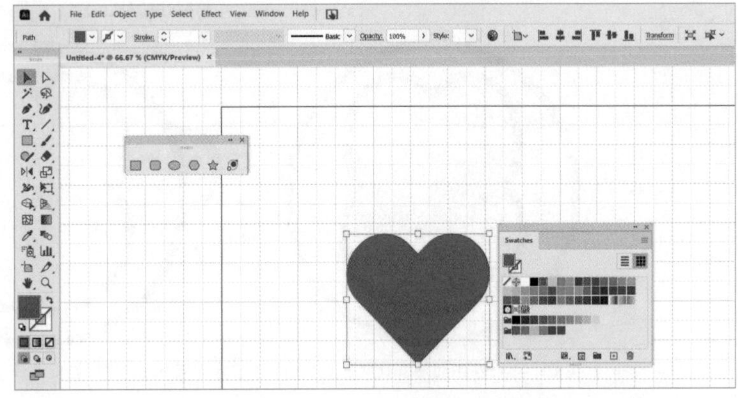

드로잉 & 다양한 기능 살펴보기

12 Direct selection tool【A】로 아래의 Live corner widget을 클릭했다가 다시 위로 조금만 이동하여 둥근 모서리 형태를 만듭니다.

04 | 원숭이 얼굴 그리기

01 타원을 그린 후 복사하고 두 도형을 병합합니다.

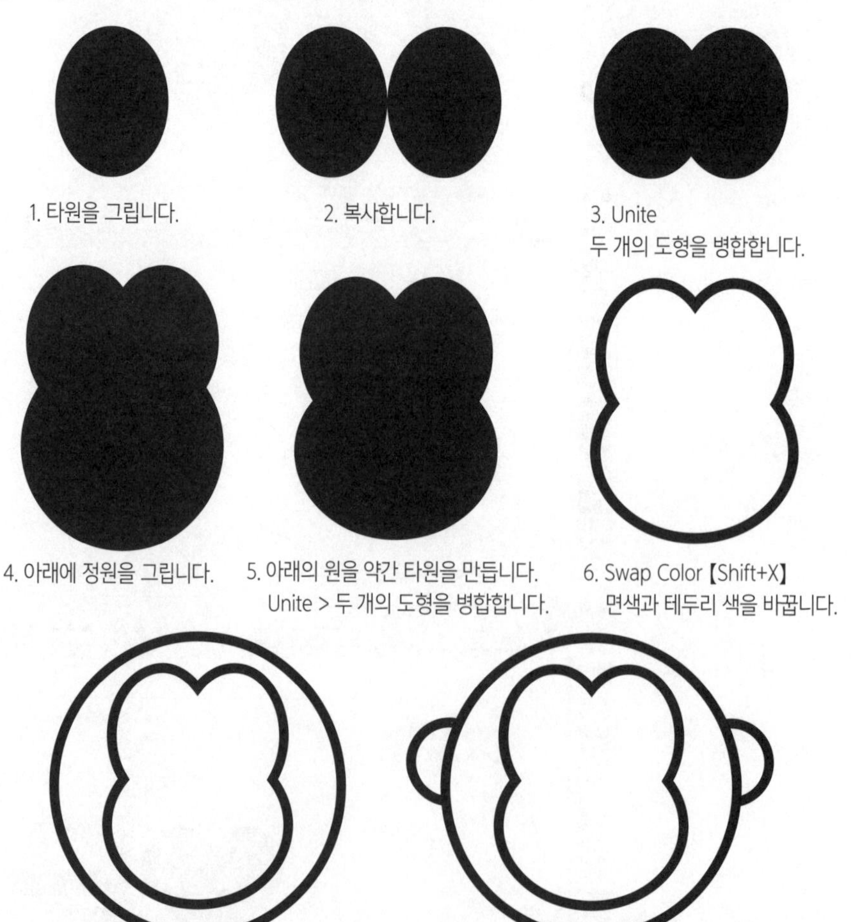

1. 타원을 그립니다.
2. 복사합니다.
3. Unite
두 개의 도형을 병합합니다.
4. 아래에 정원을 그립니다.
5. 아래의 원을 약간 타원을 만듭니다.
Unite > 두 개의 도형을 병합합니다.
6. Swap Color【Shift+X】
면색과 테두리 색을 바꿉니다.

7. 큰원을 그립니다. 큰 원의 면색을 흰색으로 합니다. 8. 작은 원을 두 개 그린 후에 맨 뒤로 보냅니다. Send to back【Shift+Ctl+[】

9. 눈 모양과 입 모양을 그립니다. 두 가지 형태로 제작해봅니다.

05 | 태극문양 그리기 _1

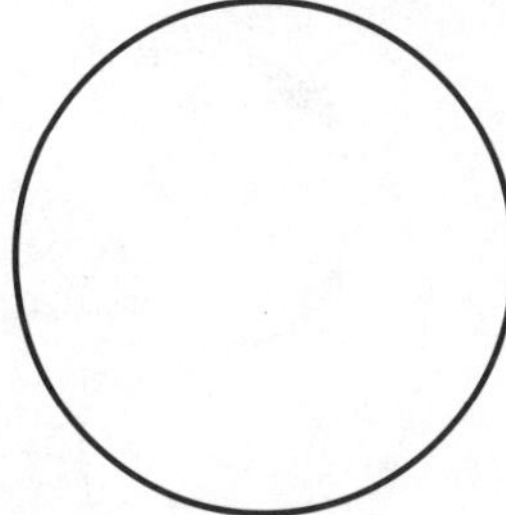

1. Ellipse tool[L] ⇨ 정원을 그립니다.

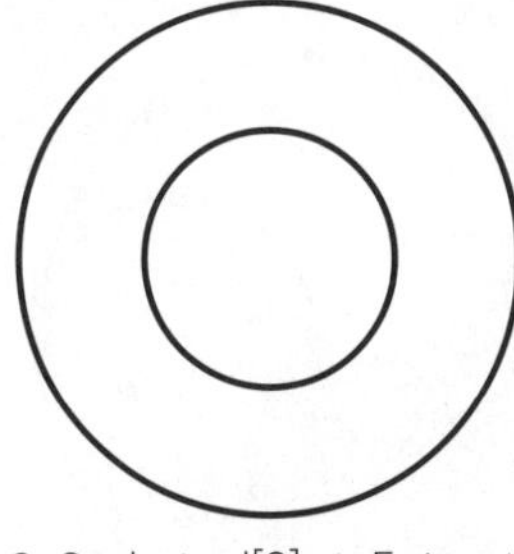

2. Scale tool[S] ⇨ Enter ⇨ 50% 축소한 원을 복사합니다.

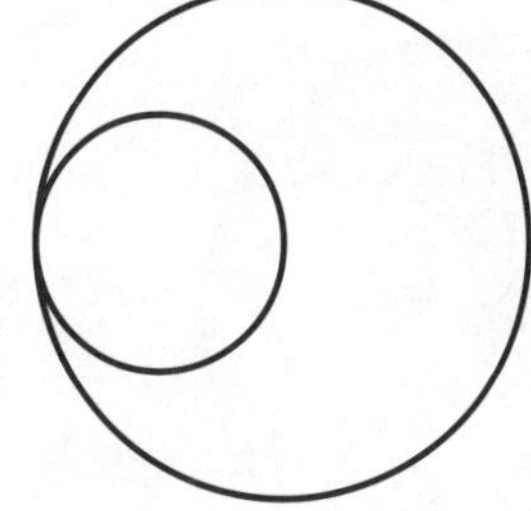

3. 두 개의 원을 선택하여 왼쪽으로 정렬합니다.

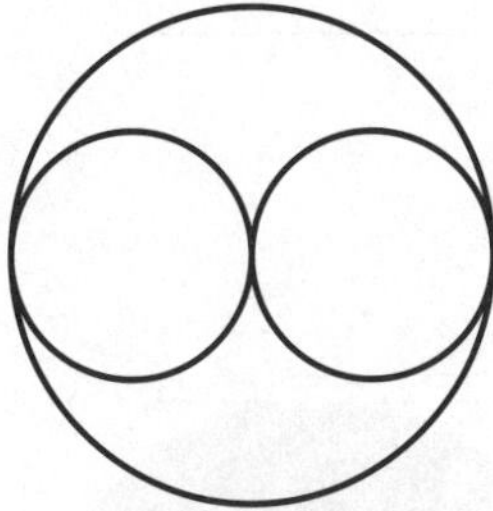

4. 작은원을 오른쪽으로 복사한 후 큰원의 오른쪽에 정렬합니다.

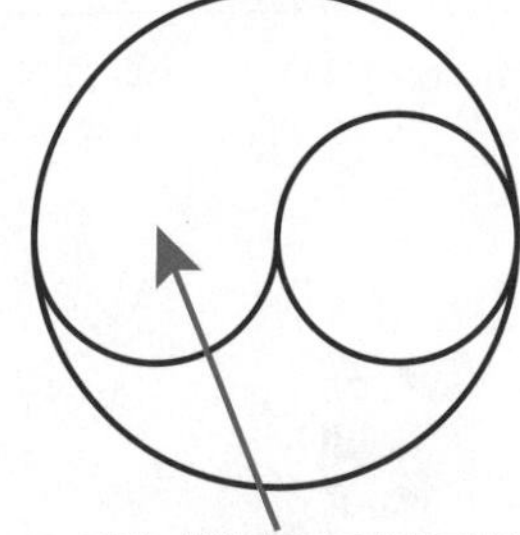

5. 직접 선택 툴로 드래그하여 포인트와 패스를 삭제합니다.

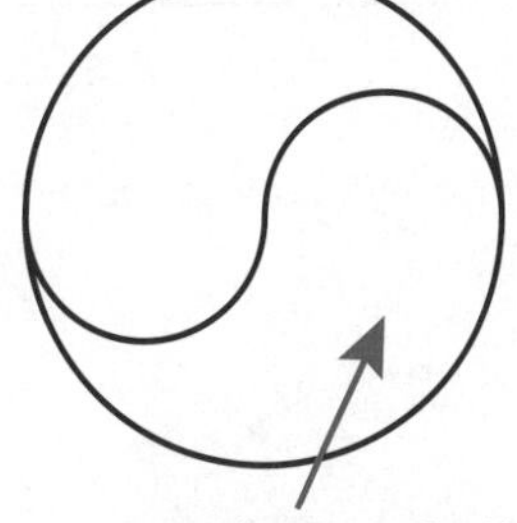

6. 직접 선택 툴로 드래그하여 포인트와 패스를 삭제합니다.

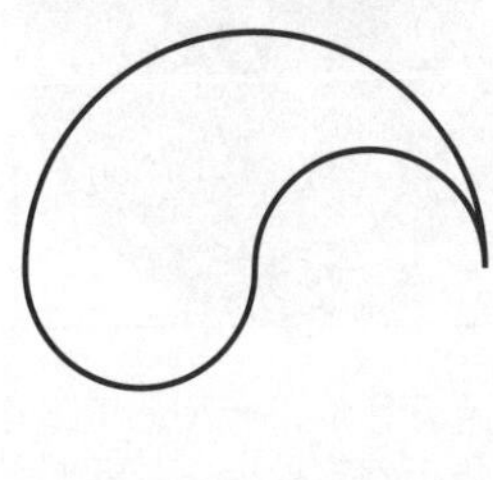

7. 큰원의 아래 포인트와 패스를 삭제합니다.

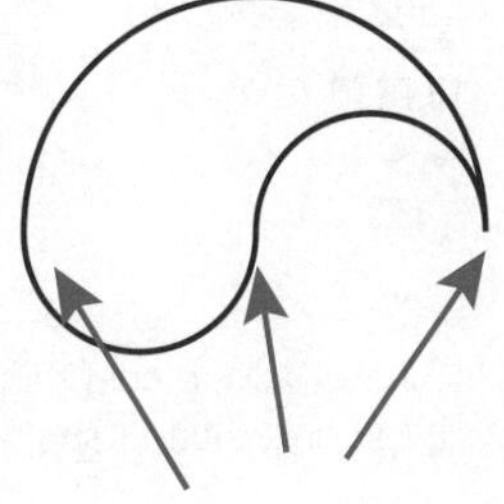

8. 세 군데의 포인트를 각각 Join 【Ctrl+J】 합니다.

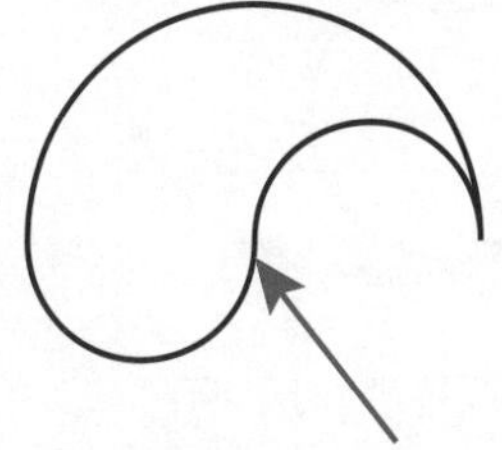

9. Rotate tool[R] ⇨ 큰원의 가운데 지점을 Alt를 누르면서 클릭한 후 120° 복사합니다.

10. 120°회전된 상태로 아래에 복사됩니다.

11. Transform Again【Ctrl+D】한번 더 복사합니다.

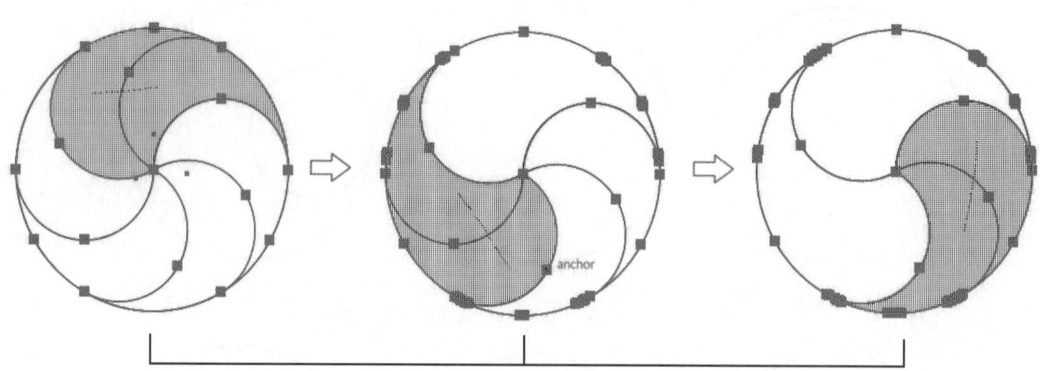

12. Shape Builder tool【Shift+M】을 이용하여 합칩니다.

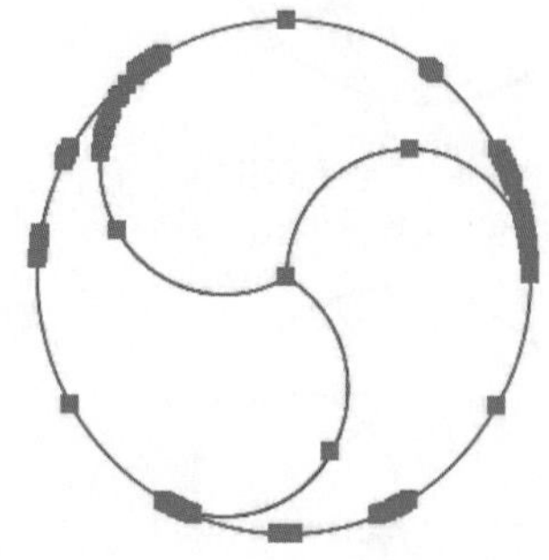

13. 테두리 색만 남습니다.

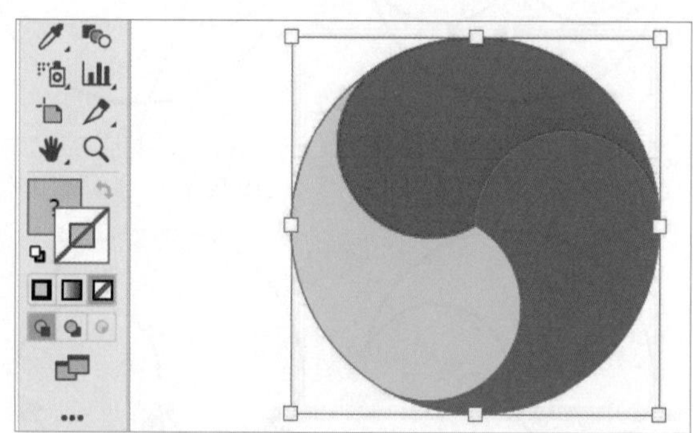

14. Shape Builder tool【Shift+M】을 이용하여 Swatches 패널에서 각각의 색을 클릭해서 선택하고 테두리 색은 None으로 합니다.

06 | 태극문양 그리기_2

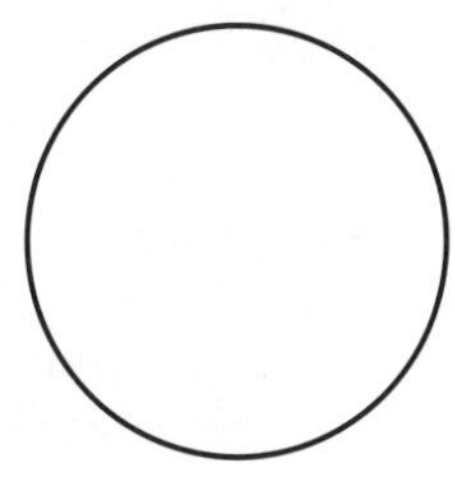

1. 정원을 그립니다.

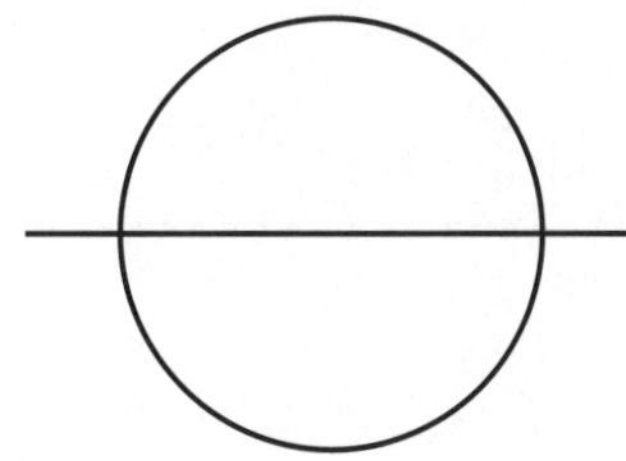

2. 선을 그린 후 전체 선택한 후 가운데에 정렬합니다.

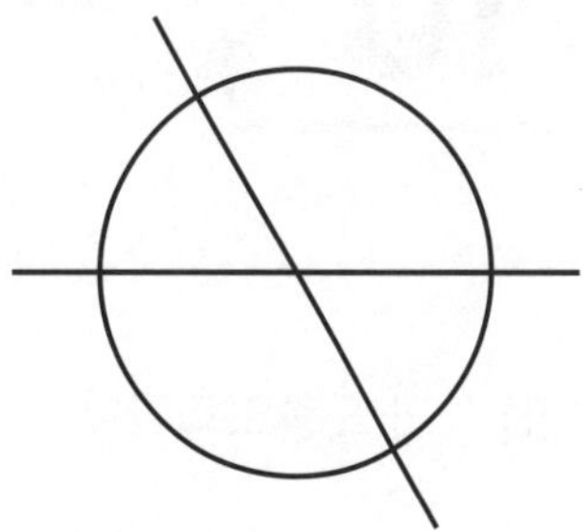

3. 선을 선택한 후 회전툴로 120° 복사합니다.

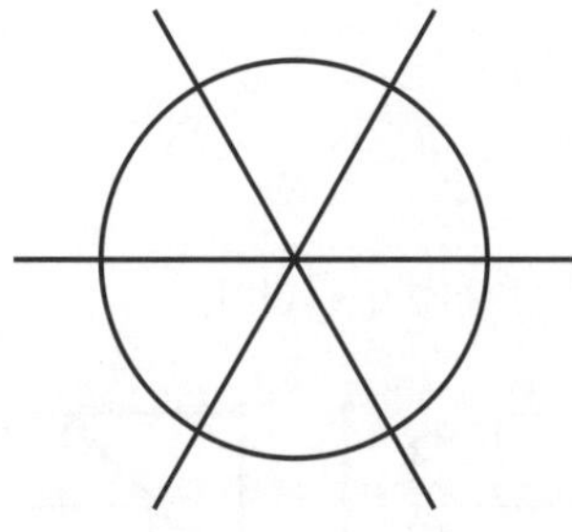

4. Transform Again【Ctrl+D】한번 더 복사합니다.

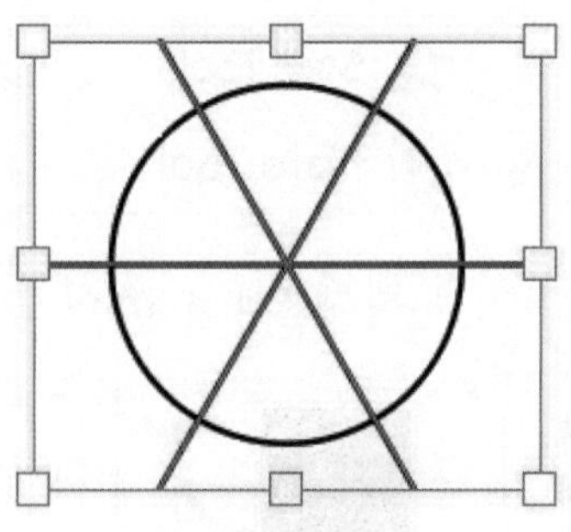

5. 3개의 선만 선택합니다.

6. Effect ⇨ Distort & Transform ⇨ Twist ⇨ 280° ⇨ OK

7. 원을 제외하고 선택한 뒤 Object ⇨ Expand Appearance ⇨ 전체 선택 ⇨ Divide

8. Shape Builder tool【Shift + M】로 합칩니다.

9. Shape Builder tool이 선택된 상태에서 각각의 면색을 클릭하여 색상을 채울 수 있습니다.

Unit 10

도형

01 | 도형 그리기

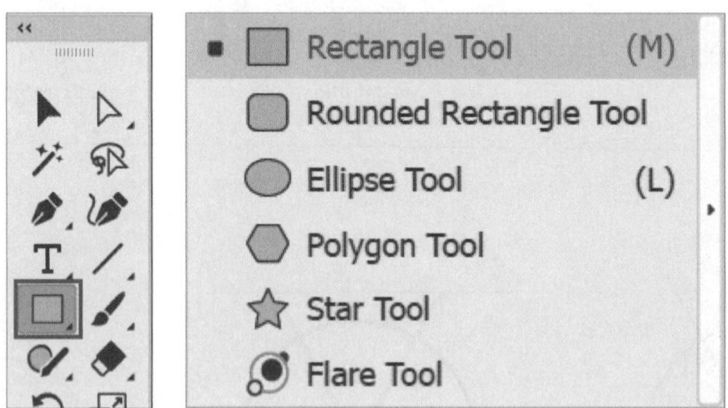

• Fill color(면색)와 Stroke color(테두리 색)를 다르게 설정하여 도형을 그릴 수 있습니다.

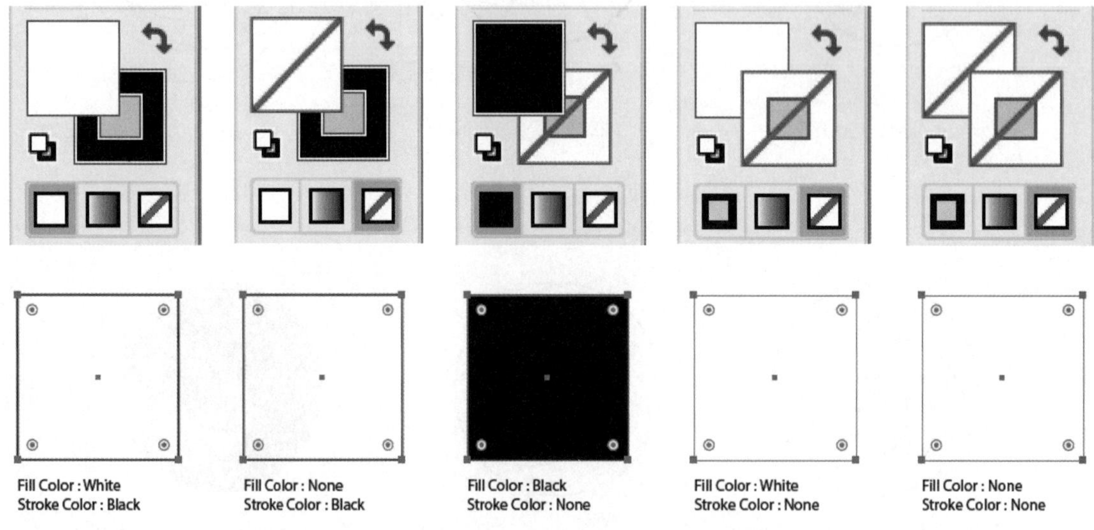

• 사각형을 그리는 방법은 브러시/펜 툴/연필/도형 툴/Shaper tool 【Shift+N】 / Blub brush 【Shift+B】 등이 있습니다.

1-1 사각형 그리기

01 Fill color는 None, Stroke color는 검은색으로 색상을 정한 후에 Rectangle tool 【M】을 선택한 후 마우스로 드래그하여 사각형을 그립니다.

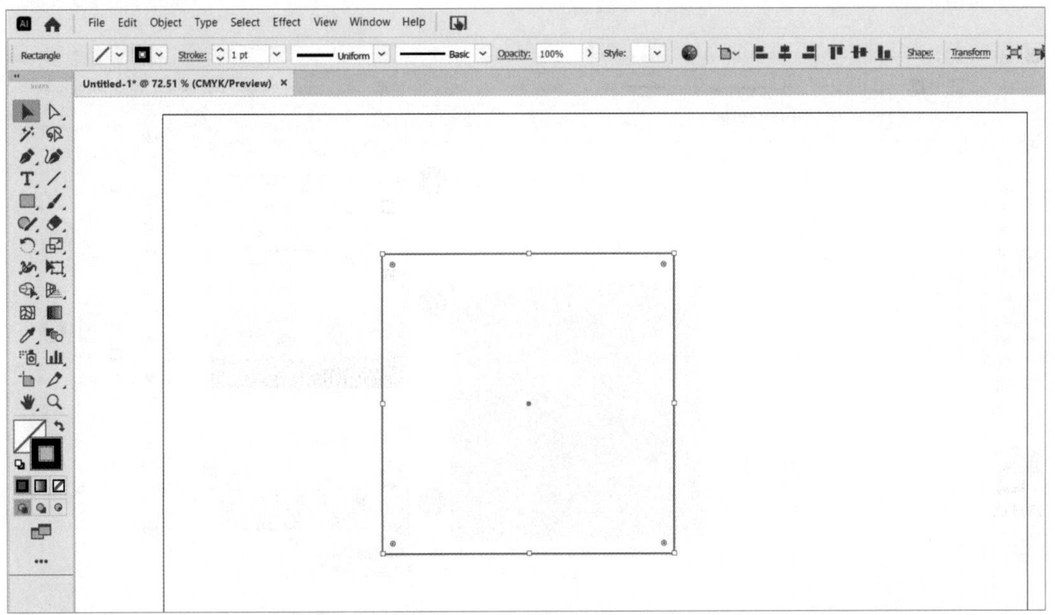

02 Properties 패널에서 원하는 크기를 정할 수 있습니다. Width를 100mm로 하고 Height를 100mm로 변경합니다.

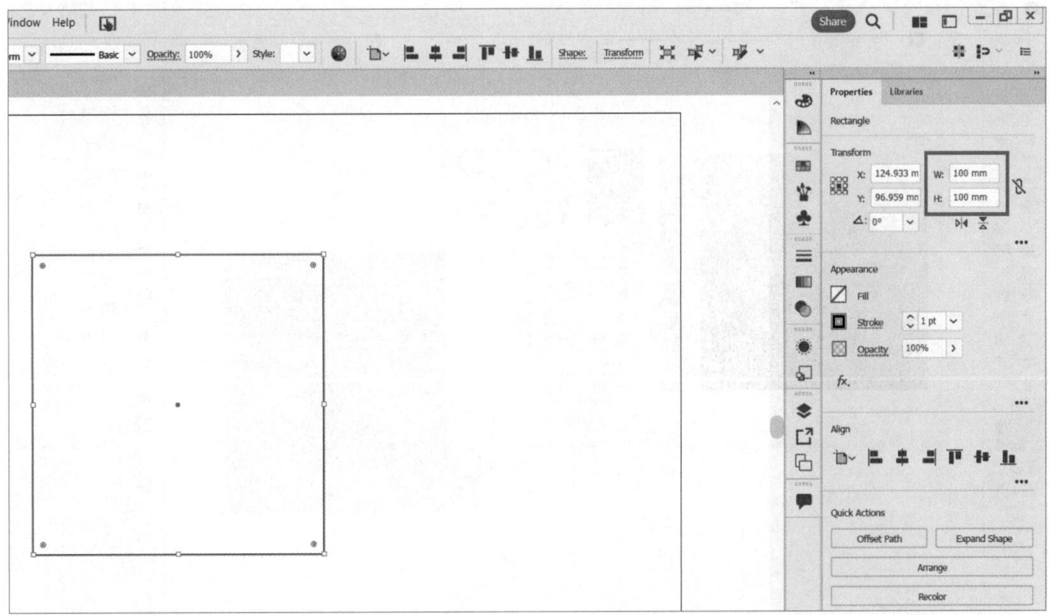

03 사각형에 원하는 색상을 다양한 방법으로 적용할 수 있습니다. 첫 번째 Color 패널【F6】에서 원하는 색상을 만들 수 있습니다. 두 번째 CMYK Spectrum의 색상을 임의의 위치를 클릭하여 적용할 수 있습니다. 또한 Swatches 패널의 견본색 중에서도 선택할 수 있습니다. Appearance 패널의 Fill이나 Stroke을 클릭하여 색상을 선택할 수도 있습니다.

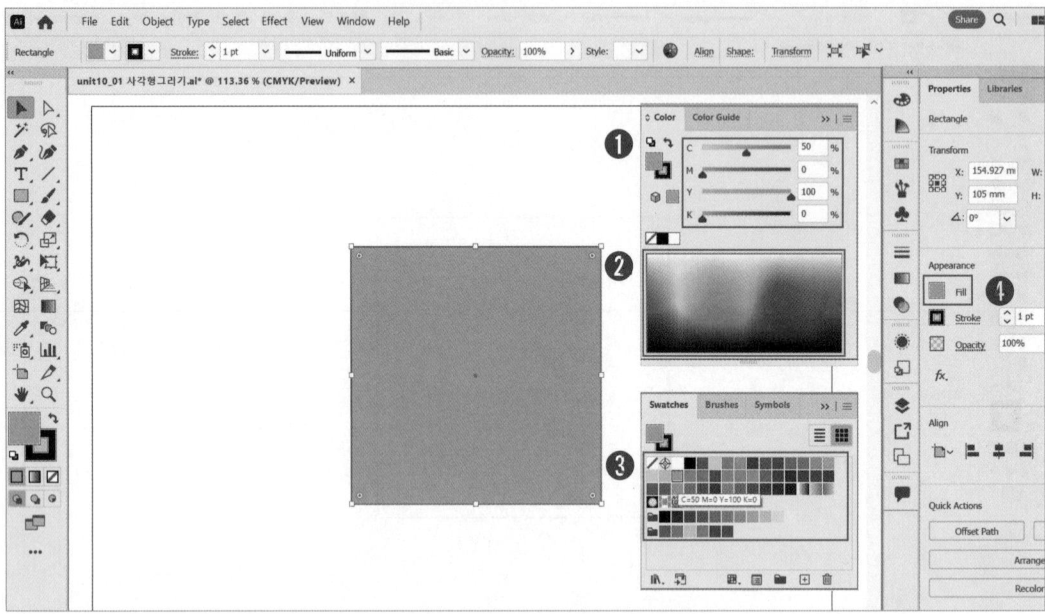

04 Tool 패널에서 더블 클릭하여 원하는 색상을 선택할 수 있습니다.

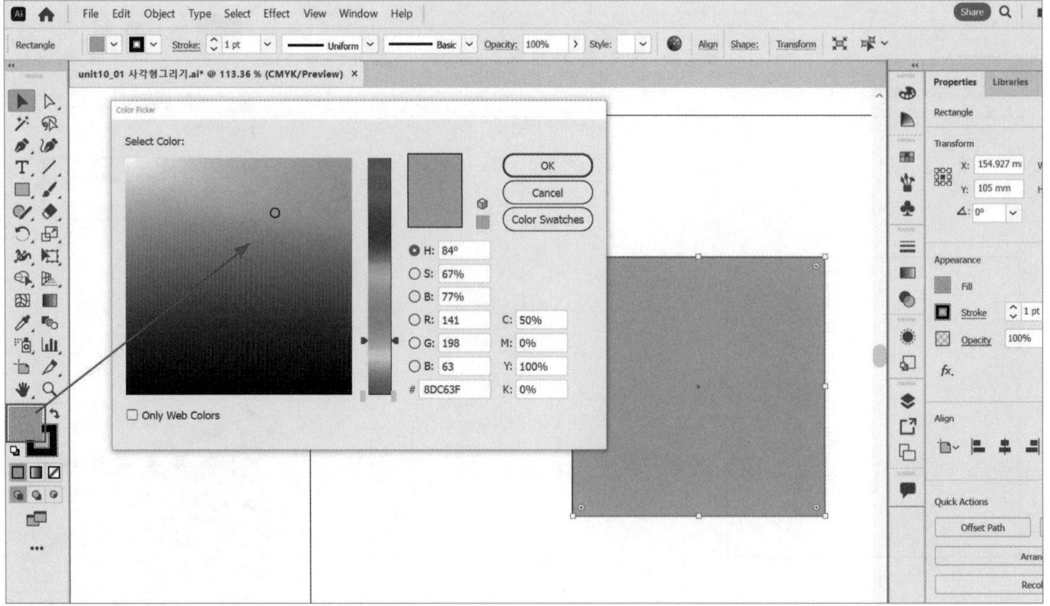

05 16진수 색상값으로 색상을 정할 수도 있습니다.

❶ 색상필드 Color field
❷ 색상 스펙트럼 Color spectrum
❸ 새 색상 New color rectangle
❹ 원래 색상 Original color rectangle
❺ HSB 색상값 HSB color values
❻ RGB 색상값 RGB color values
❼ 16진수 색상값 Hexadecimal color value
❽ CMYK 색상값 CMYK color values

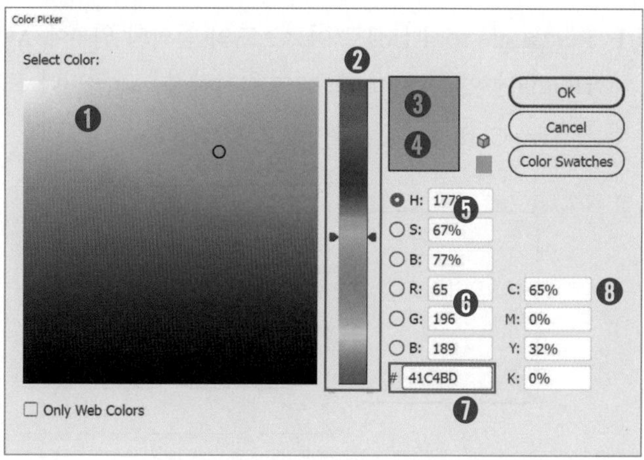

06 Switch【X】를 클릭하여 Stroke color를 앞에 보이게 합니다.

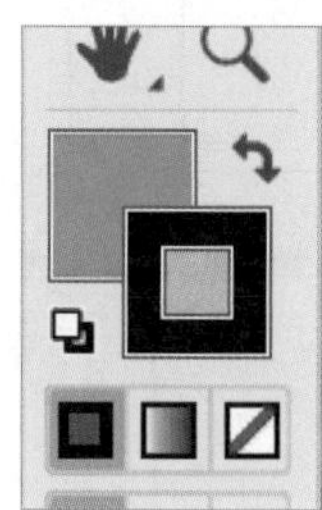

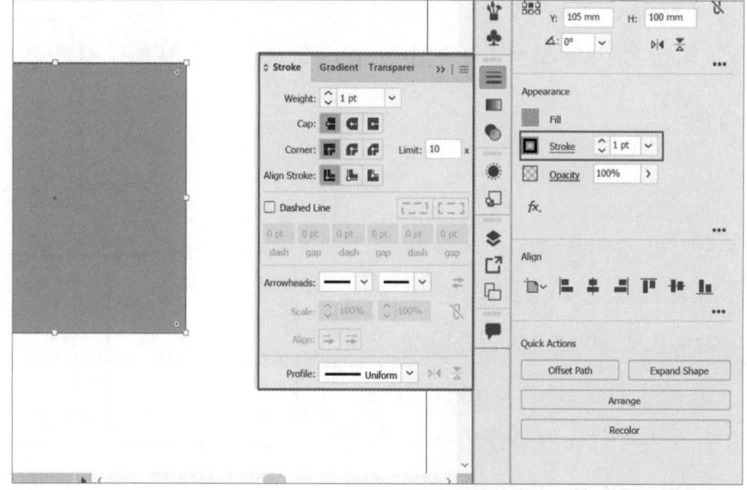

07 Stroke color(테두리 색상)를 사용하지 않을 때는 None【/】을 클릭합니다.

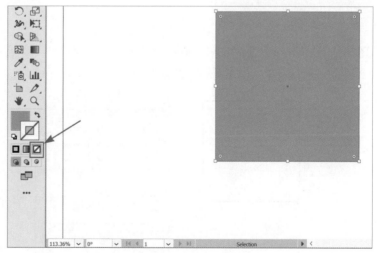

1-2 라이브 코너 위젯

01 Rectangle tool【M】로 아트보드의 임의의 위치에 Alt+Click한 후 Width(너비)를 50mm로 하고 Height(높이)를 50mm로 하여 정사각형을 그립니다. 모서리에 표시되는 둥근 원형을 라이브 코너 위젯(Live Corner Widget)이라고 말합니다.

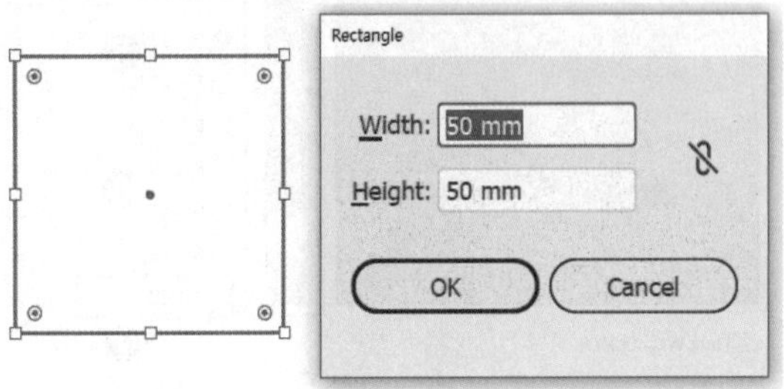

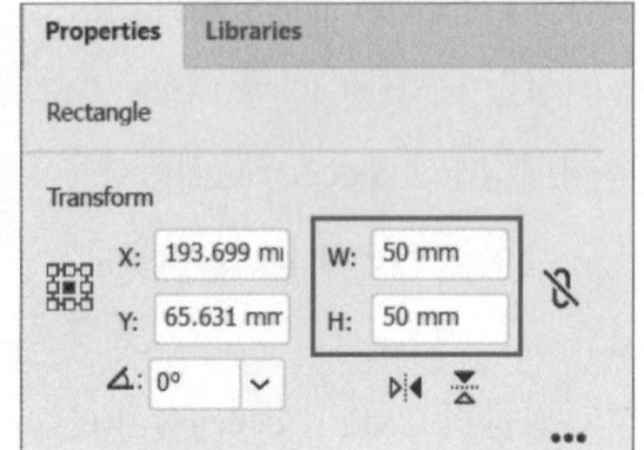

02 Selection tool【V】을 이용하여 오른쪽 아래로 드래그 하면 네 개의 모서리가 한번에 둥근 모서리 유형이 됩니다.

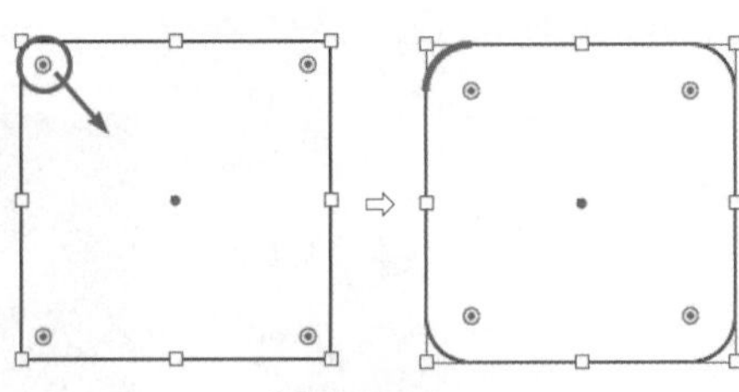

- 모서리 유형은 Alt를 누른 채 클릭하여 라운드, 반전 라운드 및 모따기순으로 변경할 수 있습니다. 라이브 코너 위젯(Live Corner Widget)이 보이지 않을 경우엔 View 메뉴의 Show Corner Widget을 클릭하면 됩니다.

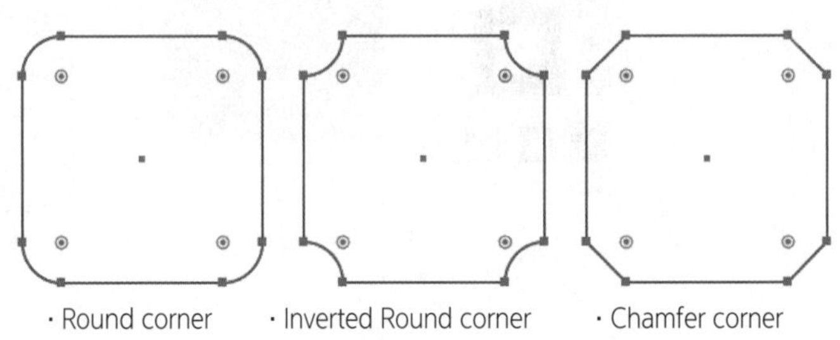

· Round corner · Inverted Round corner · Chamfer corner

03 Selection tool【V】을 더블 클릭해서 한번에 모든 모서리의 유형을 정할 수 있습니다. 또는 연결을 해제한 상태에서 각각의 모서리를 변경할 수도 있습니다.

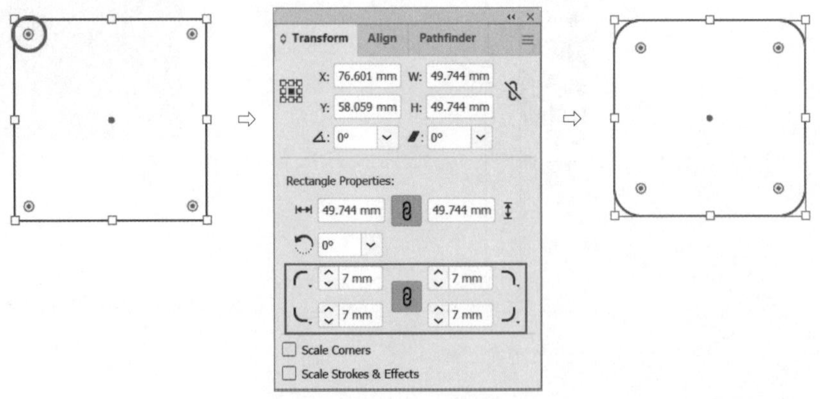

04 오른쪽 위와 왼쪽 아래의 모서리를 별도로 변형하고자 하는 경우에 Selection tool【V】을 이용하여 오른쪽 위를 클릭했다가 손을 뗀 후에 왼쪽 아래 방향으로 당깁니다. 이어서 왼쪽 아래를 클릭했다가 손을 뗀 후에 오른쪽 위로 당겨 모서리를 둥근 유형으로 만듭니다.

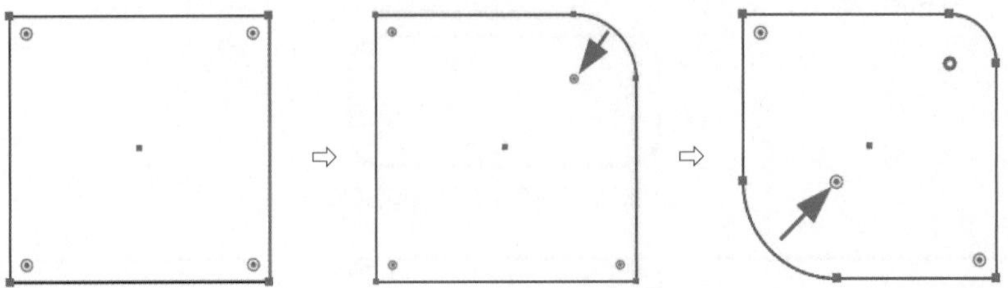

05 Direct Select tool【A】을 이용하여 더블 클릭하면 수치와 유형을 정한 상태에서 모서리 유형을 각각 변경할 수 있습니다.

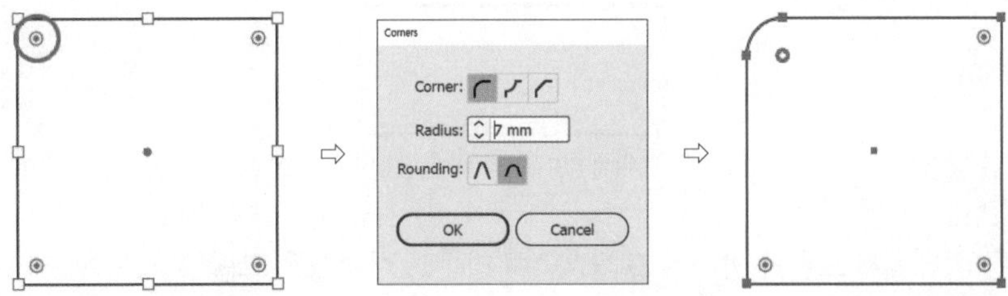

06 모서리 유형을 각각 변경한 후 복사하여 아래와 같은 심볼을 만들 수 있습니다.

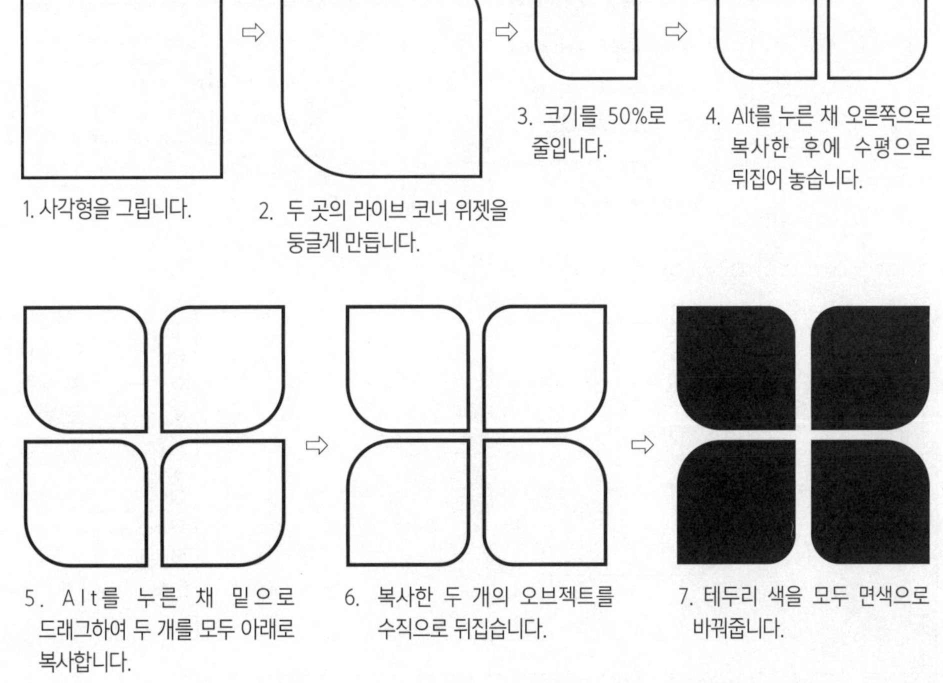

1. 사각형을 그립니다.
2. 두 곳의 라이브 코너 위젯을 둥글게 만듭니다.
3. 크기를 50%로 줄입니다.
4. Alt를 누른 채 오른쪽으로 복사한 후에 수평으로 뒤집어 놓습니다.
5. Alt를 누른 채 밑으로 드래그하여 두 개를 모두 아래로 복사합니다.
6. 복사한 두 개의 오브젝트를 수직으로 뒤집습니다.
7. 테두리 색을 모두 면색으로 바꿔줍니다.

드로잉 & 다양한 기능 살펴보기

02 | 라운드 사각형 그리기

• Rounded rectangle tool을 그릴 때 방향키를 상하좌우 클릭하여 모서리의 모양을 둥글게 하거나 또는 각지게 변경할 수 있습니다.

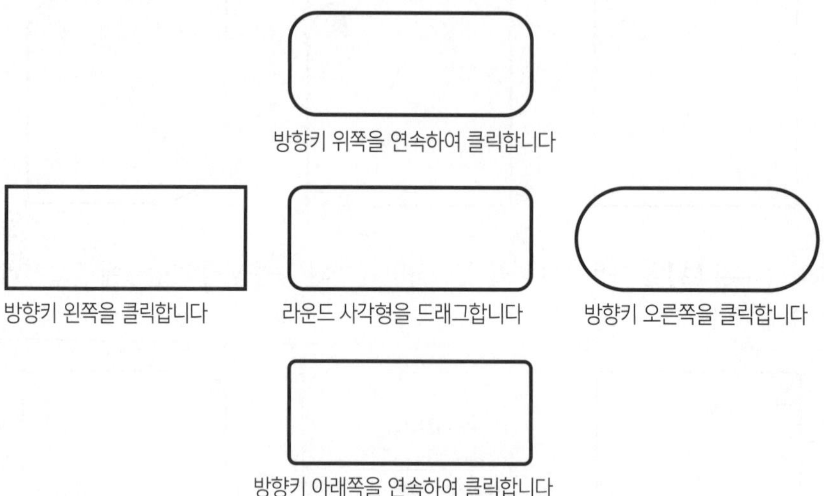

01 Shift를 누른 상태에서 오른쪽 아래로 드래그하여 라운드 사각형을 그립니다. 이때 크기를 Properties 패널에서 Width를 50mm로 하고 Height를 50mm로 변경합니다.

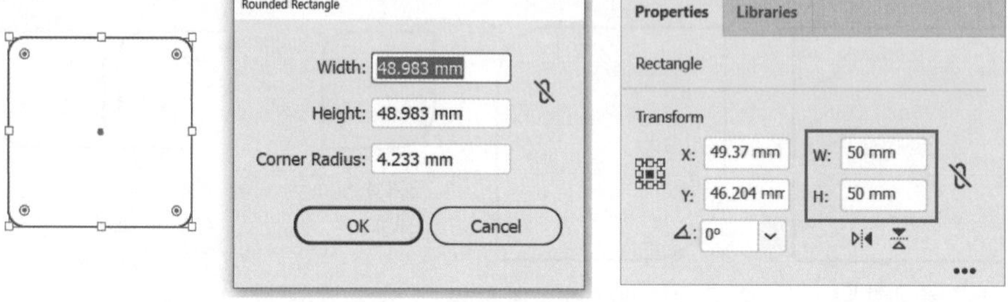

02 Fill color는 None, Stroke color는 검은색으로 합니다.

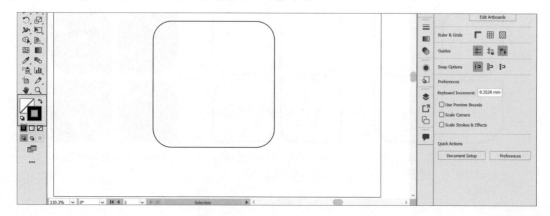

03 Brush 패널 【F5】 ⇨ Brush Libraries Menu ⇨ Image Brush ⇨ Image Brush Library ⇨ Leather Seam을 선택합니다.

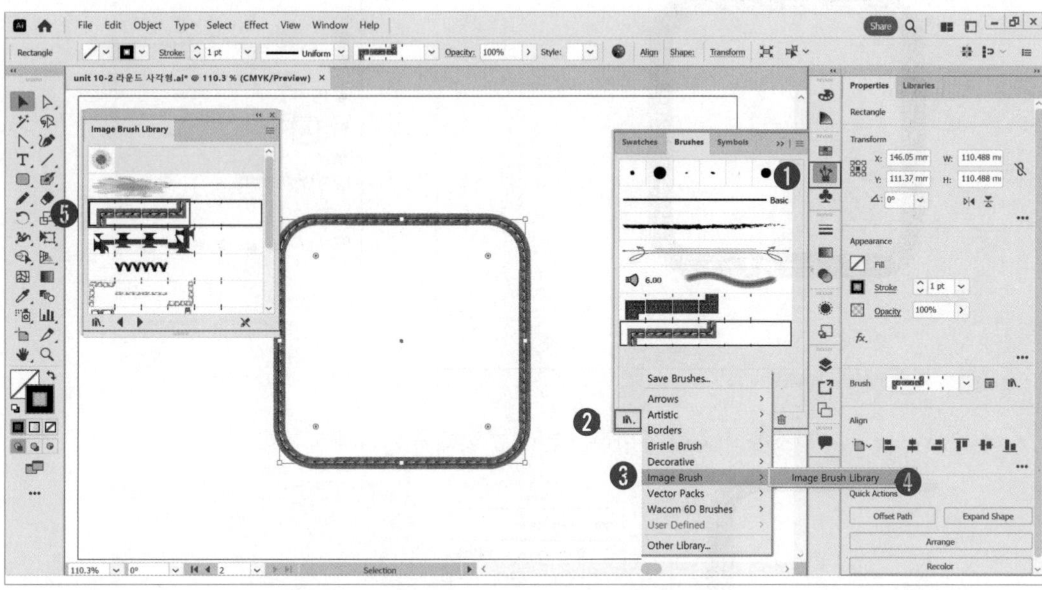

04 테두리의 두께를 2pt로 하면 약간 두꺼워집니다.

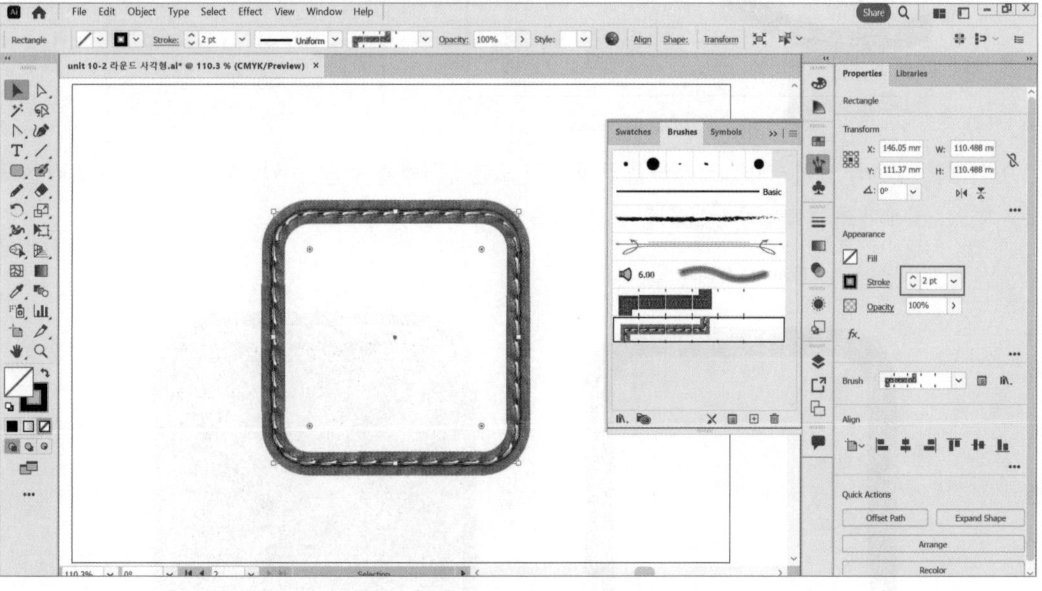

05 Effect(효과)를 적용합니다. Warp ⇨ Arc lower을 선택합니다.

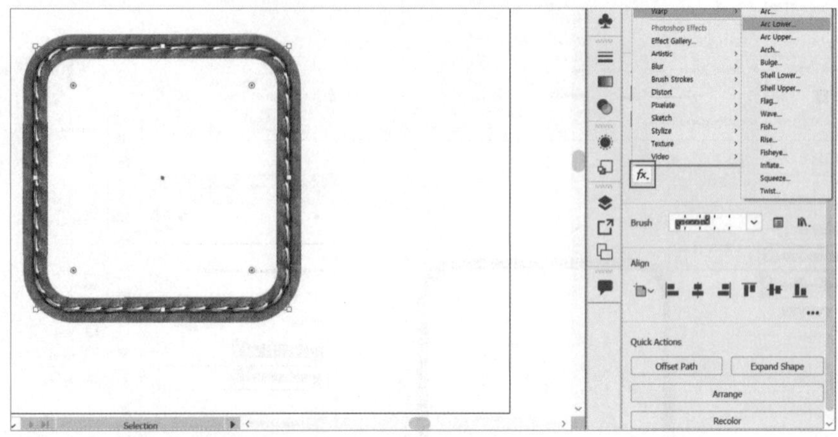

06 Style을 Arc Lower로 정합니다. 아래 방향으로 아크 형태가 됩니다.

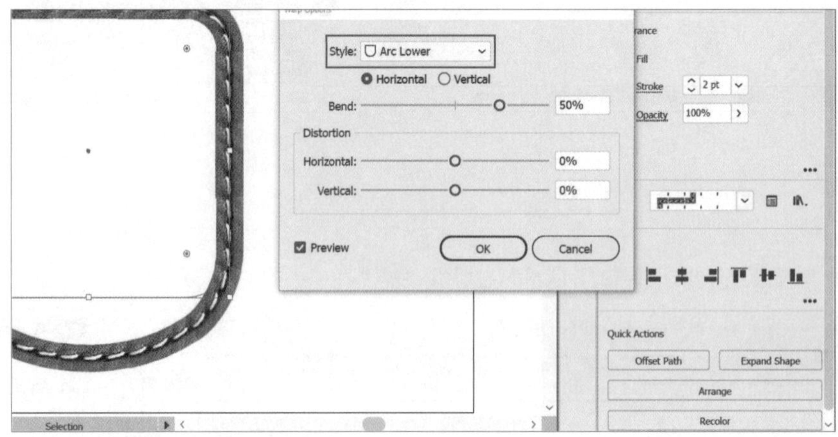

07 이미지를 가져와 클리핑마스크 기능을 적용하면 오른쪽처럼 응용할 수 있습니다. unit 10-2 라운드사각형-1. ai 에서 최종 작업순서를 확인할 수 있습니다.

100mm X 100mm

03 | 타원/정원 그리기

• Ellipse tool【L】 타원 툴을 선택한 뒤 Shift를 누른 채 오른쪽 아래로 드래그하여 Circle(정원)을 그립니다. 오른쪽에 보이는 Widget(위젯)을 위로 약간 올립니다.

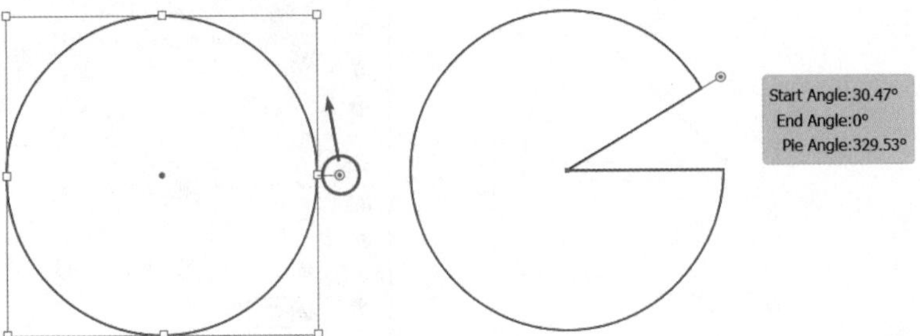

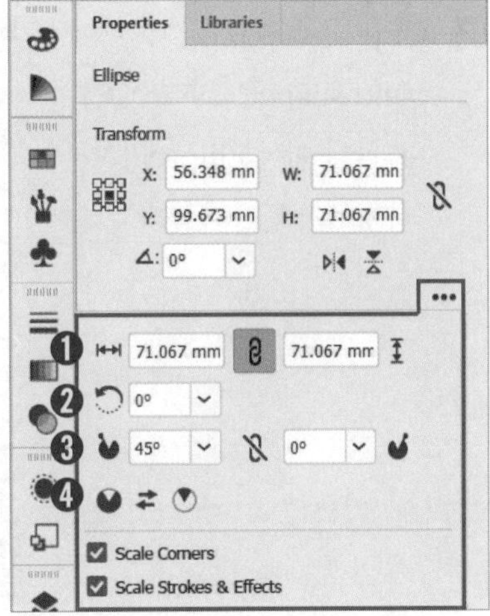

• Width/Height : 타원의 너비와 높이를 지정합니다. 수치가 같으면 정원입니다.
• Ellipse Angle : 캔버스에 배치되는 각도를 지정합니다.
• Pie Start/Pie End Angle : 파이 위젯을 사용하여 파이 차트 모양으로 표시합니다.
• Invert Pie : 원형 시작 각도와 원형 끝 각도를 바꿉니다.

01 Ellipse tool【L】 타원 툴을 선택한 뒤 Shift를 누른 채 오른쪽 아래로 드래그하여 Circle(정원)을 그립니다. Pie widgets을 45˚로 변경하여 파이 형태를 만듭니다.

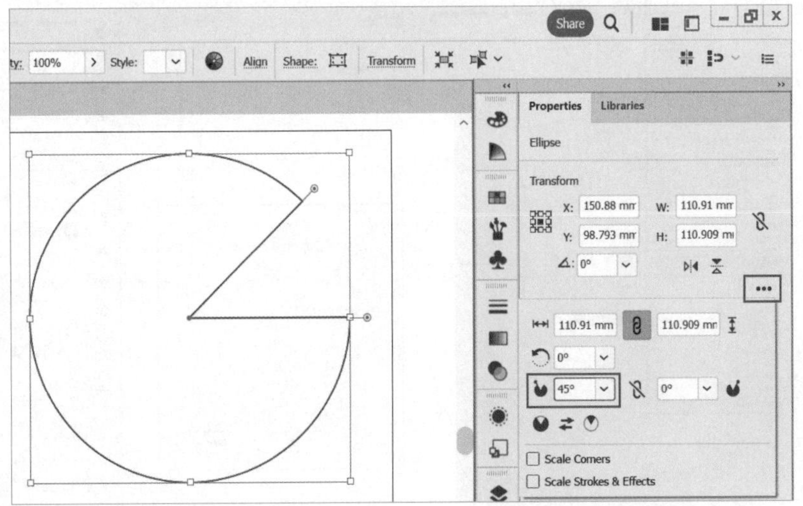

02 Invert Pie를 클릭하여 파이 형태를 만듭니다.

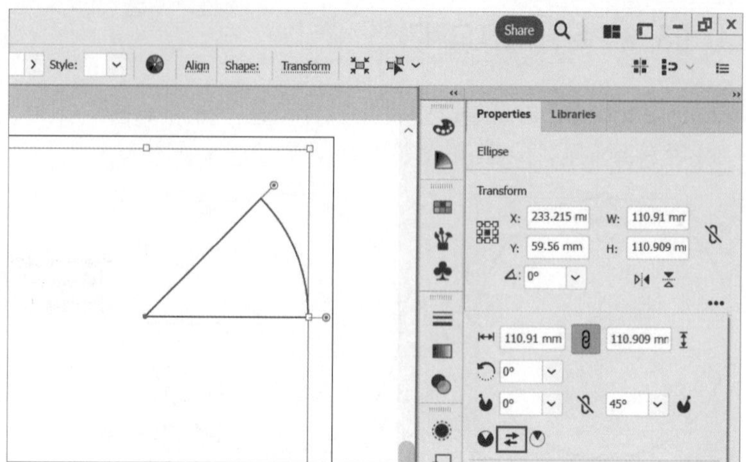

03 Object ⇨ Shape ⇨ Expand shape(모양 확장)합니다. 더 이상 Ellipse가 아닌 Path가 됩니다.

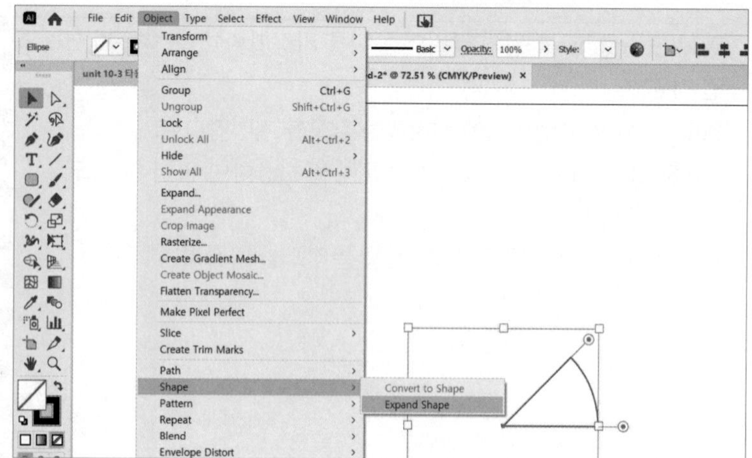

04 오브젝트를 선택하고 Object ⇨ Repeat(반복) ⇨ Option ⇨ 8개를 미리 설정합니다.

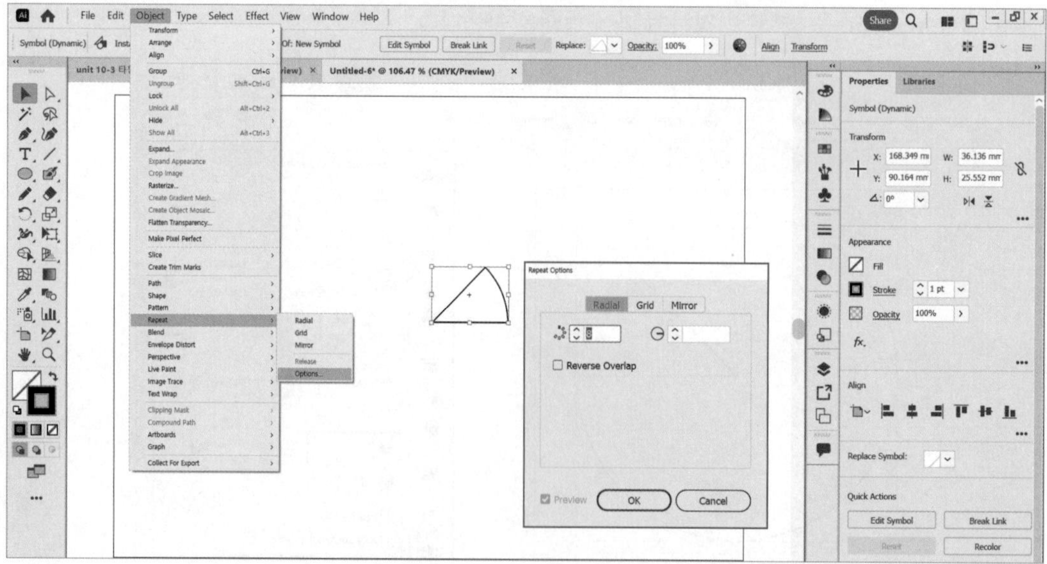

05 Object ⇨ Repeat ⇨ Radial(방사형)로 회전하고자 합니다.

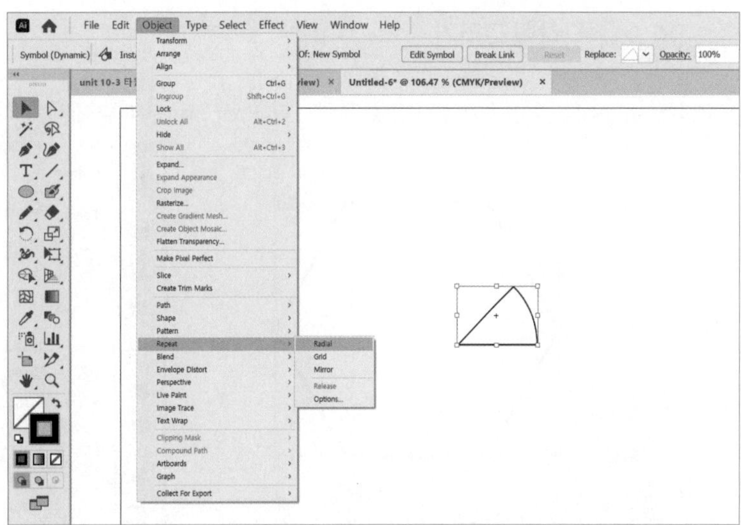

06 Radial(방사형)로 8개의 파이 형태가 회전합니다. 원의 크기를 크게 하거나 또는 작게 할 수 있으며 파이의 갯수를 조절할 수도 있습니다.

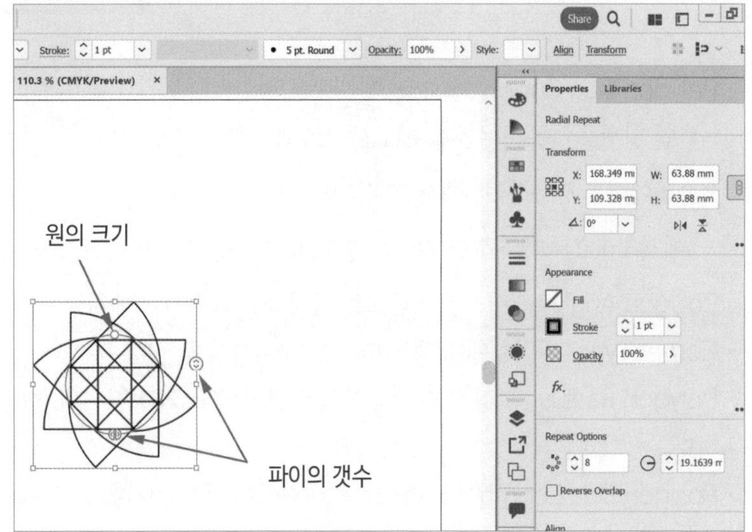

07 Repeat의 다른 방식의 예시입니다.

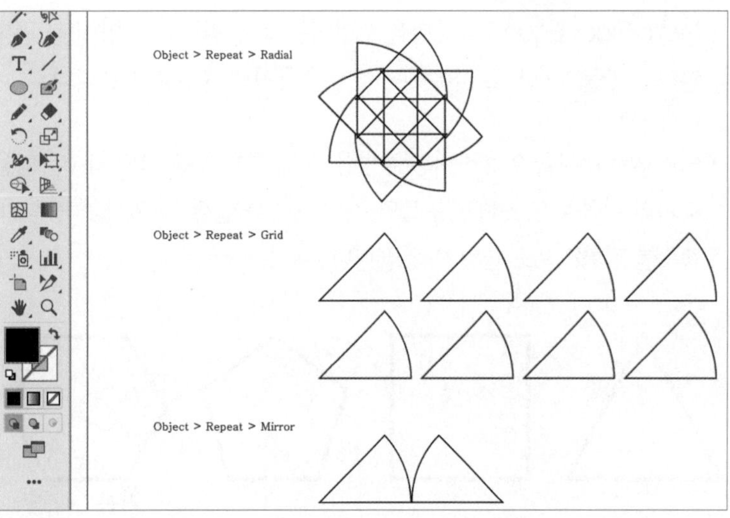

04 | 다각형 그리기

• Polygon tool을 이용하여 6각형을 그립니다. Properties 패널에서 다각형 옵션을 확인할 수 있습니다.

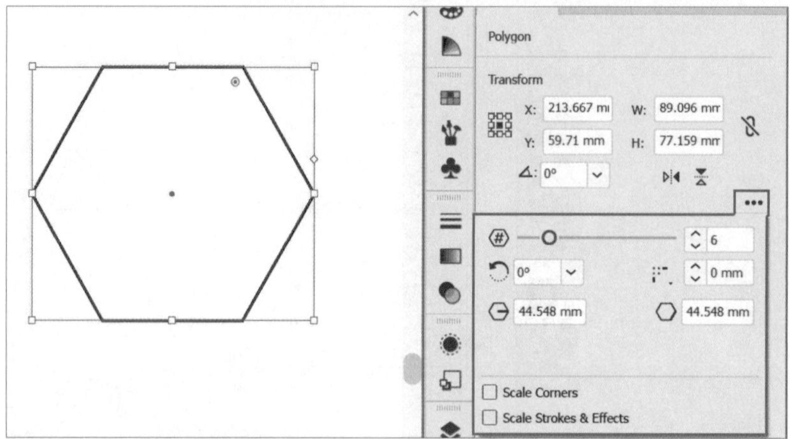

• **Polygon Side Count** : 변(Side)의 갯수를 정합니다.
  - 화면 위젯을 사용하여 3에서 11 사이로 변경할 수 있습니다.
  - 슬라이더를 사용하여 3에서 20 사이의 값을 수정합니다.
  - 3에서 1,000 사이의 값을 원하는 경우, 값을 수동으로 입력합니다.
• **Polygon Angle** : 캔버스를 기준으로 다각형을 그리거나 배치할 각도를 지정합니다.
• **Corner Type** : 다각형에 대해 원하는 모서리 유형을 정합니다
• **Polygon Radius** : 그려진 다각형의 정확한 반경을 지정합니다. 화면 위젯을 사용하여 반경을 수정합니다.
• **Polygon Side Length** : 다각형 각 변의 길이를 지정합니다.
• **Corner Radius** : 다각형 모서리의 반경을 지정합니다.
• **Make Sides Equal** : 다각형을 수정하는 동안 라이브 모양이 불균형해지거나 대칭을 잃으면 측면을 동일하게 만들기 버튼을 사용하여 다각형 측면의 균형을 맞춥니다.

• Polygon tool을 이용하여 다각형을 그릴 경우 처음 그릴 때 6각형을 그릴 수 있습니다. 이때 키보드 방향키의 위쪽을 연속해서 누르면 변의 갯수를 늘릴 수 있으며 방향키의 아래쪽을 연속해서 누르면 변의 갯수를 점차적으로 줄일 수 있습니다.

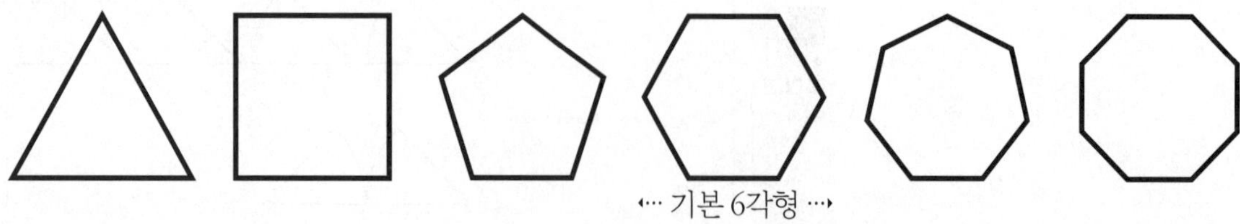

▶ Polygon tool(다각형 툴)을 선택한 후 아트보드를 클릭하면 아래처럼 대화상자가 보입니다. 이때 Sides의 갯수만큼 다각형을 그릴 수 있습니다. 아래처럼 3을 입력해 삼각형을 그립니다.

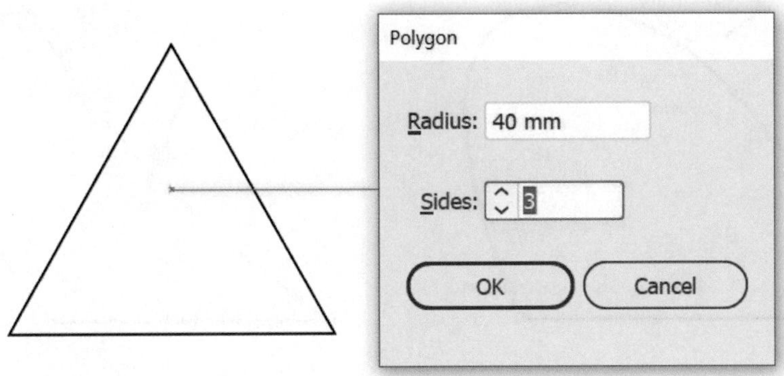

▶ Direct Selection tool【A】을 드래그하여 한 개의 앵커포인트를 선택하고 오른쪽으로 이동해 봅니다. 아트보드 위의 기준점 좌표의 위치가 변하게 되므로 도형을 변형할 수 있습니다.

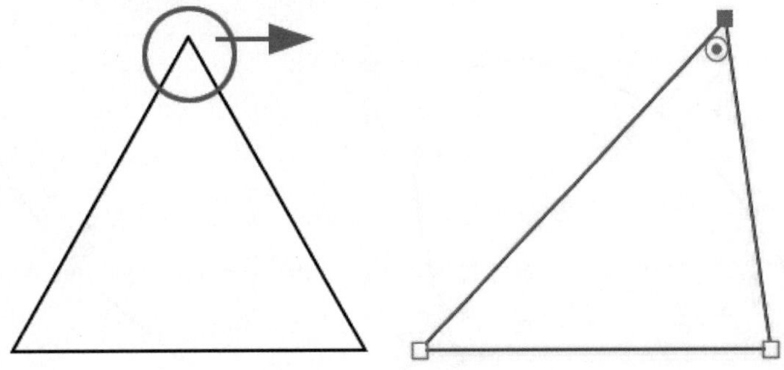

▶ Anchor point tool【Shift+C】을 선택한 후 앵커포인트를 왼쪽으로 이동하면 직선이 곡선 형태가 됩니다. 마우스 포인터는 뾰족한 모양으로 바뀝니다.

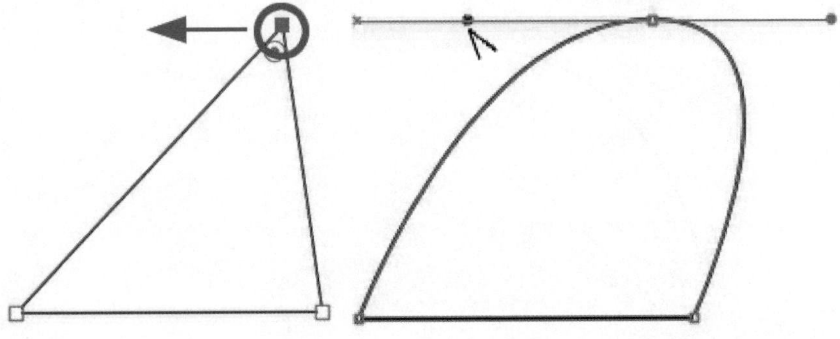

드로잉 & 다양한 기능 살펴보기

▶ Handle을 밑으로 내리는 경우 반대방향의 Handle과는 별도로 방향을 전환하여 Curve의 모양을 변경할 수 있습니다.

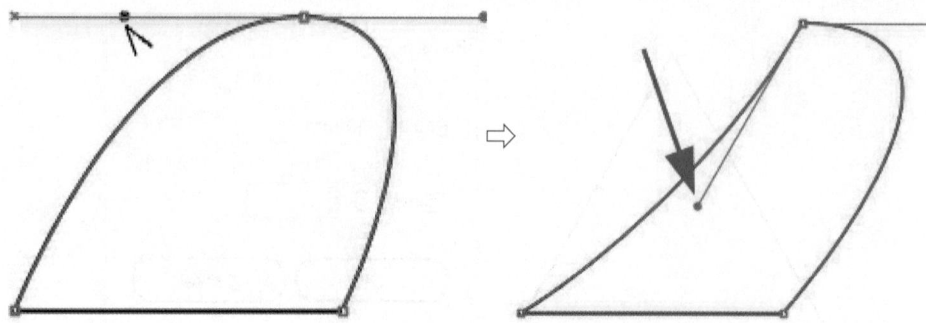

▶ 만약 Direct Selection tool【A】로 툴을 변경하여 Handle을 내리는 경우 반대 방향의 Handle도 동시에 방향을 바꾸게 됩니다.

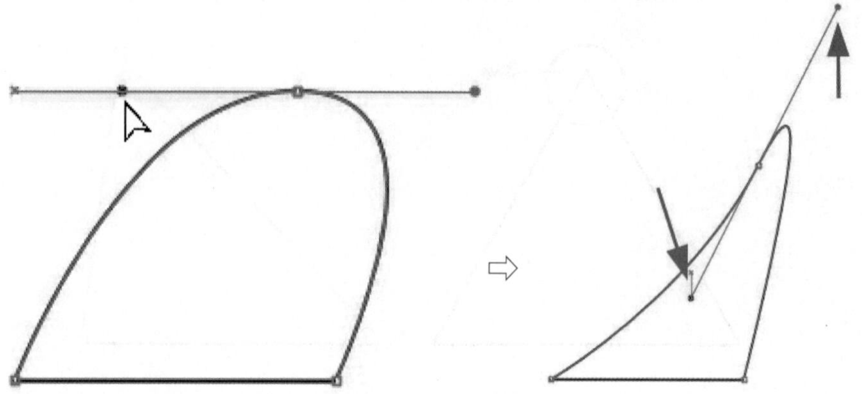

◆ Path(경로)와 관련한 용어 살펴보기

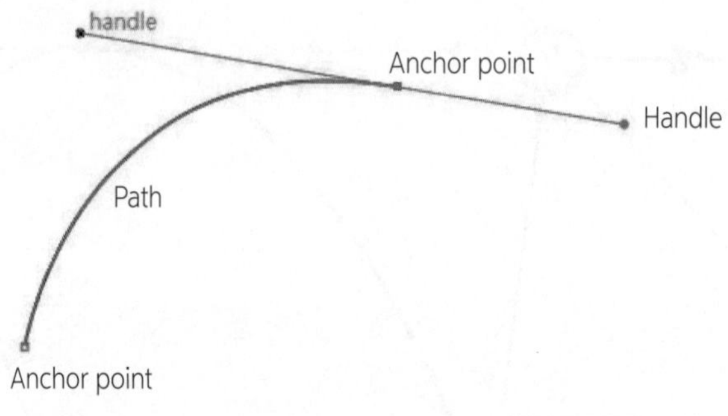

01 Polygon tool(다각형 툴)을 선택한 후 Alt를 누른 채 아트보드를 클릭합니다. 아래처럼 대화상자가 보입니다. 이때 Sides의 갯수를 6으로 입력해 육각형을 그립니다.

TIP

도형을 만들 때 Alt를 누른 상태에서 마우스를 클릭하면 클릭한 지점을 중심으로 도형을 만들 수 있습니다.

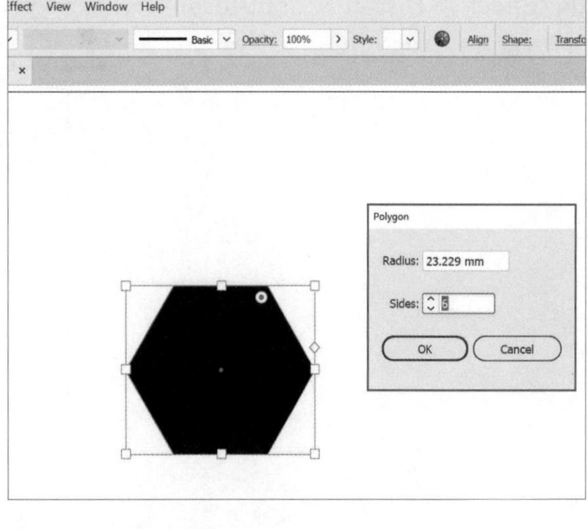

02 Effect ⇨ Distort & Transform ⇨ Pucker & Bloat(기준점은 움직이지 않은 상태에서 안쪽으로 구부리거나 또는 가운데에서 멀어지게 밀어(Bloat)서 개체를 변환하는 왜곡 효과를 말합니다.)

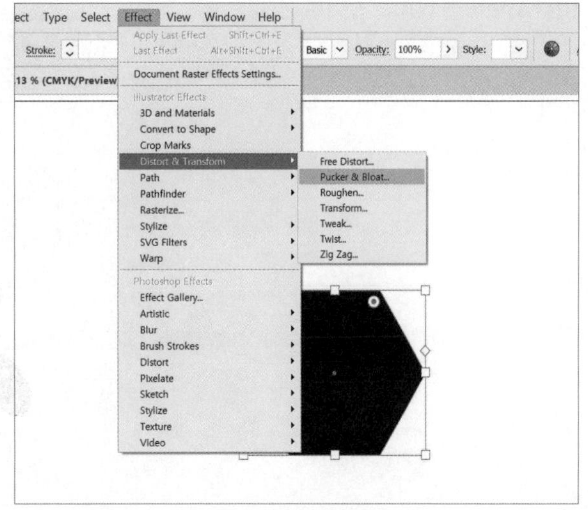

03 Preview(미리보기)를 켜고 Bloat를 100%로 변경합니다.

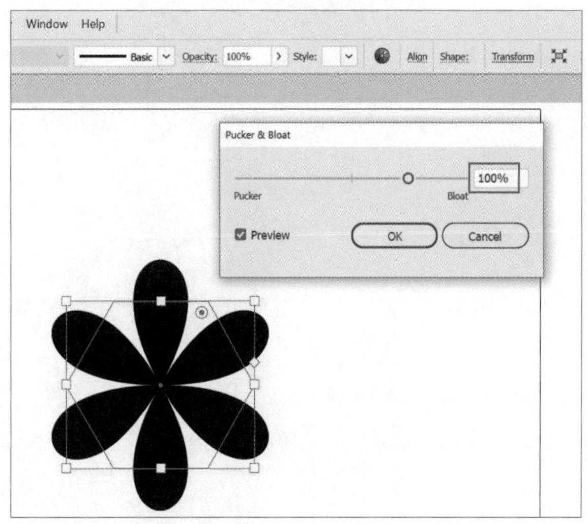

드로잉 & 다양한 기능 살펴보기

04 Effect ⇨ Distort & Transform ⇨ Twist (비틀다)

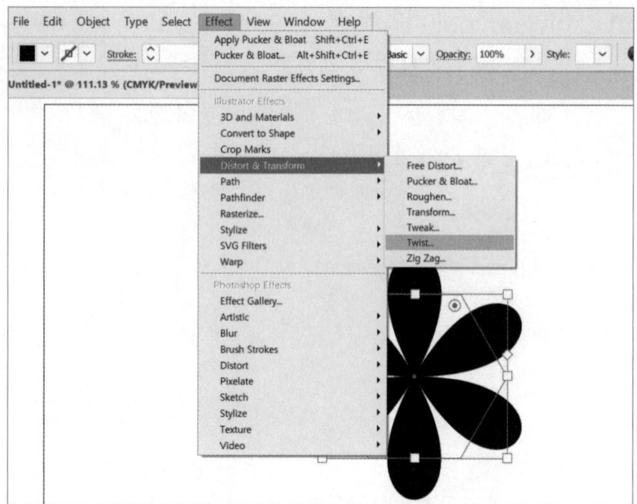

05 Angle을 60˚로 합니다.

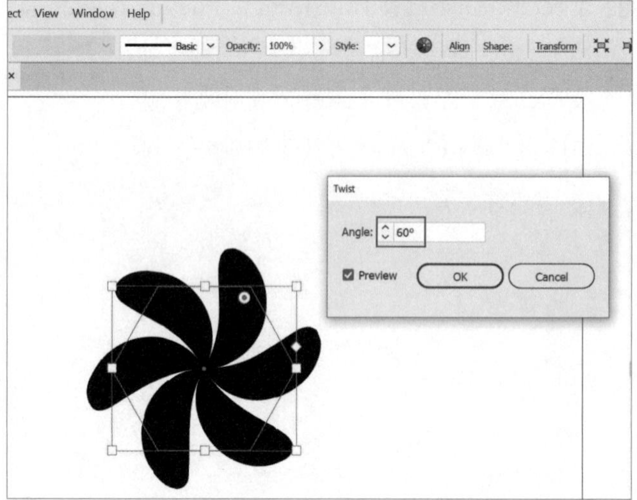

05 | 별 그리기

• Star tool(별 툴)을 선택한 후 아트보드를 클릭하면 아래처럼 대화상자가 보입니다. 이때 Points에 갯수 5를 입력해서 별을 그릴 수 있습니다.

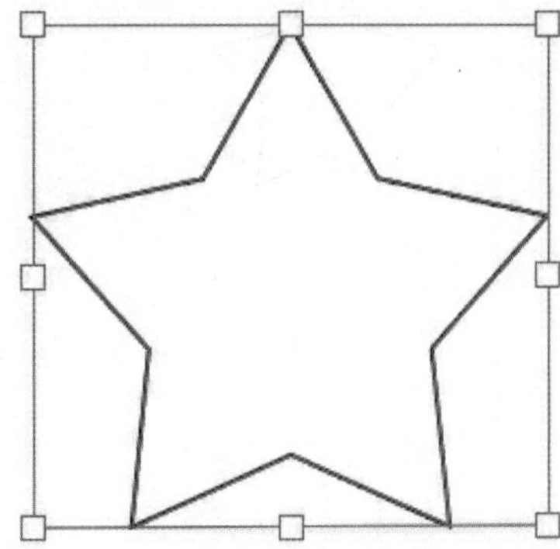

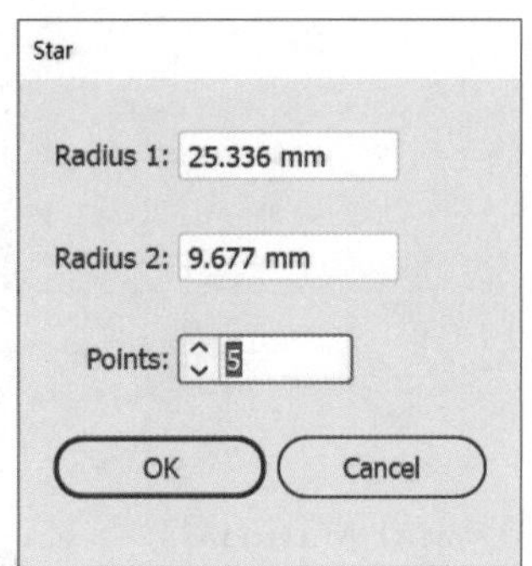

• Shift를 누른 상태에서 드래그하여 그리거나 또는 Alt+Shift를 누른 상태에서 드래그하여 그리는 경우 모양의 차이가 있습니다.

Shift를 누른 상태에서 드래그하여 그립니다.

Shift+Alt를 누른 상태에서 드래그하여 그립니다.

• Star tool을 이용하여 별을 그릴 경우 처음 그릴 때 Point가 5개인 별을 그릴 수 있습니다. 이때 키보드 방향키의 위쪽을 연속해서 누르면 포인트의 갯수를 늘릴 수 있으며 방향키의 아래쪽을 연속해서 누르면 포인트의 갯수를 점차적으로 줄일 수 있습니다. Radius 1과 Radius 2의 폭을 좁히거나 늘릴 때는 Ctrl을 누른 상태에서 마우스를 이용하여 천천히 드래그하여 조절할 수 있습니다.

01 Star tool을 이용하여 별을 그립니다.

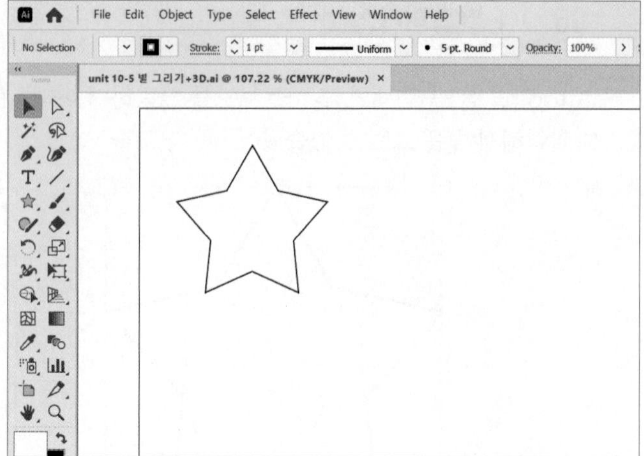

02 Effect ⇨ 3D and Materials ⇨ Inflate

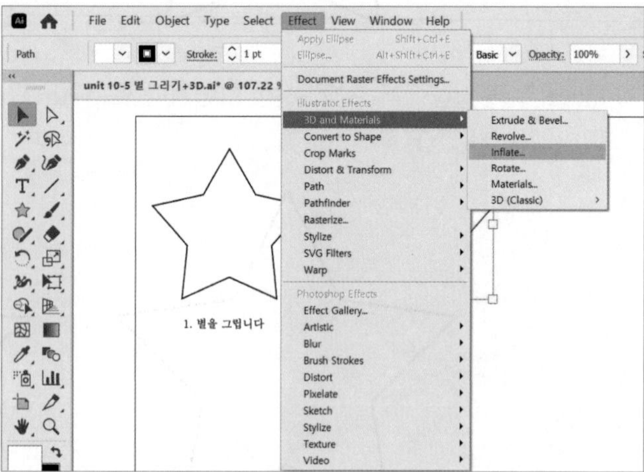

03 Inflate(팽창)이 적용되어 부풀어오른 느낌입니다.

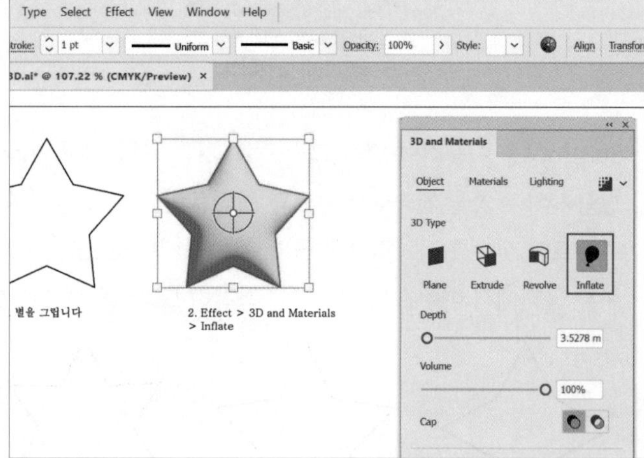

04 Materials(질감) ⇨ Marble Paint를 선택한 후 Lighting(조명) ⇨ Top Left으로 정합니다.

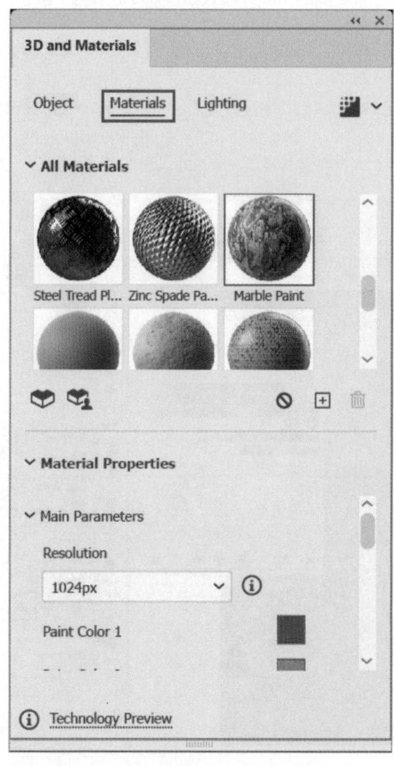

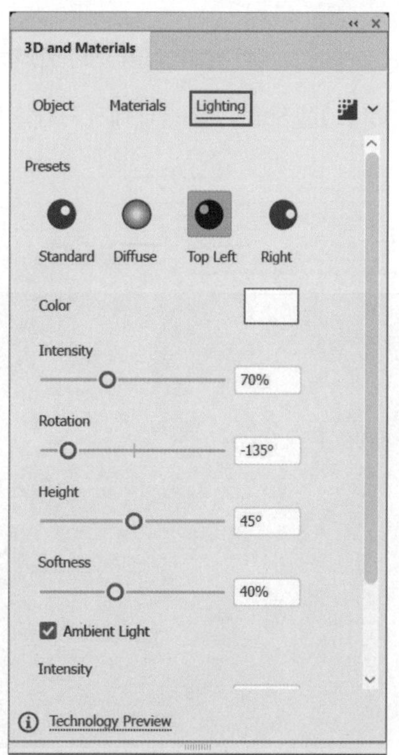

05 가운데에 Free Transform이 나타나면 회전합니다.

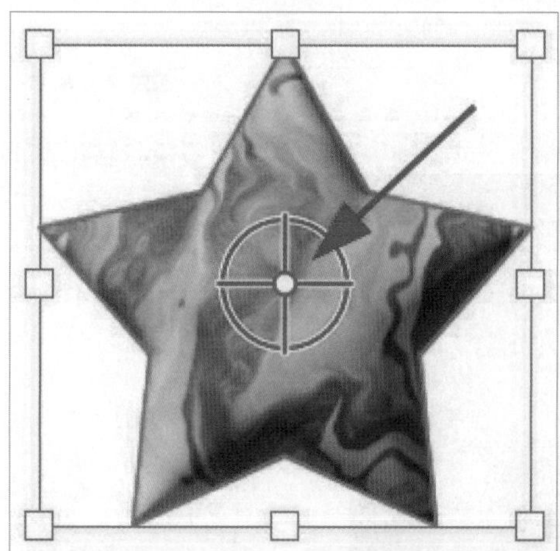

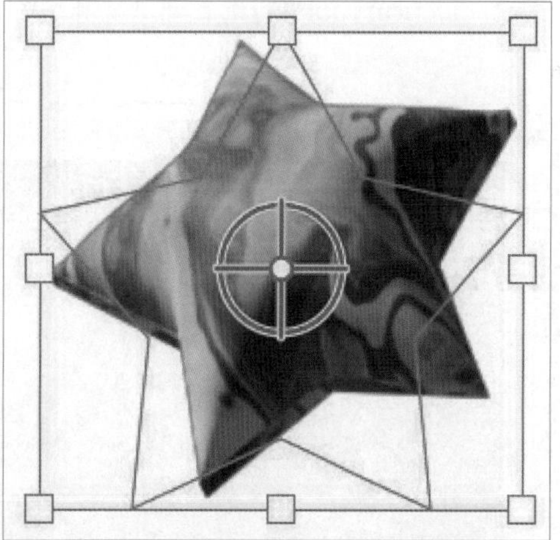

06 | 플래어 그리기

01 unit 10-6 플레어 그리기.ai 파일을 Open합니다.

02 Ellipse tool【L】을 Shift 누른 상태에서 드래그하여 정원을 그린 후 아트보드 중앙에 오도록 정렬합니다.

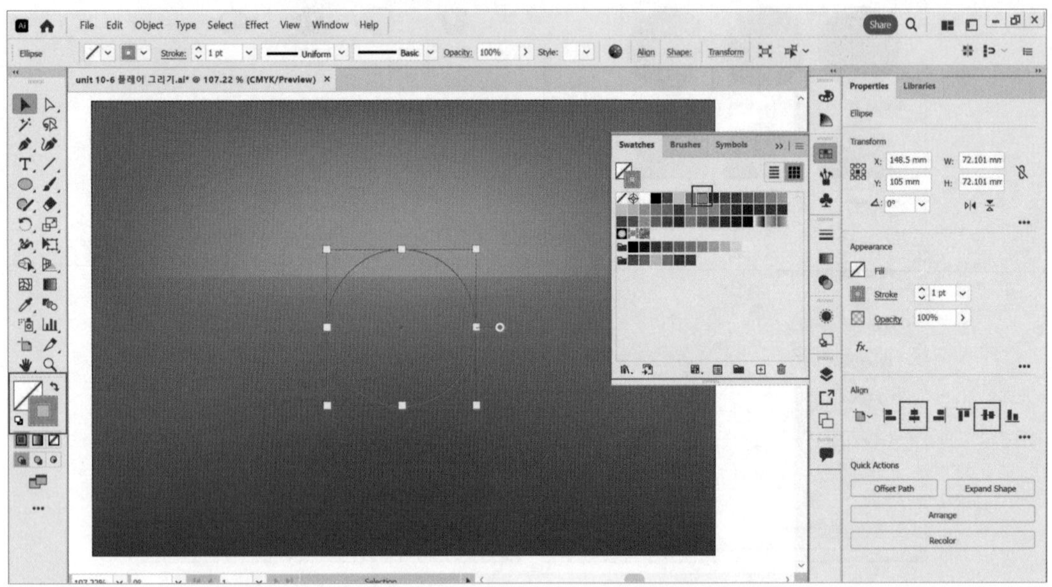

03 Direct selection tool【A】로 드래그하여 왼쪽 포인트를 삭제합니다.

04 Effect ⇨ 3D and Materials ⇨ Revolve(회전하다)

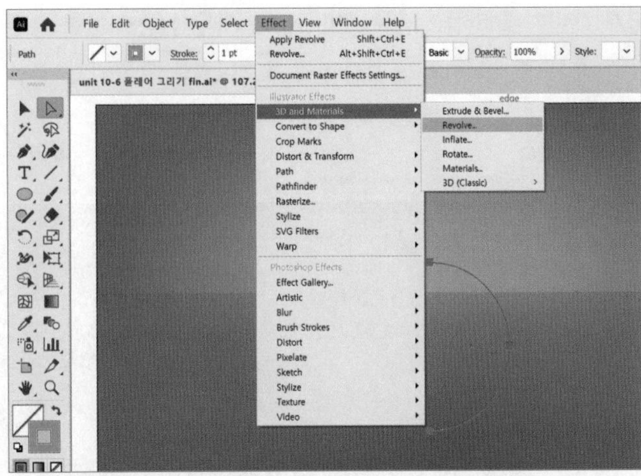

05 선택한 오브젝트가 축을 중심으로 돌아가는 형태로 보입니다.

06 3D and Materials 패널의 Materials ⇨ Adobe Substance Materials 안에 Gold leaf fold를 선택합니다.

TIP

Adobe Substance Materials는 다양하고 바로 사용할 수 있는 재료를 제공합니다. http://www.substance3d.com/를 참고하세요.

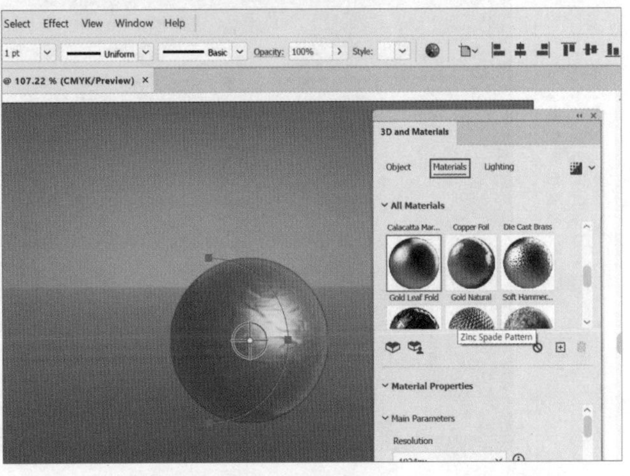

드로잉 & 다양한 기능 살펴보기

07 그림자를 만들기 위해 Ellipse tool 【L】을 Shift를 누른 상태에서 드래그하여 정원을 그립니다. Fill color를 Swatches 패널에서 그래디언트를 선택합니다.

08 Gradient 패널 【Ctrl+F9】에서 Reverse Gradient 버튼을 클릭하여 반전합니다.

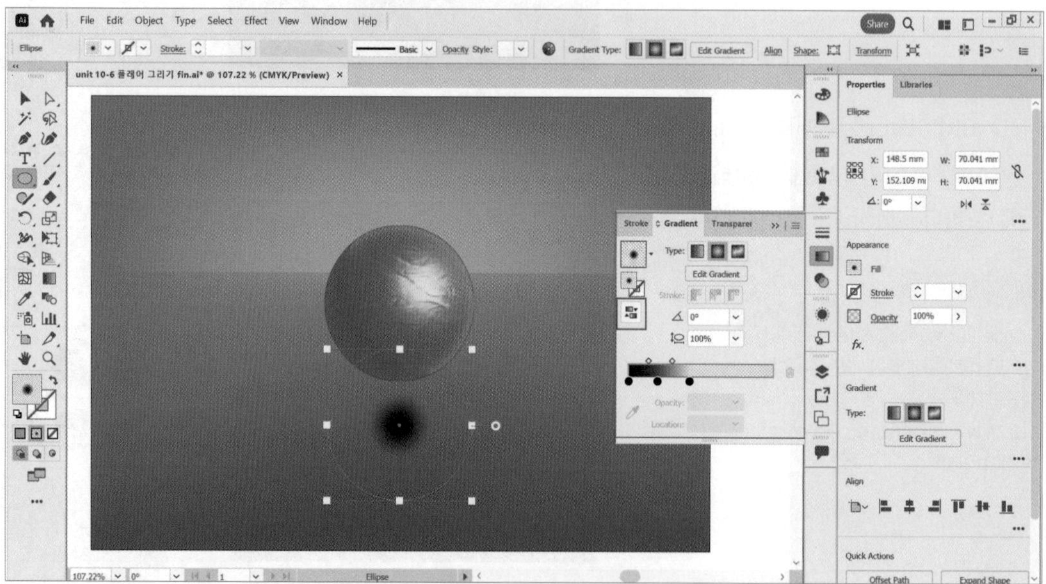

09 두 개의 Slider를 오른쪽으로 이동합니다.

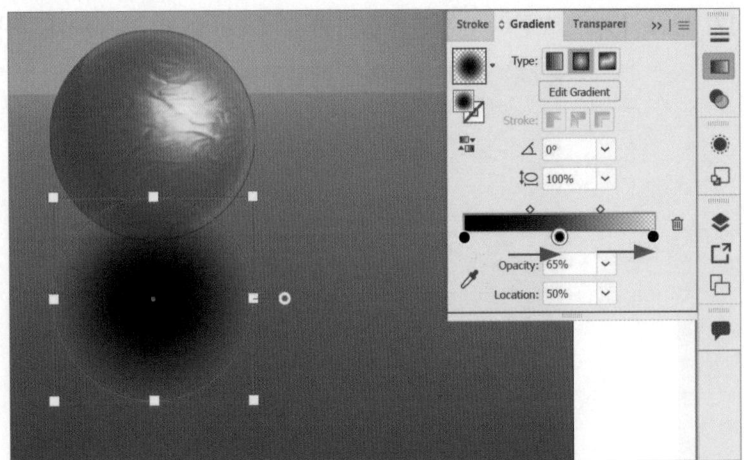

10 그림자 느낌을 만들기 위해 Alt를 누른 상태에서 모양을 납작하게 만듭니다.

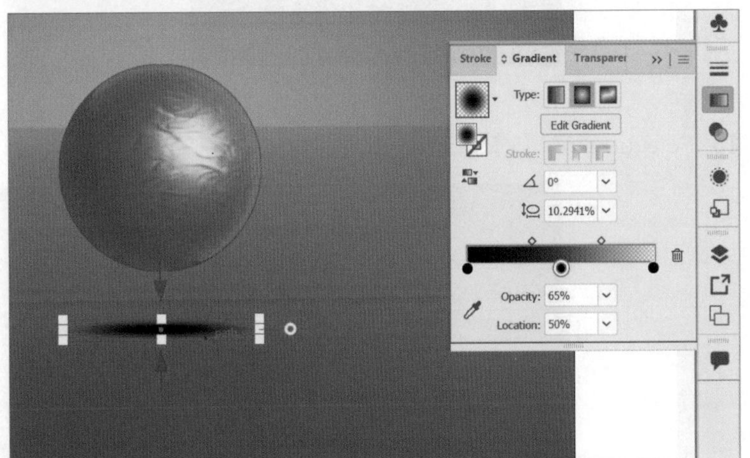

11 Transparency 패널【Shift+Ctrl+F10】에서 Blend mode를 Multiply로 변경하면 바닥 배경색과 조화롭게 됩니다.

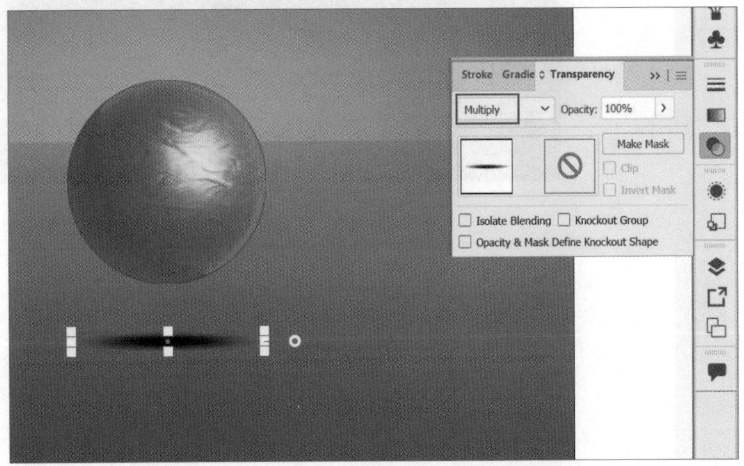

12 Flare tool로 오른쪽 윗부분을 클릭한 후에 Center의 크기를 조절하고 Ring을 해제합니다.

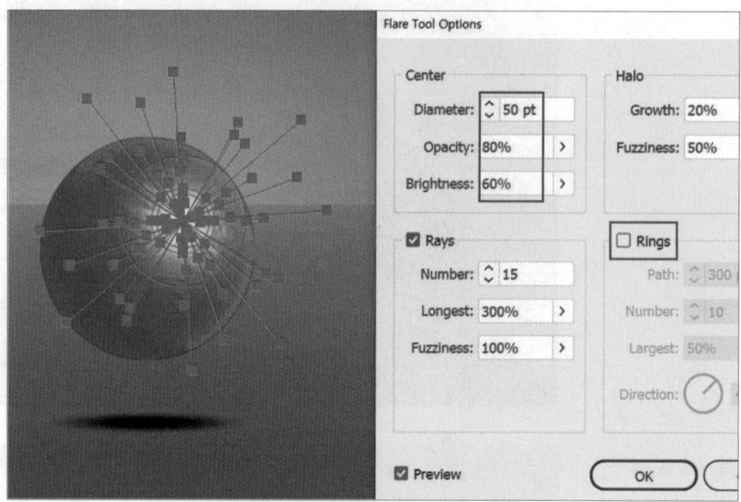

13 Selection tool 【V】로 크기를 조절합니다.

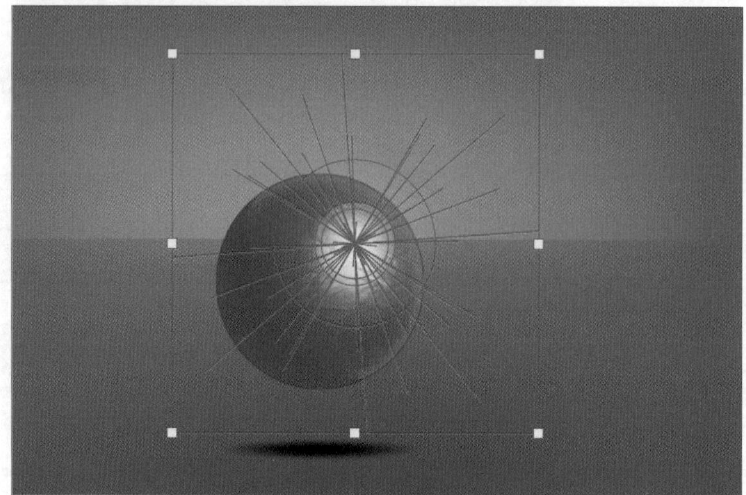

펜

▶ 펜 툴 [P]

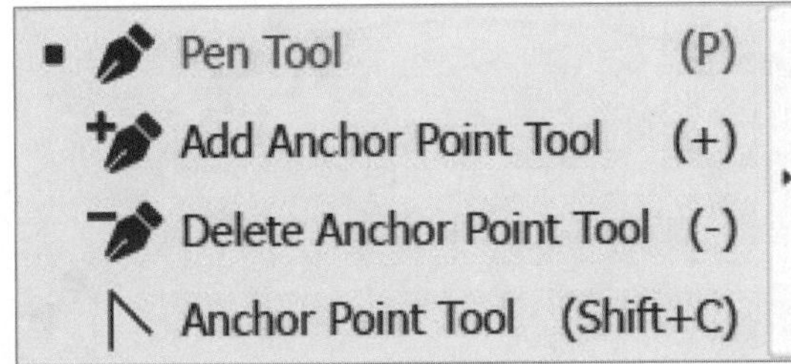

▶ 곡률 툴 Curvature tool [Shift+~]

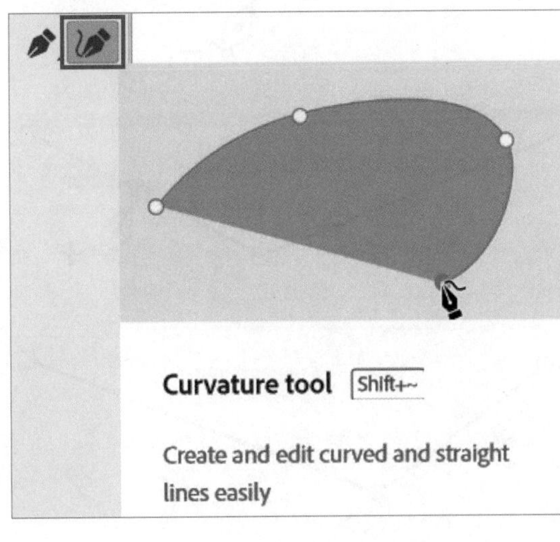

▶ Pen tool 아이콘의 의미

그리기 시작 : Inactive

잇기 : Awaken

작성 중 : Active

연결 : Connect

닫기 : Close

전환 : Convert

포인트를 추가 : Add

포인트를 삭제 : Delete

Alt를 누르고 당긴다 : Reshape

▶ Pen tool 활용하기

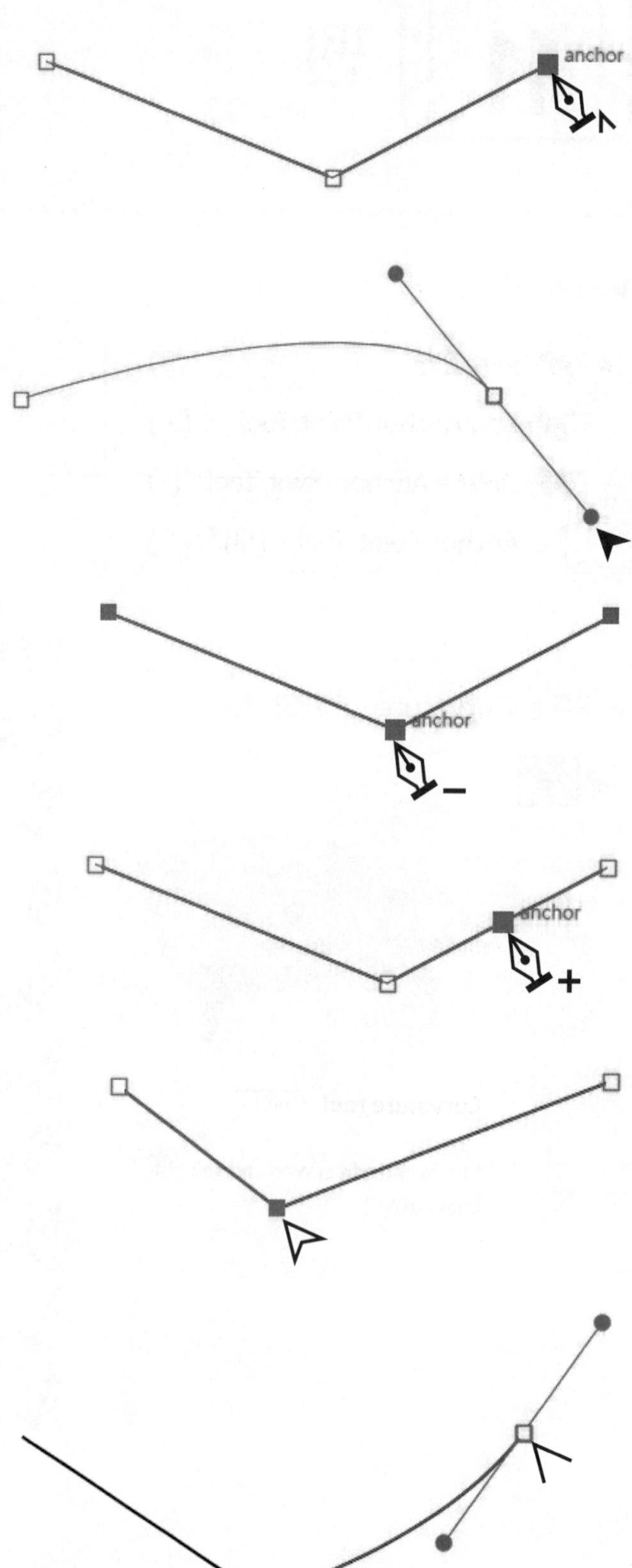

- 직선(Straight line) 그리기 : 펜 툴을 사용하여 아트보드를 클릭하면 포인트가 만들어집니다. 각각의 포인트가 연결되며 직선이 그려집니다. Esc나 Enter를 클릭하여 진행을 마칠 수 있습니다.
- 곡선(Curved line) 그리기 : 곡선을 만들기 위해서는 클릭하고 드래그하여 곡선 핸들의 포인트를 조절하여 곡선을 만들 수 있습니다.
- 포인트 삭제하기 : 포인트 위로 마우스 커서를 올려놓으면 커서의 모양이 자동으로 Delete Anchor point tool로 바뀝니다. 클릭하면 포인트를 삭제할 수 있습니다.
- 포인트 추가하기 : 포인트 위로 마우스 커서를 올려놓으면 커서의 모양이 자동으로 Add Anchor point tool로 바뀝니다. 클릭하면 포인트를 추가할 수 있습니다.
- 포인트 이동하기 : 펜 툴로 Ctrl을 누른 상태에서 클릭하면 Direct Selection tool로 바뀌면서 한 개의 포인트만 선택됩니다. 이때 포인트를 움직이면 이동할 수 있습니다.
- 곡선 핸들 움직이기 : 【Shift+C】를 눌러 Anchor point tool로 툴을 변경한 후에 point를 움직이면 핸들을 움직일 수 있습니다.

• 직선을 곡선으로 전환하기 : Alt를 누른 채 포인트를 선택하여 이동하면 직선을 곡선으로 전환할 수 있습니다.

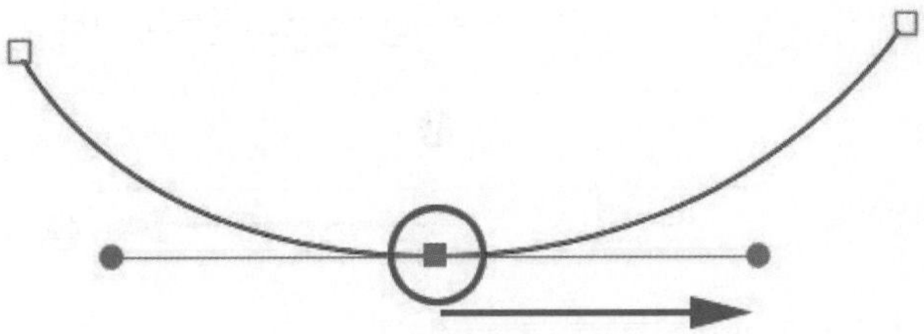

• 곡선 핸들 지우기 : Alt를 누른 채 포인트를 클릭하면 직선으로 전환됩니다.

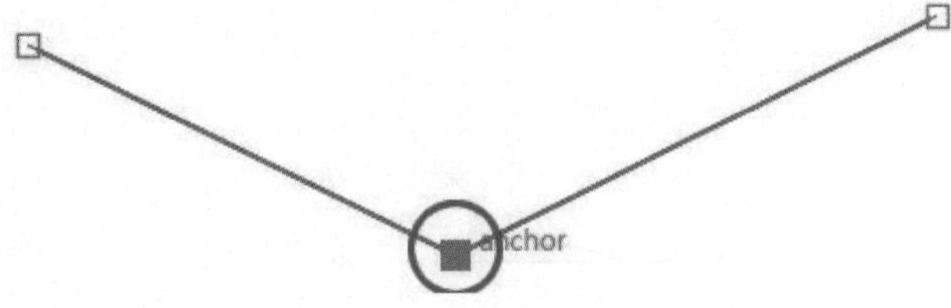

• 직선을 곡선으로 만들기 : Alt를 누른 채 패스를 드래그하면 곡선이 됩니다.

• 포인트를 연결하기 : 끊겨 있는 포인트를 이을 수 있습니다.

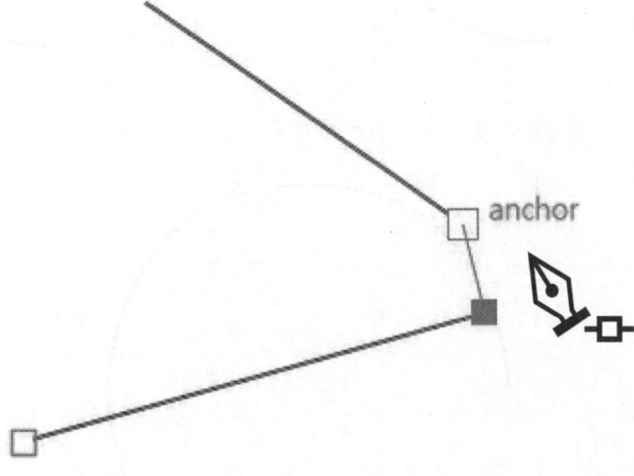

01 | 펜 툴로 원 그리기

01 Shift 키를 누른 상태에서 펜 도구를 사용하여 클릭하고 오른쪽으로 끕니다.

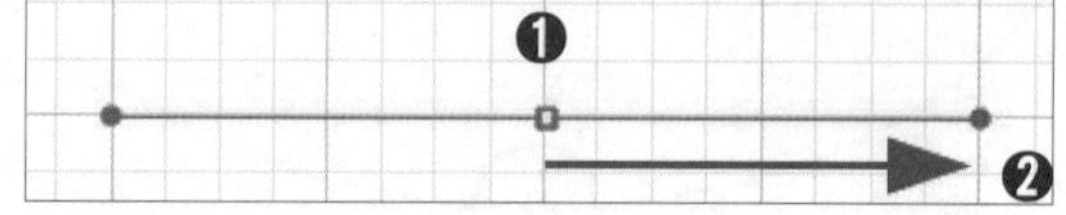

02 오른쪽에 동일한 너비와 높이의 위치를 클릭합니다.

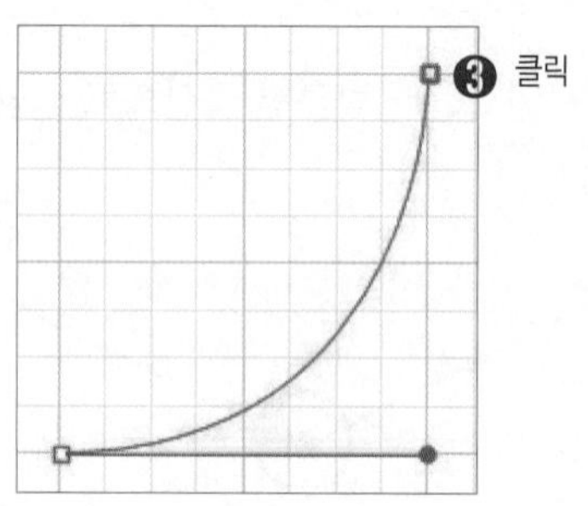

03 Shift 키를 누르고 왼쪽으로 끕니다. 왼쪽 아래 부분을 클릭합니다.

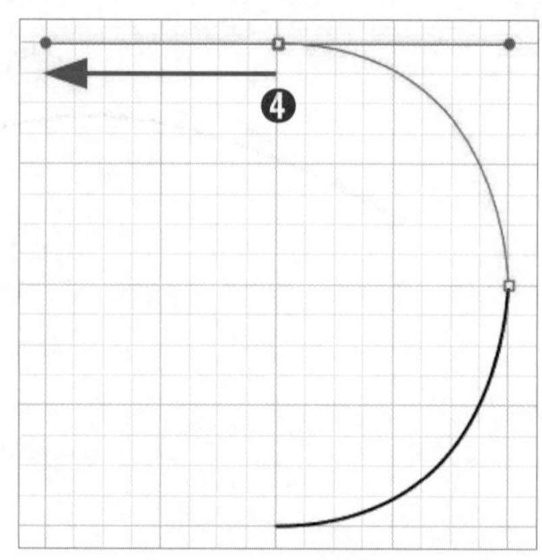

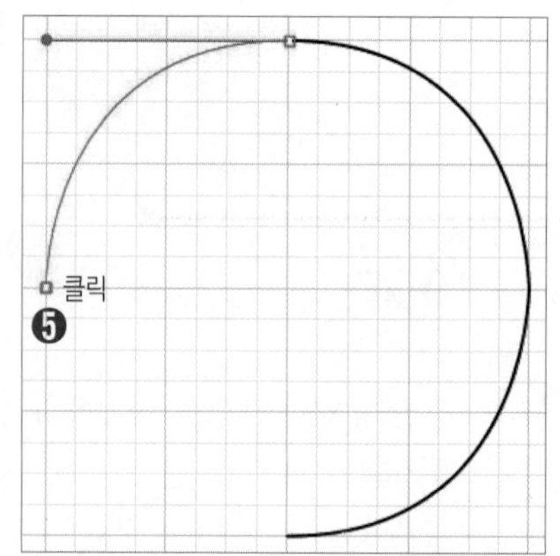

04 첫 번째 클릭했던 포인트를 Shift를 누른 상태에서 클릭하고 오른쪽으로 끕니다.

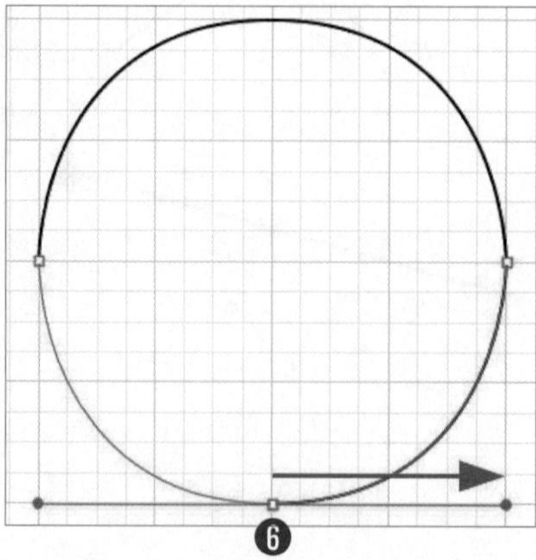

02 | 펜 툴 연습하기

01 File ⇨ New Document【Ctrl+N】 ⇨ A4 규격의 새문서를 만듭니다.

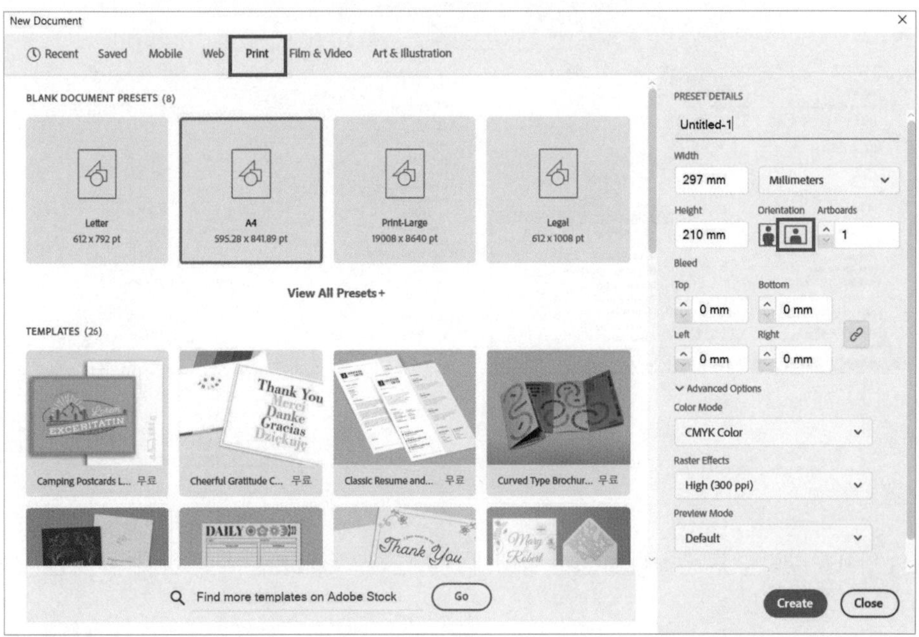

02 View ⇨ Show Grid【Ctrl+"】 그리드를 보이게 한 후에 Snap to Grid【Ctrl+Shift+"】를 선택합니다. 파일이나 도형 등을 Grid(격자)를 사용하여 수평선과 수직선에 자동으로 맞춥니다.

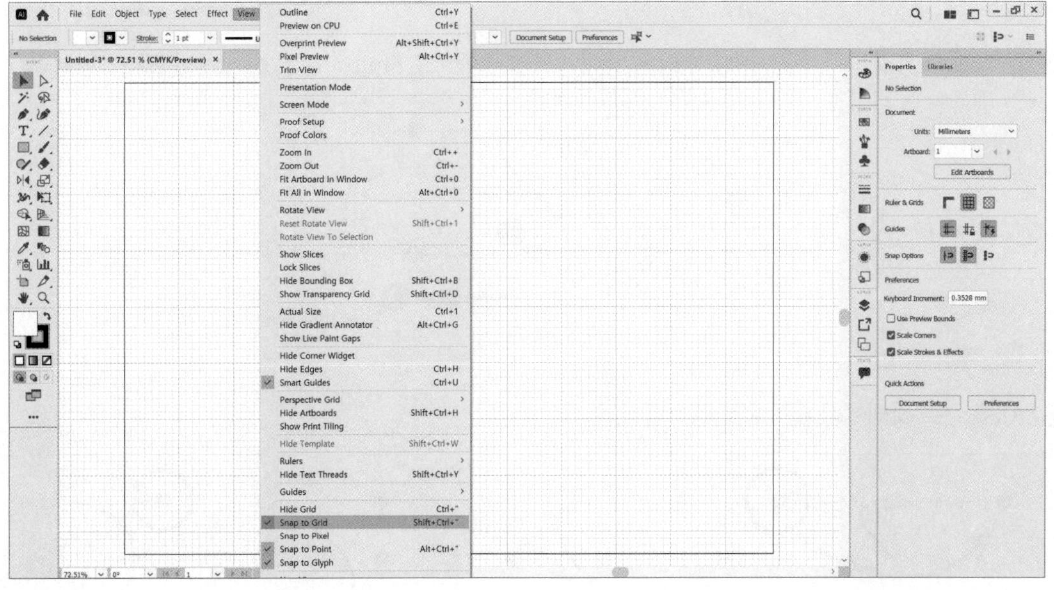

03 Edit ⇨ Preference ⇨ Guide & Grid ⇨ Gridline every을 20mm로 변경해주고 Subdivisions(세분화)를 2로 정합니다.

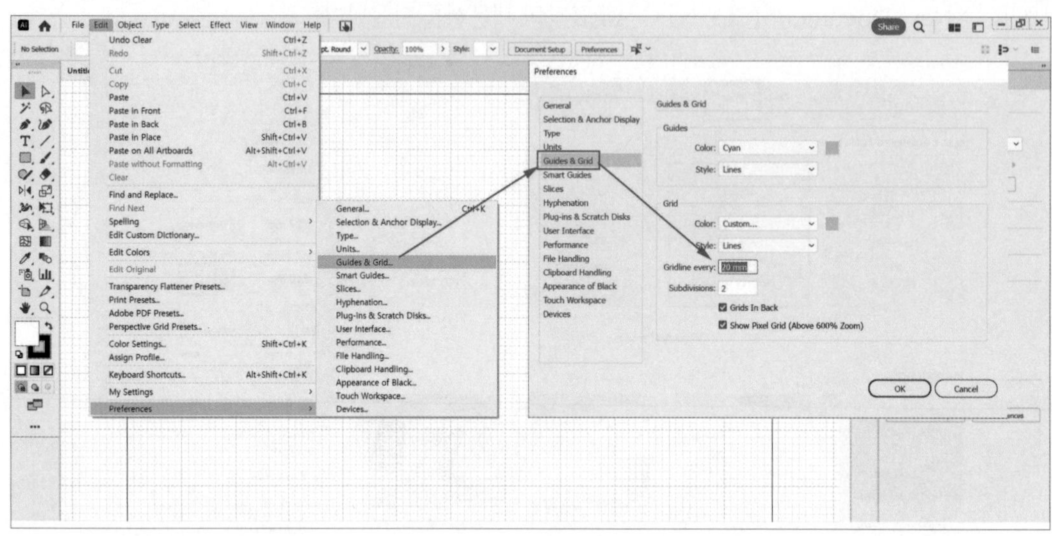

04 임의의 위치를 클릭한 후 손을 떼지 않은 상태에서 오른쪽으로 Shift를 누른 상태에서 드래그합니다.

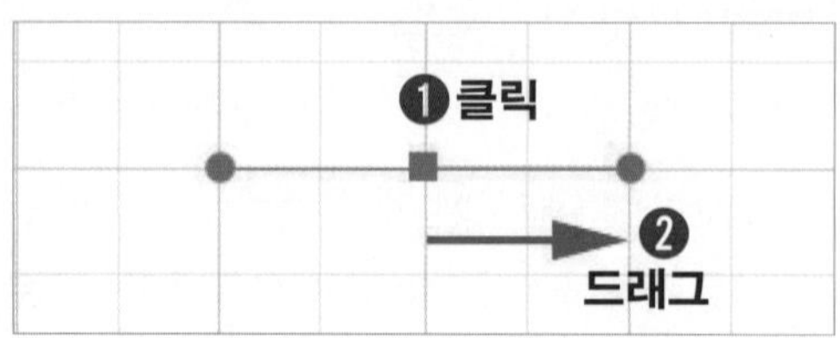

05 두 칸 아래에 클릭한 후 손을 떼지 않은 상태에서 오른쪽으로 Shift를 누른 상태에서 드래그합니다.

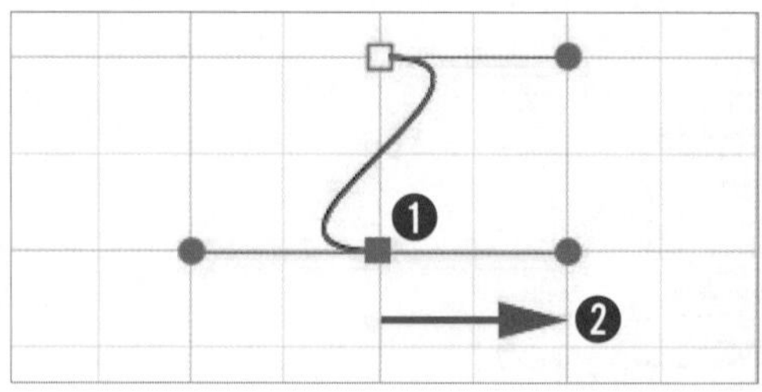

06 Alt를 누른 상태에서 왼쪽으로 옮깁니다.

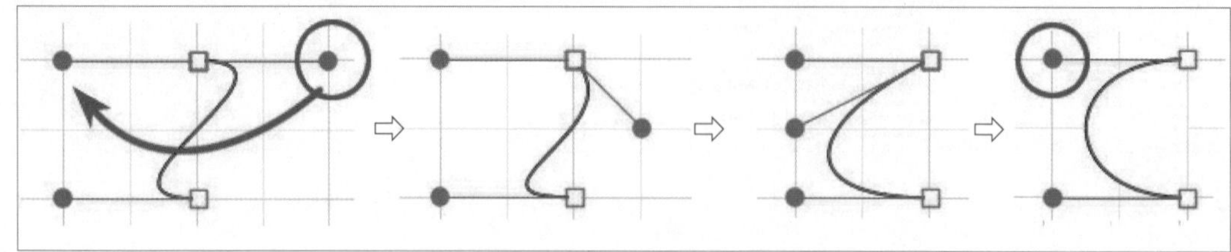

07 두 칸 아래에 클릭한 후 손을 떼지 않은 상태에서 왼쪽으로 Shift를 누른 상태에서 드래그합니다.

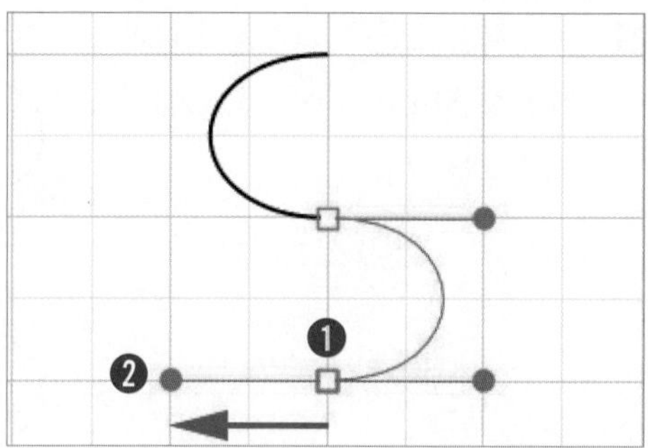

08 두 칸 아래에 클릭한 후 손을 떼지 않은 상태에서 오른쪽으로 Shift를 누른 상태에서 드래그합니다.

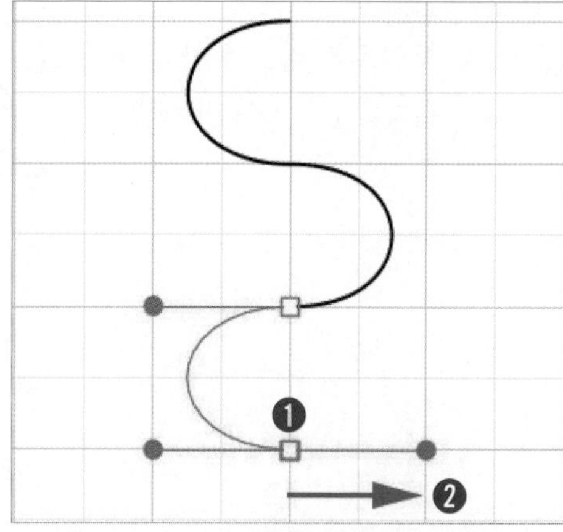

09 임의의 위치를 클릭한 후 오른쪽으로 Shift를 누른 상태에서 드래그합니다.

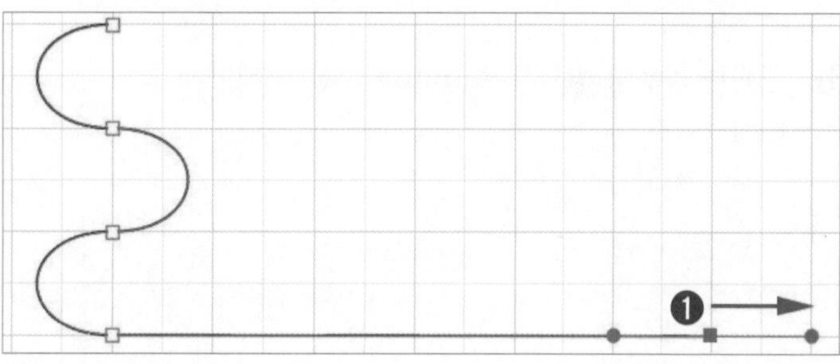

10 위에 포인트를 찍은 후 왼쪽으로 Shift를 누른 상태에서 드래그합니다.

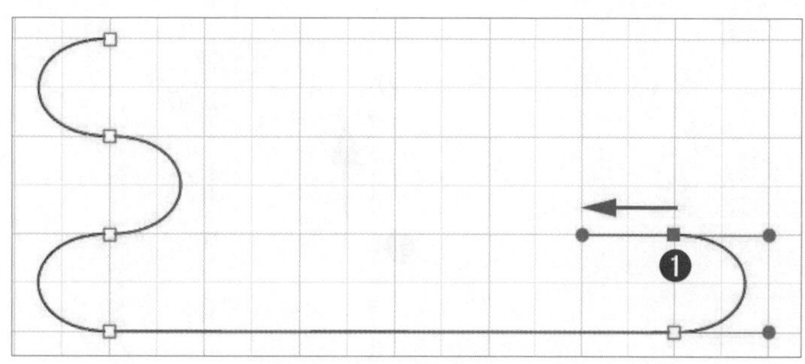

11 아래처럼 오른쪽 왼쪽을 번갈아 가면서 Shift를 누른 상태에서 드래그합니다.

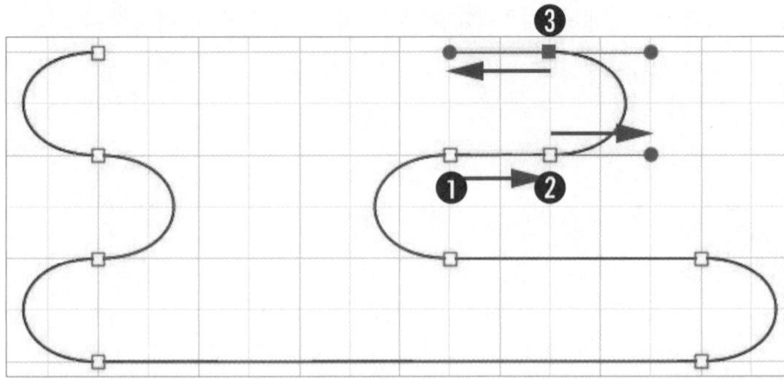

12 처음 포인트를 찍었던 곳과 동일한 위치를 클릭하여 마무리합니다.

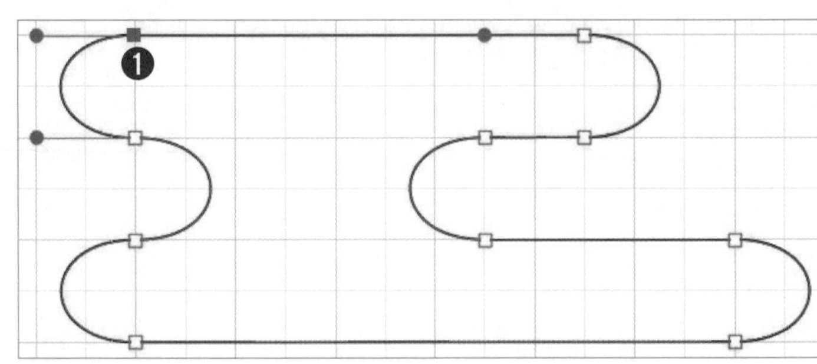

03 | 하트 그리기

01 클릭하고 위쪽 방향으로 Shift를 누른 상태에서 끕니다. ⇨ Shift를 누른 상태에서 위쪽 방향으로 끕니다.

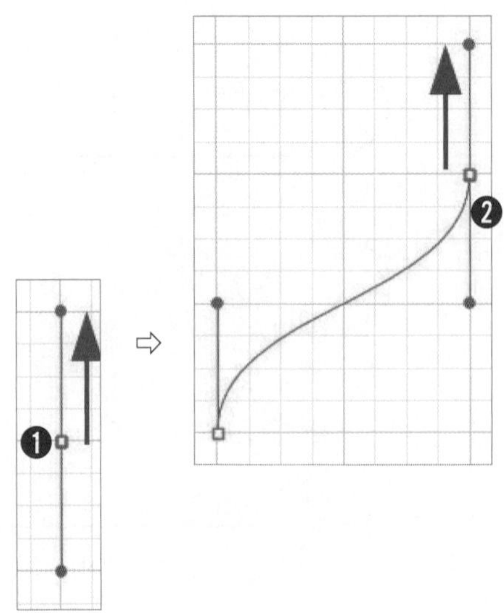

02 Shift를 누른 상태에서 아래 방향으로 끕니다. ⇨ Alt를 누른 상태에서 방금 생성한 포인트를 위로 끕니다.

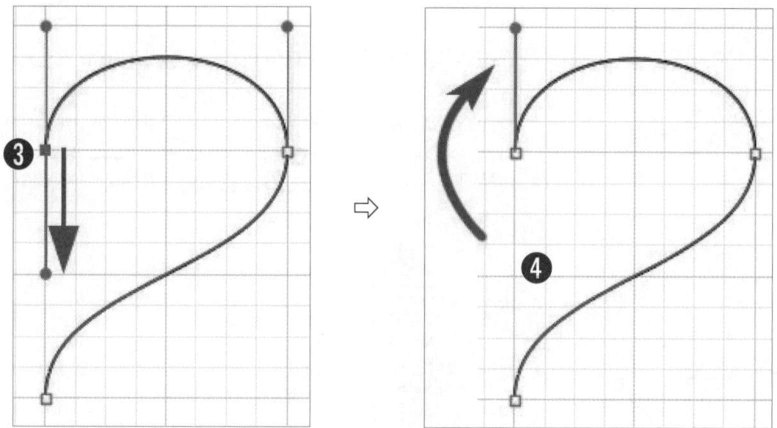

03 Shift를 누른 상태에서 아래 방향으로 끕니다. ⇨ 커서를 첫 번째 지점으로 이동하고 Alt를 누른 상태에서 아래 방향으로 끕니다.

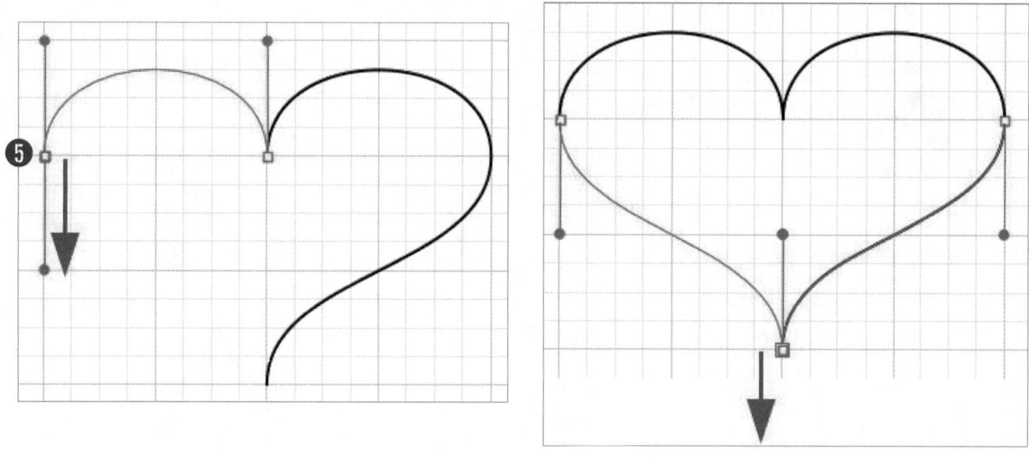

04 선택 툴을 이용하여 너비와 높이의 비율을 잘 조정하여 심미성 높은 하트 모양을 완성합니다.

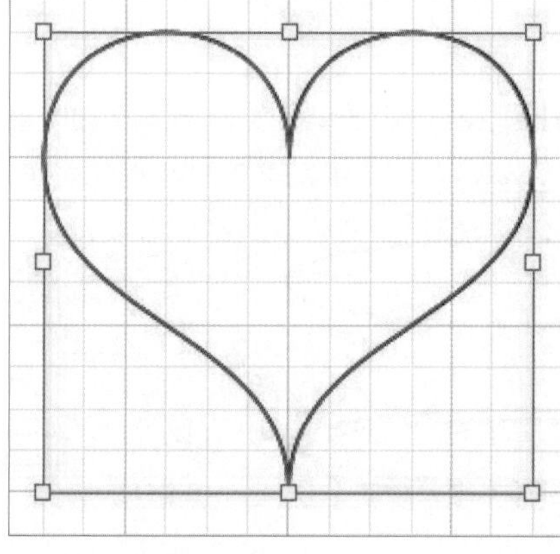

04 | 곡률 툴 연습하기

01 펜 툴을 이용하여 직선으로 말풍선을 그립니다. ⇨ 곡률 툴 Curvature tool 【Shift + ~】을 선택합니다.

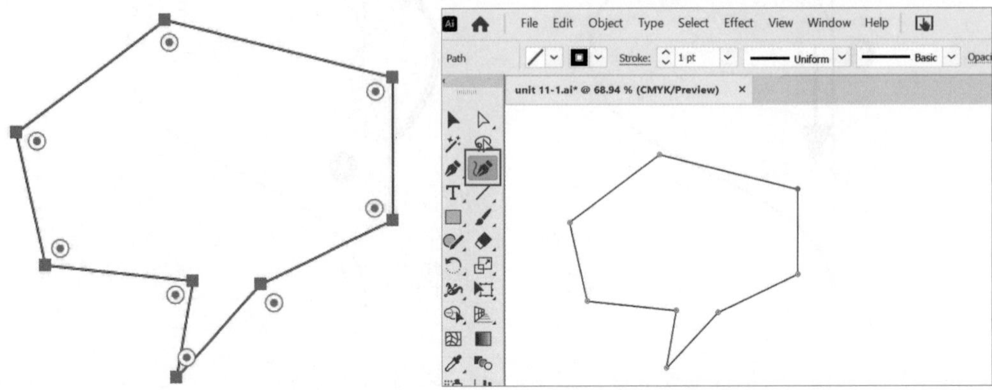

02 곡률 툴 Curvature tool을 이용하여 위로 올리면 곡선이 됩니다.

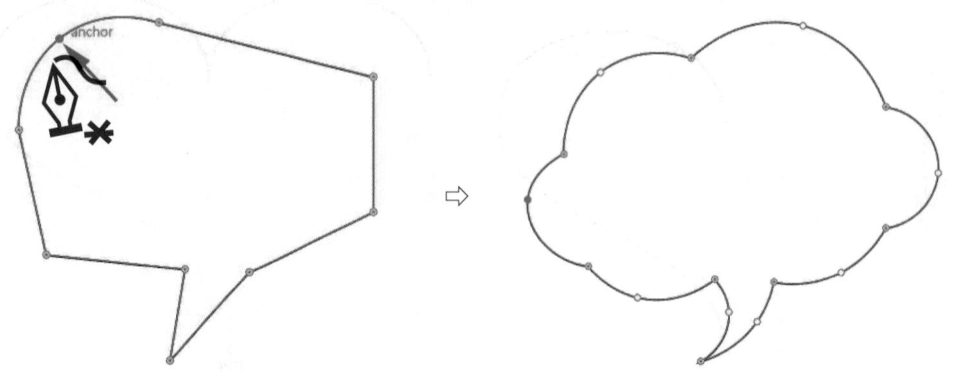

05 | 커피잔 그리기

01 Ellipse tool로 아트보드를 Alt를 누른 채 클릭하여 Stroke Color로 타원(너비 80mm×높이 12mm)을 그립니다. Offset Path를 -2mm 정도로 작은 원을 안쪽으로 만듭니다.

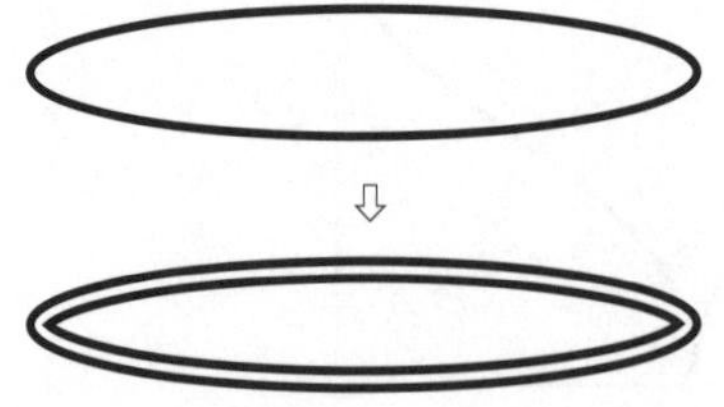

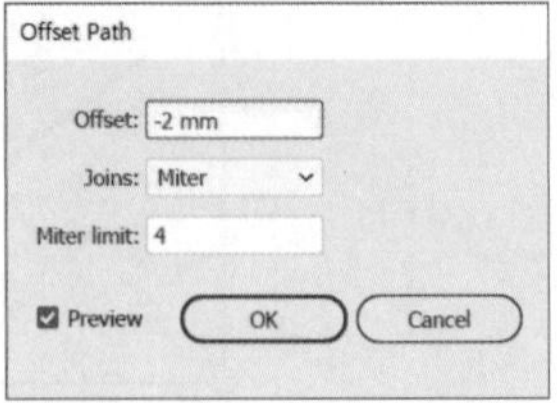

02 가운데 원을 아래로 복사합니다. 가운데 원과 새로 복사한 원만 선택하고 Divide합니다. Direct Selection tool【A】을 이용하여 아래 부분을 삭제합니다.

03 바깥의 큰 원만을 선택하여 아래로 복사하여 내려놓고 크기를 줄입니다. 펜 툴로 옆 부분을 그립니다. 선을 그리다가 마무리할 때는 Enter나 Esc 키를 누릅니다.

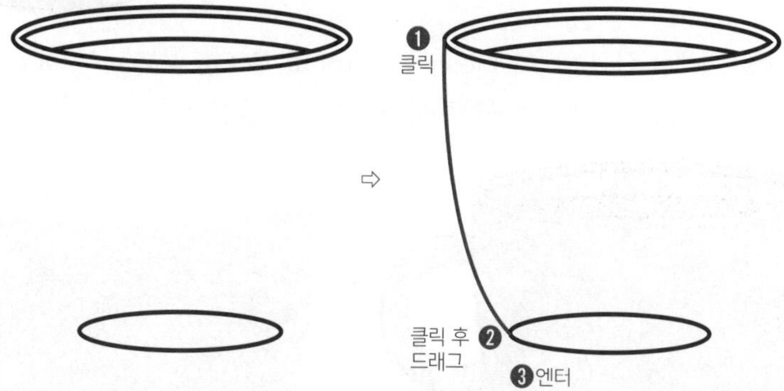

04 오른쪽으로 복사한 후 Reflect tool【O】을 이용하여 좌우를 뒤집어 놓도록 합니다. 전체를 선택한 후 Shape Builder tool【Shift+M】으로 드래그하여 아래의 작은 타원을 합칩니다.

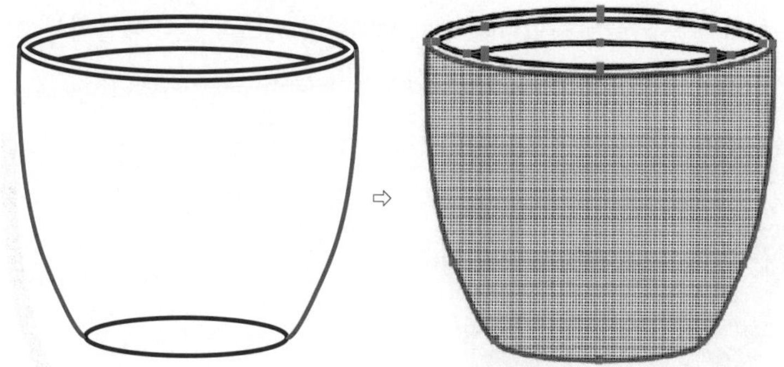

05 손잡이를 그립니다. 전체를 선택한 후 Shape Builder tool【Shift+M】으로 드래그하여 안쪽 면을 합칩니다.

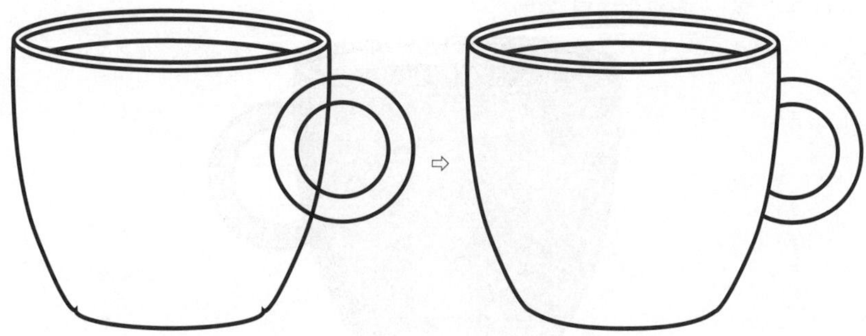

드로잉 & 다양한 기능 살펴보기

06 전체를 선택한 후 Shape Builder tool【Shift+M】으로 툴을 변경한 후 스와치 패널에서 원하는 면 색상을 선택합니다. 드래그하거나 클릭하여 안쪽을 면색으로 채웁니다.

07 가운데 면색과 테두리색을 선택합니다. Object ⇨ Expand ⇨ OK 하고 나서 Object ⇨ UnGroup 합니다. 직접 선택 툴을 사용하여 면색만 복사하여 오른쪽으로 옮깁니다.

08 선택 툴을 이용하여 왼쪽 위로 복사합니다. 전체 선택한 후 패스파인더 패널에서 Minus Front를 선택합니다. 직접 선택 툴로 오른쪽 잘린 부분의 색상을 어두운 색으로 변경합니다.

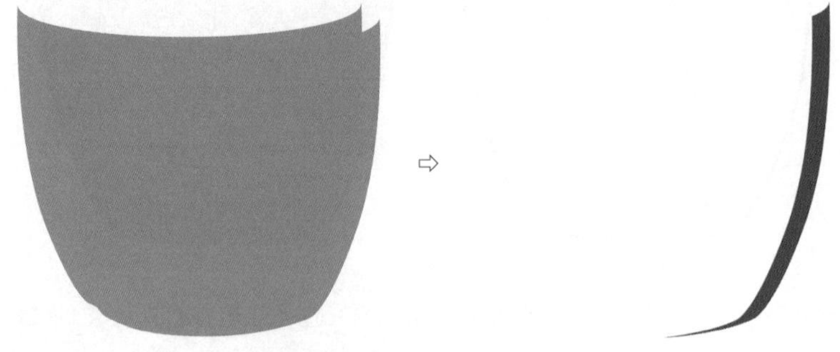

09 어둡게 변경한 오른쪽 그림자 부분을 원위치로 옮깁니다.

TIP

손잡이 부분은 Minus Front로 구멍을 뚫습니다.

10 직접 선택 툴로 가운데 부분을 복사합니다. Object ⇨ Expand ⇨ OK 하고 나서 Object ⇨ UnGroup 합니다. 직접 선택 툴을 사용하여 면색만 복사하여 오른쪽으로 옮깁니다.

Alt를 누르면서 오른쪽으로 복사합니다.
테두리는 삭제하고 면색만 남깁니다.

11 한 개를 위로 복사한 후 전체를 선택한 후에 패스파인더 패널에서 Minus Front를 선택합니다. 직접 선택 툴로 오른쪽 잘린 부분의 색상을 어두운 색으로 변경합니다.

12 나머지 부분을 완성합니다.

드로잉 & 다양한 기능 살펴보기

문자

▶서체를 구성하는 요소

자간
글자 크기 Typography 기준선

- **글자 크기(Font size)** : 글꼴의 크기를 말합니다. 텍스트 컨테이너를 선택한 후 【Shift+Ctrl+ < 또는 >】으로 글꼴의 크기를 변경할 수 있습니다.
- **문자 사이의 자간(Kerning)** : 개별 문자 사이의 공간입니다. 문자 사이에 커서를 위치한 후 【Alt+방향키 ⇦ 또는 ⇨ 】로 간격을 조절할 수 있습니다.
- **전체 단어나 전체 문자의 자간(Tracking)** : 전체 문자 간격을 조절할 수 있습니다. 조절할 문자의 전체를 블록 설정한 후 【Alt+방향키 ⇦ 또는 ⇨】로 간격을 조절할 수 있습니다.
- **행간(Leading)** : 텍스트 줄 사이의 공간을 말합니다. 조절할 줄 사이를 블록 설정한 후 【Alt+방향키 ⇧ 또는 ⇩】로 줄 간격을 조절할 수 있습니다.

▶서체의 종류

- 서체는 Serif, Sans-serif, Script 및 Decorative(장식) 네 가지 유형이 있습니다.

01 **Serif** : 글자의 시작과 끝부분에 나타나는 작은 돌기 모양이 있는 서체를 말합니다.

Time New Roman

02 **Sans-serif** : 세리프가 없는 서체를 말합니다.

Adobe 고딕 Std

03 **Script** : 우아하거나 예술적인 표현이 필요한 디자인에 많이 활용합니다.

Script MT Bold

04 **Decorative** : 장식 글꼴을 말합니다.

ROSEWOOD STD

▶도구 분리하기

• 도구를 길게 누른 다음 오른쪽 끝부분의 화살표(Tear off)를 클릭하여 도구를 분리합니다.

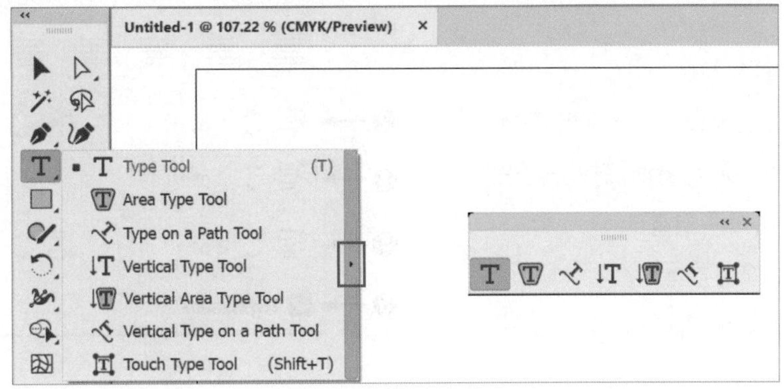

▶캐릭터 패널

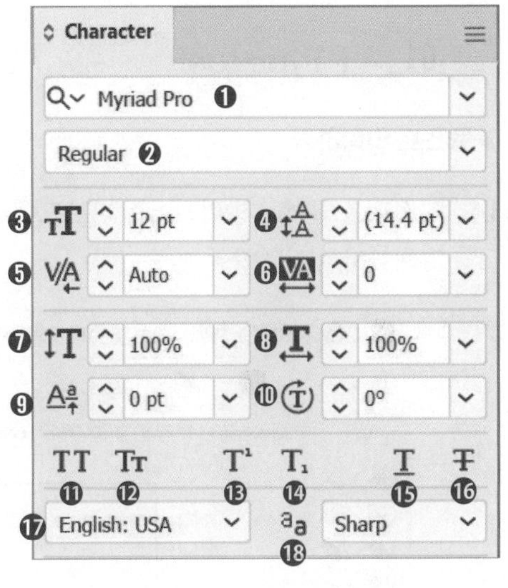

❶ Font : 글꼴을 선택합니다.
❷ Font Style : 글꼴 스타일을 선택합니다.
❸ Font Size : 폰트의 크기를 변경합니다.
❹ Leading : 텍스트 줄 사이의 간격을 설정합니다.
❺ Kerning : 두 문자 사이의 간격을 변경합니다.
❻ Tracking : 블록 설정하여 선택한 글자 전체의 간격을 변경합니다.
❼ Vertical Scale : 문자를 세로로 늘리거나 줄입니다.
❽ Horizontal Scale : 문자를 가로로 늘리거나 줄입니다.
❾ Baseline Shift : 기준선을 이동하여 문자를 기준선 위 또는 아래로 이동합니다.
❿ Rotation : 선택한 문자를 회전합니다.
⓫ All Caps : 모든 텍스트를 대문자 크기의 대문자로 표시합니다.
⓬ Small Caps : 모든 텍스트를 소문자 크기의 대문자로 표시합니다.
⓭ Superscript : 윗 첨자
⓮ Subscript : 아래 첨자
⓯ Underline : 밑줄
⓰ Strikethrough : 취소선
⓱ Hyphenation language for the current document : 목록에서 언어를 선택하여 자동으로 하이픈을 넣을 수 있습니다.
⓲ Anti-Aliasing Method : 개체에 나타나는 톱니 모양을 제거할 수 있는 방법입니다. 가장자리가 부드럽게 보이는 방식으로 이미지가 자연스럽게 보이도록 할 수 있습니다.

▶문단 패널

❶ Alignment and Justification : 정렬 및 양쪽 정렬
❷ Left Indent : 왼쪽 들여쓰기
❸ First Line Left Indent : 첫 행 왼쪽 들여쓰기
❹ Space Before Paragraph : 단락 앞 공백
❺ Hyphenate : 하이픈 연결
❻ Right Indent : 오른쪽 들여쓰기
❼ Space After Paragraph : 단락 뒤 공백

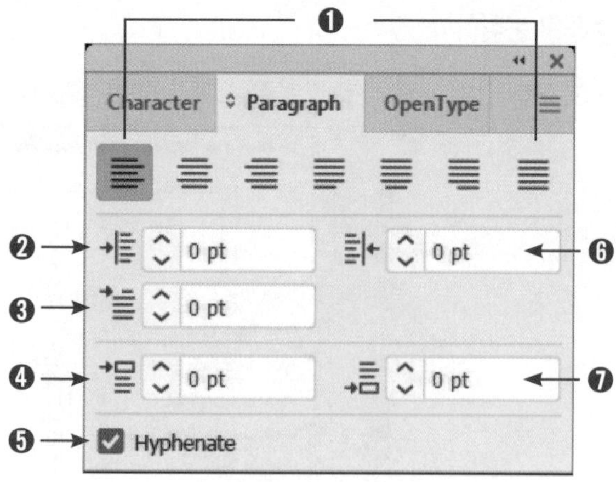

01 | Type tool

▶텍스트 입력하기

01 텍스트를 입력하기 위해서는 키보드에서 단축키 【T】를 선택한 상태에서 아트보드를 클릭하거나 또는 드래그하여 입력할 수 있습니다.

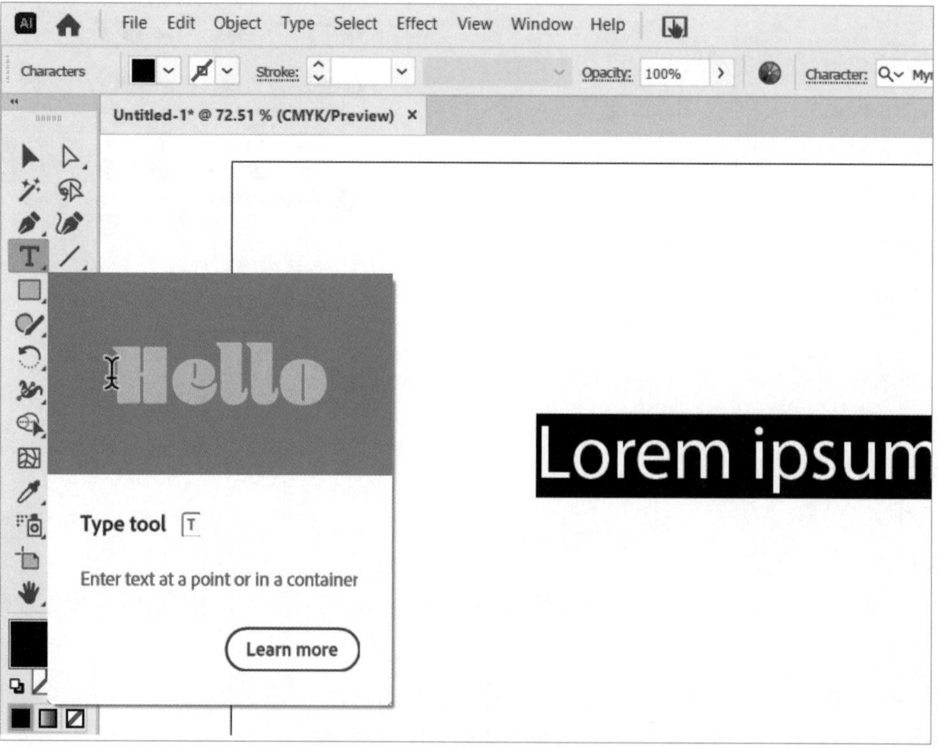

02 Fill new type objects with placeholder text (자리 표시자 텍스트로 새 유형 개체 채우기)

새 텍스트 상자를 만들 때 자동으로 lorem ipsum으로 채워집니다. 이는 오류가 아니며 비활성화하는 경우 자동으로 채워지지 않습니다.

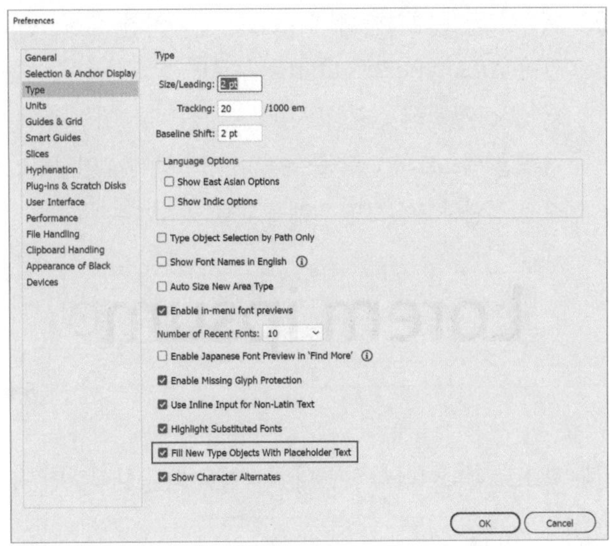

▶텍스트 컨테이너의 크기 조절하기

01 마우스를 클릭한 후 입력하면 Point type이 표시됩니다. 오른쪽에 있는 위젯을 보면 점이 비어 있는 경우 Point type으로 Shift를 누르면서 크기를 줄이는 경우 비율에 맞게 텍스트가 작아집니다. 바운딩 박스를 보이게 하거나 숨기고 싶은 경우 View ⇨ Show/Hide Bounding Box【Ctrl+Shift+B】에서 선택할 수 있습니다.

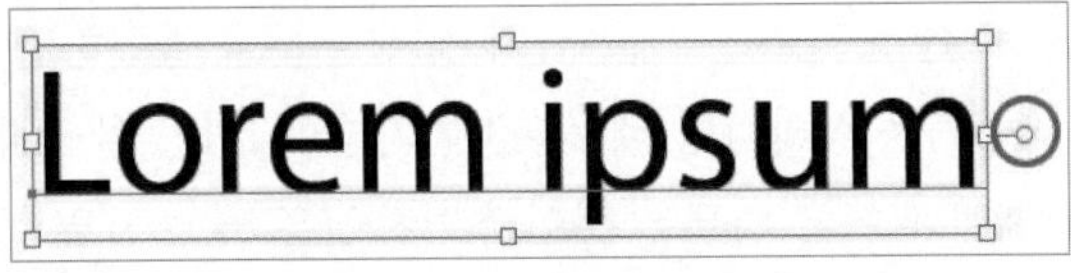

⇨

Shift를 누르면서 텍스트의 크기를 줄여봅니다

02 Type ⇨ Convert to Area type을 선택하여 Area type으로 전환할 수 있습니다. 또는 위젯을 더블 클릭합니다.

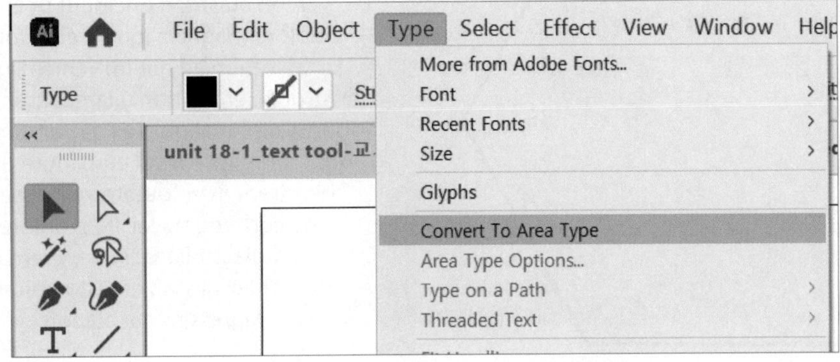

드로잉 & 다양한 기능 살펴보기

03 마우스를 드래그한 후 텍스트를 입력하면 Area type(영역 유형)이 표시됩니다. 점이 파란색인 위젯은 Area type으로 Shift를 누르면서 크기를 줄이는 경우 컨테이너의 크기만 줄어들고 Overflow symbol(빨간색 심볼 표시)가 표시됩니다. 이는 컨테이너보다 텍스트가 많을 경우 표시됩니다. 영역 유형은 텍스트의 단락 블록이나 여러 상자에 연결하려는 텍스트에 가장 적합합니다. 만약 Point type으로 전환하고 싶으면 위젯을 더블 클릭합니다.

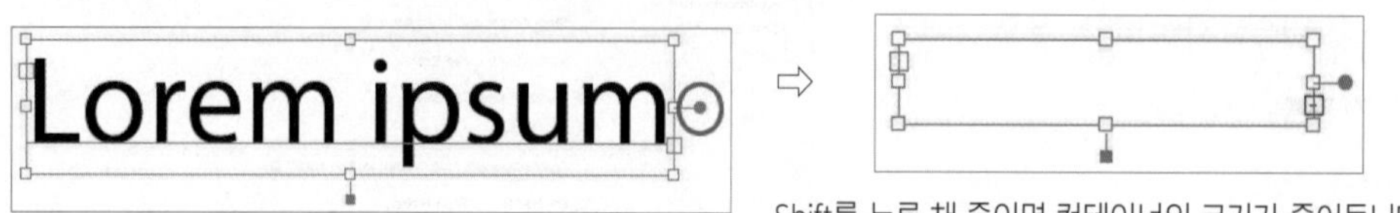

Shift를 누른 채 줄이면 컨테이너의 크기가 줄어듭니다.

04 텍스트 컨테이너의 하단에 사각형을 더블 클릭하면 텍스트 상자가 내용으로 Autosize가 됩니다.

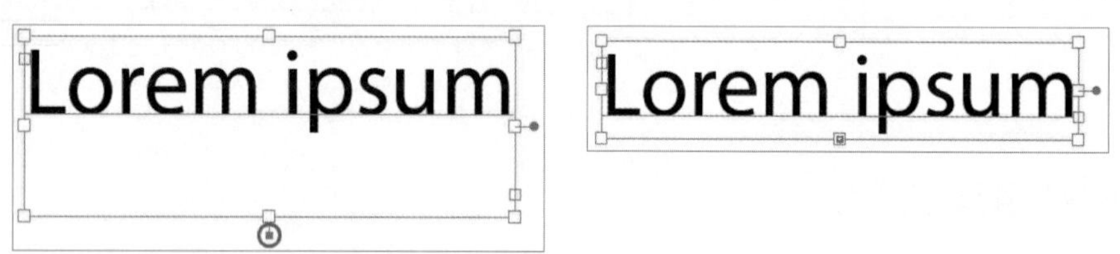

02 | Area type tool

01 다각형 툴을 이용하여 육각형을 그립니다. ⇨ Area type tool로 테두리의 경계 부분을 클릭하면 도형에 텍스트를 삽입할 수 있습니다. (대부분의 텍스트는 직사각형 테두리 내에 설정되지만 불규칙한 경계안에 텍스트를 넣고 싶거나 또는 텍스트 상자 내에 열을 나누는 등의 추가작업을 하고 싶을 경우 Area type tool을 사용합니다.)

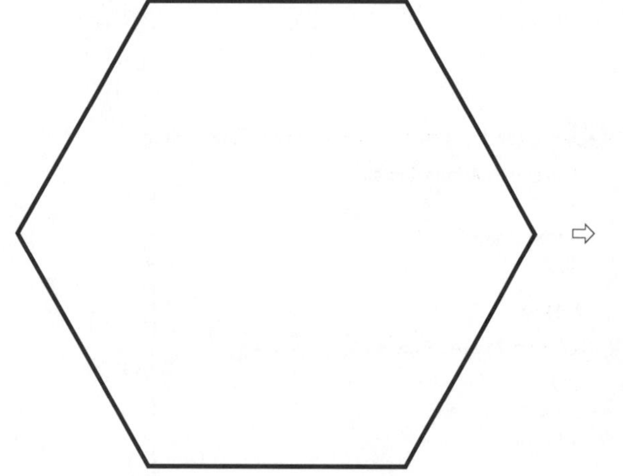

⇨

Lorem ipsum dolor sit
amet, consectetuer adip-
iscing elit, sed diam nonummy
nibh euismod tincidunt ut laoreet
dolore magna aliquam erat volutpat.
Ut wisi enim ad minim veniam, quis
nostrud exerci tation ullamcorper suscipit
lobortis nisl ut aliquip ex ea commodo conse-
quat. Duis autem vel eum iriure dolor in
hendrerit in vulputate velit esse moles-
tie consequat, vel illum dolore eu
feugiat nulla facilisis at vero eros
et accumsan et iusto odio
dignissim qui blandit

▶Area type options(영역 문자 옵션) 살펴보기

01 Type tool을 드래그하여 아래처럼 텍스트 상자를 만든 후 Type ⇨ Area type options을 선택합니다.

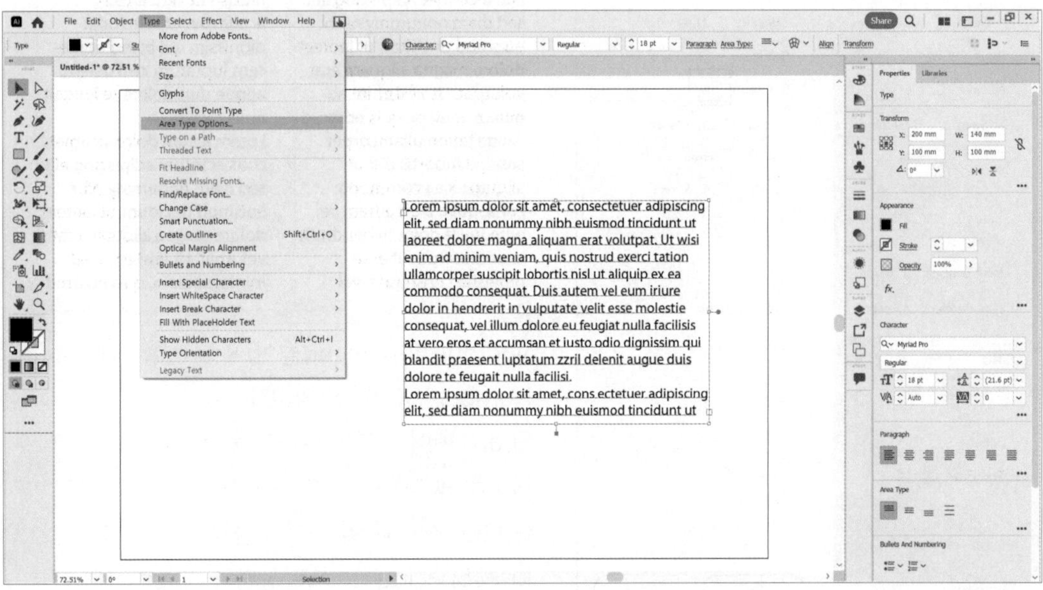

02 Area type options ⇨ Row(행)를 2로 변경합니다.

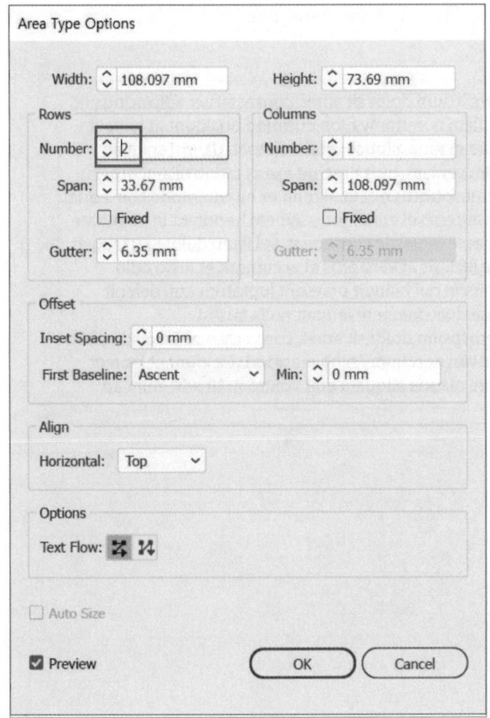

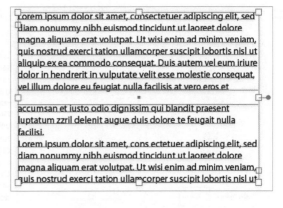

03 Area type options ⇨ Columns을 2로 변경합니다.

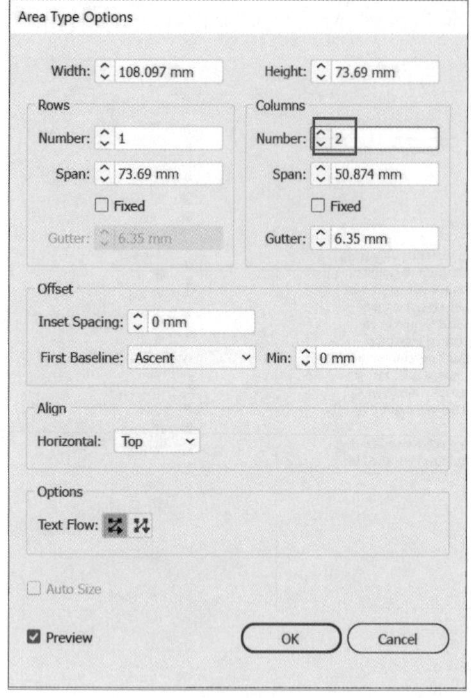

Width(너비), Height(높이) Row(행), Column(열)

Number : 행이나 열의 갯수

Span : 행이나 열의 너비와 높이

Fixed : 행과 열의 범위를 고정

Gutter : 행이나 열 사이의 간격

Inset Spacing : 텍스트 상자와 텍스트 간의 간격

First Baseline : 첫 번째 줄을 표시할 위치

Align : 정렬

Text Flow : 텍스트 흐름

04 Area type options ⇨ Offset 항목의 Inset Spacing을 3mm로 변경합니다.

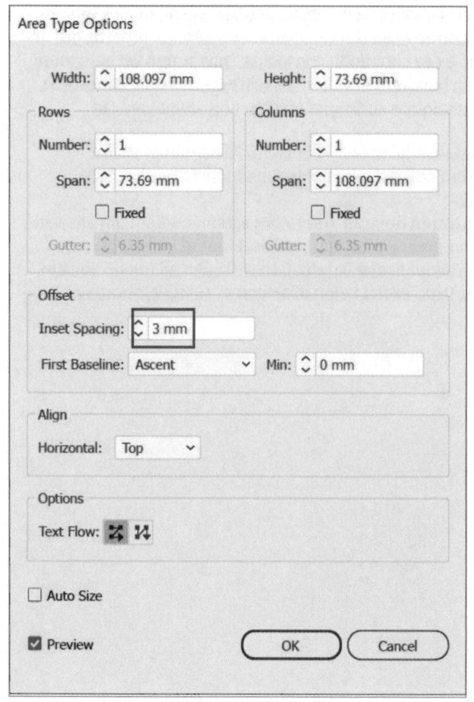

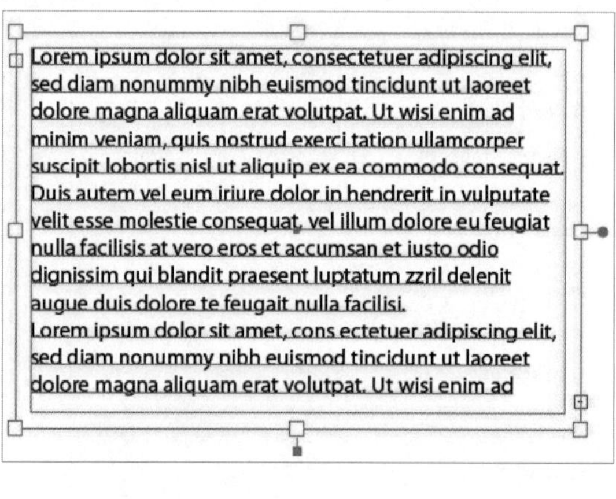

03 | Type on a path tool

▶텍스트를 패스에 입력하기

01 정원을 그린 후 Paragraph 패널【Ctrl+T】을 꺼낸 후 Align Center를 선택합니다.

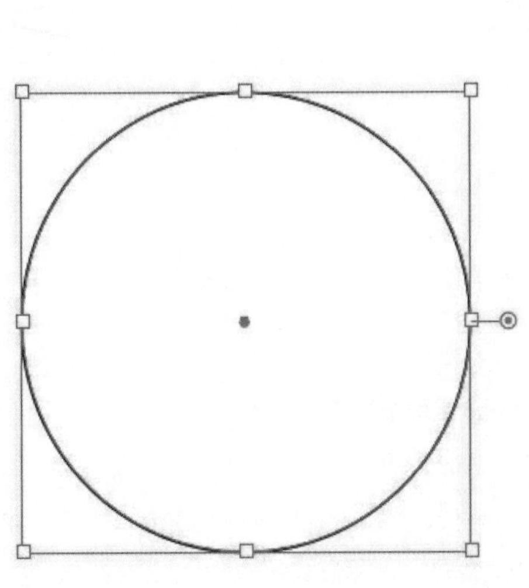

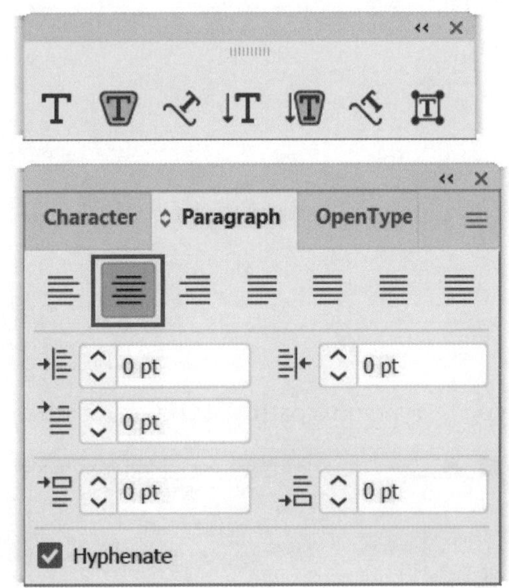

02 Type on a path tool을 선택합니다.

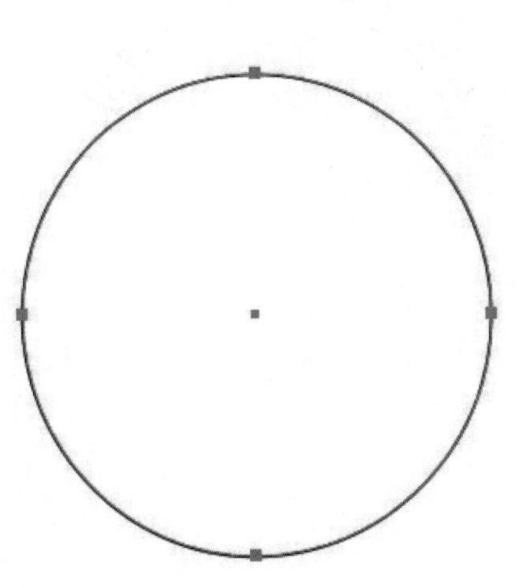

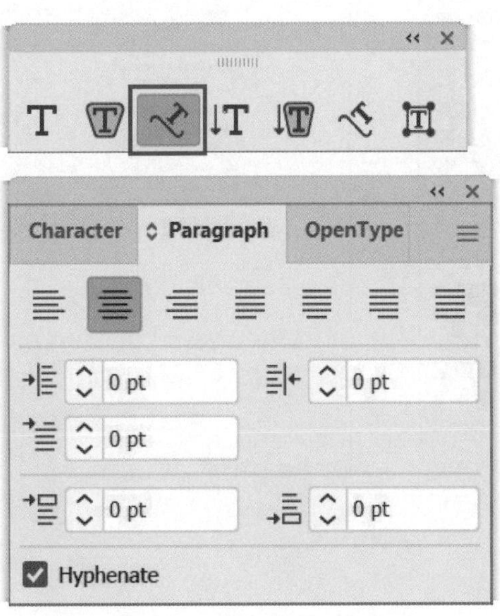

03 패스의 아래 부분을 클릭하면 반대편 위쪽에 커서가 보이게 됩니다. 아래처럼 텍스트를 입력합니다.

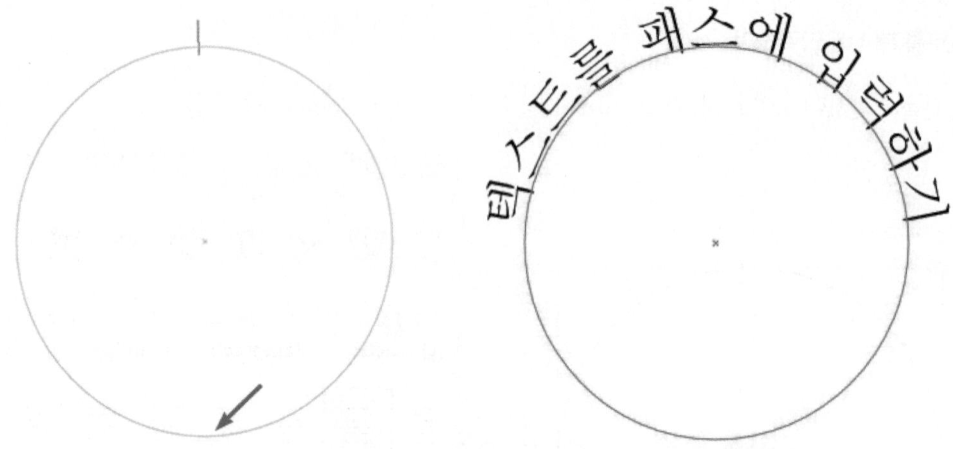

04 Type ⇨ Type on a path ⇨ Type on a path options을 클릭합니다.

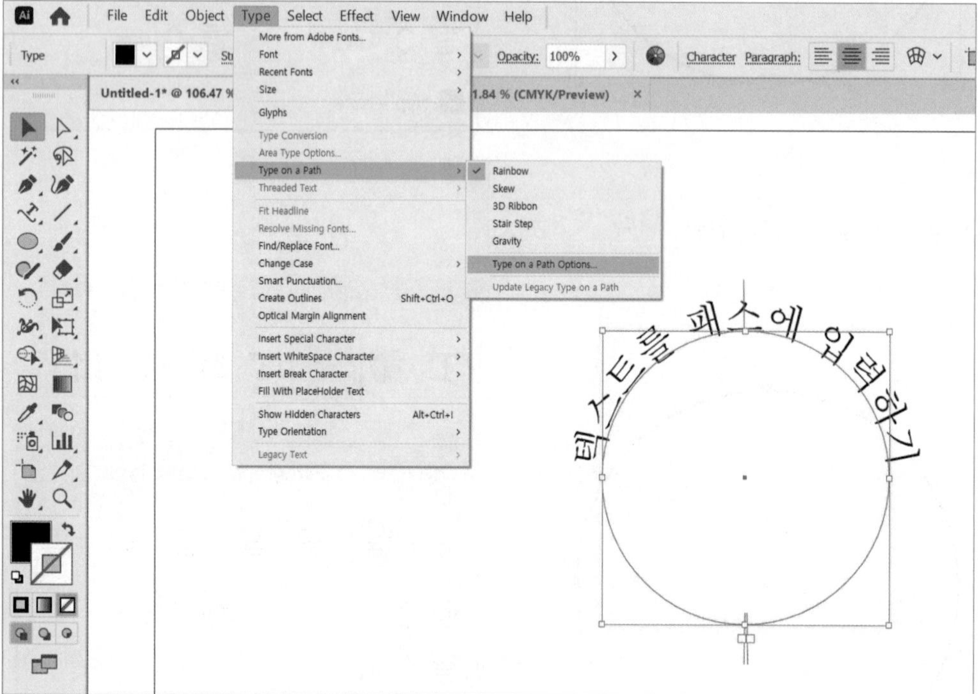

05 Effect ⇨ Rainbow를 선택합니다. 텍스트에 무지개처럼 보이는 효과가 적용됩니다. 효과 설정은 경로를 기준으로 텍스트 방향을 제어합니다.

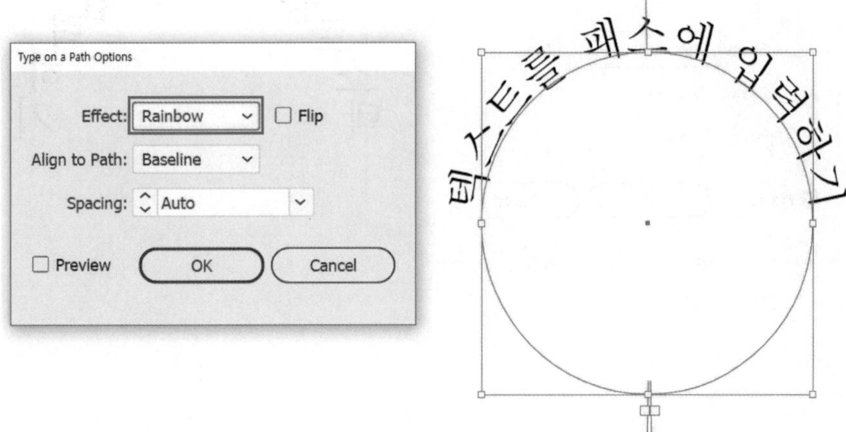

06 Skew(비스듬한)

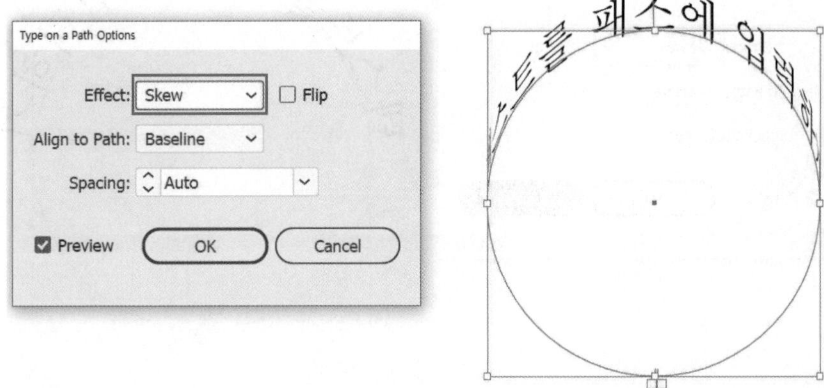

07 3D Ribbon

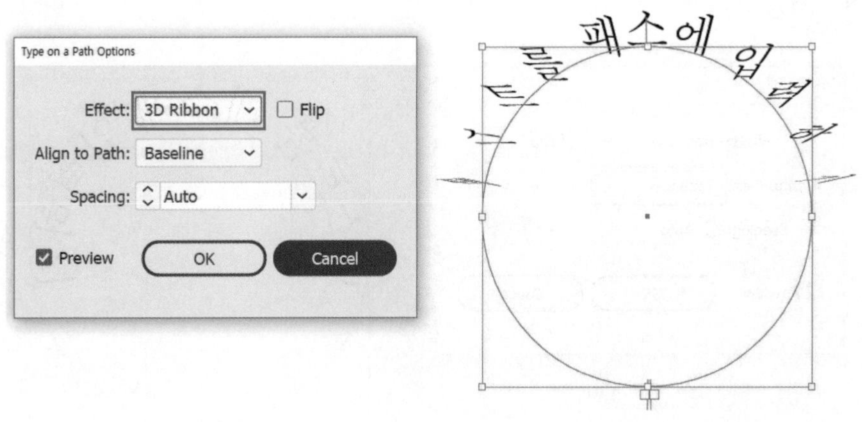

08 Stair Step (계단)

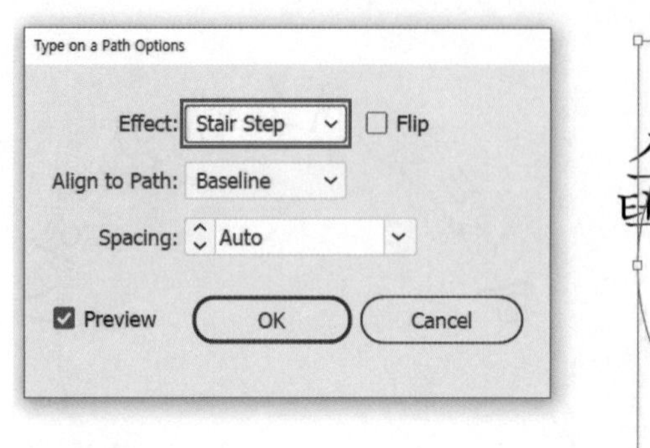

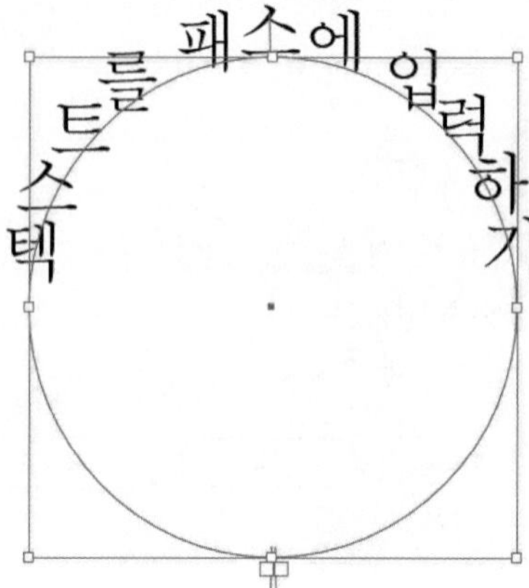

09 Gravity (중력)

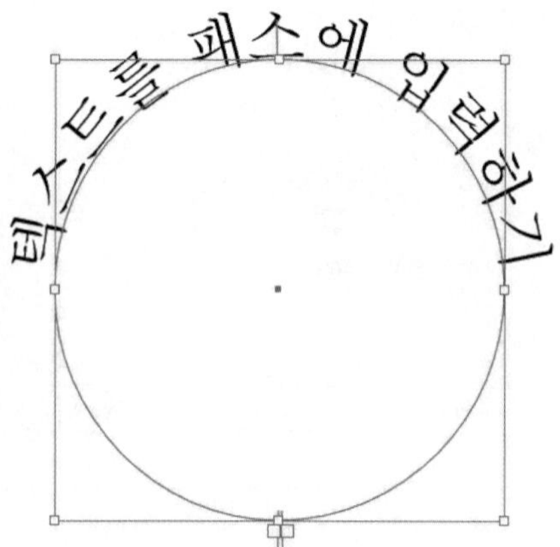

10 Align to Path 설정은 텍스트가 경로에 닿는지를 결정합니다. Ascender(글꼴의 위쪽 가장자리를 따라 정렬합니다.)

11 Descender(글꼴의 아래쪽 가장자리를 따라 정렬합니다.)

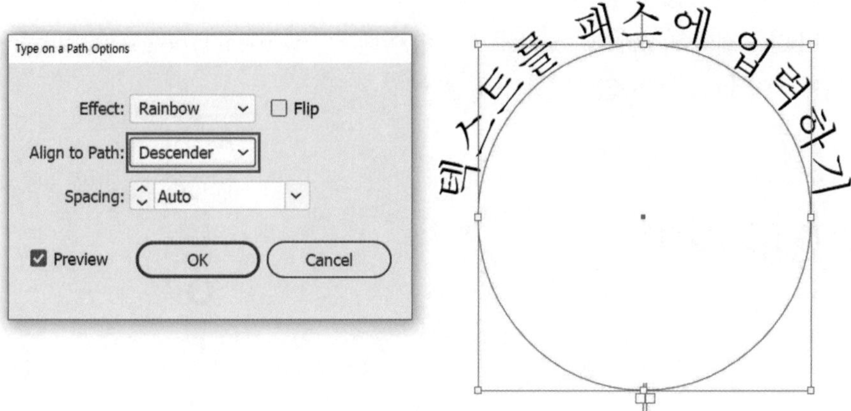

12 Center(글꼴의 어센더와 디센더 사이의 중간 지점을 따라 정렬합니다.)

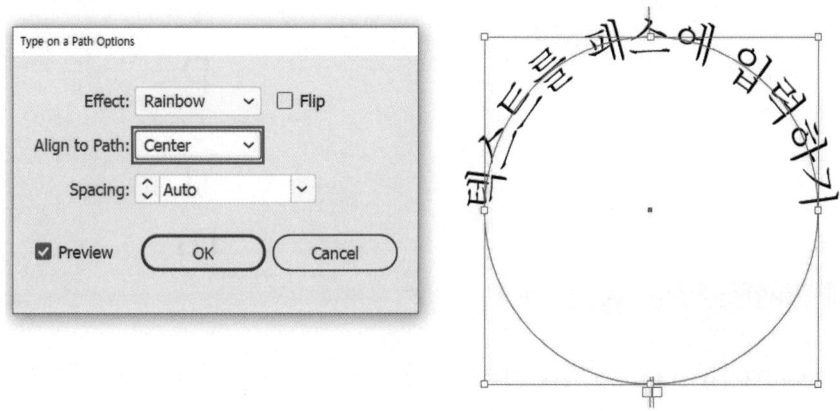

13 Baseline(기준선을 따라 정렬합니다. 이것이 기본 설정입니다.)

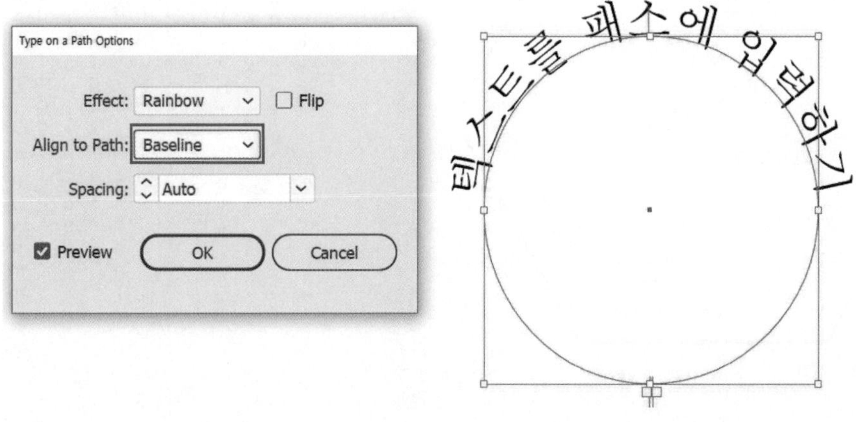

04 | Vertical type tool

01 Type tool【T】을 선택한 상태에서 Shift를 누르면 아래처럼 Vertical type tool(수직 문자 도구)로 변경하여 위에서 아래로 텍스트를 입력할 수 있습니다.

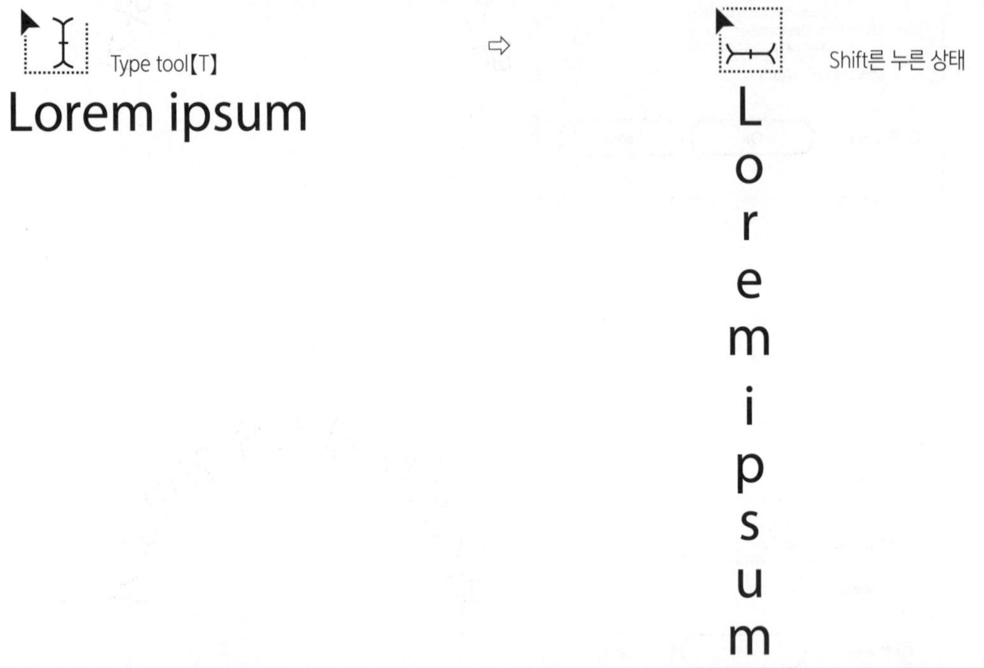

05 | Vertical area type tool

01 Vertical area type tool(수직 영역 도구)로 변경하여 위에서 아래로 텍스트를 입력할 수 있습니다.

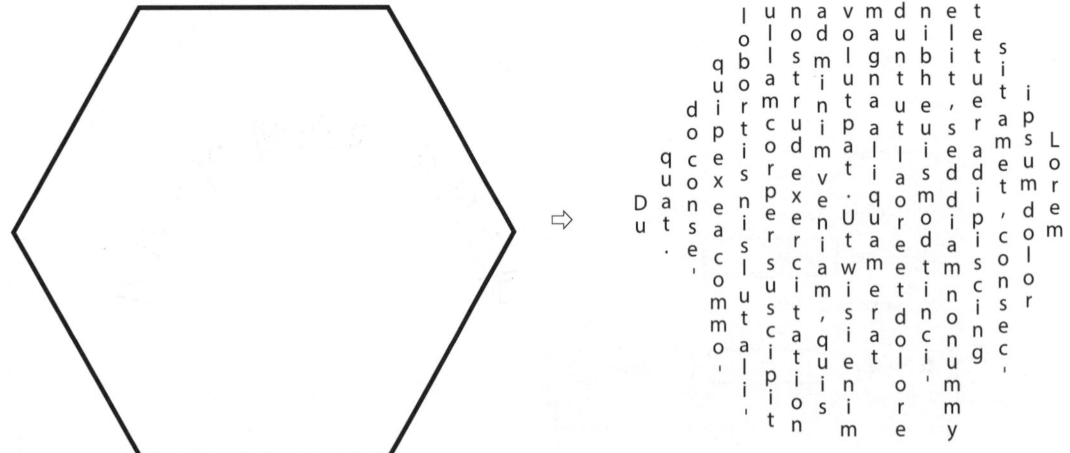

06 | Vertical type on a path tool

01 수직으로 텍스트를 입력할 수 있습니다.

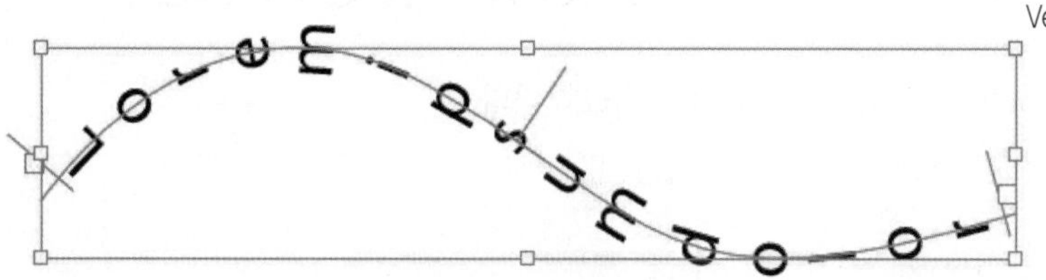

Vertical Type on a Path Tool

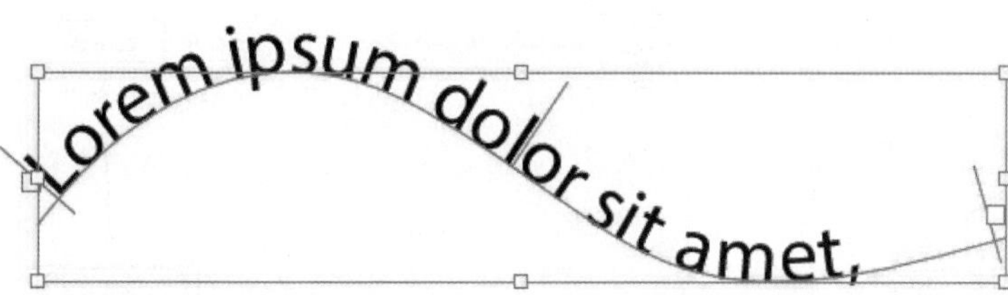

Type on a Path Tool

07 | Touch type tool

01 Touch type tool 【Shift+T】 문자를 더블 클릭하여 편집할 수 있습니다. 글꼴을 이동, 크기 조정, 회전을 할 수 있습니다.

포토샵팩토리

· 서체 정렬하기

Lorem ipsum dolor sit amet, consectetuer adipiscing elit, sed diam nonummy nibh euismod tincidunt ut laoreet dolore magna aliquam erat volutpat. Ut wisi enim ad minim veniam, quis nostrud exerci tation ullamcorper suscipit lobortis nisl ut aliquip ex ea commodo consequat. Duis autem vel eum iriure dolor in hendrerit in vulputate velit esse molestie consequat, vel illum dolore eu feugiat nulla facilisis at vero eros et accumsan et iusto odio dignissim qui blandit praesent luptatum zzril delenit augue duis dolore te feugait nulla

왼쪽 정렬
【Shift + Ctrl + L】

Lorem ipsum dolor sit amet, consectetuer adipiscing elit, sed diam nonummy nibh euismod tincidunt ut laoreet dolore magna aliquam erat volutpat. Ut wisi enim ad minim veniam, quis nostrud exerci tation ullamcorper suscipit lobortis nisl ut aliquip ex ea commodo consequat. Duis autem vel eum iriure dolor in hendrerit in vulputate velit esse molestie consequat, vel illum dolore eu feugiat nulla facilisis at vero eros et accumsan et iusto odio dignissim qui blandit praesent luptatum zzril delenit augue duis dolore te feugait nulla

가운데 정렬
【Shift + Ctrl + C】

Lorem ipsum dolor sit amet, consectetuer adipiscing elit, sed diam nonummy nibh euismod tincidunt ut laoreet dolore magna aliquam erat volutpat. Ut wisi enim ad minim veniam, quis nostrud exerci tation ullamcorper suscipit lobortis nisl ut aliquip ex ea commodo consequat. Duis autem vel eum iriure dolor in hendrerit in vulputate velit esse molestie consequat, vel illum dolore eu feugiat nulla facilisis at vero eros et accumsan et iusto odio dignissim qui blandit praesent luptatum zzril delenit augue duis dolore te feugait nulla

오른쪽 정렬
【Shift + Ctrl + R】

▶오타 찾고 수정하기

01 반드시 새 문서를 만든 후에 Hoq are you? 라고 입력합니다.

Hoq are you? ⇨ How are you?

02 Edit ⇨ Spelling ⇨ Check Spelling【Ctrl+i】스펠링을 체크합니다.

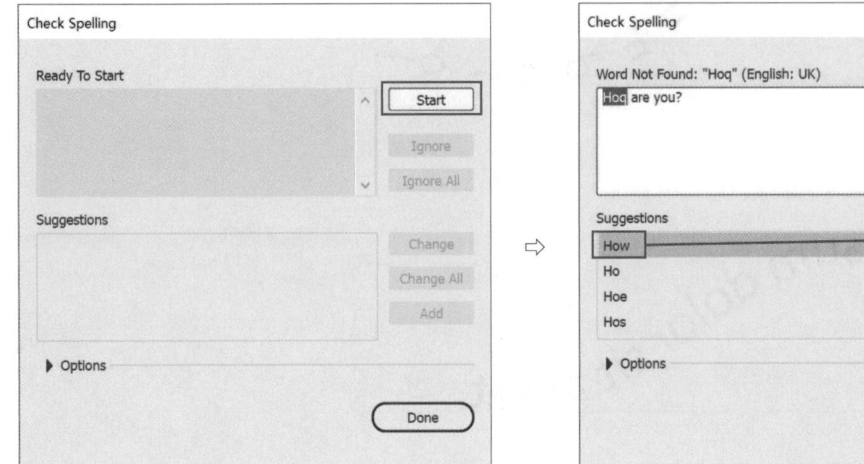

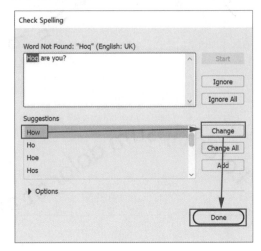

▶다양한 문자 표현하기

아래처럼 텍스트를 입력한 후 다양한 문자 표현을 알아봅니다. 여러 개를 복사합니다.

01 첫 번째 텍스트는 텍스트에 윤곽선을 만듭니다. Type ⇨ Create Outline【Shift+Ctrl+O】

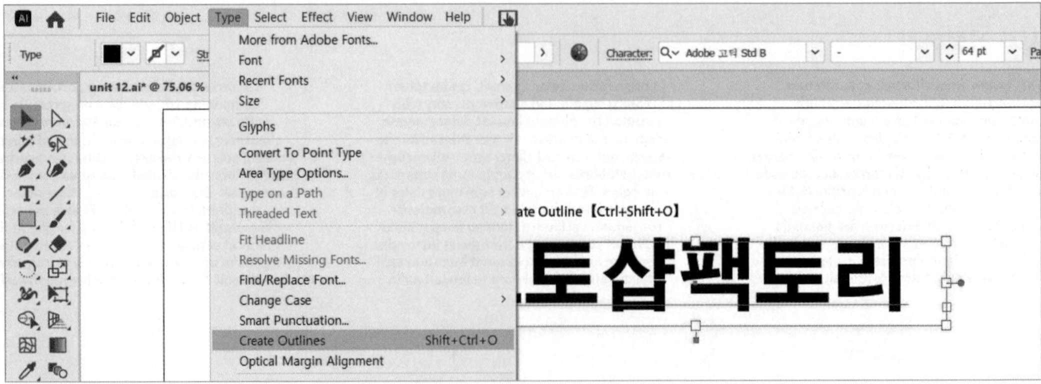

02 두 번째 텍스트를 선택하고 메쉬 개체를 만든 후 Lasso tool【Q】로 포인트를 드래그하여 선택한 후 아래로 내립니다. Object ⇨ Envelope Distort ⇨ Make with Mesh【Alt+Ctrl+M】

포토샵팩토리 ⇨ 

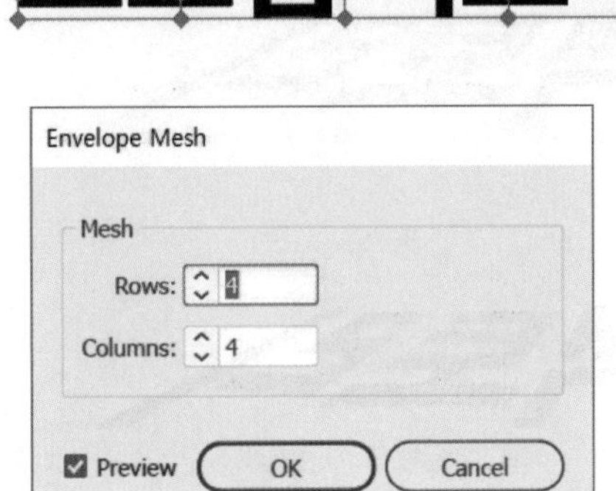

⇩

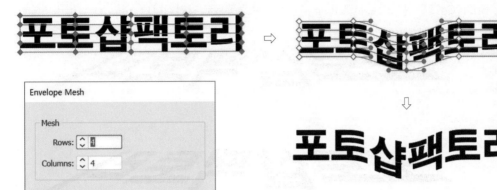

포토샵팩토리

03 세 번째 텍스트는 아래의 예시처럼 다양한 형태로 문자를 왜곡할 수 있습니다.

Object ⇨ Envelope Distort ⇨ Make with Warp【Alt+Shift+Ctrl+W】

Arc(둥근 원호)

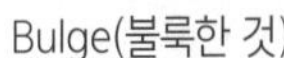

Bulge(불룩한 것)

Flag(깃발)

Inflate(부풀리다)

Squeeze(눌러 축소)

Fish(물고기)

포토샵팩토리

04 네 번째 텍스트는 먼저 글자의 윤곽선을 만듭니다. Type ⇨ Create Outline 【Shift+Ctrl+O】 ⇨ Free Transform 【E】 자유 변형을 선택한 후에 ⇨ 오른쪽 밑 모서리를 마우스로 클릭한 상태에서 ⇨ 【Alt+Shift+Ctrl】를 왼손으로 누르고 ⇨ 마우스를 오른쪽으로 당깁니다.

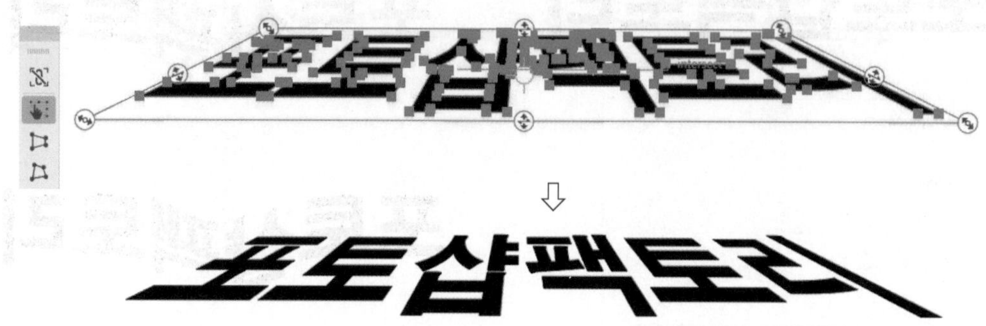

05 다섯 번째 텍스트는 먼저 텍스트의 색상(C=50 M=0 Y=100 K=0)을 변경합니다.

06 Effect ⇨ 3D and Materials ⇨ Extrude & Bevel를 적용하면 아래처럼 입체 글자로 만들어집니다.

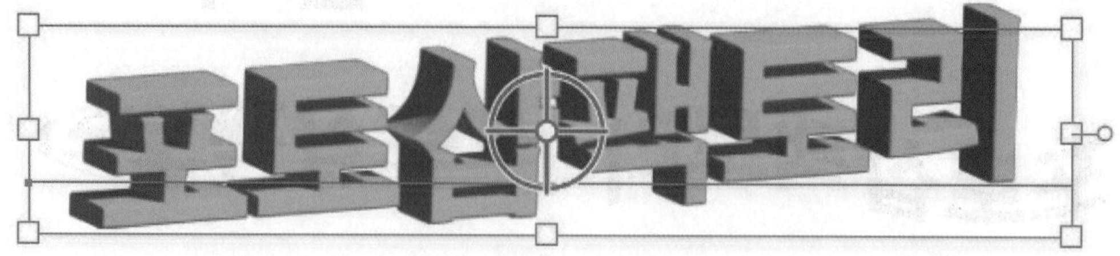

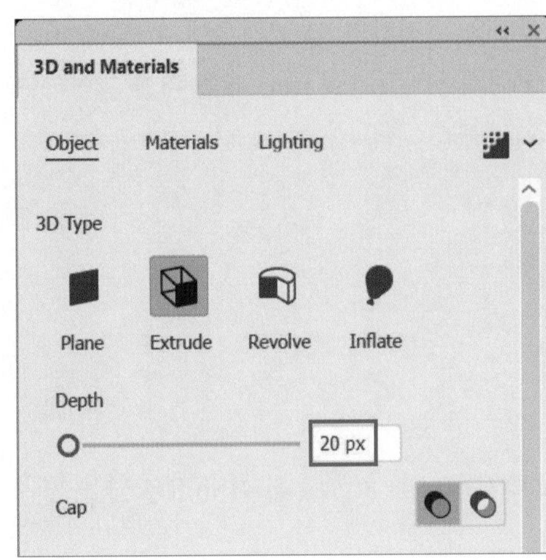

07 아래처럼 내용을 변경합니다.

- Object : 물체
- Materials : 재료
- Lighting : 조명
- 3D Type
  - Plane(평평한 면) : 개체를 평평하게 합니다.
  - Extrude(돌출) : 두께를 만듭니다.
  - Revolve(회전) : 원형 방향으로 경로를 부드러운 곡선으로 만듭니다.
  - Inflate(팽창) : 평평한 물체를 부풀립니다.
- Depth : 개체의 깊이를 0에서 2000까지 설정합니다.
- Cap : 객체가 단색으로 표시되는지 또는 속이 비어 있는지 여부를 지정합니다.

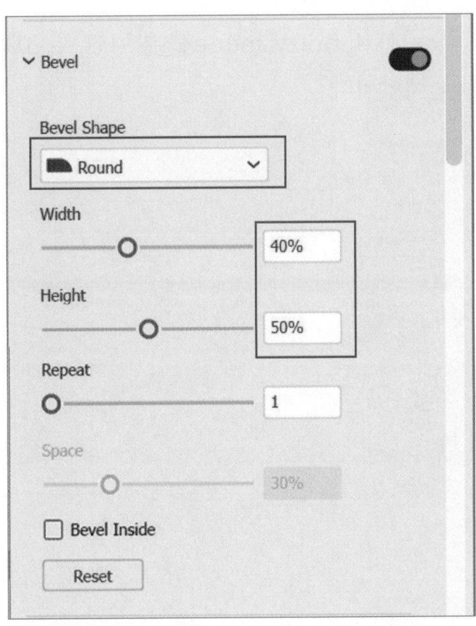

- Bevel : 경사진 가장자리의 형태를 말합니다.

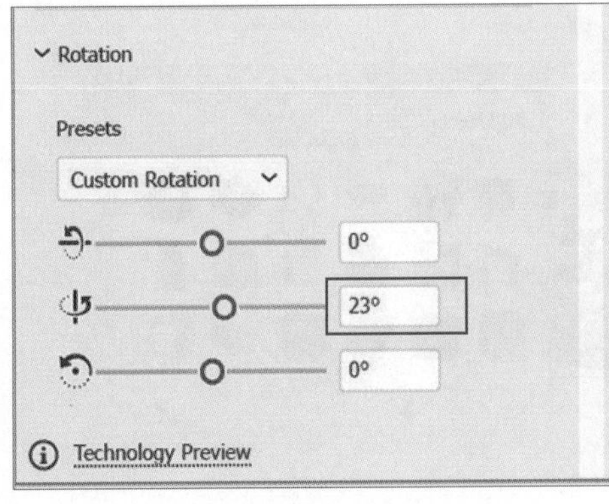

- Rotation
- Preset : 방향, 축 및 등각투영을 기반으로 회전하여 사전 설정을 적용합니다.
  - Vertical rotation : 개체를 -180°에서 180°까지 수직으로 회전합니다.
  - Horizontal rotation : 개체를 -180°에서 180°까지 수평으로 회전합니다.
  - Circular rotation : -180°에서 180°까지 원을 그리며 개체를 회전합니다.

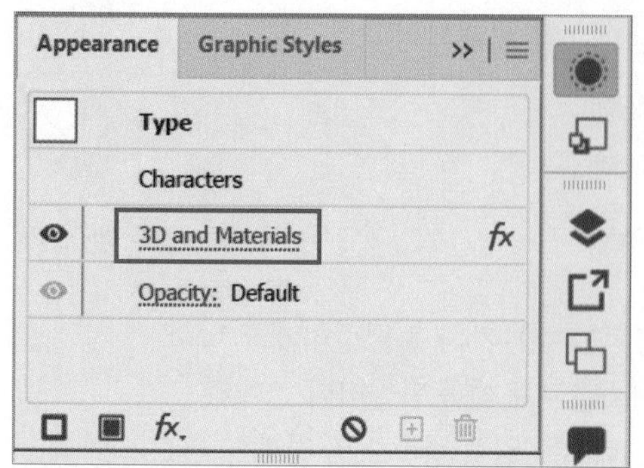

만약 위의 설정을 수정하고 싶을 경우엔 Appearance 패널【Shift+F6】의 3D and Materials을 더블 클릭하여 변경할 수 있습니다.

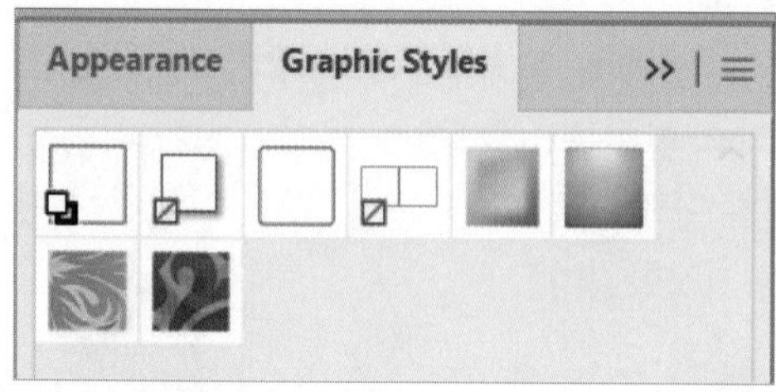

08 Window ⇨ Graphic Styles 패널【Shift+F5】을 꺼냅니다.

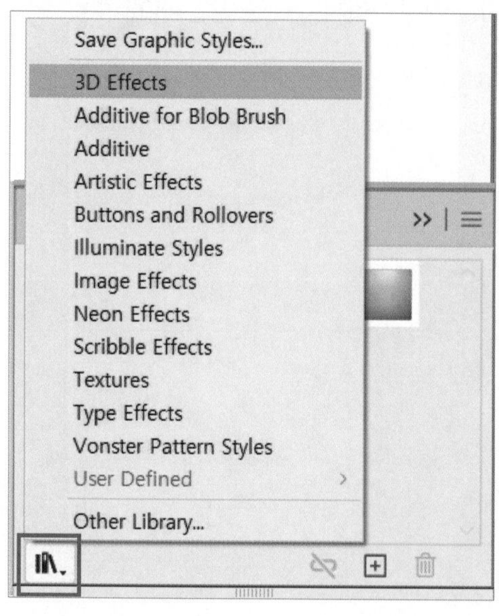

09 Graphic Styles Library menu를 클릭한 후 3D Effects를 선택합니다.

10 두 번째 3D Effect 2를 선택합니다.

▶ 입체 문자 표현하기

01 Rounded rectangle tool을 선택하고 적절한 크기로 그립니다.

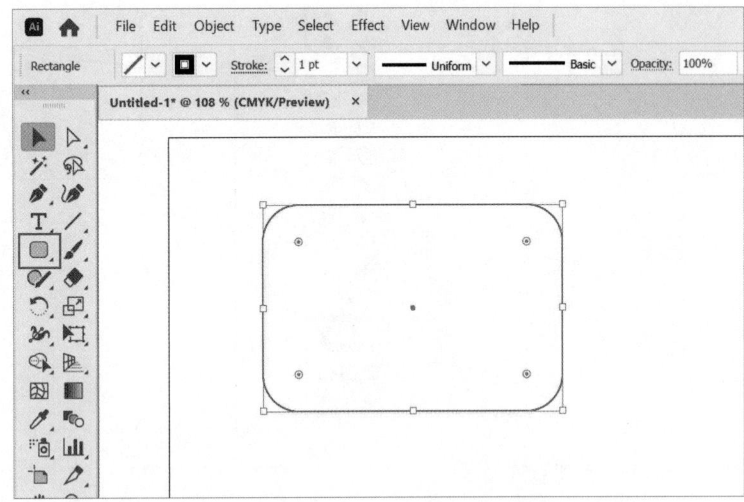

02 Pen tool【P】을 이용하여 중간 부분에 선을 그립니다.

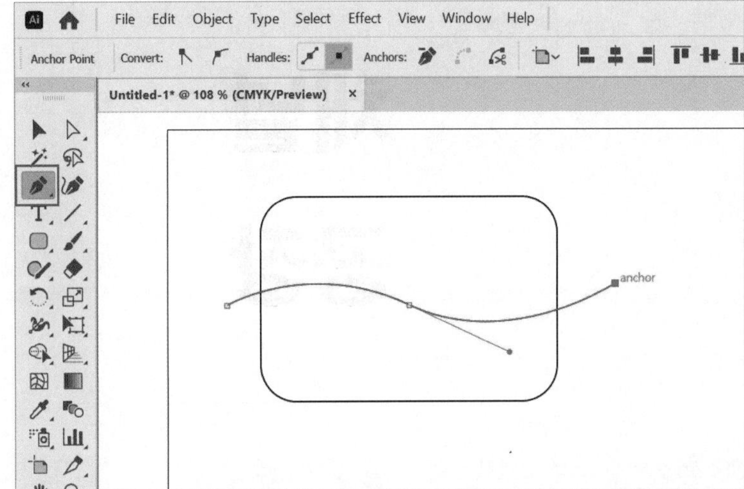

03 전체를 선택한 후 Pathfinder 패널에서 Divide 합니다.

04 분리된 오브젝트를 선택하고 마우스 오른쪽 버튼을 눌러 UnGroup합니다.

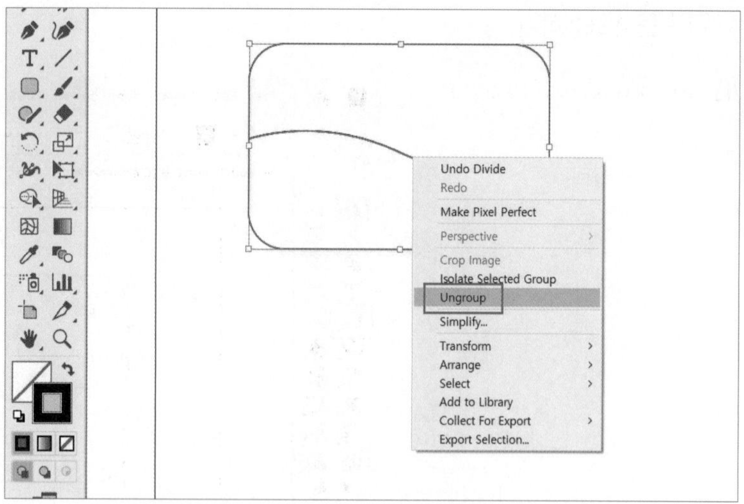

05 Character 패널에서 적절한 글자체를 선택한 후 각각 두 개의 텍스트를 입력합니다.

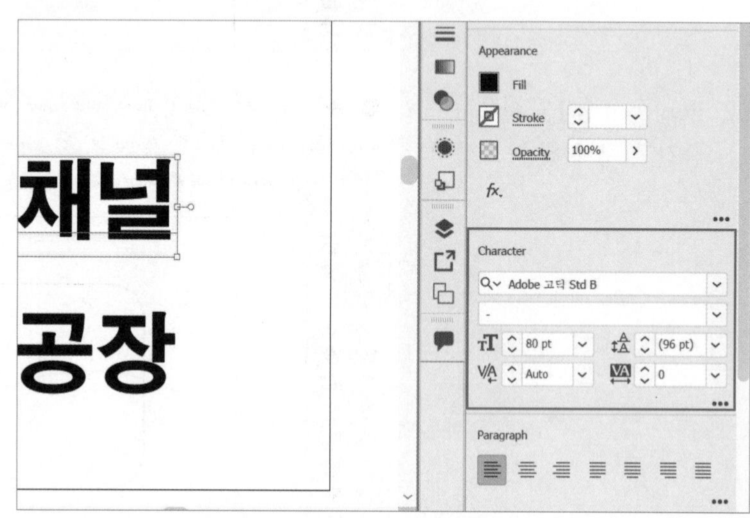

06 텍스트를 각각 오브젝트의 위로 옮깁니다.

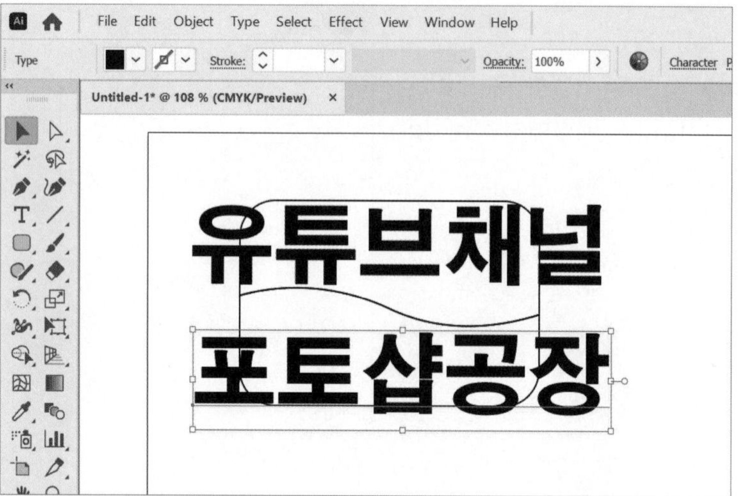

07 텍스트만 선택한 후 마우스 오른쪽을 누르고 Arrange ⇨ Send to back 【Shift+Ctrl+[】 텍스트를 가장 뒤로 보냅니다.

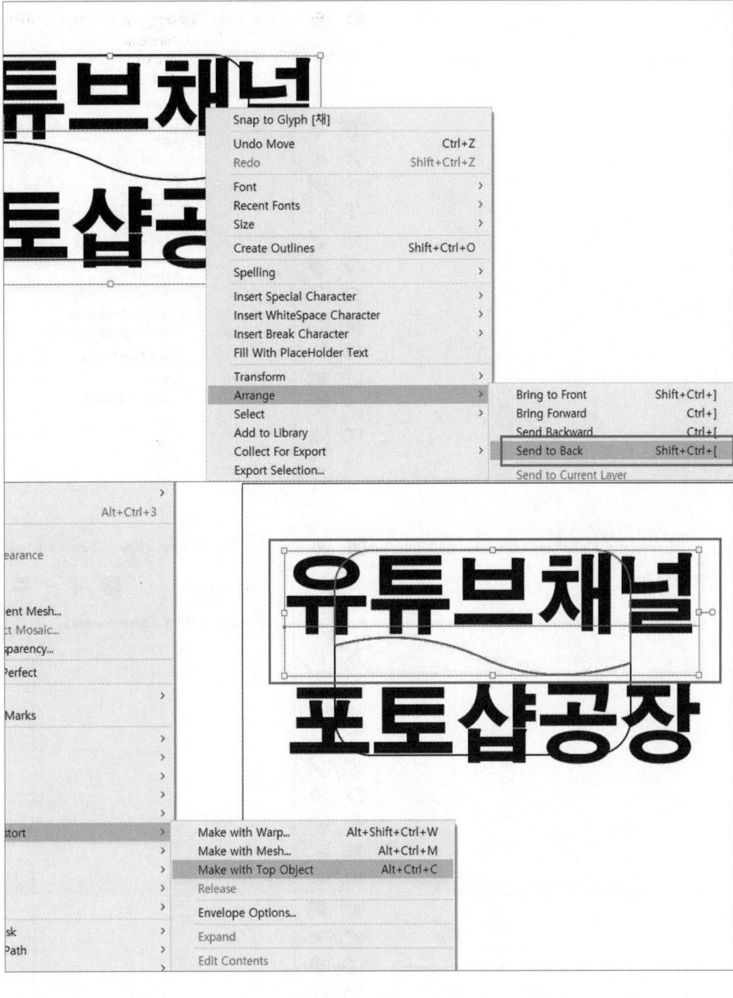

08 뒤로 보낸 텍스트(유튜브 채널)와 위의 도형만을 선택한 뒤 Envelope distort ⇨ Make with top object 【Alt+Ctrl+C】 를 선택하면 위의 도형 안으로 텍스트가 변형됩니다.

09 뒤로 보낸 텍스트(포토샵 공장)와 위의 도형만을 선택한 뒤 Envelope distort ⇨ Make with top object 【Alt+Ctrl+C】를 선택하면 위의 도형 안으로 텍스트가 변형됩니다.

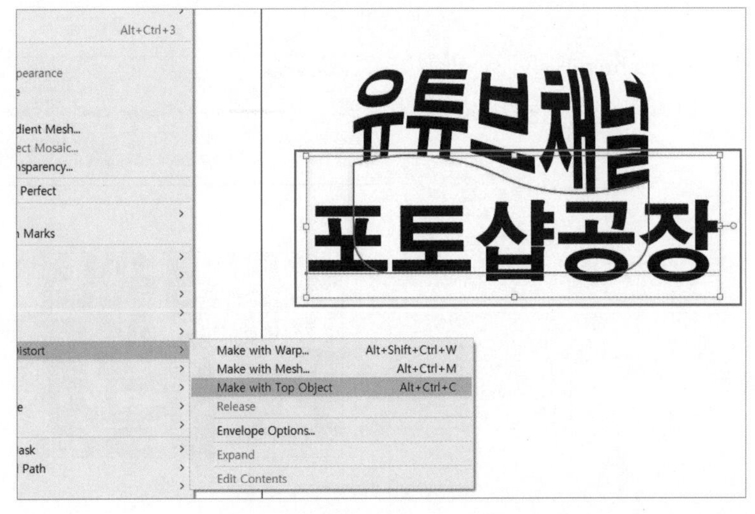

10 모든 오브젝트를 선택한 뒤 Object ⇨ Expand

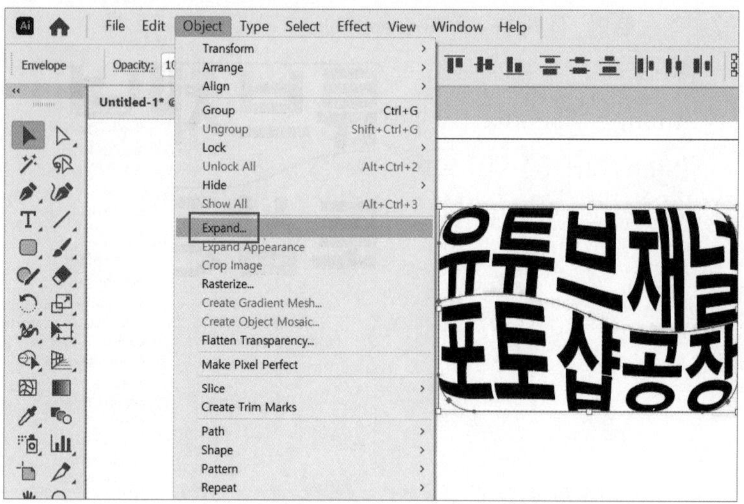

11 대화상자에서 OK를 클릭합니다.

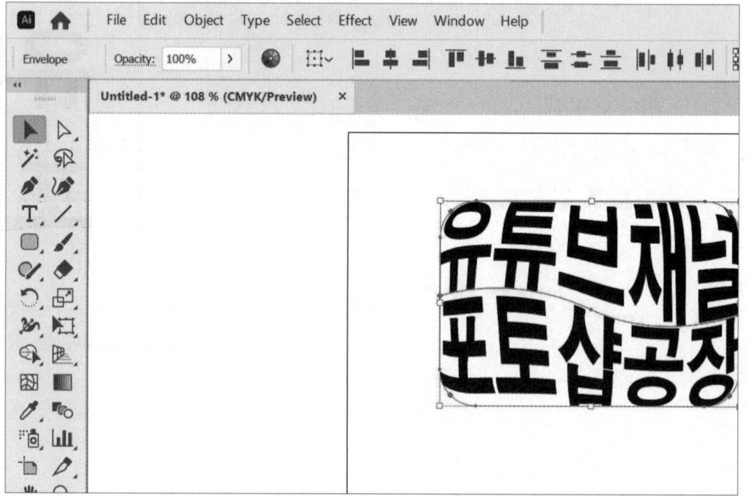

12 Swatches 패널에서 적절한 색상으로 변경합니다.

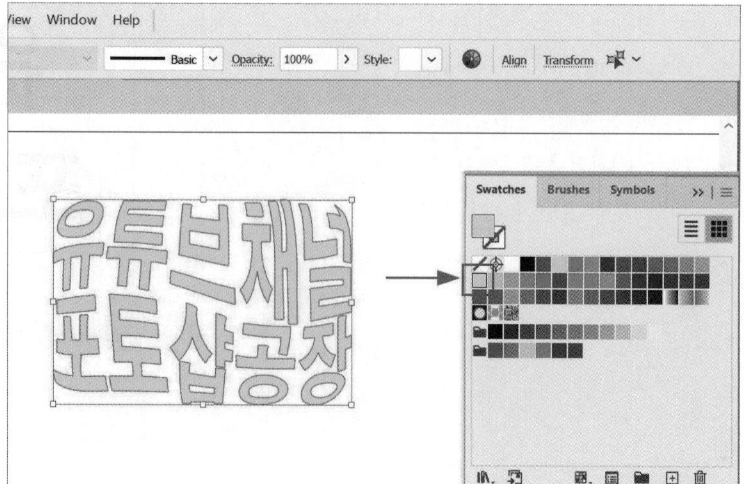

13 Alt를 누르면서 마우스로 드래그하여 복사하여 아래로 이동해 놓습니다.

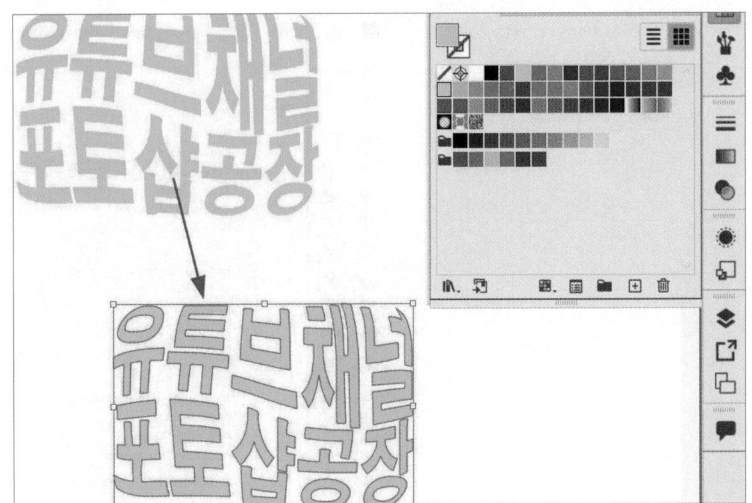

14 Edit ⇨ Copy【Ctrl+C】위에 있는 텍스트를 선택하고 복사합니다.

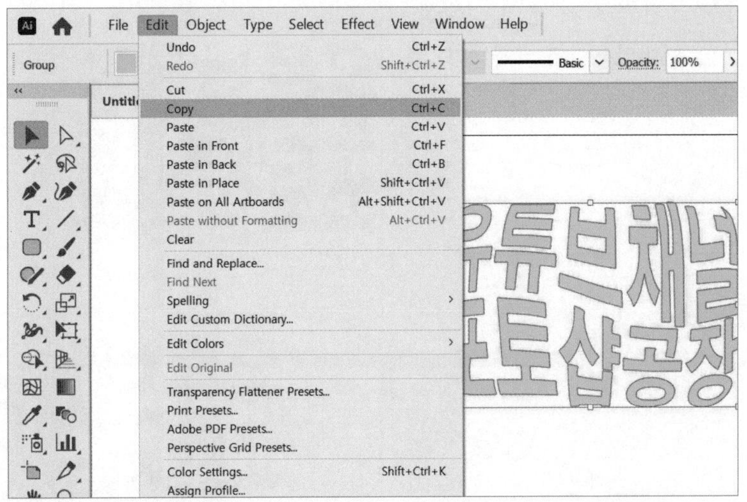

15 Object ⇨ Lock ⇨ Selection【Ctrl+2】으로 잠급니다.

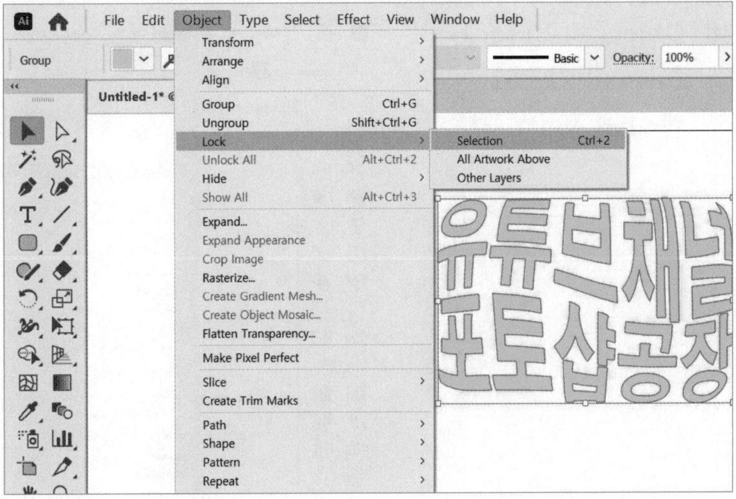

16 Edit ⇨ Paste in back 【Ctrl+B】 복사해 놓았던 텍스트를 뒤에 붙입니다.

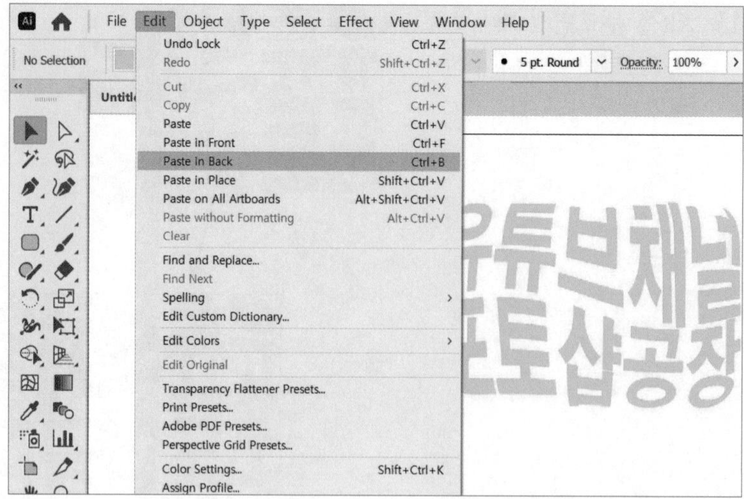

17 크기를 작게 줄이고 색상을 파란색으로 바꿉니다.

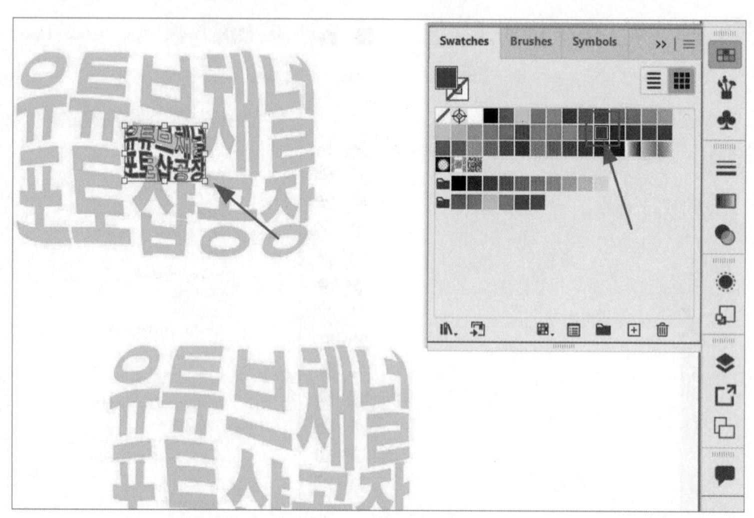

18 Object ⇨ Unlock All 【Alt+Ctrl+2】 잠가 놓았던 텍스트를 풀어줍니다.

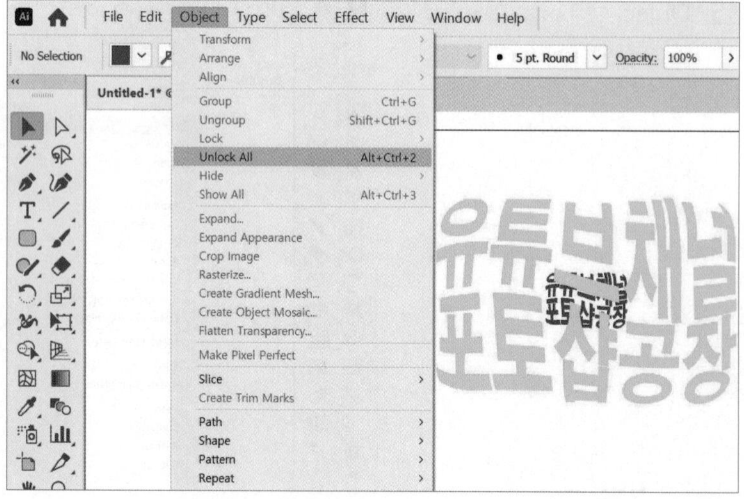

19 '유튜브채널' 오브젝트만 선택한 후 Object ⇨ Compound Path ⇨ Make 【Ctrl+8】 복합 경로를 만듭니다.

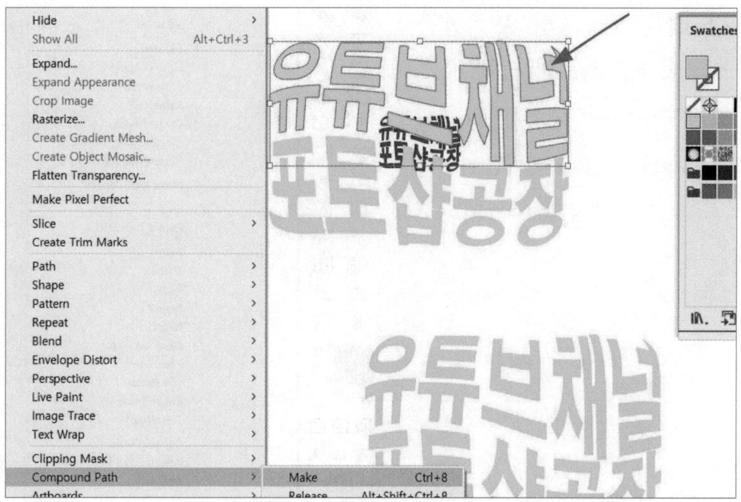

20 '포토샵공장' 오브젝트만 선택한 후 Object ⇨ Compound Path ⇨ Make 【Ctrl+8】로 복합 경로를 만듭니다.

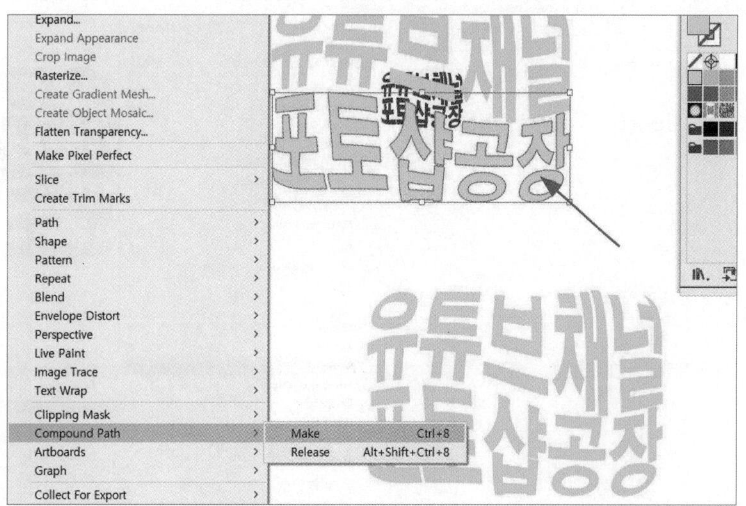

21 작은 사이즈의 '유튜브채널' 오브젝트만 선택한 후 Object ⇨ Compound Path ⇨ Make 【Ctrl+8】로 복합경로를 만듭니다.

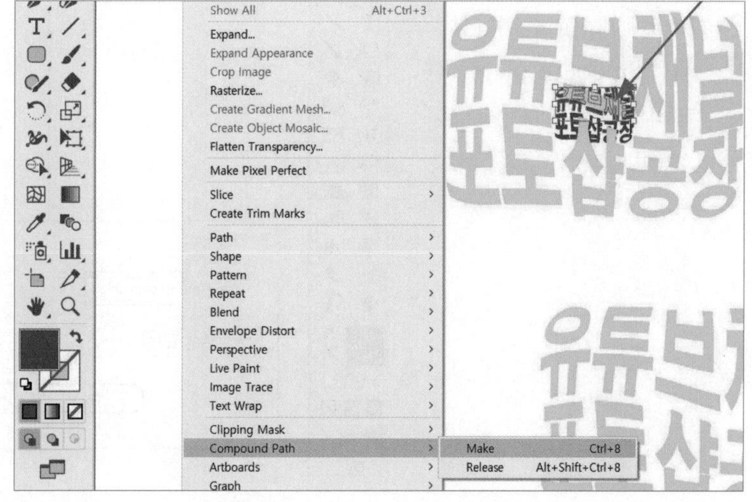

드로잉 & 다양한 기능 살펴보기

22 작은 사이즈의 '포토샵공장' 오브젝트만 선택한 후 Object ⇨ Compound Path ⇨ Make 【Ctrl+8】로 복합경로를 만듭니다.

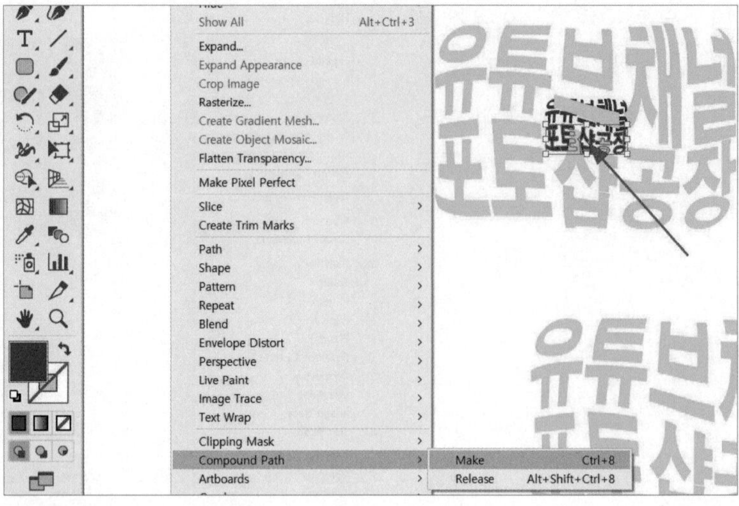

23 이제 텍스트의 블랜드를 설정합니다. Object ⇨ Blend ⇨ Blend Option

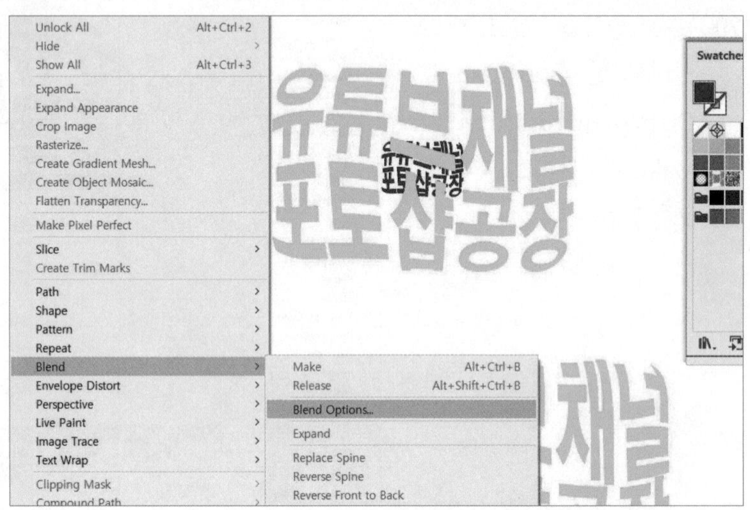

24 Blend Option 대화상자에서 Smooth Color를 선택하여 부드럽게 색상이 혼합되도록 합니다.

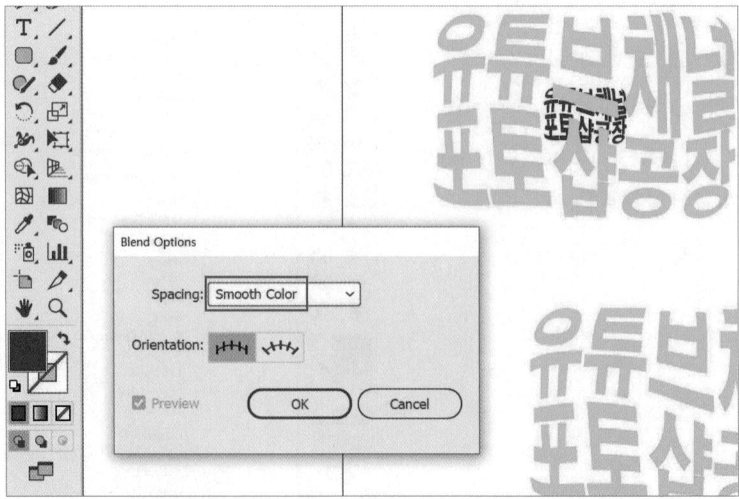

25 Object ⇨ Blend ⇨ Make 【Ctrl+Alt+B】 노란색 '유튜브채널'과 작은 크기의 파란색 '유튜브채널' 만을 선택한 후에 혼합합니다.

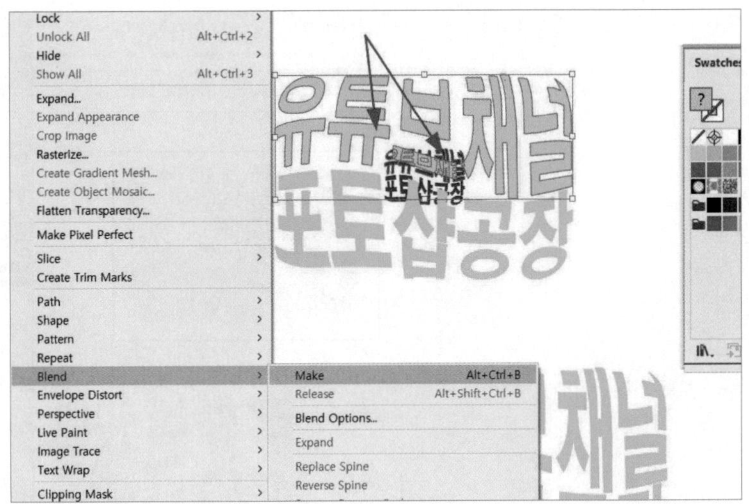

26 아래처럼 혼합됩니다.

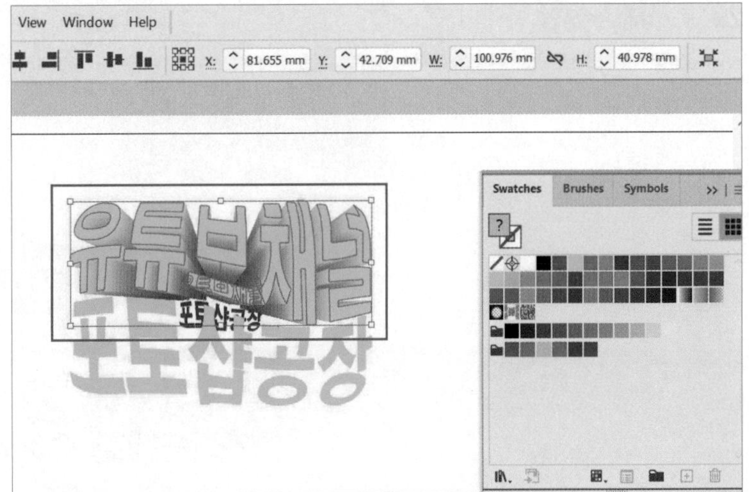

27 Object ⇨ Blend ⇨ Make 【Ctrl+Alt+B】로 노란색 '포토샵공장'과 작은 크기의 파란색 '포토샵공장'만을 선택한 후에 혼합합니다.

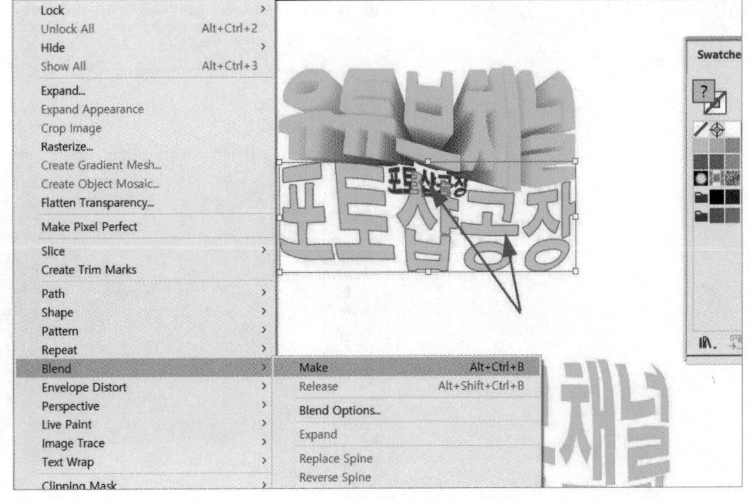

드로잉 & 다양한 기능 살펴보기

28 아래처럼 혼합됩니다.

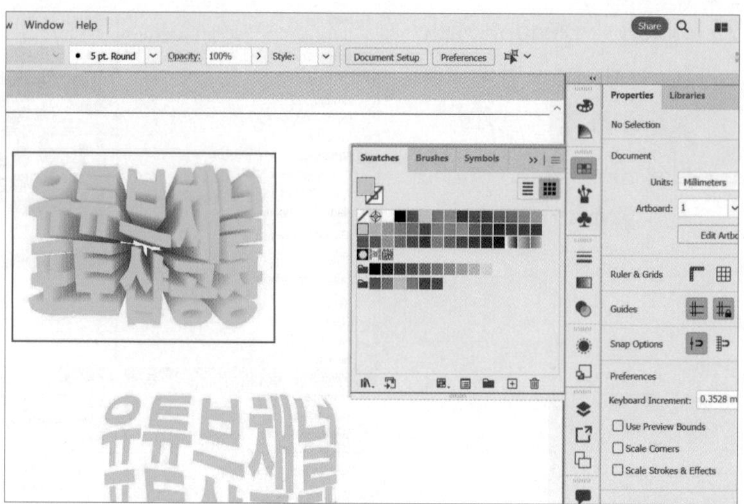

29 복사해 놓았던 아래의 텍스트 색상을 변경합니다.

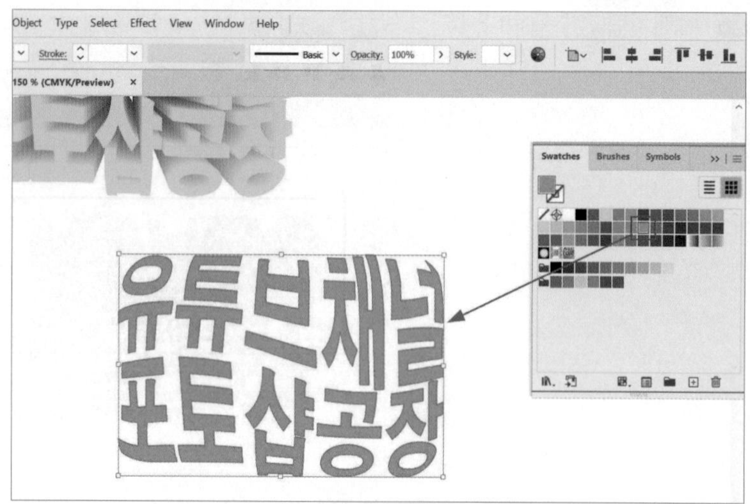

30 파란색 텍스트를 위로 옮겨놓습니다.

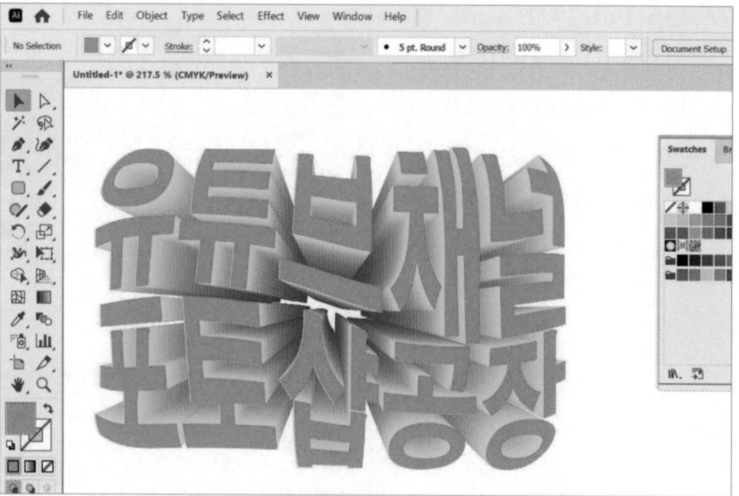

페인트 브러시

01 | 새 브러시 만들기

브러시 툴【B】을 선택한 후 브러시 패널【F5】의 보조 메뉴에서 New Brush를 선택하여 새 브러시를 만들 수 있습니다.

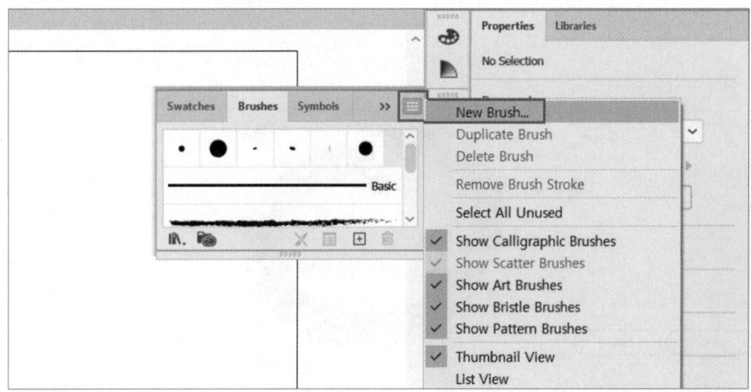

02 | 브러시 옵션

01 브러시 툴【B】을 선택한 후 Enter를 누르거나 또는 더블 클릭하여 옵션창을 띄울 수 있습니다.

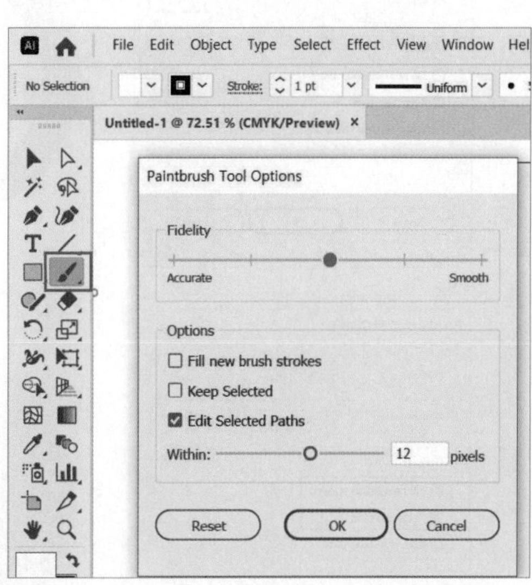

▶Paint Brush Options

- Fidelity(충실도) : 값이 높을 수록 경로가 더 부드럽고 덜 복잡합니다. Smooth가 높을 수록 경로를 부드럽고 매끄럽게 할 수 있습니다.
- Fill new brush strokes : 닫힌 경로(Closed Path)를 그릴 때 채우기를 적용할 수 있습니다.
- Keep selected : 선택된 경로를 유지할지 여부를 결정합니다.
- Edit selected paths : 기존 경로를 변경할 수 있는지 여부를 결정합니다.
- Within : _ pixels : 경로를 편집하기 위해 마우스나 스타일러스가 기존 경로에 얼마나 가까이 있어야 하는지를 결정합니다.

02 브러시 툴【B】에서 15pt Round를 선택한 후에 툴 박스에서 브러시를 더블 클릭합니다.

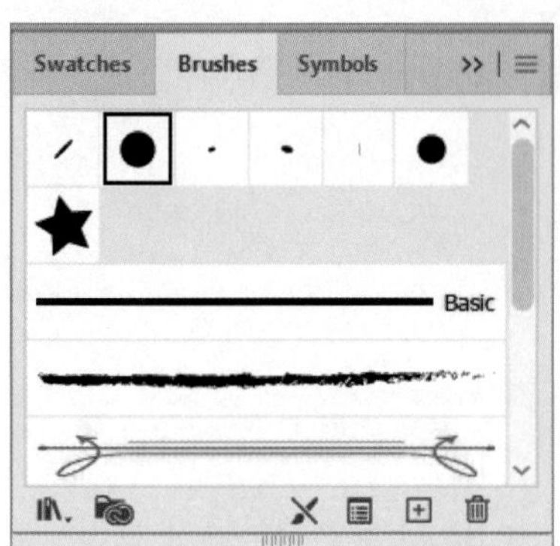

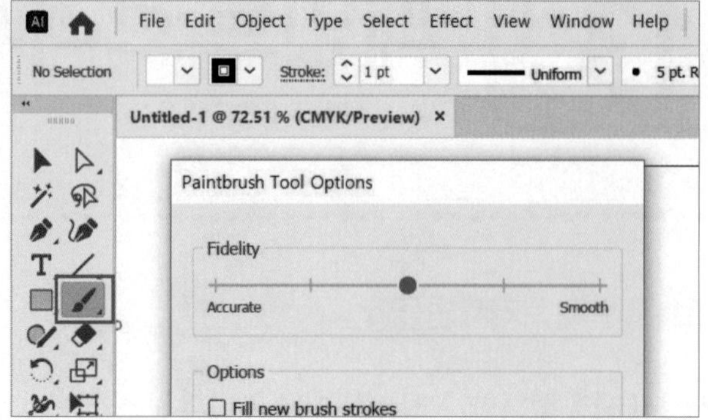

03 브러시의 크기를 약간 크게 하고 마우스를 이용하여 아래처럼 그립니다.

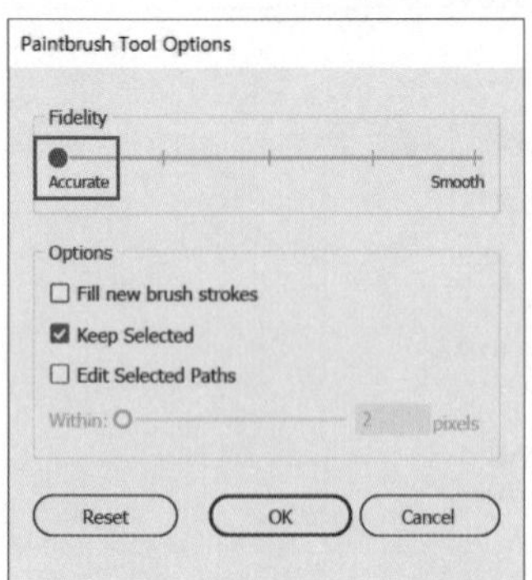

• Accurate(정밀한) 방향으로 설정하고 그린 경우

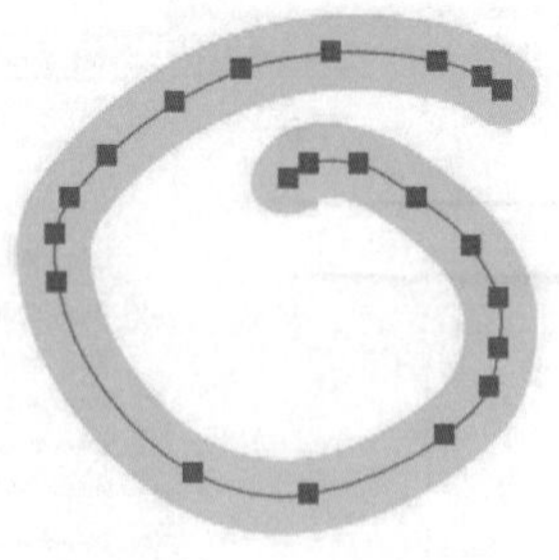

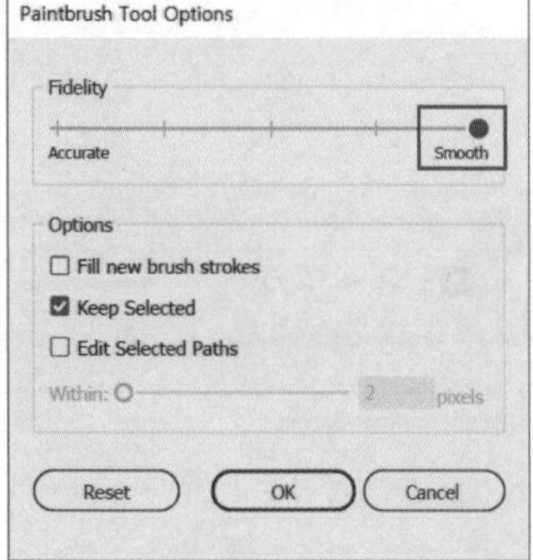

• Smooth(매끈하게 하다) 방향으로 설정하고 그린 경우

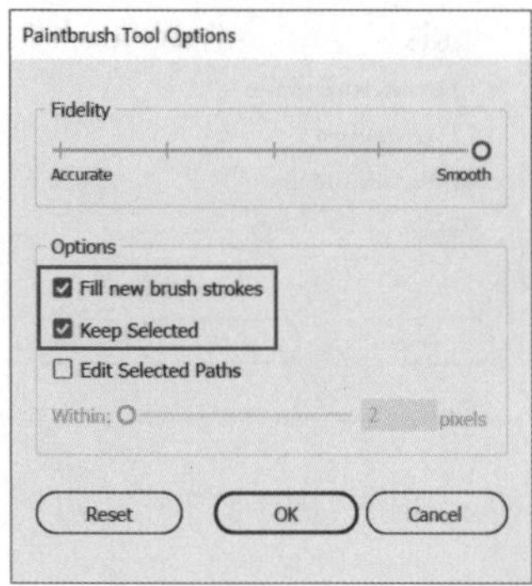

• Fill new brush strokes 선색을 그릴 때 면색을 자동으로 채움

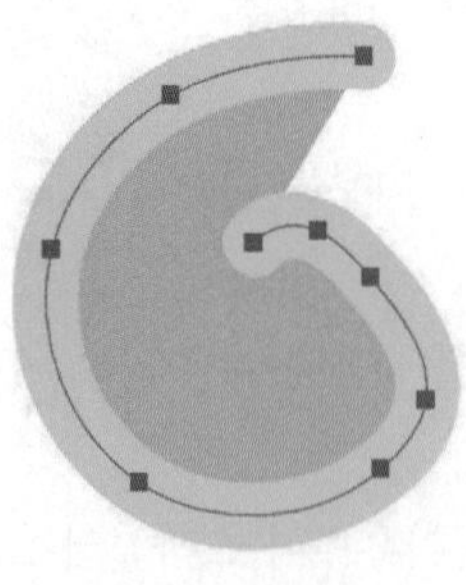

03 | 브러시 종류

브러시는 다음과 같이 5종류가 있습니다.

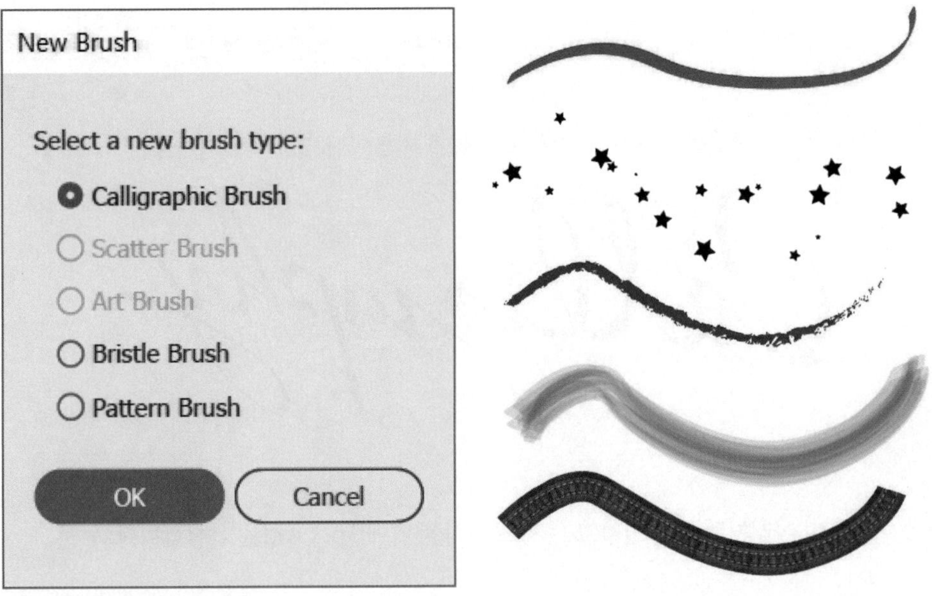

▶Calligraphic brush

우아하고 멋진 손글씨체를 설정할 수 있습니다. 브러시 패널에서 5 포인트 라운드를 더블 클릭하여 옵션창을 띄웁니다.

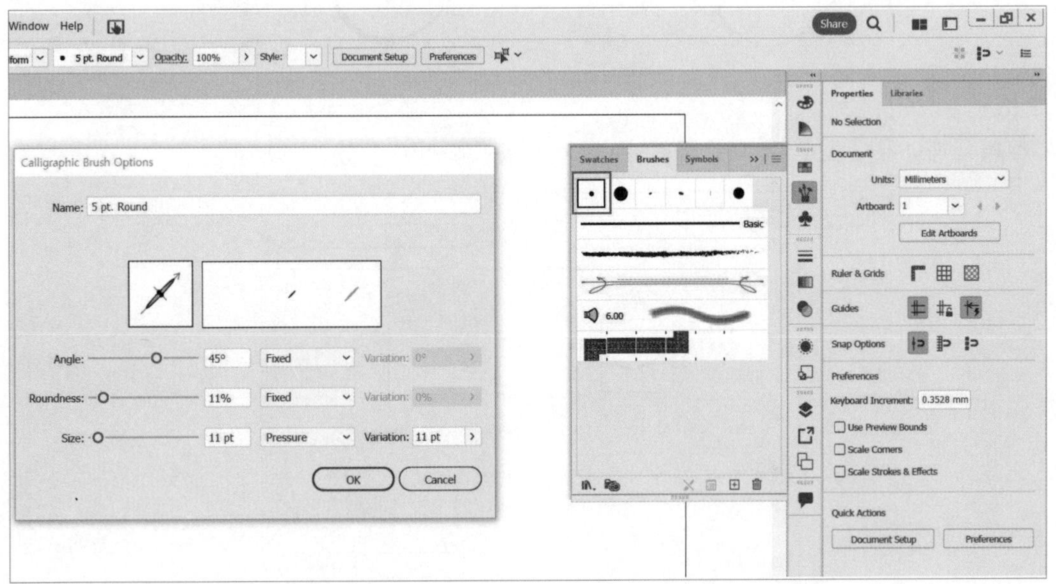

드로잉 & 다양한 기능 살펴보기

01 아래처럼 설정값을 변경합니다.

Angle:	45°	Fixed	Variation: 0°
Roundness:	11%	Fixed	Variation: 0%
Size:	11 pt	Random	Variation: 11

02 압력을 인식하는 타블렛을 이용하여 브러시로 글씨를 써봅니다.

03 펜툴을 이용하여 아래처럼 선을 만들고 나서 브러시 패널에 5pt Oval을 선택합니다.

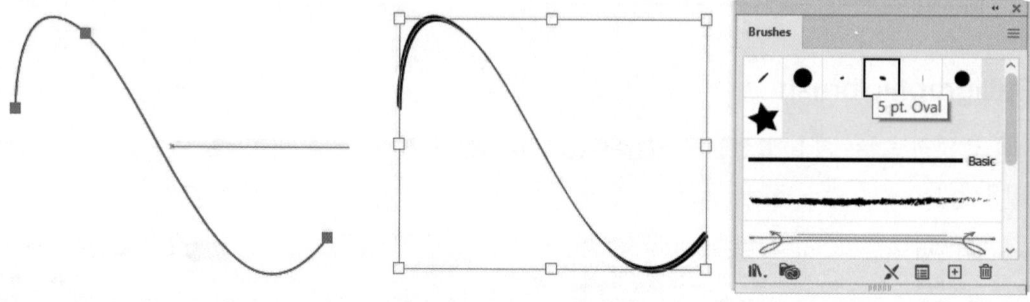

04 브러시 패널에 5pt Oval을 더블 클릭하여 옵션 내용을 확인할 수 있습니다.

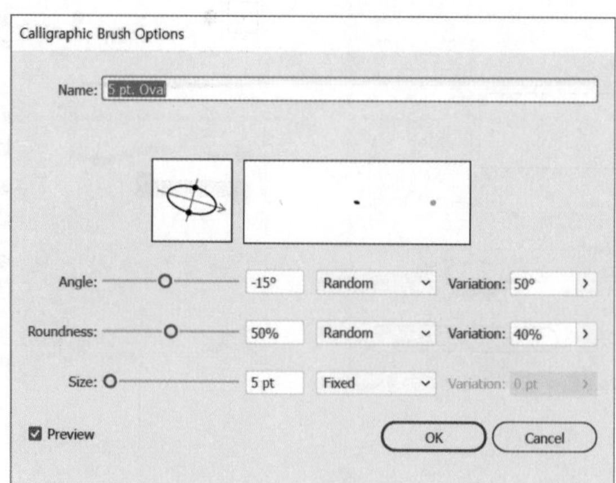

▶Scatter brush

경로에 따라서 오브젝트의 복사본을 흩뿌리는 브러시입니다.

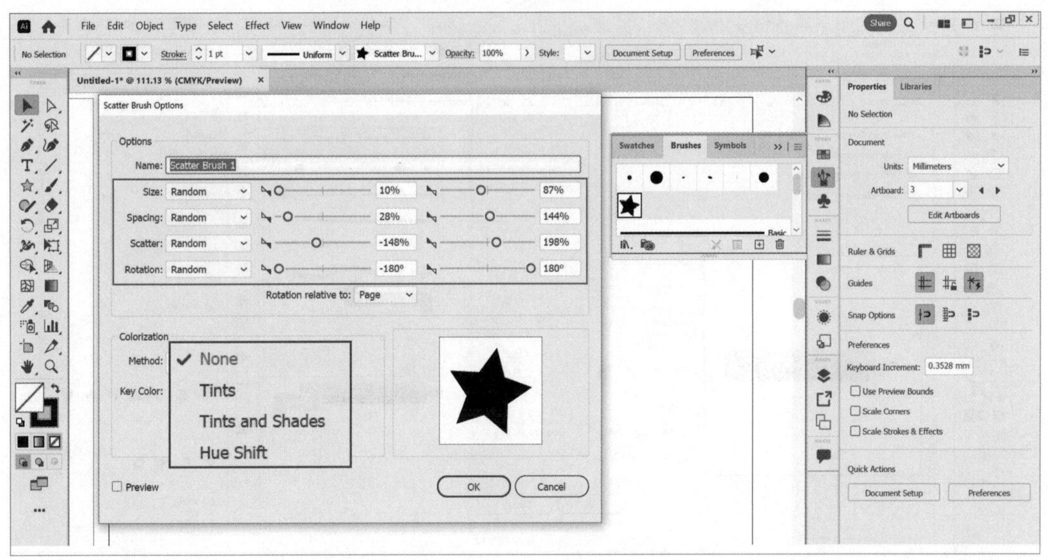

01 작은 별을 하나 그린 후에 브러시 패널로 드래그하여 Scatter brush로 정합니다.

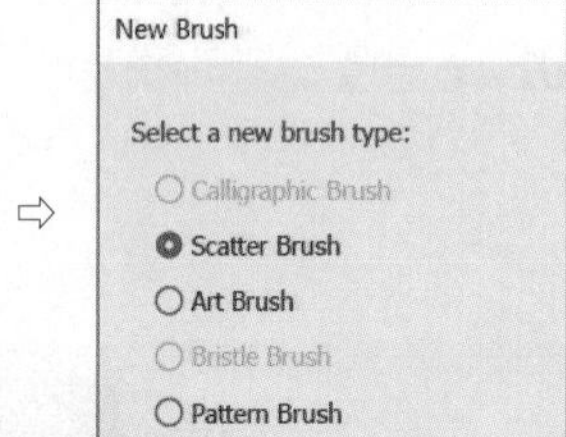

02 Scatter brush Option 창에서 내용을 변경합니다.

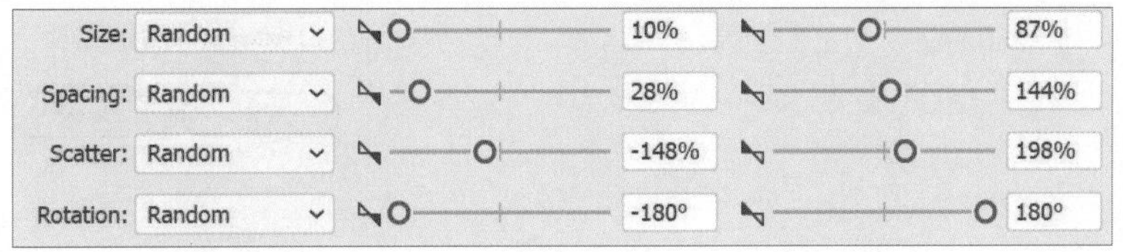

03 원을 그린 후에 만들어 놓았던 별 브러시를 선택합니다.

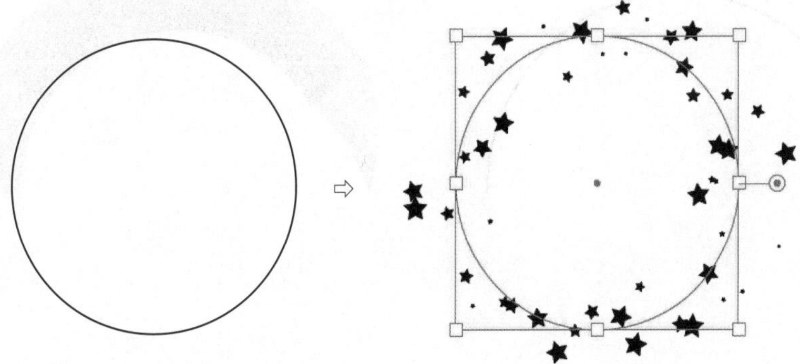

▶Art brush

경로의 길이에 따라서 오브젝트의 모양을 늘리는 브러시입니다.

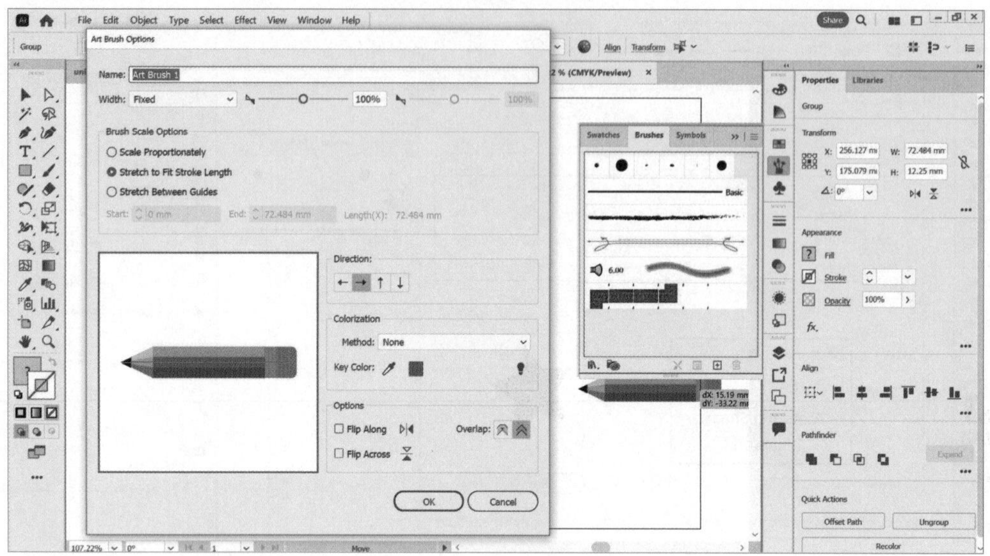

01 연필을 선택하여 브러시 패널로 드래그하여 Art brush로 정합니다.

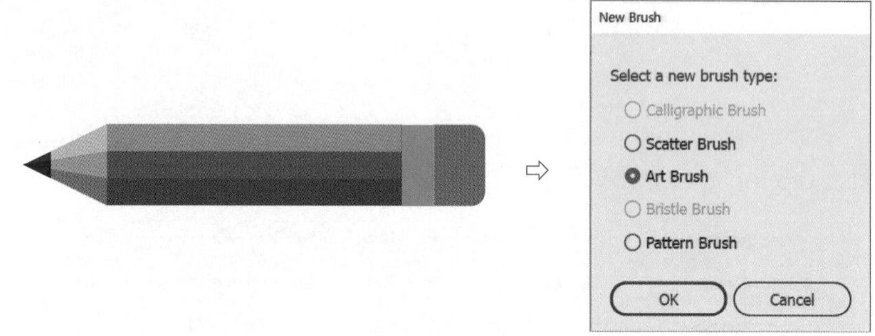

02 원호를 그린 후 브러시 패널에 등록해 놓았던 연필을 적용합니다.

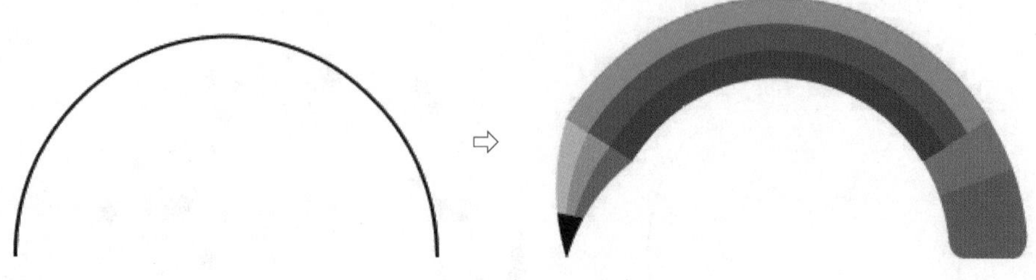

▶Bristle brush [강모(剛毛) : 짧고 뻣뻣한 털]

자연스러운 터치를 위한 브러시입니다. 브러시 패널에서 Mop을 더블 클릭하여 Bristle brush options 창을 꺼낼 수 있습니다.

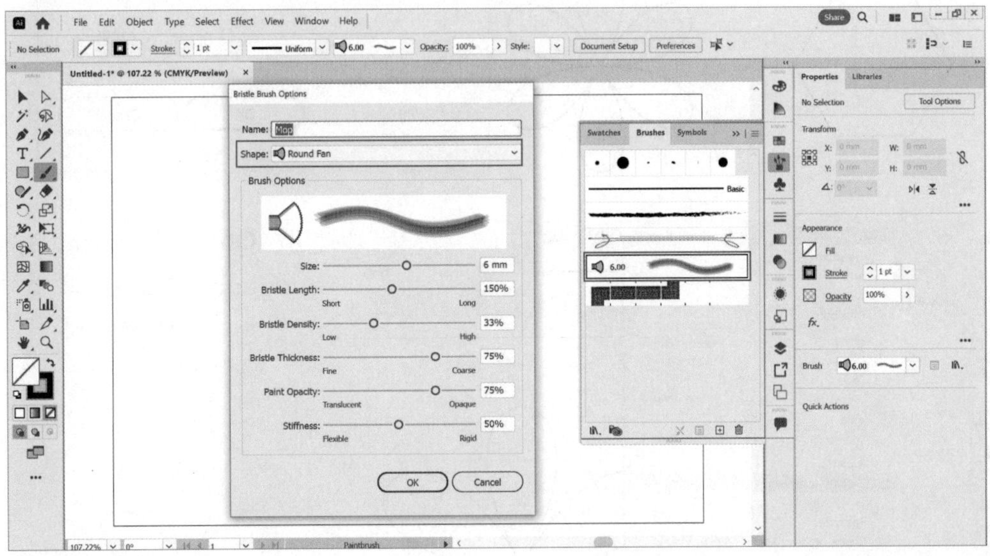

- 점(Point), 무딘(Blunt), 곡선(Curve), 각도(Angle), 부채꼴(Fan)과 같은 다양한 Brush shape 중에 선택할 수 있습니다.

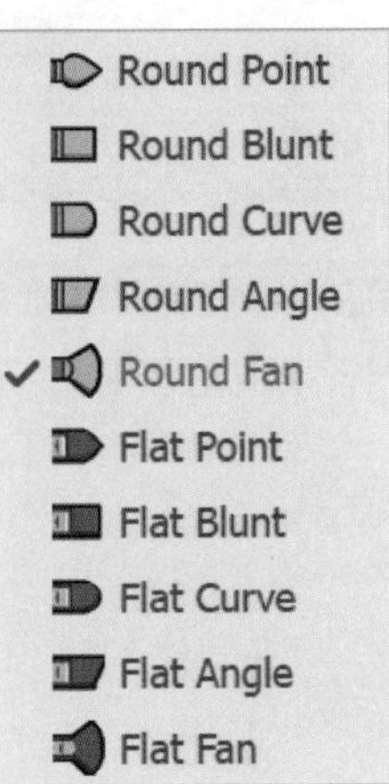

- 브러시 패널의 왼쪽 아래에 Brush Libraries menu 버튼을 클릭하여 다양한 Bristle Brush를 찾을 수 있습니다.

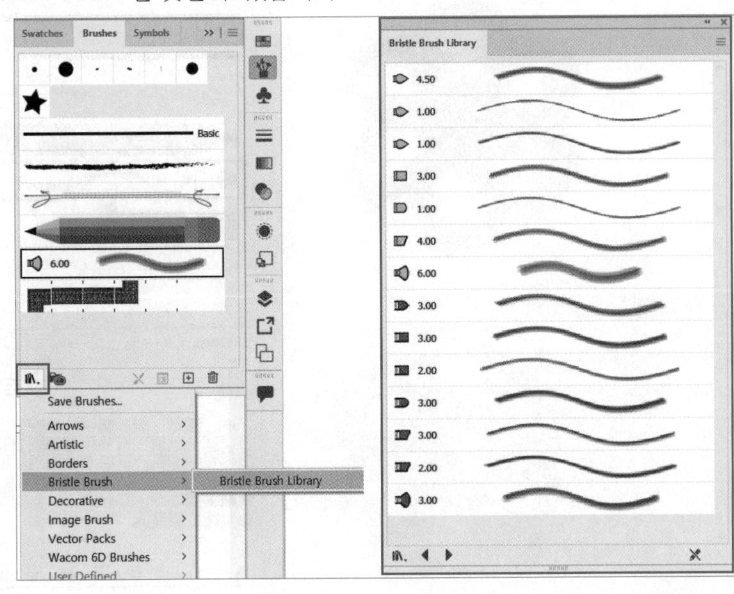

01 다각형 툴을 이용하여 6각형을 그린 후 Effect ⇨ Distort & Transform ⇨ Pucker & Bloat를 선택합니다. Preview를 켠 상태에서 Bloat 100%로 입력하면 부풀어지는 모양이 됩니다.

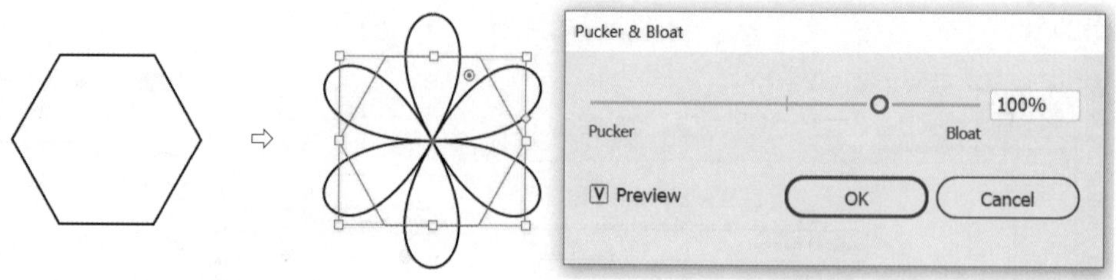

02 Object ⇨ Expand Appearance 오브젝트의 형태대로 경로를 확장합니다.

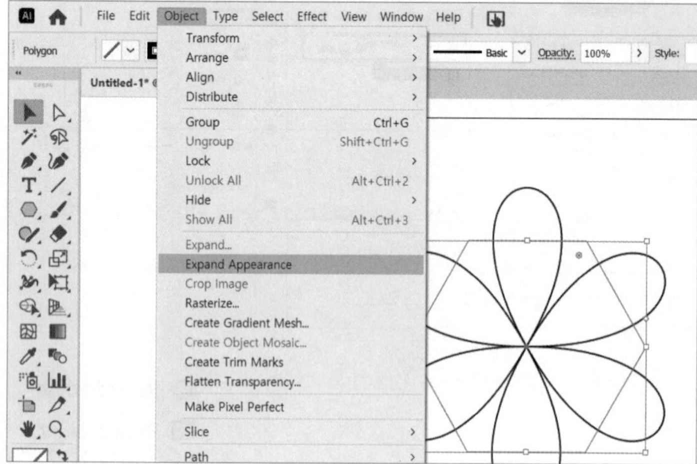

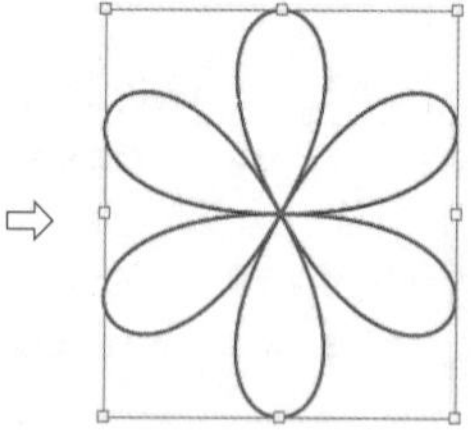

03 브러시 패널에 있는 기본 Bristle Brush를 선택합니다.

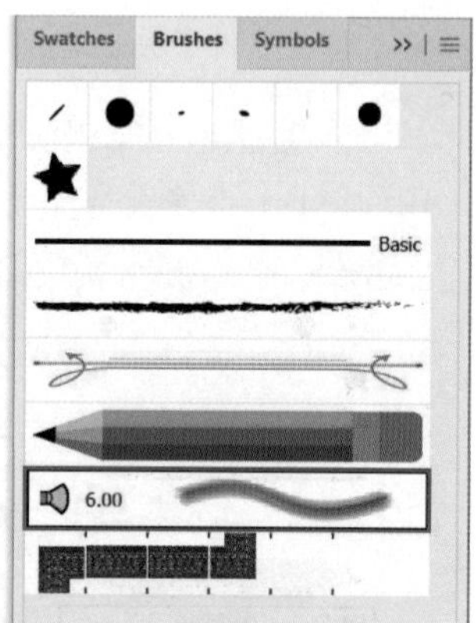

04 그래디언트 패널에서 색상을 선택합니다.

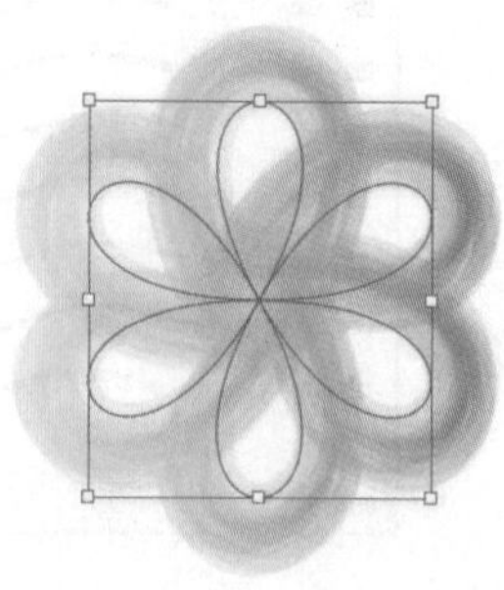

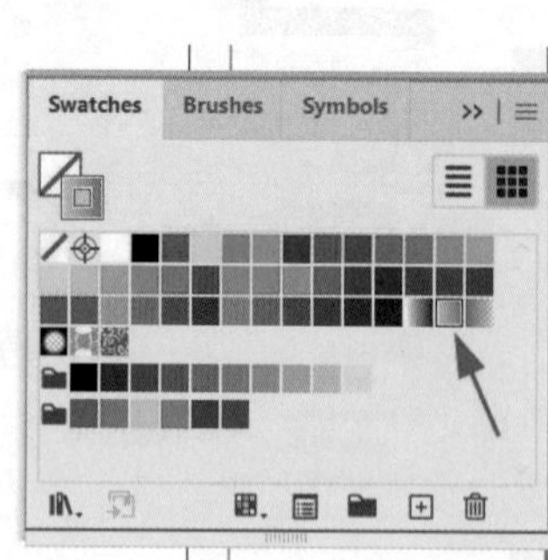

▶Pattern brush

반복되는 패턴을 만드는 브러시입니다. 작은 크기의 하트 모양을 그린 후 브러시 패널로 드래그하면 Pattern Brush Options 창이 뜹니다.

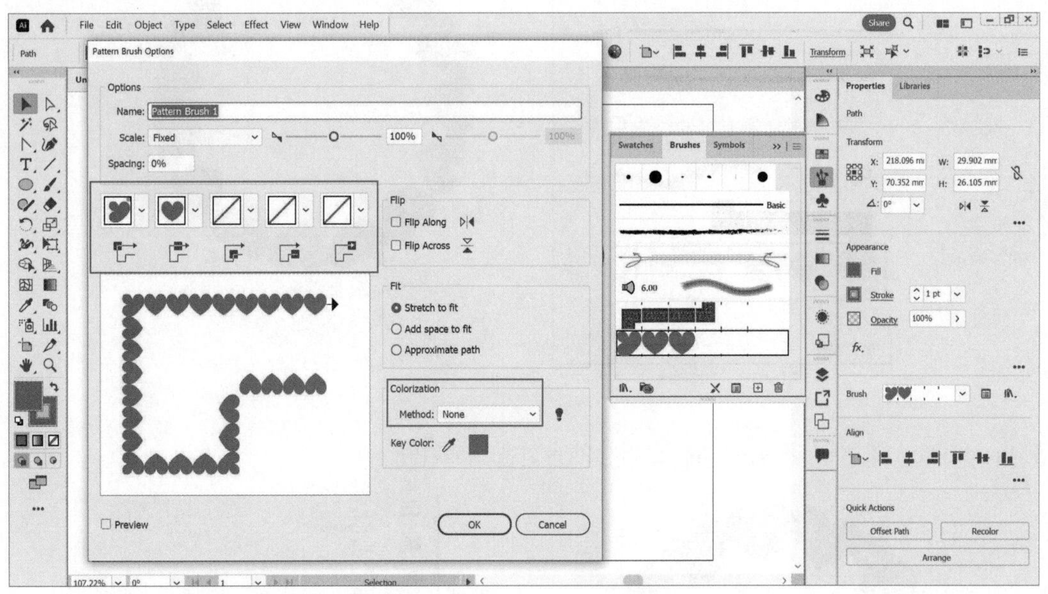

01 Inner corner tile을 정해줍니다.

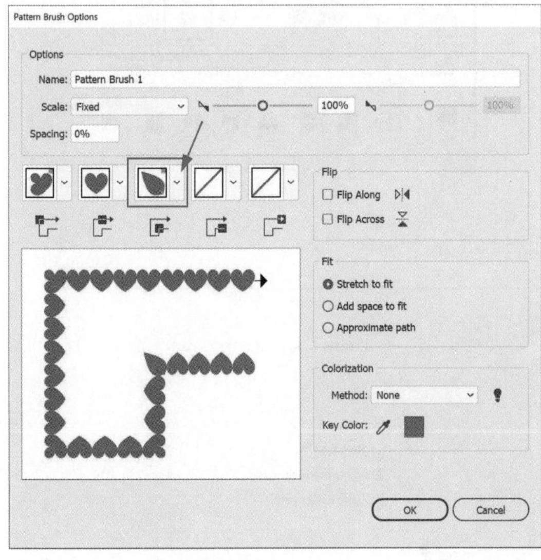

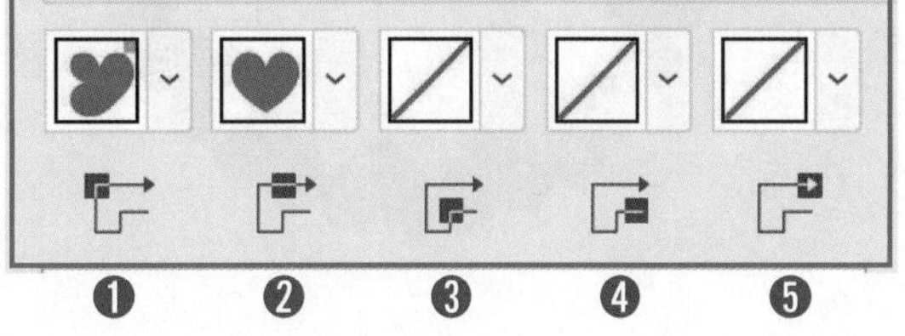

경로에 보여질 부분에 대한 처리방식을 정해줍니다.

❶ Outer Corner : 외부 모서리
❷ Side : 측면
❸ Inner Corner : 내부 모서리
❹ Start : 시작
❺ End : 끝

02 브러시 패널에 등록됩니다. 원을 그린 후에 하트 패턴을 적용합니다.

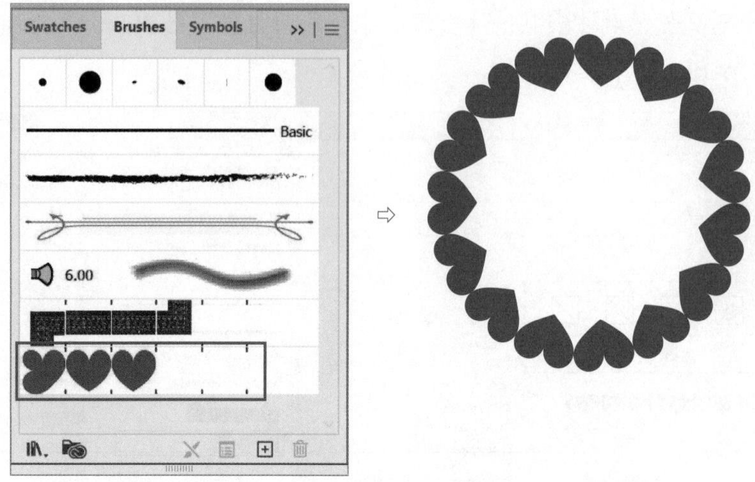

03 Properties 패널에서 선택한 패턴 브러시의 옵션을 꺼냅니다.

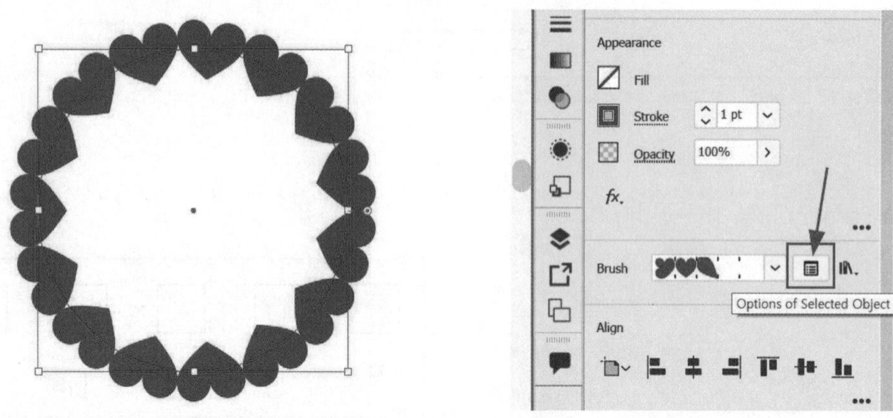

04 Add space to fit를 체크한 후 Spacing을 10%로 입력 ⇨ OK합니다.

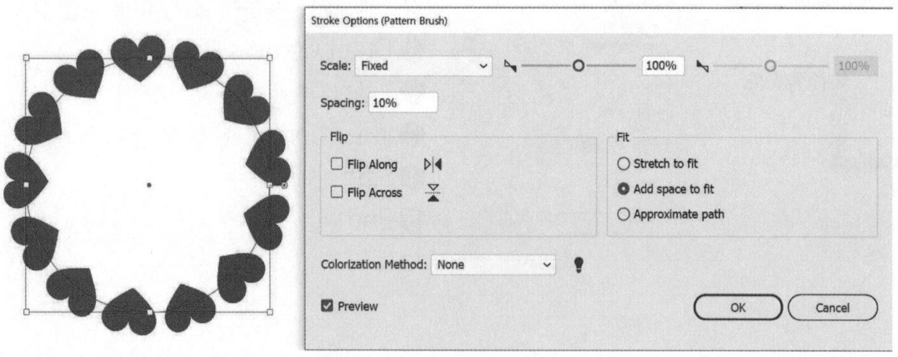

블랜드 & 블랜드 모드

▶블랜드

Object ⇨ Blend ⇨ Blend Options에는 3가지 종류가 있습니다.

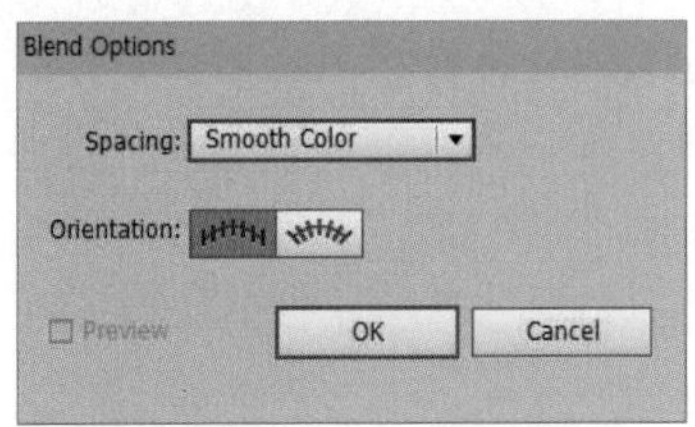

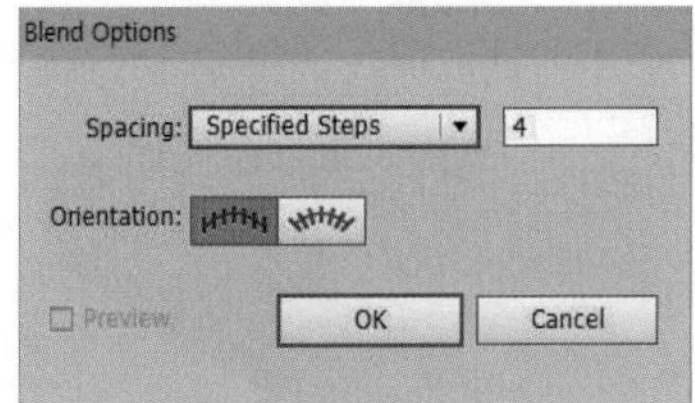

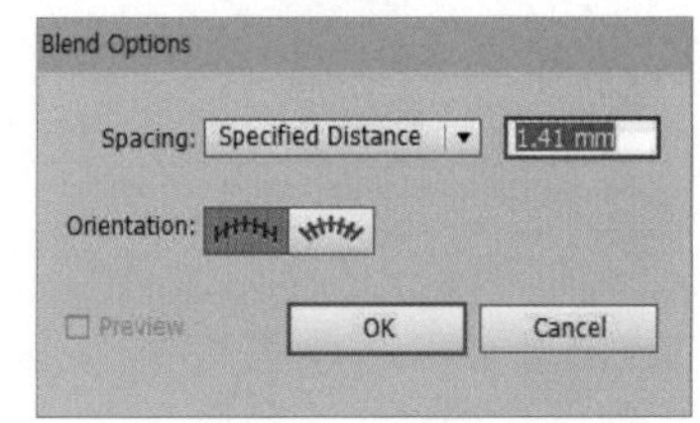

- 블랜드는 두 개 이상의 오브젝트를 만든 후 크기와 모양에 관계없이 혼합하는 것을 말합니다. Blend tool의 단축키는 【W】입니다. 블랜드를 만드는 방법은 간단합니다. 즉 혼합하고자 하는 오브젝트를 선택한 후 Object ⇨ Blend ⇨ Make 【Alt+Ctrl+B】합니다.

01 아래처럼 노란색, 초록색 원을 두 개 그린 후에 아래로 복사합니다.

02 위의 두 개의 원을 선택하고 Object ⇨ Blend ⇨ Blend Options을 선택하고 부드러운 색상 혼합을 하기 위해서 Smooth color를 선택합니다.

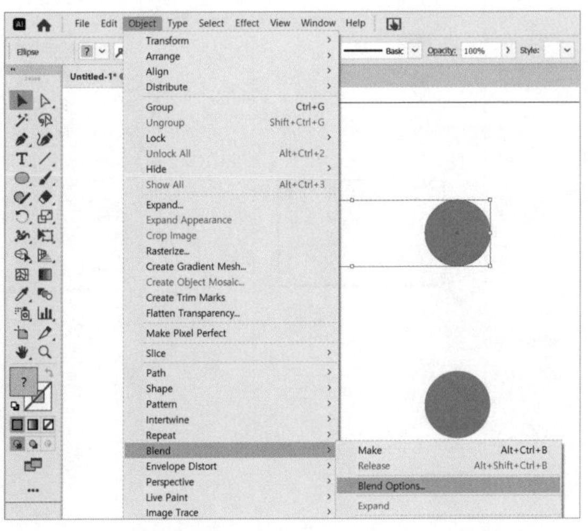

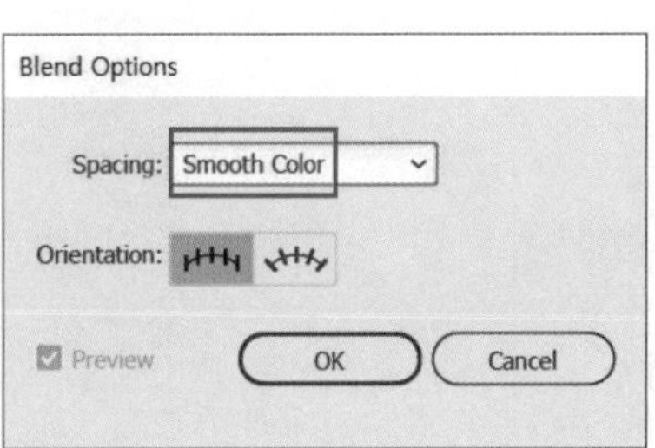

03 두 개의 오브젝트가 혼합됩니다. 이제 동일한 방법으로 아래 두 개의 오브젝트를 선택한 후에 Object ⇨ Blend ⇨ Make【Alt+Ctrl+B】하여 혼합합니다.

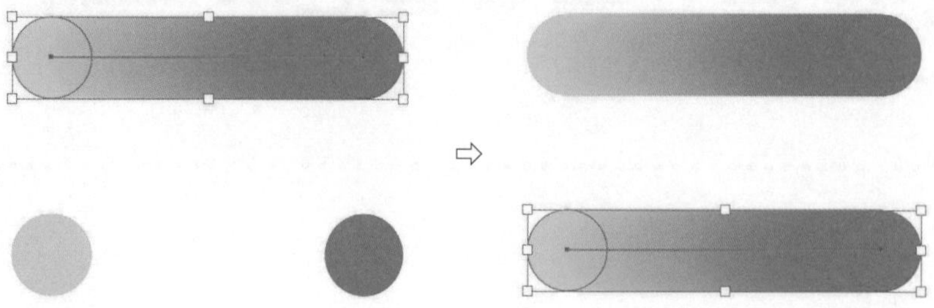

04 전체 오브젝트를 선택한 후에 Object ⇨ Blend ⇨ Make【Alt+Ctrl+B】하여 혼합합니다.

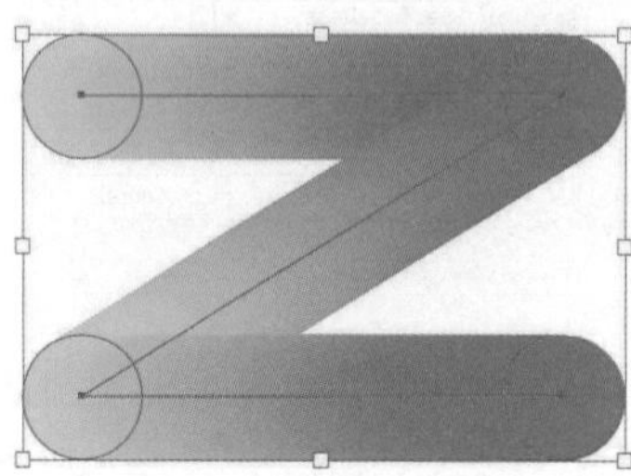

▶블랜드 모드

Blending modes(혼합 모드)는 선택한 개체에 혼합 효과와 색상을 추가하여 개체의 색상을 변경합니다. Window ⇨ Transparency 패널을 선택합니다.

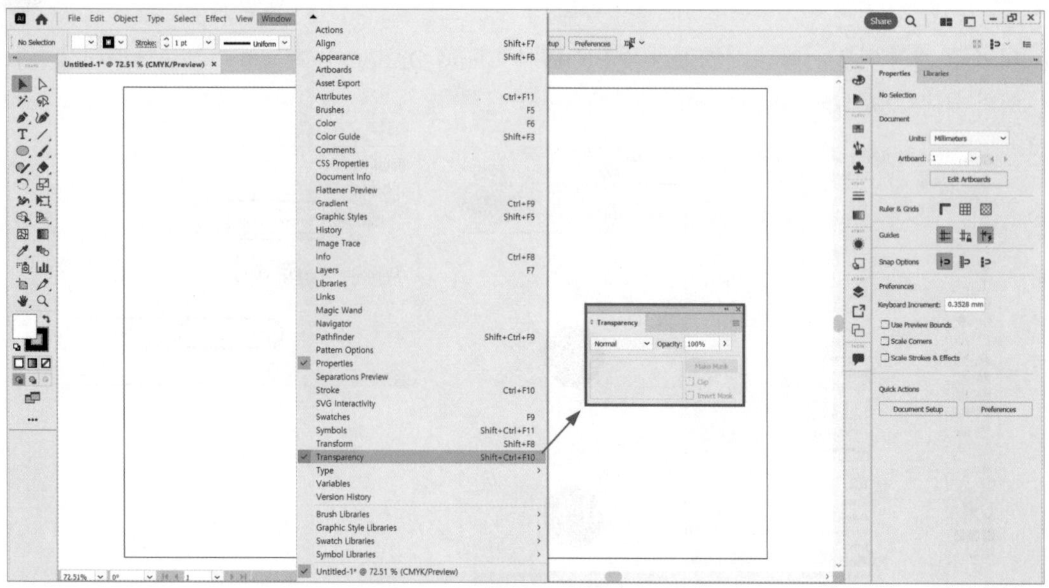

01 다각형 툴을 이용하여 8각형을 그립니다.

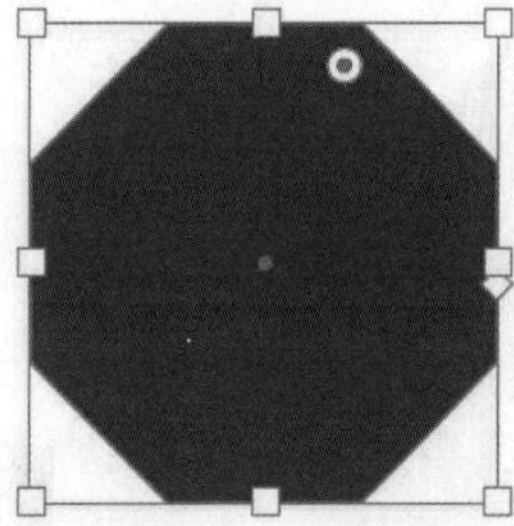

02 회전 툴을 이용하여 오른쪽 아래를 Alt+클릭합니다. 각도를 45˚로 입력한 후 Copy를 클릭합니다.

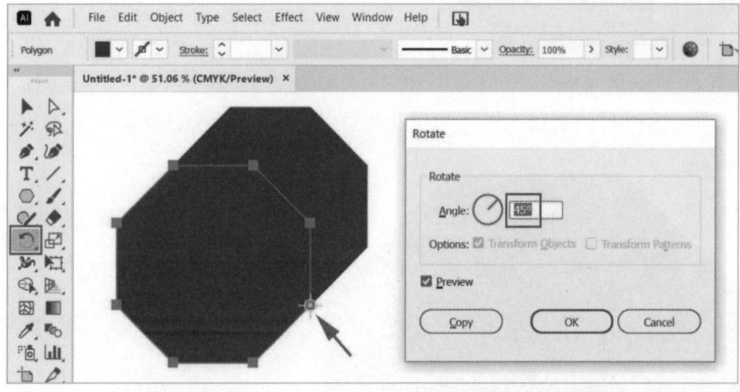

03 Object ⇨ Transform ⇨ Transform again【Ctrl+D】 몇 차례 반복하여 아래처럼 만듭니다.

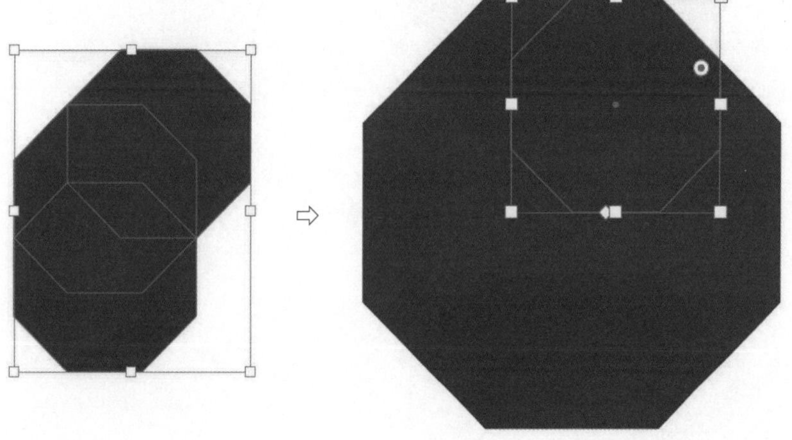

드로잉 & 다양한 기능 살펴보기

04 Swatches 패널에서 다양한 색상을 선택합니다.

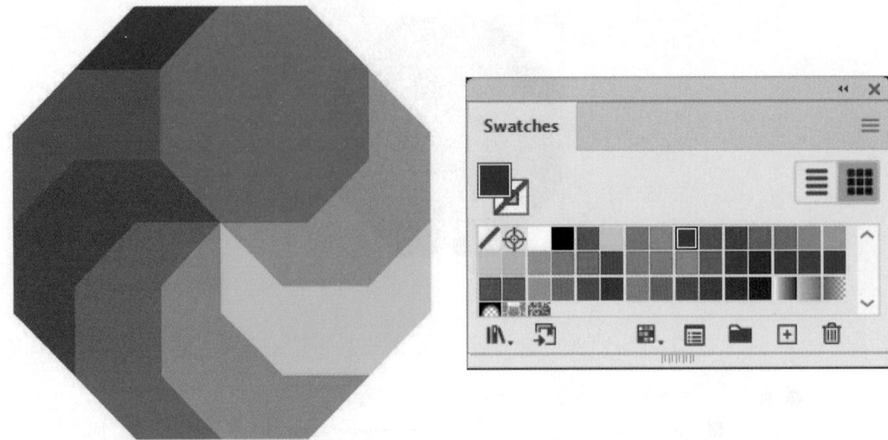

05 Transparency 패널에서 Blend mode를 Multiply로 변경하고 Opacity를 60% 정도로 조절합니다.

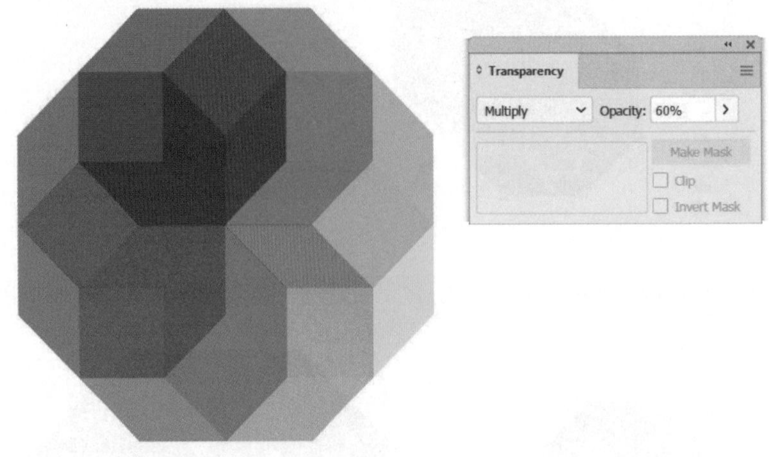

툴

01 | 가위 툴 Scissors tool

01 원을 그린 후에 Scissors tool【C】을 이용하여 위쪽 두 곳의 패스를 클릭합니다. 윗쪽 잘린 부분만 삭제합니다.

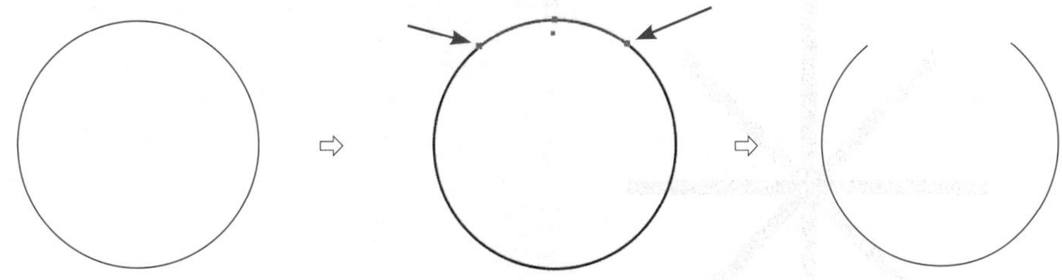

02 두께를 두껍게 합니다. 끝부분은 Stroke 패널에서 Round Cap을 선택하여 둥글게 합니다.

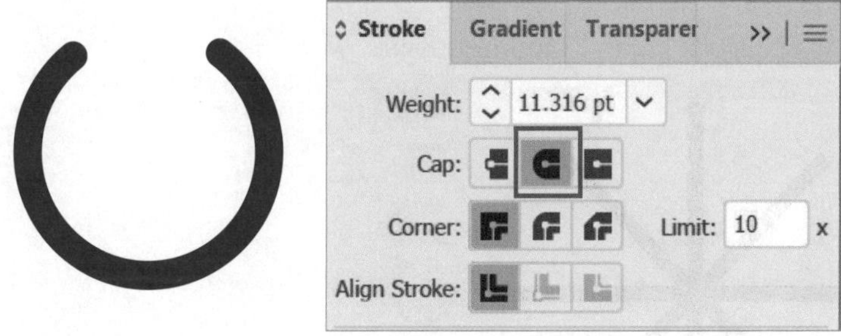

03 가운데에 라인을 그린 후 Object ⇨ Path ⇨ Outline Stroke 테두리에 패스를 만듭니다. 라운드 사각형을 만들어 마무리합니다.

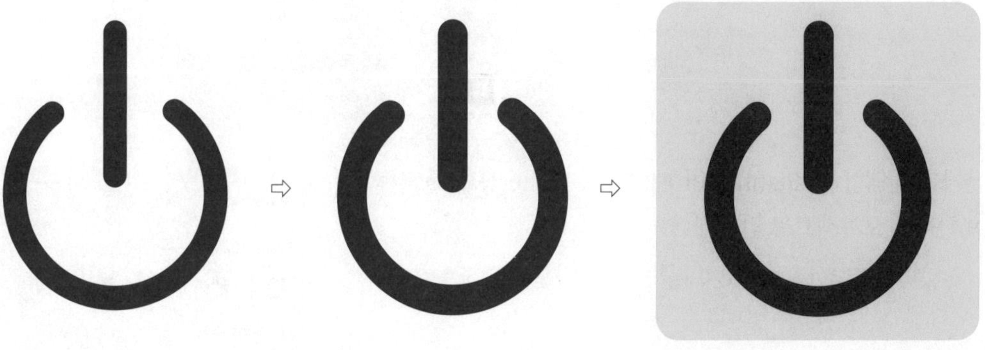

02 | 라인 툴 Line tool

선분 도구로 아트보드를 한 번 클릭하여 Line segment tool options(선분 도구 옵션 상자) 대화상자에서 100mm 길이와 0도 각도를 입력하여 선을 그립니다.

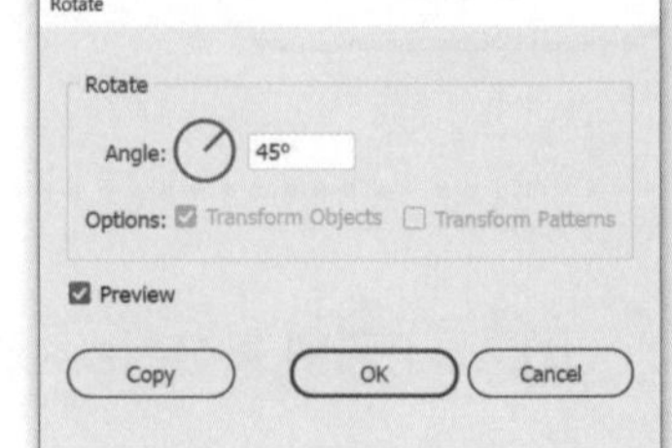

01 Line tool【₩】을 선택한 상태에서 두께를 약간 두껍게 합니다. 아트보드를 클릭하고 45° 입력한 후 Copy를 클릭합니다.

02 Object ⇨ Transform again【Ctrl+D】을 반복하여 아래처럼 만듭니다.

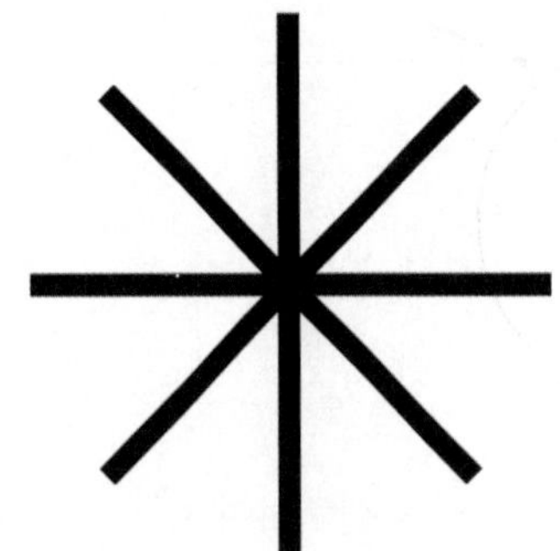

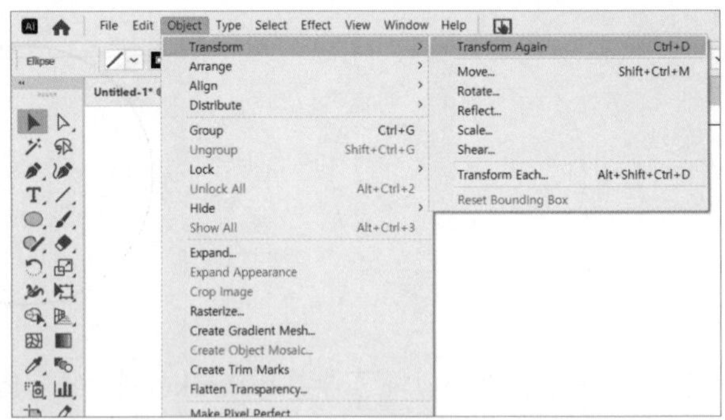

03 전체를 선택한 후 Object ⇨ Path ⇨ Outline stroke 테두리에 패스를 만듭니다.

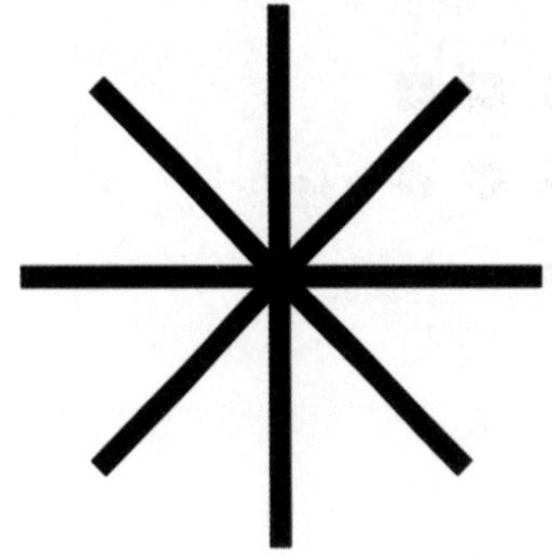

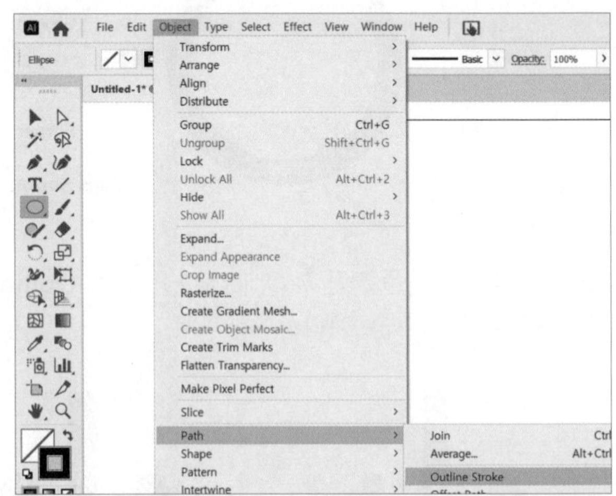

04 전체를 선택한 후 Pathfinder 패널에서 Unite(통합)를 선택하여 하나의 오브젝트로 만듭니다.

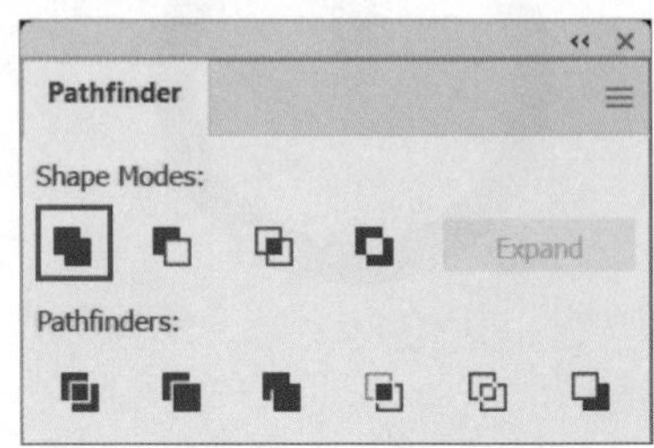

05 Alt+Shift를 누른 상태에서 동그라미를 그린 후에 두 개의 오브젝트를 잘 정렬하여 가운데에 위치하도록 합니다.

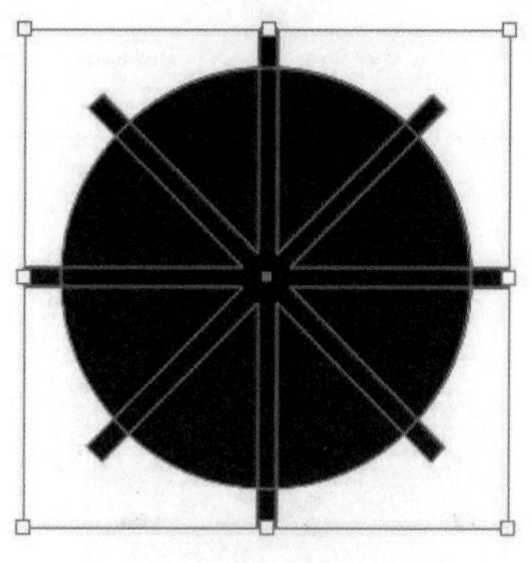

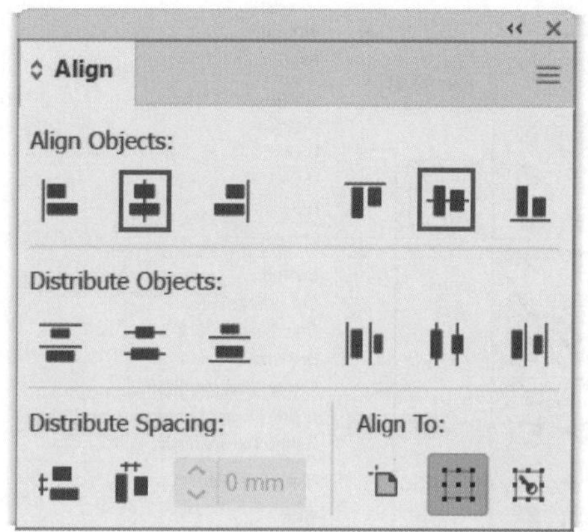

06 Minus front를 누르면 두 개의 오브젝트 중에 앞의 오브젝트를 뺄 수 있습니다.

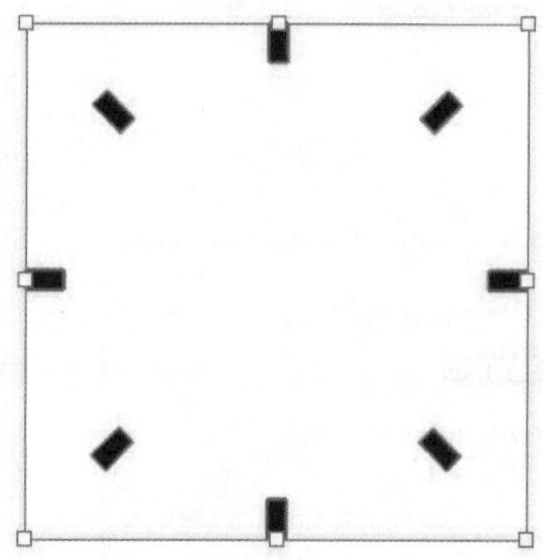

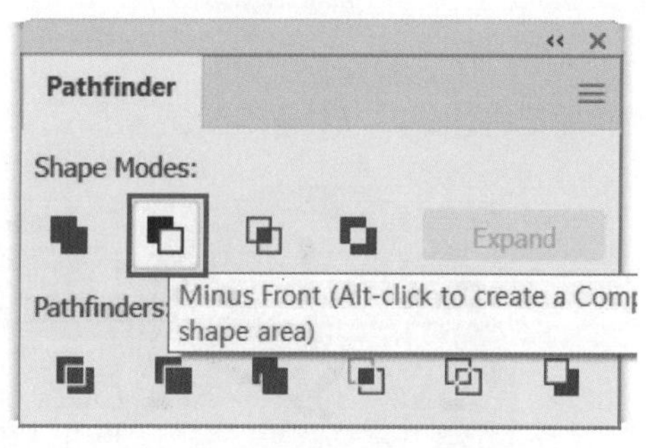

07 Line tool【₩】을 이용하여 시침, 분침, 초침을 그린 후 원을 그립니다. ⇨ 원을 선택한 후에 맨뒤로 보냅니다. Send to back【Ctrl+Shift+[】

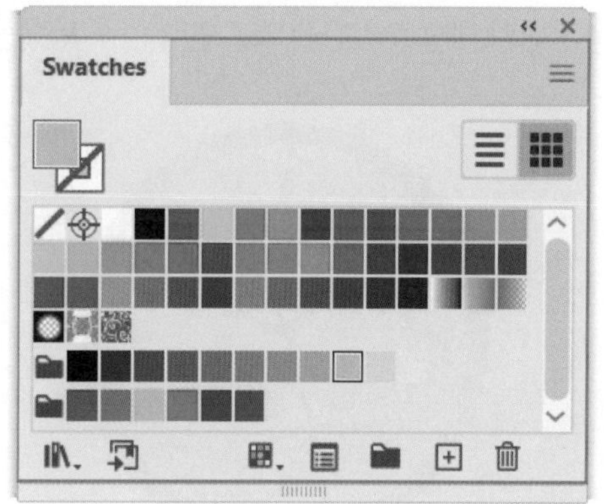

드로잉 & 다양한 기능 살펴보기

08 Object ⇨ Path ⇨ Offset Path 방금 전에 그린 회색 원만 선택하고 동일한 간격의 패스를 만듭니다.

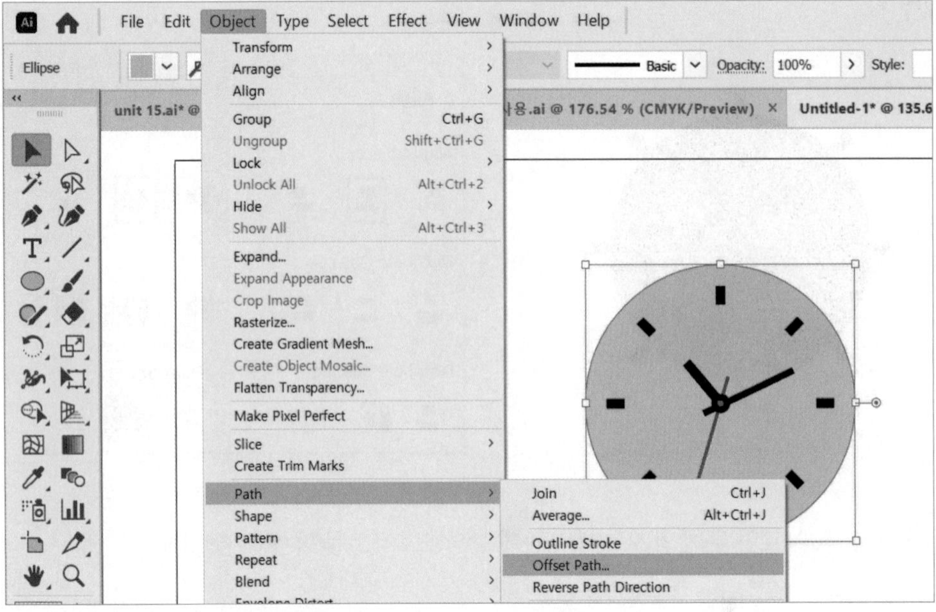

09 적절하게 두꺼워질 원의 크기를 정해줍니다.

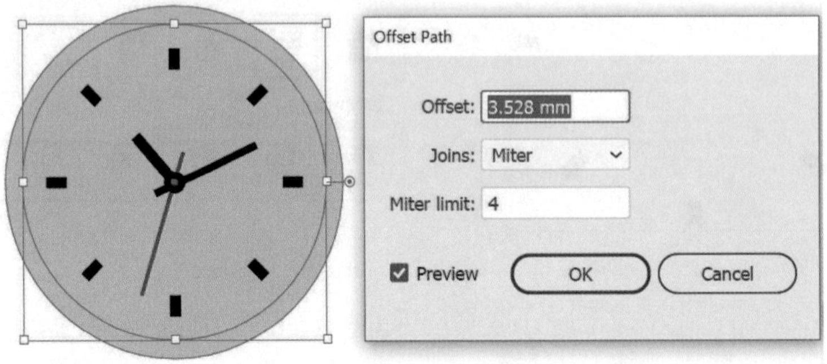

10 두꺼워진 원의 색상을 검은색으로 변경한 후 펜툴을 이용하여 아래처럼 그립니다.

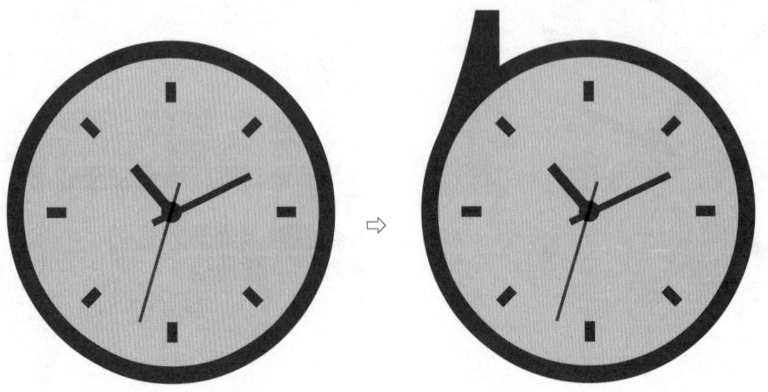

11 왼쪽 부분을 클릭한 후에 Reflect tool【O】을 선택하고 Enter를 누릅니다. 아래처럼 reflect(반사) 대화창에서 Vertical 90˚를 선택하고 Copy를 누릅니다. 오른쪽으로 옮겨 놓습니다.

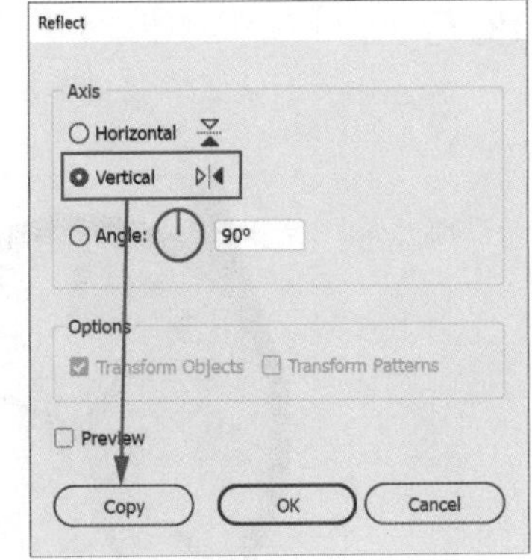

12 위의 두 개의 오브젝트를 클릭한 후에 Reflect tool【O】을 선택하고 Enter를 누릅니다. 아래처럼 reflect(반사) 대화창에서 Horizontal 0˚를 선택하고 Copy를 누릅니다.

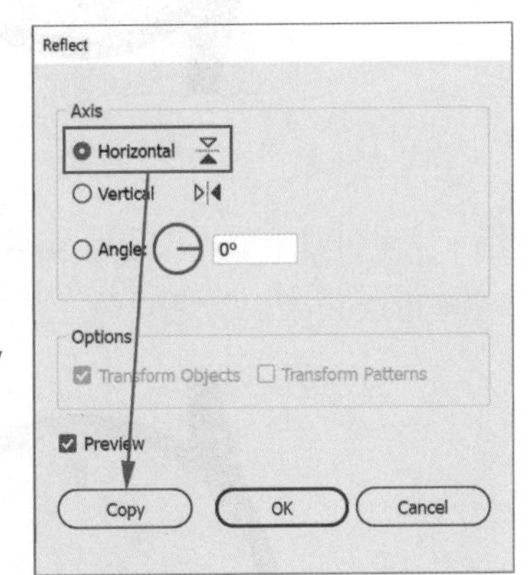

13 시계 전체를 선택하고 Group【Ctrl+G】 합니다. Layer 패널【F7】에서 Layer 1 안에 보면 Group이 보입니다.

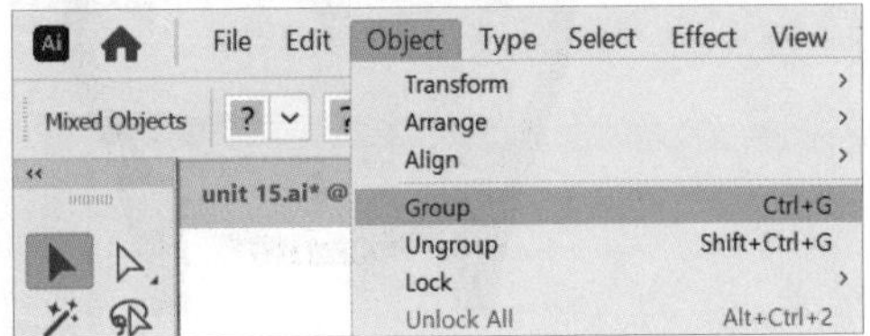

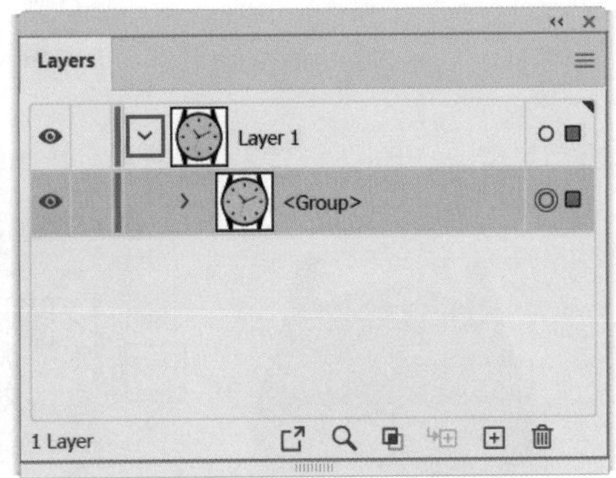

드로잉 & 다양한 기능 살펴보기

14 Group한 시계를 선택하고 뒤에 붙입니다. Copy 【Ctrl+C】 ⇨ Paste in Back 【Ctrl+B】 그리고 위의 Group은 선택되지 않도록 잠가 놓습니다.

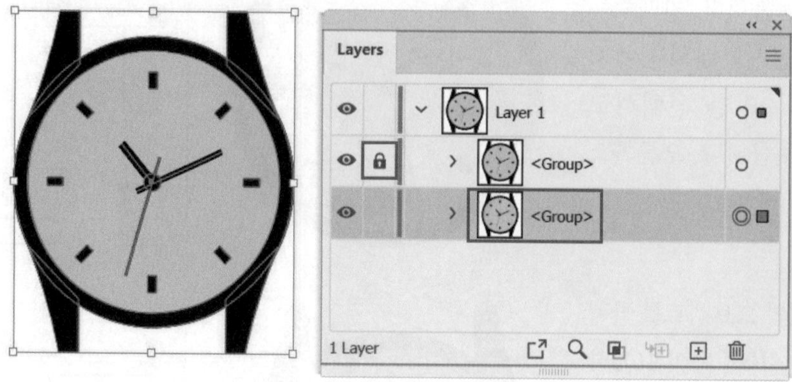

15 가장 아래에 있는 그룹을 하나로 통합하기 위해서 Pathfinder 패널에서 Unite를 클릭합니다. 검정색 Fill color로 변경됩니다.

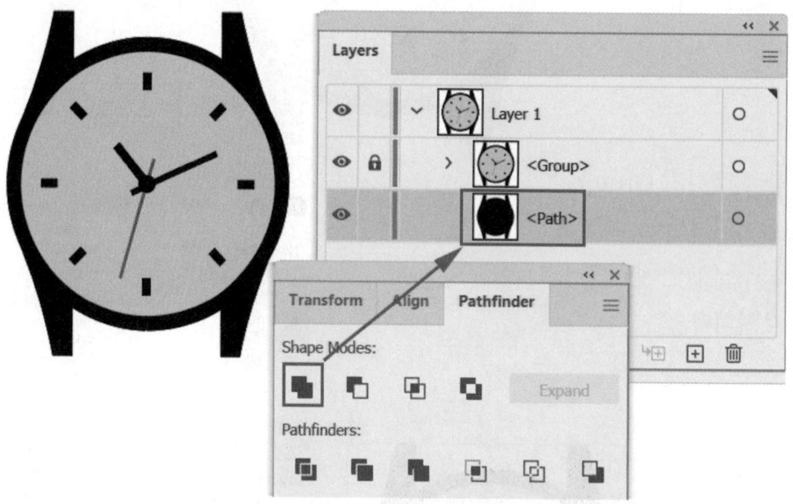

16 그룹의 눈 아이콘을 끄고 아래에 있는 Path의 색상(#1C75BC)을 변경합니다.

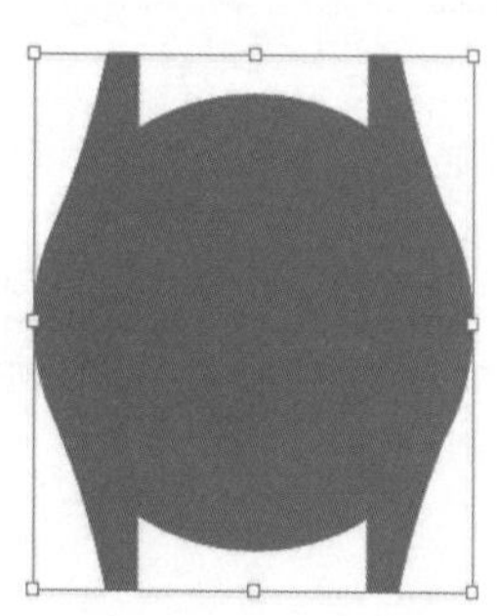

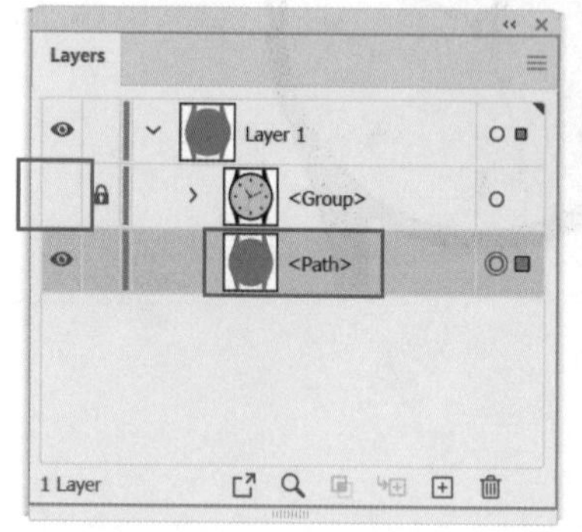

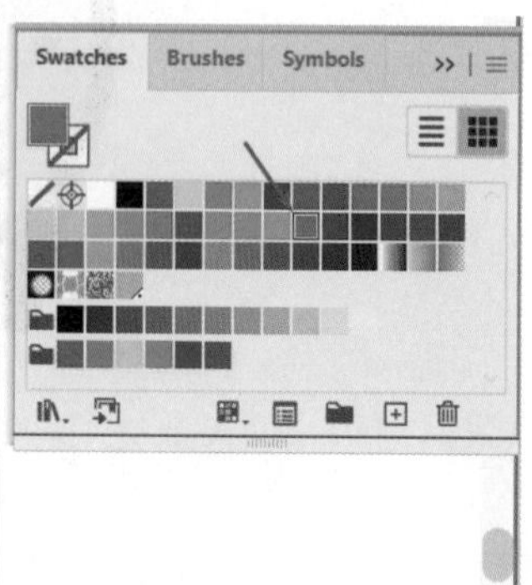

17 Path를 한번 더 뒤로 복사해 놓습니다. Copy【Ctrl+C】⇨ Paste in Back【Ctrl+B】그리고 위의 Path는 선택되지 않도록 잠가 놓습니다.

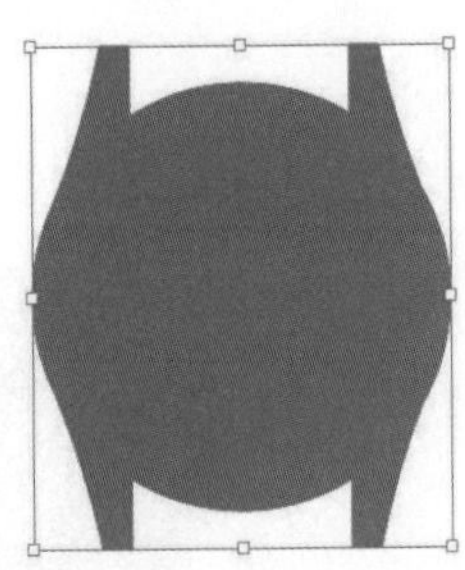

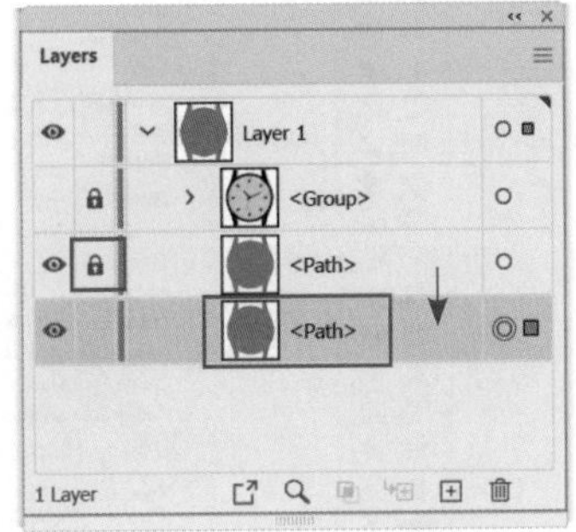

18 가장 아래에 있는 패스를 오른쪽 아래로 이동합니다.

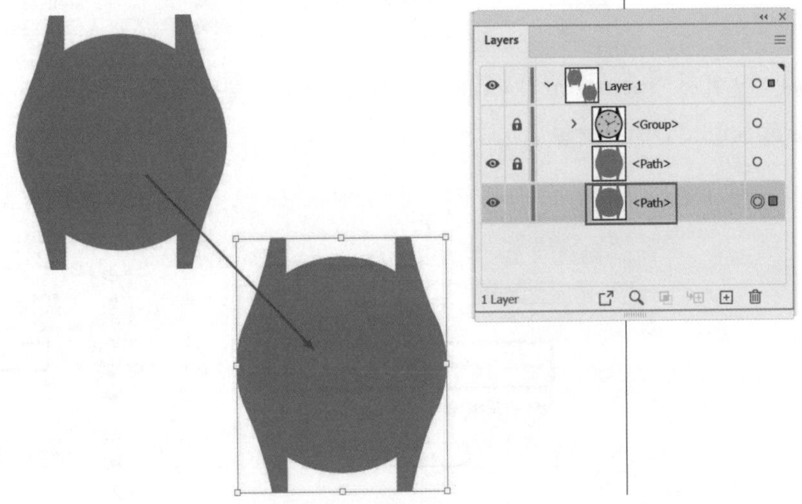

19 Transparency 패널에서 Opacity를 0%로 합니다. 위의 Path는 잠금을 해제합니다.

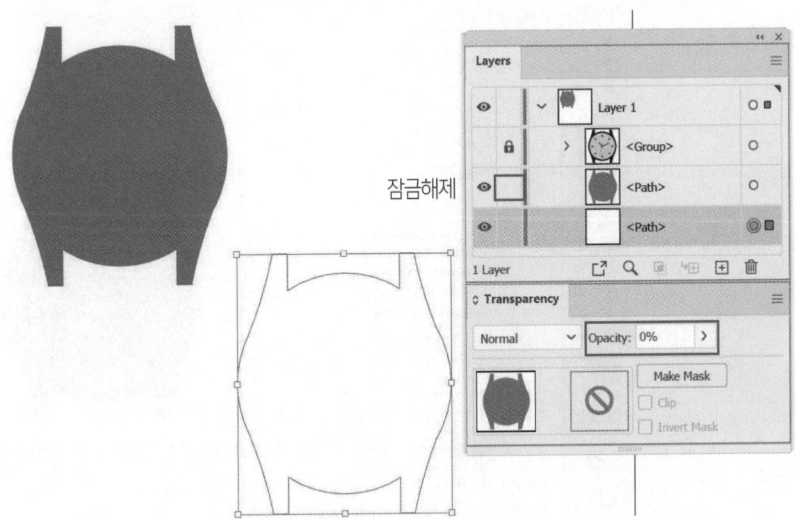

20 Object ⇨ Blend ⇨ Blend Options 두 개의 오브젝트를 혼합하기 위해서 옵션을 설정합니다.

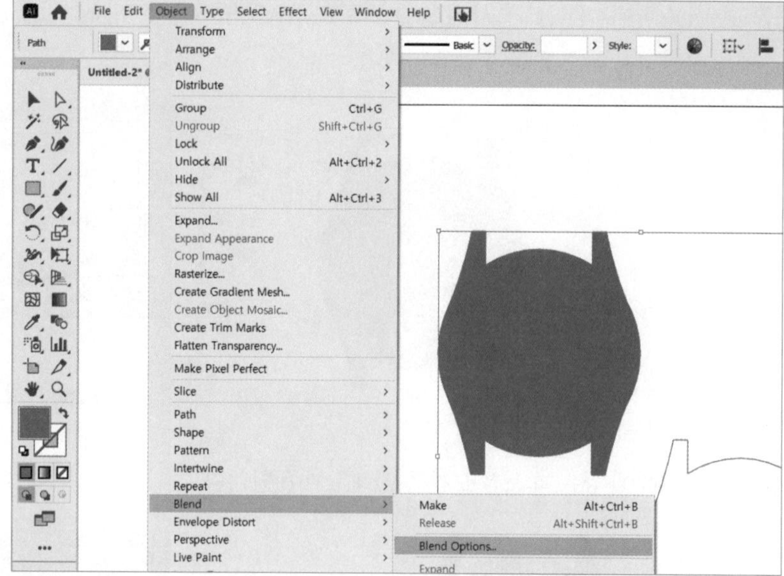

21 Properties 패널에서 Document의 Units(단위)를 Pixels로 설정한 상태에서 Blend Options의 Spacing을 Specified Distance를 1px로 합니다.

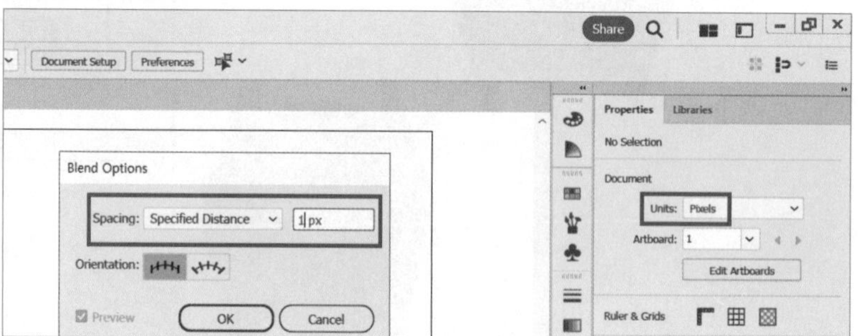

22 Object ⇨ Blend ⇨ Make【Ctrl+ Alt+B】 두 개의 오브젝트를 혼합합니다.

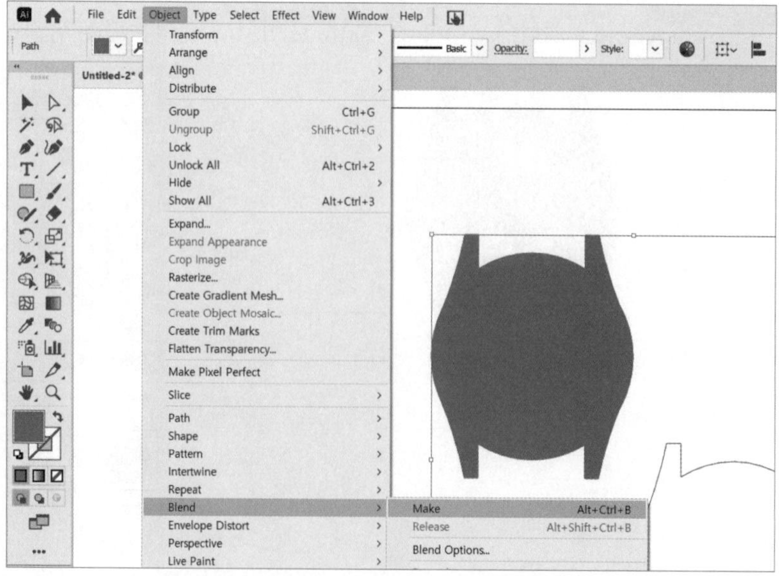

23 두 개의 오브젝트가 Blend(혼합)됩니다.

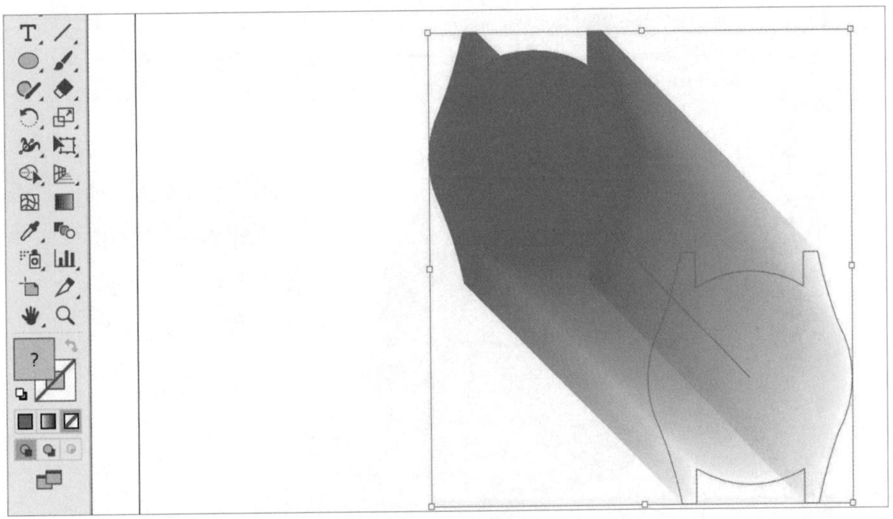

24 Transparency 패널에서 두 오브젝트의 혼합을 Multiply로 설정합니다.

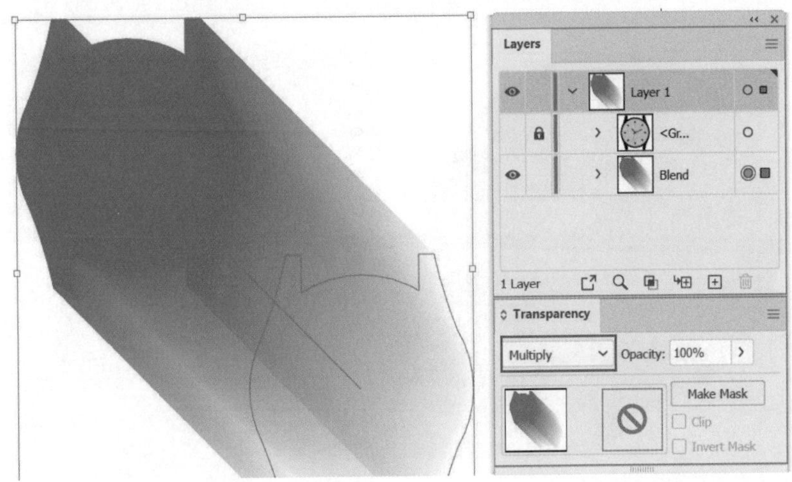

25 시계 모양의 눈 아이콘을 클릭하여 보이도록 합니다.

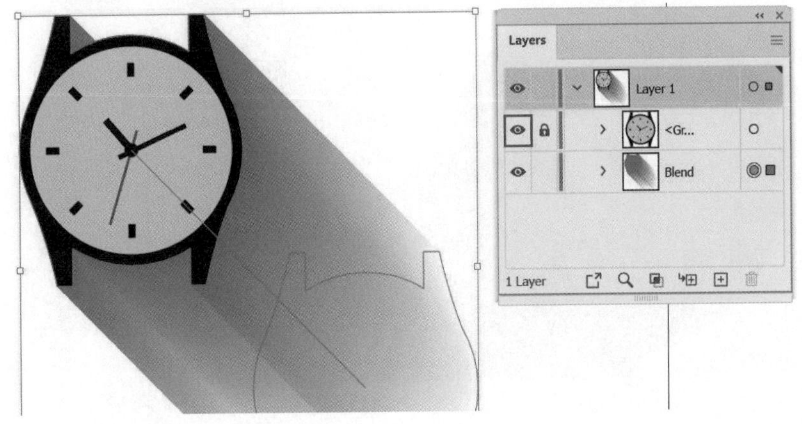

드로잉 & 다양한 기능 살펴보기

26 원을 시계보다 약간 크게 그립니다. 색상은 #71BF4E로 합니다.

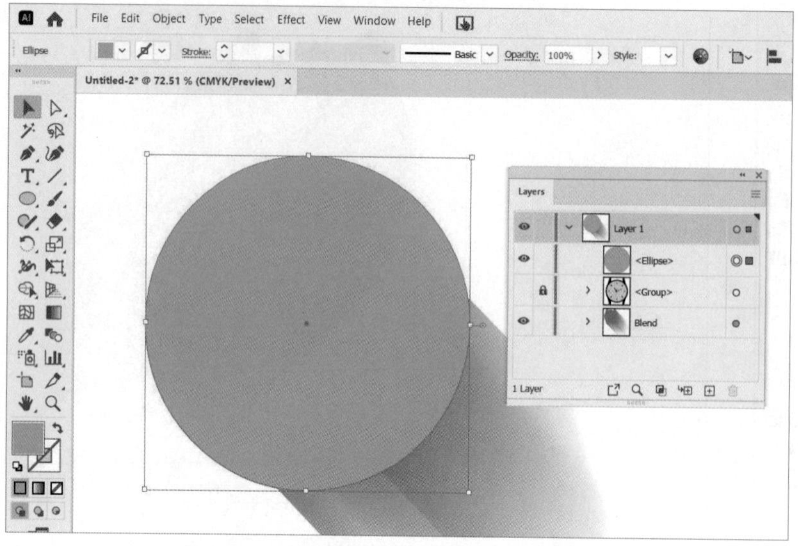

27 원을 선택해서 복사한 후 뒤에 붙입니다. Copy【Ctrl+C】⇨ Paste in Back【Ctrl+B】

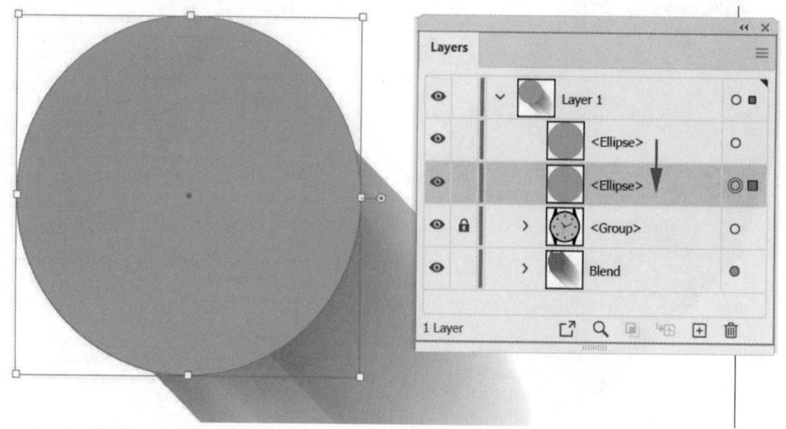

28 마우스를 이용하여 복사본을 가장 아래로 내립니다.

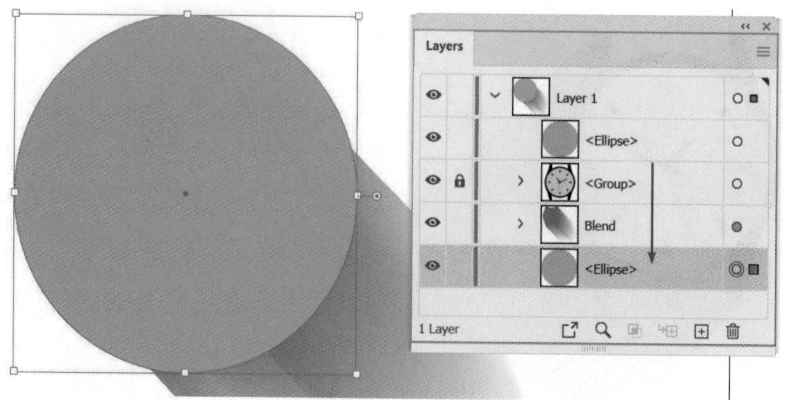

29. 잠가 놓았던 시계의 잠금을 해제합니다.

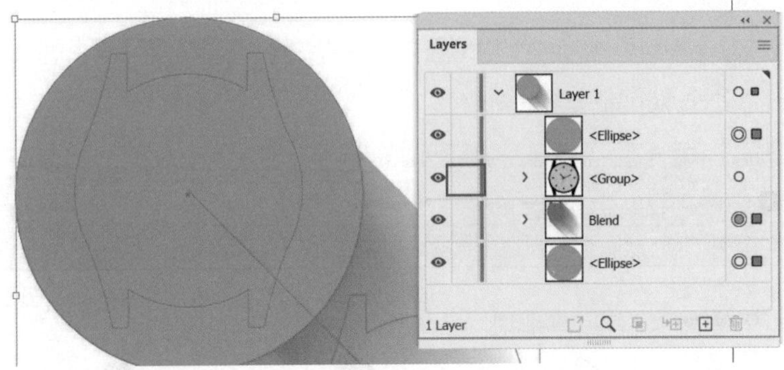

30 전체를 선택한 후에 Object ⇨ Clipping mask ⇨ Make【Ctrl+7】가장 위의 원의 역할은 보여질 영역입니다. 그리고 가장 아래에 있는 원의 역할은 배경색으로 보이도록 합니다.

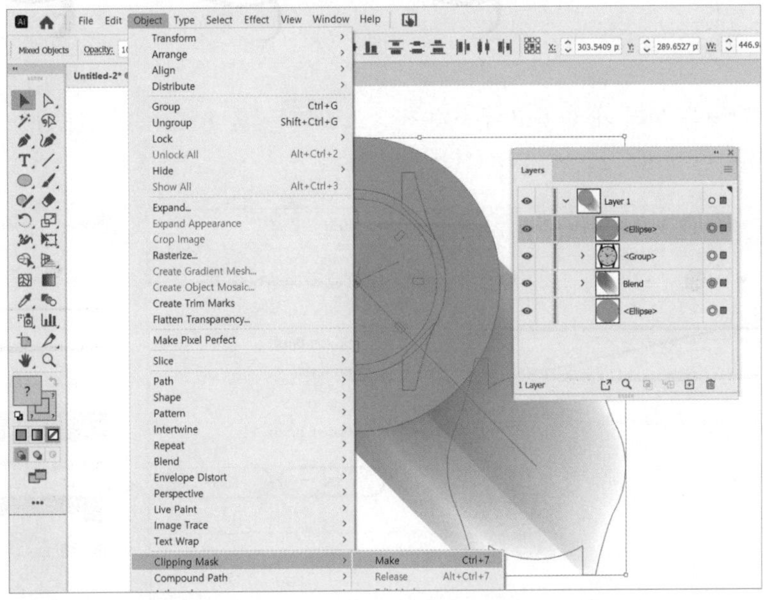

31 동그란 영역에 그림자 효과가 적용된 컨셉의 오브젝트가 완성되었습니다.

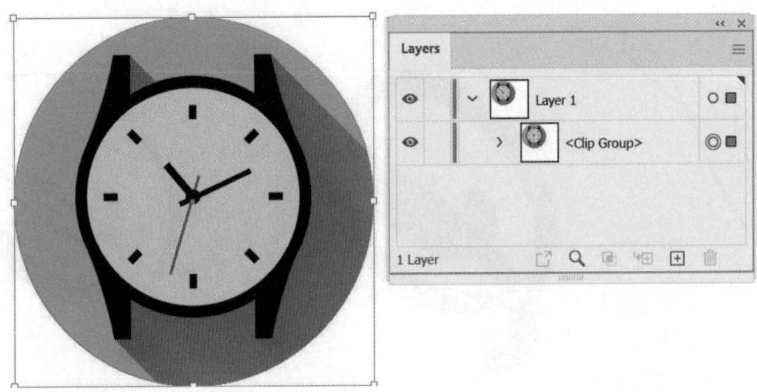

03 | 폭 툴 Width tool

Width tool【Shift+W】를 선택한 상태에서 경로를 따라 아무 점이나 클릭하여 당기면 스트로크의 해당 부분을 확장하거나 축소할 수 있습니다.

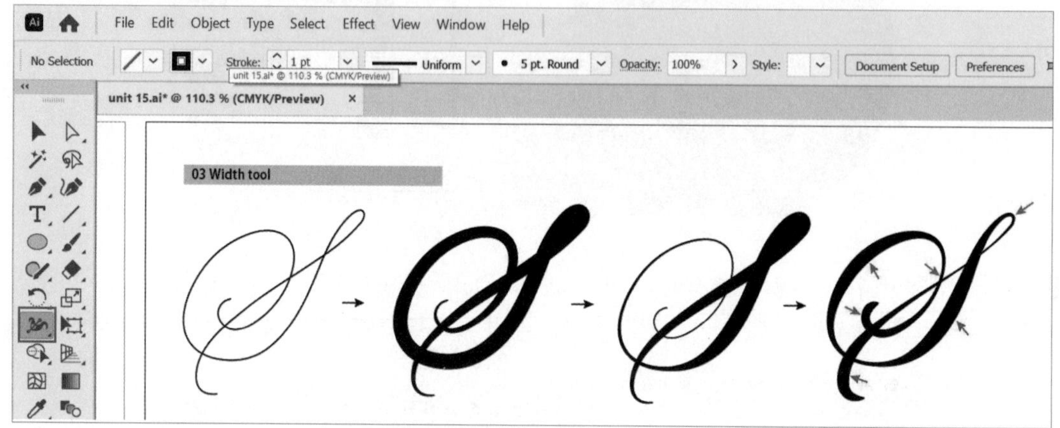

01 아래처럼 사각형을 여러 개 만들고 무지개 색상으로 만든 후, Brush 패널【F5】을 드래그하여 Art brush를 선택하면 브러시 패널에 등록됩니다.

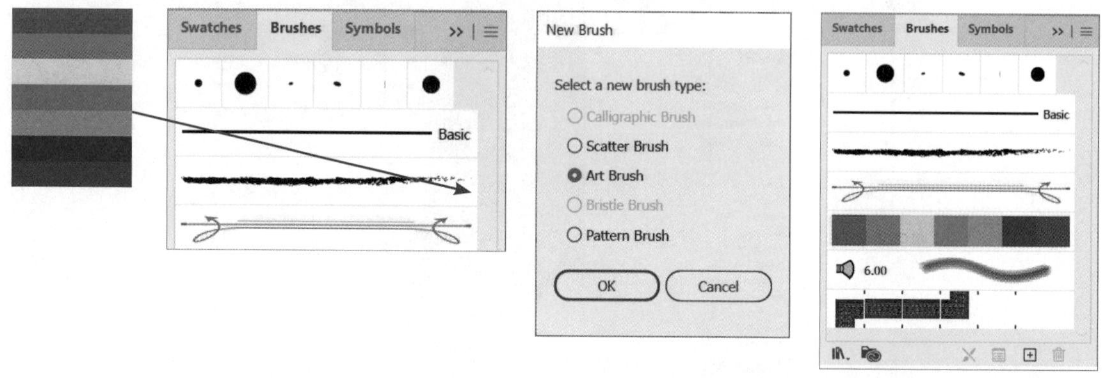

02 Pen tool【P】을 이용하여 아래처럼 알파벳 'S'를 그린 후에 브러시 패널에 등록해 놓은 아트 브러시를 적용합니다. 이후 Width tool【Shift+W】을 이용해서 스트로크의 두께를 조절합니다.

04 | 그래디언트 툴 Gradient tool

• Gradient tool【G】은 다수의 색상을 혼합하는 것으로 빛과 그림자 효과를 주어 오브젝트에 볼륨감을 줄 수 있습니다.

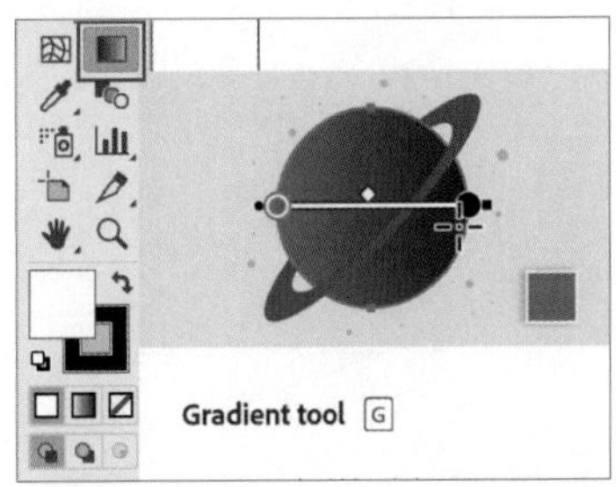

• Gradient는 3가지 유형이 있습니다.

❶ Linear(선형 직선) : 한 지점에서 다른 지점으로 혼합합니다.

❷ Radial(방사형) : 원형 패턴으로 색상을 혼합합니다.

❸ Freeform(자유형) : 무작위의 포인트를 혼합하여 부드럽고 자연스러운 혼합 방식입니다.

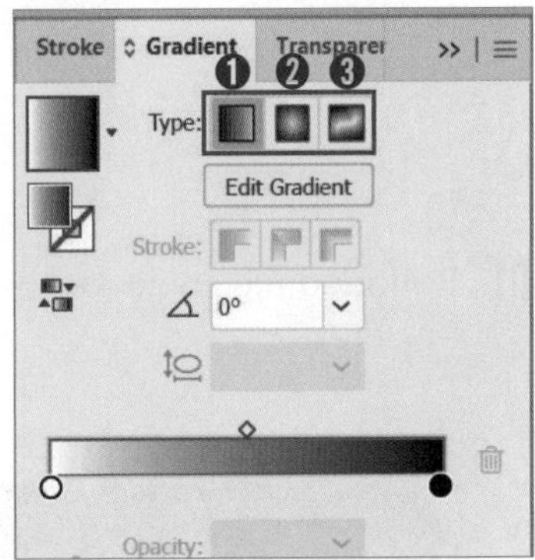

• Swatches 패널에 있는 기본 Gradient는 4가지가 있습니다.

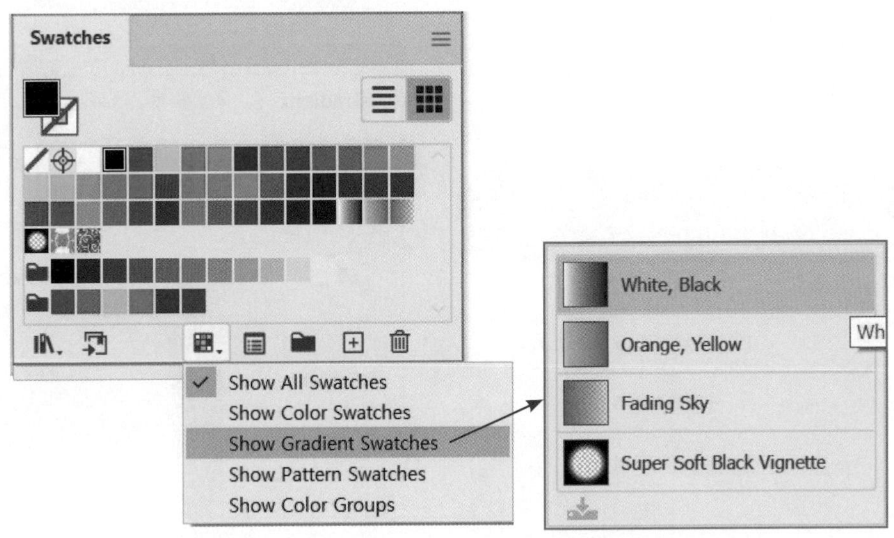

드로잉 & 다양한 기능 살펴보기

· Swatches 패널에서 보이는 기본 그래디언트 이외의 것은 Swatch Libraries menu에서 찾을 수 있습니다.

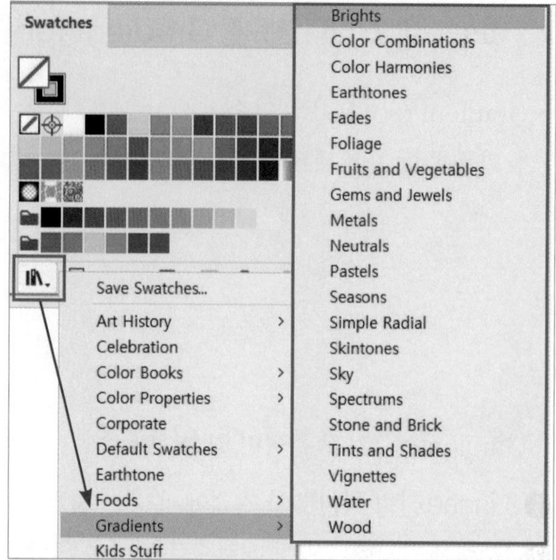

01 Rounded rectangle tool을 이용하여 아래처럼 그립니다.

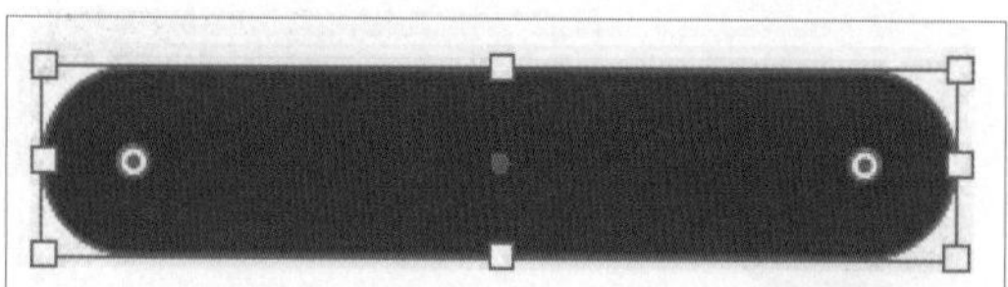

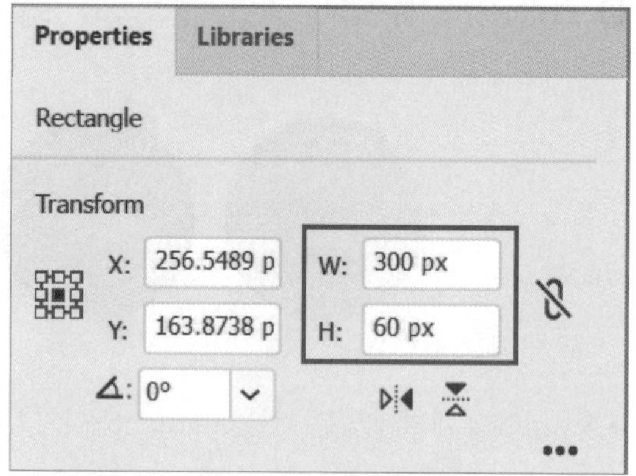

02 Gradient 패널【Ctrl+F9】에서 Freeform(자유형)을 선택합니다.

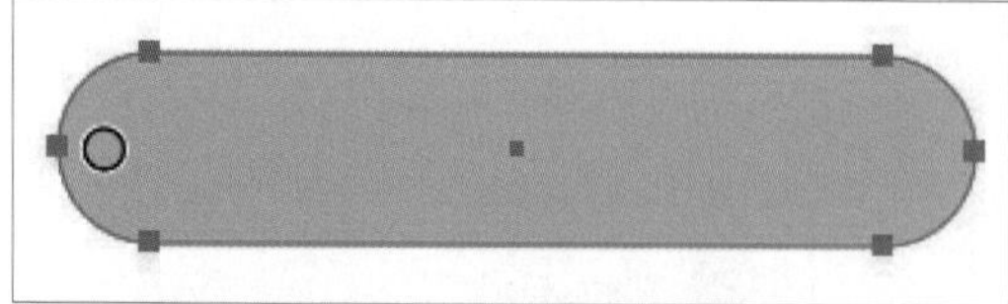

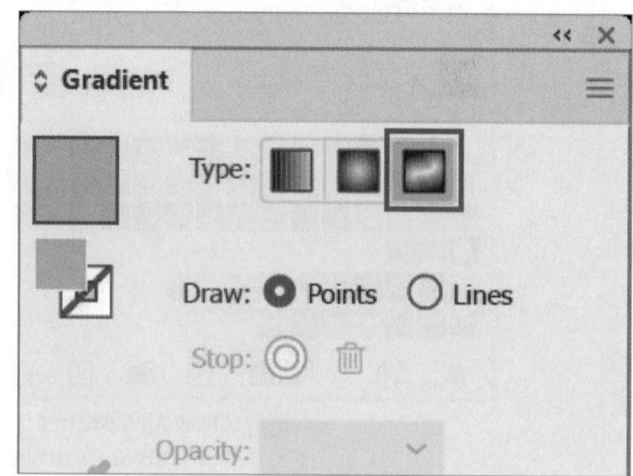

03 Gradient 패널에서 Spot을 더블 클릭하여 색상을 변경할 수 있습니다. 또는 Fill Color에서 변경할 수도 있습니다.

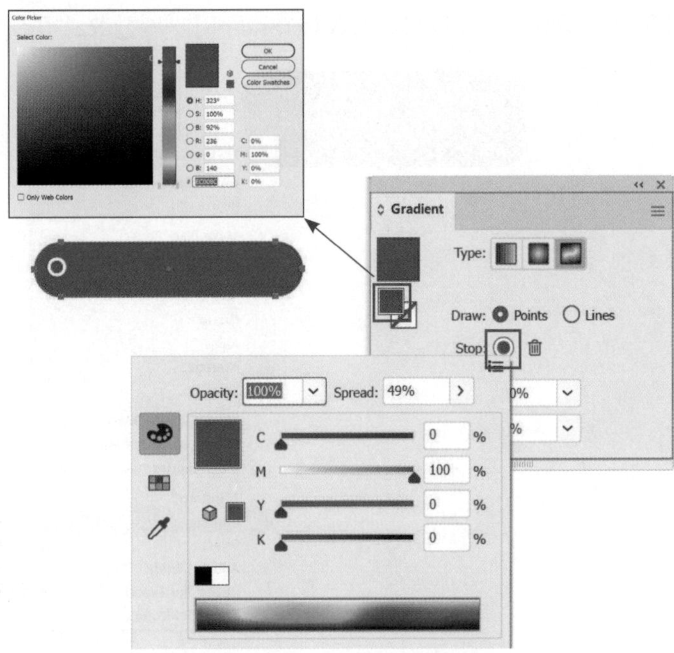

04 다른 위치에 Spot을 추가하고 더블 클릭하여 색상을 변경할 수 있습니다.

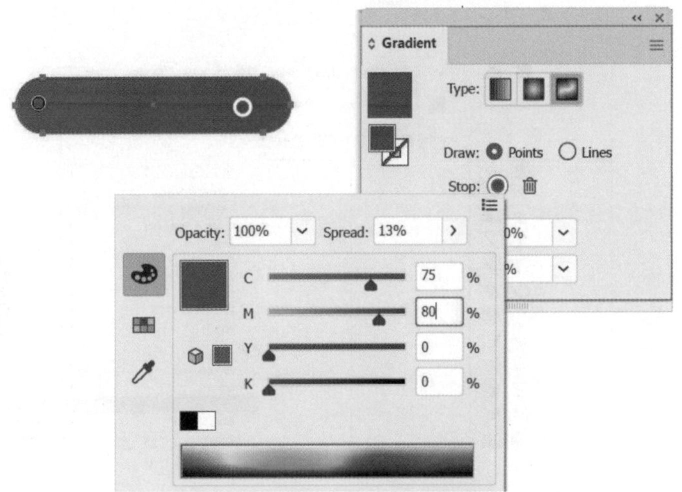

05 라운드 사각형을 선택한 뒤 Alt를 누르고 아래로 이동하여 복사합니다. 그리고 색상을 진한 회색으로 변경합니다.

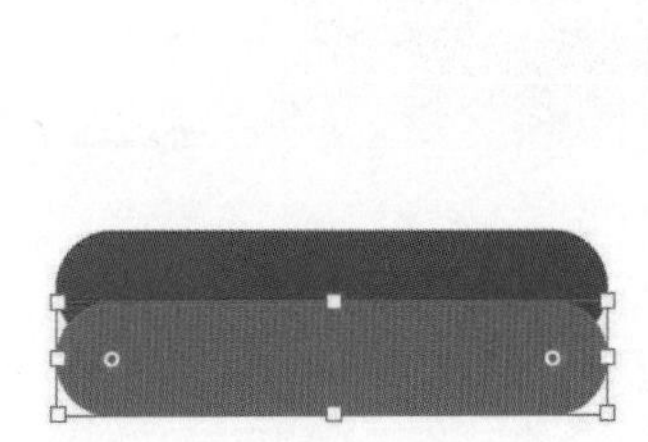

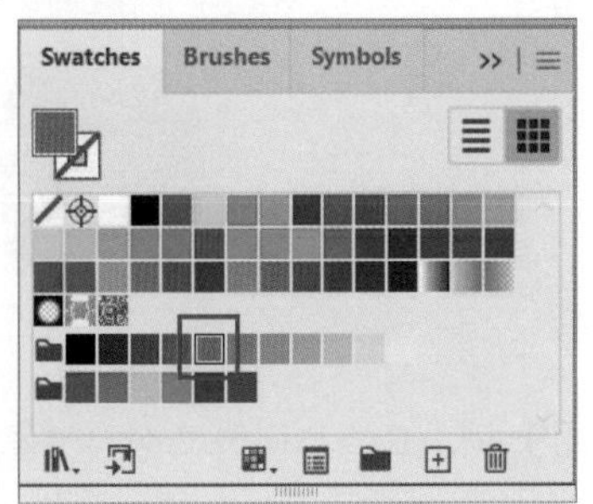

06 Arrange ⇨ Send to back【Ctrl+Shift+[】선택한 오브젝트를 가장 뒤로 보냅니다.

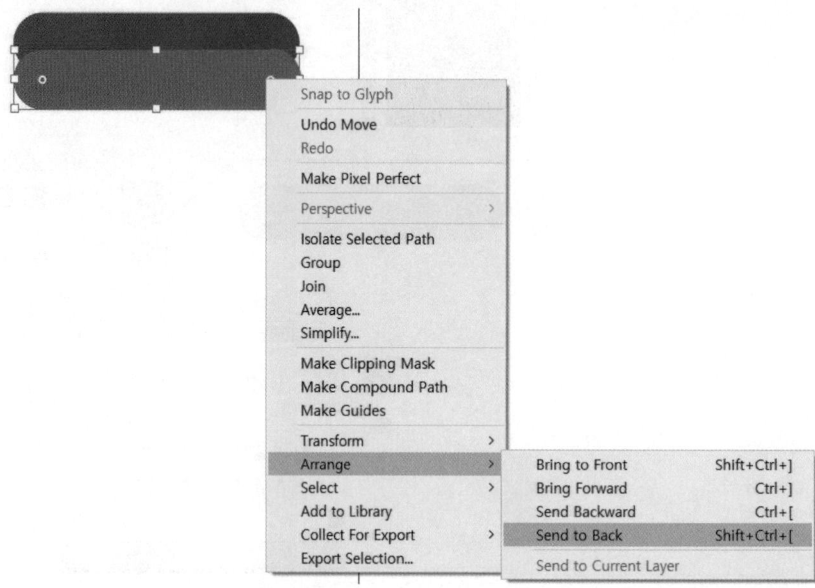

07 Effect ⇨ Blur ⇨ Gaussian Blur 그림자로 보이게 하기 위해서 흐린 효과를 적용합니다.

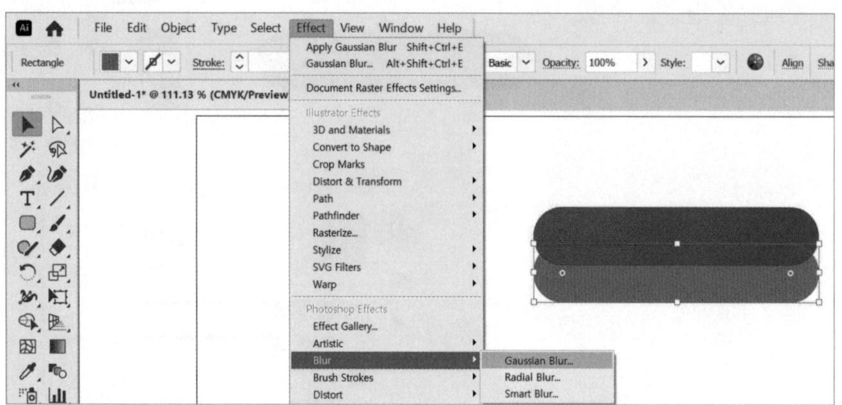

08 Gaussian Blur의 Radius를 60pixels 정도로 합니다.

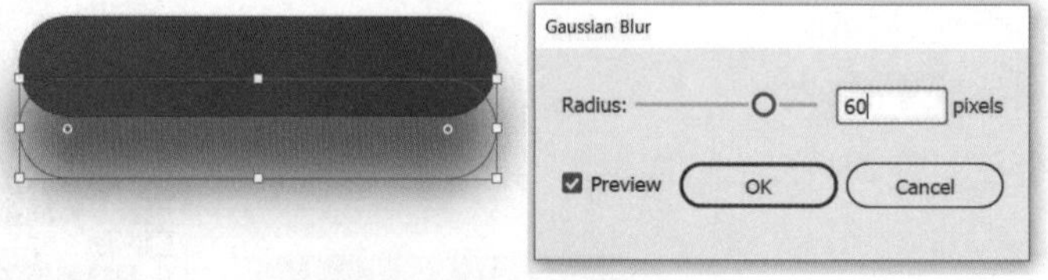

09 텍스트를 입력하고 삼각형을 그려 완성합니다.

05 | 연필 툴 Pencil tool

Pencil tool【N】 연필 툴은 펜 툴에 비해 자연스러운 패스(freeform paths)나 선을 그릴 수 있습니다. Shift 키를 누른 상태에서 그릴 경우 0˚, 45˚, 90˚ 각도의 선분을 그릴 수 있습니다. 또한 드래그를 시작한 후 작은 원이 표시될 때 Alt를 누르면 닫힌 패스를 만들 수 있습니다.

▶Pencil tool Options

- Fidelity : 5개의 사전 설정으로 정확도와 부드러움을 제어할 수 있습니다.
- Fill New Pencil Strokes : 연필 획을 그리기 전에 사전에 설정하고 그리는 경우 면색을 채울 수 있습니다.
- Alt Key Toggles To Smooth Tool : 체크한 경우 연필을 사용하는 동안 Smooth tool로 전환할 수 있습니다.
- Close Paths When Ends Are Within : ~ Pixels : 닫힌 패스를 만들 때 ~픽셀 내에 있다면 경로를 닫을 수 있습니다.
- Edit Selected Paths : 선택한 경로를 편집할 수 있습니다.
- Within ~ pixels : 선택한 경로 편집 옵션이 선택되어 있는 경우에 사용할 수 있으며 마우스가 기존의 경로와 가까운지를 결정할 수 있습니다.

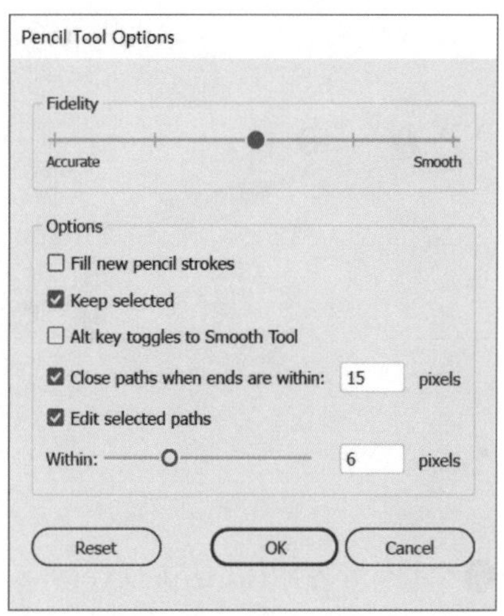

01 연필 툴로 드래그하여 그립니다. 닫힌 패스를 만들기 위해서 끝부분에서 작은 원이 표시되면 Alt를 누르면 됩니다.

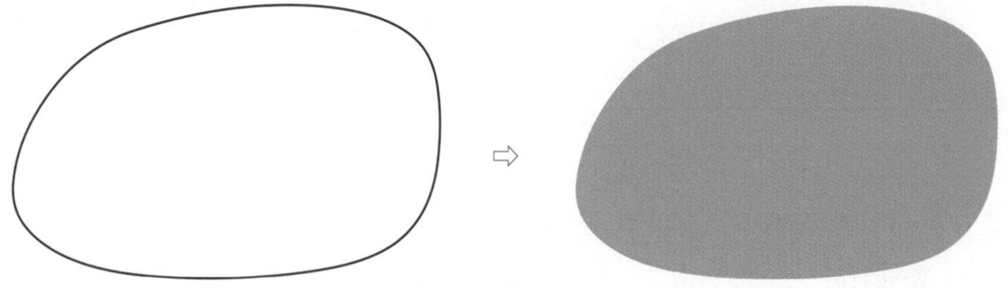

02 Mesh tool【U】을 이용하여 색상을 다양하게 활용하여 감자 모양의 일러스트레이션을 작성할 수 있습니다.

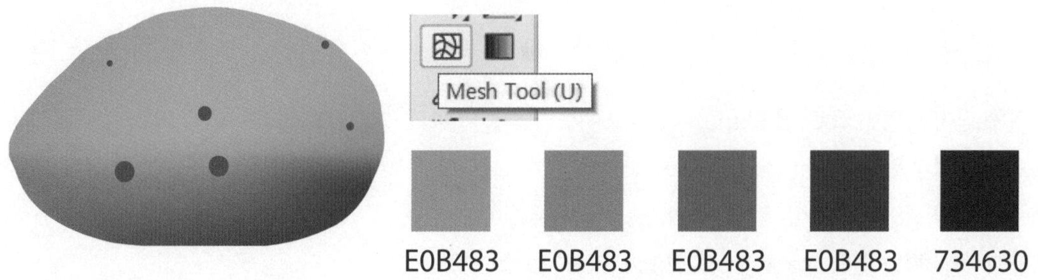

06 | 원근감 격자 툴 Perspective Grid tool

Perspective Grid tool 【Shift+P】을 누르면 문서에 two-point perspective grid(2점 투시 격자)가 만들어집니다. 숨길 때는 View ⇨ Perspective Grid ⇨ Hide Grid 【Ctrl+Shift+I】로 감출 수 있습니다.

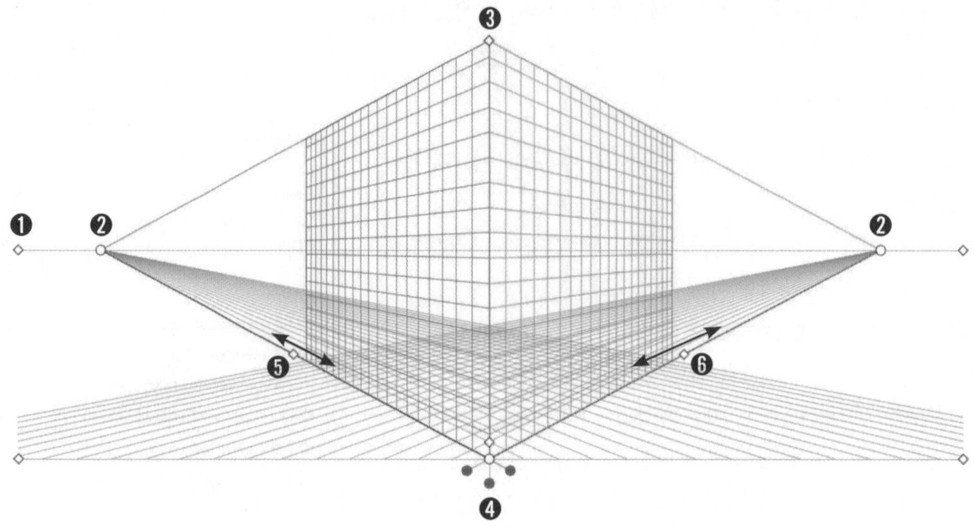

❶ 수평선의 높이(Horizon Level) - 시선의 높이를 상하로 조절할 수 있습니다.

❷ 소실점(Vanishing Point) - 회화나 설계 등에서 많이 활용하는 것으로 연장선을 이어 만나는 점을 말하며 좌우로 조절할 수 있습니다.

❸ 수직 격자 범위(Vertical Grid Extent) - 위, 아래로 움직여 높이를 조절할 수 있습니다.

❹ 수평 그리드 평면 컨트롤(Horizontal Grid Plane Control) - 위, 아래로 움직여 바닥면을 조절할 수 있습니다.

❺ ❻ 그리드의 범위(Extent of Grid)

· 평면 전환 위젯(Plane Switching Widget)

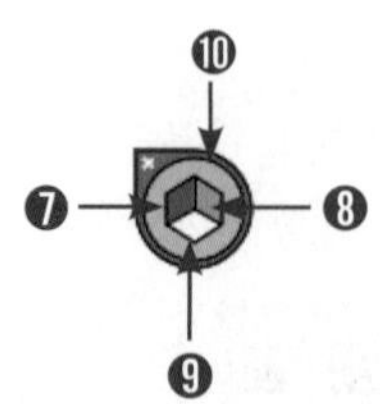

❼ 왼쪽 격자 평면(Left Grid Plane)

❽ 오른쪽 격자 평면(Right Grid Plane)

❾ 수평 격자 평면(Horizontal Grid Plane)

❿ 활성 격자 평면 없음(No Active Grid Plane)

01 Perspective Grid tool【Shift+P】을 눌러 two-point perspective grid(2점 투시 격자)를 만듭니다. 평면 전환 위젯(Plane Switching Widget)을 변경하면서 아래처럼 공간을 그려봅니다.

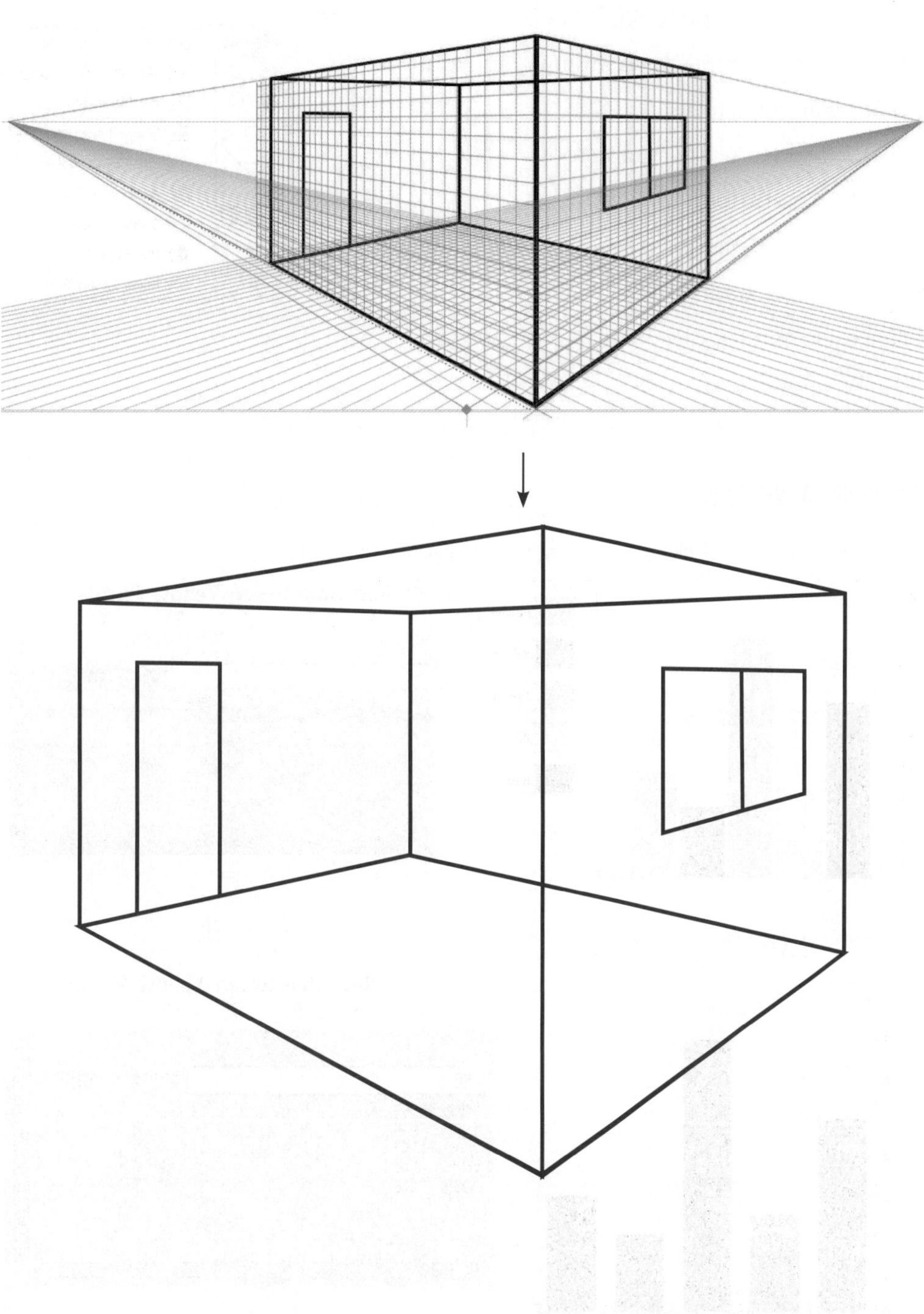

07 | 기둥 그래프 툴 Column Graph tool

사용자의 필요에 따라 다양한 유형의 그래프를 활용할 수 있습니다.

- 기둥 그래프(Column graph tool 【J】)
- 누적 세로 막대형 그래프(Stacked column graph tool)
- 막대 그래프(Bar graph tool)
- 누적 막대 그래프(Stacked bar graph tool)
- 선 그래프(Line graph tool)
- 영역 그래프(Area graph tool)
- 산포 그래프(Scatter graph tool)
- 파이 그래프(Pie graph tool)
- 레이더 그래프(Rader graph tool)

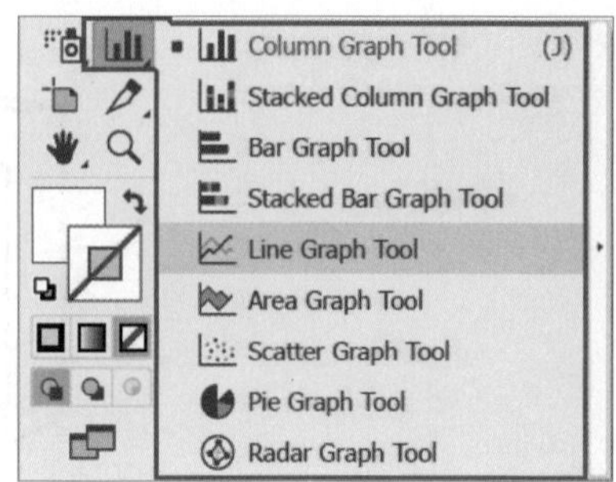

▶ 다양한 데이터를 입력 방법

- Column Graph tool로 드래그하여 가로로 입력해 봅니다. ⇨ Apply

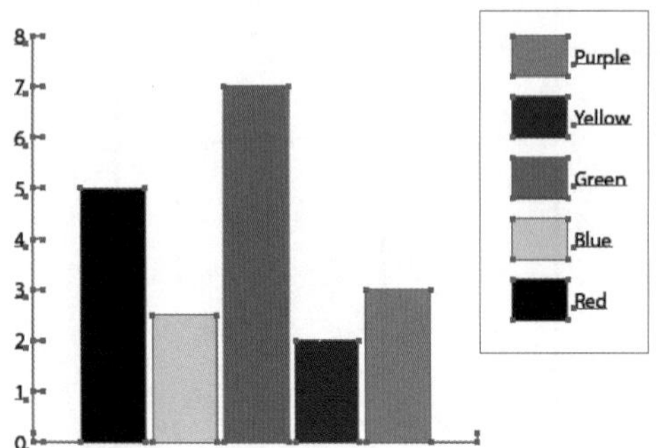

Red Blue Green Yellow Purple
5 2.5 7 2 3

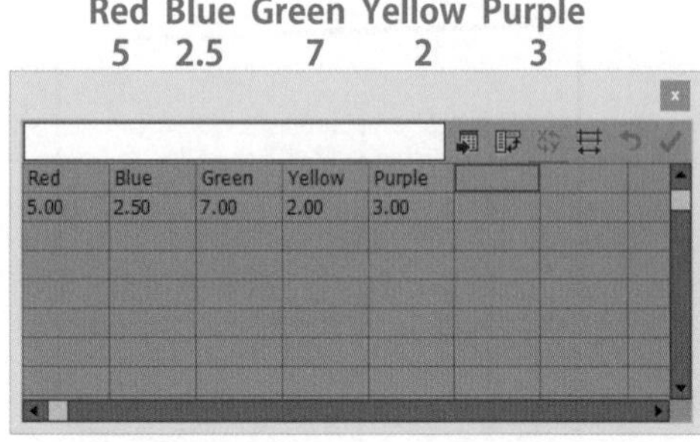

- 세로로 데이터를 입력합니다. ⇨ Apply

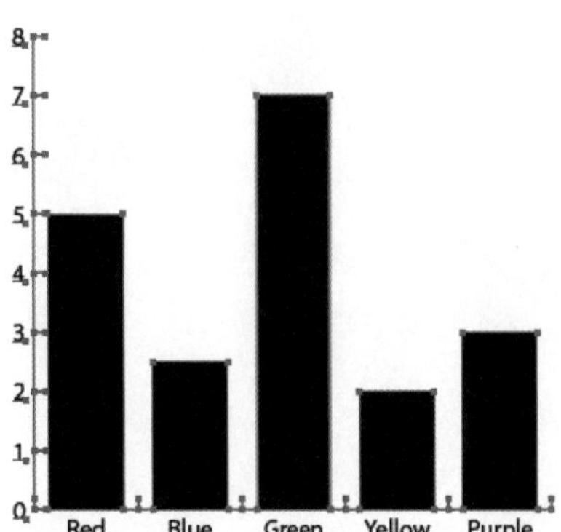

Red Blue Green Yellow Purple
5 2.5 7 2 3

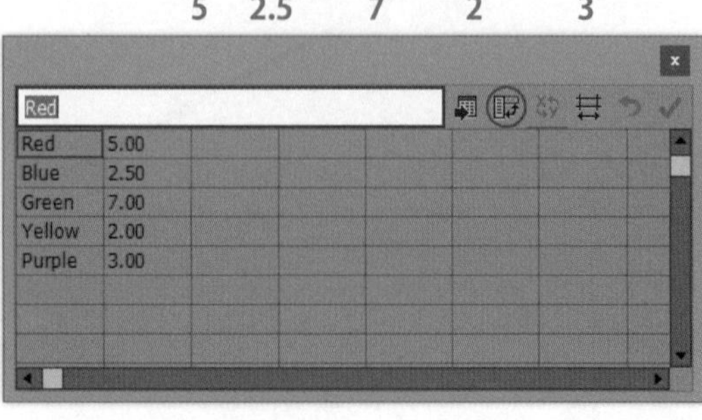

• Histograms (막대 그래프)

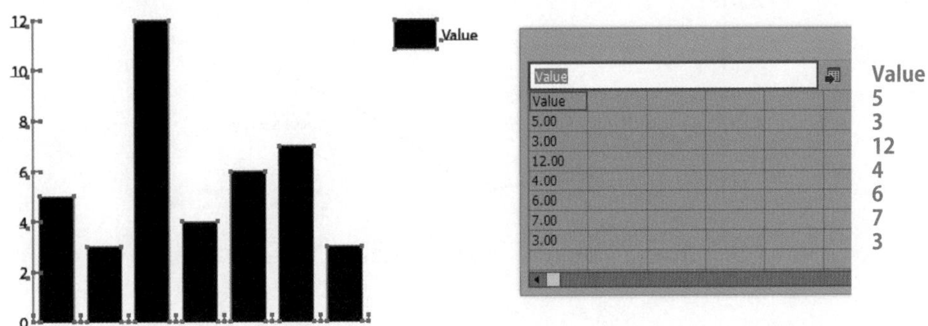

• Grouped Column & Bar Graphs

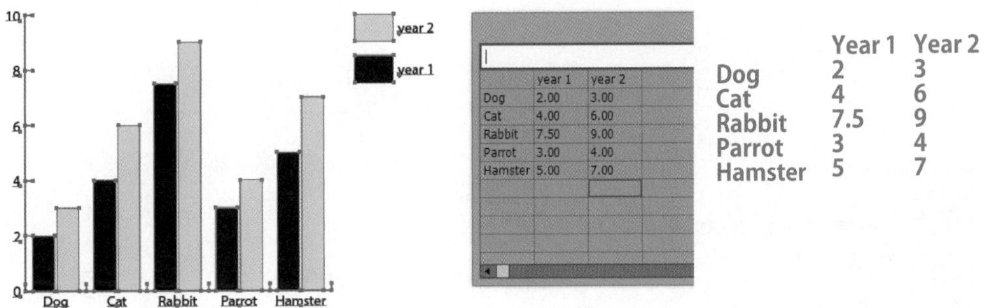

01 Tool 패널에서 Line Graph tool을 찾습니다.

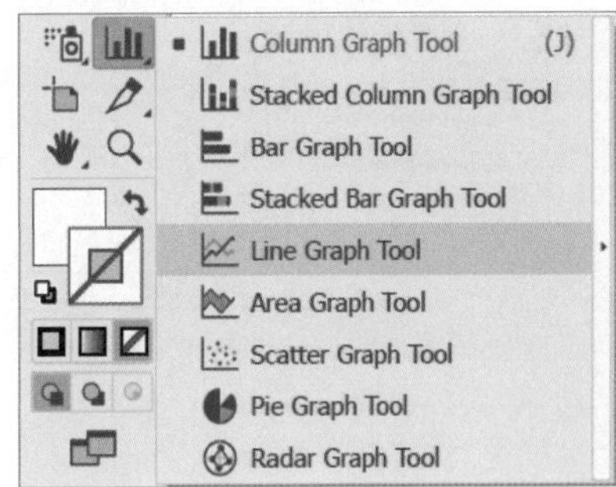

02 아래처럼 데이터를 입력합니다. 이때 연도로 인식하기 위해서는 "2018"~"2022"처럼 이중따옴표를 붙여야 합니다. 110, 130, 120, 150, 170순으로 입력합니다. 입력을 마친 후 Apply를 체크합니다.

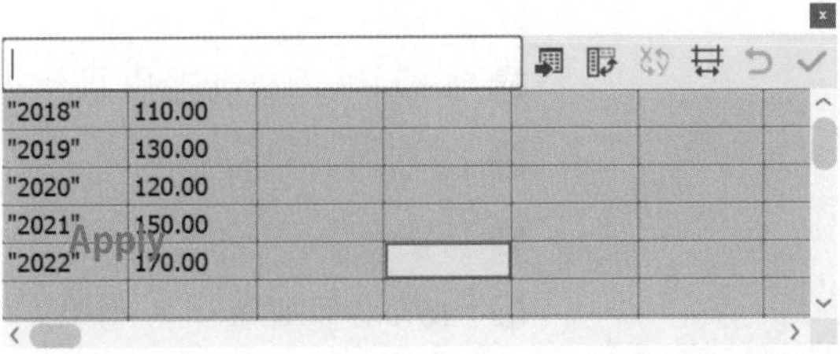

03 그래프의 형식을 변경하기 위해서 그래프의 오른쪽 마우스를 클릭하여 Type을 선택합니다.

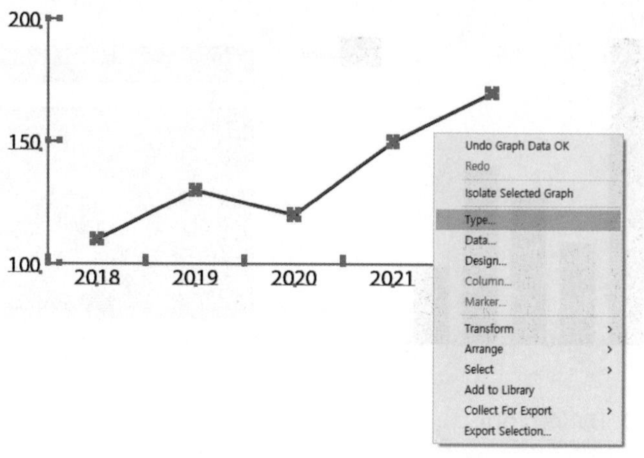

04 Value Axis로 변경합니다.

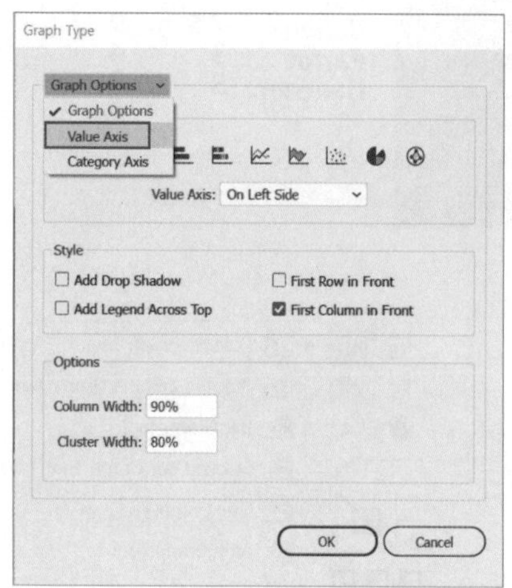

05 대화상자에서 아래처럼 입력하거나 변경합니다.

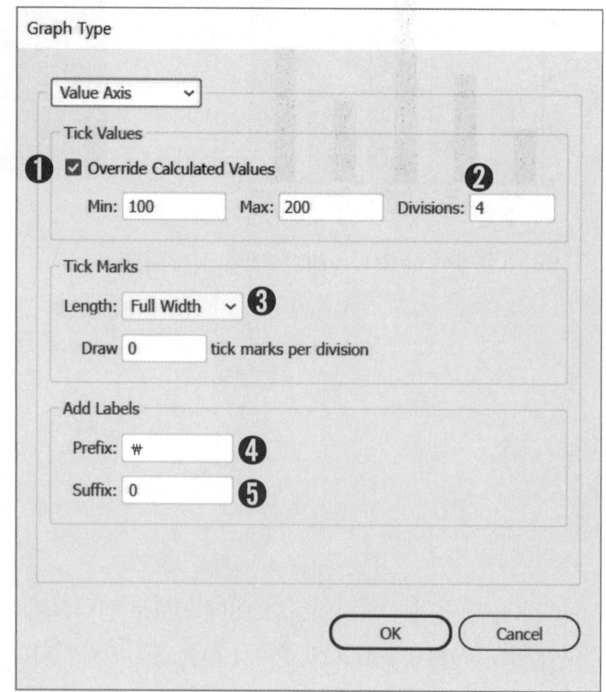

❶ 체크하면 계산된 값을 재정의합니다.

❷ 4분할의 의미입니다.

❸ 설정 눈금은 전체에 맞추라는 의미입니다.

❹ Prefix : 앞에 붙이는 접두 부호('ㄹ' 입력 후 한자키를 눌러 변경)

❺ Suffix : 끝부분에 '0'을 붙이라는 의미입니다.

06 그래프의 모양이 아래처럼 만들어집니다.

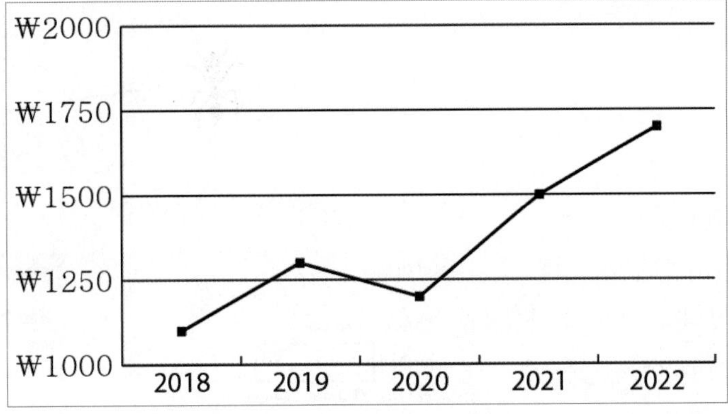

08 | 심볼 스프레이 툴 Symbol Sprayer tool

- ▪ Symbol Sprayer Tool (Shift+S)
- Symbol Shifter Tool
- Symbol Scruncher Tool
- Symbol Sizer Tool
- Symbol Spinner Tool
- Symbol Stainer Tool
- Symbol Screener Tool
- Symbol Styler Tool

- **Symbol Sprayer tool** 【Shift+S】 : Symbol Instance를 만들 때
- **Symbol Shifter tool** : Symbol Instance를 이동하고 싶을 때
- **Symbol Scruncher tool** : Symbol Instance를 모으고 싶을 때 (Click 하면 모아지고 ALt+Click 하면 흩어집니다.)
- **Symbol Sizer tool** : 크기를 크게 하거나 또는 작게 하고 싶을 때 (Click 하면 커지고 Alt+Click 하면 작아집니다.)
- **Symbol Spinner tool** : Symbol Instance의 방향을 바꿀 때 (회전)
- **Symbol Stainer tool** : Symbol Instance의 색상을 바꿀 때(먼저 Symbol Stainer tool을 선택하고 스와치 패널에서 색상을 변경한 후 심볼을 클릭합니다.)
- **Symbol Screener tool** : Symbol Instance의 투명도를 올리거나 내리고 싶을 때 (Click 하면 흐려지고 Alt+Click 하면 진해집니다.)
- **Symbol Styler tool** : 심볼에 Graphic Style 【Shift+F51】을 적용시키거나 또는 적용한 그래픽 스타일을 지울 때(Alt+Click) 사용합니다.
- 심볼 세트를 선택 ⇨ Symbol Styler tool 선택 ⇨ Graphic Style 중의 하나를 선택 ⇨ 심볼을 클릭하면 스타일이 적용됩니다.

01 개미를 Symbol 패널【Shift+Ctrl+F11】로 드래그하여 심볼로 등록합니다.

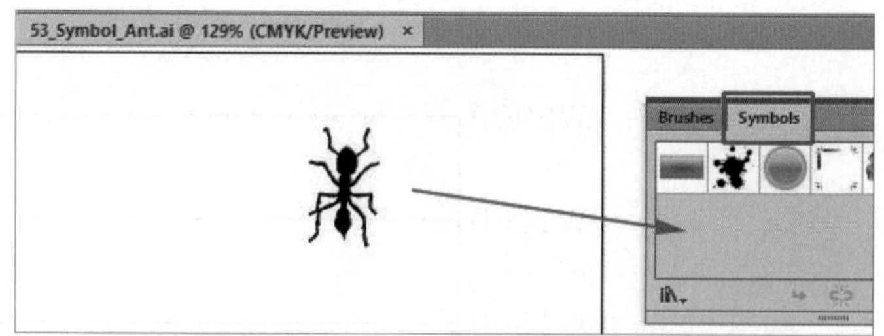

02 Symbol Option창에 Type을 Graphic으로 합니다. 패널의 아래에 + 버튼을 클릭하여 새 심볼로 등록할 수도 있습니다.

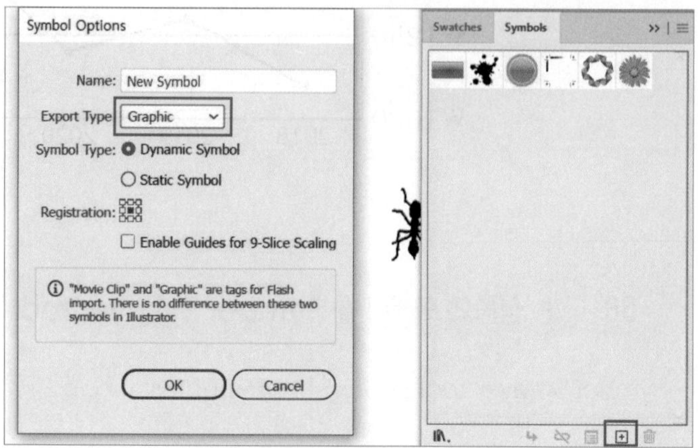

03 Symbol Sprayer tool을 더블 클릭합니다. 기본 크기인 70.56mm를 40mm로 줄입니다.

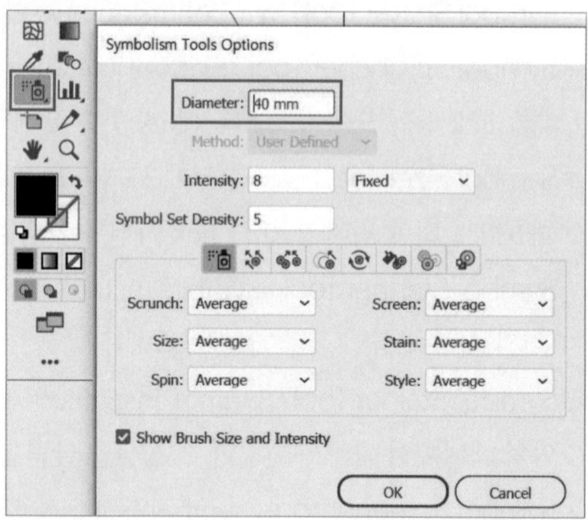

04 첫 번째 Symbol Sprayer tool로 드래그하여 Symbol Instances를 만듭니다. 아트보드에 뿌려진 개체들을 Instances라고 부릅니다.

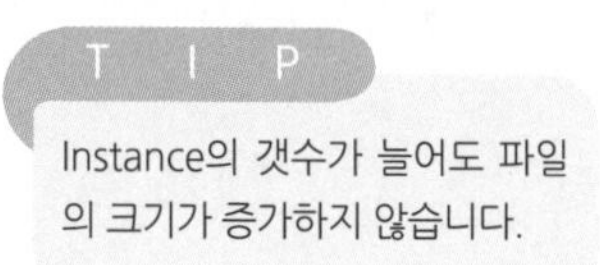

T I P
Instance의 갯수가 늘어도 파일의 크기가 증가하지 않습니다.

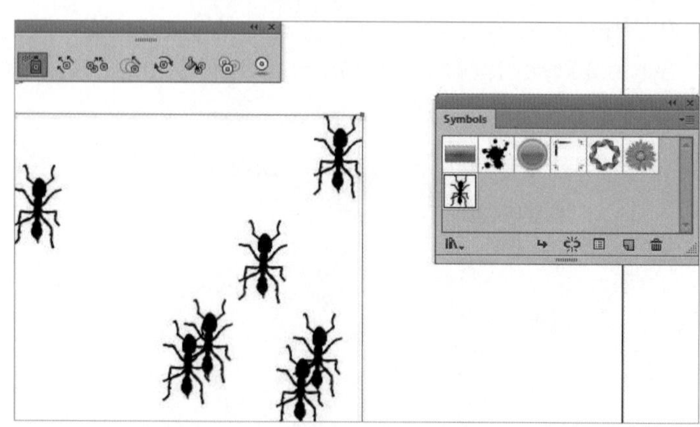

05 Symbol Shifter tool로 원하는 Instances들을 드래그하여 이동합니다.

06 Symbol Scruncher tool로 살짝 길게 【Alt+Click】 하면 간격이 멀어집니다.

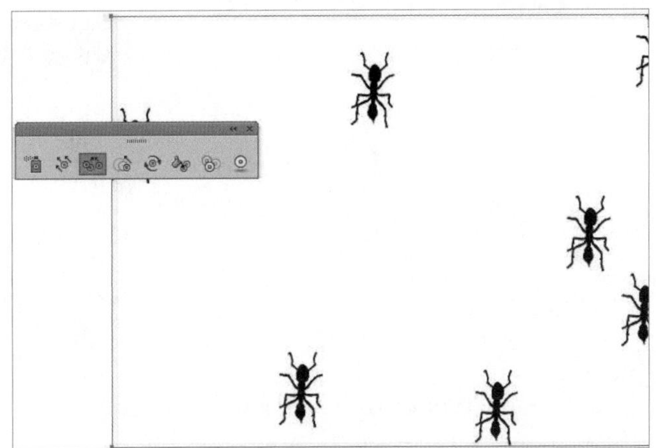

07 만약 가깝게 다시 모으려면 Symbol Scruncher tool을 살짝 길게 누릅니다.

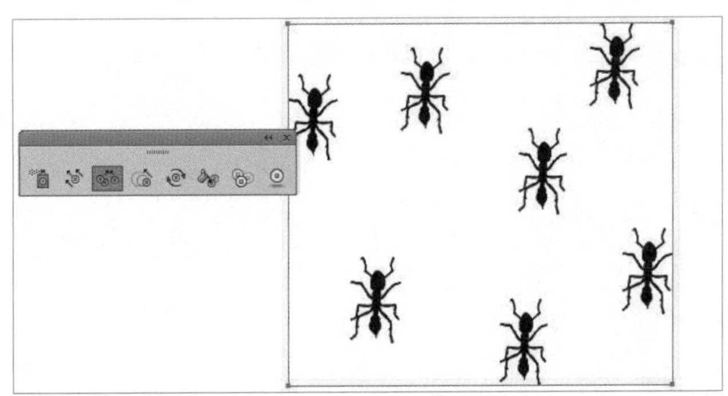

08 Symbol Sizer tool을 선택한 뒤 Click하면 커지고 【Alt+Click】 하면 작아집니다.

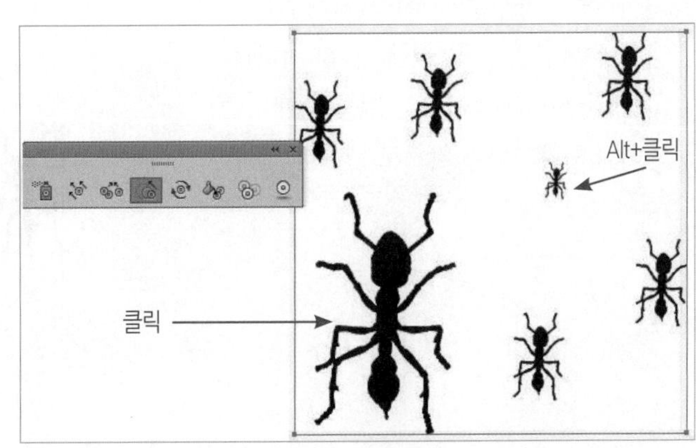

09 Symbol Spinner tool을 선택하고 마우스를 빙글빙글 돌리면 회전할 수 있습니다.

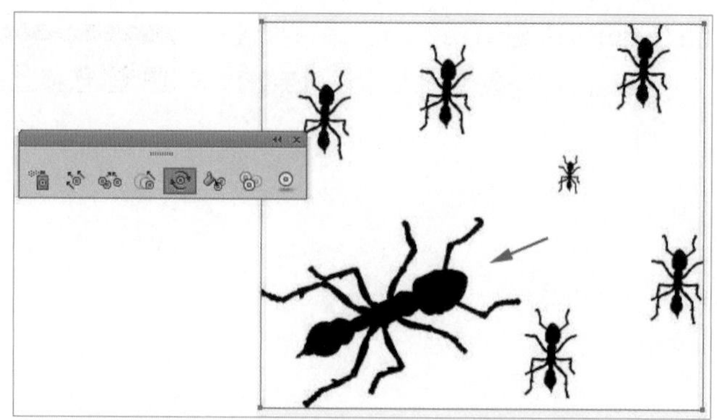

10 아트보드의 전체 Instances를 선택한 후 맨 끝의 Symbol Styler tool을 선택합니다.

Graphic Style 패널【Shift+F5】을 꺼냅니다. 다양한 스타일 중에 하나를 선택하고 개미를 살짝 길게 클릭하여 스타일을 적용할 수 있습니다.

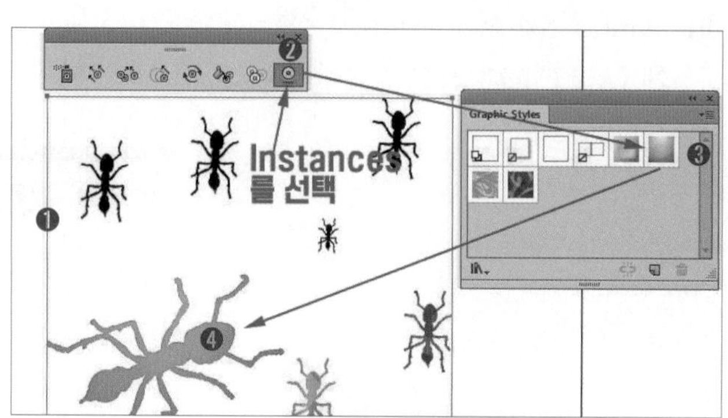

11 Symbol Screener tool을 이용하여 Click하면 흐려지고 Alt+Click하면 점점 진해집니다.

12 지금부터는 Symbol Stainer tool의 기능을 익히기 위해 Symbol 패널【Ctrl+Shift+F11】에서 별도로 개미를 하나 드래그하여 밖으로 뺍니다.

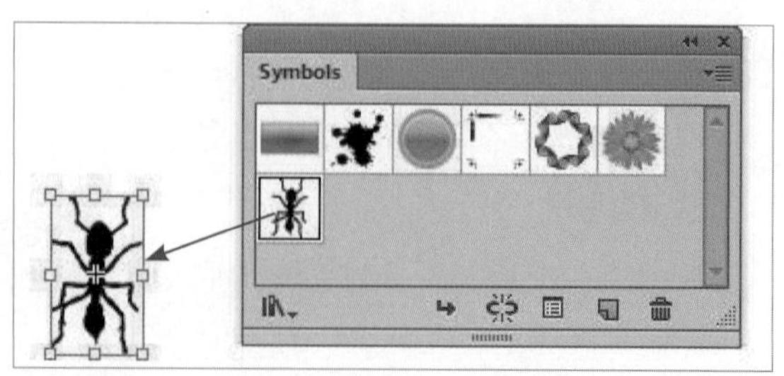

13 Break Link to Symbol(심볼에 대한 연결 끊기)을 클릭합니다.

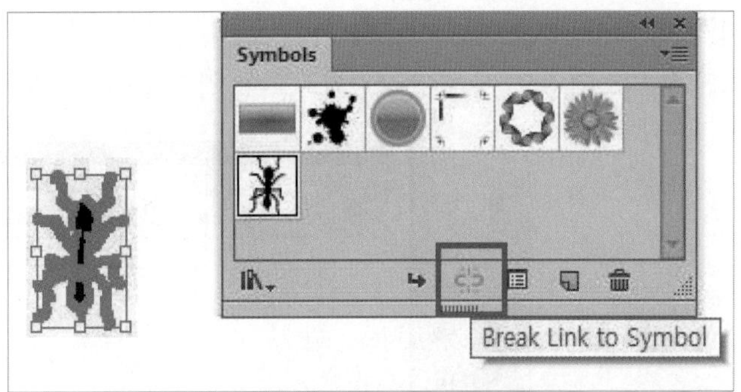

14 노란색으로 변경합니다.

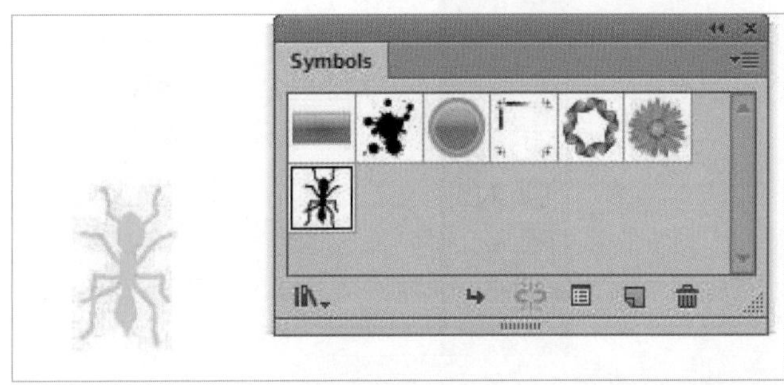

15 노란색으로 변경한 개미를 Symbol 패널로 드래그하여 등록합니다.

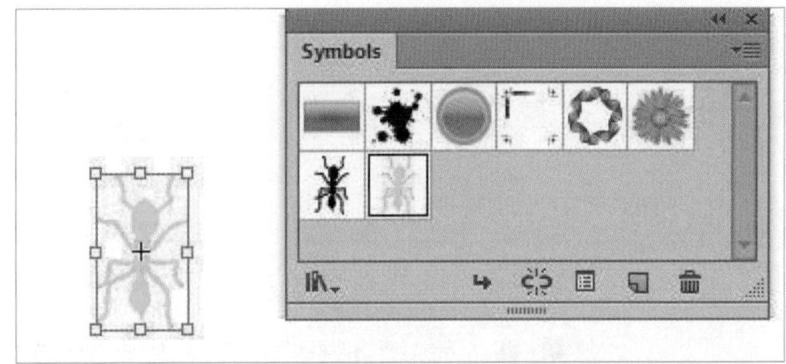

16 Symbol Sprayer tool 【Shift+S】을 선택 ⇨ 바탕에 드래그하여 뿌립니다.

Symbol Sprayer Tool (Shift+S)

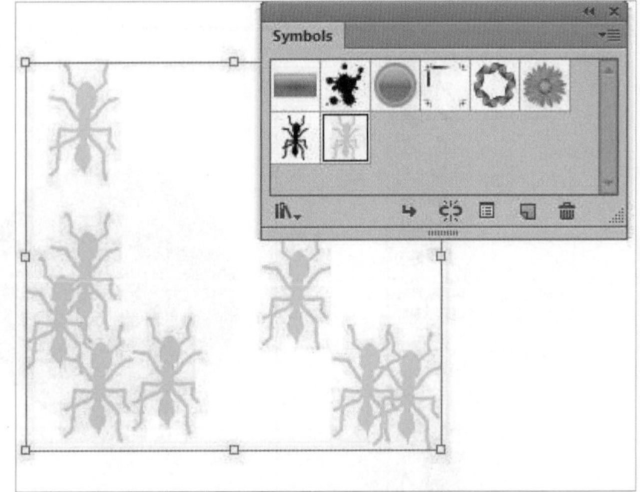

드로잉 & 다양한 기능 살펴보기

17 Instance를 선택 ⇨ 색상을 파란색으로 변경합니다. ⇨ Symbol Stainer tool을 선택 ⇨ Instance를 클릭하면 색이 바뀝니다.(원의 크기에 영향을 미칩니다.)

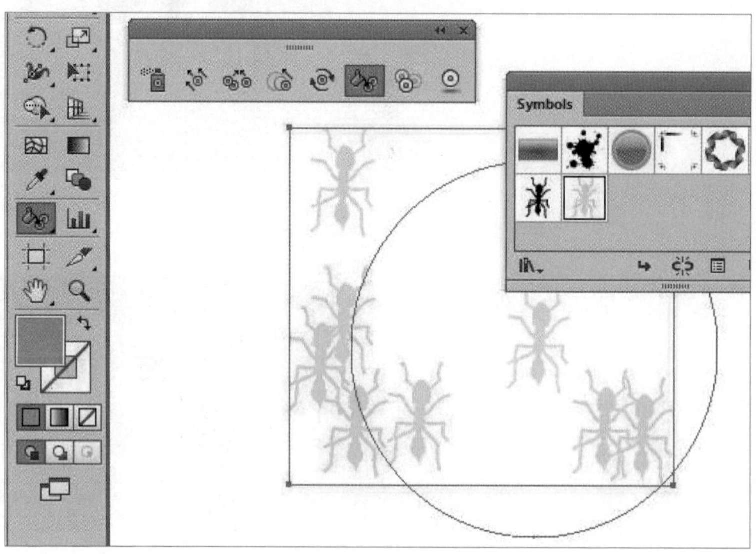

09 | 망 툴 Mesh tool

Mesh tool은 닫힌 모양 위에 메쉬를 추가하여 3D적 느낌이나 사실적인 표현을 할 수 있는 도구입니다.

01 물방울 모양을 만들기 위해 정원을 그립니다. 색상은 #1a75bb을 선택합니다.

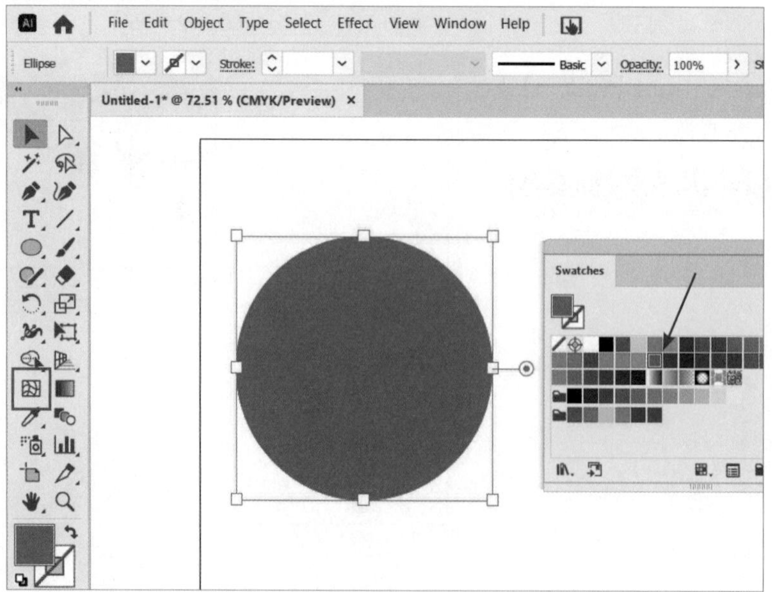

02 Direct Selection tool【A】로 위쪽으로 앵커포인트를 드래그합니다. 물방울 모양을 만들기 위해 Convert를 클릭하면 뾰족하게 됩니다.

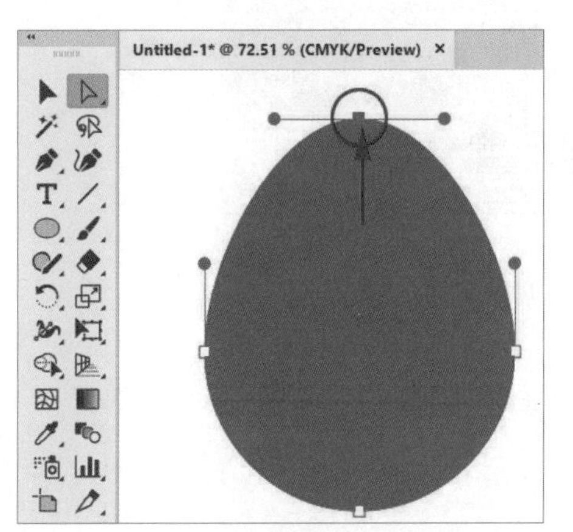

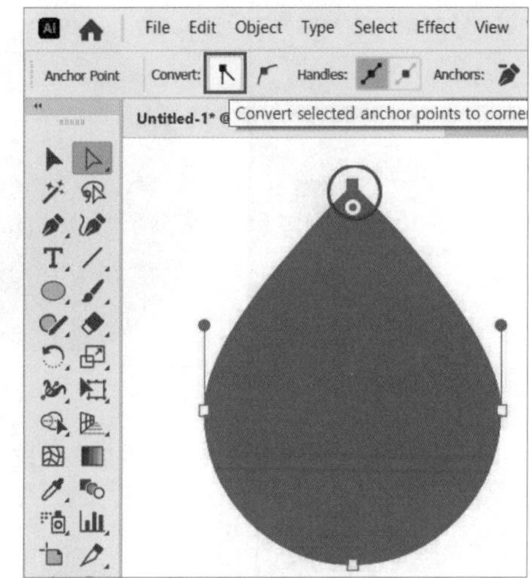

03 오른쪽과 왼쪽 앵커포인트도 위로 드래그하여 물방울 모양을 보다 둥글게 만듭니다.

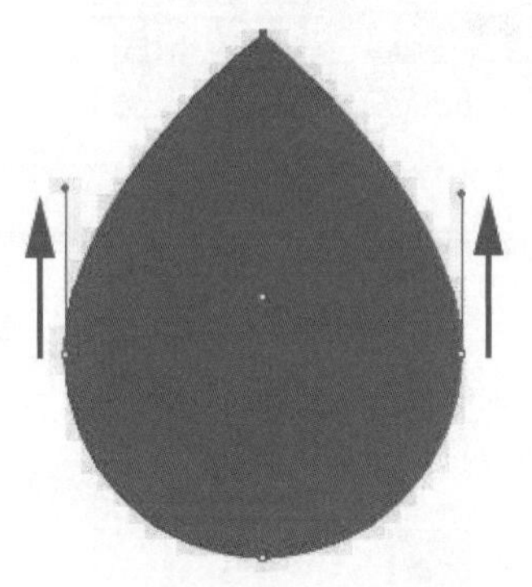

04 메쉬에 활용할 색상으로 먼저 Fill Color를 White로 변경합니다.

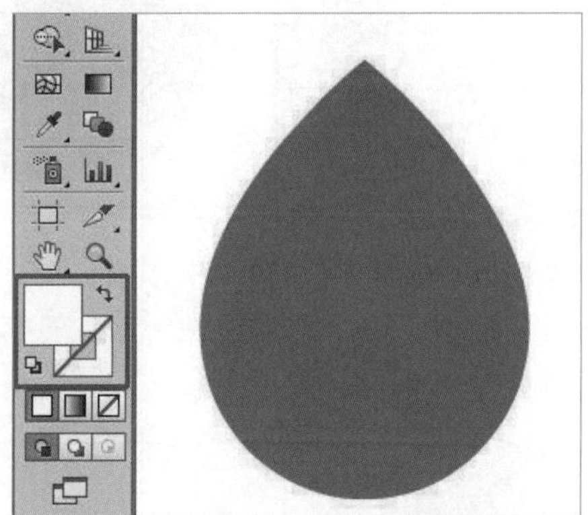

05 Mesh tool【U】을 이용하여 가운데 부분과 아래 부분을 클릭합니다.

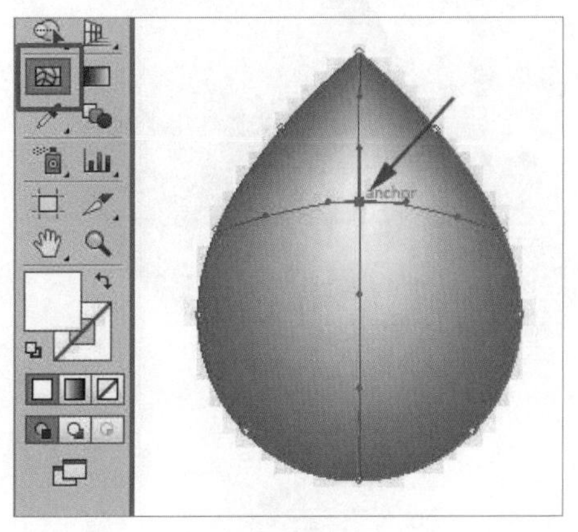

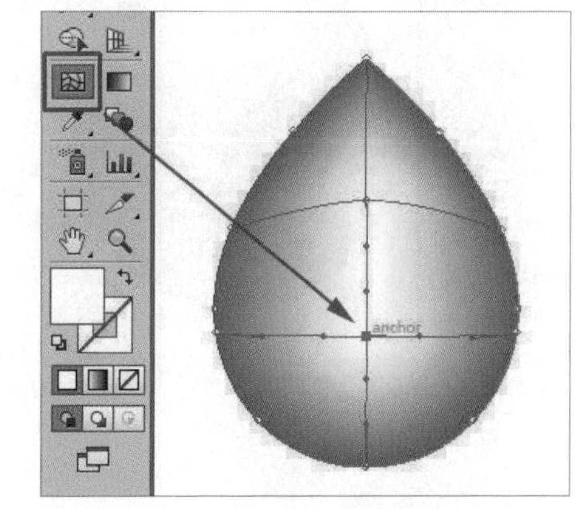

06 아래 클릭한 앵커포인트는 진한 파란색으로 변경합니다.

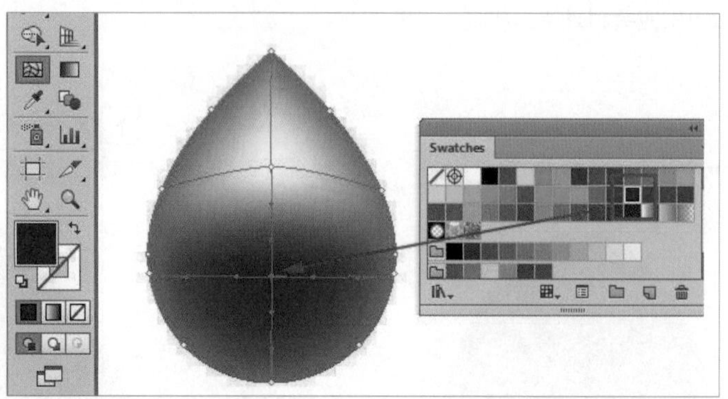

07 Mesh tool【U】로 반사광 느낌이 나도록 약간 밝은색을 선택하고 세 번째 부분을 클릭합니다.

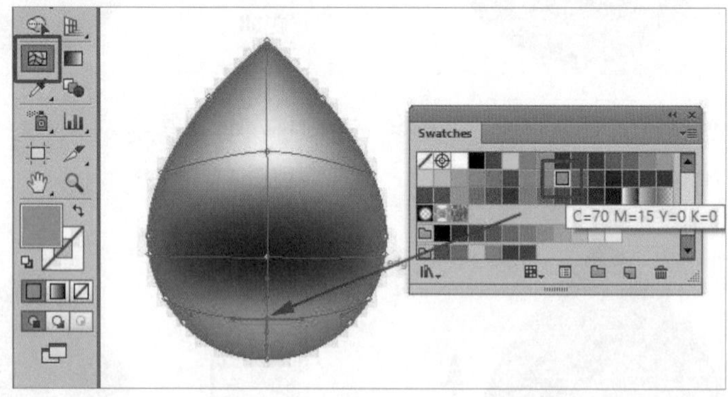

08 Lasso tool【Q】을 이용하여 선택한 후에 방향키나 직접 선택 툴로 밑으로 내립니다. Handle을 조절하여 둥글게 만듭니다.

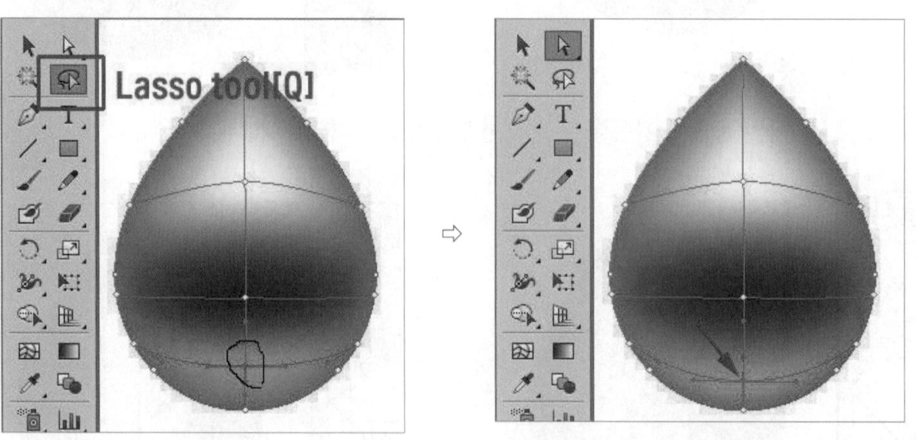

09 Lasso tool【Q】로 가운데 앵커포인트를 선택한 후 밑으로 내립니다.

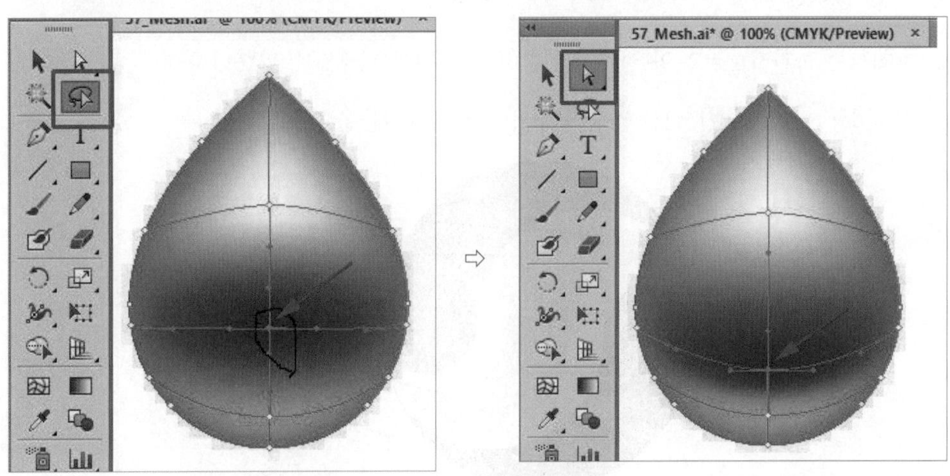

10 Direct Selection tool【A】로 맨 위의 앵커포인트를 선택해서 위로 당깁니다. ⇨ 좀더 뾰족한 모양의 물방울이 됩니다.

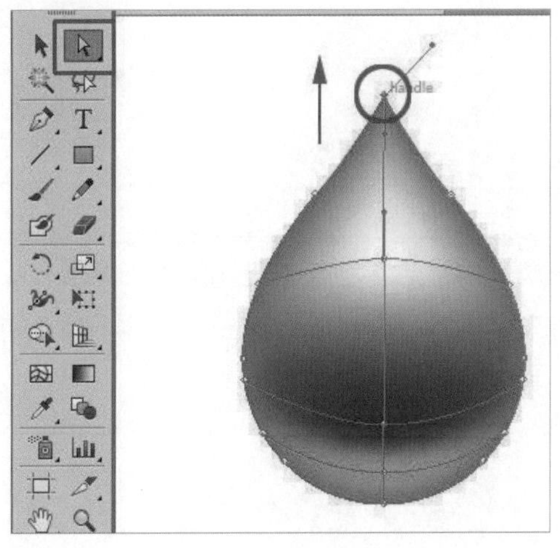

드로잉 & 다양한 기능 살펴보기

10 | 도형 구성 툴 Shape Builder tool

선택한 오브젝트를 직관적으로 모양을 합치거나 편집 및 색상을 채울 수 있습니다.

▶ Shape Builder tool【Shift+M】을 활용하여 아래와 같은 심볼을 제작합니다.

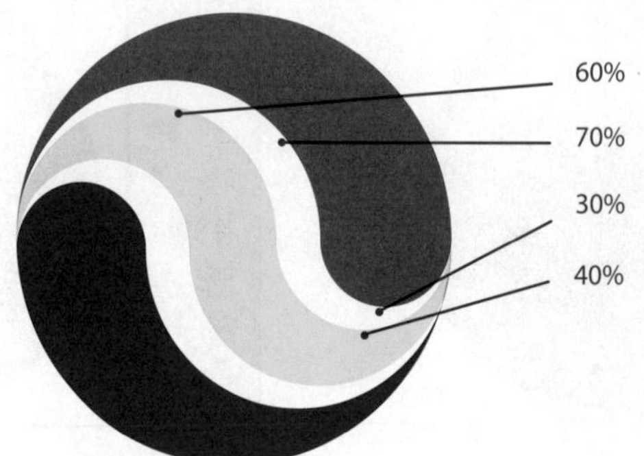

01 정원을 그립니다.

02 30%의 크기로 복사한 후 ⇨ 양쪽에 정렬합니다.

03 40%의 크기로 복사한 후 ⇨ 양쪽에 정렬합니다.

⇨

⇨

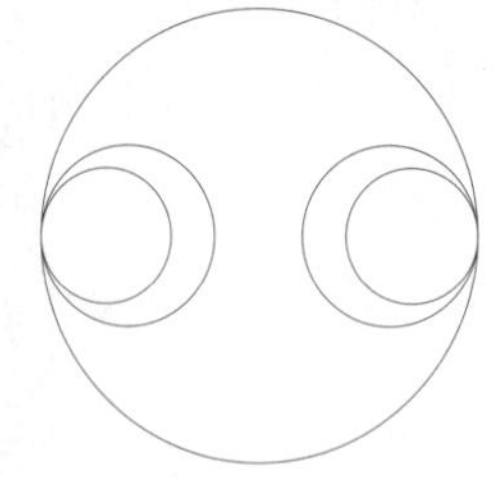

04 60%의 크기로 복사한 후 ⇨ 양쪽에 정렬합니다.

05 70%의 크기로 복사한 후 ⇨ 양쪽에 정렬합니다.

⇨

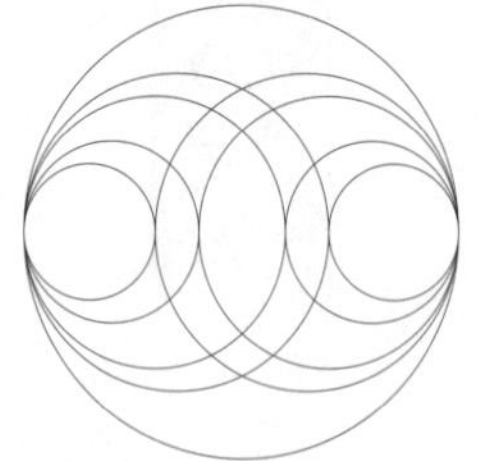

06 Lasso tool【Q】을 이용하여 오른쪽에 앵커포인트를 선택합니다.

07 Delete 삭제합니다.

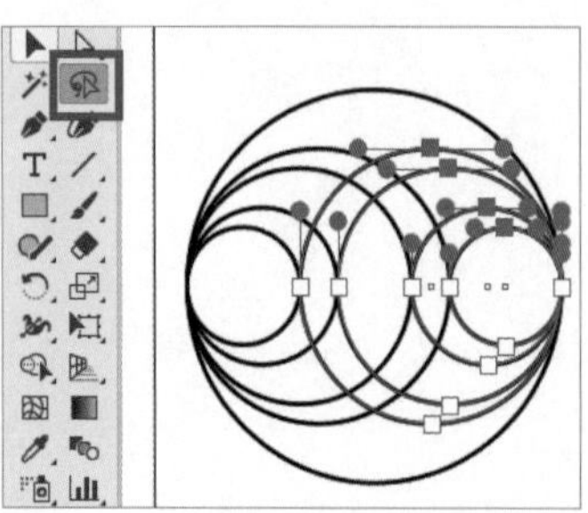

⇨

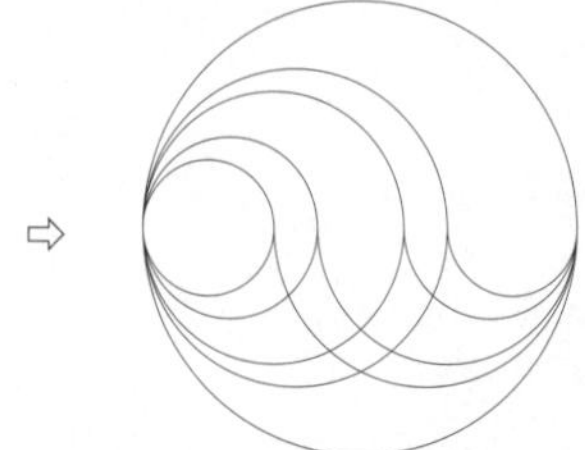

08 왼쪽 아래의 앵커포인트도 삭제합니다.

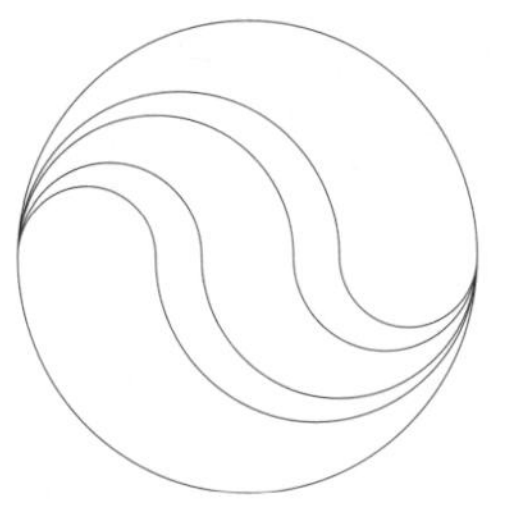

09 큰 원만 선택한 후 ⇨ 반드시 복사 【Ctrl+C】 합니다.

10 큰 원을 맨뒤에 붙인 후 【Ctrl+B】 색을 노란색 Fill color로 변경합니다.

11 전체 선택한 후에 Shape Builder tool 【Shift+M】을 선택합니다.

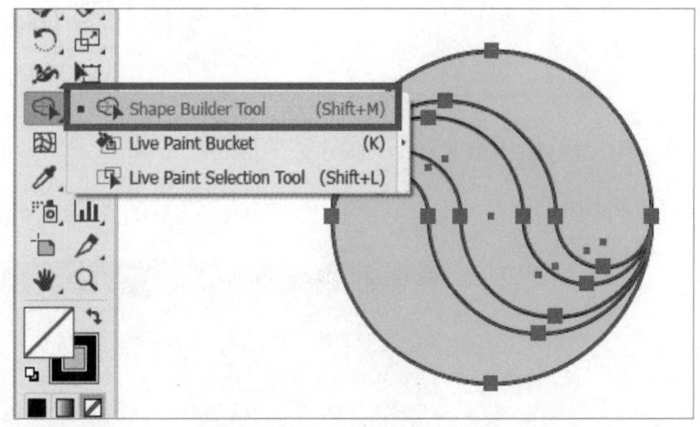

12 색상을 선택한 뒤 클릭하여 색상을 채웁니다.

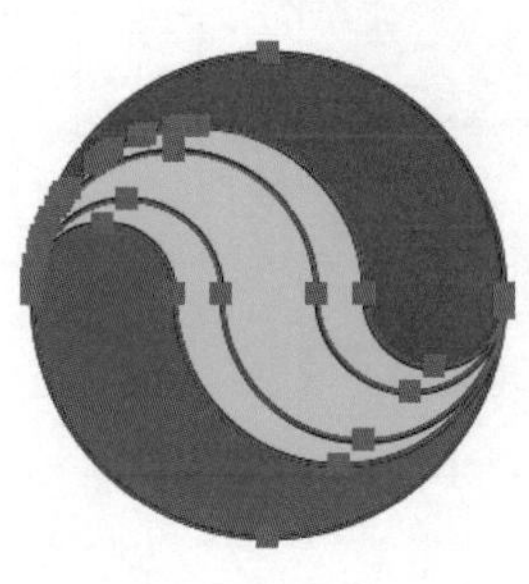

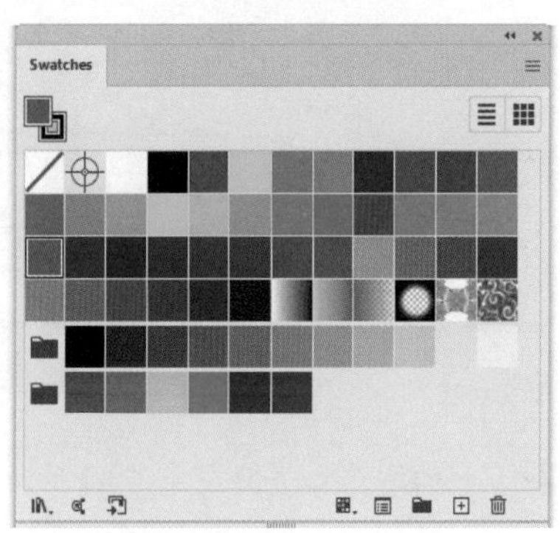

13 직접 선택 툴을 이용하여 Shift를 누른 채 3개의 면만 선택하여 오른쪽으로 면색을 옮기고 테두리 검은색을 None으로 하여 완성합니다.

11 | 사각형 그리드 툴 Rectangular Grid tool

쉽고 간단하게 표를 만들 수 있습니다. 수치를 입력하거나 그리는 도중에 방향키를 상하좌우 수차례 클릭하여 원하는 표(테이블)를 만들 수도 있습니다.

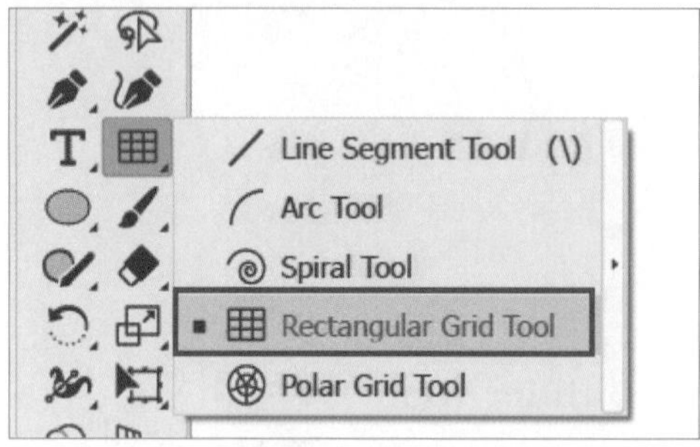

01 Rectangular Grid tool로 아트보드를 클릭하여 아래처럼 입력하면 다양한 그리드를 작성할 수 있습니다.

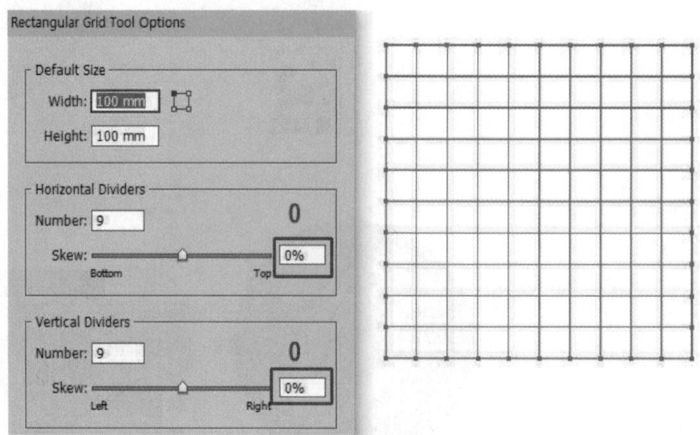

02 오른쪽과 아래쪽으로 간격이 조금씩 좁아집니다.

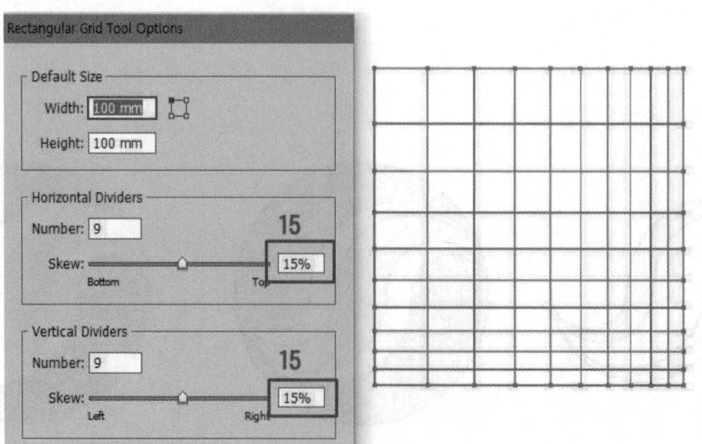

03 오른쪽과 아래쪽으로 간격을 많이 좁힌 그리드 사각형을 만듭니다.

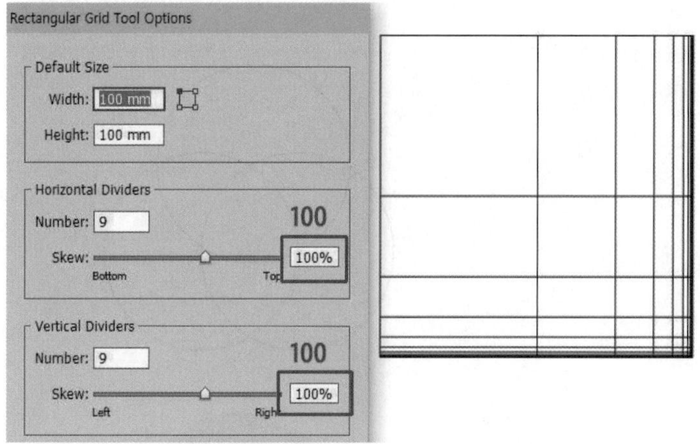

04 위쪽과 왼쪽으로 간격을 많이 좁힌 그리드 사각형을 만듭니다.

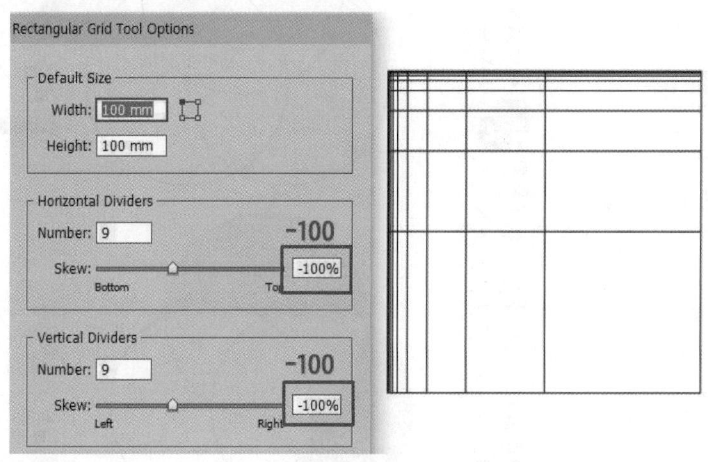

TIP

엑셀표를 복사【Ctrl+C】하여 일러스트레이터에 붙일 수 있습니다.【Ctrl+V】

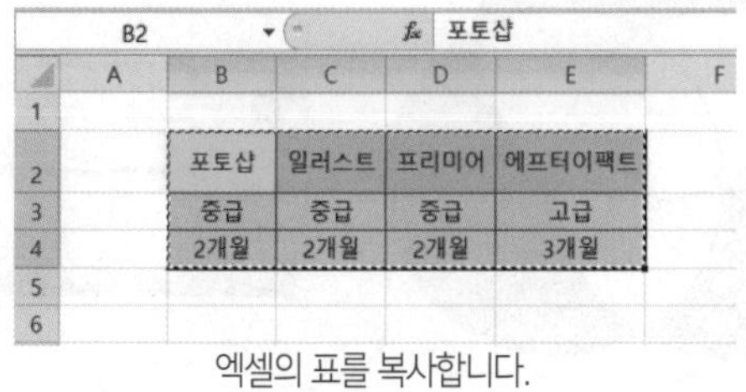

포토샵	일러스트	프리미어	에프터이팩트
중급	중급	중급	고급
2개월	2개월	2개월	3개월

엑셀의 표를 복사합니다.

→

포토샵	일러스트	프리미어	에프터이팩트
중급	중급	중급	고급
2개월	2개월	2개월	3개월

일러스트레이터에 붙입니다.

12 | 라이브 페인트 툴 Live Paint Bucket tool

Live Paint Bucket tool【K】은 선택한 오브젝트에 페인트통으로 손쉽게 색상을 채우는 도구입니다.

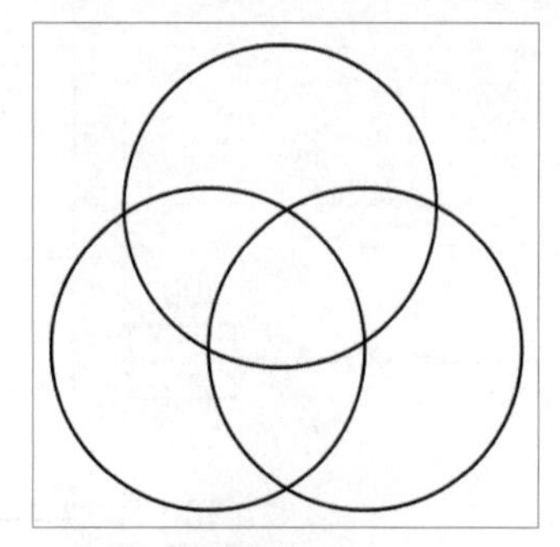

01 3개의 원을 그린 후에 전체를 선택합니다.

02 Live Paint Bucket tool【K】을 선택하고 Color 패널【F6】에서 빨간색(FF0000)을 만들어 클릭합니다.

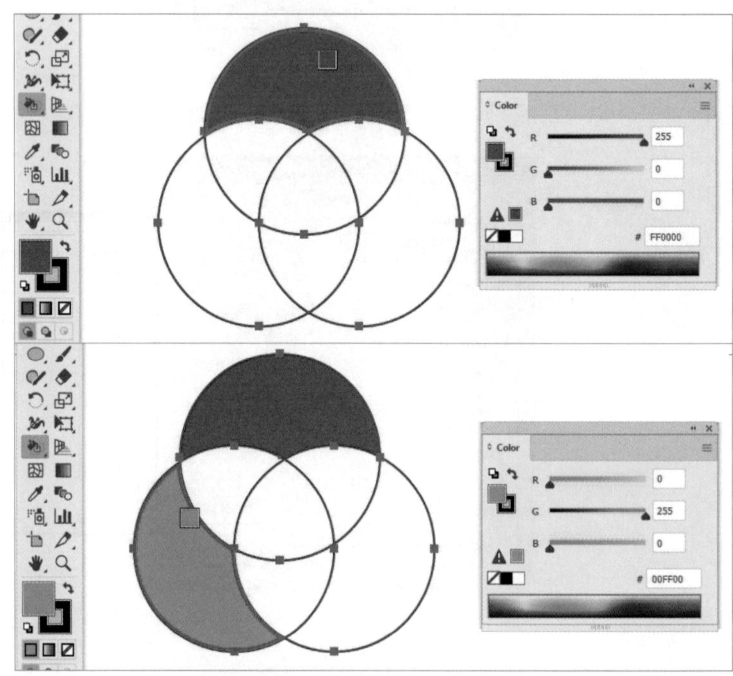

03 Color 패널【F6】에서 초록색(00FF00)을 만들어 클릭합니다.

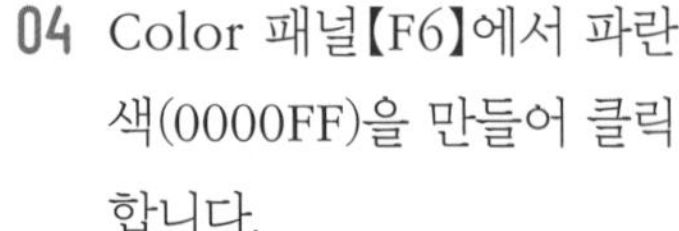

04 Color 패널【F6】에서 파란색(0000FF)을 만들어 클릭합니다.

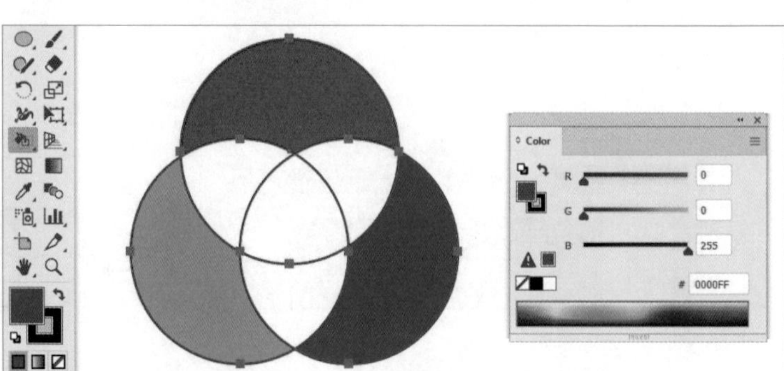

05 나머지 색상을 아래처럼 채웁니다. 다만 색상은 블랜드하기 전이므로 다를 수 있습니다.

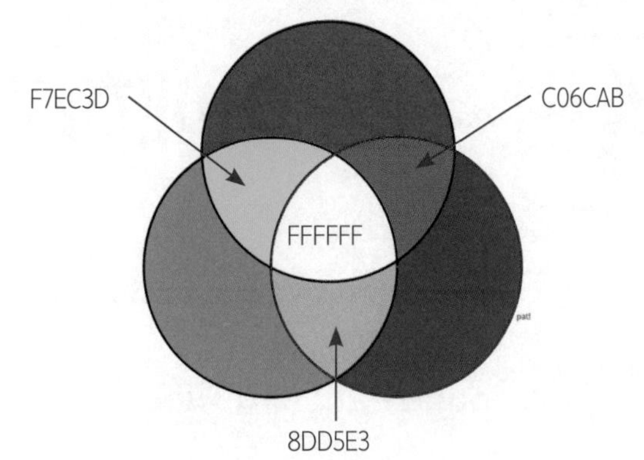

06 테두리를 없앤 후에 Object ⇨ Expand ⇨ OK

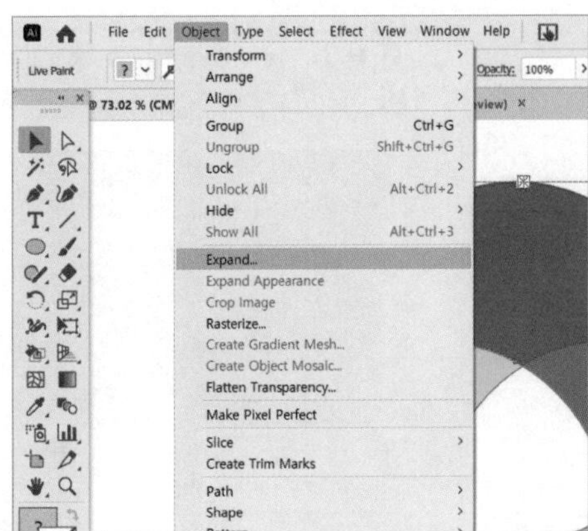

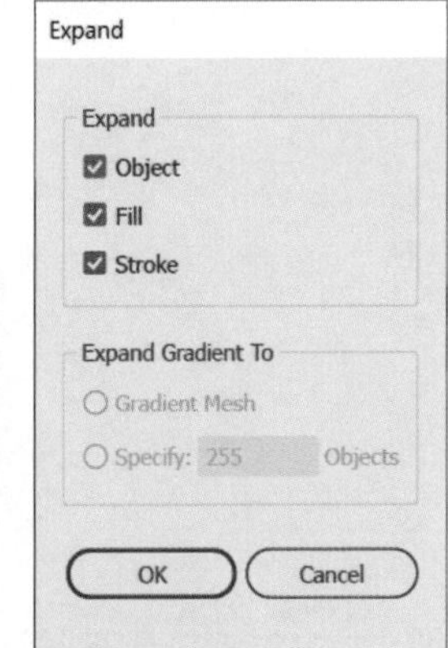

07 만약 Live Paint Bucket tool를 사용하지 않고 RGB mode(가산혼합)을 작성하는 경우엔 아래처럼 색상을 채웁니다.

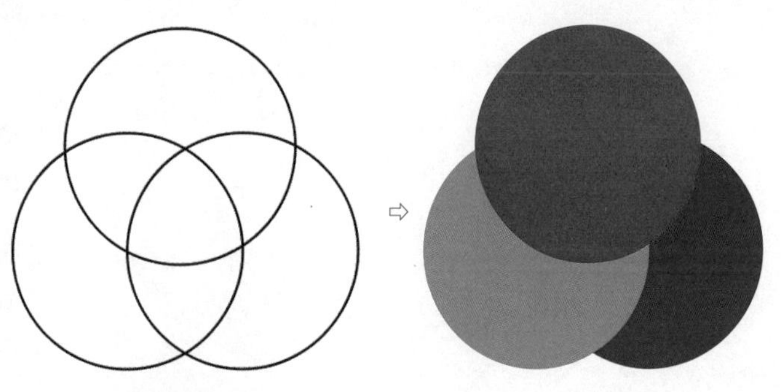

08 블랜드 모드를 Screen으로 하면 혼합되어 가산혼합이 보입니다.

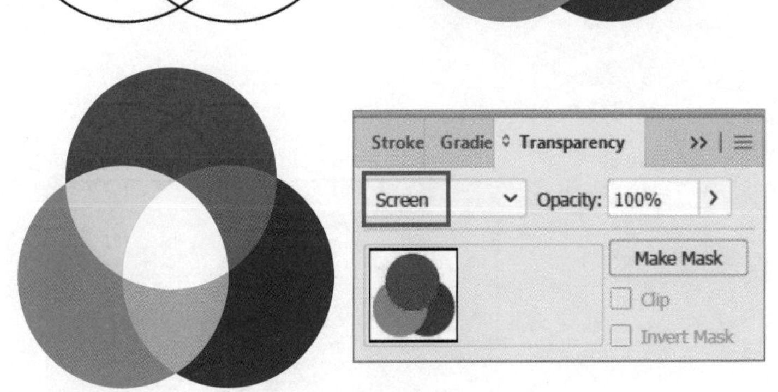

드로잉 & 다양한 기능 살펴보기

기능 이해하기

01 | Compound Path (복합 경로)

01 사각형을 그립니다.

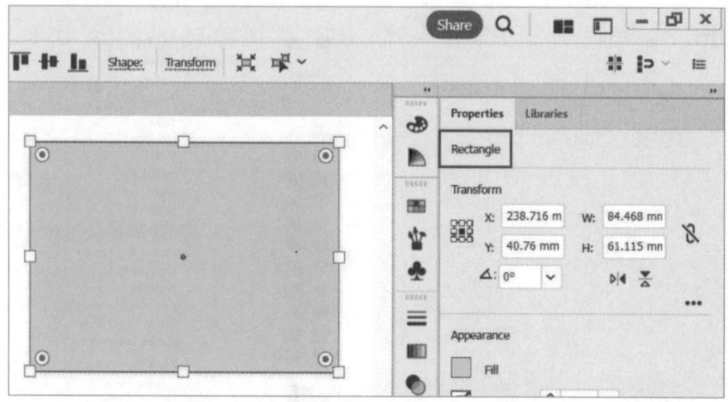

02 별 모양의 다른 도형을 그립니다.

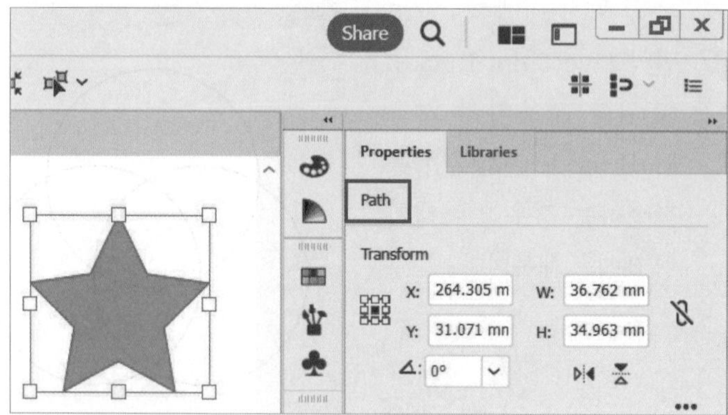

03 Align 패널에서 가운데 올 수 있도록 정렬합니다.

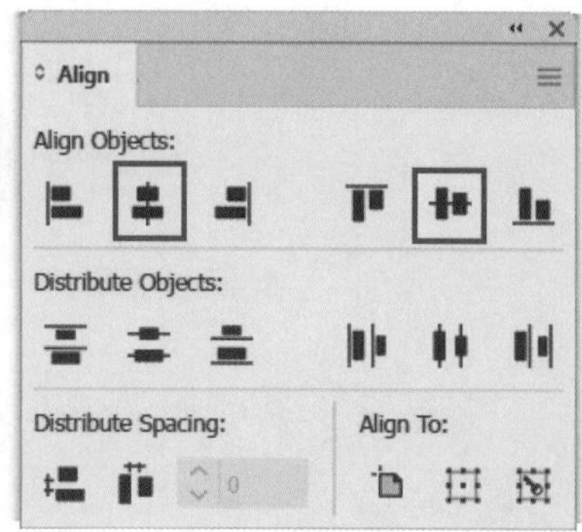

04 Pathfinder 패널에서 Minus front를 클릭하면 도형의 가운데에 구멍이 보입니다.

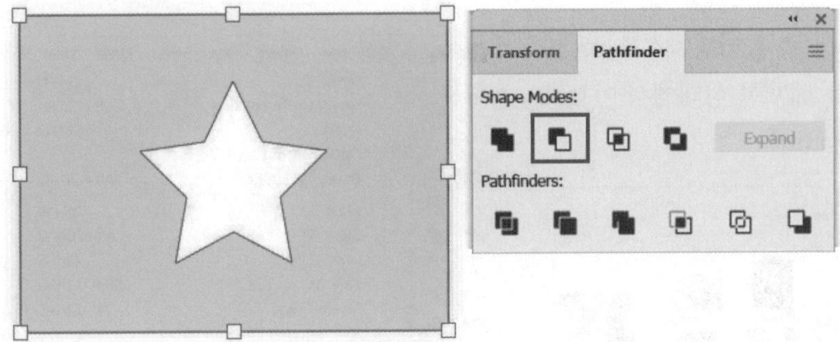

05 이처럼 구멍이 있는 경로를 복합 경로라고 합니다.

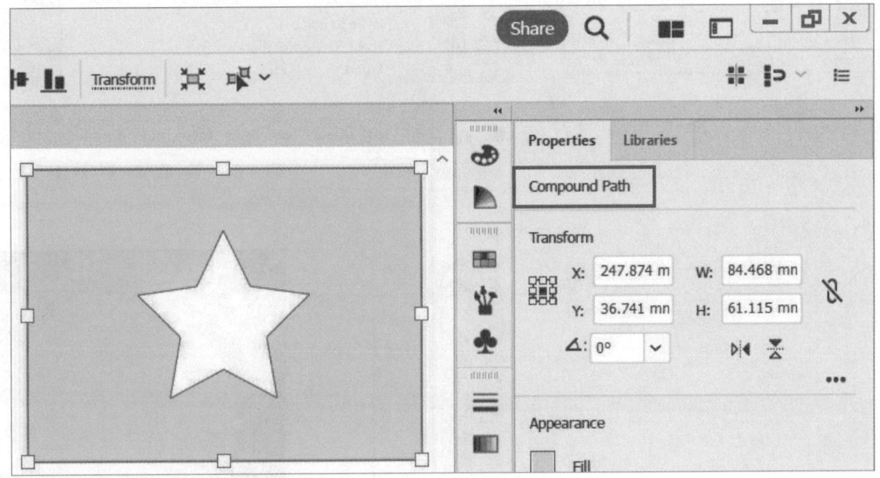

[unit 8 참고]

- Compound paths(복합 경로) : 두 개의 오브젝트를 선택한 후 Object ⇨ Compound paths ⇨ Make 【Ctrl+8】를 선택하면 겹친 오브젝트에 구멍을 낼 수 있습니다. 복합 경로는 서로 상호 작용하는 둘 이상의 경로로 바깥쪽 원의 경로와 가운데 사각형의 경로로 구성됩니다.

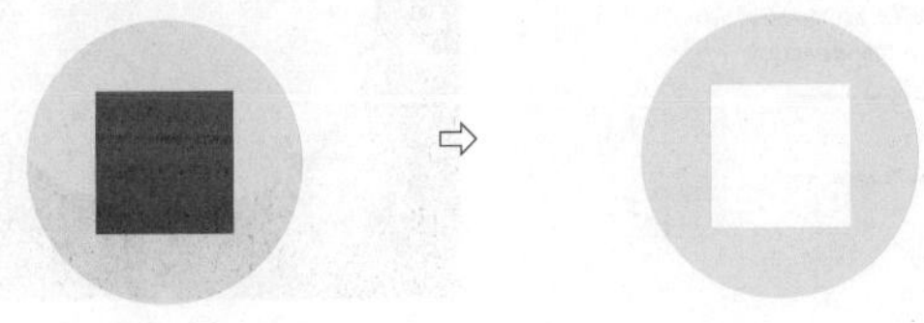

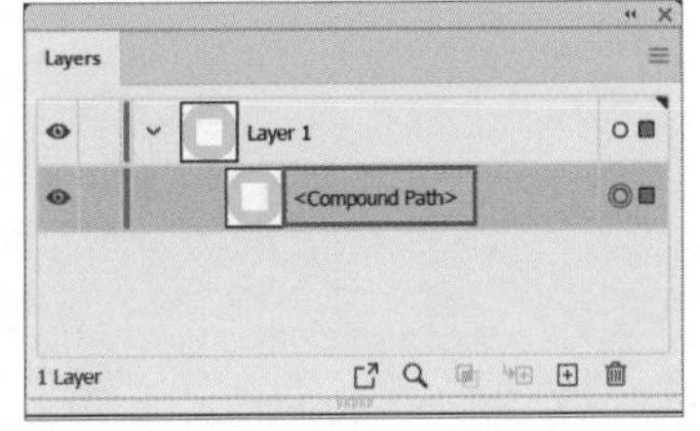

02 | Clipping Mask

01 File ⇨ Place ⇨ 클리핑마스크.jpg 파일을 링크를 해제한 상태에서 아트보드에 가져옵니다.

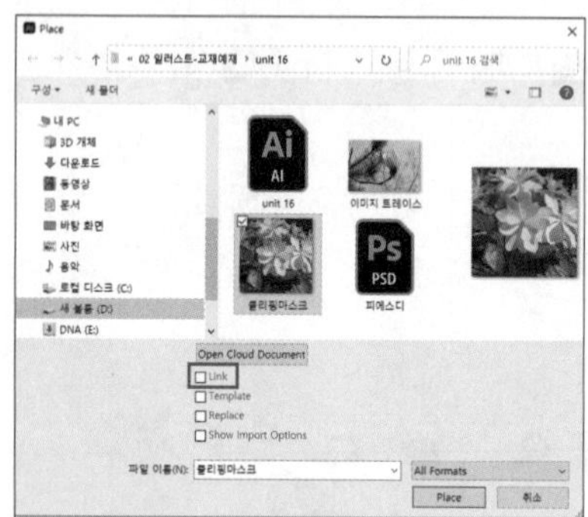

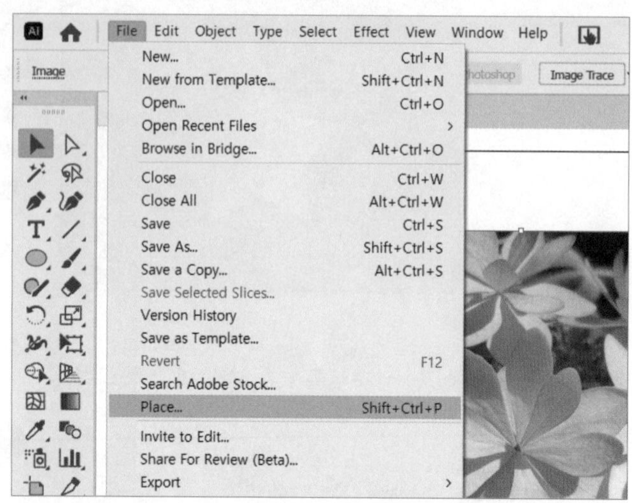

02 가져온 파일 위에 동그란 도형을 그립니다.

03 두 개의 오브젝트를 모두 선택한 뒤 Object ⇨ Clipping mask ⇨ Make 【Ctrl+7】를 클릭합니다.

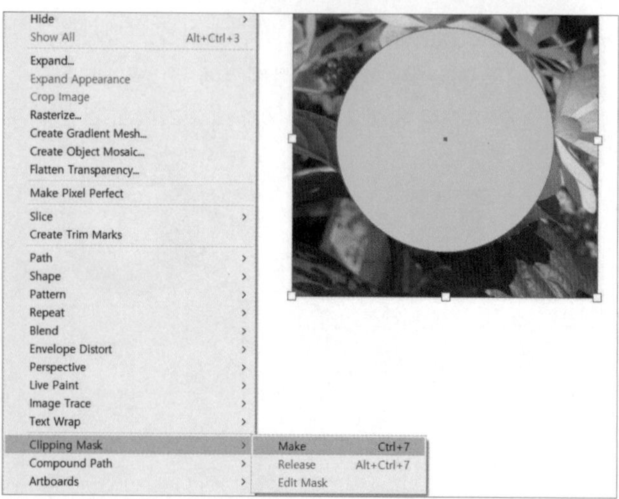

04 이처럼 마스크가 적용되는 레이어 그룹을 클리핑마스크라고 합니다.

03 | Offset Path

옵셋 패스는 가장자리 주변의 공간을 추가하거나 제거하여 개체의 크기를 변경하는 방법을 말합니다. 다시 말해 개체 주위에 동일한 양의 공간을 추가하는 방법입니다.

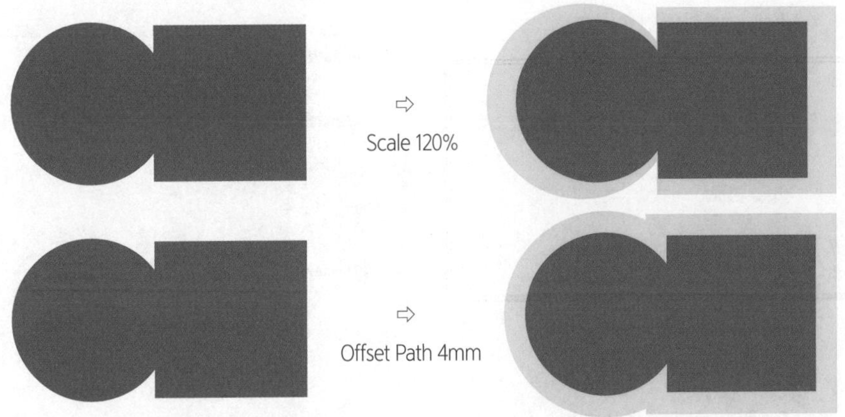

01 Width(너비) 90mm×Height(높이) 50mm인 명함 크기의 직사각형을 그립니다.

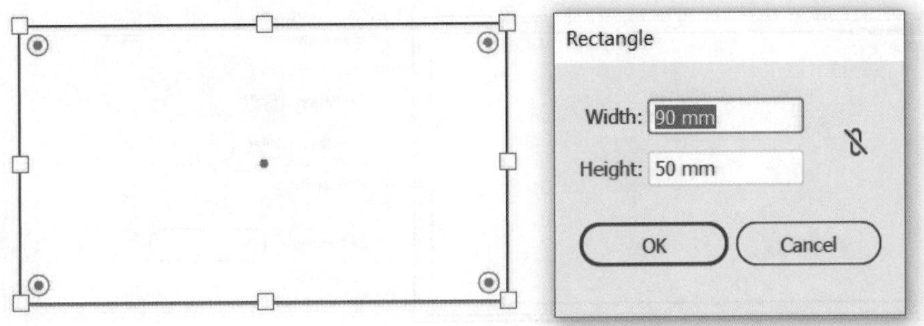

드로잉 & 다양한 기능 살펴보기

02 Object ⇨ Path ⇨ Offset Path를 선택합니다.

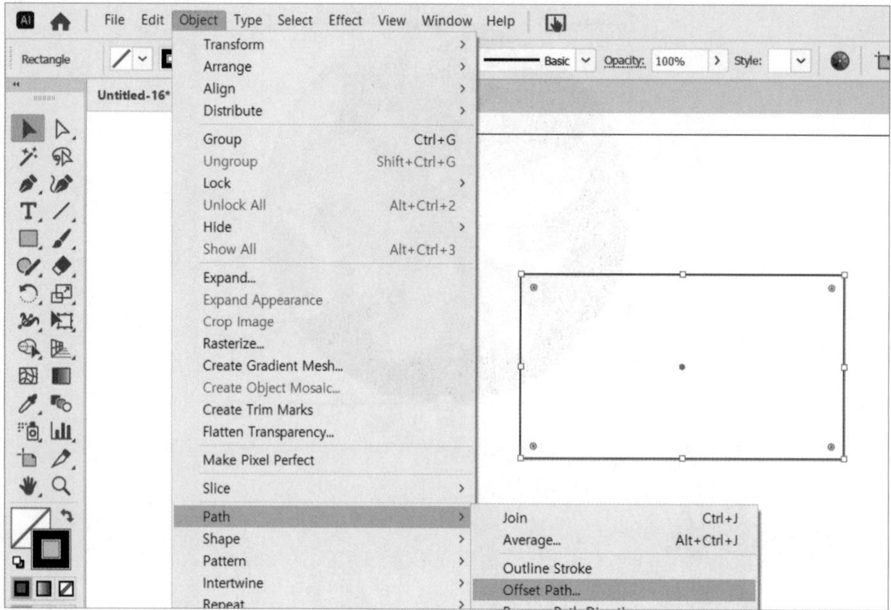

03 1mm로 변경하면 현재의 사각형보다 1mm 큰 사각형이 만들어집니다.

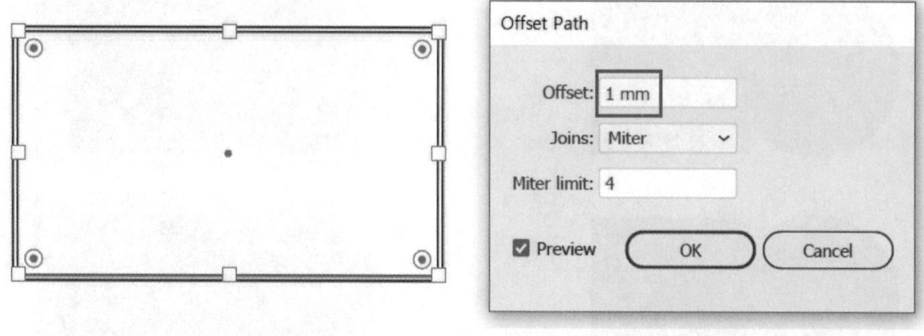

04 다시 한번 가운데 직사각형을 선택한 상태에서 -2mm로 변경하면 안쪽으로 -2mm가 작은 크기의 사각형이 만들어집니다.

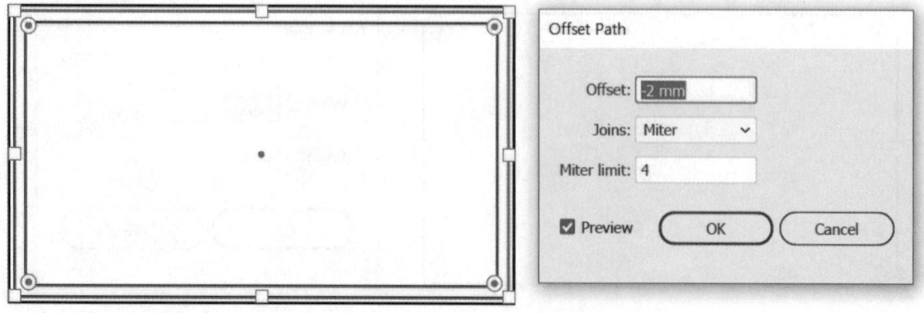

05 View ⇨ Guide ⇨ Make Guide【Ctrl+5】 가장 안쪽의 사각형은 명함의 텍스트가 잘리지 않는 안전 영역으로 표시하기 위해 가이드선으로 표시합니다.

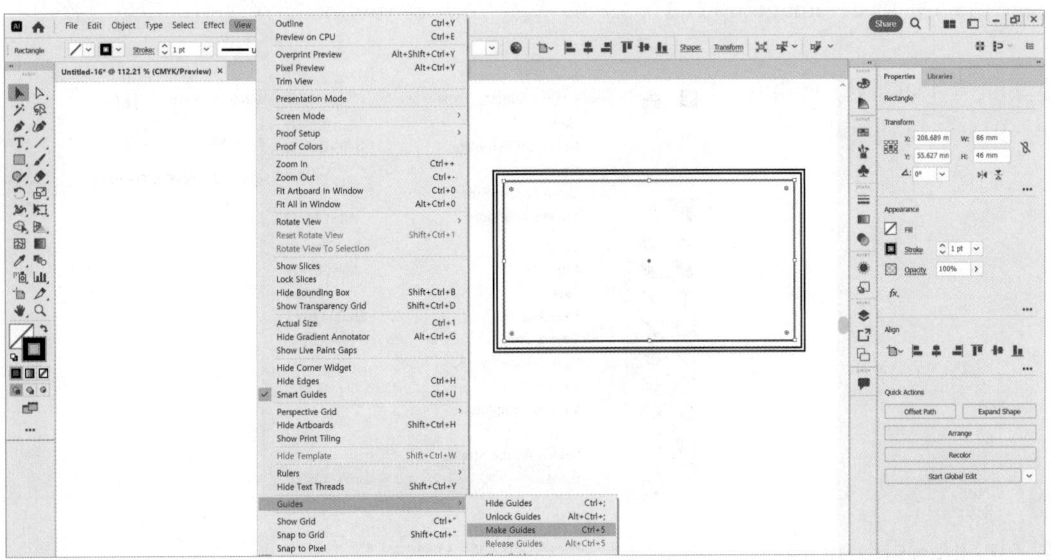

06 Object ⇨ Create Trim Mark 가운데 사각형(처음에 만들었던 90mm×50mm)을 선택하고 재단 마크를 표시합니다.

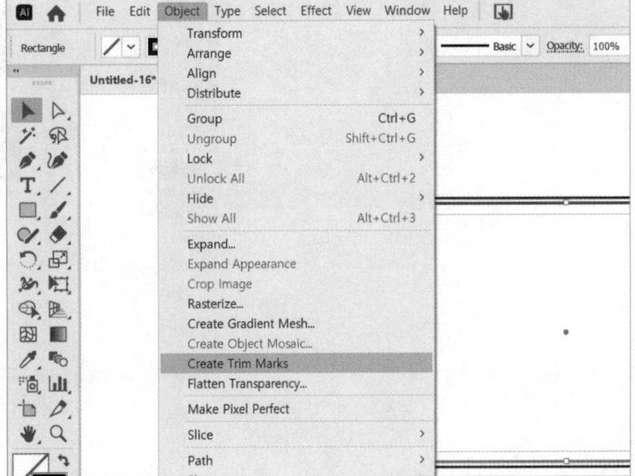

07 가운데 사각형의 색상은 Stroke color를 none으로 표시합니다.

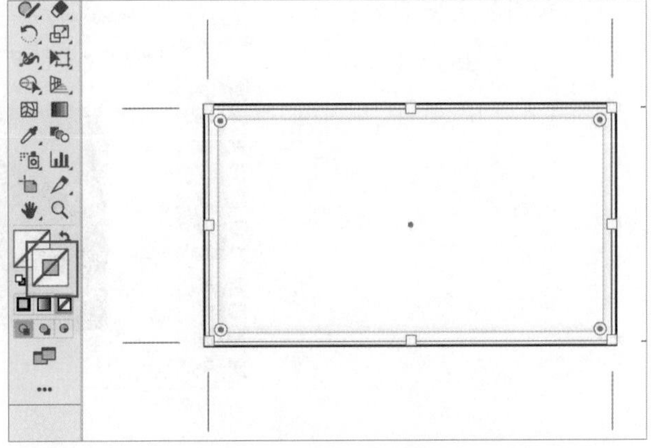

04 | Image Trace

Image Trace는 Raster image(JPEG, PNG, PSD 등)를 Vector Artwork으로 변환하는 것을 말합니다.

01 File ⇨ Place【Ctrl+Shift+P】레스터 이미지를 아트보드에 가져옵니다.

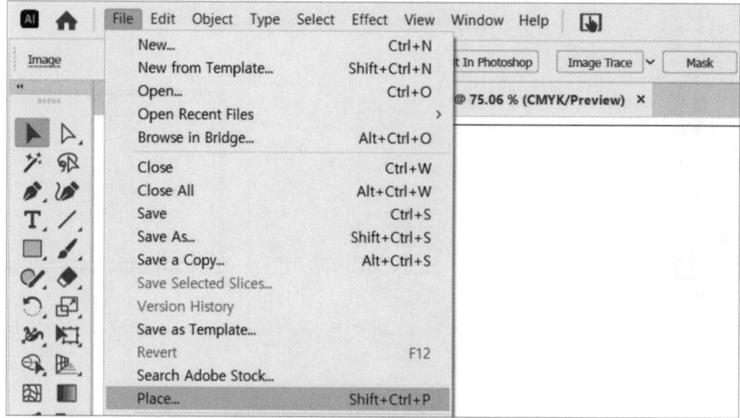

02 이미지트레이스 jpeg 파일을 선택합니다. 이때 Link는 해제합니다.

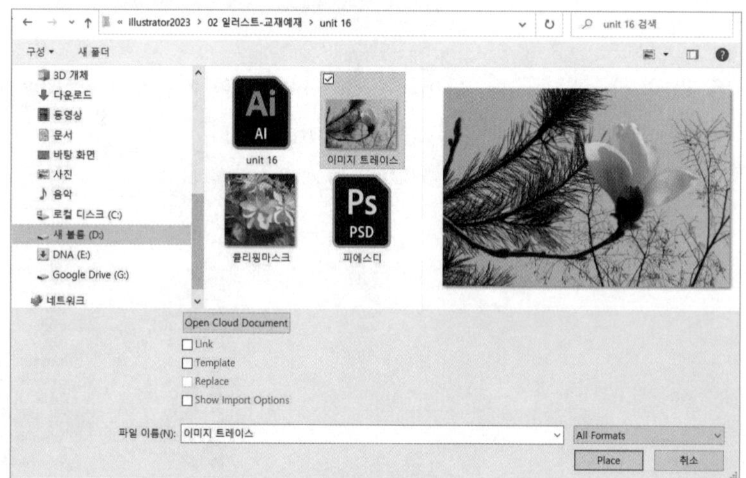

03 Image Trace 버튼 옆에 있는 화살표를 클릭한 후에 Low Fidelity Photo(저화질 사진)를 선택합니다.

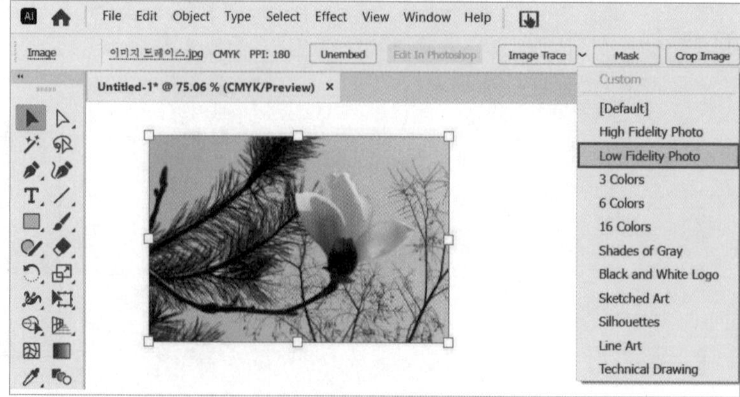

04 벡터 이미지로 변환되는 과정을 보여줍니다.

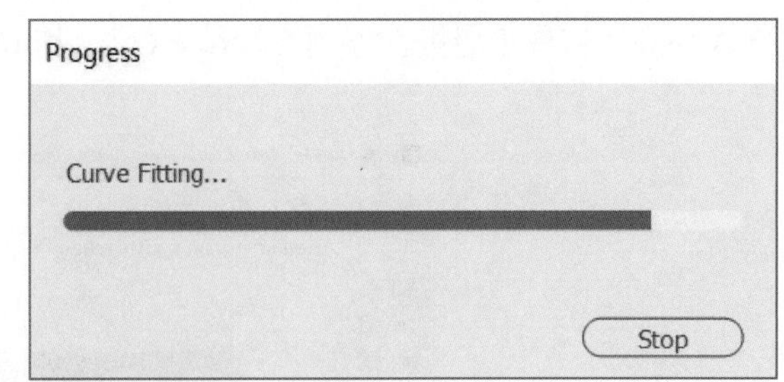

05 변환이 끝난 후엔 반드시 Expand 버튼을 클릭하여 패스를 수동으로 편집 가능하도록 합니다.

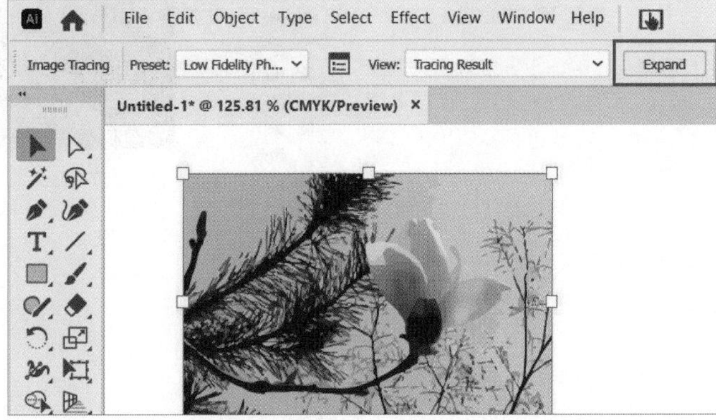

06 패스가 보입니다.

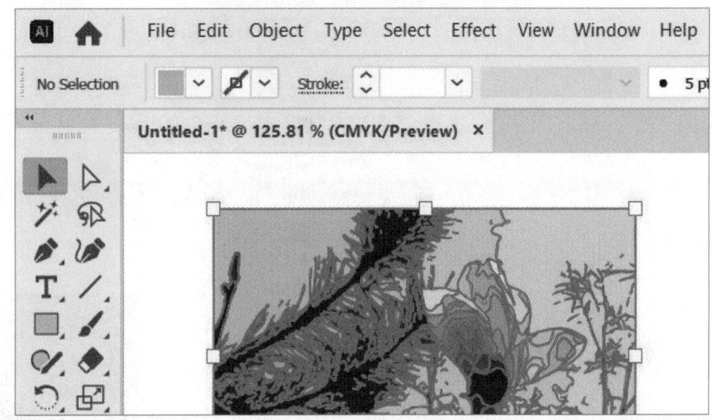

07 Magic wand tool【Y】을 선택하고 배경색을 다른 색상으로 변경하기 위해 클릭합니다.

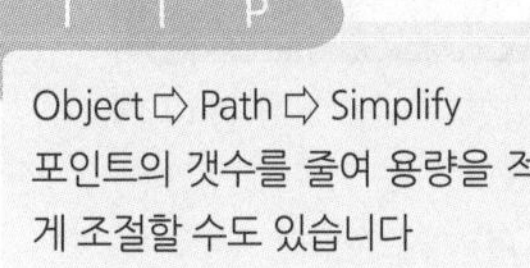

TIP

Object ⇨ Path ⇨ Simplify
포인트의 갯수를 줄여 용량을 적게 조절할 수도 있습니다

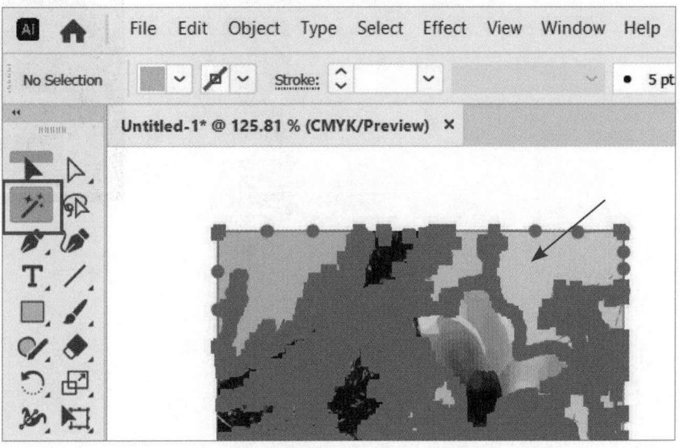

08 Recolor Artwork 버튼을 클릭한 후에 Change color button(동그라미)을 이동하여 색상을 변경합니다.

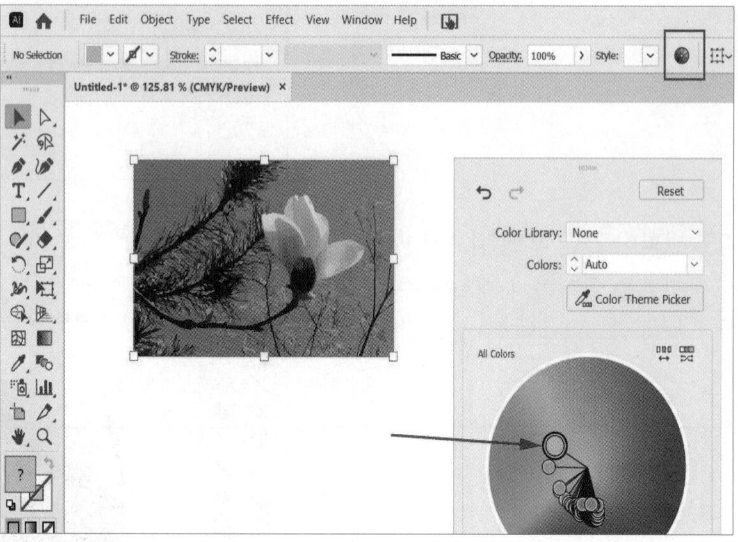

09 배경색을 다른 색상으로 변경합니다.

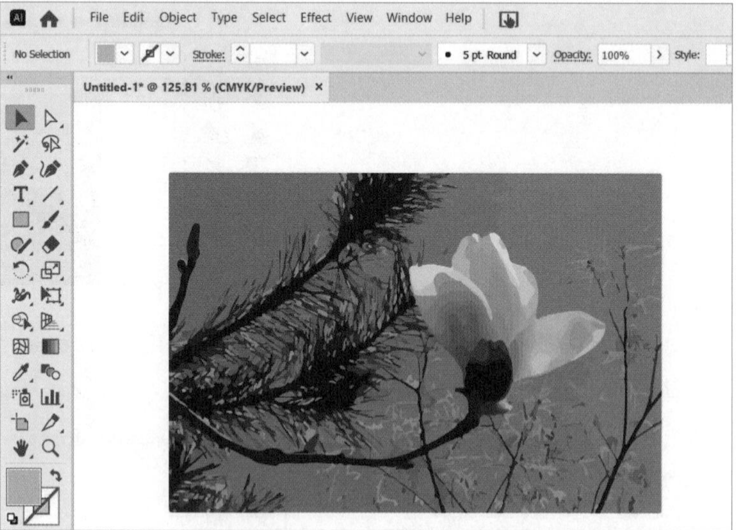

Unit 17

이펙트

01 | Pucker & Bloat

Effect ⇨ Distort & Transform ⇨ Pucker & Bloat 오브젝트의 패스를 안쪽으로 당기거나 바깥쪽으로 밀어내는 이펙트입니다.

01 노란색 팔각형을 한 개 만들고 50% 정도 작게 주황색 팔각형을 한 개 만듭니다.

02 Effect ⇨ Distort & Transform ⇨ Pucker & Bloat 를 선택하고 각각 100%와 -100%로 설정합니다.

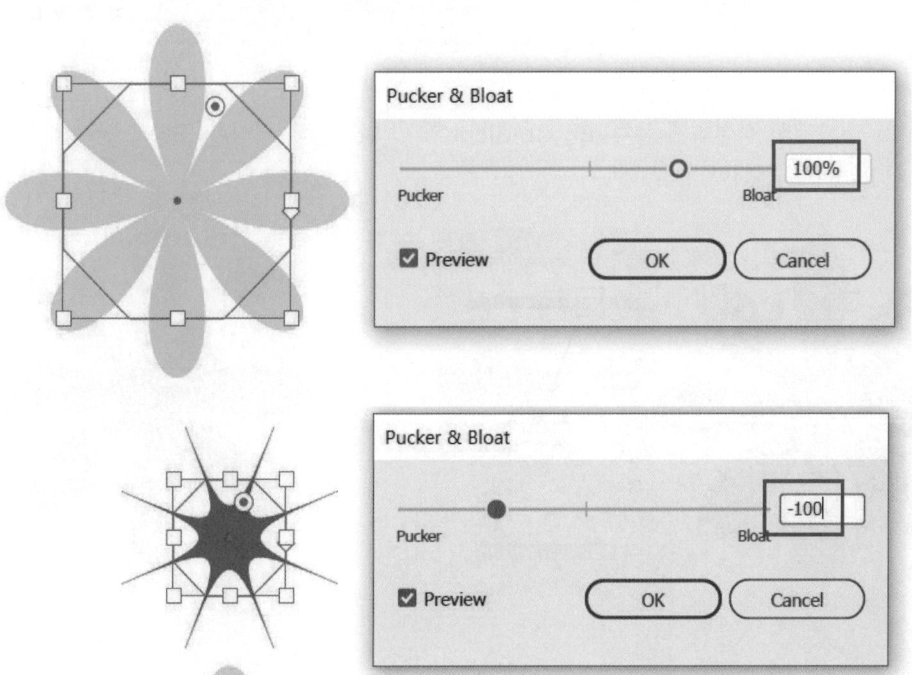

03 Effect ⇨ Blur ⇨ Gaussian Blur를 선택하여 흐리게 처리합니다.

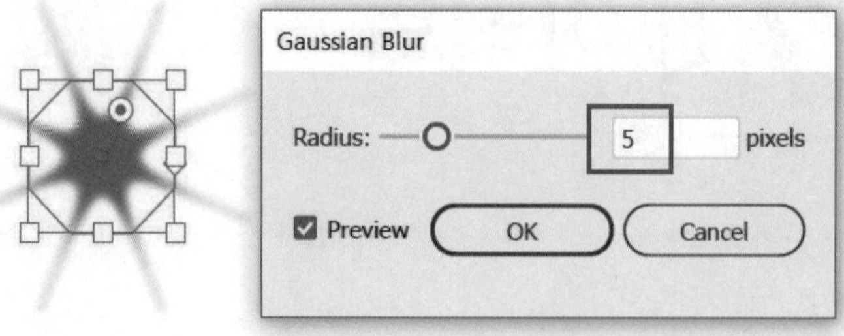

04 Swatches 패널에서 Gradient 중에 Brights를 선택합니다.

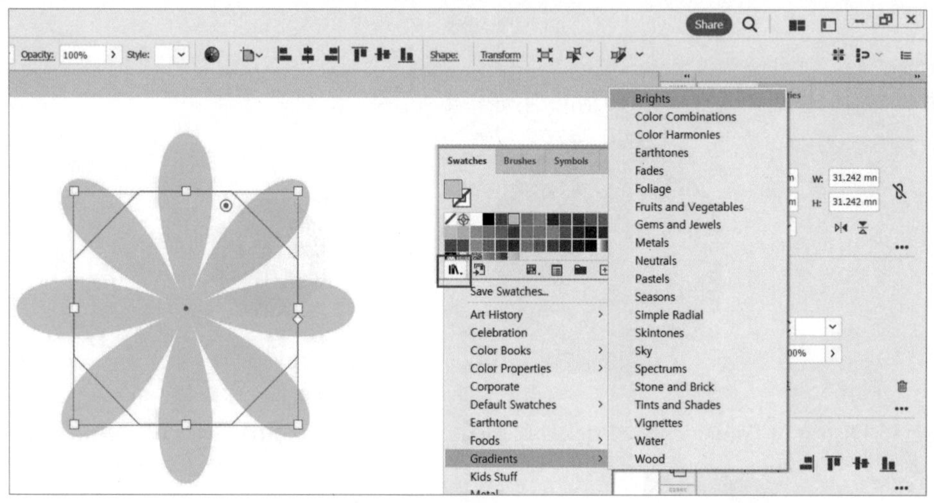

05 Brights 패널에서 적절하게 선택하고 Gradient 패널에서 Radial을 선택합니다.

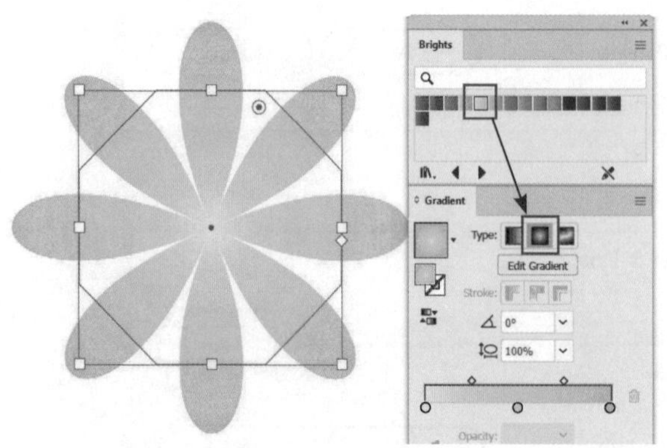

06 블러 처리한 도형을 안에 배치하고 회전합니다.

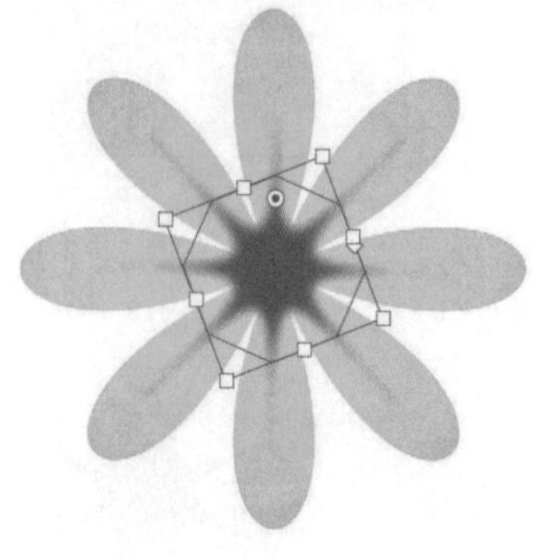

07 가운데에 그래디언트 원을 그립니다.

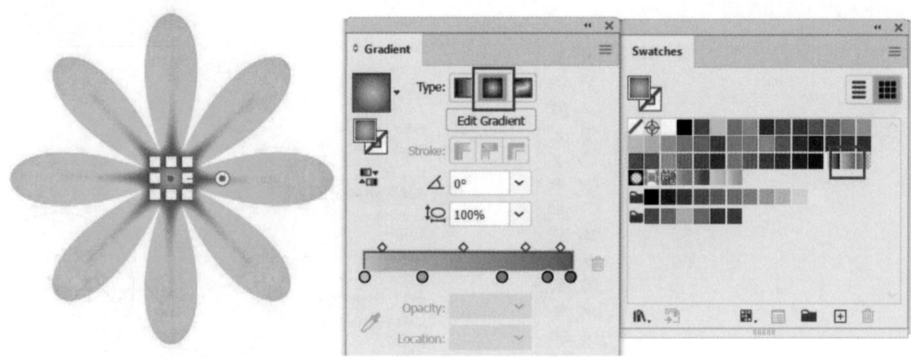

02 | Zig Zag

▶Line Segment Tool

Effect ⇨ Distort & Transform ⇨ Zig Zag

Points에서 Corner 대신 Smooth를 선택하면 지그재그 패턴 대신 '물결 모양' 패턴이 나타납니다.

01 Ellipse tool 【L】로 정원을 그리고 난 후에 복사【Ctrl+C】 해 둡니다. 이어서 Line Segment Tool 【₩】을 이용해 가운데에 선을 그립니다.

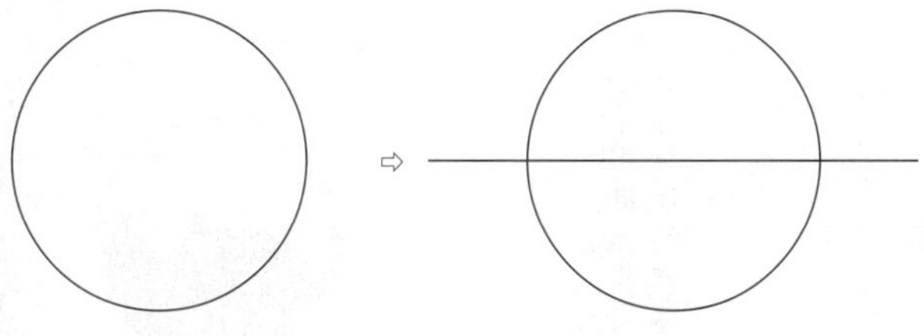

02 선만 선택한 후에 Effect ⇨ Distort & Transform ⇨ Zig Zag를 찾아 Size는 4mm로 하고 Ridges per Segment는 10으로 합니다. (Size는 선의 높이를 말하며 Ridges per Segment의 숫자를 올려 갯수를 늘릴 수 있습니다.)

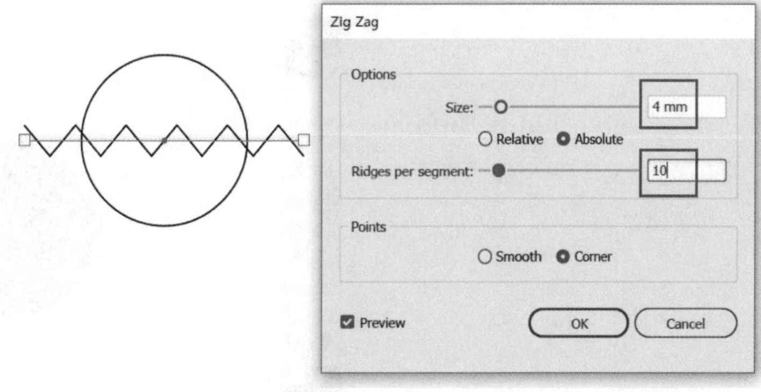

드로잉 & 다양한 기능 살펴보기

03 선을 선택한 후에 Object ⇨ Expand Appearance를 선택하여 Path(경로)와 선이 일치하게 만듭니다.

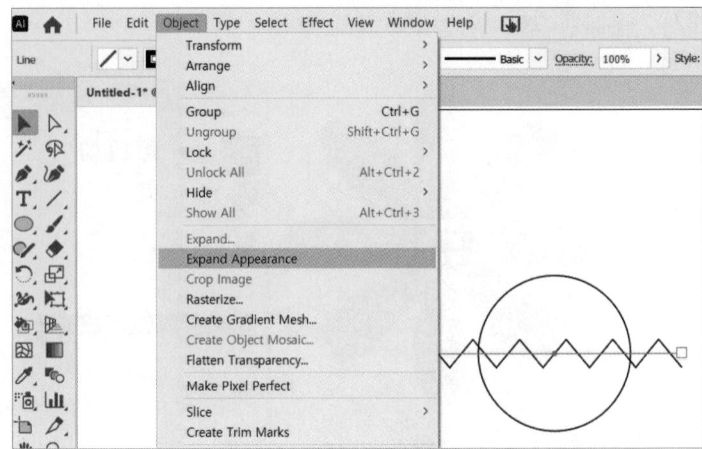

04 전체를 선택한 후에 Pathfinder 패널【Ctrl+Shift+F9】에서 Divide를 클릭하여 도형을 나눕니다.

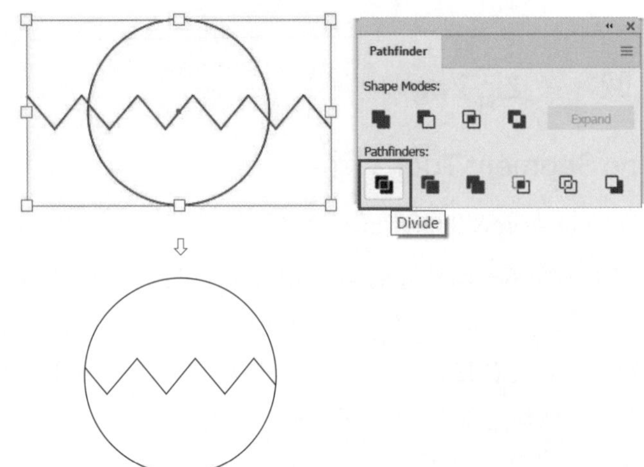

05 전체를 선택한 후에 Live Paint Bucket tool【K】로 아래에 빨간색을 클릭하여 채웁니다.

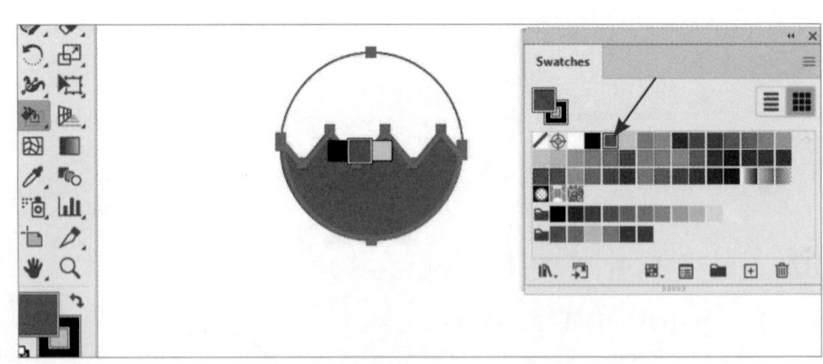

06 위쪽은 Live Paint Bucket tool【K】로 파란색을 클릭하여 채웁니다.

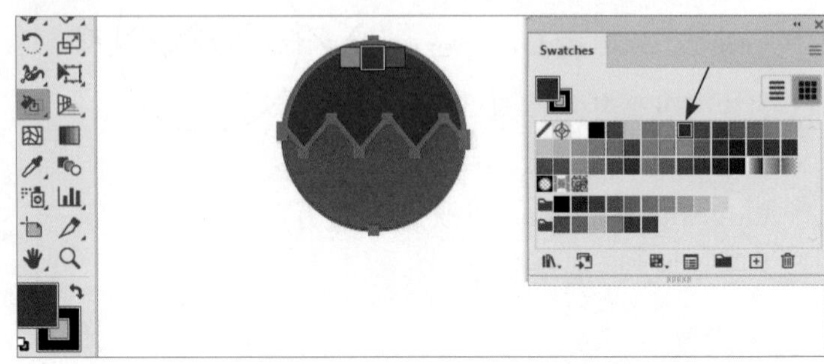

07 Stroke Color의 두께를 두껍게 합니다.

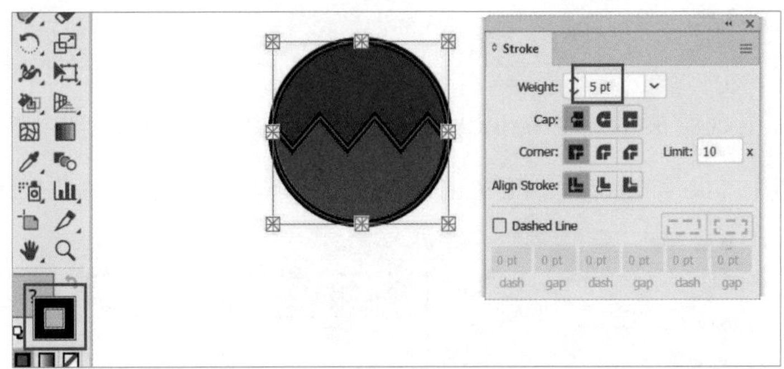

08 Object ⇨ Expand를 선택합니다. 이때 Expand란 오브젝트의 모양 속성이나 기타 속성을 수정하려는 경우에 필요합니다.

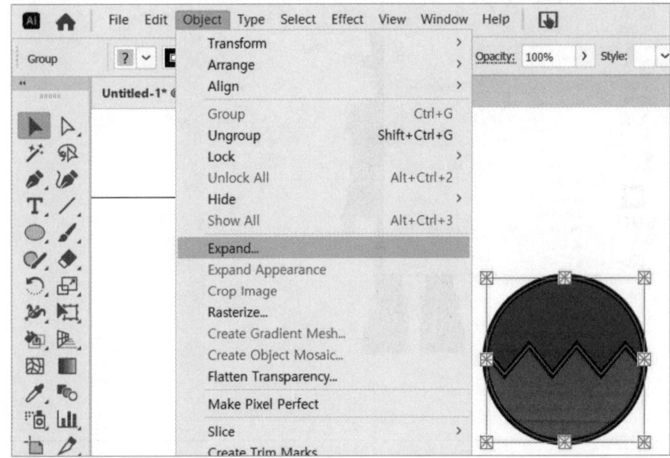

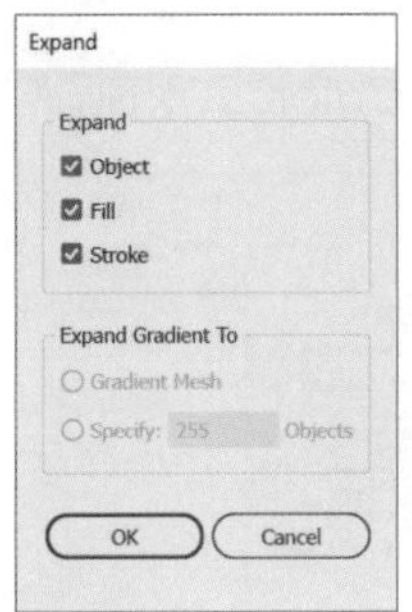

09 Direct selection tool【A】을 활용하여 파란색과 흰색의 면을 각각 선택한 뒤 흰색으로 색상을 변경하고 두께를 두껍게 합니다. 이때 Align stroke는 안쪽으로 두께가 두꺼워질 수 있도록 선택합니다.

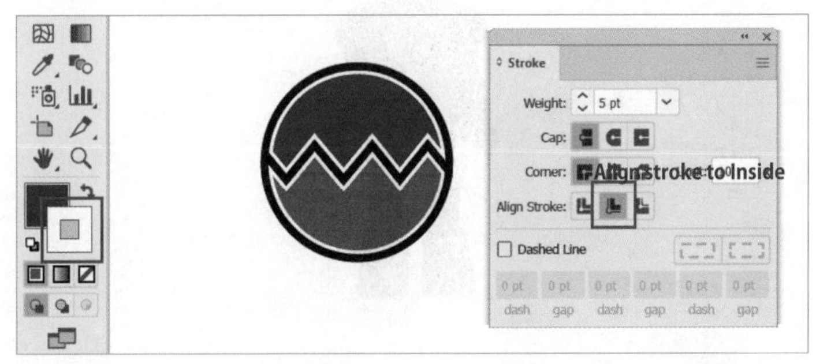

03 | Scribble

Effect ⇨ Stylize ⇨ Scribble 효과는 '서툴게 마구쓴다'라는 의미의 효과입니다.

01 File ⇨ Place【Shift+Ctrl+P】소스로 활용할 이미지를 아트보드에 가져옵니다.

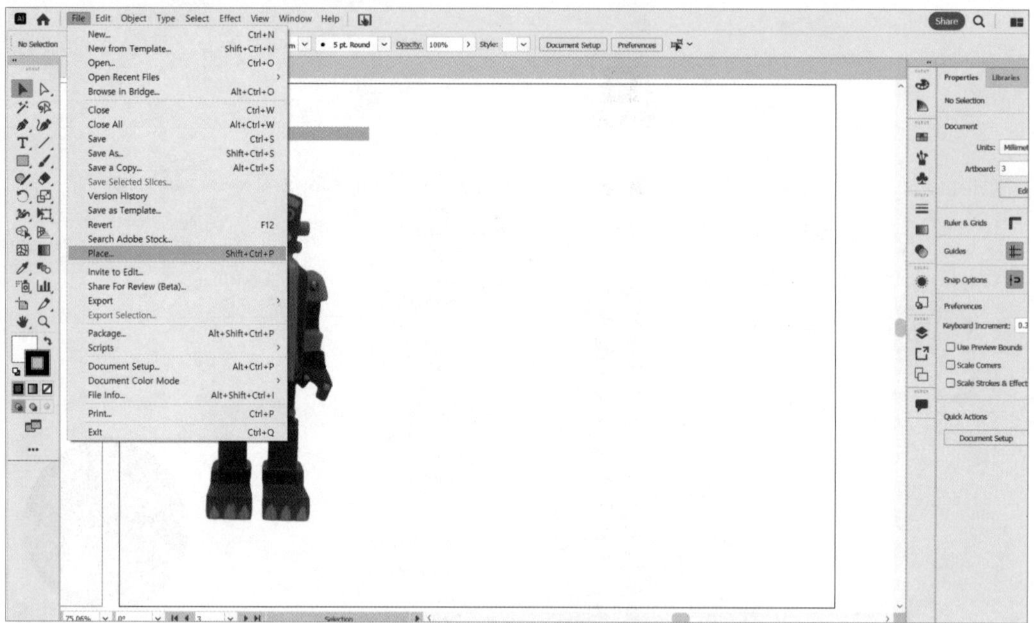

02 Image Trace 버튼 옆에 화살표를 눌러서 6 Colors로 정해줍니다.

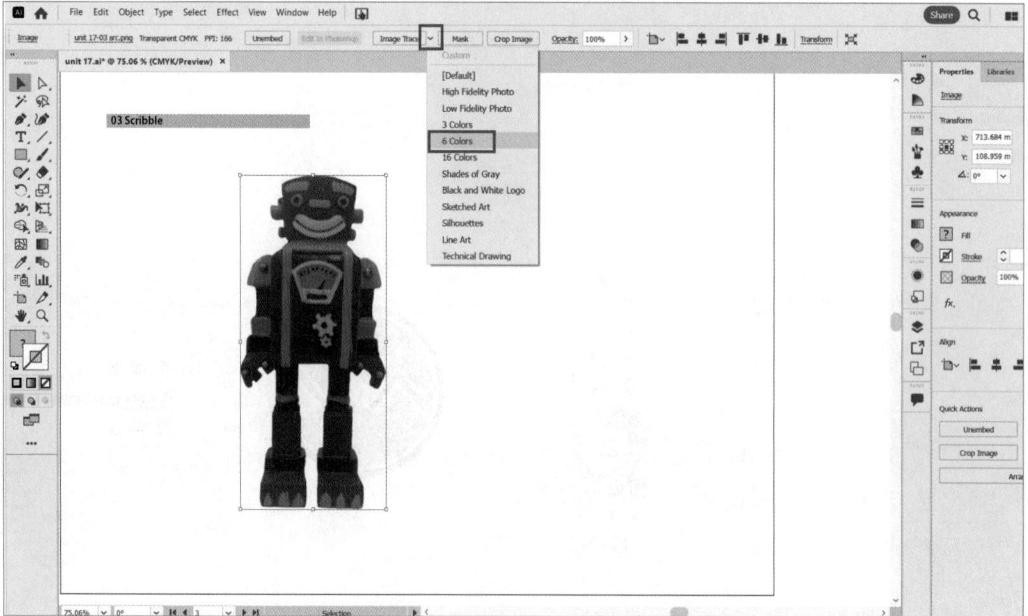

03 Expand 버튼을 클릭합니다.

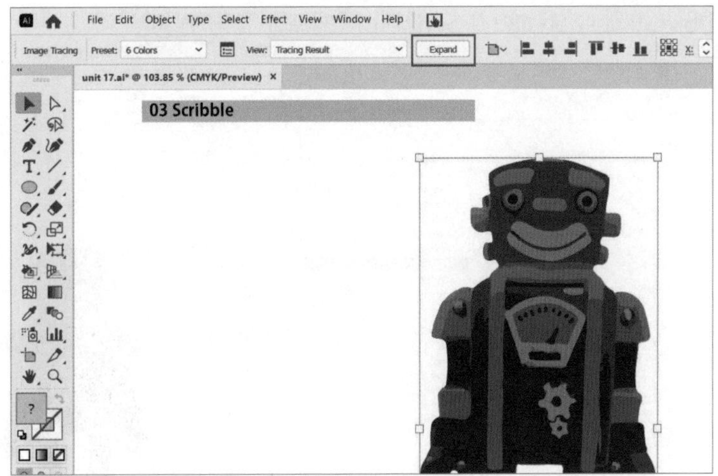

04 Magic wand tool【Y】을 이용하여 흰 부분을 선택하고 삭제합니다.

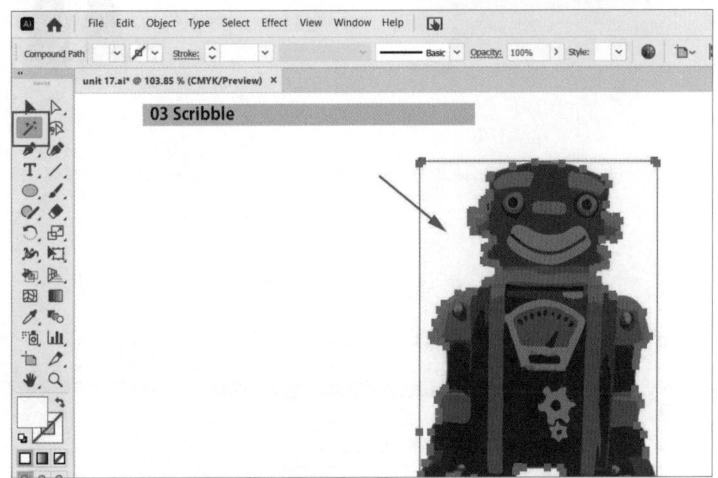

05 흰 부분이 삭제되었습니다.

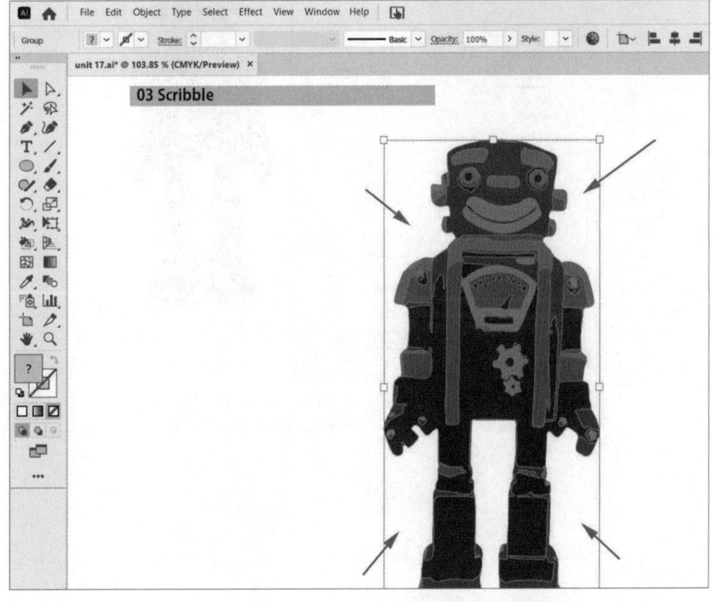

06 Effect ⇨ Stylize ⇨ Scribble 이팩트를 적용합니다.

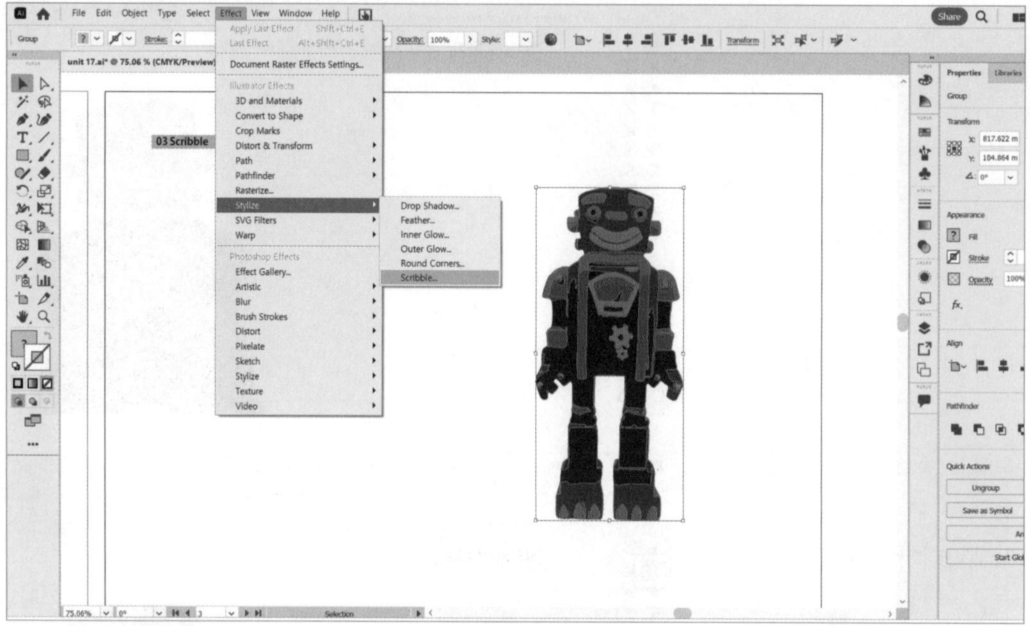

07 다양한 수치의 변경을 통해 적합한 상태를 만듭니다.

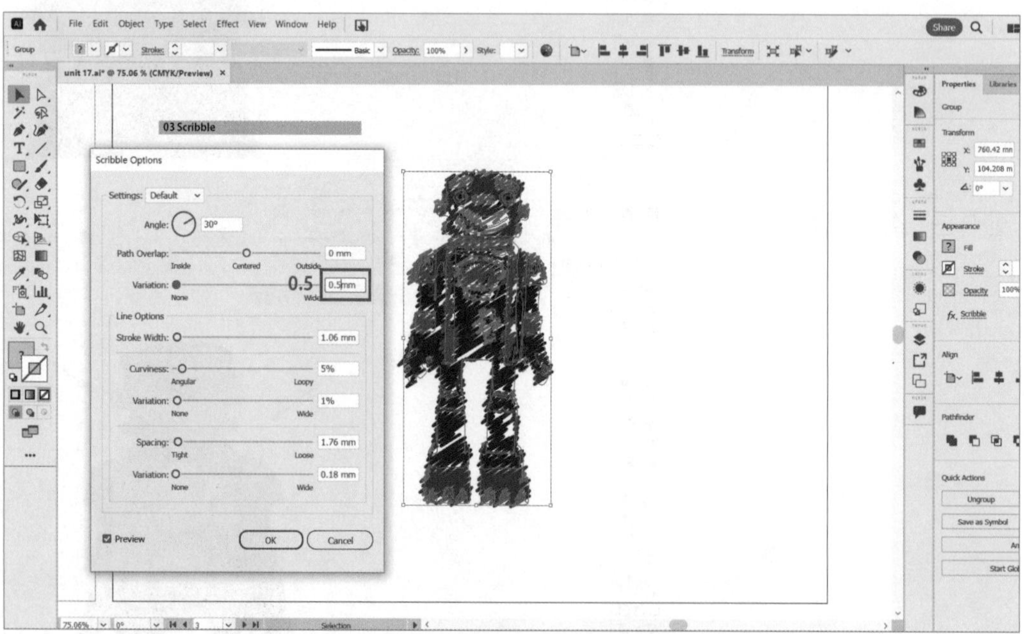

04 | Halftone effect

01 포토샵에서 Color mode를 Grayscale로 변경한 후에 png 파일 형식으로 저장합니다.

02 File ⇨ Place【Shift+Ctrl+P】 아트보드 위로 이미지를 가져옵니다.

03 Effect ⇨ Pixelate ⇨ Color Halftone 이팩트를 적용합니다.

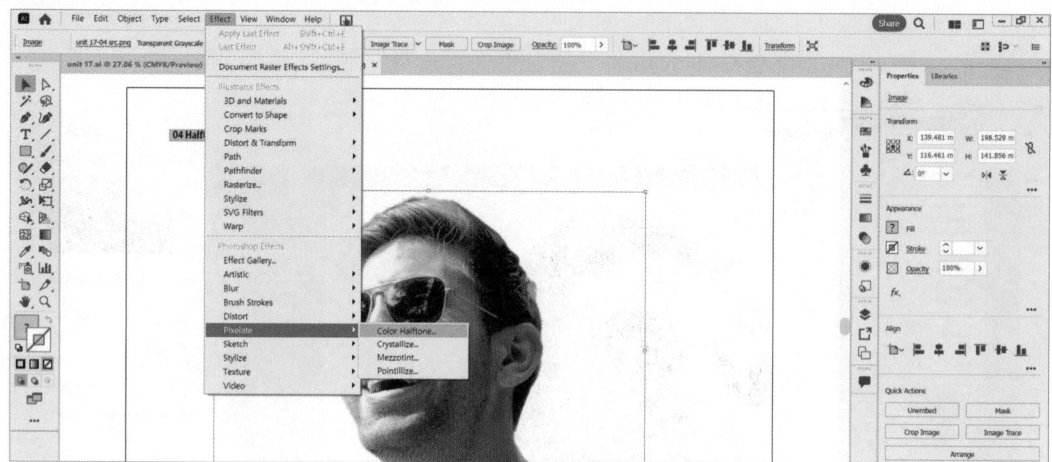

04 Max. Radius를 가장 작은 수치인 '4'로 입력합니다.

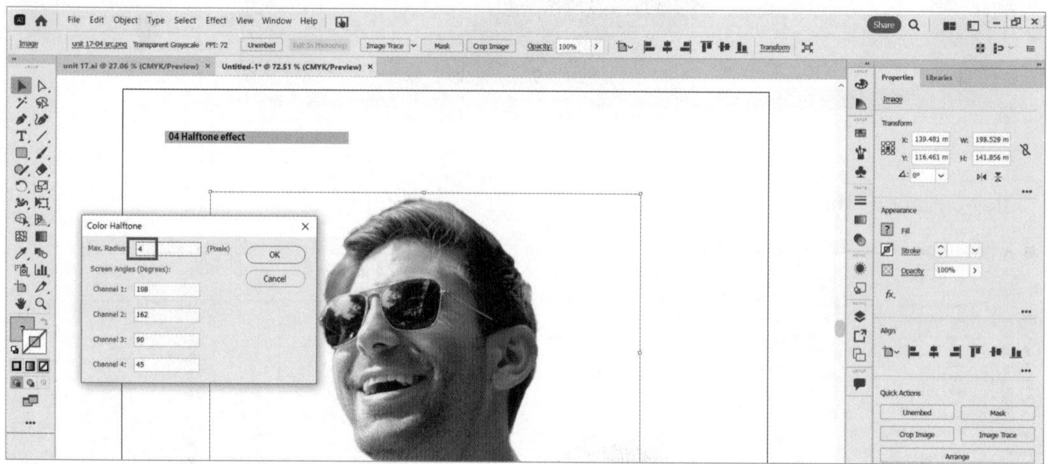

05 이미지에 망점 효과가 적용됩니다.

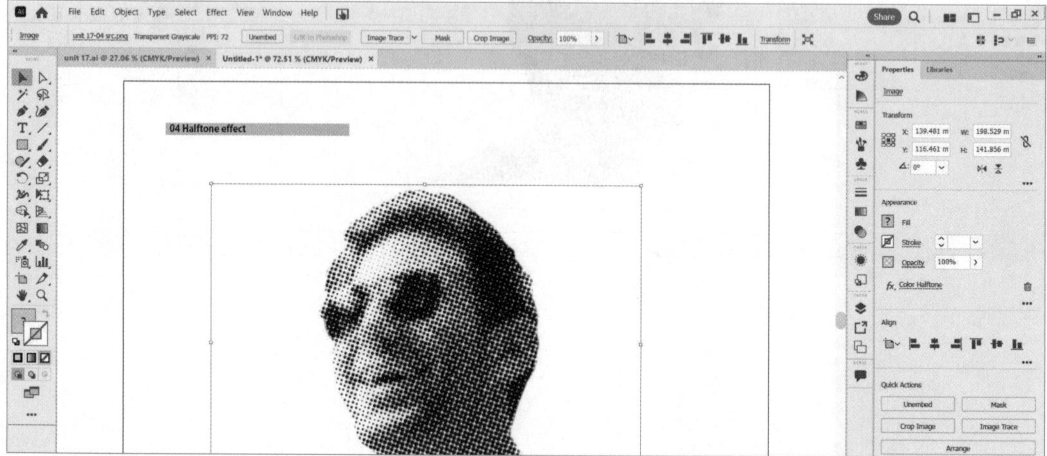

06 Object ⇨ Rasterize 깨끗한 가장자리가 필요한 경우에 Rasterize 처리를 합니다.

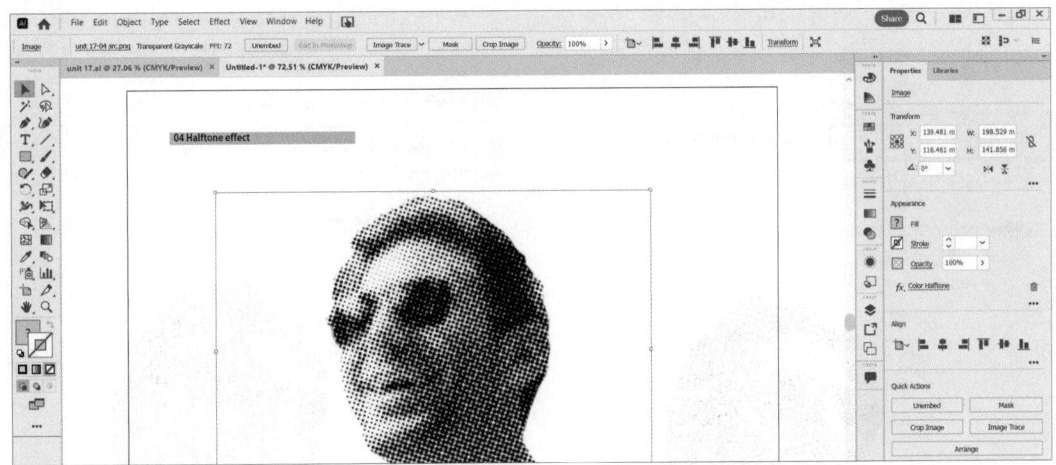

07 옵션을 변경할 필요 없이 OK를 클릭합니다.

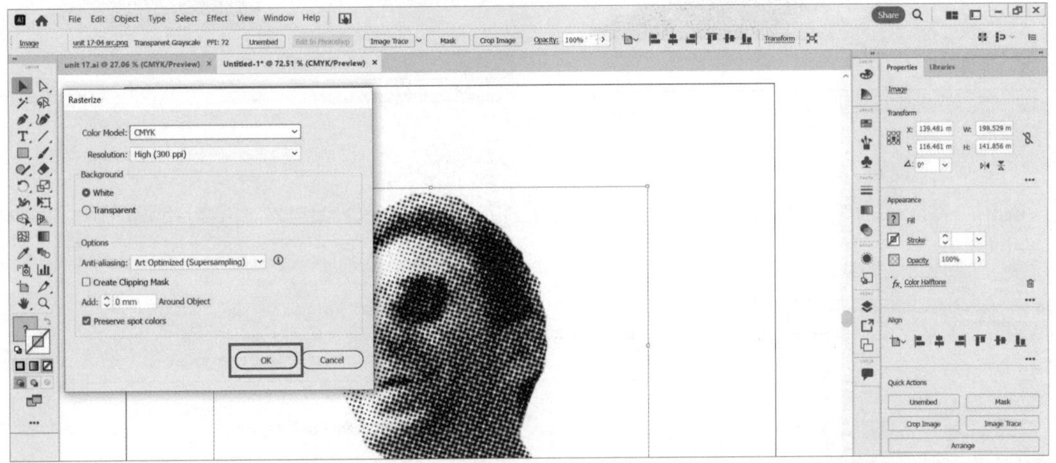

08 벡터 이미지로 전환하기 위해 Image Trace 버튼을 클릭합니다.

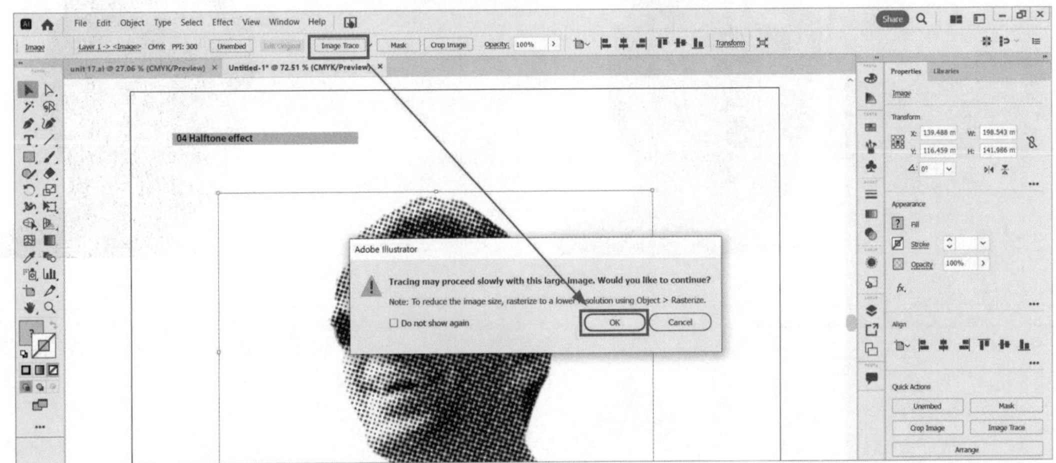

09 Expand를 선택합니다. 이때 Expand란 오브젝트의 모양 속성이나 기타 속성을 수정하려는 경우에 필요합니다.

10 이미지의 흰색 바탕을 삭제하기 위해 Magic wand tool【Y】을 이용하여 선택합니다.

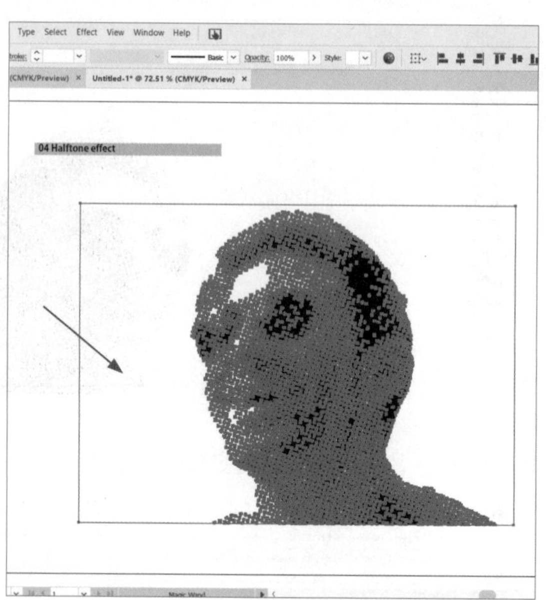

11 Edit ⇨ Clear 이미지의 흰색 바탕을 삭제합니다.

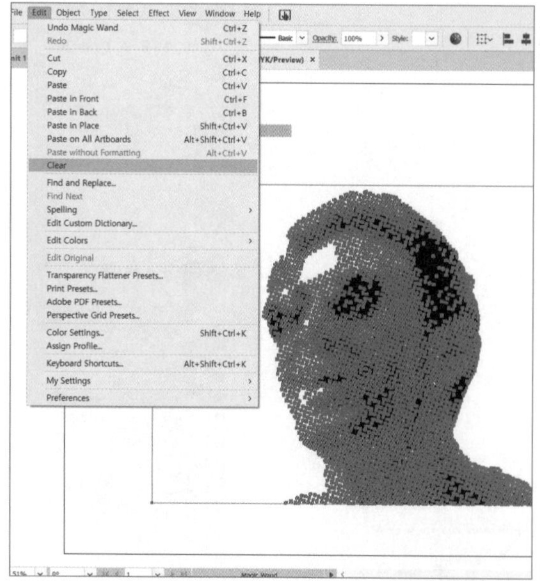

12 Halftone 이팩트가 적용된 벡터이미지가 완성되었습니다.

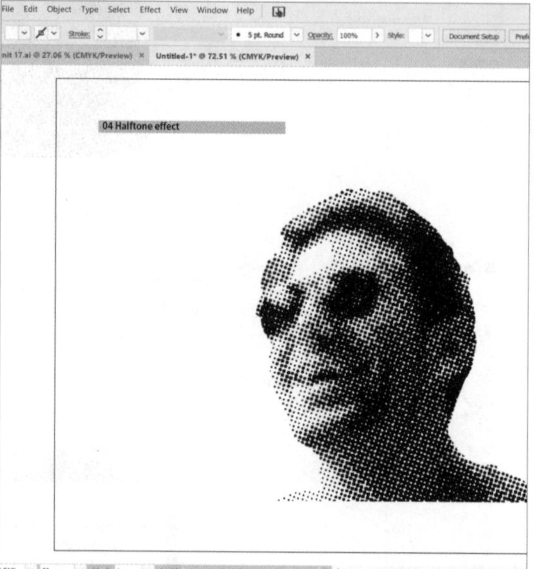

부록

포토샵
일러스트레이터
새로운 기능

포토샵 새로운 기능 (24.0.0)

01 | Object Selection tool의 선택 방법 개선

01 신기능01.jpg 파일을 가져온 후 툴박스에서 Object Selection tool을 선택합니다.

02 Refresh Object Finder 아이콘이 자동으로 회전하면서 이미지 안에 있는 다수의 오브젝트를 자동으로 찾습니다.

03 마우스를 오브젝트의 위로 올려보면 각각의 오브젝트를 선택할 수 있습니다. 클릭하여 포도 전체를 선택합니다.

04 레이어 패널의 Background 레이어를 선택한 후 마우스 오른쪽을 클릭하여 Mask All Objects를 선택합니다.

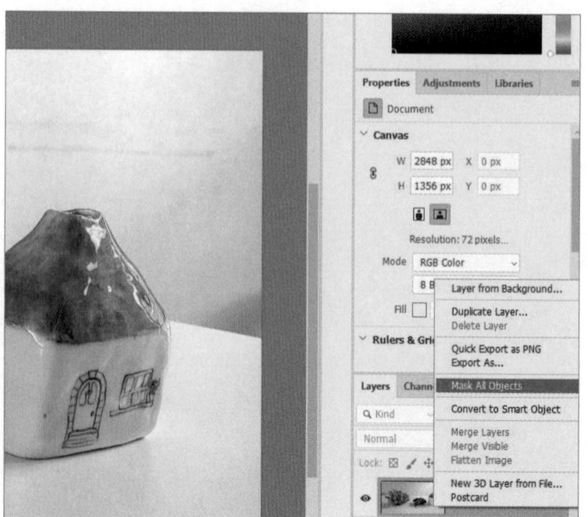

05 다수의 오브젝트의 마스크를 확인할 수 있습니다. 이때 오브젝트 뿐만 아니라 배경 등도 개별적으로 선택할 수 있습니다.

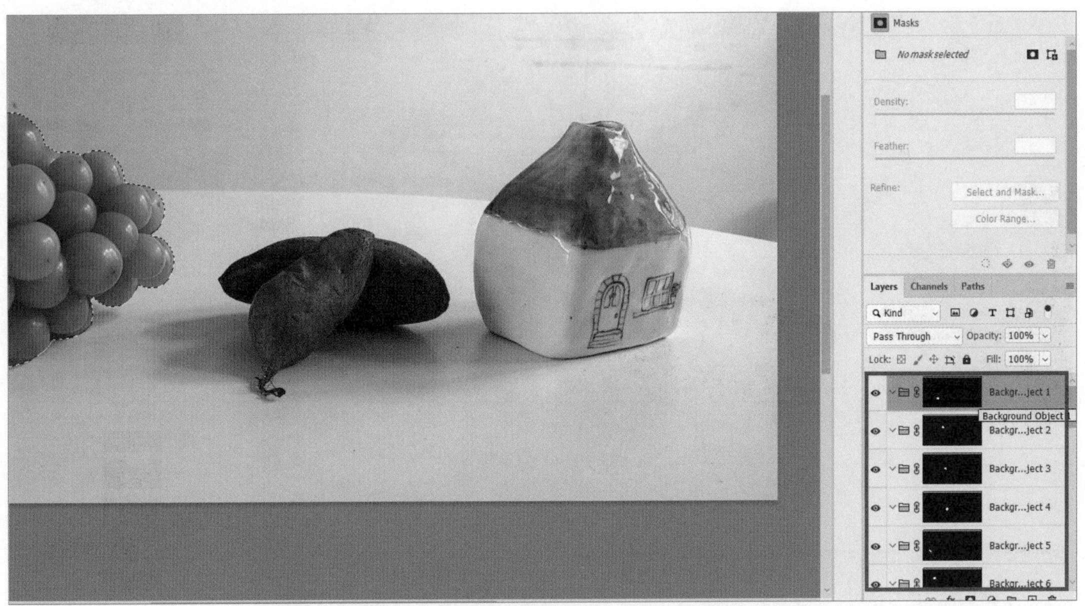

06 섬네일을 【Alt+Click】 하면 독립적인 오브젝트의 마스크를 확인할 수 있습니다. 이때 포도의 마스크를 【Ctrl+Click】 하여 선택영역을 만들 수 있으며 마스크를 보이지 않도록 할 때도 【Alt+Click】 합니다.

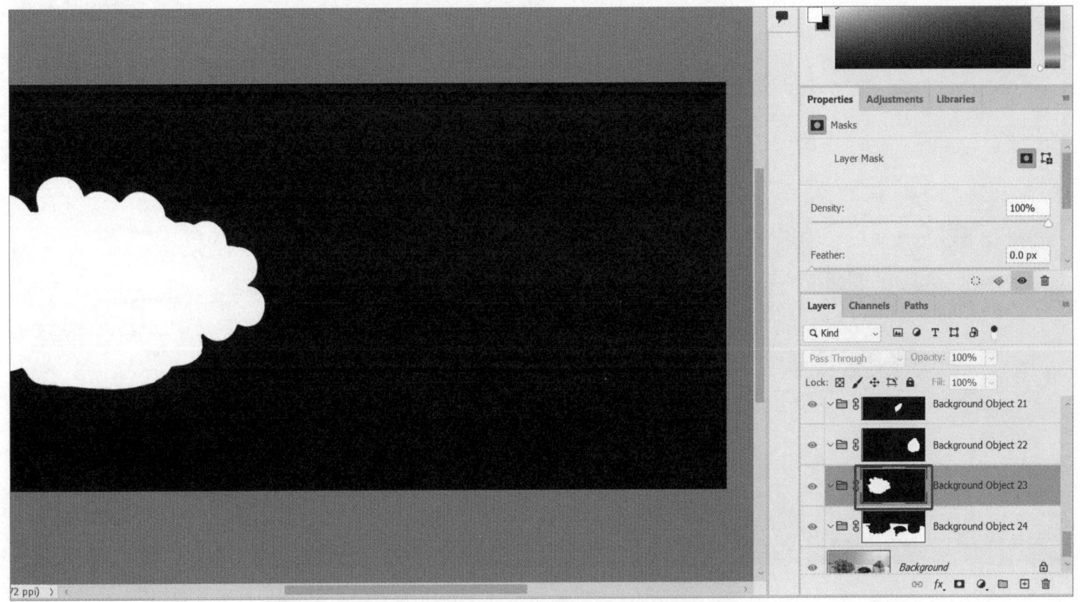

07 포도의 섬네일 마스크를 【Ctrl+Click】 하여 선택영역을 만들고나서 다시 【Alt+Click】 하여 이미지를 보이도록 합니다.

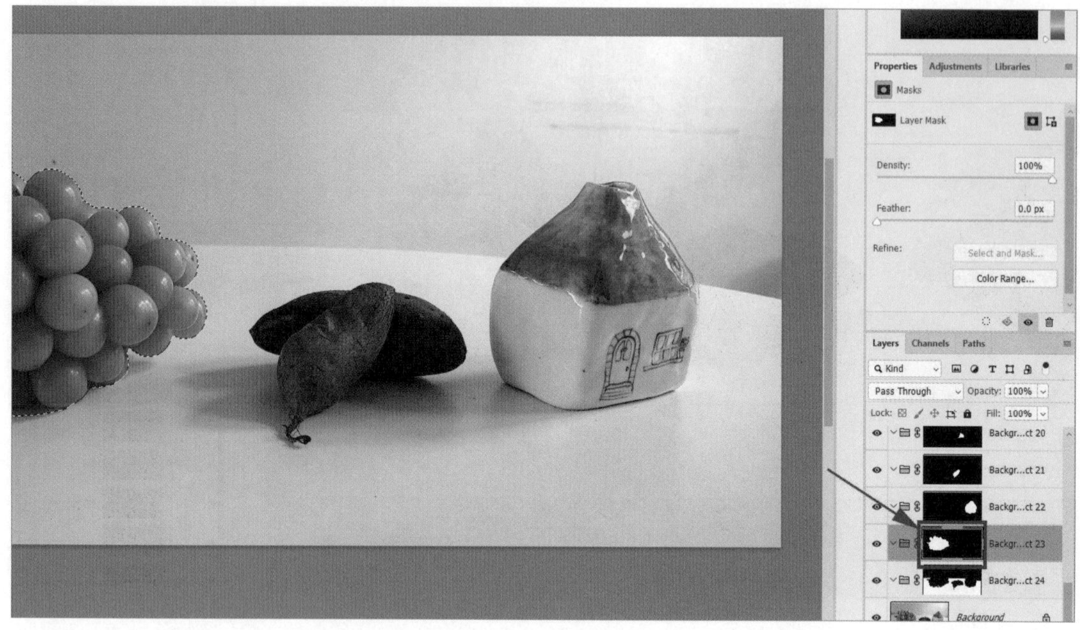

08 Background 레이어를 선택한 상태에서 선택영역의 노출을 조금 밝게 하고자 합니다. Image ⇨ Adjustments(보정) ⇨ Exposure(노출)을 선택합니다.

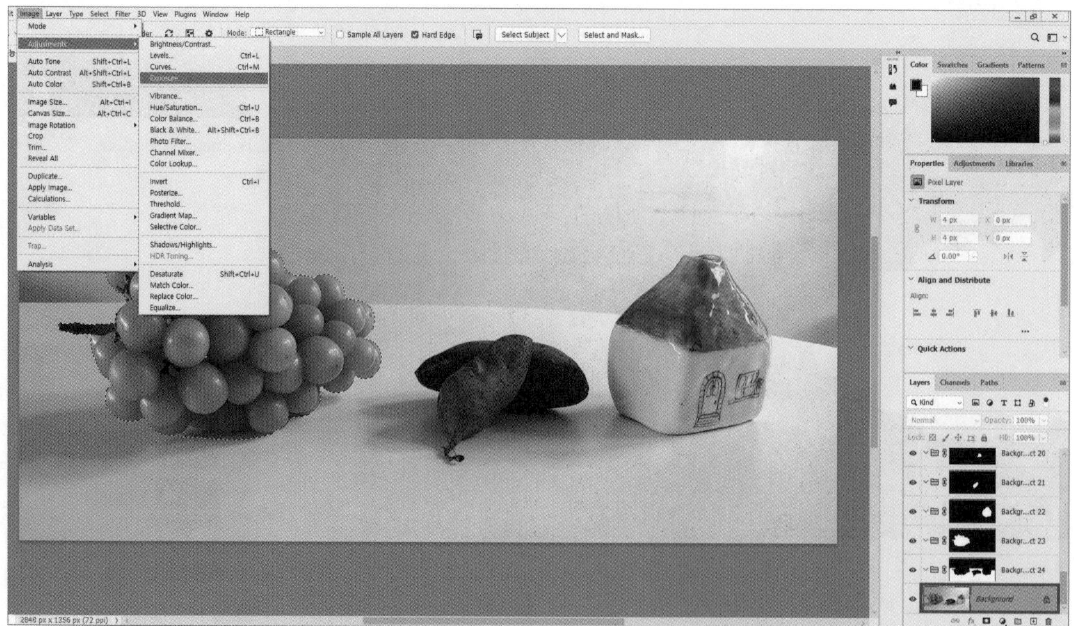

09 White Point를 이용하여 포도의 밝은 부분을 클릭하면 Exposure의 수치가 조금 올라가면서(+0.25 정도) 다소 밝게 보정할 수 있습니다.

10 Select ⇨ Deselect로 선택영역을 해제합니다.

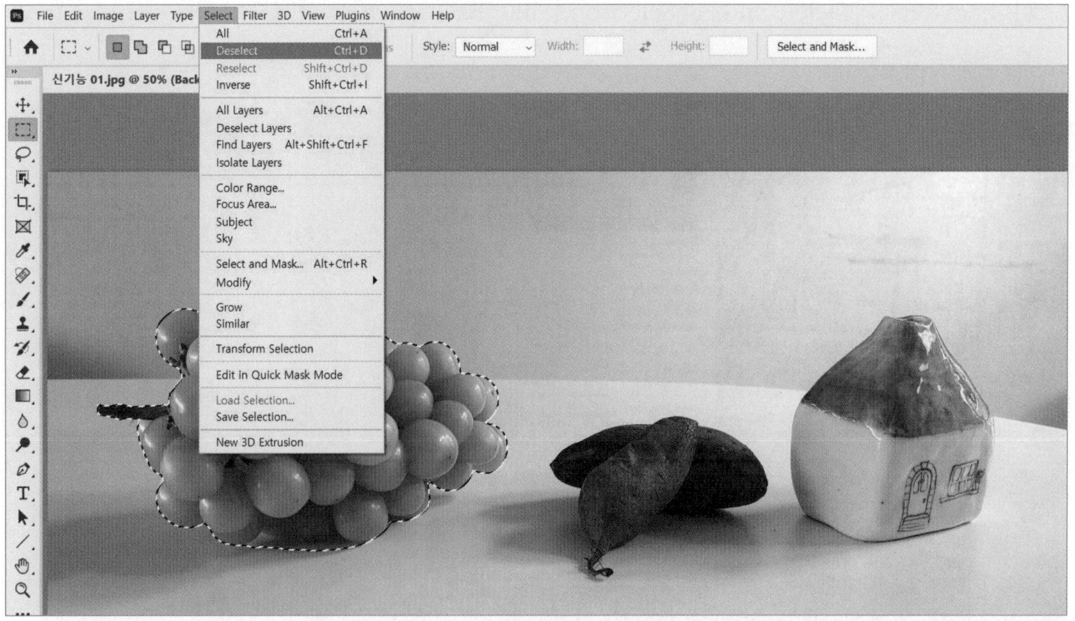

01-1 | Object Selection tool로 이미지의 일부분 제거

01 신기능01-1.jpg 파일을 가져온 후 툴박스에서 Object Selection tool을 선택합니다.

02 옵션바에서 Mode를 Lasso로 변경한 후 아래 부분을 드래그하여 선택합니다.

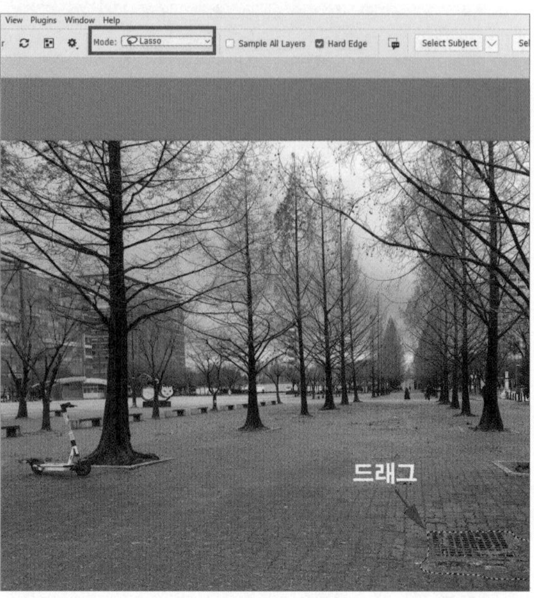

03 선택영역의 안에 마우스를 위치하게 한 후 마우스 오른쪽을 클릭하여 Content-Aware Fill을 선택합니다. 만약 아래의 Delete and Fill Selection【Shift+Backspace】를 선택하는 경우에도 비슷한 결과를 만들 수 있습니다.

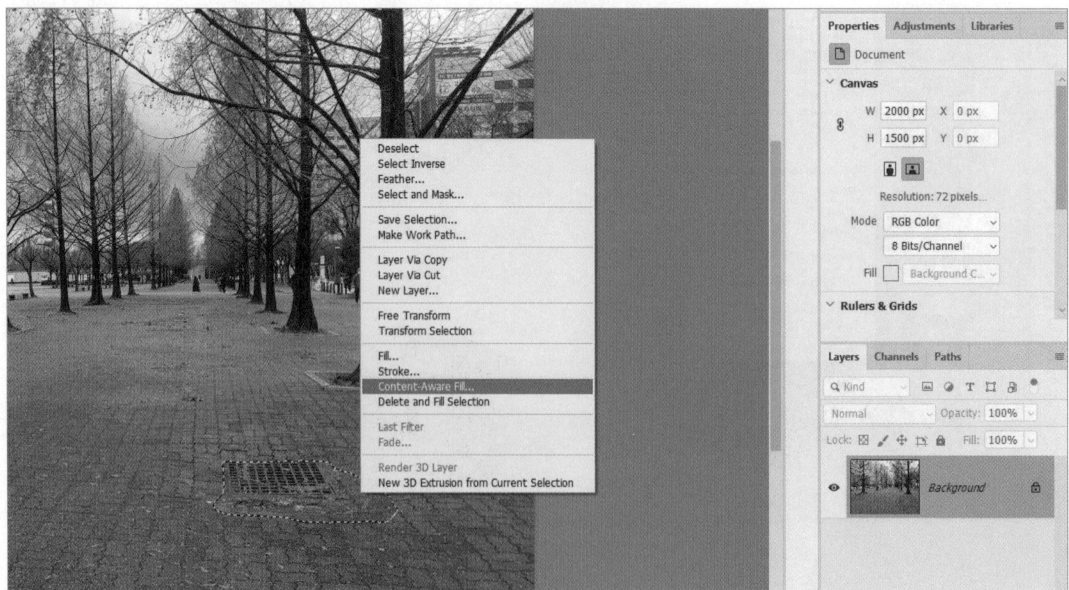

04 아래의 순서대로 진행합니다.

05 이미지에서 없애고 싶은 부분을 제거하였습니다.

01-2 | Object Selection tool로 손쉽게 하늘 변경하기

01 신기능01-2.jpg 파일을 가져온 후 툴박스에서 Object Selection tool을 선택합니다.

02 잠시 기다렸다가 마우스를 하늘 부분에 올려보면 하늘부분의 색상이 변경되는 것이 보입니다.

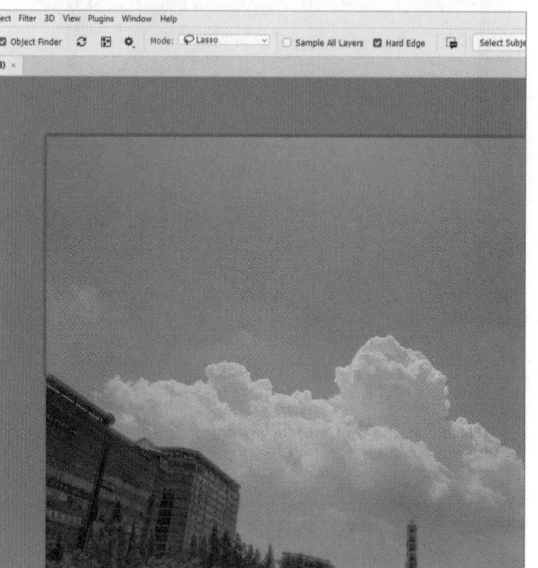

03 마우스로 클릭하여 선택영역을 만듭니다.

04 다른 느낌의 하늘로 교체하고자 Edit ⇨ Sky Replacement를 선택합니다.

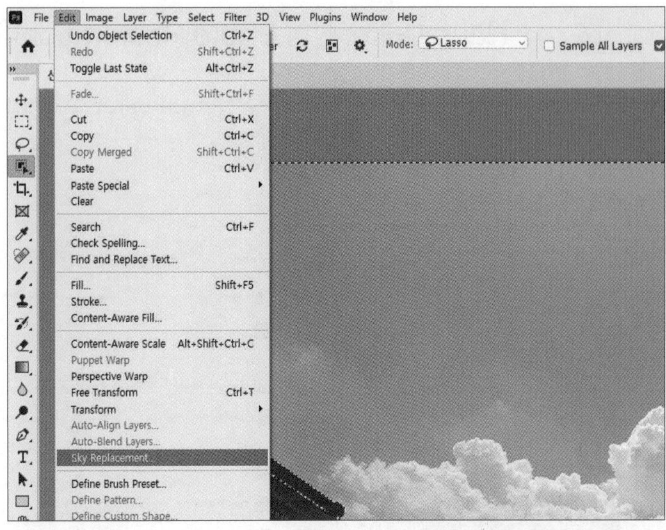

05 일몰이 아름다운 하늘 중에 하나를 선택합니다.

06 Select ⇨ Deselect 선택영역을 해제합니다.

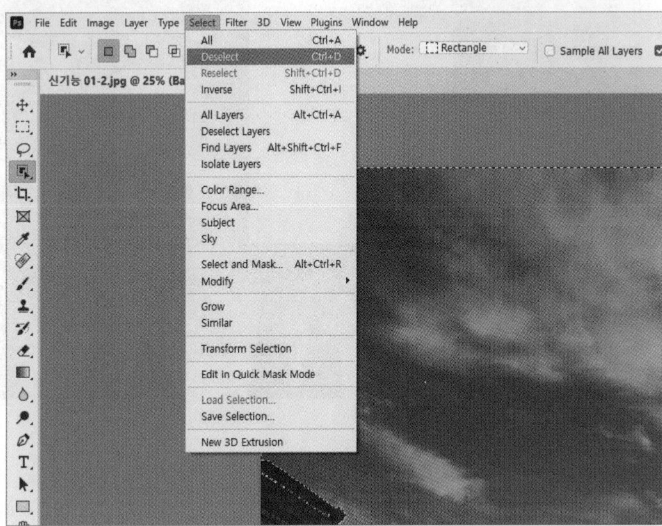

02 | Neural Filter 안에 Photo Restoration이 추가되어 훼손된 사진 복구하기

오래되고 손상된 사진을 꺼낸 후 Filter ⇨ Neural Filter ⇨ Photo Restoration을 이용하여 손쉽게 복구할 수 있습니다.

03 | 강력한 AI 도구를 사용하여 복잡한 선택을 신속하게 처리하기

01 Camera Raw Filter 01.jpg 파일을 Open한 후 Filter ⇨ Camera Raw Filter를 선택합니다.

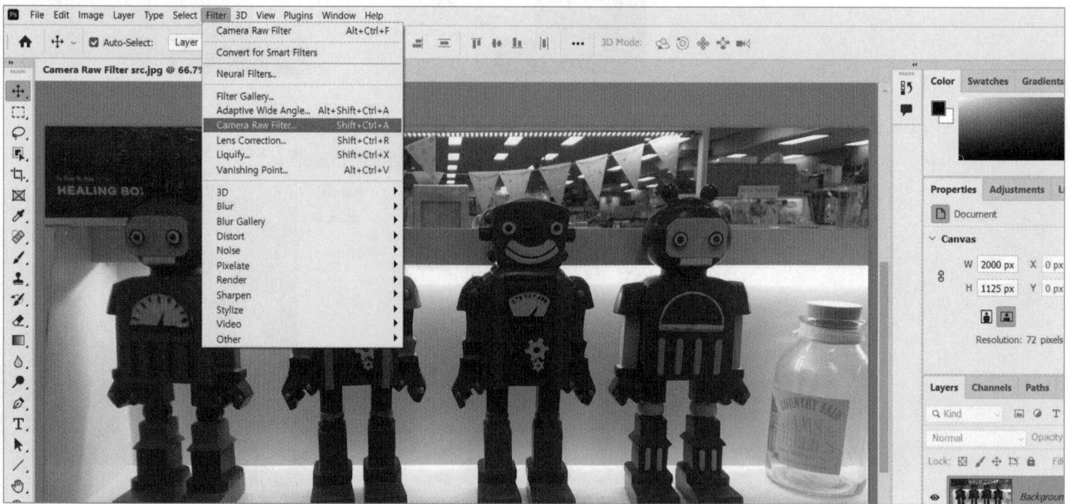

02 Masking 아이콘을 클릭하여 선택한 뒤 Create New Mask ⇨ Select Subject를 클릭합니다.

03 AI 자동 기능으로 오브젝트를 찾습니다.

04 마스킹된 오브젝트가 표시됩니다.

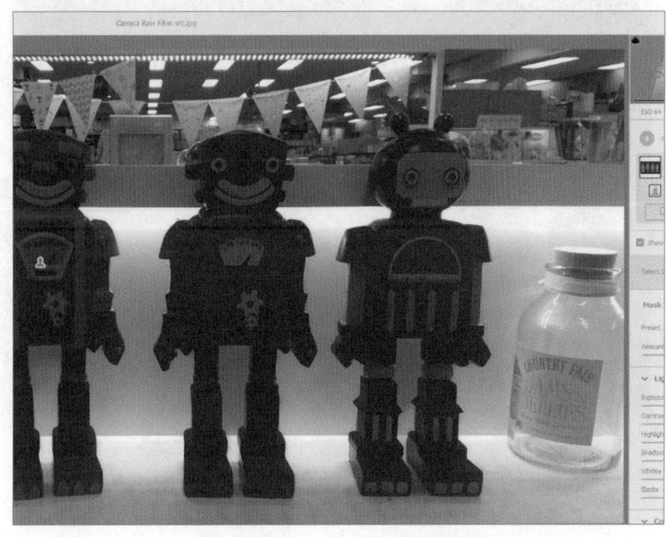

부록 – 새로운 기능

05 화면을 확대한 후에 Subtract 버튼을 클릭하고 아래에 보이는 Brush를 선택하여 불필요한 마스킹 부분을 지워줍니다.

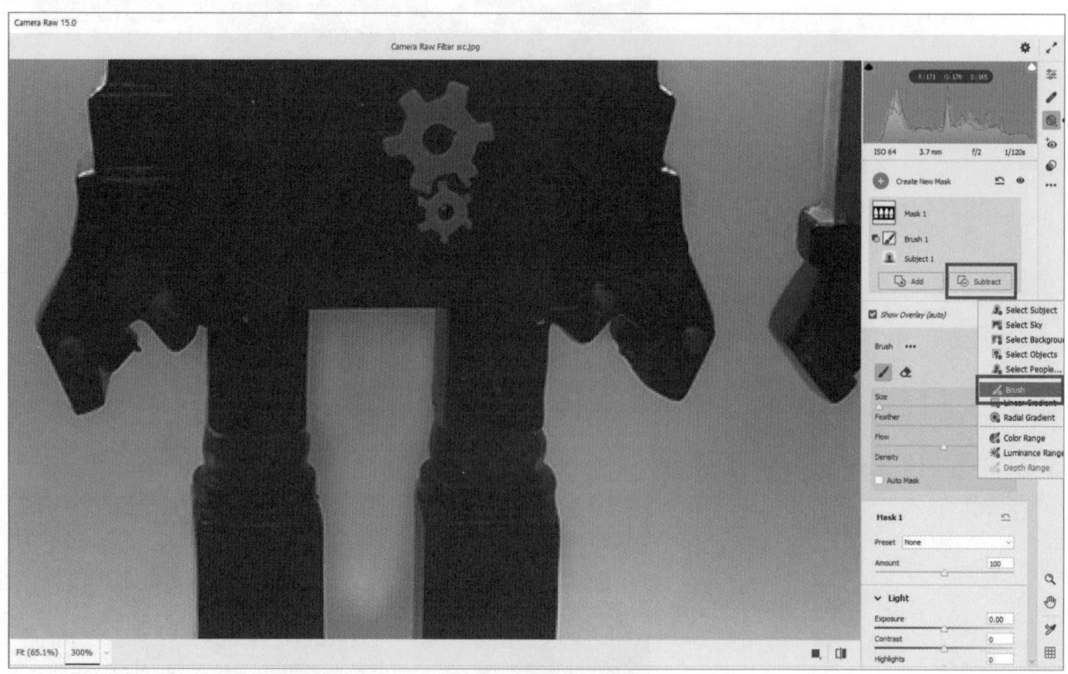

06 Exposure(노출)과 Contrast(대비) 그리고 Saturation(채도)을 변경해 봅니다.

07 배경을 제외한 이미지의 일부분을 향상된 Camera Raw Filter 기능을 이용하여 개선하였습니다.

04 | 문서를 공유하여 공동 작업할 수 있도록 다른 사람 초대하기

01 Share src.jpg를 Open한 후 오른쪽 상단에 Share 버튼을 클릭합니다.

02 파일을 다른 사람과 함께 작업할 수 있으므로 누군가를 초대합니다.

03 초대한 사람과 함께 편집하기 위해 우선 클라우드에 저장해야 하므로 Continue 버튼을 클릭합니다.

04 클라우드 문서로 저장하겠느냐는 창의 보이며 Save를 클릭하여 .psdc 형식으로 저장합니다.

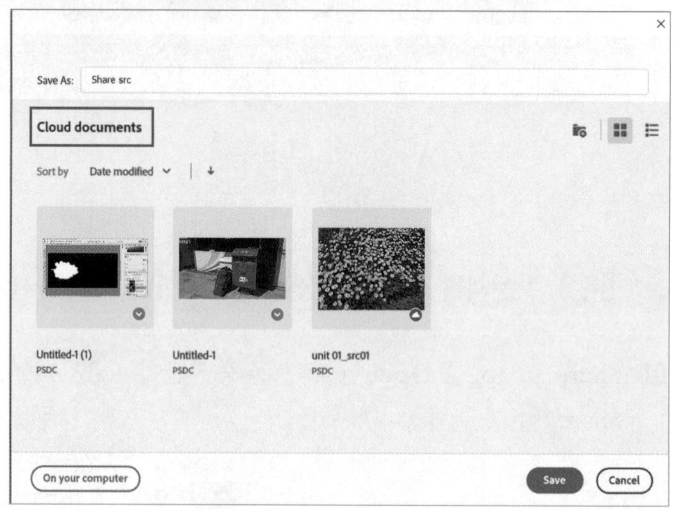

05 File ⇨ Open을 선택하여 클라우드 문서를 엽니다.

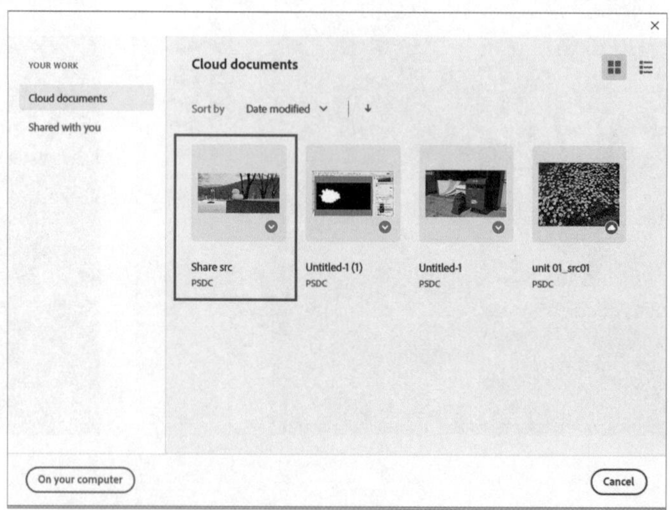

06 클라우드 문서(psdc)가 보입니다. 파일을 편집하기 위한 다른 사람을 초대합니다.

07 다른 사람을 검색하여 찾습니다.

05 | Materials 패널을 활용하여 입체감 있는 표면 구현하기

01 Materials src.psd 파일을 Open 합니다.

02 Window 메뉴에서 Materials을 선택합니다.

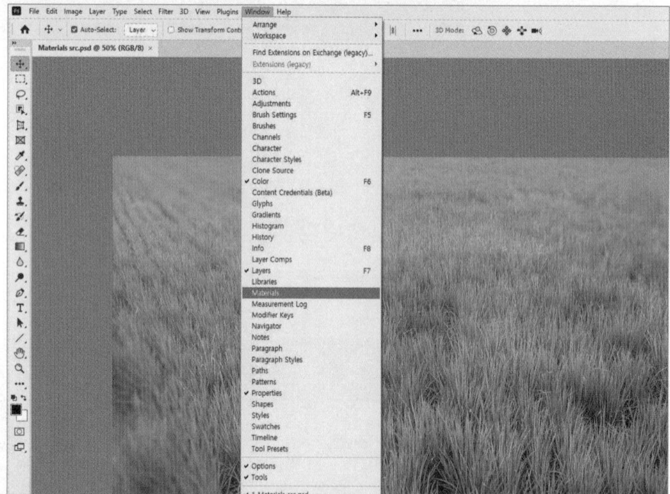

03 Materials 패널에서 Cross Stitch를 선택합니다.

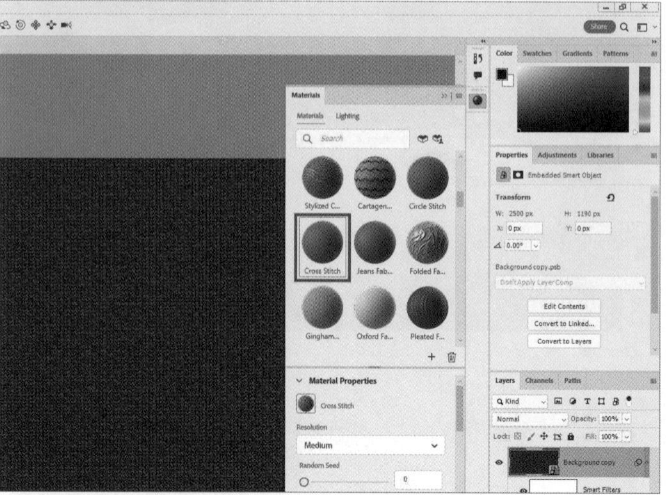

04 레이어 패널에 보면 새로운 Materials 레이어가 생성됩니다.

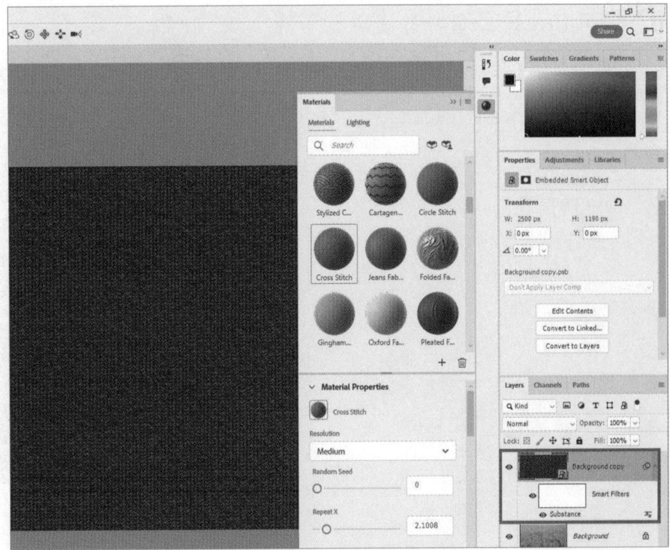

05 Materials Properties에서 Repeat Uniformly를 체크한 후 아래 수치를 약간 크게 하거나 작게 하여 크기를 조절해 봅니다. 0.77정도로 조절합니다.

06 Blend mode를 Color Dodge를 선택하여 배경 레이어와 혼합합니다.

07 Lighting을 조절하여 빛의 방향에 따른 그림자와 색상 등을 변경합니다. Exposure(노출)을 -1.5정도로 낮춰 약간 어두운 느낌으로 완성합니다.

06 | Cylinder 기능이 Warp에 추가됨

01 Warp-Cylinder src.psd 파일을 열고 Layer 1을 선택한 상태에서 Edit ⇨ Transform ⇨ Warp를 선택합니다.

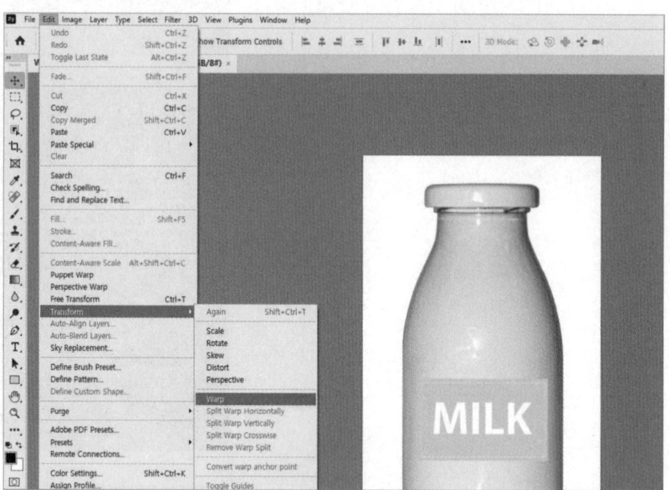

02 Warp 옵션 안에 Cylinder를 선택합니다.

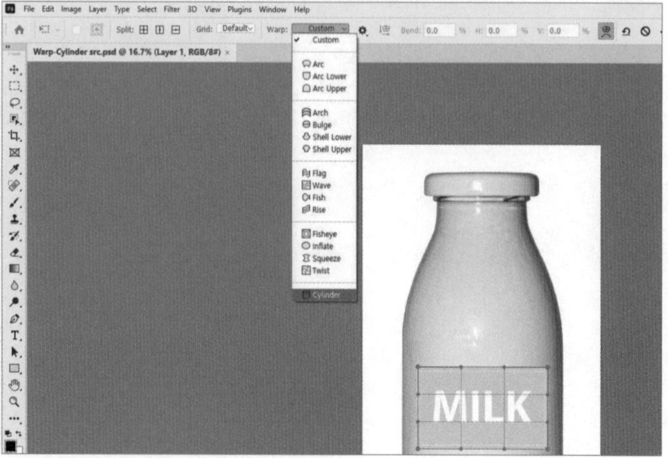

03 조절점을 상하 좌우로 조절하여 우유병과 어울리도록 합니다.

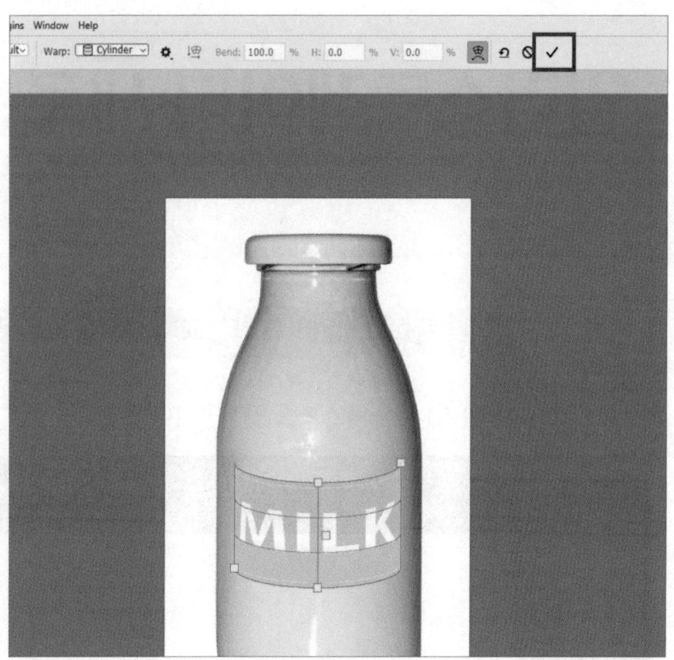

TIP

각각의 모서리 부분을 별도로 조절하고 싶을 경우엔 Ctrl+ 클릭하여 조절할 수 있습니다.

부록 – 새로운 기능

일러스트레이터 새로운 기능 (24.0.0)

01 모양이나 텍스트의 얽히고 겹친 교차 부분을 앞뒤로 보내기

01 아트보드(A4 용지) 위에 텍스트를 입력합니다.

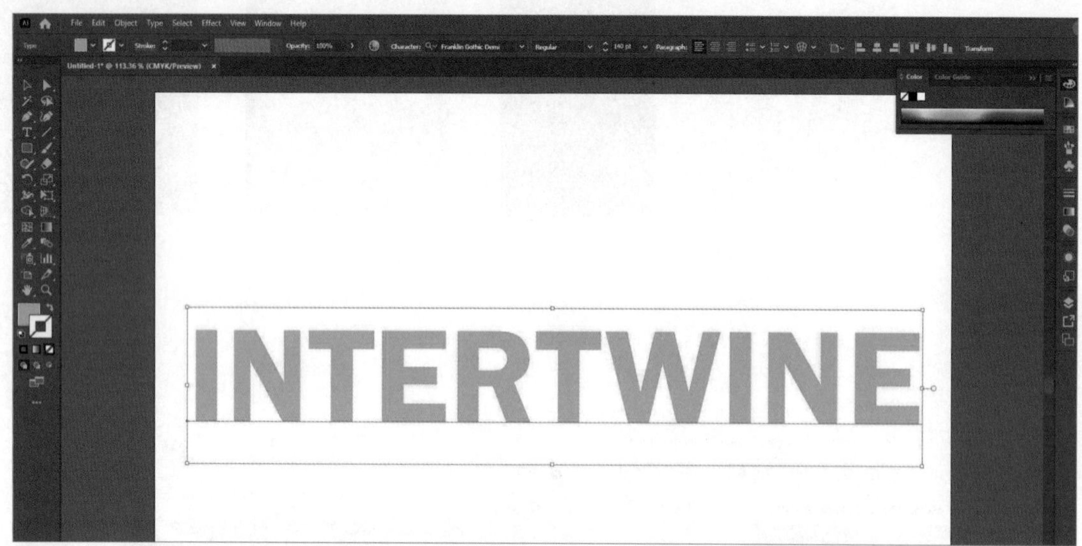

02 스타 툴을 이용하여 별을 그린 후 색상을 다르게 변경합니다.

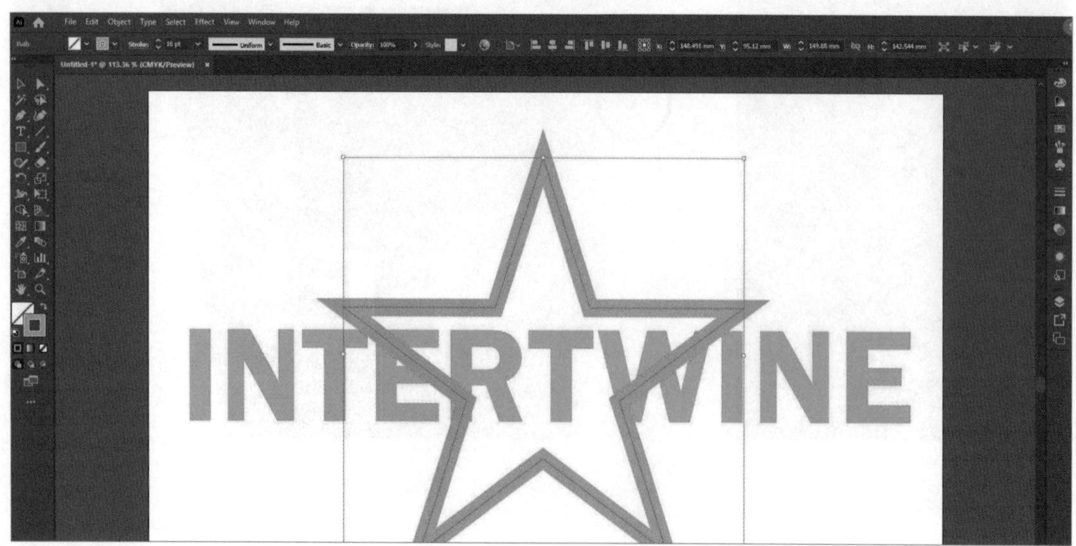

03 전체를 선택한 뒤 Object ⇨ Intertwine ⇨ Make를 선택합니다. Intertwine은 '뒤얽히다'라는 의미입니다.

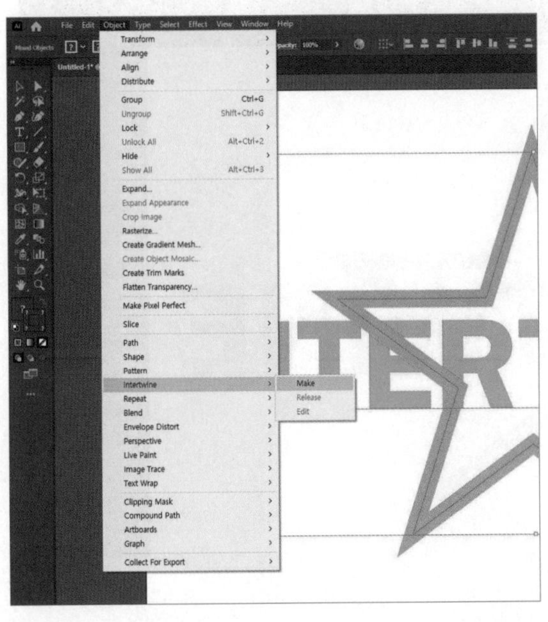

04 커서의 모양이 Lasso tool로 변경됩니다. 겹친 부분을 드래그합니다.

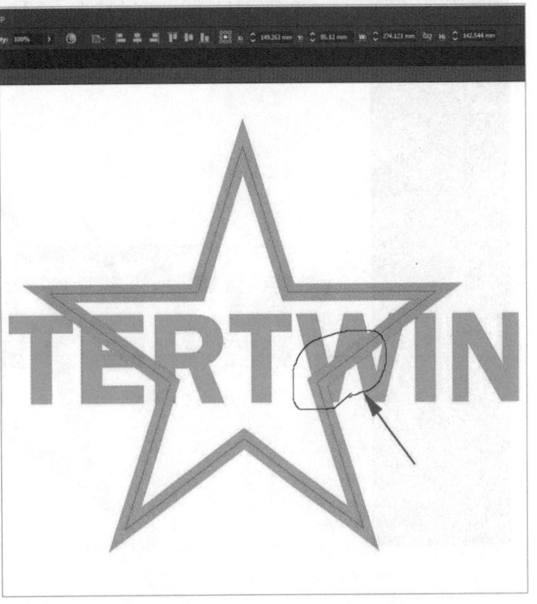

05 앞에 보이는 주황색 선의 겹친 부분이 텍스트의 뒤로 보내집니다. 이때 다시 앞으로 보내고 싶으면 Shift를 누르면서 드래그하면 됩니다.

06 왼쪽의 겹친 부분을 드래그합니다.

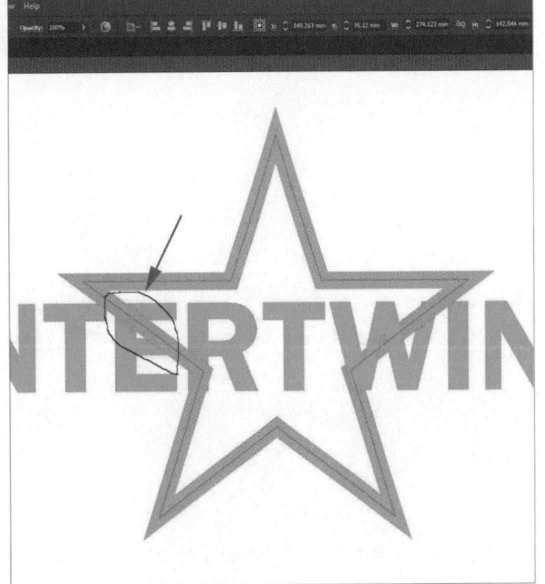

07 앞에 보이는 주황색 선의 겹친 부분이 텍스트의 뒤로 보내집니다. 이때 다시 앞으로 보내고 싶으면 Shift를 누르면서 드래그하면 됩니다.

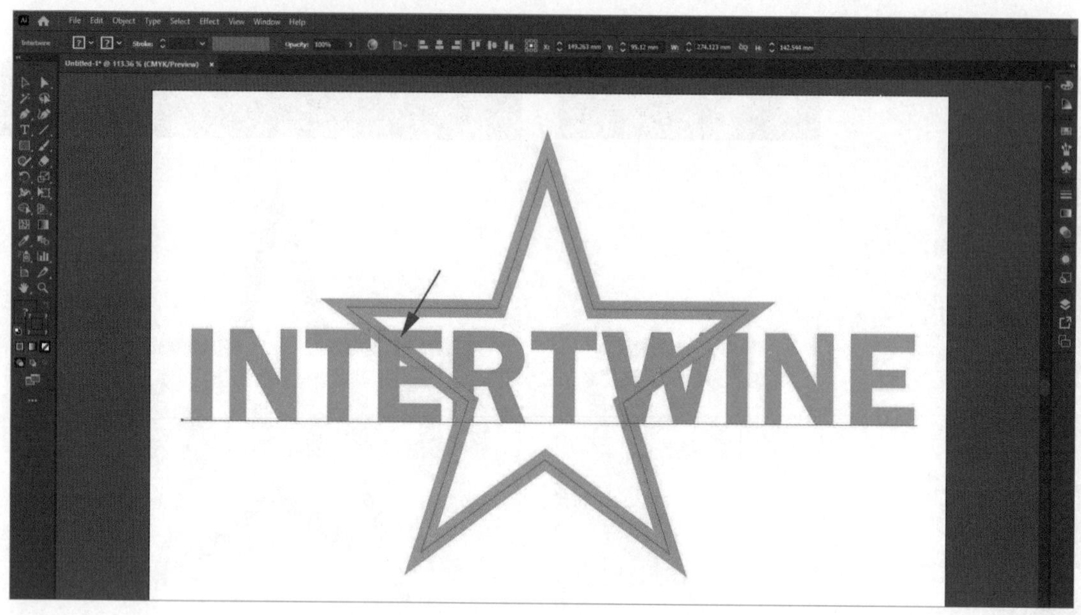

02 문서를 공유하여 공동 작업할 수 있도록 다른 사람 초대하기

오른쪽 상단에 Share 버튼을 클릭합니다. 누군가를 초대하여 파일을 다른 사람과 함께 작업할 수 있습니다.

03 인디자인과 일러스트레이터 사이에 텍스트 파일 형식을 유지하기

01 인디자인에서 A4 용지의 문서를 만든 후 아래와 같이 타이핑합니다.

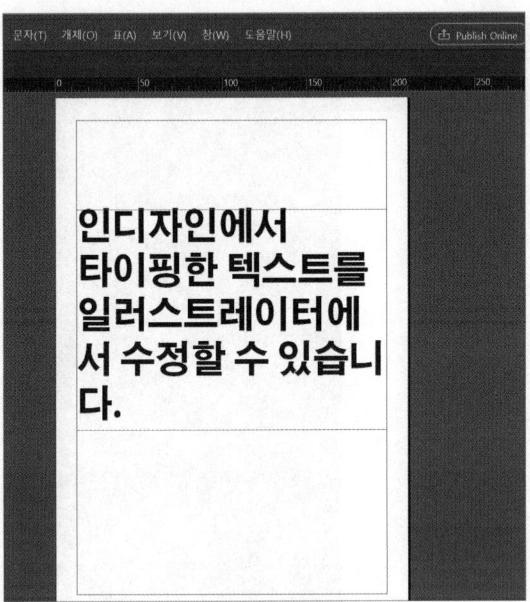

02 텍스트 오브젝트를 선택한 상태에서 편집 메뉴에서 복사를 선택합니다.

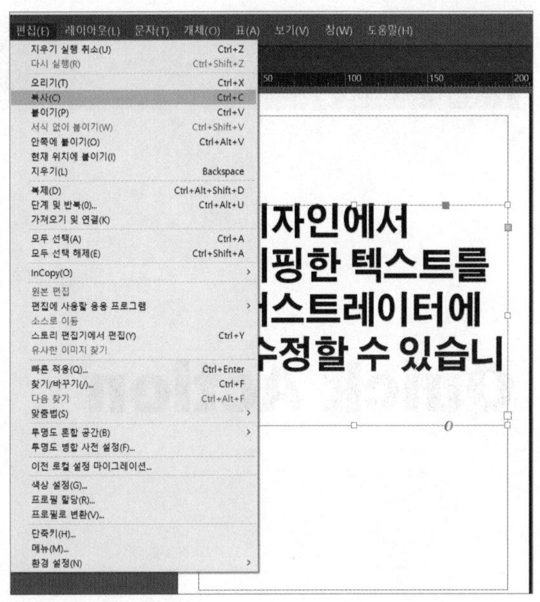

03 일러스트레이터에서 텍스트 오브젝트를 붙입니다. Edit ⇨Paste

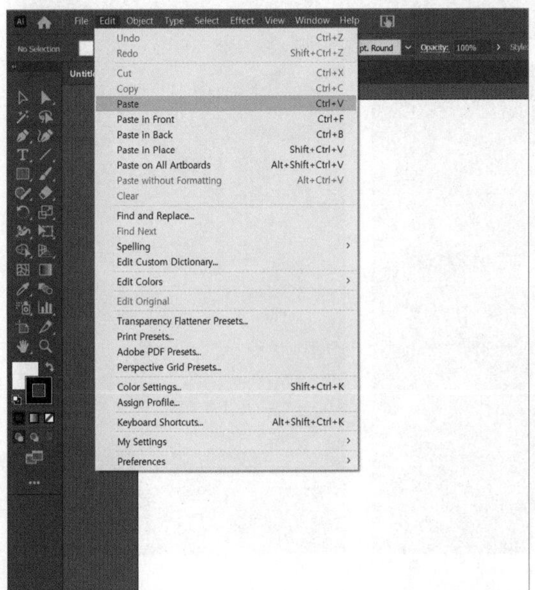

04 인디자인에서 타이핑한 개체가 일러스트레이터에서 호환되므로 수정할 수 있습니다.

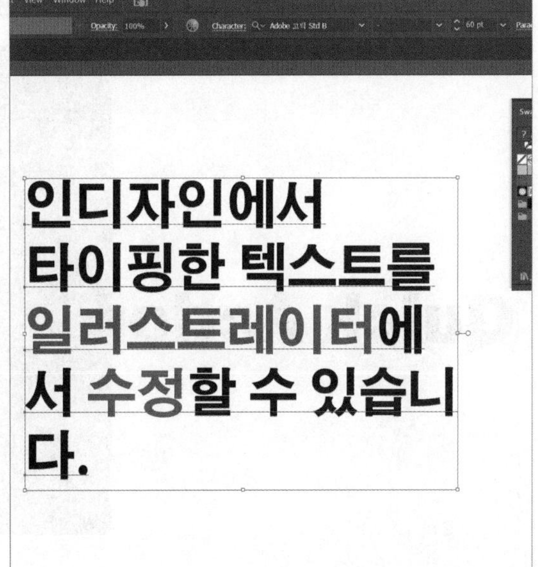

04 빠르게 액션 기능 실행하기

01 일러스트레이터에서 글자를 타이핑한 후 오른쪽 상단에 'Search for tool, help and more' 아이콘을 클릭합니다.

02 Discover 패널이 나타납니다. 중간에 보이는 Quick Action 옆의 화살표를 클릭합니다.

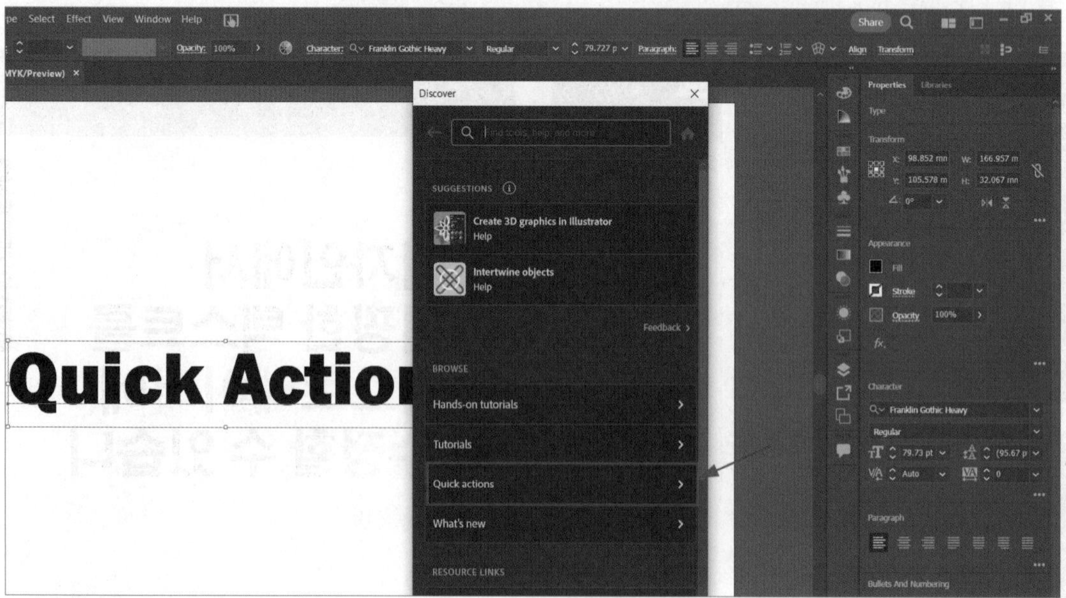

03 Retro Text를 선택합니다.

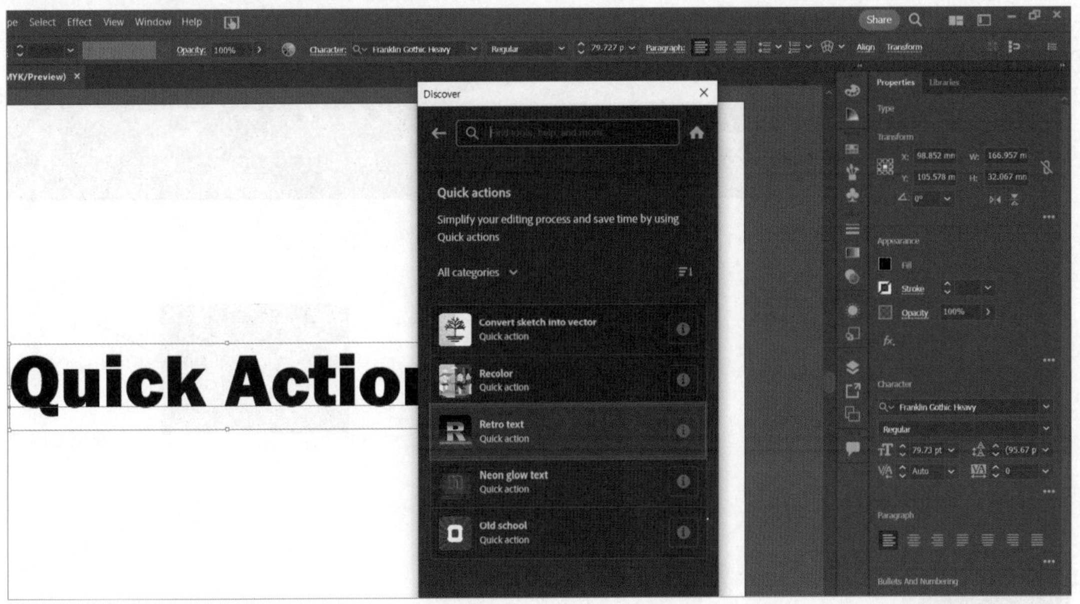

04 액션효과가 빠르게 적용되었습니다. 이때 Appearance Panel에서 수정할 수 있습니다.

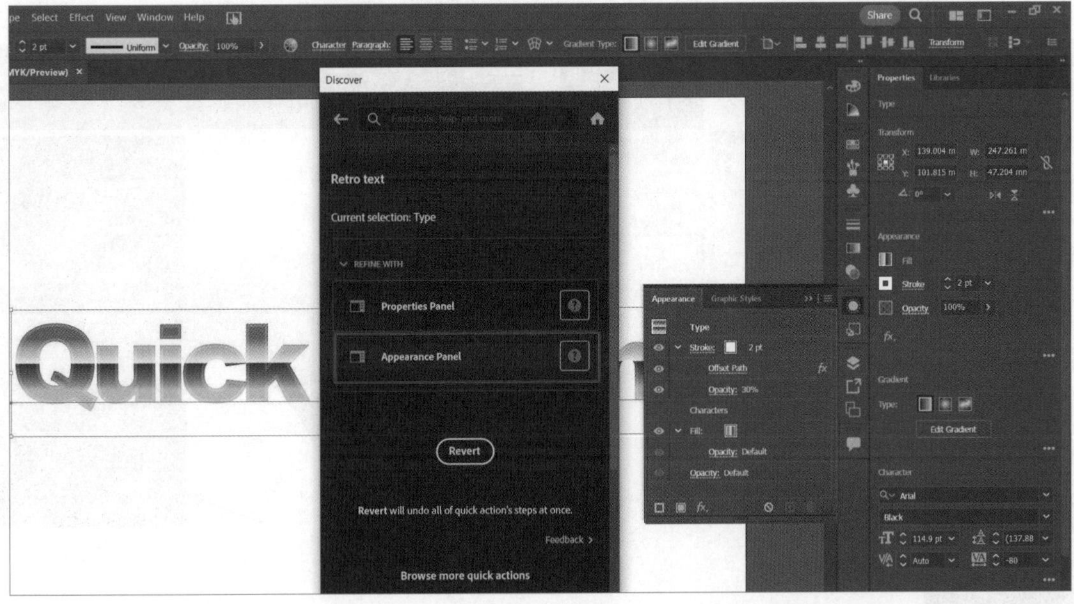

05 3D 오브젝트 파일형식으로 내보내기

01 Arc tool을 이용하여 아래처럼 그립니다.

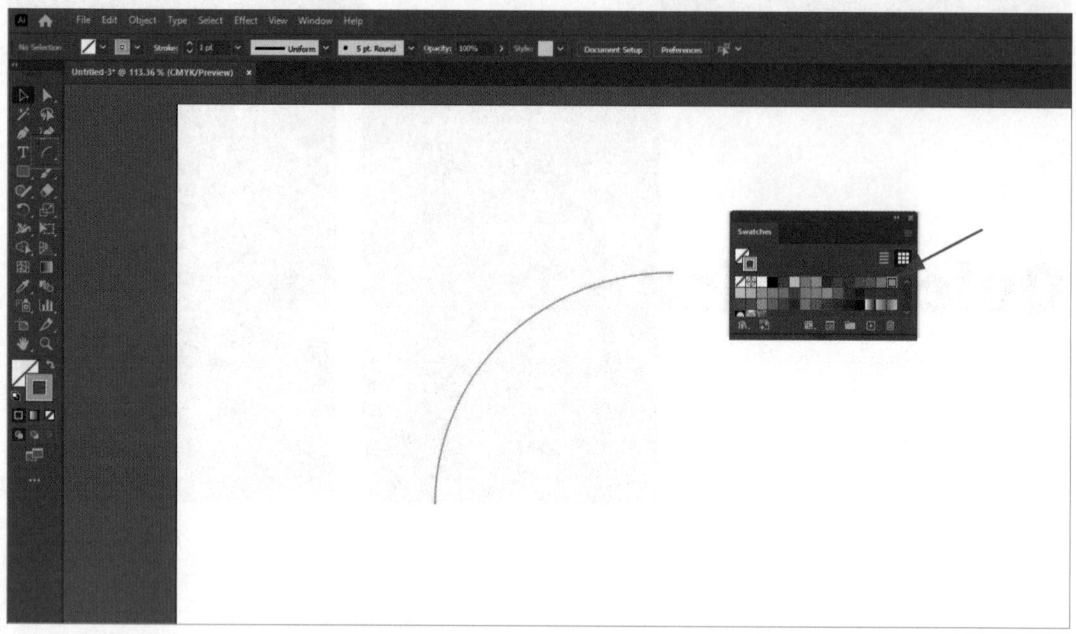

02 선택한 상태에서 Effect ⇨ 3D and Materials ⇨ Revolve를 선택합니다.

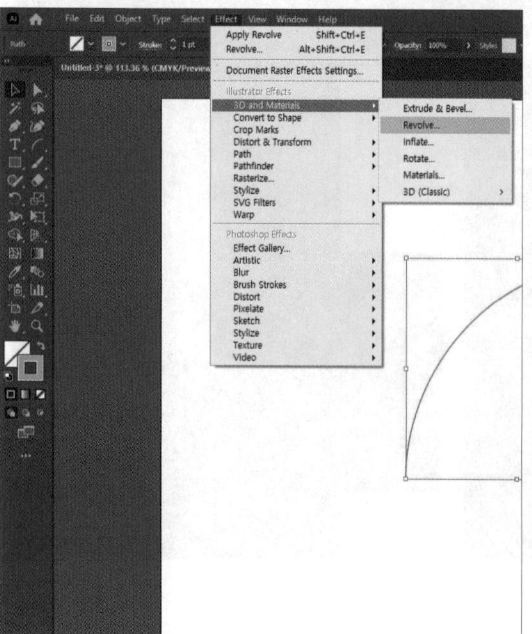

03 Quick Action 항목 아래에 Export 3D Object 버튼을 클릭합니다.

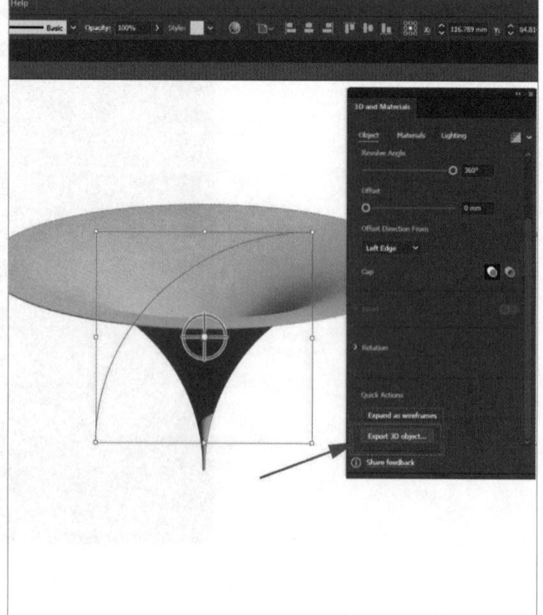

04 파일형식(Format)을 OBJ, USDA, GLTF(3차원적인 장면의 표준파일형식)로 정하고 아래에 보이는 Export 버튼을 클릭합니다.

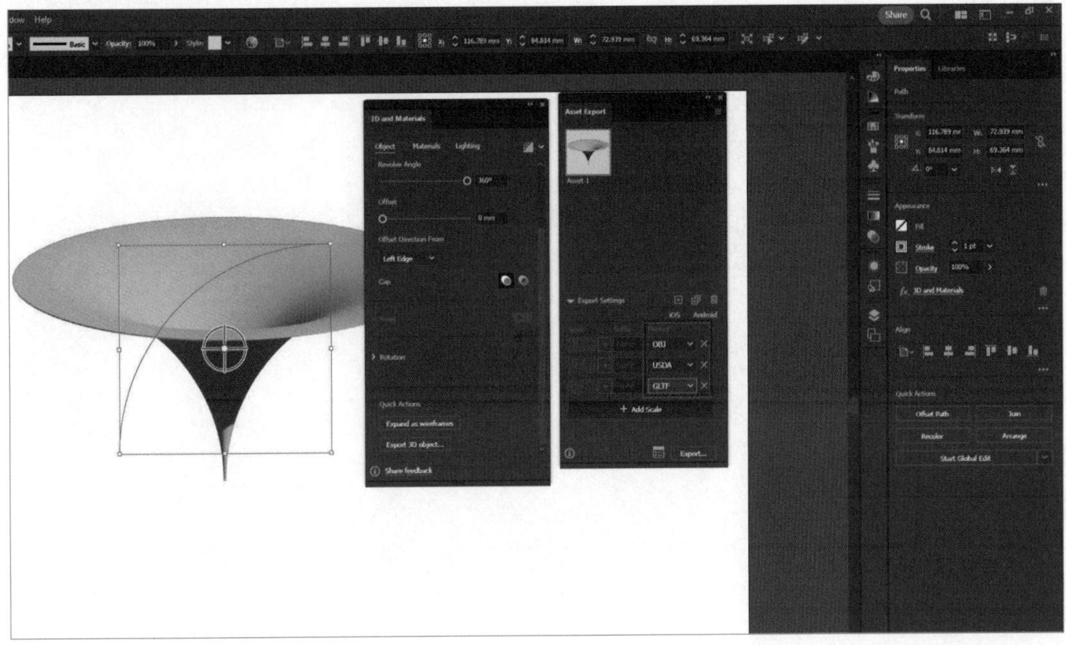

05 3D 파일형식이 각각의 OBJ, USDA, GLTF 폴더로 만들어 출력됩니다.

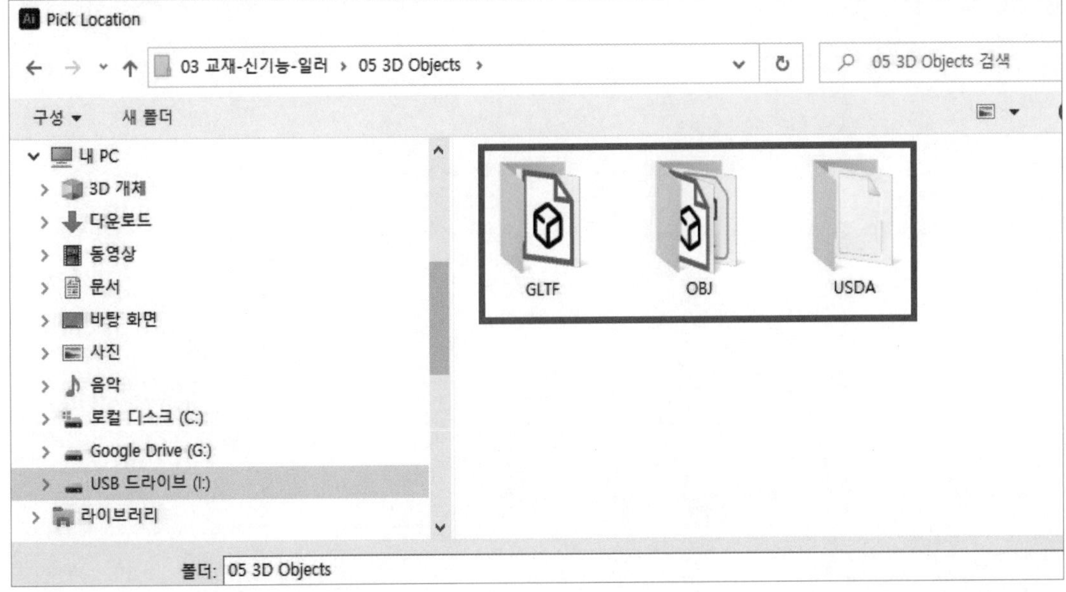

저자 약력

김 선 진

고등학교 시절 손순영(孫順榮,1944~2014) 화백에게서 그림을 배우고 성균관대학교 미술교육과에 입학하여 우산(又山) 백금남(白金男 1948~)교수님을 스승으로 섬기고 가르침을 받았습니다.

대학 졸업 후 미국 L.A.에서 수석 디자이너로 근무하다가 한국으로 귀국하여 학생들을 가르치게 되었습니다. 현재는 경기도 일산에서 행복한 마음으로 고등학교 3학년을 가르치고 있습니다.

➤ **이메일** tkssodma@naver.com

이미지 출처 (픽사베이 pixabay.com)

· 포토샵 : p65, 134, 164, 231. 240　　　· 일러스트 : p491

쉽게 따라하는 **포토샵팩토리**

포토샵 & 일러스트레이터 2023

초판 1쇄 발행 2022년 12월 2일

지은이 김선진
발행처 피앤피북
발행인 최영민
인쇄 미래피앤피
주소 경기도 파주시 신촌로 16
전화 031-8071-0088
팩스 031-942-8688
전자우편 pnpbook@naver.com

출판등록 2015년 3월 27일
등록번호 제406-2015-31호

ISBN 979-11-92520-16-2 (13000)